高等学校规划教材

技术经济学

刘颖春　刘立群　主编
刘　薇　副主编

化学工业出版社
·北京·

本书以微观层面的技术经济问题为中心，总结了目前技术经济学的最新成果，注重理论与实践相结合，编写时力求做到通俗易懂，使学生能够学以致用。书中全面、系统地介绍了工程（项目）层面和企业层面技术经济分析的基本原理、基本方法及其在技术经济实践活动中的应用。主要内容包括：投资、成本、收入与利润；资金的时间价值；项目经济评价指标与方法；不确定性分析与风险分析；项目的资金筹集；项目可行性研究；项目财务评价；项目经济费用效益分析；项目费用效果分析；设备更新的技术经济分析；价值工程；技术进步、技术引进和技术创新；项目后评价。

本书可用作高等院校理工类专业及经济管理类专业"技术经济学"课程本科生教材，同时还可作为研究生、工程技术人员、工程管理人员和经济管理人员的参考书。

图书在版编目（CIP）数据

技术经济学/刘颖春，刘立群主编 . —北京：化学工业出版社，2010.7（2024.2 重印）
高等学校规划教材
ISBN 978-7-122-08744-7

Ⅰ. 技…　Ⅱ.①刘…　②刘…　Ⅲ. 技术经济学-高等学校-教材　Ⅳ. F062.4

中国版本图书馆 CIP 数据核字（2010）第 101835 号

责任编辑：满悦芝　　　　　　　　文字编辑：贺婷婷
责任校对：战河红　　　　　　　　装帧设计：史利平

出版发行：化学工业出版社（北京市东城区青年湖南街 13 号　邮政编码 100011）
印　　装：北京科印技术咨询服务有限公司数码印刷分部
787mm×1092mm　1/16　印张 20½　字数 550 千字　2024 年 2 月北京第 1 版第 3 次印刷

购书咨询：010-64518888　　　　　售后服务：010-64518899
网　　址：http://www.cip.com.cn
凡购买本书，如有缺损质量问题，本社销售中心负责调换。

定　　价：88.00 元

前　言

编写《技术经济学》的目的是为高等院校理工类专业及经济管理类专业本科生提供一部"技术经济学"课程的教材，使学生掌握技术经济学的基本原理、基本知识和常用方法，培养学生运用技术经济学的基本理论分析问题、解决问题的能力以及从事各类投资项目可行性研究及经济评价的能力。

当前，技术经济学科主要研究三个领域、四个层面、三个方向的问题。三个领域即技术发展的内在规律、技术领域的经济活动规律以及经济领域的技术发展规律。围绕三个领域，技术经济学科研究四个层面的问题，一是工程（项目）层面的技术经济问题；二是企业层面的技术经济问题；三是产业层面的技术经济问题；四是国家层面的技术经济问题。围绕三个领域、四个层面，技术经济学科研究的技术经济问题包括三个方向，一是技术经济学科的基础理论；二是技术经济问题研究的学科方法；三是技术经济学科基础理论、学科方法在现实技术经济活动中的应用问题。

本教材以微观层面的技术经济问题为中心，系统介绍了投资、成本、收入与利润；资金的时间价值；项目经济评价指标与方法；不确定性分析与风险分析；项目的资金筹集；项目可行性研究；项目财务评价；项目经济费用效益分析；项目费用效果分析；设备更新的技术经济分析；价值工程；技术进步、技术引进和技术创新；项目后评价等技术经济学的基本原理、基本知识和方法。

本教材的编写基于国家发展改革委员会和建设部联合颁布的《建设项目经济评价方法与参数》（第三版）的最新规定，体现最新的研究成果，注重理论和实践相结合。

本教材由吉林建筑工程学院刘颖春、刘立群担任主编，刘薇担任副主编。书中第三章、第五～第八章以及第十一章的第一～三节由刘颖春编写；第一章、第四章的第一～三节以及第十一章第四、五节由刘薇编写；第二章、第四章第四节、第九章、第十三章由韩言锋编写；第十章第一节由董兵编写，第二节由安玉华编写；第十二章第一节由白莹编写，第二～五节由束慧敏编写；第十四章由刘立群编写。全书由刘颖春、刘立群统一定稿。

本教材在编写过程中，参阅了有关专家、学者的研究成果，在此致以诚挚的谢意。由于编者水平有限，本书难免存在不当之处，敬请读者批评指正。

编者

2010 年 6 月

目　录

第一章 绪 论

本章学习目标

(1) 了解技术经济学的产生与发展；

(2) 熟悉技术经济学的基本原理与技术分析的原则，熟悉技术经济分析的方法与基本步骤；

(3) 掌握技术经济学的内容和特点。

第一节 技术经济学的产生与发展

技术经济学是随着科学技术水平的不断提高和社会的进步产生和发展起来的。

一、技术经济学的外国渊源

技术经济学的外国渊源可以追溯到西方的工程经济学。最早在工程领域开展经济评价工作的是美国铁路工程师惠灵顿（A. M. Wellington），他用资本化的成本分析方法来选择铁路的最佳长度或路线的曲率，他在 1887 年出版的《铁路布局的经济理论》（The Economic Theory of Railway Location）一书中，对工程经济下了第一个简明的定义："从某种意义上来说，工程经济并不是建筑艺术"，而是"一门少花钱多办事的艺术"。惠灵顿开创了工程领域中的经济评价工作，这也是工程经济学的萌芽。惠灵顿的精辟理论被后来的工程经济学家所承袭。

20 世纪初，斯坦福大学教授菲什（Fish）出版了第一部以《工程经济学》命名的著作，他将投资模型与证券市场联系起来，分析内容包括投资、利率、初始费用与运营费用、商业与商业统计、估价与预测、工程报告等。1920 年，古德曼（O. B. Goldman）在《财务工程》（Financial Engineering）一书中，第一次提出把复利公式应用于投资方案评价，并且批评了当时研究工程技术问题不考虑成本、不讲求节约的错误倾向。20 世纪 30 年代，经济学家们注意到了科学技术对经济的重大影响，技术经济的研究也随之展开，逐渐形成一门独立的学科。1930 年格兰特（E. L. Grant）教授出版了《工程经济原理》（Principles of Engineering Economy）一书，他以复利为基础讨论了投资决策的理论和方法，同时指出人的经验判断在投资决策中具有重要作用。这本书作为教材被广为引用，他的贡献也得到了社会的承认，被誉为"工程经济学之父"。从惠灵顿到格兰特，历经 43 年的探索，一门独立的系统化的工程经济学终于形成。

第二次世界大战结束后，随着西方资本主义经济的复兴，工业投资机会急剧增加，出现了资金短缺的局面，因此如何使有限的资金得到最有效的利用，便成为投资者与经营者普遍重视的问题。这种客观形势，进一步推动了技术经济分析理论与实践的发展。1931 年美国在开发田纳西河流域规划中创立了"可行性研究方法"，1947 年美国通用公司工程师麦尔斯创立了"价值工程"等方法，丰富了技术经济学的学科体系。此后，随着数学和计算技术的发展，特别是运筹学、概率论、数理统计等方法的应用，以及系统工程、计量经济学、最优化技术的飞跃发展，技术经济学得到了长足的发展。1951 年迪安（Dean）出版《投资预算》，在凯恩斯经济理论的基础上，分析了市场供求状况对企业有限投资分配的影响，阐述了动态经济评价法以及合理分配资金的一些方法及其在技术经济中的应用。在随后的 20 年里，学术界对贴现法与非贴现法（即静态经济评价法）以及贴现法的多种形式的应用进行了比较深入的探讨。从 20 世纪 60 年代末期开始，贴现法成为技术经济分析所采用的主要方法。1978 年布西（L. E. Bussey）出版了《工业投资项目的经济分析》，全面系统地总结了工程项目的资金筹集、经济评价、优化决策以及项目的风险和不确定性分析等。1982 年里格斯（J. L. Riggs）出版了《工程经济学》，系统阐明了货币的时间价值、货币管理、经济决策和风险与不确定性分析等，使工程经济分析的学科体系更加完整与充实，从而成为许多高等学府的通用教材。与此同时，公用事业投资决策、固定资产更新决策、多阶段投资决策以及多目标决策等不同类型的项目投资经济评价与决策方法也相继建立起来，计算机与概率论以及数理统计等数学方法在投资经济分析中也得到了应用。除此之外，对工程经济分析中如何反映税收、物价变动、资金成本等因素的影响也做了探讨，在此基础上技术经济分析已发展为经济与技术相结合、有广泛使用价值的应用经济科学。

近 30 年来，工程经济分析不仅在理论上有了很大发展，而且在应用上也获得了相当程度的普及。无论是一般的生产经营公司、工程承包公司、工程咨询公司，还是专业的投资公司、金融贷款机构，大都配备有专门人员或者设有专门机构从事技术经济分析工作，并编印有《工程投资评价手册》、《工程投资贷款申请手册》等作为企业开展项目技术经济评价与审批工作的指南。在这些手册中，一般对项目投资可行性研究的内容与要求、项目投资分类、经济评价标准与方法、贷款申请报告的内容、格式与审批程序等都有明确的规定。小型项目一般由企业自行评价，大中型项目多由专业工程承包公司、工程投资咨询公司、设计院等进行评价。靠贷款进行建设的项目，有关贷款部门或金融机构也要求对项目投资的可行性进行审查，否则不予贷款。例如世界银行在发放贷款前，对贷款项目都要进行审查，并指导借款的公司或国家进行投资项目可行性研究。英国的业绩分析、法国的经济分析、日本的经济性工学以及前苏联的技术经济分析等，虽称呼不同，研究内容却大同小异。

另外，现代工程技术与人类社会的关系十分密切，与人类的生存环境、文化发展休戚相关。20 世纪是人类历史上科技发展最迅速，物质文明最发达的时代，但也是人类生态环境破坏最严重的时代。21 世纪的工程师除了为人类提供价廉物美的产品和服务外，还必须关注环境保护和资源的利用，走可持续发展的道路。可持续发展概念最早是在 1980 年联合国环境规划署、世界自然保护基金会、国际自然保护联盟三者共同发布的《世界自然保护战略》中首次使用的。在 1987 年"环境与开发世界委员会"发表的报告书《我们共同的未来》中，可持续发展成为关键词，并把"开发、发展"定义为人类"从周围环境获得的最大利益"，"保护"定义为"人类子孙后代从周围环境获得的最大利益"，从而使开发、发展和保护从人与自然的协调关系上统一了起来。可持续发展的思想赋予了技术经济学更深的内涵，使人们决策时考虑得更加长远。

二、我国技术经济学的产生与发展

我国技术经济学产生和发展的时期可划分为以下四个阶段。

（一）诞生阶段（古代）

我国技术经济的雏形可追溯到远古时代。战国时，李冰父子设计和修建的都江堰水利工程，巧妙地采用了"鱼嘴"分江、"飞沙堰"排沙、"宝瓶口"引水等技术方案，至今被学者们推崇为中国古代讲求技术经济效果的典范。宋真宗时（约公元 1015 年），丁谓主持的皇宫修复工程，由于提出了挖沟取泥制砖、引水行船运载、竣工前回填土等综合而经济的施工组织设计方案，缩短了工期，节约了投资，也被誉为讲求技术经济效果的范例。

（二）初创阶段（20 世纪 50 年代末到 60 年代初）

我国技术经济学的产生、发展与前苏联的技术经济分析、西方的管理科学和技术经济学的发展有密切的关系。

新中国成立后到改革开放前这段时间，中国处在计划经济时期，指导经济实践的基本经济理论是基于"前苏联范式"的马克思主义政治经济学。在这样的背景下所诞生的技术经济学要服务于计划经济体制下的经济实践，因而带有浓厚的政治经济学色彩。

20 世纪 50 年代初到 60 年代初，我国学者开始了对劳动生产率、技术进步、技术改造、厂址选择、技术措施、技术经济定额、技术政策、技术经济分析、生产专业化协作、时间因素、农业布局、生产力布局等技术经济问题的初步研究，并取得了一定的成果。在第一个五年计划期间，我国学习前苏联技术经济论证方法，对重点投资项目进行了技术经济论证，作为投资决策的依据。正是由于重视了经济分析，使得我国"一五"期间建设的工程项目大多具有较好的经济效益。但当时的技术经济分析受到计划经济模式的影响，不讲资金的时间价值，讳言利润的最佳化，难以动态地计算资金的收益率，论证是静态的。第二个五年计划初期，由于追求速度，使生产建设和国民经济遭受了损失。这使得人们又一次认识到技术经济的重要性。1962 年，中央科学小组要起草我国第二个科学技术发展规划纲要，于光远提出对技术政策的制定要讲求经济效果，技术要讲经济。1963 年 1～4 月徐寿波等人参加了技术经济研究规划纲要的起草工作，同年中共中央和国务院正式批准了《1963～1972 年科学技术发展规划纲要》，在《1963～1972 年科学技术发展规划纲要》中技术经济被列为 10 年科学技术规划六个重大科研课题（资源、工业、农业、医药卫生、基础科学、技术经济）之一。这一时期技术经济研究比较活跃。

（三）停滞阶段（20 世纪 60 年代中期至 70 年代中期）

"文化大革命"时期，技术经济发展缓慢。

（四）发展成熟阶段（20 世纪 80 年代初至现在）

1978 年 11 月我国成立了中国技术经济研究会，技术经济学的研究工作重新提到日程。1980 年，中国第一部技术经济学专著——徐寿波完成于 20 世纪 60 年代的《技术经济学概论》出版了，这部著作的出版标志着技术经济学基本框架的形成。

1978 年，党的十一届三中全会的召开拉开了中国经济体制改革的序幕。十一届三中全会作出了实行经济改革、对内搞活、对外开放的重大决策。1982 年召开的中国共产党第十二届全国代表大会，提出经济改革的总体思路是"计划经济为主，市场调节为辅"的指导思想。1984 年中国共产党召开了第十二届三中全会，制订了《中共中央关于经济体制改革的决定》。这个决定在理论上，提出了社会主义经济是有计划的商品经济。1987 年召开的中国共产党第十三届全国代表大会进一步明确地把计划商品经济的运行机制概括为"国家调节市场，市场引导企业"。在这样一个渐进的、以市场为取向的改革时期，技术经济学为适应改革的需要也发生了重大变化，变化的主要特点是引进了大量西方工程经济理论与方法以及西方经济理论中有关技术的研究成果。具体地说，这一时期内我国学者从国外相关学科引入技术经济学的内容主要有：影子价格、时间价值、现值等概念；内部收益率、全要素生产率等指标；项目的可行性研究、后评价、社会评价、技术评价、概率分析等方法；技术创新、技术进步、技术转移、技术扩散等理论。这些内容经过消化吸收逐渐成为技术经济学的重要组成部分，使技术经济学发生了深刻的变化。

我国在《1978～1985 年全国科学技术发展规划纲要》中技术经济又被列为 108 项全国科研重点项目。此后，在全国范围内成立了技术经济研究会；原国家教委规定技术经济学为工科和财经院校的必修课；中国社会科学院和中央各部及其下属的设计、生产部门都先后成立了技术经济研究机构；国务院也成立了技术经济中心。这样，在全国形成了一支强大的技术经济工作者队伍，为这门学科的发展和应用奠定了基础，使我国在吸收和借鉴国外先进经验的同时建立起了一个包括经济效益理论、技术进步理论、技术选择理论、技术转让理论、技术经济评价理论、技术经济比较理论、技术经济决策理论等较为完备的学科体系。

当前，在新的世纪里，信息经济对未来社会的发展将产生更加深远的影响。在这样一个越来越技术化的社会里，技术与经济的关系将比人类历史上任何一个阶段都更为亲密。技术经济学作为最能适应这样一个新的社会形态的学科，技术经济学的理论和方法在各行各业都得到了广泛的应用。

第二节　技术经济学的内容、研究对象和特点

一、技术经济学的内容

技术经济学（Engineering Economics）是指在社会再生产过程中，专门研究技术与经济的关系、研究技术领域的经济问题和经济规律、研究技术领域的资源最佳配置问题，以寻找技术与经济最佳结合的应用性学科。

（一）技术

技术是根据生产实践或科学原理而发展成的各种工艺操作方法和技能，以及相应的材料、设备、工艺流程等，是人们在实践中积累总结的用以改造自然的知识体系。

18世纪末，法国唯物主义哲学家、科学家狄德罗在他主编的《百科全书》中将技术定义为"为某一目的共同协作组成的各种工具和规则体系"。这句话包含5个要点：把技术与科学区别开，技术是"有目的的"；强调技术的实现是通过广泛"社会协作"完成的；指明技术的首要表现是生产"工具"，也就是设备，即硬件；指出技术的另一重要表现是"规则"，也就是生产使用的工艺、方法、程序等知识，即软件；和科学一样，把定义的落脚点放在"知识体系"上，即技术是成套的知识系统。这与现代许多辞书上的技术定义基本吻合。

技术有如下四个显著特征。

（1）无形性　技术是一种看不见摸不着的知识性的东西；它只能靠理解去把握。有些技术可用语言来表达，而有些技术只存在于"能人"的经验中。

（2）系统性　零星的技术知识不能称之为技术。只有关于产品的生产原理、设计，生产操作，设备安装调试，管理、销售等各个环节的知识、经验和技艺的综合，才能称之为技术。

（3）商品属性　技术是无形的特殊商品。正因为技术不仅有使用价值，而且也有交换价值，所以它才能充当技术贸易的交易标的。

（4）先进性　技术的先进性表现在两个方面：一方面是能够创造原有技术所不能创造的产品或劳务，比如宇航技术、海洋技术、微电子技术、新材料、新能源等；另一方面是能用更少的人力、物力和时间，创造出相同的产品或劳务。技术作为人类利用和改造自然的手段和方法，除了技术的应用特征外，它的经济目的性也是十分明显的。对于任何一种技术，在一般情况下，都不能不考虑经济效果的问题。脱离了经济效果的标准，技术是好、是坏、是先进、是落后，都无从加以判断。

综上，技术是人类在认识自然和改造自然的实践中，按照科学原理及一定的经验需要和社会目的而发展起来的，用以改造自然的劳动手段、知识、经验和技巧。它包括实验技术、生产技术、服务技术、管理技术，具体表现为硬技术与软技术统一所组成的多要素、多层次的复杂体系。硬技术指包括劳动工具、劳动对象等一切劳动的物质手段；软技术体现为工艺、方法、程序、信息、经验、技巧和管理能力的非物质手段。

（二）经济

辞典中对"经济"一词的解释如下。

① 经济就是生产或生活上的节约、节俭，前者包括节约资金、物质资料和劳动等，归根结底是劳动时间的节约，即用尽可能少的劳动消耗生产出尽可能多的社会所需要的成果。后者指个人或家庭在生活消费上精打细算，用消耗较少的消费品来满足最大的需要。总之，经济就是用较少的人力、物力、财力、时间、空间获取较大的成果或收益。

② 经济就是国家或企业、个人的收支状况，如国民生产总值、社会总产值、企业的产量与效益、个人的收入与支出等。

③ 经济就是经邦济世、经国济世或经世济民等词的综合和简化。如"识局经济"（《晋书纪瞻》），"皆有经济之道而位不逢"（隋王通《文中子中说》卷六）。经济的含义包括国家如何理财，如何管理各种经济活动，如何处理政治、法律、军事、教育等方面的问题，即治理国家、拯救庶民的意思。

④ 经济就是家庭管理［见（古希腊）色诺芬著《经济论》］。

⑤ 经济就是一种谋生术，是取得生活所必要的并且对家庭和国家有用的具有使用价值的物品［见（古希腊）亚里士多德著《政治学》］。

①和②的解释反映了人们在日常生活中的习惯用法；③的解释是我国古代对经济一词的用法；④和⑤的解释是古希腊对经济一词的用法。

在现代，经济一词有多种含义，通常人们对"经济"主要有如下三种理解。

① 将经济看成生产关系或经济基础的同义语，即认为经济是社会生产关系的总和。

② 将经济看成生产力和生产关系结合的活动，即认为经济是指物质的生产、交换、分配、消费的总称。

③ 经济是指"节约"或"节省"。

技术经济学中的"经济"是上述三种认识的综合，可概括为在社会的生产、交换、分配、消费活动中为获得一定的效用所实现的最大程度的节约。

技术经济学是一门应用理论经济学基本原理，研究技术领域经济问题和经济规律，研究技术进步与经济增长之间的相互关系的科学，是研究技术领域内资源的最佳配置，寻找技术与经济的最佳结合以求可持续发展的科学。

技术经济学研究的不是纯技术，也不是纯经济，而是两者之间的关系，即把技术与经济结合起来进行研究，以选择最佳技术方案。

技术经济学研究的主要目的是将技术更好地应用于经济建设，包括新技术和新产品的开发研制、各种资源的综合利用、发展生产力的综合论证。

技术经济学把研究的技术问题置于经济建设的大系统之中，用系统的观点、系统的方法进行各种技术经济问题的研究。

二、技术经济学的研究对象

技术经济学是一门技术科学和经济科学相结合的交叉学科，技术是它的基础，经济是它的起因和归宿。

对技术经济学的研究对象，从各种不同版本和作者的技术经济学专著中不难发现，这依然是一个争论最多的问题。较有代表性和影响力的观点有以下几个。

1. 效果论

认为技术经济学是研究技术领域（包括技术政策、技术方案和技术措施）的经济效果问题，即技术的可行性和经济的合理性问题。

2. 关系论

认为技术经济学是研究技术和经济之间的矛盾关系及其发展变化以达到两者最佳配备的学科。

3. 增长论（资源论）

认为技术经济学是一门研究如何最有效地利用技术资源促进经济增长规律的科学。

4. 创新论

认为技术经济学是研究技术创新，促进技术进步的科学。

5. 因素论

认为技术经济学是研究技术因素与经济因素最优结合的学科。

6. 问题论

认为技术经济学是研究生产、建设领域技术经济问题的学科。

7. 动因论

认为技术经济学是研究如何合理、科学、有效地利用技术资源，使之成为经济增长动力的学科。这反映了随着经济和技术的发展变化，进一步深入研究技术进步和技术创新理论的客观需要。

8. 综合论（系统论）

认为技术经济学是研究技术、经济、社会、生态、价值构成的大系统结构、功能及其规律的学科。这反映了希望在更广泛的人类社会大系统中研究技术问题的愿望。

此外，也有技术经济学专家把技术经济学的对象归纳为研究技术领域的经济活动规律、经济领域的技术发展规律、技术发展的内在规律三大领域。并把研究对象分为工程（项目）、企业、产业和国家四个层面的技术经济问题，学科构成由基础理论、基本方法以及理论方法的应用三方面构成。

技术经济活动中的经济活动规律主要是资源配置规律，研究如何根据既定的活动目标，分析活动的代价及其对目标实现的贡献，并在此基础上设计、评价、优化、选择，以最低的代价可靠地实现目标的最佳或最满意的技术方案。技术经济活动中的技术发展规律是研究经济领域中技术发展的内在规律，包括技术创新、技术整合和技术政策制定等问题。

技术经济学主要有 4 个研究层面。在工程项目层面，技术经济学科的主要研究内容是项目可行性研究，其中主要包括项目的技术选择、财务评价与国民经济评价。在企业层面，主要研究内容包括价值工程，设备更新与技术改造，新产品开发管理，企业技术创新与技术扩散，无形资产评估与管理。在产业层面，技术经济学科主要研究的内容包括技术经济预测，产业技术创新与扩散，高新技术产业发展规律，产业技术政策。在区域层面，包括区域技术进步对经济增长的贡献，区域技术创新系统，区域科技政策，区域产业技术结构，科技园区（包括科技企业孵化器）等。在国家层面，主要研究技术经济对国民经济增长的贡献，国家技术创新系统，知识产权保护等。

20 世纪 90 年代末期以后，在原有研究内容的基础上，各层面的研究内容都有所深入和拓展。在工程项目层面，拓展了技术型项目管理和项目的技术管理，项目社会评价，项目环境影响评价等研究内容。在企业层面，拓展了企业技术创新管理，技术过程管理，企业知识产权管理，创新产权的有效配置，企业核心竞争力，企业知识管理等内容。在产业层面，拓展了行业共性技术与关键技术的选择，产业技术标准与技术政策，产业技术创新与创业管理，产业技术升级路径与战略，产业国际竞争力等内容。在区域层面，拓展了区域可持续发展能力，城市竞争力等内容。在国家层面，拓展了国家技术战略与技术创新战略，知识产权战略，国家科技、经济和信息安全，可持续发展等内容。

从学科基础内容体系方面，技术经济学研究的内容具体包括两个方面。一是技术经济学科的基本理论与方法，具体包括技术进步与经济发展的关系、相互作用原理与技术进步对经济增长贡献测算方法，经济效益理论，技术经济分析的基本原则，资金时间价值理论与方法，技术评价与技术选择理论与方法，技术方案经济评价方法，技术创新理论与方法，项目社会评价理论与方法，技术经济风险评价理论与方法、技术经济综合评价方法等。二是技术经济学科理论与方法的应用。具体包括建设项目可行性研究、设备更新经济分析、价值工程，可持续发展理论与方法，项目环境影响评价理论与方法等。

本书主要研究技术经济分析的最一般方法，即研究采用何种方法、建立何种方法体系，才能正确评价项目或方案的有效性，才能寻求到技术与经济的最佳结合点。

三、技术经济学的特点

技术经济学是介于自然科学和社会科学之间的边缘学科，是根据现代科学技术和社会经济发展的需要，在自然科学和社会科学的发展过程中，科学技术和社会经济渗透融合、互相促进，从而逐渐形成和发展起来的。在这门学科中，经济处于支配地位，因此，它的性质属于应用经济学的一个分支。技术经济学具有如下特点。

1. 立体性

技术经济学研究的各种项目的可行方案都是包含多因素和多目标的综合体，既要对其分析技术因素，又要分析经济因素；既要考虑直接效果，又要考虑间接效果。对方案进行评价时不仅要进行技术经济评价，还要作社会、政治、环境等方面的评价；不仅要作静态评价，还要作动态评价；不仅要进行企业财务评价，还要进行经济费用效益评价等。这些都决定了技术经济分析的立体性特点。

2. 实用性

技术经济学是一门应用学科，它研究的内容来源于实践，技术经济学之所以具有强大的生命力就在于它非常实用。对项目进行经济分析，必须与社会经济情况、物质技术条件、自然资源等实际条件紧密结合，通过研究大量的原始数据资料和相关信息，才能得出合理的结论。因此，技术经济学的基本理论和方法是实践经验的总结和提高，它的研究结论也直接应用于实践并接受实践的检验，具有明显的实用性。

3. 定量性

技术经济学以定量分析为主，凡可量化的要素都应作出量的表述，也就是说，一切方案都应尽可能通过计算定量指标将隐含的经济价值揭示出来，用定量分析结果为定性分析提供科学依据。

4. 预测性

技术经济学研究经济效果时侧重于对项目实践活动将要实现的技术政策、技术措施、技术方案进行事先的分析评价。在一个项目建设之前，一般要对项目进行可行性研究，从技术上、经济上、财务上和社会各个因素等方面，预测该项目产生的预期效果，从而判断项目是否可行，同时，还要预测这些因素的变化对项目预期效果的影响并采取相应的风险防范措施。

5. 比较性

技术经济学以解决项目实践活动方案的选择问题为宗旨，而项目实践活动方案的选择离不开不同方案之间经济效果的比较。为达到项目实践活动方案的优选目的，则需要拟定多个可行方案，通过分析它们的技术经济指标以及实现条件和可能带来的成果，从比较中选出最优的方案。所以，技术经济研究与分析的过程就是方案比较和选优的过程。

需要说明的是，满足可比条件是项目实践活动方案中技术方案比较的前提。为了在比较和选优时能全面、正确地反映实际情况，必须使各方案的条件等同化，这就是所谓的"可比性问题"。由于各个方案涉及的因素极其复杂，加上难以定量表达的因素，所以不可能做到绝对的等同化。研究人员认为必要时，可根据具体情况自行斟酌其他方面的可比性条件。

6. 系统性

技术经济研究必须具有系统性的观点。系统是由既相互作用又互相依赖的若干组成部分结合而成的，具有特定功能，是处于一定环境中的有机集合体。比如一个生产单位可以看成是一个系统，它是具有特定功能的组织，同时又是国民经济这个大系统中的一个组成部分。因此，在对其进行研究时，就不能不考虑整个国民经济这个大系统中其他相关组成部分对它的影响，一定要把它放在这个大环境中进行研究。所以，技术经济研究具有系统性的特点。

在整个国民经济大系统中，不同利益主体追求的目标存在差异，因此，对同一项目实践活动进行经济评价的立场不同，出发点不同，评价指标不同，进而评价的结论有可能不同。为了防止一项技术经济活动在对一个利益主体产生积极效果的同时可能损害到另一些利益主体的目标，技术经济学研究经济效果必须体现较强的系统性。系统性主要表现在以下三个方面。

① 评价指标的多样性和多层性，构成一个指标体系。

② 评价角度或立场的多样性，根据评价时所站的立场或看问题的出发点的不同，分为企业财务评价、经济费用效益评价以及社会评价等。

③ 评价方法的多样性，常用的评价方法有以下几大类：定量或定性评价（定量评价为主）、静态或动态评价（动态评价为主）、全过程效益评价或阶段效益评价（全过程效益评价为主）、预测分析或统计分析（预测分析为主）、价值量分析或实物量分析（价值量分析为主）、差异分析或总体分析（差异分析为主）等。

由于局部和整体、局部与局部之间客观上存在着一定的矛盾和利益摩擦，因此系统评价的结论总是各利益主体目标相互协调的均衡结果。对于特定的项目实践活动的利益主体，由于多目标的存在，各方案对各分目标的贡献有可能不一致，从而使得各方案在各分项效果方面的表现不一致。因此，在一定的时空和资源约束条件下，工程经济分析寻求的只能是令人满意的整体方案，而非各分项效果都是最佳的最优方案。

第三节　技术经济学的基本原理与技术经济分析的基本原则

一、技术经济学的基本原理

任何技术的实施都有可能取得经济效果，即技术经济效果。技术经济效果的大小、变化和发展遵循以下原理。

（一）技术经济矛盾统一原理

① 技术和经济两者互相依赖，互相促进，经济发展是技术发展的物质基础，决定着技术发展的方向，同时，经济发展是技术进步的动力，而技术是达到经济目标的手段。

② 技术和经济两者互相矛盾，技术先进，经济效果不一定好，经济效果好，技术不一定很先进；有些先进技术，需要有相应的技术经济条件起支撑作用，需要相应的资源结构相配合。对于不具备相应条件的地区和国家，这样的技术就很难发挥应有的效果。

③ 技术和经济互相发展变化，原来先进的技术可以转化为落后的，原来不经济的技术可以转化为经济的，原来矛盾的关系可以转化为促进的关系。

（二）经济效果原理

所谓经济效果就是人们在使用技术的社会实践中，效益与费用及损失的比较。

当效益与费用及损失为不同度量单位时，经济效果可用下式表示。

$$经济效果 = \frac{效益}{费用 + 损失}$$

当效益与费用及损失为相同度量单位时，经济效果可用下式表示。

$$经济效果 = 效益 - (费用 + 损失)$$

经济效果是产出和投入的比较，比较的结果可用各种指标表示。这些指标统称为经济效益指标，如劳动生产率、资金报酬率、利润、税收、国民生产总值等。

提高技术实践中的经济效果是技术经济分析的出发点和归宿点。提高技术经济效果的途径：一是用最低的寿命期成本实现产品、作业或服务的必要功能；二是在费用一定的前提下，不断改善产品、作业或服务的质量，提高其功能。

（三）经济增量原理

在经济活动中，与自然界能量守恒定律不同，技术经济效果总是有增量的，产出必须大于投入。增量效果与投入的多少有三种关系：一是投入增加，效果递增；二是投入增加，效果递减；三是投入增加，效果先递增，后递减。因此，任何技术的投入要求适度，不是越多越好。

（四）机会成本原理

机会成本是采取某个行为的真正成本，它与选择或决策有关。它涉及的是已经做出了某项决策后所放弃的选择获得的潜在收益。显然，理性人选择的项目通常是最优选择，那么，放弃的多种选择中最优的选择带来的收益就是机会成本。

当一种稀缺的资源具有多种用途时，可能有许多个投入这种资源获取相应收益的机会。如果把该资源投入某一特定用途，必定要放弃在其他用途中所能获得的最大利益（如预期收益、预期效用、潜在收益）。

机会成本是技术经济分析中的重要概念。只有充分考虑一种资源用于其他用途时的潜在收益时，才能对投资项目做出正确的决策。

（五）时间效应原理

技术经济效果和时间的关系如下。

① 技术经济效果的大小随时间变化而变化。

② 相同数量的技术经济效果，近期的总比远期的大得多，因为有时间价值。

时间效应原理是开展技术经济分析和评价首先要考虑的问题。

（六）合力替代原理

任何技术方案都是由六种要素合力组成的，合力是指人力（劳动人员）、物力（能源、原材料）、财力（固定资产、流动资产）、运力（运输量、运输周转量）、自然力（水、土地、矿产、生物资源）和时力（时间）。不同技术方案归根到底是由于六大合力的数量、质量和结构不同所造成的。技术经济效果大小随合力变化而变化。六大合力可以相互替代，以达到优化组合的目的，这是技术进步和经济发展的必然规律。

二、技术经济分析的基本原则

技术经济分析要遵循的基本原则有效益满意原则、方案可比性原则和系统分析原则。

（一）效益满意原则

项目技术方案所表现的经济效益，其内涵各不相同，形态各异，通常人们把经济效益区分为：宏观经济效益与微观经济效益；近期经济效益与远期经济效益；直接经济效益与间接经济效益；货币效益与社会效益等。效益满意原则就是正确处理各种经济效益的关系，使项目所取得的效益达到决策者的期望目标。

（二）方案可比性原则

技术经济分析的实质，就是对可实现某一预定目标的多种技术方案进行比较，从中选出最优或最满意的方案。方案可比性原则是基于这样的事实而设置的，即实现人们的同一个目标，往往存在着两个或两个以上可行方案。另一方面，不同代价的方案其收益是不同的。由于决策者的目标价值不同，对各种方案的选择存在很大的差异性。要比较就必须建立共同的比较基础，但是相比较的各个项目方案，总是在一系列技术经济因素上存在着差异。所以在方案比较之前，应考虑方案之间是否可比，如果不可比，要作可比性修正计算，只有这样才能得到合理、可靠的分析结果。在项目方案的经济比较中，为了全面、正确地反映被比较方案的相对经济性，使各方案具有可比基础，根据项目的特点，两个以上方案进行经济比较时，必须满足以下四项可比性原则。

（1）满足需要的可比性原则　是指相比较的各个技术方案必须满足同样的社会实际需要，方可直接进行比较。任何技术方案都是以满足一定的客观需要为基础的。例如，建设厂房是为了满足各种生产的需要，建设住宅小区是为了满足人们基本"住"的需要等。实际上，没有一个技术方案不是以满足或解决一定的客观需要为基础的。

在方案比较中，如果各种方案在满足社会需要的数量和质量上不同，必须通过适当的调整，把原来不可比的东西转化为可比的，使不同方案具有等同的使用价值。

一切技术方案总是以一定的品种、一定的质量和一定的数量来满足社会需要的，所以不同技术方案在满足需要上的可比，也就是在产量、质量和品种方面使之可比。

（2）消耗费用的可比性原则　对比方案在计算和比较费用指标时应根据经济评价的类型采用相应的计算原则和方法计算各种费用。这里要注意两个问题：一是对比方案在同一经济评价类型中费用包含的范围应一致；二是在不同的经济评价类型中费用包含的内容有所区别。例如，财务评价是从项目或企业角度出发，考察项目的获利性或企业从兴办项目中获得的实际利益，因此在财务评价中只考虑与方案本身有关的直接费用；国民经济评价是从国民经济整体角度出发，考察资源的合理配置及项目给国民经济带来的利益和项目需要国民经济付出的代价，因此在国民经济评价中不仅要考虑与方案本身有关的直接费用，还要考虑间接费用，这是由项目评价的目的所决定的。

（3）价格的可比性原则　价格是衡量经济效益的尺度，对工程项目进行经济效益评价时无论是投入的费用，还是产出的收益，都要借助于价格来计算，所以要正确评价项目的经济效益，价格必须要具有可比性。价格具有可比性有两方面的含义。

① 价格要合理。这里的合理指的是相对的合理，即在不同类型的经济评价中应采用与评价目的相一致的价格。财务评价的目的是要考查项目的获利性，而获利性是与现行市场价格相联系的。因此财务评价中的价格要用现行市场价格，而不管这种价格是否反映了资源的真实价值；国民经济评价的目的是要实现资源的合理配置，由于现行市场价格常常会偏离其价值，因此国民经济评价中的价格不能用与价值偏离的现行市场价格，而要用反映资源真实价值的影子价格。影子价格是指商品或生产要素可用量的任一边际变化对国家基本目标——国民收入增长的贡献值。例如，当供电紧张时，一旦增加供电量，就可以提高产量。最后增加一单位的供电量所引起国民收入的增量就是电的影子价格。这就是说，影子价格是由国家的经济增长目标和资源可用量的边际变化赖以产生的环境决定的。由此可见，影子价格的高低不仅受社会劳动消耗和社会资源紧缺程度的影响，还要受社会需求状况的影响。国民收入的增长取决于资源的利用效率，所以，上述定义的影子价格又称效率影子价格。

② 价格的时期要对应。随着科学技术的进步，劳动生产率的不断提高，产品成本的不断下降，各种技术方案的消耗费用也随之减少，产品价格也随之发生变化。因此，对不同时期的项目方案进行比较和评价时，必须采用相应时期的价格。即比较、评价近期的方案应统一采用现行价格；比较、评价远期的方案应统一采用远期价格；比较、评价不同时期的方案应采用不变价格才能得出正确的结论。

（4）时间的可比性原则　时间因素是影响工程项目经济效益的又一重要因素。在其他条件相同的情况下，若对比方案的寿命不同，资金投入、产出发生的时间不同，则项目的经济效益也会不同。因此，对对比方案进行比较，遵守时间的可比性原则应包含两方面内容：一是对于不同使用寿命的方案比较评价其经济效果时，应采用相同的计算期作为比较基础；二是要考虑资金在投入、产出时间上的差异，即计算资金的时间价值，才能得出正确结论。

（三）系统分析原则

由于技术经济系统是以技术、经济为主，并受社会、政治、科技、市场、法律、生态环境等多因素影响和制约，是一个多因素、多层次的复合大系统，因此，技术方案的决策与实施、技术经济效益的分析与评价必须遵循、运用系统理论与方法。

（1）用系统思想确立技术经济分析的导向　系统思想主要有反馈性观点、有序性观点、整体性观点。将系统思想作为技术经济分析遵循的指导思想，对于做好技术经济分析工作具有重要意义。

① 反馈性观点强调任何系统首先应确立系统应达到的目标，通过反馈作用，调节控制系统实现控制，才能使其导向目标。技术经济系统是包括物质流、能量流和信息流，涉及人、财、物等的动态系统，必须通过反馈渠道而使其产出（输出）和投入（输入）的不断比较来达到纠偏调节，得到满意的费用效益比。此外，技术经济分析评价本身也是一项系统工程，它要通过预先评价、过程评价、后评价而不断提高评价效果和评价可靠性、可信度，从而提高经济效益。

② 有序性观点是动态性观点。它强调任何系统只有开放与外界交换信息，才可能有序，才可能使系统不断向高级阶段转变。技术经济是一门理论性、应用性很强的学科，随着技术、经济的不断发展变化，它必须不断从其他学科，其他国家、地区汲取新理论、新方法加以完善，才能适应技术、经济不断发展的需要。

③ 整体性观点强调任何系统的整体功能等于各部分功能之和加上各部分相互联系的功能之和，即整体大于各部分之和。这里包含有相关性观点和层次性观点，即系统是由不同层次的要素组成的，系统本身又是更大一层系统组成的要素。要素之间相互联系，相互依存。因此，不仅要发挥各子系统的功能，还要重视发挥各子系统相互联系配合的功能，才能使整体系统功能最佳。该原理对于指导技术经济理论与方法的研究和应用有重大意义。我国的技术经济理论与方法决不能忽视我国技术呈现出的多层次（宏观、中观、微观）和多元化（高新、先进、适用、传统）状态，经济为多层次（宏观、中观、微观）和多成分（全民、集体、个体、合资、独资）形式的客观现实，要根据不同层次、不同成分的经济形态，采用适用技术，充分发挥各经济形态组织的作用及不同经济组织相互配合的功能，使国民经济整体达到最优。

（2）用系统分析确立技术经济分析的内涵　系统分析是指对系统的各个方面进行全面分析评价，以求得系统总体的优化目标的方法体系。按照系统分析的内涵，技术经济分析的内容不仅要对影响工程经济性的各个方面如工程技术的先进适用性、建设的可能性、经济的合理有利性进行全面分析评价，还要从不同层次的经济主体角度如微观经济角度（企业角度和项目角度）、宏观经济角度（即国民经济角度和社会角度）全面分析评价工程项目的经济性，以达到兼顾宏观经济利益、微观经济利益，使国民经济总体最优。

（3）用系统方法作为技术经济分析的方法　按照系统方法论，在技术经济分析中，要注重研究事物的总体性、综合性、定量化及最优化，做到定性分析与定量分析、静态分析与动态分析、总体分析和层次分析、宏观效益分析与微观效益分析、价值量分析与实物量分析、预测分析与统计分析相结合。

第四节　技术经济分析的研究方法与基本步骤

一、技术经济分析的研究方法

技术经济分析的基本研究方法主要包括以下几种。

（一）系统分析方法

技术经济学科以系统论的思维方式和工作方法，将研究对象看做一个开放的系统。从系统的角度，第一，确定系统研究的目的，以及研究对象与外部相关系统的关系，从而确定系统的发展目标；第二，分析系统内部的结构及构成系统的各子系统之间的关系；第三，确定各子系统的目标与总系统的目标及其相互作用机制；第四，从总系统效果最优的角度来评价和优化各子系统。

（二）方案比较方法

技术经济分析首先研究对某一个技术方案从不同角度（一般包括技术、经济和社会效果）进行评价的方法体系，但是，对单方案的评价，并不是技术经济分析的最终目标。技术经济学要求设计出能完成同一任务的多种技术方案，并提供技术方案的可比性原则及方案比较的具体方法，在对多种技术方案的技术、经济和社会效果进行计算、分析和评价的基础上，根据项目发展的目标，比较项目的优劣关系，从中选择出最优（或最满意）方案。

（三）定量分析与定性分析相结合的方法

技术经济系统是一个复杂系统，对技术方案的描述及分析、评价，涉及技术、经济和社会等多个复杂的层面，其中，部分内容是可以定量加以描述的，技术经济学采用了许多定量分析的方法，把研究对象用定量的方法和指标加以描述，特别是相关数学方法和计算技术的不断发展，为技术经济定量分析提供了更为广阔的方法基础。但是，目前技术经济系统中还存在大量还无法完全定量化的因素，在很大程度上只能采用定性方法加以描述和分析。为更加全面系统地描述和评价研究对象，技术经济学强调定量分析与定性分析相结合，并提供了具体的思路和方法。

（四）动态分析与静态分析相结合的方法

静态分析是对事物发展在某个确定时间下的状态进行的分析和评价；动态分析则是对事物整个发展历程或某一发展阶段的全面而系统的评价。技术经济分析不仅强调一般的动态分析与静态分析相结合，而且发展了以资金时间价值为基础的动态评价方法，从而发展和完善了动态分析的内涵和方法，并实现了动态评价方法与静态评价方法的良好结合。

二、技术经济分析的步骤

技术经济分析的路线可大致概括为以下五个步骤。

（一）确定系统目标

技术经济分析的第一步是确立工作目标，这是建立方案的基础。首先，目标要能满足人们的需要。工程项目的成功与否，不但取决于系统本身效率的高低，也与系统是否能满足人们的需要有密切的关系，因此，只有通过市场调查，寻找经济环境中显在和潜在的需求，才能由需要形成问题，由问题产生目标，然后依照目标去寻求最佳方案。此外，目标还要具体明确，要有长远观点和总体观点，并能分清主次。

（二）寻找实现目标的制约因素

实现目标的制约因素也是实现目标的关键要素。寻找实现目标的制约因素是工程经济分析的重要一环。只有找到了主要矛盾，确定了系统的各种关键要素，才能集中力量，采取最有效的措施，为目标的实现扫清道路。

寻找关键要素，实际上是一个系统分析的过程，需要树立系统思考的方法，综合地运用各种相关学科的知识和技能。

（三）提出备选方案

方案是分析比较的对象，为了有利于比较、鉴别和优选，在技术经济分析初期，应首先对能够实现既定目标的各种途径进行充分挖掘，在占有资料的基础上，比较方案尽可能多一些，提供充分的比较对象，以确保优选质量。

提出备选方案，实际上是一个创新的过程。人们要求决策者能针对某一特定的问题提出"最优"的解决方法，因而，决策者必须创新。

技术人员不应仅凭自己的直觉提出方案，因为最合理的方案不一定是工程技术人员认为最好的方案，因此，穷举方案需要多专业交叉配合。分析人员也不应轻率地淘汰方案，有时经仔细的定量研究后会发现，开始已凭感觉拒绝的方案可能就是解决问题的最好方案。

（四）评价方案

列出的方案要经过系统的评价。通过系统评价，淘汰不可行方案，保留可行方案。评价的依据是国家的政策法令与反映决策者意愿的指标体系。比如厂址选择要符合地区布局与城建规划，生产要符合国家的技术政策、劳保条例、环保条例、劳动法等。在符合基本条件后，最重要的是要有较好的经济效益和社会效益。

评价方案，必须将参与分析的各种因素定量化，一般将方案的投入和产出转化为用货币表示的收益和费用，即确定各对比方案的现金流量，并估计现金流量发生的时点，然后运用数学手段进行综合运算、分析对比，从中选出最优方案。

互相比较的方案，由于各方案的指标和参数不同，往往难以直接对比，因此需要对一些不能直接对比的指标进行处理，使方案在使用价值上等同化，将不同的数量和质量指标尽可能转化为统一的可比性指标，一般转化为货币指标，满足可比性要求。

（五）决策

决策的核心问题就是通过对不同方案经济效果的衡量和比较，从中选择令人满意的实施方案，它对工程项目建设的效果有决定性的影响。

在决策时，工程技术人员、经济分析人员和决策人员应特别注重信息交流和沟通，减少由于信息的不对称所产生的分歧，使各方人员充分了解各方案的工程经济特点和各方面的效果，提高决策的科学性和有效性。

本 章 小 结

（1）最早在工程领域开展经济评价工作的是美国的惠灵顿（Wellington），他在1887年出版的《铁路布局的经济理论》一书中，对工程经济下了第一个简明的定义："从某种意义上来说，工程经济并不是建筑艺术"，而是"一门少花钱多办事的艺术"，这也是工程经济学的萌芽。1930年格兰特（Grant）出版了《工程经济原理》，一门独立的系统化的工程经济学终于形成，格兰特被誉为"技术经济学之父"。

（2）我国技术经济学的产生与发展与前苏联的技术经济分析、西方的管理科学和技术经济学的发展有密切的关系。目前，技术经济学的理论和方法在各行各业都得到了广泛的应用。

（3）技术经济学（Engineering Economics）是指在社会再生产过程中，专门研究技术与经济的关系、研究技术领域的经济问题和经济规律、研究技术领域的资源最佳配置问题，以寻找技术与经济最佳结合的应用性学科。

（4）技术经济学的对象可归纳为研究技术领域的经济活动规律、经济领域的技术发展规律、技术发展的内在规律三大领域，并把研究对象分为工程（项目）、企业、产业和国家四个层面的技术经济问题，学科构成由基础理论、基本方法以及理论方法的应用三个方面。可以看做是对上述提法的归纳、扬弃和提高。

（5）技术经济学具有立体性、实用性、定量性、预测性、系统性、比较性的特点。

（6）技术经济学的基本原理：技术经济矛盾统一原理、经济效果指标原理、经济增量原理、机会成本原理、时间效应原理、合力替代原理。

（7）技术经济分析要遵循的基本原则有效益满意原则、方案可比原则和系统分析原则。

（8）技术经济分析的基本步骤：确定目标、寻找实现目标的制约因素、提出备选方案、评价方案、决策。

思 考 题

1. 简述技术与经济的概念及相互关系。
2. 技术经济学的研究对象是什么？
3. 技术经济学的研究内容包括哪些？
4. 技术经济学有哪些特点？
5. 对方案比较的可比性要求如何理解？
6. 技术经济学的研究方法包括哪些？
7. 技术经济分析应遵循哪些原理？
8. 技术经济分析应遵循哪些基本原则？
9. 技术方案评价的系统性主要表现在哪些方面？
10. 技术经济分析的基本步骤有哪些？

第二章 投资、成本、收入与利润

第一节 投 资

一、投资的基本概念

投资是指人们的一种有目的的经济行为，即以一定的资源投入某项计划，以获取所期望的报酬。投资可分为生产性投资和非生产性投资，所投入的资源可以是资金，也可以是人力、技术或其他资源。

二、投资构成

对于一般的工业投资项目来说，总投资包括建设投资和生产经营所需要的流动资金投资两大部分。建设项目总投资如图 2-1 所示。

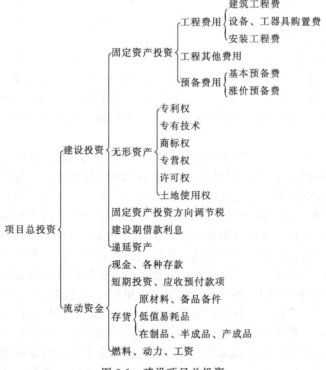

图 2-1 建设项目总投资

（一）建设投资

建设投资包括固定资产投资、无形资产、建设期借款利息、固定资产投资方向调节税和递延资产。

1. 固定资产投资

固定资产投资是企业经营和生产过程中不可缺少的物质条件（劳动资料）。对工业企业来说其中相当一部分固定资产是用来改变或影响劳动对象的主要劳动资料。在企业中，劳动资料的单项价值高低悬殊，使用时间也不相同。为了便于管理和核算，常常按照劳动资料的经济用途、单项价值、使用时间等项标准进行划分，凡达到规定标准的，作为固定资产管理和核算，不够规定标准的，作为低值易耗品管理和核算。固定资产是指使用年限在一年以上，单位价值在规定标准以上，并在使用过程中保持原有物质形态的资产。企业的固定资产包括使用在一年以上的房屋、建筑物、机械、运输设备和其他与生产经营有关的设备、器具、工具等。不属于生产经营主要设备的物品，单位价值在 2000 元以上，使用年限超过两年的也作为固定资产。用于建造与购置固定资产的投资也属于固定资产投资。固定资产投资包括工程费用、预备费用和其他费用。

（1）工程费用　包括建筑工程费；设备、工器具购置费；安装工程费。

① 建筑工程费。建筑工程包括房屋建筑工程、大型土石方和场地平整以及特殊构筑物工程等。建筑工程费由直接费、间接费、计划利润和税金组成。直接费包括人工费、材料费、施工机械使用费和其他直接费。可按建筑工程量和当地建筑工程概算综合指标计算。间接费包括施工管理费和其他间接费，一般以直接费为基础，按间接费率计算。计划利润以建筑工程的直接费与间接费之和为基数，按照一定的利润计算。税金包括营业税、城市维护建设税和教育费附加。

② 设备、工器具购置费。即建设项目在设计范围内所购置和自制的设备、工具、器具等费用，包括产品的原价、供销部门手续费、包装费、运输费、采购保管费等。

③ 安装工程费。即各种需要安装的设备，如成套装置和生产、动力、起重、传动、仪器仪表等设备的组装及安装的费用，安装时有关管线的配置、单项设备的试车等的费用。由直接费、间接费、计划利润和税金四部分组成。

（2）工程其他费用　指根据有关规定应计入固定资产投资的除建筑、安装工程费用和设备、工器具购置以外的一些费用。包括建设单位管理费、土地征用费（土地补偿和安置补偿费）、耕地占用税、负荷联合试车费、勘察设计费、科研试验费、临时设施费、生产职工培训费、施工机构转移费以及供电贴费等与建筑安置、设备购置无关但又必须支出的建设费用。

（3）预备费用　是指事先难以预料的工程和费用。包括基本预备费和涨价预备费。

在建设项目建成投资时核定的固定资产价值称为固定资产原值。按照我国现行规定，用基本建设拨款或基本建设贷款购建的固定资产，以建设单位交付使用的财产明细表中确定的固定资产价值为原值。用专项拨款、专项贷款购建的固定资产，以实际购建成本为原值。无形资产通常以取得该资产的实际支出为原值。递延资产以形成该资产的实际支出为原值。

工业项目投产以后，固定资产在使用过程中逐渐磨损和贬值，其价值逐步转移到产品中去，转移价值以折旧的形式计入产品成本，并通过产品销售以货币形式回到投资者手中。折旧是对固定资产磨损的价值损耗的补偿，固定资产使用一段时间以后，其原值扣除累计的折旧额称为当时固定资产价值。在许多情况下，由于各种原因，净值往往不能反映当时的固定资产真实价值，需要根据社会再生产条件和市场情况对固定资产重新估价，估得的价值称为固定资产重估值。工业项目寿命期结束时固定资产的残余价值称期末残值，期末残值一般指当时市场上可实现的价值，对于工业项目的投资者来说，固定资产期末残值是一项在期末可回收的现金流入。

2. 无形资产

无形资产是指具有一定价值或可以为所有者或控制者带来经济利益，能在比较长时间内持续发挥作用，并且不具有独立实体的权利和经济资源。如专利权、专有技术、商标权和土地使用权等。

3. 固定资产投资方向调节税

固定资产投资方向调节税是对进行固定资产投资的单位和个人实际完成投资额征收的一种行为税，是国家为控制和调节投资方向，符合产业政策而采用的税收杠杆。此项调节税要计入项目总投资。它是在原建筑税的基础上发展起来的，自 1991 年起实行。投资方向调节税根据国家产业政策和项目经济规模实行 5 个档次的差别税率（0、5％、10％、15％和30％）。固定资产投资项目按其单位工程分析确定适用税率。

4. 建设期借款利息

建设期借款利息是指用于项目建设的借款（不含流动资金借款），在建设期应支付的利息。此项利息应计入项目的总投资。按我国规定，企业长期负债的应计利息支出，在筹建期间的，计入开办费；在生产期间的，计入财务费用；在清算期间的，计入清算损益。

5. 递延资产

递延资产是指不能全部计入当年损益，应当在以后年度内分期摊销的各项费用。如开办费、租入固定资产的改良支出、固定资产的大修理支出和摊销期在一年以上的其他待摊销费。

（二）流动资金

流动资金，在会计上称为营运资本，指在项目投产前预先垫付，在投产后的生产与经营过程中用于购买原材料、燃料和动力、备品备件、支付工资和其他费用以及在制品、半成品及产成品或商品占用的周转资金。其计算公式如下。

$$流动资金＝流动资产－流动负债 \tag{2-1}$$

流动资产是指可以在一年内或超过一年的一个营业周期内变现或者耗用的资产，包括现金、各种存款、短期投资、应收预付款项、存货等。

流动负债是指偿还期在一年或超过一年的一个营业周期内的债务，包括短期借款、应付票据、应付预收款项、应交税金、应付利润和应付福利费等。

第二节　费用与成本

一、费用和成本的概念

按照《企业会计制度》对成本与费用的定义，费用是指企业为销售商品、提供劳务等日常活动所发生的经济利益的流出；成本是指企业为生产产品、提供劳务而发生的各种耗费。费用和成本是两个并行使用的概念，两者既有联系又有区别。成本是按一定对象所归集的费用，生产成本是相对于一定的产品而言所发生的费用；费用是资产的耗费，它与一定会计期间相联系，而与生产哪种产品无关，成本则与一定类别和数量的产品和商品相联系，而不论发生在哪个会计期间。

一般来说，在技术经济分析中，对费用与成本的概念的理解与企业财务会计中的理解不完全相同。主要表现在三个方面：第一，财务会计中的费用和成本是对企业经营活动和产品生产过程中实际发生的各项耗费的真实记录，所得到的数据是唯一的，而技术经济分析中使用的费用和成本数据是在一定的假设前提下对拟实施的投资方案的未来情况的预测结果，带有不确定性；第二，会计中对费用和成本的计量分别针对特定会计期间的企业生产经营活动和特定产品的生产过程，而技术经济分析中对费用和成本的计量则一般针对某一投资项目或方案的实施结果；第三，技术经济分析强调对现金流量的考察分析，在这个意义上费用与成本具有相同的性质。因此，在本书后面的叙述中，如无特殊说明一般不严格区分费用与成本的概念。

二、总成本费用的构成

总成本费用是指项目在一定时期内（一般为一年）为生产和销售产品而花费的全部成本和费用。按其经济用途与核算层次可分为直接费用、制造费用和期间费用，或生产成本、管理费用、财务费用和销售费用。总成本费用构成如图 2-2 所示。

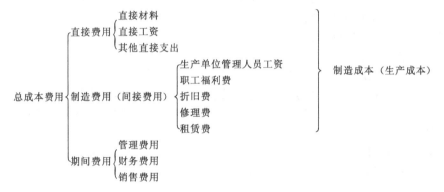

图 2-2　总成本费用构成

$$总成本费用＝生产成本＋管理费用＋财务费用＋销售费用 \qquad (2-2)$$

生产成本由生产过程中消耗的直接材料、直接工资、其他直接支出和制造费用构成。副产品回收可抵扣部分生产成本。

（一）直接费用

直接费用包括直接材料费、直接工资和其他费用。直接材料费是指在生产中用来形成产品必要部分的材料，直接工资是指在产品生产过程中直接对材料进行加工使之变成产品的人员工资。

（二）制造费用

制造费用是指为组织和管理生产所发生的各项费用，包括生产单位管理人员工资、职工福利费、折旧费、修理费及其他制造费用（办公费、差旅费、劳动保护费等）。直接费用和相应的制造费用构成产品的生产成本。已销售产品的生产成本通常称为商品销售成本。

（三）期间费用

期间费用是指企业在一定会计期间发生的与生产经营没有直接关系和关系不密切的销售费用、管理费用和财务费用。

销售费用是指销售商品过程中发生的费用，包括应由企业负担的运输费、装卸费、包装费、保险费、差旅费、广告费，以及专设销售机构的人员工资及福利费折旧费和其他费用。

管理费用是指企业行政管理部门为管理和组织经营活动所发生的各项费用，包括管理部门人员的工资及福利费、折旧费、修理费、物料消耗、办公费、保险费、差旅费、工会及职工教育经费、技术开发费、咨询费、诉讼费、房产税、车船税、土地使用税、无形资产摊销、开办费摊销、业务招待费及其他各项费用。

财务费用是指企业在筹集资金等财务活动中发生的费用，包括生产经营期间发生的利息支出、汇兑净损失、银行手续费以及为筹集资金发生的其他费用。

在技术经济分析中，为了便于计算，通常按照各费用要素的经济性质和表现形态将其归并，把总费用分成以下九项：外购材料（包括主要材料、辅助材料、半成品、包装物、修理及备件和低值易耗品等）；外购燃料；外购动力；工资及福利费；折旧费；摊销费；利息支出；修理费；其他费用。

这里应注意的是固定资产的折旧费与无形资产、递延资产摊销费在技术经济分析中具有相同的性质。虽然在会计中折旧费与摊销费被计入费用和成本，但在做现金流量分析时，折旧费与摊销费既不属于现金流入，也不属于现金流出。

三、项目经济分析中的其他成本

（一）经营成本

经营成本是项目经济评价中所使用的特定概念，设置经营成本这一概念的目的是便于进行项目现金流量分析。由于现金流量分析是按照收付实现制确定的，而总成本费用包括一部分非付现成本（折旧和摊销等），所以在项目经济分析中为了便于考察项目经营期间构成实际现金流出的那一部分成本，引入了经营成本这一概念。作为项目运营期的主要现金流出，其构成和估算可采用下式表达。

$$经营成本＝外购原材料、燃料和动力费＋工资及福利费＋修理费＋其他费用 \quad (2-3)$$

也可根据总成本费用，扣除折旧费、维修费、摊销费和利息后得到下式

$$经营成本＝总成本费用－折旧费－摊销费－利息 \quad (2-4)$$

如上所述，折旧费和摊销并不构成实际的现金流出，而只是建设投资在经营期的分摊，因此折旧费和摊销不属于经营成本的范畴。

货款利息是项目实际发生的现金流出，但如果对项目进行融资前财务分析时，不考虑资金来源，只分析全部投资所产生的效果，那么利息应该是全部投资所产生的收入中的一部分，因此也不能作为经营期的现金流出来考虑，作为经营期现金流出主要内容的经营成本中也不应该包括利息。在项目技术经济分析中，为了计算和分析方便，引入经营成本这一概念，并把它作为一个单独的现金流出项目列出。

（二）机会成本

机会成本是指把一种具有多种用途的稀缺资源用于某一特定用途上时，所放弃的其他用途中的最佳用途的收益。人们在利用自己的经济资源时，往往选择实际收益大于机会成本的项目。机会成本不是实际发生的支出。在技术经济分析中，机会成本的概念十分重要，因为投资者能投入的资金或可利用的经济资源是有限的，具有稀缺性，当这种有限资源可同时用于两个或多个备选方案时，只有把机会成本同时考虑进去，使收益大于机会成本，才能保证选用最佳方案投资，从而实现资源的最佳配置和利用。

（三）沉没成本

沉没成本是过去的成本支出，是项目投资决策评价前已经花费的，在目前的决策中无法改变的成本。在项目评价或决策中，当前决策所考虑的是未来可能发生的费用及所能带来的收益，沉没成本与当前决策无关，因此，在下一次的决策中不予考虑。

（四）边际成本

边际成本是指增加一个单位产品产量所增加的成本，也就是增加最后一个产品生产的成本。边际成本可用成本的增量与产量的增量之比来计算，公式为

$$边际成本＝\frac{成本增量}{产量增量} \quad (2-5)$$

边际成本的经济学意义在于，当边际收益即增加最后一个单位产品时所增加的收益大于边际成本时，增加产量扩大生产规模的决策有助于投资者增加利润总额，因而，此投资方案是可取的；当边际收益小于边际成本时，增加产量扩大生产规模的决策会使投资者的利润减

少，因而此投资方案是不可取的；当边际收益与边际成本相等时，当前的生产规模是投资者获得最大的生产规模，因而也是最佳的。

第三节　营业收入和营业税金及附加

一、营业收入

营业收入是项目建成投产后补偿成本、上缴税金、偿还债务、保证企业再生产正常进行的前提。它是进行利润总额、营业税金及附加和增值税估算的基础数据。营业收入的计算公式如下。

$$年营业收入＝产品销售单价×产品年销售量 \qquad (2\text{-}6)$$

在工程项目经济分析中，产品年销售量应根据市场行情，采用科学的预测方法确定。产品销售单价一般采用出厂价格，也可根据需要选用送达用户的价格。

估算营业收入，产品销售价格是一个很重要的因素，一般可在以下三种价格中进行选择。

（1）口岸价格　如果项目产品是出口产品，或者是替代进口产品，或者是间接出口产品，可以口岸价格为基础确定销售价格。出口产品和间接出口产品可选择离岸价格（FOB），替代进口产品可选择到岸价格（CIF）。或者直接以口岸价格定价，或者以口岸价格为基础，参考其他有关因素确定销售价格。

（2）市场价格　如果同类产品或类似产品已在市场上销售，并且这种产品既与外贸无关，也不是计划控制的范围，则可选择现行市场价格作为项目产品的销售价格。当然也可以现行市场价格为基础，根据市场供求关系上下浮动作为项目产品的销售价格。

（3）根据预计成本、利润和税金确定价格　如果拟建项目的产品属于新产品，则可根据下列公式估算其出厂价格。

$$出厂价格＝产品计划成本＋产品计划利润＋产品计划税金$$

$$产品计划利润＝产品计划成本×产品成本利润率$$

$$产品计划税金＝\frac{产品计划成本＋产品计划利润}{1－税率}×税率 \qquad (2\text{-}7)$$

以上几种情况，当难以确定采用哪一种价格时，可考虑选择可供选择方案中价格最低的一种作为项目产品的销售价格。

二、产品年销售量的确定

在项目经济分析中，应首先根据市场需求预测确定项目产品的市场份额，进而合理确定企业的生产规模，再根据企业的设计生产能力确定年产量。在现实经济生活中，产品年销售量不一定等于年产量，这主要是因市场波动而引起库存变化导致产量与销售量的差别。但在工程项目经济分析中，难以准确地估算出由于市场波动引起的库存量变化。因此在估算营业收入时，不考虑项目的库存情况，而假设当年生产出来的产品当年全部售出。这样，就可以根据项目投产后各年的生产负荷确定各年的销售量。如果项目的产品较单一，用产品单价乘产量即可得到每年的营业收入；如果项目的产品类别比较多，可根据营业收入和营业税金及附加估算表进行估算，即应首先计算每种产品的年营业收入，然后汇总在一起，求出项目运营期各年的营业收入；如果产品部分销往国外，还应计算外汇收入，并按外汇牌价折算成人民币，然后再计入项目的年营业收入总额中。

三、营业税金及附加

营业税金是根据商品或劳务的流转额征收的税金，属于流转税的范畴。营业税金包括增值税、消费税、营业税、城市维护建设税、资源税。附加是指教育费附加，其征收的环节和计费的依据类似于城乡维护建设税。所以，在经济分析中，一般将教育费附加并入营业税金项内，视同营业税金处理。

（一）增值税

增值税是对我国境内销售货物、进口货物以及提供加工、修理修配劳务的单位和个人，就其取得货物的销售额、进口货物金额、应税劳务收入额计算税款，并实行税款抵扣制的一种流转税。

在经济分析中，增值税作为价外税可以不包括在销售税金及附加中，也可以不包含在营业税金及附加中。如果不包括在销售税金及附加中，产出物的价格不含有增值税中的销项税，投入物的价格中也不含有增值税中的进项税。但在营业税金及附加的估算中，为了计算城乡维护建设税和教育费附加，有时还需要单独计算增值税税额，作为城乡维护建设税和教育费附加的计算基数。增值税是按增值额计税的，可按下列公式计算。

$$增值税应纳税额＝销项税额－进项税额 \qquad (2-8)$$

上式中，销项税额是指纳税人销售货物或提供应税劳务，按照销售额和增值税税率计算并向购买方收取的增值税税额，其计算公式为

$$销项税额＝销售额×增值税税率$$
$$＝销售收入（含税销售额）÷（1＋增值税税率）×增值税税率 \qquad (2-9)$$

进项税额是指纳税人购进货物或接受应税劳务所支付或者负担的增值税税额，其计算公式为

$$进项税额＝外购原材料、燃料及动力费÷（1＋增值税税率）×增值税税率 \qquad (2-10)$$

（二）消费税

消费税是对工业企业生产、委托加工和进口的部分应税消费品按差别税率或税额征收的一种税。消费税是在普遍征收增值税的基础上根据消费政策、产业政策的要求，有选择地对部分消费品征收的一种特殊的税种。目前，我国的消费税共设 11 个税目，13 个子目。消费税的税率有从价定率和从量定额两种，其中，黄酒、啤酒、汽油、柴油产品采用从量定额计征的方法；其他消费品均为从价定率计税，税率从 3%～45% 不等。

消费税采用从价定率和从量定额两种计税方法计算应纳税额，一般以应税消费品的生产者为纳税人，在销售时纳税。应纳税额计算公式如下。

实行从价定率办法的计算公式为

$$应纳税额＝应税消费品销售额×适用税率$$
$$＝\frac{销售收入（含增值税）}{1＋增值税税率}×消费税税率$$
$$＝组成计税价格×消费税税率 \qquad (2-11)$$

实行从量定额方法的计算公式为

$$应纳税额＝应税消费品销售数量×单位税额 \qquad (2-12)$$

应税消费品的销售额是指纳税人销售应税消费品向买方收取的全部价款和价外费用，不包括向买方收取的增值税税款。销售数量是指应税消费品数量。

（三）营业税

营业税是对在我国境内从事交通运输业、建筑业、金融保险业、邮电通信业、文化体育业、娱乐业、服务业或有偿转让无形资产、销售不动产行为的单位和个人，就其营业额所征收的一种税。营业税税率在 3%～20%。营业税应纳税额的计算公式为

$$营业税应纳税额＝营业额×适用税率 \qquad (2-13)$$

在一般情况下，营业额是纳税人提供应税劳务、转让无形资产、销售不动产时向对方收

取的全部价款和价外费用。

（四）城乡维护建设税

城乡维护建设税是以纳税人实际缴纳的流转税额为计税依据征收的一种税。城乡维护建设税按纳税人所在地区实行差别税率：项目所在地为市区的，税率为 7％；项目所在地为县城、镇的，税率为 5％；项目所在地为乡村的，税率为 1％。

城乡维护建设税以纳税人实际缴纳的增值税、消费税、营业税税额为计税依据，并分别与上述 3 种税同时缴纳。其应纳税额计算公式为

$$应纳税额＝（增值税＋消费税＋营业税）的实纳税额×适用税率 \qquad (2\text{-}14)$$

（五）教育费附加

教育费附加是为了加快地方教育事业的发展，扩大地方教育经费的资金来源而开征的一种附加费。根据有关规定，凡缴纳消费税、增值税、营业税的单位和个人，都是教育费附加的缴纳人。教育费附加随消费税、增值税、营业税同时缴纳。教育费附加的计征依据是各缴纳人实际缴纳的消费税、增值税、营业税税额，税率为 3％。其计算公式为

$$应纳教育费附加额＝消费税、增值税、营业税的实纳税额×3\% \qquad (2\text{-}15)$$

（六）资源税

资源税是国家对在我国境内开采应税矿产品或者生产盐的单位和个人征收的一种税。实质上，它是对因资源生成和开发条件的差异而客观形成的级差收入征收的。资源税的征收范围如下。

（1）矿产品　包括原油、天然气、煤炭、金属矿产品和其他非金属矿产品。

（2）盐　包括固体盐、液体盐。

资源税的应纳税额，按照应税产品的课税数量和规定的单位额计算。应纳税额的计算公式为

$$应纳税额＝应税产品课税数量×单位税额 \qquad (2\text{-}16)$$

课税数量是指纳税人开采或者生产应税产品用于销售的，以销售数量为课税数量；纳税人开采或者生产应税产品自用的，以自用数量为课税数量。

第四节　利　　润

一、利润总额计算

利润总额是企业在一定时期内生产经营活动的最终财务成果。它集中反映了企业生产经营各方面的效益。

现行会计制度规定，利润总额等于营业利润加上投资净收益、补贴收入和营业外收支净额的代数和。其中，营业利润等于主营业务收入减去主营业务成本和主营业务税余及附加，加上其他业务利润，再减去营业费用、管理费用和财务费用后的净额。

在对工程项目进行经济分析时，为简化计算，在估算利润总额时，假定不发生其他业务利润，也不考虑投资净收益、补贴收入和营业外收支净额，本期发生的总成本等于主营业务成本、营业费用、管理费用和财务费用之和。并且视项目的主营业务收入为本期的销售（营业）收入，主营业务税金及附加为本期的销售税金及附加。利润总额的估算公式为

$$利润总额＝产品销售（营业）收入－营业税金及附加－总成本费用 \qquad (2\text{-}17)$$

$$净利润＝利润总额－所得税 \qquad (2\text{-}18)$$

根据利润总额可计算所得税和净利润，在此基础上可进行净利润的分配。在项目的经济

分析中，利润总额是计算一些静态指标的基础数据。在工程项目的经济分析中，一般视净利润为可供分配的净利润，可按照下列顺序进行分配。

（1）提取盈余公积金　一般企业提取的盈余公积金分为两种：一种是法定盈余公积金，在其金额累计应达到注册资本的50％以上，按照可供分配的净利润的10％提取，达到注册资本的50％，可以不再提取；另一种是法定公益金，按可供分配的净利润的5％提取。

（2）向投资者分配利润（应付利润）　企业以前年度未分配利润，可以并入本年度向投资者分配。

（3）未分配利润　即未作分配的净利润。可供分配利润减去盈余公积金和应付利润后的余额，即为未分配利润。

二、所得税计算

根据税法的规定，企业取得利润后，先向国家缴纳所得税，即凡在我国境内实行独立经营核算的各类企业或者组织者，其来源于我国境内、境外的生产、经营所得和其他所得，均应依法缴纳企业所得税。

企业所得税以应纳税所得额为计税依据。

纳税人每一纳税年度的收入总额减去准予扣除项目的余额，为应纳税所得额。

纳税人发生年度亏损的，可用下一纳税年度的所得弥补；下一纳税年度的所得不足以弥补的，可以逐年延续弥补，但是延续弥补期最长不得超过5年。

企业所得税的应纳税额计算公式如下。

$$所得税应纳税额＝应纳税所得额×25\% \tag{2-19}$$

在工程项目的经济分析中，一般是按照利润总额作为企业所得，乘以税率25％计算所得税，即

$$所得税应纳税额＝利润总额×25\% \tag{2-20}$$

营业收入、总成本费用、税金和利润的关系如图2-3所示。

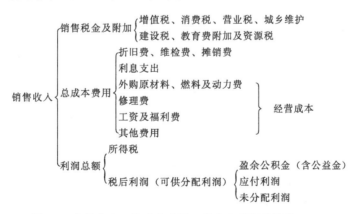

图 2-3　营业收入、总成本费用、税金和利润的关系

本 章 小 结

（1）对于一般的工业投资项目来说，总投资包括建设投资和生产经营所需要的流动资金投资两部分。建设项目总投资是指人们在社会生产活动中，为实现某项预定的生产、经营目标而预先垫支的资金，是劳动消耗中反映劳动占用的综合指标。建设投资包括固定资产投资、无形资产、递延资产、建设期借款利息和固定资产投资方向调节税。流动资金，指在项目投产前预先垫付，在投产后的生产与经营过程中用于购买原材料、燃料和动力、备品备

件、支付工资和其他费用以及在制品、半成品及产成品或商品占用的周转资金。

（2）在企业生产经营活动中，费用是指企业为销售商品、提供劳务等日常活动所发生的经济利益的流出；成本是指企业为生产产品、提供劳务而发生的各种耗费。总成本费用是指项目在一定时期内（一般为一年）为生产和销售产品而花费的全部成本和费用。按其经济用途与核算层次可分为直接费用、制造费用和期间费用，或生产成本、管理费用、财务费用和销售费用。在项目经济分析中还涉及经营成本、机会成本、沉没成本和边际成本等其他成本。

（3）营业收入是项目建成投产后补偿成本、上缴税金、偿还债务、保证企业再生产正常进行的前提。营业税金是根据商品或劳务的流转额征收的税金，属于流转税的范畴。营业税金包括增值税、消费税、营业税、城市维护建设税、资源税。附加是指教育费附加，其征收的环节和计费的依据类似于城乡维护建设税。

（4）利润总额是企业在一定时期内生产经营活动的最终财务成果。它集中反映了企业生产经营各方面的效益。现行会计制度规定，利润总额等于营业利润加上投资净收益、补贴收入和营业外收支净额的代数和。其中，营业利润等于主营业务收入减去主营业务成本和主营业务税金及附加，加上其他业务利润，再减去营业费用、管理费用和财务费用后的净额。

思 考 题

1. 建设项目总资金在项目建成后可能会形成哪些资产？各类资产由哪些费用项目构成的？
2. 什么是成本费用？什么是经营成本？
3. 项目投资总额包括什么？
4. 营业税金及附加中包括哪些税种？
5. 试述利润总额、净利润及未分配利润的关系。

第三章 资金的时间价值

本章学习目标

(1) 了解单利、复利的含义；

(2) 熟悉利息、利率的概念与计算；

(3) 掌握资金时间价值的概念及含义、现金流量概念、现金流量图的绘制方法、名义利率与实际利率的差别及换算、资金等值的概念及计算。

无论是技术方案所发挥的经济效益还是所消耗的各种资源，最后基本上都可以用货币形态，即资金的形式表现出来的。资金运动反映了物化劳动和活劳动的运动过程，而这个过程也是资金随时间运动的过程。在技术经济分析时，不仅要针对方案资金量的数额大小进行分析，而且也要考虑资金发生的时点。因为今天可以用来投资的一笔资金，即使不考虑通货膨胀的因素，也比将来同等数量的资金更有价值。这是因为当前可用的资金能够立即用来投资并带来收益的缘故。

在技术经济分析中，经常会遇到诸如投资时间不同的方案评价、投产时间不同的方案评价、使用寿命不同的方案评价、实现技术方案后各年经营费用不同的方案评价等。早投资还是晚投资，是集中投资还是分期投资，它们的经济效果是不一样的；早投产还是晚投产，分期投产还是一次投产，在这些情况下经济效果也是不一样的；而有的方案前期经营费用大、后期小，有的前期经营费用小、后期大，经济效果也是不一样的。上述问题都存在时间因素的不可比现象，要正确评价项目技术方案的经济效果，就必须研究资金的时间价值及其计算，从而为消除方案时间上的不可比奠定基础。因此，重视时间因素的研究，对技术经济分析有着重要的意义。

第一节 资金时间价值概述

一、资金时间价值的概念与衡量尺度

（一）资金时间价值的概念

一定量的货币资金在不同的时点上具有不同的价值。假设年初的 1 万元用于投资，年投资收益率 10%，则年终其价值已经是 1.1 万元，可见随着时间的推移，周转使用中的资金价值发生了增值。资金使用者把资金投入生产经营以后，劳动者借以生产新的产品，创造新的价值，会带来利润，实现增值。随着时间的推移，所获得的利润增多，实现的增值额加大。所以，资金时间价值的实质，是资金周转使用后的增值额。一般而言，资金由资金使用者从资金所有者处筹集来进行周转使用以后，资金所有者也要分享一部分资金的增值额。

我们把资金在周转使用过程中随着时间的推移而发生的增值称为资金的时间价值（Time Value of Money）。要使资金产生增值，即获得资金时间价值，必须具备以下两个条件。

（1）参加生产过程的周转 任何一笔资金必须参加生产过程的周转，在社会生产过程中创造社会财富，才有可能产生价值增值，这是产生资金时间价值的必要条件。而一笔资金作

为储藏手段保存起来，数年之后，表面上仍为数量相等的资金，但其实际价值却已经不同了。

（2）经历一定的时间　任何一笔资金要想产生价值增值，必须经历一定的时间，这是产生资金时间价值的基本条件。

从全社会的角度看，资金时间价值是一种客观存在。只要商品生产存在，资金就具有时间价值。

（二）资金时间价值的衡量尺度

1. 衡量资金时间价值的绝对尺度

衡量资金时间价值的绝对尺度是资金在周转使用过程中随着时间的推移而发生增值的绝对数额，即增值额。在实际工作和生活中，增值额的表现形式多种多样，可以具体化为利润、利息等。其中，利润是资金投入生产过程而产生的增值；而利息是资金所有者转让资金使用权所得到的报酬，或是资金的使用者因占有他人资金所付出的代价，其来源于生产过程中产生的剩余价值，是利润的一部分。可见，利润和利息都是资金随着时间的推移而产生增值的具体表现，可以作为具体衡量资金时间价值的绝对尺度。

2. 衡量资金时间价值的相对尺度

衡量资金时间价值的相对尺度是资金在周转使用过程中随着时间的推移而发生增值的相对数，即资金在单位时间内的增值率。在实际工作和生活中，增值率的表现形式多种多样，可以具体化为利率、利润率和利税率等。通常，我们习惯上把单位时间内获得或支付的利息金额与最初的存款或贷款总额（均称为本金）的比率称为利息率，简称利率；而把单位时间内获得的收益与所投入资金总额的比值称为收益率（包括利润率和利税率等）。利率、利润率和利税率（在技术经济学中可统称为收益率）反映了资金随时间变化而增值的速度快慢，是具体衡量资金时间价值的相对尺度。

二、现金流量与现金流量图

资金时间价值是技术经济分析的基本概念，是采用动态分析方法对投资方案进行科学评价的基础。在运用资金时间价值进行技术经济分析时，通常要描述出资金发生的时点、流入或流出所分析系统的方向以及数额的大小。因此，资金时间价值的运用通常要借助现金流量和现金流量图来实现。相应地，现金流量和现金流量图的分析和利用也经常涉及资金时间价值问题。

（一）现金流量

在进行技术经济分析时，可把所考察的对象视为一个系统，这个系统可以是一个项目、一个企业，也可以是一个地区、一个行业或者是一个国家。对于一个特定的经济系统而言，投入的资金、花费的成本，获取的收入，都可以看成是以货币形式体现的该系统的资金流出或资金流入。在技术经济分析中，把考察对象一定时期各个时间点上实际发生的这种资金流出或资金流入称为现金流量，其中流出系统的资金称现金流出（CO），流入系统的资金称现金流入（CI），现金流入与现金流出之差称净现金流量（NCF，Net Cash Flow）。技术经济分析的目的就是要根据特定系统所要达到的目标和所拥有的资源条件，考察系统在从事某项经济活动过程中的现金流出与现金流入，选择合适的技术方案，以获取最好的经济效果。

对一项经济活动现金流量的考察与分析，因考察角度和所研究系统的范围不同，现金流量的内涵和构成会有不同。例如，国家对企业经济活动征收的税金，从企业角度看是现金流出，从整个国民经济的角度看既不是现金流出也不是现金流入。在技术经济分析中，必须在明确考察角度和系统范围的前提下正确区分现金流入与现金流出。

由于不同情况下现金流量内涵和构成不同，在技术经济分析中，一般意义上的现金流量又具体表现为财务现金流量和经济效益费用流量。在对项目进行财务评价时，使用的是从项目的角度出发，按现行财税制度和市场价格确定的财务现金流量（财务现金流量构成参见第八章有关内容）。在对项目进行费用效益分析时，使用的是从国民经济角度出发，按资源优化配置原则和影子价格确定的经济效益费用流量（经济效益费用流量构成参见第九章有关内容）。本书从第三章到第七章对财务现金流量和经济效益费用流量暂不作区分。

对于一般的经济活动来说，投资、成本、销售收入、税金和利润等经济量是构成经济系统现金流量的基本要素，也是进行技术经济分析最重要的基础数据。

（二）现金流量图

对于一个经济系统，其现金流量的流向（支出或收入）、数额和发生时点都不尽相同，为了正确地进行经济效果评价，就要借助现金流量图来进行分析。所谓现金流量图是一种反映经济系统资金运动状态的图，即把经济系统的现金流量绘入一幅时间坐标图中，表示出各现金流入、流出与相应时间的对应关系，如图 3-1 所示。

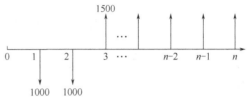

图 3-1　现金流量图

要正确绘制现金流量图，必须把握好现金流量的三个要素，即现金流量的大小（资金数额）、方向（资金流入或流出）和作用点（资金的发生时点）。现金流量图的作图方法和规则如下。

① 以横轴为时间轴，向右延伸表示时间的延续，轴上每一刻度表示一个时间单位，可取年、半年、季或月等；0 表示时间序列的起点。

② 相对于时间坐标的垂直箭线代表不同时点的现金流量，在横轴上方的箭线表示现金流入，即表示收入或效益；在横轴下方的箭线表示现金流出，即表示费用或损失。

③ 现金流量的方向（流入与流出）是对特定的系统而言的。贷款方的流入就是借款方的流出；反之亦然。通常工程项目现金流量的方向是针对资金使用者的系统而言的。

④ 在现金流量图中，箭线长短与现金流量数值大小本应成比例，但由于经济系统中各时点现金流量的数额常常相差悬殊而无法成比例绘出，故在现金流量图绘制中，箭线长短只是示意性地体现各时点现金流量数额的差异，并在各箭线上方（或下方）注明其现金流量的数值。

⑤ 箭线与时间轴的交点即为现金流量发生的时点。在技术经济分析中，通常设本期末即等于下期初。0 点就是第一期期初，也叫零期；第一期期末即等于第二期期初；依次类推。

在技术经济分析中对投资与收益发生的时间点有两种处理方法：一种是年初投资年末收益法，即把投资计入发生年的年初，把收益计入发生年的年末；另一种是年（期）末习惯法，即每一年（期）发生的现金流量均认为发生在年（期）末。这两种处理方法的结果稍有差别，但不会引起本质变化。

三、资金时间价值的相关概念

资金时间价值是经济活动中的一个重要概念，也是资金使用过程中必须认真考虑的一个标准。要能正确运用和计算资金时间价值，还需了解和资金时间价值相关的一些概念，如终值、现值和等值；一次性收付和多次收付等。

终值（Future Value）就是本利和，是指现在一定数额的资金在若干期后包括本金和利息在内的未来价值。现值（Present Value）是指以后年份收到或付出资金的现在价值。前述已知，资金有时间价值，即使金额相同，因其发生在不同时点，其价值就不相同；反之，不同时点绝对值不等的资金在时间价值的作用下却可能具有相等的价值。这些不同时期、不同数额，但其"价值等效"的资金称为等值，又叫等效值。终值和现值是等值概念的具体化。在技术经济分析中，等值是一个十分重要的概念，它为我们衡量某一经济活动的有效性或者进行方案比较、优选提供了可能。

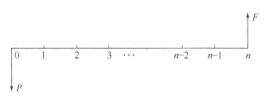

图 3-2　一次性收付现金流量图

一次性收付是指所分析系统的现金流量，无论是流入或是流出，均在一个时点上一次性发生，如图 3-2 所示。在生产实践中，多次支付是最常见的支付方式。多次支付是指现金流量在多个时点发生，而不是集中在某一个时点上。多次支付具体表现形式多种多样，如图 3-1 所示只是众多表现中的一种，一些有代表性的情况将会在本书陆续介绍。

为表述方便，本书将以 i 表示计息期利率；n 表示计息期数；P 表示现值；F 表示终值。

四、利息与利率

（一）利息与利率概念

资金时间价值可以用绝对数表示，也可以用相对数表示。因为利息是资金时间价值的一种重要表现形式，资金时间价值的计算方法与计息的方法完全相同，所以在理论分析时通常习惯用利息作为衡量资金时间价值的绝对尺度，用利率作为衡量资金时间价值的相对尺度。

利息就是在借贷过程中，债务人支付给债权人的超过原借款本金的部分。在技术经济分析中，利息常常被看成是资金的一种机会成本，是占用资金所付的代价；同时从投资者的角度来看，利息也体现为对放弃现期消费的损失所作的必要补偿。

利率就是在单位时间内（如年、半年、季、月、周、日等）所得利息与借款本金之比，通常用百分数表示。用于表示计算利息的时间单位称为计息周期，计息周期通常为年、半年、季，也可以为月、周或日。在经济学中，利率的定义是从利息的定义中衍生出来的。也就是说，在理论上先承认了利息，再以利息来解释利率。在实际计算中，正好相反，常根据利率计算利息，利息的大小借助利率来衡量。

利率是各国发展国民经济的杠杆之一，利率的高低由下述因素决定。

（1）社会平均利润率　马克思曾经指出："必须把平均利润率看成是利息的有最后决定作用的最高界限。"作为资金时间价值表现形态的利息率，应以社会平均资金利润率为基础，而又不应高于这种资金利润率。即平均利润率是利率的最高界限。因为如果利率高于利润率，借款人投资后无利可图，也就不会去借款了。

（2）金融市场上借贷资本的供求情况　在平均利润率不变的情况下，借贷资本供过于求，利率便下降；反之，利率便上升。

（3）银行所承担的贷款风险　借出资本要承担一定的风险，而风险的大小也影响利率的波动。风险越大，利率也就越高。

（4）通货膨胀率　通货膨胀对利率的波动有直接影响，资金贬值往往会使实际利率无形中成为负值。

（5）借出资本的期限长短　借款期限长，不可预见因素多，风险大，利率也就高；反之，利率就低。

可见，银行的利率、利息不完全是资金时间价值的概念，它是一种对存款者的补偿。通常利率除包含资金时间价值外，还有通货膨胀以及风险价值两个因素。在不考虑通货膨胀的影响以及不存在任何风险的情况下，利率表示为时间价值，才是科学合理的衡量资金时间价值的相对尺度。例如，国内购买的国家公债，它可以看成是在无任何风险，同时又不考虑通货膨胀的情况下所设定的，故可以以公债利率表示资金的时间价值。从整个社会看，资金时间价值通常被认为是不考虑风险和通货膨胀条件下的社会平均利润率，这是利润平均化规律作用的结果。

（二）利息的计算

利息计算有单利和复利之分。当计息周期在一个以上时，就需要考虑"单利"与"复利"的区别。复利是以单利为基础进行计算的。所以要了解复利的计算，必须先了解单利的计算。单利是仅以本金为基数计算利息，而利息永远不计息的方法，也即通常所说的"利不生利"的计息方法。如果在计算利息时，用本金加上先前周期所累积利息总额作为计息基础，这种计息方式称为复利，即不仅最初本金计息，利息也计息，也即通常所说的"利滚利"。

单利法计算利息的公式为 $I = Pin$

复利法计算利息的公式为 $I = P[(1+i)^n - 1]$

单利法和复利法计算利息的比较见表 3-1。

表 3-1　单利法和复利法计算利息的比较

计息期数	单利法			复利法		
	期初金额	本期利息增加额	累计利息	期初金额	本期利息增加额	累计利息
1	P	$P \cdot i$	$P \cdot i$	P	$P \cdot i$	$P \cdot i$
2	$P \cdot (1+i)$	$P \cdot i$	$P \cdot i \cdot 2$	$P \cdot (1+i)$	$P \cdot (1+i) \cdot i$	$P \cdot [(1+i)^2 - 1]$
3	$P \cdot (1+2i)$	$P \cdot i$	$P \cdot i \cdot 3$	$P \cdot (1+i)^2$	$P \cdot (1+i)^2 \cdot i$	$P \cdot [(1+i)^3 - 1]$
...	...	...	...	...	...	...
n	$P \cdot [1+(n-1) \cdot i]$	$P \cdot i$	$P \cdot i \cdot n$	$P \cdot (1+i)^{n-1}$	$P \cdot (1+i)^{n-1} \cdot i$	$P \cdot [(1+i)^n - 1]$

在技术经济分析中，一般采用复利计息。因为单利的各期利息额仅由本金所产生，其新生利息不再加入本金产生利息，也就是说增值的资金闲置起来不再增值，这不符合客观的经济发展规律，没有完全反映资金的时间价值，因此，在技术经济分析中单利使用较少，通常只适用于短期投资及不超过一年的短期贷款。复利计息比较符合资金在社会再生产过程中运动的实际状况，因此，在实际工作中得到了广泛的应用，如我国现行财税制度规定：投资贷款实行差别利率并按复利计息。

此外，复利计息有间断复利和连续复利之分。按期（年、半年、季、月、周、日）计算复利的方法称为间断复利（即普通复利）；按瞬时计算复利的方法称为连续复利。

（三）名义利率与实际利率

在利息计算过程中，如果没有特别说明，利率周期通常以年为单位，它可以与计息周期相同，也可以不同。在实际工作中，计息周期有年、半年、季、月、周、日等多种，也就是说实际工作中存在短于一年的计息期问题。复利计息的频率不同，其增值计算的结果也不同。当利率周期与计息周期不一致时，就出现了名义利率和实际利率的概念。

前述已知，单利与复利的区别在于复利法包括了利息的利息。实质上名义利率和实际利率的关系与单利和复利的关系一样，所不同的是名义利率和实际利率是用在计息周期小于利率周期时。

1. 名义利率

名义利率（r）是指计息周期利率（i）乘以一个利率周期内的计息周期数（m）所得的利率周期利率，即

$$r = im$$

假如按月计算利息，月利率为 1%，通常称为"年利率 12%，每月计息一次"，这个年利率 12% 称为名义利率。很显然，计算名义利率时忽略了前面各期利息再生的因素，这与单利的计算相同。通常所说的利率周期利率都是名义利率。

2. 实际利率

若用计息周期利率来计算利率周期利率，并将利率周期内的利息再生因素考虑进去，这时所得的利率周期利率称为利率周期实际利率（又称有效利率）。

在进行技术经济分析时，每年计算利息次数不同的名义利率，相互之间没有可比性，应预先将它们转化为年的实际利率后才能进行比较。根据利率的概念即可推导出实际利率的计算公式。

设期初有资金 P，名义利率为 r，一年内计息 m 次，则计息周期利率为 r/m，根据复利法计算利息的公式 $I = P[(1+i)^n - 1]$ 可得到一年后利息为

$$I = P[(1+i)-1] = P\left(1+\frac{r}{m}\right)^m - P$$

根据利率定义可知，利率等于利息与本金之比，当名义利率为 r 时，实际利率 i_{eff} 可由下式求得。

$$i_{\text{eff}} = \frac{I}{P} = \frac{P\left(1+\dfrac{r}{m}\right)^m - P}{P} = \left(1+\frac{r}{m}\right)^m - 1$$

由上式可知，当 $m=1$ 时，实际利率 i_{eff} 就等于名义利率 r；当 m 大于 1 时，实际利率 i_{eff} 大于名义利率 r，而且 m 越大，二者的差额也越大。

前面介绍的是间断计息的情形，当每期计息时间趋于无限小，则一年中计息次数趋于无限大，即 $m \to \infty$，此时可视为计息没有时间间隔而成为连续计息，此时年实际利率为

$$i_{\text{eff}} = \lim_{m \to \infty}\left(1+\frac{r}{m}\right)^m - 1 = \lim_{m \to \infty}\left[\left(1+\frac{r}{m}\right)^{m/r}\right]^r - 1$$

其中 $\lim\limits_{m \to \infty}\left(1+\dfrac{r}{m}\right)^{m/r} = \text{e}$（e 为自然对数的底，e = 2.71828）。

因而年实际利率为

$$i_{\text{eff}} = \lim_{m \to \infty}\left(1+\frac{r}{m}\right)^m - 1 = \text{e}^r - 1$$

从理论上讲，整个社会的资金是在不停运动的，每时每刻都通过生产和流通在增值，因而应该采用连续复利法。然而在实际使用中都采用间断复利法。尽管如此，这种连续复利的概念对投资决策、制定其数学模型极为重要。因为在高深的数学分析中，连续是一个必要的前提，故以连续性为出发点去对方案作更进一步的分析是可取的，比如用连续复利计算的利息高于普通复利，故资金成本偏高，可以提醒决策者予以注意。

第二节　资金等值的计算

资金等值是指在考虑时间价值因素后，不同时点上数额不等的资金在一定利率条件下具有相等的价值。例如现在的 100 元和一年后的 110 元，在年利率为 10% 时，两者是等值的。

可见，某一时点的资金，按一定的利率换算至另一时点，换算前后数额绝对值虽然不等，但其价值是相等的；此外，不同数额的资金，折算到某一相同时点所具有的实际经济价值也有可能是相等的，这一原理叫做资金等值原理。利用等值的概念，可以把在一个时点发生的资金金额换算成另一时点的等值金额，这一过程叫资金等值计算。

影响资金等值的因素有三个：金额的多少、资金发生的时间、利率（或折现率）的大小。其中利率是一个关键因素，一般等值计算中是以同一利率为依据的。在技术经济分析中，在考虑资金时间价值的情况下，其不同时间发生的收入或支出是不能直接相加减的。而利用等值的概念，则可以把在不同时点发生的资金换算成同一时点的等值资金，然后再进行比较。在技术经济分析中，方案比较的动态法都是采用等值概念来进行分析、评价和选定的。

一、一次性收付款项等值的计算

一次性收付款项这一类型涉及两笔现金流量，即现值和终值。对应的等值计算公式有终值和现值的计算公式。

终值和现值的计算公式如表 3-2 所示。

表 3-2　一次性收付款项终值和现值的计算公式

计算方法	计 算 公 式	
	终值计算（已知 P 求 F）	现值计算（已知 F 求 P）
单利法	$F=P(1+ni)$	$P=F\dfrac{1}{1+ni}$
复利法	$F=P(1+i)^n=P(F/P,i,n)$	$P=F(1+i)^{-n}=F(P/F,i,n)$

在运用上述公式时应注意 i 和 n 所反映的周期要匹配。如 i 为年利率，则 n 应为计息的年数；如 i 为月利率，则 n 应为计息的月数。

上述复利法的公式中，$(1+i)^n$ 称为一次支付复利终值系数，也可用 $(F/P,i,n)$ 表示；$(1+i)^{-n}$ 称之为一次支付复利现值系数，也可用 $(P/F,i,n)$ 表示。技术经济分析中，一般是将未来值折现到零期。计算现值 P 的过程叫"折现"或"贴现"，其所使用的利率常称为折现率、贴现率或收益率。贴现率反映了利率在资金时间价值计算中的作用，故 $(1+i)^{-n}$ 或 $(P/F,i,n)$ 也可叫做折现系数或贴现系数。

在 $(F/P,i,n)$ 和 $(P/F,i,n)$ 这类符号中，括号内斜线前的符号表示所求的未知数，斜线后的符号表示已知数。如 $(F/P,i,n)$ 符号表示在已知 i、n 和 P 的情况下求解 F 的值。

为计算方便，通常按照不同的利率 i 和计息期 n 计算出 $(1+i)^n$ 和 $(1+i)^{-n}$ 的值，并列于表中（见附录Ⅰ）。在计算 F 时，只要从复利表中查出相应的复利终值系数再乘以本金即为所求；在计算 P 时，未来一笔资金乘上表中复利现值系数就可求出其现值。

现值与终值的概念和计算方法正好相反，因为现值系数与终值系数互为倒数。观察附录Ⅰ的一次支付现值系数和一次支付终值系数的规律，可得出如下结论：当 P 一定，在 n 相同时，i 越高，F 越大；在 i 相同时，n 越长，F 越大。当 F 一定，n 相同时，i 越高，P 越小；在 i 相同时，n 越长，P 越小。

上述终值公式的推导过程见表 3-3。其中一次性收付的复利计算公式是复利计算的基本公式。

从表 3-3 可以看出，同一笔本金，在利率和计息期均相同的情况下，用复利计算出的利息金额比用单利计算出的利息金额大。当然，本金越大，利率越高，年数越多时，两者差距就越大。

表 3-3　一次性收付款项终值公式推导过程

计息期数	单　利　法			复　利　法		
	期初金额 (1)	本期利息 (2)	期末本利和 (3)=(1)+(2)	期初金额 (4)	本期利息 (5)	期末本利和 (6)=(4)+(5)
1	P	$P \cdot i$	$F=P(1+i)$	P	$P \cdot i$	$F=P(1+i)$
2	$P \cdot (1+i)$	$P \cdot i$	$F=P(1+2i)$	$P \cdot (1+i)$	$P \cdot (1+i) \cdot i$	$F=P(1+i)^2$
3	$P \cdot (1+2i)$	$P \cdot i$	$F=P(1+3i)$	$P \cdot (1+i)^2$	$P \cdot (1+i)^2 \cdot i$	$F=P(1+i)^3$
...	...	...	...	...	...	...
n	$P \cdot [1+(n-1) \cdot i]$	$P \cdot i$	$F=P(1+ni)$	$P \cdot (1+i)^{n-1}$	$P \cdot (1+i)^{n-1} \cdot i$	$F=P(1+i)^n$

【例 3-1】　存入本金 10000 元，年利率为 6%。5 年后的本利和为多少？

【解】　单利法　$F=10000 \times (1+5 \times 6\%)=13000$（元）

复利法　$F=10000 \times (F/P,6\%,5)=10000 \times 1.3382=13382$（元）

【例 3-2】　某项投资 5 年后可得收益 10000 元。按年利率 6% 计算，其现值应为多少？

【解】　单利法　$P=10000 \times \dfrac{1}{1+5 \times 6\%}=7692.31$（元）

复利法　$P=10000 \times (P/F,6\%,5)=10000 \times 0.7473=7473$（元）

二、多次收付款项等值的计算

对于多次收付款项，如果用 A_t（可正可负，其中 $t=1,2,\cdots,n$）表示第 t 期末发生的现金流量大小，那么多次收付款项终值计算最基本的也是最原始的方法就是对每一个 A_t 逐个计算终值，然后计算这些终值的代数和；多次收付款项现值计算最基本也是最原始的方法是对每一个 A_t 逐个计算现值，然后计算这些现值的代数和。但如果 n 较大，A_t 较多时，上述计算是非常麻烦的。但在某些情况下，诸如等额系列收付款项、等差系列收付款项或等比系列收付款项等情况发生时，则可大大简化上述计算方法。下面就分别说明三种典型系列收付款项的复利计算简便方法。

（一）等额系列收付款项等值的计算

等额系列收付款项这一类型的现金流量每期发生的资金数额是相等的，我们把在一定时期内一系列发生的数额相等、间隔期相同的收付款项称为年金，用 A 表示。折旧、租金、利息、保险金、养老金等通常都采取年金的形式。年金的每次收付发生的时点各有不同：每期期末收款、付款的年金，称为后付年金（也称普通年金）；每期期初收款、付款的年金，称为先付年金（也称即付年金）；距今若干期以后发生的每期期末收款、付款的年金，称为延期年金（也称递延年金）；无期限连续收款、付款的年金，称为永续年金。

1. 普通年金等值的计算

（1）普通年金终值（已知 A 求 F）　普通年金是指一定时期内每期期末发生的等额系列收付款项，如图 3-3 所示。由于在经济活动中后付年金最为常见，故称普通年金。

普通年金终值是一定时期内每期期末等额收付款项的复利终值之和，如图 3-4 所示。

由普通年金终值概念可知

$$F=A\left[(1+i)^{n-1}+(1+i)^{n-2}+\cdots+(1+i)+1\right]=A\sum_{t=1}^{n}(1+i)^{n-t}$$

由等比数列求和公式可推导出普通年金终值的一般计算公式为

$$F=A\left[\frac{(1+i)^n-1}{i}\right]=A(F/A,i,n)$$

式中，$\dfrac{(1+i)^n-1}{i}$称为等额系列终值系数或年金终值系数，用符号$(F/A,i,n)$表示，该系数值可从附录 I 中查得。

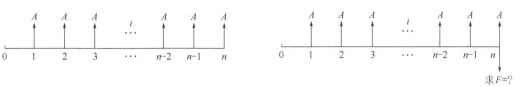

图 3-3　普通年金现金流量图　　　　图 3-4　普通年金与终值关系示意图

【例 3-3】　每年年末存入银行 10000 元，年利率为 6%。5 年后的本利和为多少？

【解】　$F=10000\times(F/A,6\%,5)=10000\times5.6371=56371$（元）

（2）偿债基金（已知 F 求 A）　偿债基金是指为了在约定的未来某一时点清偿某笔债务或积聚一定数额资金而必须分次等额提取的存款准备金。每次提取的等额存款金额类似年金存款，它同样可以获得按复利计算的利息，因而应清偿的债务（或应积聚的资金）即为年金终值，每年提取的偿债基金即为年金。由此可见，偿债基金的计算也就是年金终值的逆运算。其计算公式为

$$A=F\left[\dfrac{i}{(1+i)^n-1}\right]=F(A/F,i,n)$$

式中，$\dfrac{i}{(1+i)^n-1}$称为偿债基金系数，用符号$(A/F,i,n)$表示，该系数值可从附录 I 中查得。

【例 3-4】　某人欲在第 5 年末获得 10000 元，若每年存款金额相等，年利率为 10%，复利计息，则每年末需存款多少元？

【解】　$A=10000\times(A/F,10\%,5)=10000\times0.1638=1638$（元）

（3）普通年金现值（已知 A 求 P）　是一定时期内每期期末收付款项的复利现值之和，如图 3-5 所示。

由普通年金现值概念可知

$$P=A[(1+i)^{-1}+(1+i)^{-2}+\cdots+$$

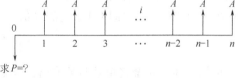

$$(1+i)^{-n}]=A\sum_{t=1}^{n}(1+i)^{-t}$$

图 3-5　普通年金与现值关系示意图

由等比数列求和公式可推导出普通年金现值的一般计算公式为

$$P=A\left[\dfrac{(1+i)^n-1}{i(1+i)^n}\right]=A(P/A,i,n)$$

式中，$\dfrac{(1+i)^n-1}{i(1+i)^n}$称为等额系列现值系数或年金现值系数，用符号$(P/A,i,n)$表示，该系数值可从附录 I 中查得。此外式中的$\dfrac{(1+i)^n-1}{i(1+i)^n}=\dfrac{1-(1+i)^{-n}}{i}$。

【例 3-5】　某设备价格 10 万元，现准备分期收款销售，即第 1 年和第 2 年每年末收 5 万元，假设市场年利率 10%，复利计息，问现在应该预收多少货款？

【解】　$P=5\times(P/A,10\%,2)=5\times1.7355=8.6775$（万元）

预收货款$=10-8.6775=1.3225$（万元）

（4）资本回收额（已知 P 求 A）　资本回收额是指在约定的期限内各期等额回收的初始投入资本额或清偿所欠的债务额。其中未回收或清偿的部分要按复利计息构成需回收或清偿的内容。资本回收额的计算是年金现值的逆运算。其计算公式如下。

$$A=P\left[\frac{i(1+i)^n}{(1+i)^n-1}\right]=P(A/P,i,n)$$

式中，$\dfrac{i(1+i)^n}{(1+i)^n-1}$ 称为资本回收系数，用符号 $(A/P,i,n)$ 表示，该系数值可从附录 Ⅰ 中查得。

【例 3-6】　某公司现在借入 2000 万元，约定在 5 年内按年利率 10％等额偿还，则每年应还本付息的金额为多少？

【解】　$A=2000\times(A/P,10\%,5)=2000\times0.2638=527.60$（万元）

2. 即付年金终值和现值的计算

（1）即付年金终值（已知 A 求 F）　即付年金是指一定时期内每期期初等额发生的系列收付款项，如图 3-6 所示。

即付年金终值是一定时期内每期期初等额收付款项的复利终值之和，如图 3-7 所示。

图 3-6　即付年金现金流量图　　　　　图 3-7　即付年金与终值关系示意图

即付年金终值的计算公式可以利用多次收付款项终值的基本方法推导出来，即对每一个 A 逐个计算终值，然后计算这些终值的代数和，还可借助把即付年金转化成普通年金的方法计算其终值，转化过程如图 3-8 所示。即付年金计算终值时，即付年金若转化为普通年金，时间上需往前虚拟 1 期，且在最后一期要虚拟又发生一个 A，则转化后有 $n+1$ 期且有 $n+1$ 个发生在各期期末的 A。此时计算终值可先利用普通年金的终值公式，然后把最后一期虚拟的 A 减掉即为原即付年金的终值。如此便可推导出即付年金的终值公式（如下）。

$$F=A\left[\frac{(1+i)^{n+1}-1}{i}-1\right]$$

可见，即付年金终值系要在普通年金终值系数的基础上"期数加 1，系数减 1"。由于年金终值系数表和年金现值系数表是按常见的普通年金编制的，在利用这种后付年金系数表计算先付年金的终值和现值时，可在计算普通年金的基础上加以适当调整。

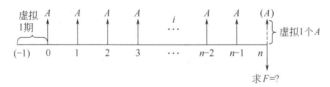

图 3-8　即付年金计算终值时转化为普通年金示意图

【例 3-7】　每年年初存入银行 10000 元，年利率为 6％。5 年后的本利和为多少？

【解】　$F=10000\times\left[\dfrac{(1+6\%)^{5+1}-1}{6\%}-1\right]=10000\times(6.9753-1)=59753$（元）

（2）即付年金现值（已知 A 求 P）　即付年金现值是一定时期内每期期初收付款项的复利现值之和，如图 3-9 所示。

即付年金现值的计算公式可以利用多次收付款项现值的基本方法推导出来，即对每一个 A 逐个计算现值，然后计算这些现值的代数和；还可借助把即付年金转化成普通年金的方法计算其现值，转化过程如图 3-10 所示。即付年金计算现值时，即付年金若转化为普通年

图 3-9　即付年金与现值关系示意图

金，先在时间上忽略最后 1 期，同时忽略第 1 期的 A，则转化后有 $n-1$ 期且有 $n-1$ 个发生在各期期末的 A。此时计算现值可先利用普通年金的现值公式，然后把忽略第 1 期的 A 加上还原即为原即付年金的现值。如此便可推导出即付年金的现值公式（如下）。

$$F=A\left[\frac{1-(1+i)^{-(n-1)}}{i}+1\right]$$

可见，即付年金现值系数要在普通年金现值系数的基础上"期数减 1，系数加 1"。

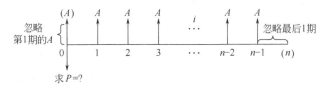

图 3-10　即付年金计算现值时转化为普通年金示意图

【例 3-8】　每年年初支付设备租金 5000 元，年利率为 6%。则 5 年中租金的现值为多少？

【解】　$P=5000\times\left[\dfrac{1-(1+6\%)^{-4}}{6\%}+1\right]=5000\times(3.4651+1)=22325.50$（元）

3. 递延年金终值和现值的计算

递延年金是指不是从第一期发生的年金，如图 3-11 所示，m 表示递延期。

如图 3-12 所示，递延年金的终值计算与普通年金终值计算相同，在此不再赘述。

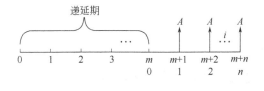

图 3-11　递延年金现金流量图

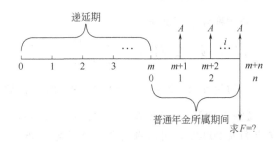

图 3-12　递延年金终值计算示意图

递延年金的现值 P 的计算方法有两种。

第一种方法，是把递延年金视为 n 期普通年金，求出递延期末的现值 P_m，然后再将此现值调整到第一期期初，如图 3-13 所示。

第二种方法，是假设递延期中也进行等额支付，先求出 $m+n$ 期的年金现值，然后，扣除实际并未支付的递延期 m 期的年金现值，即可得出最终结果，如图 3-14 所示。

【例 3-9】　某项目 2008 年初动工，预计 2 年建成，2 年后投产，投产后运营 10 年，每年得到收益 50000 元。按每年利率 6% 计算，则 10 年收益于 2008 年年初的现值是多少？

【解】　第一种方法计算如下。

$$F=50000\times(P/A,6\%,10)\times(P/F,6\%,2)$$

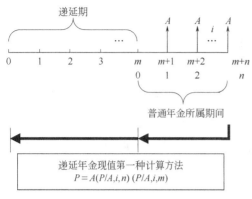

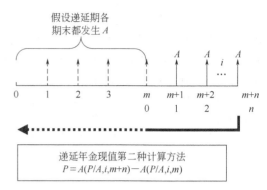

图 3-13　递延年金现值计算
第一种方法示意图

图 3-14　递延年金现值计算
第二种方法示意图

$$=50000 \times 7.3601 \times 0.8900 = 327524.45 \text{（元）}$$

第二种方法计算如下。

$$F = 50000 \times (P/A, 6\%, 12) - 50000 \times (P/A, 6\%, 2)$$
$$= 50000 \times 8.3838 - 50000 \times 1.8334 = 327520.00 \text{（元）}$$

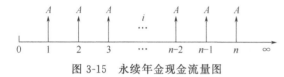

图 3-15　永续年金现金流量图

由于两种方法所用系数不同并且不同系数值四舍五入取近似值的缘故，一般而言，两种方法最后计算结果有时不会绝对相等，但可看做近似相等。

4. 永续年金现值的计算

无限期等额支付的年金，称为永续年金，如图 3-15 所示。永续年金没有终止的时间，因此也就没有终值的计算问题。

永续年金现值的计算公式为　$P = A \dfrac{1}{i}$

公式推导过程如下。

已知普通年金现值系数 $\dfrac{(1+i)^n - 1}{i(1+i)^n} = \dfrac{1 - (1+i)^{-n}}{i}$

因为当 $n \to \infty$ 时，$(1+i)^{-n} \to 0$，所以普通年金现值系数 $= \dfrac{1}{i}$，$P = A \dfrac{1}{i}$。

【**例 3-10**】　某物理学会 2009 年年初拟存入银行一笔基金，准备以后无限期地每年年末取出利息 20000 元用以颁发年度物理学杰出贡献奖金，若存款利息率为 8%，则该物理学会于 2009 年年初一次性存入银行多少款项？

【**解**】　$P = 20000 \times \dfrac{1}{8\%} = 250000 \text{（元）}$

（二）等差系列收付款项等值的计算

如果每年现金流量不等，但逐年的增加额或减少额却相等，则把这样的一系列收付款项称之为等差（设 G 表示等差）系列现金流量。

1. 等差系列收付款项终值计算

如图 3-17 所示，等差系列现金流量可分解为两个部分：数额为 A_1 的等额年金系列现金流量部分和由等差定额 G 构成的等额递增系列现金流量部分。

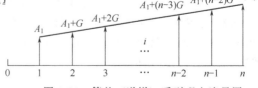

图 3-16　等差（递增）系列现金流量图

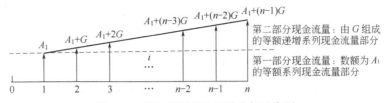

图 3-17　等差系列现金流量分解示意图

显然，由图 3-17 可以看出等差递增系列收付款项的终值可计算为

$$F = F_{A_1} + F_G$$

对于第一部分现金流量（即数额为 A_1 的等额系列现金流量部分）计算终值如下。

$$F_{A_1} = A_1 \left[\frac{(1+i)^n - 1}{i} \right] = A_1 (F/A_1, i, n)$$

第二部分现金流量（即由 G 组成的等额递增系列现金流量部分）终值计算过程如下。

$$F_G = G(1+i)^{n-2} + 2G(1+i)^{n-3} + \cdots + (n-2)G(1+i)^{n-(n-1)} + (n-1)G \quad (3\text{-}1)$$

将式(3-1) 等号两边各乘以 $1+i$ 得

$$(1+i)F_G = G(1+i)^{n-1} + 2G(1+i)^{n-2} + \cdots + (n-2)G(1+i)^2 + (n-1)G(1+i)$$

$$(3\text{-}2)$$

式(3-2)一式(3-1) 得

$$iF_G = G[(1+i)^{n-1} + (1+i)^{n-2} + \cdots + (1+i)^2 + (1+i) + 1] - nG$$

应用等比数列求和公式得 $iF_G = G\left[\frac{(1+i)^n - 1}{i} \right] - nG$

$$F_G = G\left[\frac{(1+i)^n - 1}{i^2} - \frac{n}{i} \right] = G(F/G, i, n)$$

式中，$\left[\dfrac{(1+i)^n - 1}{i^2} - \dfrac{n}{i} \right]$ 为等差系列终值系数，用符号 $(F/G, i, n)$ 表示。

故 $F = F_{A_1} + F_G = A_1 \left[\dfrac{(1+i)^n - 1}{i} \right] + G\left[\dfrac{(1+i)^n - 1}{i^2} - \dfrac{n}{i} \right]$

上式也可写为　　　$F = A_1 (F/A, i, n) + \dfrac{G}{i} [(F/A, i, n) - n]$

2. 等差系列收付款项现值计算

由图 3-17 可以看出等差递增系列收付款项的现值可计算为

$$P = P_{A_1} + P_G$$

对于第一部分现金流量（即数额为 A_1 的等额系列现金流量部分）计算现值如下。

$$P_{A_1} = A_1 (P/A, i, n)$$

第二部分现金流量（即由 G 组成的等额递增系列现金流量部分）现值计算过程如下。

$$P_G = G\left[\frac{1}{(1+i)^2} + \frac{2}{(1+i)^3} + \cdots + \frac{n-1}{(1+i)^n} \right] \quad (3\text{-}3)$$

式(3-3) 两边同乘 $1+i$，得

$$P_G(1+i) = G\left[\frac{1}{1+i} + \frac{2}{(1+i)^2} + \cdots + \frac{n-1}{(1+i)^{n-1}} \right] \quad (3\text{-}4)$$

式(3-3)-式(3-4)，得

$$iP_G = G\left[\frac{1}{1+i} + \frac{1}{(1+i)^2} + \cdots + \frac{1}{(1+i)^{n-1}} - \frac{n-1}{(1+i)^n} \right]$$

$$=G\left[\frac{1}{1+i}+\frac{1}{(1+i)^2}+\cdots+\frac{1}{(1+i)^{n-1}}+\frac{1}{(1+i)^n}\right]-\frac{nG}{(1+i)^n}$$

$$=G\left[\frac{(1+i)^n-1}{i(1+i)^n}\right]-\frac{nG}{(1+i)^n}$$

所以 $\qquad P_G=G\dfrac{1}{i}\left[\dfrac{(1+i)^n-1}{i(1+i)^n}-\dfrac{n}{(1+i)^n}\right]=G(P/G,i,n)$

式中，$\dfrac{1}{i}\left[\dfrac{(1+i)^n-1}{i(1+i)^n}-\dfrac{n}{(1+i)^n}\right]$ 为等差系列现值系数。用符号 $(P/G,i,n)$ 表示，可从附录Ⅱ中查得。

故 $\qquad P=A_1(P/A,i,n)+G(P/G,i,n)$

需要说明的是，等差 G 从第二年开始，其现值必位于 G 开始的前两年。

【例 3-11】 某项目第 1 年收益额为 100 万元，由于其后逐年进行技术改造、优化工艺参数等，第 1 年以后至第 8 年末收益逐年递增额为 3 万元。假设年利率为 10%，试计算该项目 8 年的收益现值。

【解】 $P_A=100\times(P/A,10\%,8)=100\times5.3349=533.49$（万元）

$P_G=3\times(P/G,10\%,8)=3\times16.028=48.08$（万元）

$P=P_A+P_G=533.49+48.08=581.57$（万元）

3. 等差年金计算（已知 G 求 A）

由 A 与 P 的关系得

$$A_G=P_G(A/P,i,n)$$

$$=\frac{G}{i}\left[\frac{(1+i)^n-1}{i(1+i)^n}-\frac{n}{(1+i)^n}\right]\left[\frac{i(1+i)^n}{(1+i)^n-1}\right]$$

$$=G\left[\frac{1}{i}-\frac{n}{(1+i)^n-1}\right]$$

式中 $\dfrac{1}{i}-\dfrac{n}{(1+i)^n-1}$ 称为等差年金换算系数，用符号 $(A/G,i,n)$ 表示，可从附录Ⅱ中查得。

因为等差系列现金流量可分解为两个部分：数额为 A_1 的等额年金系列现金流量部分和由等差定额 G 构成的等额递增系列现金流量部分，所以存在如下关系。

$$A=A_1\pm A_G$$

即 $\qquad A=A_1\pm G(A/G,i,n)$

式中"减号"为递减系列的现金流量。

（三）等比系列收付款项等值的计算

如果每年现金流量不等，但逐年按一定比例递增或递减，则把这样的一系列收付款项称之为等比（设 j 表示等比）系列现金流量，如图 3-18 所示。

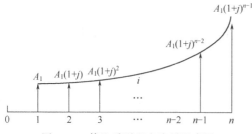

图 3-18 等比系列现金流量示意图

1. 等比系列收付款项现值计算

$$A_t=A_1(1+j)^{t-1}$$

则 A_t 的现值为

$$P_t=\frac{A_t}{(1+i)^t}=\frac{A_1(1+j)^{t-1}}{(1+i)^t}$$

等比系列收付款项总现值为

$$P = \sum_{t=1}^{n} P_t = \sum_{t=1}^{n} \frac{A_1(1+j)^{t-1}}{(1+i)^t} = A_1 \sum_{t=1}^{n} \frac{(1+j)^{t-1}}{(1+i)^t}$$

经整理得

$$P = \begin{cases} A_1 \left[\dfrac{(1+j)^n(1+i)^{-n}-1}{j-i} \right] & i \neq j \\ A_1 \dfrac{n}{1+j} & i=j \end{cases}$$

或可表示为
$$P = A_1(P/A, i, j, n)$$

式中 $(P/A, i, j, n)$ 称为等比系列现值系数。

2. 等比系列收付款项终值计算

由 $F = P(1+i)^n$ 得

$$P = \begin{cases} A_1 \left[\dfrac{(1+j)^n-(1+i)^n}{j-i} \right] & i \neq j \\ nA_1(1+j)^{n-1} & i=j \end{cases}$$

或可表示为
$$F = A_1(F/A, i, j, n)$$

式中 $(F/A, i, j, n)$ 称为等比系列现值系数。

三、计息期短于一年情况下资金等值的计算

（一）计息周期小于（或等于）资金收付周期的等值计算

计息周期小于（或等于）资金收付周期的等值计算通常有两种计算方法，即按收付周期实际利率计算，或按计息周期利率计算。

【例 3-12】　某人现在存款 4000 元，年利率 10%，计息周期为半年，复利计息，问 5 年末存款金额为多少？

【解】　按年实际利率计算

$$i_{\text{eff}} = \left(1 + \frac{10\%}{2} \right)^2 - 1 = 10.25\%$$

$$F = 4000 \times (F/P, 10.25\%, 5) = 4000 \times 1.6295$$
$$= 6518.00 \text{（元）}$$

按计息周期利率计算

$$F = 4000 \times (F/P, 10\%/2, 2\times5) = 4000 \times (F/P, 5\%, 10)$$
$$= 4000 \times 1.6289 = 6515.60 \text{（元）}$$

上述两法计算结果略有差异，是因为按实际利率计算时，实际利率 10.25% 不是整数，$(F/P, 10.25\%, 5)$ 无表可查，在利率间用线性内插（方法详见本节"四、资金等值计算中的相关问题"的介绍）计算时会引起系数有微小差异。此差异虽是允许的，但计算较烦琐，故在实际中常采用计息期利率来计算。但应注意，对等额系列流量，只有计息周期与收付周期一致时才能按计息期利率计算，否则，只能用收付周期实际利率来计算。

【例 3-13】　某人每半年存款 3000 元，年利率 8%，每季计息一次，复利计息，问 5 年末存款金额为多少？

本例计息周期小于收付周期，不能直接采用计息期利率计算，故只能用实际利率来计算。

【解】　半年实际利率计算如下。

$$i_{\text{eff}} = \left(1 + \frac{8\%}{4} \right)^2 - 1 = 4.04\%$$

$$F = 3000 \times (F/A, 4.04\%, 10) = 3000 \times 12.029 = 36087 \text{（元）}$$

（二）计息周期大于资金收付周期的等值计算

由于计息周期大于收付周期，计息周期内的收付常采用下列三种方法之一进行处理，即不计息、单利计息或复利计息。

【例 3-14】 某家店铺每月月末所获收益可存入银行 1 万元，年利率 10％，每半年复利计息一次，3 年末欲购新址。请按计息期内不计息、单利计息或按月复利计息三种情况分别计算该店购新址时积蓄的资金约为多少？

【解】 ① 计息期内不计息。因为该店铺每月月末存入银行 1 万元且计息期内不计息，所以相当于每半年末存入银行 $A=1×6=6$（万元）

则该店购新址时积蓄的资金计算如下。

$$F=6×(F/A,10\%/2,6)=6×6.8019=40.81（万元）$$

② 计息期内单利计息。因为该店铺每月月末存入银行 1 万元且计息期内单利计息，所以相当于每半年末存入银行 $A=6.125$ 万元

即　$A=1×(1+10\%/12×5)+1×(1+10\%/12×4)+1×(1+10\%/12×3)+$

　　$1×(1+10\%/12×2)+1×(1+10\%/12×1)+1=6.125$（万元）

则该店购新址时积蓄的资金计算如下。

$$F=6.125×(F/A,10\%/2,6)=6.125×6.8019=41.66（万元）$$

③ 计息期内按月复利计息。在计息周期内的收付按复利计算，此时，计息期利率相当于"实际利率"，收付周期利率相当于"计息期利率"。收付周期利率的计算正好与已知名义利率去求解实际利率的情况相反。收付周期利率计算出来后即可按普通复利公式进行计算。本题在计息周期内的收付按复利计算时，收付周期利率不能直接使用每月利率，即 $(10\%/12)=0.83333\%$。

运用实际利率公式计算收付期利率如下。

$$i_{eff}=\left(1+\frac{r_{半年}}{6}\right)^6-1=10\%/2=5\%$$

解得　　　　　　　　　　$r_{半年}=4.90\%$

　　　　　　　　　　　　$r_{月}=0.8167\%$

因为该店铺每月月末存入银行 1 万元且计息期内按月复利计息，所以相当于每半年末存入银行 $A=6.124$ 万元。

即　　　　　　　$A_{半年}=1×(F/A,0.8167\%,6)=6.124$（万元）

则该店购新址时积蓄的资金计算如下。

$$F=6.124×(F/A,10\%/2,6)=6.124×6.8019=41.65（万元）$$

（三）连续复利的资金等值计算

连续复利是计息期短于一年的特例。前述关于资金等值的计算原理、计算公式和方法都是以间断复利为前提进行介绍的。如果是在连续复利的情况下，因为 $i_{eff}=\lim\limits_{m\to\infty}\left(1+\frac{r}{m}\right)^m-1=e^r-1$，则需把资金等值计算公式中的 i 用 $i_{eff}=e^r-1$ 替换。经整理，连续复利的资金等值计算的主要公式如表 3-4 所示。

四、资金等值计算中的相关问题

（一）插值法和未知利率的推算

对于一次性收付款项，根据其复利终值或现值的计算公式可得出未知利率的计算公式，即开根号或查表可知。永续年金的折现率可以通过其现值计算公式逆运算求得，即 $i=A/P$。普通年金未知利率的推算比较复杂，无法直接套用公式，必须利用有关的系数表，有时

还要涉及插值法的运用。

插值法的计算主要是利用比例推算法，原理如下。

表 3-4 连续复利资金等值公式

类　　别		已　　知	求　　解	公　　式
一次支付	终值公式	P	F	$F=Pe^{rn}$
	现值公式	F	P	$P=Fe^{-rn}$
多次支付	终值公式	A	F	$F=A\left(\dfrac{e^{rn}-1}{e^{r}-1}\right)$
	偿债基金公式	F	A	$A=F\left(\dfrac{e^{r}-1}{e^{rn}-1}\right)$
	资金回收公式	P	A	$A=P\left(\dfrac{e^{r}-1}{1-e^{-rn}}\right)$
	现值公式	A	P	$P=A\left(\dfrac{1-e^{-rn}}{e^{r}-1}\right)$

设两点 $A(X_1,Y_1)$、$B(X_2,Y_2)$ 构成一条直线，在这条直线上述两点之间存在一个坐标为 (X,Y) 的第三点 C，则存在如下关系

$$\frac{X-X_1}{X_2-X_1}=\frac{Y-Y_1}{Y_2-Y_1}$$

这种方法称为插值法（也称内插法），即在两点之间插入第三个点，就有上述关系存在。如图 3-19 所示。

于是结合查表，对于已知 n、i、F/P（或 P/F）这三者中的任何两个就可以利用以上公式求出另外未知的一个。

因此，普通年金未知利率的推算要分两种情况分别计算，下面着重对此加以介绍。

1. 直接利用系数表计算

根据年金终值与现值的计算公式 $F=A(F/A,i,n)$ 和 $P=A(P/A,i,n)$，将上面两个公式变形可以得到下面的普通年金终值系数和普通年金现值系数公式。

$$(F/A,i,n)=F/A$$

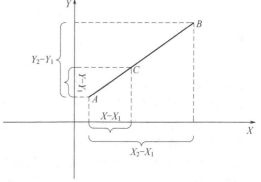

图 3-19 插值法比例关系示意图

$$(P/A,i,n)=P/A$$

当已知 F、A、n 或 P、A、n，则可以通过查普通年金终值系数表（或普通年金现值系数表），找出系数值为 F/A 的对应的 i 值（或找出系数值为 P/A 的对应的 i 值）。对于系数表中不能找到完全对应的 i 值时，可运用插值法计算。

2. 利用系数表并结合插值法计算

查表法可以计算出一部分情况下的普通年金的折算率，对于系数表中不能找到完全对应的 i 值时，利用年金系数公式求 i 值的基本原理和步骤是一致的，下面以已知 P、A、n 为例，说明求 i 值的基本方法。

第一步，计算出 P/A 的值，假设 $P/A=\alpha$。

第二步，查普通年金现值系数表。沿着已知 n 所在的行横向查找，若恰好能找到某一系数值等于 α，则该系数值所对应的利率就是所求的 i 值；若无法找到恰好等于 α 的系数值，就应在表中 n 行上找到与 α 最接近的左右临界系数值，分别设为 β_1、β_2（设 $\beta_1>\alpha>\beta_2$ 或 $\beta_1<\alpha<\beta_2$），查出与 β_1、β_2 所对应的临界利率 i_1、i_2，然后可进一步运用内插法计算 i。

在内插法下，假定利率 i 同相关的系数在较小范围内线性相关，因而可根据临界系数 β_1、β_2 所对应的临界利率 i_1、i_2 计算出 i，其公式为

$$i = i_1 + \frac{\beta_1 - \alpha}{\beta_1 - \beta_2}(i_2 - i_1)$$

按照前述方法，也可以计算出 F/A 的值，然后查年金终值系数表求 i 值；即付年金利率 i 的计算同样可以套用普通年金利率的计算方法计算，所不同的是，求出 F/A 的值以后，令 $\alpha = F/A + 1$，然后在普通年金终值系数表中沿 $n+1$ 所在的行查找，找出与 α 相等或相近的系数，据以确定 i。

【例 3-15】 某公司于第一年年初借款 10000 元，每年年末还本付息额为 2000 元，需 9 年还清。问借款利率为多少？

【解】 根据题意，已知 $P = 10000$，$A = 2000$，$n = 9$，则

$$(P/A, i, 9) = P/A = 10000/2000 = 5$$

查普通年金现值系数表，当 $n = 9$ 时

$$i_1 = 12\% \quad (P/A, 12\%, 9) = 5.3282$$
$$i_2 = 14\% \quad (P/A, 14\%, 9) = 4.9164$$

可见，利率应在 12% 与 14% 之间，插值过程如下。

利息率   年金现值系数

$$\left.\begin{array}{l} 12\% \\ i \\ 14\% \end{array}\right\} \qquad \left.\begin{array}{l} 5.3282 \\ 5 \\ 4.9164 \end{array}\right\}$$

则

$$\frac{i - 12\%}{14\% - 12\%} = \frac{5 - 5.3282}{4.9164 - 5.3282}$$
$$i = 13.59\%$$

（二）插值法和未知期数的推算

未知期数 n 的推算，其原理和步骤同未知利率 i 的计算是一样的。以普通年金为例，说明在 P、A 和 i 已知的情况下，计算期数 n 的基本步骤如下。

第一步，计算出 P/A，设为 α。

第二步，查普通年金现值系数表，找恰好等于 α 的系数值，其对应的 n 值即为所求。若找不到恰好等于 α 的系数值，则找两个接近 α 值的临界系数 β_1、β_2 以及相对应的 n_1、n_2，然后用内插法求 n，公式为

$$n = n_1 + \frac{\beta_1 - \alpha}{\beta_1 - \beta_2}(n_2 - n_1)$$

【例 3-16】 某工程项目投产期初有 400 万元的债务需要偿还，投产后每年收益 100 万元。若年利率 10%，问在投产后多少年能归还上述欠款？

【解】 依题意，已知 $P = 400$，$A = 100$，$i = 10\%$，则

$$(P/A, 10\%, n) = P/A = 400/100 = 4$$

当 $i = 10\%$ 时，查普通年金现值系数表得

$$n_1 = 6 \quad (P/A, 10\%, 6) = 4.3553$$
$$n_2 = 5 \quad (P/A, 10\%, 5) = 3.7908$$

可见，期数应在 5 年与 6 年之间，插值过程如下。

利息率   年金现值系数

$$\left.\begin{array}{l} 5 \\ n \\ 6 \end{array}\right\} \qquad \left.\begin{array}{l} 3.7908 \\ 4 \\ 4.3553 \end{array}\right\}$$

则　　　　　　　　　$$\frac{n-5}{6-5}=\frac{4-3.7908}{4.3553-3.7908}$$

$$n=5.37\ (年)$$

本 章 小 结

（1）资金在周转使用过程中随着时间的推移而发生的增值称为资金的时间价值。

（2）在技术经济分析中，把考察对象一定时期各个时间点上实际发生的资金流出或资金流入称为现金流量，其中流出系统的资金称现金流出（CO），流入系统的资金称现金流入（CI），现金流入与现金流出之差称净现金流量（NCF，Net Cash Flow）。要正确绘制现金流量图，必须把握好现金流量的三要素，即现金流量的大小（资金数额）、方向（资金流入或流出）和作用点（资金的发生时点）。

（3）利息就是在借贷过程中，债务人支付给债权人的超过原借款本金的部分。利率就是在单位时间内（如年、半年、季、月、周、日等）所得利息与借款本金之比，通常用百分数表示。利息计算有单利和复利之分。当利率周期与计息周期不一致时，就出现了名义利率和实际利率的概念。名义利率 r 是指计息周期利率 i 乘以一个利率周期内的计息周期数 m 所得的利率周期利率；若用计息周期利率来计算利率周期利率，并将利率周期内的利息再生因素考虑进去，这时所得的利率周期利率称为利率周期实际利率（又称有效利率）。

（4）资金等值是指在考虑时间价值因素后，不同时点上数额不等的资金在一定利率条件下具有相等的价值。利用等值的概念，可以把在一个时点发生的资金金额换算成另一时点的等值金额，这一过程叫资金等值计算。

9 个常用资金等值公式如表 3-5 所示。

表 3-5　9 个常用资金等值公式

类　别		已　知	求　解	公　式	系数名称及符号
一次支付	终值公式	P	F	$F=P(1+i)^n$	$(F/P,i,n)$
	现值公式	F	P	$P=F\dfrac{1}{(1+i)^n}$	$(P/F,i,n)$
多次支付	终值公式	A	F	$F=A\left[\dfrac{(1+i)^n-1}{i}\right]$	$(F/A,i,n)$
	偿债基金公式	F	A	$A=F\left[\dfrac{i}{(1+i)^n-1}\right]$	$(A/F,i,n)$
	现值公式	A	P	$P=A\left[\dfrac{(1+i)^n-1}{i(1+i)^n}\right]$	$(P/A,i,n)$
	资金回收公式	P	A	$A=P\left[\dfrac{i(1+i)^n}{(1+i)^n-1}\right]$	$(A/P,i,n)$
等差支付	终值公式	G	F_G	$F_G=\dfrac{G}{i}\left[\dfrac{(1+i)^n-1}{i}-n\right]$	$(F/G,i,n)$
	现值公式	G	P_G	$P_G=\dfrac{G}{i}\left[\dfrac{(1+i)^n-1}{i(1+i)^n}-\dfrac{n}{(1+i)^n}\right]$	$(P/G,i,n)$
	年金等值公式	G	A_G	$A_G=\dfrac{G}{i}\left[1-\dfrac{ni}{(1+i)^n-1}\right]$	$(A/G,i,n)$

（5）常见复利系数之间的关系如表 3-6 所示。

表 3-6 常见复利系数之间的关系

类　　别	实　　例
倒数关系	$(F/P,i,n)=1/(P/F,i,n)$
	$(A/P,i,n)=1/(P/A,i,n)$
	$(A/F,i,n)=1/(F/A,i,n)$
乘积关系	$(F/A,i,n)=(P/A,i,n)(F/P,i,n)$
	$(F/P,i,n)=(A/P,i,n)(F/A,i,n)$
其他关系	$(A/P,i,n)=(A/F,i,n)+i$
	$(F/G,i,n)=[(F/A,i,n)-n]/i$
	$(P/G,i,n)=[(P/A,i,n)-n(P/F,i,n)]/i$
	$(A/G,i,n)=[1-n(A/F,i,n)]/i$

思　考　题

1. 什么是资金时间价值？

2. 什么是现金流量？

3. 绘制现金流量图必须把握好的现金流量三个要素是什么？

4. 什么是名义利率与实际利率？名义利率与实际利率的区别是什么？

5. 什么是资金等值？

6. 什么是年金？年金的种类有哪些？

7. 某企业每月月末存入银行 20 万元，年利率 7%，每季度复利计息一次，请按计息期内不计息、单利计息或按月复利计息三种情况分别计算 3 年后该企业的资金约为多少？

8. 案例分析

长期投资产生复利效应 24 美元也能买下曼哈顿岛

1626 年，荷属美洲新尼德兰省总督皮特·米纽特花了大约 24 美元从印第安人手中买下了曼哈顿岛。而到 2000 年 1 月 1 日，曼哈顿岛的价值已经达到了约 2.5 万亿美元。以 24 美元买下曼哈顿，皮特·米纽特无疑占了一个天大的便宜。但是，如果转换一下思路，皮特·米纽特也许并没有占到便宜。如果当时的印第安人拿着这 24 美元去投资，按照 11%（美国近 70 年股市的平均投资收益率）的投资收益计算，到 2000 年，这 24 美元将变成 2380000 亿美元，远远高于曼哈顿岛的价值 2.5 万亿，几乎是其现在价值的十万倍。长期投资的复利效应将实现资产的翻倍增值。爱因斯坦就说过，"宇宙间最大的能量是复利，世界的第八大奇迹是复利"。一个不大的基数，以一个即使很微小的量增长，假以时日，都将膨胀为一个庞大的天文数字。那么，即使以像 24 美元这样的起点，经过一定的时间之后，也一样可以买得起曼哈顿这样的超级岛屿。（资料来源：2008 年 7 月 14 日《上海证券报》）

根据上述案例资料回答下列问题。

(1) "按照 11% 的投资收益计算，到 2000 年，这 24 美元将变成 2380000 亿美元"。请问：2380000 亿美元这个数字是如何计算出来的？你的计算结果和这个数字一致吗？

(2) 股市的平均投资收益率能不能直接作为资金时间价值的衡量尺度？

(3) 请谈一谈你对爱因斯坦说的"宇宙间最大的能量是复利，世界的第八大奇迹是复利"这句话的理解。

第四章 项目经济评价指标与方法

本章学习目标

(1) 了解项目评价的指标体系；了解 Excel 在经济评价中的应用；
(2) 熟悉静态、动态经济效果评价指标的含义、特点；
(3) 掌握静态、动态经济效果评价指标的计算方法和评价准则；
(4) 掌握不同类型投资方案适用的评价指标和方法。

第一节 项目经济评价指标概述

在对项目进行技术经济分析时，经济效果评价是项目评价的核心内容，为了确保投资决策的科学性和正确性，建立合理的经济效果评价指标体系及正确地运用评价方法是十分重要的。

一、经济效果评价指标体系与评价方法的重要性

技术经济分析中的经济效果评价是对各种投资项目进行经济性评价的核心内容，有较广阔的使用领域，如可广泛应用于新建项目，改扩建项目，技术改造等工程技术项目经济效果的评估，以分析、预测、判断各项目的经济合理性及可行性，并据此对多个项目的优劣进行比较、甄选。经济效果评价还经常大量应用于对已实施的工程技术项目的经济效果进行评估，以反映其经济效果的现状及水平，并可检验项目在执行过程中，其主要经济指标是否达到预期的效果。此外，经济效果评价在其他许多领域也有重要作用，如对于上市公司的拟建项目来说，经济效果评价的结果应作为公司对社会公众投资者所应披露的重要经济信息，以供投资者在做投资决策时参考等。因此，经济评价的目的在于增强决策的正确性和科学性，避免或最大限度地减小项目投资的风险，明确项目方案投资的盈利水平，最大限度地提高工程项目投资的综合经济效益。为此，正确选择经济效果评价指标体系和方法是十分重要的。

二、技术经济分析指标设计原则

技术经济分析指标设计应遵循科学性、可比性、实用性、全面性原则。

(1) 科学性 科学性指标应能正确描述项目技术方案的技术经济特性、发展速度和水平以及经济效益和社会效益。

(2) 可比性 可比性指标的计算方法和参数应在企业间、行业间、地区间或国际间具有一定的可比性和通用性。

(3) 全面性 全面性指标应能较全面地从各个不同角度反映项目技术方案的经济特性。

(4) 实用性 实用性指标应充分利用现有统计资料，并遵守简便易行的原则，易于操作。

三、经济评价指标体系的构成

评价项目技术方案经济效果的好坏，不仅取决于调研的基础数据的准确性和完整性，还

取决于选取的评价指标体系的合理性，任一具体指标，都只能从某个方面或某些方面反映项目的经济性。为了使评价工作系统而全面，就需要采用一系列指标，从多方面进行分析和考察。这些既相互联系又有其相对独立性的评价指标，就构成项目经济评价的指标体系。项目的评价指标可以从不同角度进行相应的划分。

（一）从是否考虑资金时间价值的角度划分

按项目评价时是否考虑资金的时间价值，评价指标可分为静态评价指标和动态评价指标两大类，如图 4-1。

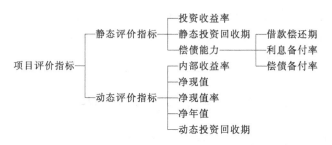

图 4-1　经济评价指标体系（1）

静态评价指标是指在进行效益和费用计算时，不考虑资金的时间价值，不进行复利计算的评价指标。静态评价指标的优点是计算简便，适用于评价短期投资项目和逐年收益大致相等的项目，同时在对项目方案进行初评及时间较短、投资规模与收益规模均比较小的投资项目也常采用静态评价指标。

动态评价指标是指在进行效益和费用计算时，考虑资金的时间价值的评价指标。动态评价指标能较全面地反映投资方案在整个计算期的经济效果，适用于详细可行性研究，或对计算期较长的技术方案进行评价。动态评价指标更加注重考察项目在计算期内的各年现金流量的具体情况。因而也能更直观地反映项目的盈利能力，所以动态评价指标比静态评价指标的应用更加广泛。

（二）从反映项目经济效果的不同侧面划分

项目经济评价的目的，是考察项目的盈利能力和清偿能力。从反映项目经济效果的不同侧面分为反映项目盈利能力的指标和反映项目偿还能力的指标。

盈利能力指标，是用来考察项目盈利能力水平的指标，包括静态指标和动态指标两类。

清偿能力指标，是指考察项目计算期内偿债能力的指标。除了投资者重视项目的偿

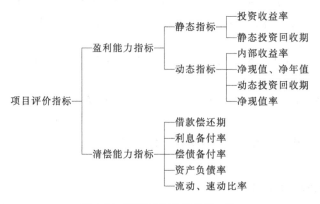

图 4-2　经济评价指标体系（2）

债能力外，为项目提供融资的金融机构，更加重视项目偿债能力的评价结果。如图 4-2 所示。

（三）从指标的形式或性质划分

根据指标所反映的形式或性质，项目评价指标可分为时间性评价指标、价值性评价指标以及比率性评价指标，如图 4-3 所示。

项目评价的指标不同，所运用的方法也不同。上述各种具体的评价指标都对应于一种具体的评价方法，但从是否考虑资金的时间价值角度看，项目评价的方法可以概括为静态方法和动态方法。本章的主要内容就是结合上述项目评价的具体指标，从静态和动态两个角度介绍相关方法。

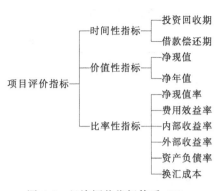

图 4-3　经济评价指标体系（3）

第二节　项目经济评价指标的计算方法

一、静态评价指标

对项目的投资效益进行评价时，若不考虑资金的时间价值，称为静态评价，其计算指标称为静态指标。

（一）盈利能力分析指标

盈利能力分析主要考察项目的盈利水平，常用的静态指标有投资回收期、投资利润率等。

1. 静态投资回收期

投资者通常期望所投入的资金能够在较短的时间内足额收回。用于衡量投资项目初始投资回收速度的评估指标称为投资回收期，它是指以项目的净收益抵偿全部初始投资所需要的时间。其单位通常用"年"表示。投资回收期一般从建设开始年算起，也可以从投资年开始算起，计算时应具体注明。

静态投资回收期 P_t 的计算公式为

$$\sum_{t=0}^{P_t} (CI - CO)_t = 0 \tag{4-1}$$

式中，P_t 为静态投资回收期；CI 为现金流入量；CO 为现金流出量；$(CI - CO)_t$ 为第 t 年的净现金流量。

在计算项目的具体静态投资回收期时有以下两种方法。

① 项目建成投产后各年的净收益均相同时，计算公式如下。

$$P_t = \frac{I}{R} \tag{4-2}$$

式中，P_t 为静态投资回收期；I 为项目的全部投资；R 为每年的净收益。

【例 4-1】　某项目一次性投资 200 万元，当年即可投产，投产后项目年净收益为 40 万元，求该项目的投资回收期。

【解】　根据公式（4-2）可得

$$P_t = \frac{200}{40} = 5 \text{（年）}$$

② 项目建成投产后各年的净收益不相同时，其计算公式为

$$P_t = （累计净现金流量出现正值的年份数 - 1） + \frac{|上一年累计净现金流量|}{出现正值年份的净现金流量} \tag{4-3}$$

【例 4-2】 某项目的净现金流量如表 4-1 所示,计算该项目的静态投资回收期。

表 4-1　某项目的投资及净现金收入　　　　　　　　单位:万元

项目 / 年份	0	1	2	3	4	5
总投资	1000	—	—	—	—	—
收入	—	200	400	400	520	750
支出	—	—	100	100	120	150
净现金流量	−1000	200	300	300	400	600
累计净现金流量	−1000	−800	−500	−200	200	800

【解】　由表 4-1 可知,该项目的静态投资回收期在 3～4 年,根据公式(4-3)可得

$$P_t = (4-1) + \frac{|-200|}{400} = 3.5 \ (年)$$

如果行业的基准投资回收期为 4 年,则方案可以接受。

计算出的静态投资回收期应与行业或部门的基准投资回收期 P_c 进行比较,若 $P_t \leqslant P_c$,表明项目投入的总资金在规定的时间内可收回,则认为项目是可以考虑接受的。若 $P_t > P_c$,表明项目投入的总资金在规定的时间内不能收回,则认为项目是不可行的。

静态投资回收期的缺点是没有考虑资金的时间价值因素,舍弃了投资回收期以外各年的现金流,故不能全面反映项目在寿命期内的真实效益,不利于对项目进行整体评价,投资回收期标准的确定主要依赖决策者对风险的态度,因此难以对不同方案的比较选择做出正确判断。例如三个方案如表 4-2 所示。

表 4-2　某项目三个方案的现金流量表　　　　　　　　单位:万元

项目 / 年份	0	1	2	3	4	5	累计现金流量
方案一	−1200	600	600	0	0	0	0
方案二	−1200	300	300	300	300	300	300
方案三	−1200	400	400	400	400	400	800

比较三个方案,初始投资总额都为 1200 万元,静态投资回收期分别为 2 年、4 年和 3 年,如果仅按静态投资回收期的长短来进行方案的取舍,应选择方案一,但其收回投资后年份的净收益为 0,是三个方案中最差的。

静态投资回收期可以在一定程度上用于衡量投资项目初始投资回收速度,其优点是能够直观地反映原始总投资的返本期限,便于理解,计算也比较简单,只需确定项目前几年的现金流,不必确定整个寿命期所有年份的现金流,也不用确定折现率,经济意义易于理解,在一定意义上考虑了投资风险因素。项目面临着未来的不确定性因素的挑战,这种不确定性所带来的风险随时间的延长而增加,为了减少风险,就必然希望投资回收期越短越好。正是由于投资回收期指标能反映一定的风险性,所以在项目评价中具有独特的地位和作用,并被广泛用于项目评价的辅助性指标。

2. 投资收益率

投资收益率又称为投资效果系数、投资利润率,是指在项目达到设计能力后的正常生产

年份的年利润总额与项目投资总额的比率，它表明投资项目正常生产年份中，单位投资每年所创造的年净收益额。投资收益率越大，说明项目的投资效益越好。

$$投资收益率 = \frac{年利润总额}{项目总投资} \times 100\% \qquad (4\text{-}4)$$

若方案中的生产期的利润总额变化幅度较大，可计算生产期年平均利润总额。公式(4-4)中各指标的详细公式为

项目总投资＝固定资产投资＋投资方向调节税＋建设期利息＋流动资金

年利润总额＝年销售收入－年总成本费用－年销售税金

年总成本费用＝外购原材料、燃料及动力＋工资及福利费＋修理费＋
折旧费＋摊销费＋利息支出＋其他费用

年销售税金＝年增值税＋年城乡维护建设税＋年教育费附加

如果项目在正常生产年份内各年收益情况变化幅度较大时，也可采用公式(4-5)进行计算。

$$投资收益率 = \frac{年平均利润总额}{项目总投资} \times 100\% \qquad (4\text{-}5)$$

【例 4-3】 某项目的投资与收益情况如表 4-3 所示，计算该项目的投资收益率。

表 4-3 某项目投资收益情况表　　　　　　　　　　单位：万元

项目＼年份	0	1	2	3	4	5	6
投资	−150						
利润		15	20	25	30	40	60

【解】 根据公式(4-5) 可得

$$投资收益率 = \frac{(15+20+25+30+40+60)/6}{150} \times 100\% = 21.11\%$$

经过计算得出该项目的投资收益率为 21.11%。它反映了项目在正常年份的单位投资所带来的年收益为 21.11 万元。

用投资收益率评价方案，同样要与基准投资收益率 R_c 进行比较。如果项目的投资收益率大于或等于基准投资收益率 R_c，则认为项目是可以考虑接受的。如果项目的投资收益率小于基准投资收益率 R_c，则认为项目是不可行。由公式可知投资收益率与静态投资回收期成倒数关系。

（二）清偿能力分析指标

项目清偿能力分析主要是考虑寿命期内各年的财务状况及偿债能力。

1. 借款偿还期

借款偿还期又称贷款偿还期，是指在国家财政规定及具体的财务条件下，项目投产后可以用做还款的项目收益（税后利润、折旧、摊销及其他收益等）来偿还项目投资借款本金和利息所需要的时间。它是反映项目借款偿债能力的重要指标。借款偿还期的计算公式为

$$I_d = \sum_{t=1}^{P_d} (R_p + D' + R_0 - R_r)_t \qquad (4\text{-}6)$$

式中，P_d 为借款偿还期（从借款开始年计算，当从投产年算起时，应予注明）；I_d 为建设投资借款本金和利息（不包括已用自由资金支付的部分）之和；R_p 为第 t 年可用于还款

的利润；D' 为第 t 年可用于还款的折旧；R_0 为第 t 年可用于还款的其他收益；R_r 为第 t 年企业留利。

实际计算时，计算数据可通过项目的财务平衡表或借款偿还计划表得出，其单位通常用"年"表示，计算公式为

$$P_d = （借款偿还后出现盈余的年份数-1）+ \frac{当年应偿还借款额}{当年可用于还款的收益额} \tag{4-7}$$

【例 4-4】 某公司借款偿还第 6 年出现盈余，盈余当年应偿还的借款额为 18.3 万元，盈余当年可用于还款的余额为 300 万元，计算该项目借款偿还期。

【解】 根据公式(4-7) 可得

$$借款偿还期 = （6-1）+ \frac{18.3}{300} = 5.061 （年）$$

借款偿还期满足贷款机构要求的期限时，即认为项目是有借款偿还能力的。当项目预先给定借款偿还期的时候，借款偿还期指标就不适用了，这时应采用利息备付率和偿债备付率指标分析项目的偿债能力。

2. 利息备付率

利息备付率也称"已获利息倍数"，是指在借款偿还期内的息税前利润与当年应付利息的比值，它从付息资金来源的充裕性角度反映支付债务利息的能力。息税前利润等于利润总额和当年应付利息之和，当年应付利息是指计入总成本费用的全部利息。其计算公式为

$$利息备付率 = \frac{息税前利润}{当期应付利息费用} \tag{4-8}$$

利息备付率应分年计算，有时也可按整个借款期计算。利息备付率越高，表明利息偿付的保障程度越高。

利息备付率表示使用项目利润偿付利息的保证倍率，对于正常经营的企业，利息备付率至少应当大于 1，一般不宜低于 2，并结合债权人的要求确定。利息备付率低于 1，表示项目没有足够的资金支付利息，偿债风险很大。

3. 偿债备付率

偿债备付率是从偿债资金来源的充裕性角度反映偿付债务本息的能力，是指在债务偿还期内，可用于计算还本付息的资金与当年应还本付息额的比值。可用于计算还本付息的资金是指息税、折旧、摊销前利润（息税前利润加上折旧和摊销）减去所得税后的余额，当年应还本付息的金额包括还本金额及计入总成本费用的全部利息。融资租赁的本息和运营期内的短期借款本息也应纳入还本付息金额。国内外也有其他略有不同的计算偿债备付率的公式。

$$偿债备付率 = \frac{息税折旧摊销前利润-所得税}{应还本付息额} \tag{4-9}$$

如果运营期间支出了维护运营的投资费用，应从分子中扣减。

偿债备付率应分年计算，分别计算在债务偿还期内各年的偿债备付率。偿债备付率高，表明可用于还本付息的资金保障程度高。

偿债备付率表示偿付债务本息的保证倍率，至少应大于 1，一般不宜低于 1.3，并结合债权人的要求确定。偿债备付率低，说明偿付债务本息的资金不充足，偿债风险大。当这一指标小于 1 时，表示可用于计算还本付息的资金不足以偿付当年的债务。

【例 4-5】 某项目与备付率有关的数据如表 4-4 所示，计算该项目的利息备付率和偿债备付率。

表 4-4 某项目与备付率有关的数据 单位：万元

项目 \ 年份	2	3	4	5
应还本付息额	96.4	96.4	96.4	96.4
应付利息额	23.7	19.5	16.8	12.8
息税前利润	50	206.5	206.5	206.5
折旧	169.7	169.7	169.7	169.7
所得税	6.5	68.7	67.4	68

【解】 根据公式(4-8) 和公式(4-9) 可得

第 2 年 利息备付率 $= \dfrac{50}{23.7} = 2.11$

偿债备付率 $= \dfrac{50 + 169.7 - 6.5}{96.4} = 2.21$

第 3 年 利息备付率 $= \dfrac{206.5}{19.5} = 10.59$

偿债备付率 $= \dfrac{206.5 + 169.7 - 68.7}{96.4} = 3.19$

第 4 年 利息备付率 $= \dfrac{206.5}{16.8} = 12.29$

偿债备付率 $= \dfrac{206.5 + 169.7 - 67.4}{96.4} = 3.20$

第 5 年 利息备付率 $= \dfrac{206.5}{12.8} = 16.13$

偿债备付率 $= \dfrac{206.5 + 169.7 - 68}{96.4} = 3.20$

4. 财务状况指标

财务状况指标包括资产负债率、流动比率和速动比率，全部依据"资产负债表"计算。计算时，既可以计算项目在整个计算期内的财务指标，也可以计算各年的财务指标。

① 资产负债率。是反映项目各年所面临的经济风险程度及偿还能力的指标。其计算公式为

$$资产负债率 = \frac{负债总额}{资产合计} \times 100\%$$

资产负债率表明企业资产中有多少是债务，同时也可以用来检查企业的财务状况是否稳定。适度的资产负债率表明企业经营安全、稳健，具有较强的筹资能力，企业和债权人的风险较小。不同的行业对资产负债率有不同的要求。

② 流动比率。是反映项目流动资产对流动负债的比率，指标用来衡量企业流动资产在短期债务到期以前，可以变为现金用于偿还负债的能力。其计算公式为

$$流动比率 = \frac{流动资产总额}{流动负债总额}$$

③ 速动比率。是指速动资产对流动负债的比率。它是衡量企业流动资产中可以立即变现用于偿还流动负债的能力。速动比率的计算公式为

$$流动比率 = \frac{速动资产总额}{流动负债总额}$$

速动比率的高低能直接反映企业短期偿债能力的强弱，它是对流动比率的补充，并且比流动比率反映得更加直观可信。如果流动比率较高，但流动资产的流动性却很低，则企业的短期偿债能力仍然不高。在流动资产中有价证券一般可以立刻在证券市场上出售，转化为现金，应收账款、应收票据、预付账款等项目，可以在短时期内变现，而存货、待摊费用等项目变现时间较长，特别是存货很可能发生积压、滞销、残次等情况，其流动性较差，因此流动比率较高的企业，并不一定偿还短期债务的能力很强，而速动比率就避免了这种情况的发生。一般认为，从保护债权人利益的角度，速动比率一般应保持在100％以上。

二、动态评价方法

（一）动态投资回收期

动态投资回收期是把投资项目各期（通常是以年为单位）的净现金流量按基准收益率或目标收益率折现之后，再来推算投资回收期，动态投资回收期在计算回收期时考虑了资金的时间价值。动态投资回收期就是净现金流量累计现值等于零时的年份。

动态投资回收期 P_t' 的计算公式为

$$\sum_{t=0}^{P_t'} (CI-CO)_t (1+i_c)^{-t} = 0 \tag{4-10}$$

式中，P_t' 为动态投资回收期；CI 为现金流入量；CO 为现金流出量；$(CI-CO)_t$ 为第 t 年的净现金流量；i_c 为基准折现率。

在实际的计算中，通常根据项目的现金流量采用列表法计算，公式为

$$P_t' = \frac{累计净现金流量折现值}{开始出现正值的年份} + \frac{|上一年累计净现金流量折现值|}{出现正值年份的净现金流量折现值} \tag{4-11}$$

计算出的动态投资回收期应与行业或部门的基准投资回收期 P_c 进行比较。若 $P_t' \leqslant P_c$，表明项目投入的总资金在规定的时间内可收回，则认为项目是可以考虑接受的。若 $P_t' > P_c$，表明项目投入的总资金在规定的时间内不能收回，则认为项目是不可行的。

【例4-6】 根据项目有关数据如表4-5所示，计算该项目的静态、动态投资回收期（$i_c = 10\%$，$P_c = 8$ 年）。

表 4-5　某项目净现金流量表（1）　　　　　　　　　　单位：万元

项目 \ 年份	0	1	2	3	4	5	6
投资支出	20	500	100				
其他支出				300	450	450	450
收入				450	700	700	700

【解】 根据表4-5计算可得表4-6。

表 4-6　某项目净现金流量表（2）　　　　　　　　　　单位：万元

项目 \ 年份	0	1	2	3	4	5	6
净现金流量	−20	−500	−100	150	250	250	250
累计净现金流量	−20	−520	−620	−470	−220	30	280
折现系数	1	0.9091	0.8264	0.7513	0.6830	0.6209	0.5654
折现值	−20	−454.55	−82.64	112.70	170.75	155.23	141.35
累计折现值	−20	−474.55	−557.19	−444.49	−274−74	−118.51	22.84

根据公式(4-3)可得

$$P_t = (5-1) + \frac{|-220|}{250} = 4.88 \text{（年）}$$

根据公式(4-11)可得

$$P'_t = (6-1) + \frac{|-118.51|}{141.35} = 5.84 \text{（年）}$$

经过计算得出 $P_t < P_c$，$P'_t < P_c$，所以此项目可以接受。

容易推断一般同一项目的动态投资回收期一定大于静态投资回收期，折现率越大，则两者之间的差距越大。

动态投资回收期是一个常用的经济评价指标，不仅考虑了资金的时间价值，而且该指标容易理解，计算也比较简便，在一定程度上显示了资本的周转速度。显然，资本周转速度愈快，回收期愈短，风险愈小，盈利愈多。这对于那些技术上更新迅速的项目，资金相当短缺的项目，未来情况很难预测而投资者又特别关心资金补偿的项目进行分析特别有用。

动态投资回收期的缺点是没有全面地考虑投资方案在整个计算期内的现金流量，即忽略了发生在投资回收期以后的所有情况，对总收入不做考虑。只考虑回收之前的效果，不能反映投资回收之后的情况，即无法准确衡量方案在整个计算期内的经济效果。所以它同静态投资回收期一样，通常只适用于辅助性评价。

（二）净现值

净现值（Net Present Value）指按一定的折现率（基准收益率或设定的折现率），将方案计算期内各年的净现金流量折现到计算基准年（通常是期初，即第0年）的现值之和。净现值是考察项目在计算期内盈利能力的主要动态评价指标，其计算公式为

$$NPV = \sum_{t=0}^{n} (CI - CO)_t (1 + i_c)^{-t} \tag{4-12}$$

式中，NPV 为净现值；CI 为现金流入量；CO 为现金流出量；$(CI-CO)_t$ 为第 t 年的净现金流量；n 为项目的计算期；i_c 为基准折现率。

1. 净现值的计算方法

（1）列表法 在项目的现金流量表上按基准折现率或设定的折现率计算寿命期内累计折现值。

（2）公式法 利用一次支付现值公式或等额支付现值公式将寿命期内每年发生的现金流量，按基准折现率折现到期初，然后累加起来。

可以看出净现值的实质，就是我们前面学过的已知 F 求 P 或已知 A 求 P 的现金流量的计算。如图 4-4 所示。

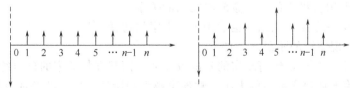

图 4-4 净现值现金流量图

在利用净现值评价项目时，净现值的判别准则对于单一方案：若 $NPV > 0$，表示项目方案的收益率不仅可以达到基准收益率或贴现率所预定的投资收益水平，而且尚有盈余；若 $NPV < 0$，则说明方案的收益率达不到基准收益率或贴现率预定的投资收益水平；若 $NPV = 0$，则表示开发项目方案的收益率恰好等于基准收益率或贴现率所预定的投资收益水平。所以，只有 $NPV \geqslant 0$ 时，该方案在经济上才是可取的；反之则不可取。

对于多方案进行比选时，选择 $NPV>0$ 且最大的方案，NPV 越大的方案相对越优。

【例 4-7】 表 4-7 所示为某项目的经济数据，已知基准折现率 $i_c=10\%$，计算净现值，并判断项目方案在经济上是否可行。

表 4-7　某项目现金流量表（1）　　　　　单位：万元

项目 ＼ 年份	0	1	2	3	4	5
现金流出	80	80				
现金流入			40	50	60	70

【解】 ① 列表法。根据表 4-7 计算可得表 4-8。

表 4-8　某项目净现金流量表（2）　　　　　单位：万元

项目 ＼ 年份	0	1	2	3	4	5
累计现金流量	−80	−80	40	50	60	70
折现系数	1	0.9091	0.8264	0.7513	0.6830	0.6209
折现值	−80	−72.73	33.06	37.57	40.98	43.46
累计折现值	−80	−152.73	−119.67	−82.1	−41.12	2.34

$$NPV=寿命期内的累积折现值=2.34 \text{ 万元}$$

② 公式法。计算如下。

$$NPV=-80-80(P/F,10\%,1)+40(P/F,10\%,2)+$$
$$50(P/F,10\%,3)+60(P/F,10\%,4)+70(P/F,10\%,5)$$
$$=-80-80\times0.9091+40\times0.8264+50\times0.7513+60\times0.6830+$$
$$70\times0.6209=2.34 \text{ （万元）}$$

由于 $NPV=2.34>0$，根据判别标准，项目在经济上是可行的。

2. 净现值的优缺点

不难看出，净现值法主要具有以下优点。

（1）优点

① 考虑了资金的时间价值并全面考虑了项目在整个寿命期内的经济情况。

② 经济意义明确直观，能够直接以货币额表示项目的净收益。

③ 能直接说明项目投资额与资金成本之间的关系。

④ 不仅适用单一方案的比选，也适用于多方案的选择。

（2）缺点 净现值法的不足之处如下。

① 必须先确定一个符合经济现实的基准收益率，而基准收益率的确定往往是比较复杂的。净现值的计算依赖于贴现率数值的大小，贴现率越大则所计算出来的净现值越小，而贴现率的大小主要由筹资成本所决定。也就是说，一项投资机会获利能力的大小并不能由净现值指标直接反映出来，一项获利很高的投资机会可能由于筹资成本较高而使得该项目的净现值较低。

② 净现值指标不能反映投资效率的高低，一项投资规模大、投资利润率低的项目可能具有较大的净现值；而一项投资规模较小、投资利润率较高的项目可能具有较小的净现值。

3. 学习净现值要特别说明的几个问题

（1）累计净现值曲线　是反映项目逐年累计净现值随时间变化的一条曲线。如图 4-5 所示。

（2）基准折现率　科学、准确、合理地计算和选取折现率，对评估结果的真实性和可靠性有着重要的影响。基准收益率也称基准折现率，是企业、行业或投资者以动态的观点所确定的、可接受的投资项目最低标准的收益水平。根据从不同角度编制的现金流量表，计算所需的基准收益率应有所不同。基准收益率的确定一般应综合考虑以下因素。

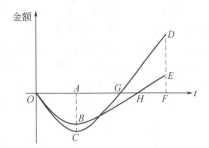

图 4-5　累计净现金流量及
累计净现值图

AC——总投资额；AB——总投资现值；
DF——累计净现金流量（期末）；
EF——净现值；OG——静态投资回收期；
OH——动态投资回收期

① 资金成本和机会成本。资金成本是为取得资金使用权所支付的费用。投资的机会成本是指投资者将有限的资金用于拟建项目而放弃的其他投资机会所能获得的最好收益。显然，基准收益率应不低于单位资金成本和单位投资的机会成本，这样才能使资金得到最有效的利用。如项目完全由企业自有资金投资时，可参考行业的平均收益水平，可以理解为一种资金的机会成本；假如投资项目资金来于自有资金和贷款时，最低收益率不应低于行业平均水平。

② 风险补贴率。一般说来，从客观上看，资金密集项目的风险高于劳动密集型项目的风险；资产专用性强的项目的风险高于资产通用性强的项目的风险；以降低生产成本为目的项目的风险的低于以扩大产量、扩大市场份额为目的的项目的风险。从主观上看，资金雄厚的投资主体的风险低于资金拮据者。在确定基准收益率时，还应考虑风险因素。

③ 通货膨胀。是指由于货币的发行量超过商品流通所需要的货币量而引起的货币贬值和物价上涨的现象。在确定基准收益率时，应考虑通货膨胀率。

④ 资金限制。在资金短缺时，应通过提高基准收益率的办法进行项目经济评价。

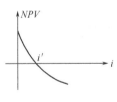

图 4-6　净现值与
折现率的关系

正确确定基准收益率，其基础是资金成本、机会成本，而投资风险、通货膨胀和资金限制也是必须考虑的影响因素。

（3）净现值 NPV 与折现率 i 的关系（对常规现金流量）　通过多个项目的净现值和折现率的对应关系可以看出：同一净现金流量系列的净现值 NPV 随折现率 i 的增大而减少，故基准收益率 i_c 定得越高，可接受的方案越少；在某一 i 值上，净现值曲线与横坐标相交，当 $i=i'$ 时，$NPV=0$，当 $i<i'$ 时，$NPV>0$；当 $i>i'$ 时，$NPV<0$。如图 4-6 所示。

（4）净现值最大准则与最佳经济规模　最佳经济规模就是盈利总和最大的投资规模。考虑到资金的时间价值，也就是净现值最大的投资规模。所以，最佳经济规模可以通过净现值最大准则来选择。

（三）净现值率

净现值指标用于多个方案的比选时，没有考虑各方案投资额的大小，因而不能直接反映资金的利用效率。为了考察资金的利用效率，通常采用净现值率作为净现值的辅助指标。

净现值率是指项目的净现值与投资总额现值的比值，其经济含义是单位投资现值所能带来的净现值，是一个考察项目单位投资的盈利能力的指标。净现值率的计算公式为

$$NPVR = \frac{NPV}{K_p} \tag{4-13}$$

式中，$NPVR$ 为净现值率；NPV 为净现值；K_p 为项目总投资现值。

净现值率的判别准则：单一方案时，当 $NPVR \geqslant 0$ 时，方案可行；当 $NPVR < 0$ 时，方案不可行。对于多方案比选，由于净现值是一个绝对指标，尽管在项目评价中，可以直接反映方案或项目超过基准收益率的收益绝对额，但它不能反映项目的资金使用效率，所以当用净现值来评价方案时，往往会得出投资大的方案优的结论。可是投资大的方案的单位投资效果或许还不如投资小的方案。因此对于投资额不同的方案，除进行净现值比较外，必要时还应进一步计算净现值率。在使用这两个指标进行评价时，有时会得出相反的结论。

因为用净现值选择方案，倾向于选择投资大且盈利相对较高的方案，而用净现值率选择方案，则倾向于选择投资小而单位经济效益高的方案。在资金短缺的情况下，净现值率的应用就显得十分必要了。因此，在实际工作中，两个指标应分具体情况结合使用。

【例 4-8】 某项目拟订出两套方案，方案各年的收支情况如表 4-9 所示，$i_0 = 10\%$，试用净现值率和净现值率两项指标，对方案进行评价（各年的现金流均发生在年初）。

表 4-9 项目的技术经济指标   单位：万元

年份	A 方案		B 方案	
	投资	收入	投资	收入
1	3000		4000	
2	1000		2000	
3		1000		3000
4		2500		3000
5	700	3500		5000
6		3000	1200	3000
7		3000		2000
8		1000		1000

【解】 A 方案

$$NPV_A = -3000 - 1000(P/F,10\%,1) + 1000(P/F,10\%,2) + 2500(P/F,10\%,3) +$$
$$(3500 - 700)(P/F,10\%,4) + 3000(P/F,10\%,5) + 3000(P/F,10\%,6) +$$
$$1000(P/F,10\%,7)$$
$$= -3000 - 1000 \times 0.9091 + 1000 \times 0.8264 + 2500 \times 0.7513 + 2800 \times$$
$$0.6830 + 3000 \times 0.6209 + 3000 \times 0.5645 + 1000 \times 0.5132$$
$$= 4777.35 \text{（万元）}$$

$$K_{pA} = 3000 + 1000(P/F,10\%,1) + 700(P/F,10\%,4)$$
$$= 3000 + 1000 \times 0.9091 + 700 \times 0.6830$$
$$= 4387.2 \text{（万元）}$$

所以
$$NPVR_A = \frac{NPV_A}{K_{pA}} = \frac{4777.35}{4387.2} = 1.09$$

B 方案

$$NPV_B = -4000 - 2000(P/F,10\%,1) + 3000(P/F,10\%,2) + 3000(P/F,10\%,3) +$$
$$5000(P/F,10\%,4) + (3000 - 1200)(P/F,10\%,5) + 2000(P/F,10\%,6) +$$
$$1000(P/F,10\%,7)$$
$$= -4000 - 2000 \times 0.9091 + 3000 \times 0.8264 + 3000 \times 0.7513 + 5000 \times$$
$$0.6830 + 1800 \times 0.6209 + 2000 \times 0.5645 + 1000 \times 0.5132$$
$$= 5098.72 \text{（万元）}$$

$$K_{pB} = 4000 + 2000(P/F,10\%,1) + 1200(P/F,10\%,5)$$
$$= 4000 + 2000 \times 0.9091 + 1200 \times 0.6209$$
$$= 6563.28 \text{（万元）}$$

所以　　　　　　　　　$NPVR_B = \dfrac{NPV_B}{K_{p_B}} = \dfrac{5098.72}{6563.28} = 0.777$

如果资金充足则可以选择 B 方案，否则选 A 方案。

从此案例可以看出，B 方案的净现值大于 A 方案的净现值。若只用净现值指标进行比较，B 方案优于 A 方案。由于 B 方案投资大，其净现值率小于 A 方案，A 方案的单位投资效果明显优于 B 方案。所以用什么指标方案评价，要视具体情况而定。

（四）净年值

净年值（NAV，Net Annual Value）又叫等额年值或等额年金，是指按给定的折现率（基准收益率或设定的折现率），通过等值换算将方案计算期内各个不同时点的净现金流量分摊到计算期内各年的等额年值。净年值指标反映的是项目年均收益的情况。净年值的计算公式为

$$NAV = NPV(A/P, i_c, n) = \sum_{t=0}^{n}(CI-CO)_t(1+i_c)^{-t}(A/P, i_c, n) \qquad (4\text{-}14)$$

式中，NAV 为净年值；NPV 为净现值；$(A/P, i_c, n)$ 为资金回收系数；CI 为现金流入量；CO 为现金流出量；$(CI-CO)_t$ 为第 t 年的净现金流量；n 为项目的计算期；i_c 为基准折现率。

净年值的判别准则：对于单一方案，如果 $NPV \geqslant 0$，可得 $NAV \geqslant 0$，项目可行；如果 $NPV < 0$，可得 $NAV < 0$，项目不可行。多方案比选时，NAV 越大的方案相对越优。

一般情况下，净年值和净现值仅差一个资本回收系数，所以 NPV 与 NAV 总是同为正或负，净年值与净现值对项目评价结论完全一致。但在不同寿命的多方案的比选中，净年值比净现值法简便。所以净年值法在经济评价方法中占有相当重要的地位。

【例 4-9】 某项目有 A、B 两种方案，寿命周期为 5 年和 3 年，各自寿命周期内的净现金流量见表 4-10，用净年值法进行方案选择（$i_c = 10\%$）。

表 4-10　某项目净现金流量表　　　　　　　　　　　单位：万元

方案＼年份	0	1	2	3	4	5
A	−500	140	140	140	140	140
B	−300	130	130	130		

【解】 ① 求两个方案的净现值

$NPV_A = -500 + 140(P/A, 10\%, 5) = -500 + 140 \times 3.7908 = 30.71$（万元）

$NPV_B = -300 + 130(P/A, 10\%, 3) = -300 + 130 \times 2.4869 = 23.30$（万元）

② 求两个方案的净年值

$NAV_A = 30.71(A/P, 10\%, 5) = 30.71 \times 0.2638 = 8.10$（万元）

$NAV_B = 23.03(A/P, 10\%, 3) = 23.03 \times 0.4021 = 9.37$（万元）

或者

$NAV_A = -500(A/P, 10\%, 5) + 140 = -500 \times 0.2638 + 140 = 8.10$（万元）

$NAV_B = -300(A/P, 10\%, 3) + 130 = -300 \times 0.4021 + 130 = 9.37$（万元）

评价结果：$NAV_A > 0$，$NAV_B > 0$，$NAV_A > NAV_B$，所以方案 B 为最佳方案。

（五）内部收益率

内部收益率（IRR，Internal Rate of Return）又称内部报酬率，就是方案或项目在计算分析期内，各年净现金流量现值累计等于零时的折现率，内部收益率是除净现值以外的另一

个最重要的动态经济评价指标。

内部收益率的经济含义是指项目依靠本身的效益回收投资费用的能力，或者说通过投资等活动，项目本身所能取得经济报酬的能力。也就是说，在这样的内部收益率情况下，该项目在整个计算分析期内的效益现值恰好等于该项目的费用现值。

内部收益率的计算公式为

$$NPV(IRR) = \sum_{t=0}^{n} (CI - CO)_t (1 + IRR)^{-t} = 0 \tag{4-15}$$

式中，NPV 为净现值；CI 为现金流入量；CO 为现金流出量；$(CI-CO)_t$ 为第 t 年的净现金流量；n 为项目的计算期；IRR 为内部收益率。

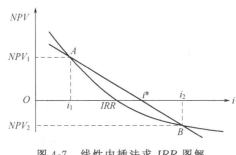

图 4-7　线性内插法求 IRR 图解

内部收益率是使项目在整个计算期内各年净现金流量现值累计之和等于 0 时的折现率。所以内部收益率的计算式是一个高次方程，计算复杂，一般采用线性内插法求出近似解。

线性内插法的原理如图 4-7 所示，净现值函数曲线与横轴的交点处，$NPV=0$，该处的 i 即是 IRR。用直线 $\overline{AB}$ 近似曲线 AB，取 i^* 为 IRR 的近似值，即 $i^* \approx IRR$。

则得

$$\frac{NPV_1}{NPV_2} = \frac{i^* - i_1}{i_2 - i^*}$$

整理可得

$$IRR = i^* = i_1 + \frac{NPV_1}{NPV_1 + |NPV_2|}(i_2 - i_1) \tag{4-16}$$

式中，IRR 为内部收益率；i_1 为计算使用的低的折现率；i_2 为计算使用的高的折现率；i^* 为 NPV 为 0 时的折现率；NPV_1 为使用 i_1 计算得出的净现值；NPV_2 为使用 i_2 计算得出的净现值。

在实际的计算时，需通过反复试算，求出 NPV_1 略大于零时的 i_1，再求出使 NPV_2 略小于零时的 i_2，同时应满足 i_2 与 i_1 的差值应在 $2\%\sim5\%$ 内，这样通过线性内插法求得的 i^* 才近似地等于 IRR。

将所求得的内部收益率与基准折现率 i_c 比较，若 $IRR \geq i_c$，说明方案达到了基准折现率的获利水平，方案可以接受；若 $IRR < i_c$，方案不能接受。

【例 4-10】 某项目净现金流量表如表 4-11 所示，当基准折现率 $i_c = 12\%$，试用内部收益率指标评价该项目的经济效果是否可行。

表 4-11　某项目的现金流量表（1）　　　　　　　　　　　单位：万元

项目＼年份	0	1	2	3	4	5
现金流出	100	20	30	30	30	30
现金流入	0	50	50	80	70	70

【解】 整理表 4-11 得表 4-12。

表 4-12　某项目的净现金流量表（2）　　　　　　　　　　单位：万元

年份 项目	0	1	2	3	4	5
净现金流量	−100	30	20	50	40	40

设 $i_1 = 20\%$，得

$NPV_1 = -100 + 30(P/F,20\%,1) + 20(P/F,20\%,2) + 50(P/F,20\%,3) +$
　　　　$40(P/F,20\%,4) + 40(P/F,20\%,5)$

　　　$= -100 + 30 \times 0.8333 + 20 \times 0.6944 + 50 \times 0.5787 + 40 \times 0.4823 + 40 \times 0.4019$

　　　$= 3.19$（万元）

设 $i_2 = 25\%$，得

$NPV_2 = -100 + 30(P/F,25\%,1) + 20(P/F,25\%,2) + 50(P/F,25\%,3) +$
　　　　$40(P/F,25\%,4) + 40(P/F,25\%,5)$

　　　$= -100 + 30 \times 0.8000 + 20 \times 0.6400 + 50 \times 0.5120 + 40 \times 0.4096 + 40 \times 0.3277$

　　　$= -8.11$（万元）

使用线性内插法求 IRR。

$$IRR = 15\% + \frac{3.19}{3.19 + |-8.11|}(25\% - 20\%) = 21.41\%$$

因为内部收益率（20.41%）大于基准折现率（12%），所以该项目在经济上是可行的。

以上所讨论的内部收益率的计算及经济意义都是针对常规现金流量而言的，这类现金流量的特点是：期初几年投资现金流量为负值，然后有收益，直到寿命期末现金流量始终为正值，而且所有现金流量的代数和为正。这类项目的净现值函数如图 4-7 所示，项目的净现值随着 i 的增加而减小，且与横轴有且只有一个交点，这种情况下，内部收益率有唯一解。

净现值符号变化多次的项目称为非常规项目。对于非常规项目的内部收益率的解有两种情况。一是有多个正根，则所有的根都不是真正的项目的收益率，这样的项目不能使用内部收益率指标考查经济效果，即内部收益率法失效。二是只有一个正根，则这个根就是项目的内部收益率。

内部收益率的优点在于考虑了资金时间价值并全面考虑了项目在整个寿命期间的经济状况。同时将项目寿命期内的收益与其投资总额联系起来，得出这个项目的收益率，并将它同行业基准折现率对比，确定这个项目是否可行。内部收益率的计算不需要确定基准折现率，而计算净现值或净年值都需要事先确定基准折现率。

内部收益率的缺点是计算比较麻烦，而且对于非常规项目来讲，其内部收益率在某些情况下甚至不存在或存在多个内部收益率。使用内部收益率评价经济效果同时隐含了再投资的假设，降低了准确程度，因此需要同其他指标配合使用。

尽管如此，内部收益率指标仍然是反映项目投资收益能力的最重要的指标之一。

第三节　项目方案的经济评价

对于投资来说，同一时期可能有多个投资项目可供选择，同一投资项目还可能有多种投资方案可供选择，要想正确评价投资项目方案的经济可行性，仅凭前面对评价指标的计算及判断是不够的。投资者的资金有限，不可能投资所有的项目，因此存在如何选择投资项目和方案以使有限的资金得到有效利用、取得最佳效益的问题。

一、项目方案经济评价类型

技术经济中的所谓项目方案是指一种投资的可能性，实际的技术经济分析中用得较多的是方案的比较和选择。忽略影响投资的外部条件（如政治、经济、政策和组织等）的一般投资项目，由于原料路线、技术水平等方面的不同，为了实现某一目标会形成众多的项目方案，为了保证某项投资活动得到较好的预期收益，通常也需要制定多个方案。与单一方案经济评价相比，多方案的比较和选择要复杂得多，由于不同的投资方案投资、收益、费用及方案的寿命期都不相同，使得在单一方案分析中所得出的一些结论不能直接用于多方案的比较和选择。多方案比选中不仅要考虑单一方案的经济可行性，还要考虑项目群的整体最优。另外，并不是任何方案之间都是绝对可以比较的。不同的方案产出的数量和质量、产出的时间、费用的大小和寿命期都不相同，因此，在进行多方案的比选时，就需要有一定的前提条件和判别标准。

在进行投资方案的比较和选择时，首先应明确投资方案之间的相互关系，方案之间是否可以比较，然后才能考虑选用适宜的评价指标和方法进行方案的比选。备选方案之间的关系不同，决定了所采用的评价方法和评价指标也会有所不同。

所谓方案类型，是指一组备选方案之间所具有的关系。从大类上看，方案之间的关系有独立关系、互斥关系和相互关系三种。具体投资方案的类型又分为：独立方案、互斥方案、混合方案、互补方案、现金流量相关方案、组合—互斥方案六种。

1. 独立方案选择

独立方案是指方案之间互不干扰，在选择方案时可任意组合，直到资源得到充分利用为止的一组方案。独立型方案的特点是作为评价对象的各个方案的现金流是独立的，不具有相关性，且任一方案的采用与否都不影响是否采用其他方案的决策。独立型方案的效果之间具有加和性。若方案间加法法则成立，则这些方案是相互独立的。例如，现有投资期为一年的A、B、C三个方案，仅向A方案投资时，投资额为200万元，收益为260万元；仅向B方案投资时，投资额为300万元，收益为375万元；仅向C方案投资时，投资额为100万元，收益为125万元。若以600万元同时向三个方案投资，收益正好为760万元，则说明A、B、C三个方案是相互独立的。

2. 互斥方案选择

互斥型方案的特点是诸方案之间具有互斥性，在多方案当中只能选择一个，其余方案必须放弃，不能同时存在。互斥型各方案的效果之间不具有加和性。例如，开发商选择某地块进行开发，如果开发五星级大酒店，就不能开发住宅小区。互斥方案可按照服务寿命长短，可分为服务寿命相同、服务寿命不同、服务寿命无限长的方案；按照规模，可分为相同规模和不同规模的方案。

3. 混合方案选择

混合型方案是独立型与互斥型的混合情况，即在有限的资源约束下有几个相互独立的投资方案，在这些方案中又分别包含着若干互斥型的方案。

在不同的方案类型中，经济比较的原则只有一个，即最有效地分配有限的资源，以获得最好的经济效益。重要的是根据不同的方案类型正确地选择和使用评价方法。除了使用绝对经济效果指标筛选方案，还要使用相对经济效果指标优选方案，具体包括以下几点。

① 确定项目方案自身的绝对经济效果，通过方案本身的经济效果指标绝对值（如投资回收期、净现值、内部收益率等）的计算，来确定方案自身的经济性，评价和选择方案。

② 确定方案之间的相对经济效果，通过方案对比来考察哪个方案最优，从而选择方案。可以是对上述绝对经济效果指标值及其相应的效率型指标（如净现值率、内部收益率）进行大小排序，也可采用上述指标的增量分析（或差额分析）方法，如差额净现值、差额内部收

益率以及差额投资回收期等指标进行排序。

这两个步骤的目的和作用不同，前者是筛选方案，后者是优选方案。在工程经济评价中两者相辅相成。一般情况下，独立或单一方案采用前一种方法检验即可，互斥方案、混合方案的评价和优选通常需要同时采用两个步骤。

4. 互补方案选择

互补方案是指方案之间存在技术经济互补关系的一组方案。某一方案的接受有助于其他方案的接受。

互补方案选择可分为对称的经济互补关系和非对称的经济互补关系。

对称的经济互补关系：缺少其中任何一个项目，其他项目就不能正常运行。例如，建一个大型非坑口电站，必须同时建设铁路、电厂，它们无论在建成时间、建设规模上都要彼此适应，缺少期中任何一个项目，其他项目就不能正常运行，他们之间是互补的，有时是对称的。

非对称的经济互补关系：采用方案 A 并不一定要采用方案 B，但 B 对 A 有益处。例如，建造一座建筑物 A 和增加一个空调系统 B，建筑物 A 本身是有用的，增加空调系统 B 后使建筑 A 更有用，但不能说采用方案 A 的同时一定要采用方案 B。

5. 现金流量相关方案选择

现金流量相关方案是指方案之间不完全互斥，也不完全相互依存，但任何一个方案的取舍会导致其他方案现金流量变化的一组方案。例如某跨江项目考虑两个建设方案，一个是建桥方案，一个是轮渡方案，两个方案都收费，任何一个方案的实施或放弃都会影响到另一方案的现金流量。

6. 组合-互斥方案选择

组合-互斥方案是指在若干可采用的独立方案中，如果有资源约束条件（如受资金、劳动力、材料、设备及其他资源拥有量限制），则只能从中选择一部分方案实施，可以将它们组合为互斥方案。例如，现有独立方案 A、B、C、D，它们所需要的投资分别为 1000 万元、600 万元、400 万元、300 万元。当资金总额限量为 1000 万元时，除 A 方案具有完全的排他性，其他方案可以互相结合。这样，可能选择的方案共有 A、B、C、D、B＋C、B＋D、C＋D 组合方案。

二、项目方案比选的含义和作用

投资者依据一些原则和标准，从可供选择的投资机会和方案中选择出合理有效的机会和方案，然后再进行详细而具体的比较和投资分析，最后决定投资实施与否。这种比较和选择的过程就是项目的方案比选。

投资项目的比选是寻求合理的投资方案的必要手段。它是对投资项目面临的各种可供选择的生产经营方案进行计算和分析，从中筛选出满足最低收益率要求的可供比较方案，并对这些方案作出最后选择的过程。

投资项目的比选有两个层面：一是项目间的比选，这实际上是投资机会的比选；二是同一项目的多个投资方案比选。

投资项目比选，对投资者来说是十分重要的，其作用主要体现在以下几个方面。

① 有利于把握最佳的投资机会和选择最优的投资方案。

② 使投资者有限的资金得到相对安全和有效的利用。

③ 有利于提高决策者科学决策的能力，避免或减少投资决策中的失误。

④ 有利于增强企业市场竞争的能力。

三、独立方案的经济评价

独立方案的评价和选择，实质就是第一层次的项目间的比选，即投资机会的比选，投资者在"做"与"不做"之间选择。因此，独立方案在经济上是否可接受，取决于方案自身的经济性，即方案的经济效果是否达到或超过了预定的评价标准或（和）水平。可见，独立方案只要计算方案的经济效果指标，并按照指标的判别准则加以检验就可以做到。对方案自身的经济性的检验叫做"绝对经济效果检验"，如果方案通过了绝对经济效果检验，就认为方案在经济上是可行的，是值得投资的。否则，应予拒绝。

对于独立方案而言，不论采用哪种经济效果指标，其评价结论都是一致的。

【例 4-11】 某房地产企业资金雄厚，在某城市购得了三宗土地，拟定了三个独立方案，其现金流量如表 4-13 所示。试判断其经济可行性。

表 4-13 方案 A、B、C 现金流量   单位：万元

方案	初始投资(0 年)	年收入	年支出	寿命/年
A	5000	2400	1000	10
B	8000	3100	1200	10
C	10000	4000	1500	10

【解】 ① 先计算各方案的 NPV 值，计算结果如下。
$$NPV_A = -5000 + (2400-1000)(P/A,15\%,10) = 2027$$
$$NPV_B = -8000 + (3100-1200)(P/A,15\%,10) = 1536$$
$$NPV_C = -10000 + (4000-1500)(P/A,15\%,10) = 2547$$

由于 NPV_A、NPV_B、NPV_C 均大于零，故 A、B、C 三方案均可接受。

② 各方案的 NAV 值，计算结果如下。
$$NAV_A = -5000(A/P,15\%,10) - 1000 + 2400 = 404$$
$$NAV_B = -8000(A/P,15\%,10) - 1200 + 3100 = 306$$
$$NAV_C = -10000(A/P,15\%,10) - 1500 + 4000 = 507$$

$NAV_A > 0$，$NAV_B > 0$，$NAV_C > 0$，故 A、B、C 三方案均可接受。

③ 各方案的 IRR 值，计算结果如下。
$$-5000 + (2400-1000)(P/A,IRR_A,10) = 0 \qquad IRR_A = 25\%$$
$$-8000 + (3100-1200)(P/A,IRR_B,10) = 0 \qquad IRR_B = 20\%$$
$$-10000 + (4000-1500)(P/A,IRR_C,10) = 0 \qquad IRR_C = 22\%$$

由于 $IRR_A > i_c$，$IRR_B > i_c$，$IRR_C > i_c$，故 A、B、C 三方案均可接受。

四、互斥型方案的经济评价

当各投资项目相互独立，独立方案的比选可分为以下两种情况。

情况一，若资金对所有项目不构成约束，只要分别计算各项目的 NPV 或 IRR，选择所有 $NPV \geqslant 0$ 或 $IRR \geqslant i_c$ 的项目即可。

情况二，若资金不足以分配到全部 $NPV \geqslant 0$ 的项目时，即形成所谓的资金约束条件下的定量分配问题时，可以把独立案转化为互斥方案，再采用互斥方案比选的方法进行。

对于混合方案的比选问题，也可以将混合方案组合成互斥方案群，然后根据互斥方案比选的方法进行。

因此在技术经济分析中，较多的是互斥型方案的比较和优选问题。互斥方案是指被比较的方案之间互不相容、互为排斥，只能选择其一，其余方案必须放弃。互斥型方案的评价，不仅要考察各方案本身的经济性并进行筛选，而且要对通过筛选的方案按特定指标进行排序，从而优胜劣汰、选取最优方案。必须注意的是，互斥型方案的比较必须具备如下可比条件：对于被比较方案，比较指标的计算方法一致；各方案在时间上可比；各方案的现金流量

具有相同的时间特征。

互斥型方案通常采用的评价指标有净现值、净年值、费用现值、费用年值、增量投资内部收益率、增量投资净现值、增量投资费用现值法等。

考虑互斥型方案的时间可比性问题，按互斥型方案的寿命期是否相等把互斥型方案分为各方案寿命期相等、各方案寿命期不等两种情况。

（一）寿命期相等的互斥型方案的比较与选择

寿命期相等的互斥型方案有两种：一种是各备选方案的各年的净现金流量可以估算的情形；另一种是只能估算对比方案之间的差额净现金流量的情形。

1. 各备选方案的各年的净现金流量可估算

如果各备选方案各年的净现金流量可以估算，则评价指标可以采用净现值、净年值、费用现值以及费用年值等指标。其比选过程通常遵循如下三个步骤。

第一步，分别检验各方案自身的经济效果，将不能通过评价标准的方案淘汰。

第二步，检验方案的相对经济效果，即分别计算各备选方案的指标值。

第三步，根据净现值（净年值）最大准则或费用现值（费用年值）最小准则，对方案进行选优。

（1）净现值法 对净现值指标来说，只需要计算出各方案的净现值就可以作直接比较。根据净现值为正且最大准则进行比较选择。这里既包含了绝对经济效益检验，又包含了相对经济效益检验。与用增量分析法计算，两方案的增量净现值进行比较选择结论是一致。净现值最大准则的正确性，是由基准折现率——最低希望收益率的经济意义决定的。一般来说，最低希望收益率应该等于被拒绝的投资机会中最佳投资机会的盈利率，因此净现值就是拟采纳方案与被拒绝的最佳投资机会相比多得的盈利，其值越大越好，这符合盈利最大化的决策目标的要求。净现值法的优点是，概念清晰而且分析简单，在实际工作中是首选的方法。

【例 4-12】 三个互斥型方案的初始投资和年净收益如表 4-14 所示，各方案寿命周期为 10 年，准折现率为 10%，请选择最优方案。

表 4-14 互斥方案的净现金流量表 单位：万元

方案	初始投资	年净收益（第 1～第 10 年）
A	350	60
B	300	50
C	250	35

【解】 ① 绝对经济效果检验

各方案的净现值计算如下。

$$NPV_A = -350 + 60(P/A, 10\%, 10) = -350 + 60 \times 6.1446 = 18.68（万元）$$
$$NPV_B = -300 + 50(P/A, 10\%, 10) = -300 + 50 \times 6.1446 = 7.23（万元）$$
$$NPV_C = -250 + 35(P/A, 10\%, 10) = -250 + 35 \times 6.1446 = -34.94（万元）$$

$NPV_A > 0$，$NPV_B > 0$，$NPV_C < 0$，故方案 A、B 在经济上是可行的。

② 检验方案的相对经济效果

$NPV_A > NPV_B$，故方案 A 更优，应选择方案 A。

（2）净年值比较法 就是分别计算互斥方案的净年值，然后根据净年值为正且最大准则进行比较选择。因为净年值与净现值是等效指标，可以用资金等额计算公式互相换算。因此，也同时包含绝对经济效果检验和相对经济效果检验，与用增量分析法比较选择的结论是一致的。互斥方案选择究竟采用净现值比较法还是净年值比较法，关键在于计算净现值和计算净年值哪个更方便、简单。

【例 4-13】 如果使用净年值指标评价表 4-14 的三个方案，用净年值比较法选择最优方案。

【解】 ① 各方案绝对经济效果检验

各方案的净年值计算如下。

$$NAV_A = -350(A/P,10\%,10) + 60 = -350 \times 0.1627 + 60 = 3.06 （万元）$$
$$NAV_B = -300(A/P,10\%,10) + 50 = -300 \times 0.1627 + 50 = 1.19 （万元）$$
$$NAV_C = -250(A/P,10\%,10) + 35 = -250 \times 0.1627 + 35 = -5.68 （万元）$$

$NAV_A > 0$，$NAV_B > 0$，$NAV_C < 0$，故方案 A、B 在经济上是可行的。

② 检验方案的相对经济效果

$NAV_A > NAV_B$，故方案 A 更优，应选择方案 A（与使用净现值法评价结果一致）。

（3）最小费用法　在技术经济中经常会遇到这样一类问题，两个或多个互斥方案其产出的效果相同或基本相同，但却难以进行具体估算，其产生的效益无法或者说很难用货币直接计量，即只有费用发生，如图书馆、博物馆、城市绿化工程、污水处理工程、水利工程、国防、教育等项目等，这样由于得不到其现金流量情况，也就无法采用诸如净现值法、差额内部收益率法等方法来对此类项目进行经济评价。在这种情况下，我们只能假定各方案的收益是相等的，由于这些不同的方案都具有同一个目标，可以只比较这些方案费用的大小，并选择费用最小的方案为最佳方案，这种方法就称为最小费用法。

最小费用法包括费用现值（PC）比较法和年费用（AC）比较法，寿命期相同的互斥方案的比选中，常用费用现值（PC）法。

① 费用现值（PC）比较法。是一种特定情况下的净现值法。在比较方案时，如两个方案的寿命期和生产能力相同，也就是销售收入相同时，或者两个方案的效益基本相同，但它们有无形效益而且难以估算时，为了简化计算，可不必考虑其相同因素（收入或无形效益），仅比较其不同因素（支出）。此时，净现值法可改称为费用现值法，通常仍简称为现值法或现值比较法。为了计算上的方便，往往将支出值的负号略去，而回收残值的符号则应与支出值的符号相反，取负值。计算公式如下。

$$PC = \sum_{t=0}^{n} CO_t (1 + i_c)^{-t} = \sum_{t=0}^{n} CO_t (P/F, i_c, t) \tag{4-17}$$

式中，PC 为费用现值；n 为项目的计算期；i_c 为基准折现率；CO_t 为第 t 年的现金流出。

【例 4-14】 A、B 两个方案的相关费用支出如表 4-15 所示，各方案寿命周期为 10 年，基准折现率为 10%，请选择最优方案。

表 4-15　A、B 方案的净现金流量表　　　　　　　　　　　　　单位：万元

方案	初始投资	年经营成本（第 1～第 10 年）
A	400	150
B	500	120

【解】 各方案的费用现值计算如下。

$$PC_A = 400 + 60(P/A,10\%,10) = 400 + 60 \times 6.1446 = 768.68 （万元）$$
$$PC_B = 500 + 50(P/A,10\%,10) = 500 + 50 \times 6.1446 = 807.23 （万元）$$

$PC_A < PC_B$，故方案 A 更优，应选择方案 A。

② 费用年值比较法。是一种特定情况下的净年值法。为了方便计算，往往在计算中亦将支出值的负号省去。计算公式如下。

$$AC = PC(A/P, i_c, n) = \sum_{t=0}^{n} CO_t(1+i_c)^{-t}(A/P, i, n) \tag{4-18}$$

式中，AC 为费用年值；PC 为费用现值；n 为项目的计算期；CO_t 为第 t 年的现金流出；i_c 为基准折现率。

【例 4-15】 使用费用年值指标判断表 4-15 所示方案，哪个最优。

【解】 各方案的费用年值计算如下。

$$AC_A = 400(A/P, 10\%, 10) + 60 = 400 \times 0.1627 + 60 = 125.08 （万元）$$
$$AC_B = 500(A/P, 10\%, 10) + 50 = 500 \times 0.1627 + 50 = 131.35 （万元）$$

$AC_A < AC_B$，故方案 A 更优，应选择方案 A。

2. 各备选方案的各年的净现金流量不可估算

如果备选方案各年的净现金流量无法估算，但可以估算出两个对比方案之间的差额指标值，此时用增量分析法来比选方案就比较方便。

增量分析法一般采取两两环比较的环比方式，但当方案数目较多时，这种比较就过于麻烦 $\left[n \text{ 个互斥方案需进行} \dfrac{n!}{2(n-2)!} \text{次比较} \right]$。这时，可采取如下简化步骤减少比较次数。首先将各方案按投资额大小排序，然后计算各方案的绝对经济效果指标，考察经济合理性，选投资额最小的合理方案为临时最优方案，最后依次计算其余方案相对于前一步骤中的最优方案的经济指标，优胜劣汰，得到最终优选方案。评价指标可根据不同情况选用差额净现值（ΔNPV）、差额内部收益率（ΔIRR）以及差额投资回收期（ΔT）等。

① 差额净现值法（ΔNPV）。比较的原则是通过对现金流量差额的评价来比选方案。一般情况下，比选方案时需要有一个基准，即相对于某一给定的基准折现率而言，比较投资大的方案比投资小的方案所增加的投资是否值得。具体地说，如果是在两个方案中选优，首先要计算这两个方案的现金流量之差，通常是投资大的方案的现金流量减投资小的方案的现金流量，形成一个差额现金流量，然后考虑某一方案比另一方案增加的投资在经济上是否合算，即考核新形成的差额现金流量的经济效益，可以计算新形成的差额现金流量的净现值，这个净现值称为投资增额净现值或差额净现值，用符号 ΔNPV 来表示。使用差额净现值法判别标准：如果投资增额净现值大于零，表明由投资增额所引起的收益按基准折现率计算的现值大于所增加的投资的现值，说明投资的增加是合算的，差额现金流量所形成的方案在经济上是可行的，这时，应选择投资大的方案；如果投资增额净现值小于零，则应选择投资小的方案；如果投资增额净现值等于零，原则上可选择任一方案，因为在经济上两个方案等值，但考虑到投资大的方案比投资小的方案多投入的资金所取得的收益达到了基准收益率，不考虑其他因素，则应考虑选择投资大的方案。

如果是对三个或三个以上的方案进行比选，也可用投资增额净现值进行评选，方法是先将各参选方案按投资额由小到大排列，并增设一个基础方案。当基础方案可靠时，把基础方案和投资额最小的方案比较，计算投资增额净现值，若投资增额净现值大于零，选择投资大的方案作为下一步比较的基础方案。若投资增额净现值小于零，则选择投资小的方案作为下一步比较的基础方案，依此类推，直到比选完所有的方案，最后保留的方案即为最优方案。这种按投资增额净现值进行方案比较的方法称为环比法。

设 A、B 是有共同寿命期 n 年的两个互斥的投资方案，B 方案比 A 方案投资大，两方案的差额净现值的计算公式为

$$\Delta NPV_{B-A} = \sum_{t=0}^{n} [(CI_B - CO_B)_t - (CI_A - CO_A)_t] - (1 + i_c)^{-t}$$

$$= \sum_{t=0}^{n} (CI_B - CO_B)_t (1 + i_c)^{-t} - \sum_{t=0}^{n} (CI_A - CO_A)_t (1 + i_c)^{-t}$$

$$= \sum_{t=0}^{n} (\Delta CI - \Delta CO)_t (1 + i_c)^{-t}$$

$$= NPV_B - NPV_A \qquad (4\text{-}19)$$

式中，ΔNPV_{B-A} 为差额净现值；$(CI_B - CO_B)_t$ 为 B 方案的净现金流量（投资大的方案的净现金流量）；$(CI_A - CO_A)_t$ 为 A 方案的净现金流量（投资小的方案的净现金流量）；NPV_B 为 B 方案的净现值；NPV_A 为 A 方案的净现值；n 为项目的计算期；i_c 为基准折现率。

$$\Delta CI = CI_B - CI_A$$
$$\Delta CO = CO_B - CO_A$$

【例 4-16】 某投资项目有两个互斥的备选方案，其现金流量如表 4-16 所示，使用差额净现值法进行方案选优。（$i_c = 15\%$）

表 4-16 互斥方案 A、B 的净现金流量表　　　　　　　单位：万元

年　　　份	0	1	2～11
方案 A 的净现金流量	−300	50	60
方案 B 的净现金流量	−200	30	40
A、B 方案差额净现金流量（A−B）	−100	20	20

【解】　$\Delta NPV_{A-B} = -100 + [20 + 20(P/A, 15\%, 10)](P/F, 15\%, 1)$

$$= -100 + (20 + 20 \times 5.0188) \times 0.8696$$

$$= 4.68（万元）$$

由于 $\Delta NPV > 0$，说明 A 方案相对于 B 方案而言，其增量投资是正效益，所以 A 方案优于 B 方案，应选 A 方案。

【例 4-17】 某项目有三个互斥的备选方案，A 方案初始投资 2000 万元，年净收益为 300 万元；B 方案初始投资 1600 万元，年净收益为 250 万元；C 方案初始投资 1300 万元，年净收益为 200 万元；三个方案的寿命期均为 60 年，基准折现率为 15%，使用差额净现值法进行方案选优。

【解】　增设 0 方案，其投资为 0，年净收益为 0，按投资额从小到大的顺序排列如表 4-17 所示。

表 4-17　某项目四个方案的投资收益表　　　　　　　单位：万元

方案	初始投资	年净收益	方案	初始投资	年净收益
0	0	0	B	1600	250
C	1300	200	A	2000	300

① 将 C 方案与 0 方案以差额净现值法进行比较，比较如下。

$$\Delta NPV_{C-0} = NPV_C = -1300 + 200(P/A, 15\%, 60)$$

$$= -1300 + 200 \times 6.6651 = 33.02（万元）$$

因为 $\Delta NPV_{C-0} > 0$，所以 C 方案为当前最优方案。

② 将 C 方案与 B 方案以差额净现值法进行比较，比较如下。

$\Delta NPV_{B-C} = -300 + 50(P/A, 15\%, 60) = -300 + 50 \times 6.6651 = 33.26$ （万元）

因为 $\Delta NPV_{B-C} > 0$，所以 B 方案为当前最优方案。

③ 将 B 方案与 A 方案以差额净现值法进行比较，比较如下。

$\Delta NPV_{A-B} = -400 + 50(P/A, 15\%, 60) = -400 + 50 \times 6.6651 = -66.75$ （万元）

因为 $\Delta NPV_{A-B} < 0$，所以 B 方案为当前最优方案。

综上所述，A、B、C 三个方案进行分析比较可知 B 方案为最优方案。

② 差额内部收益率法（ΔIRR）。内部收益率是一个重要且常用的动态评价指标，但用于方案比较时，使用内部收益率指标进行方案比较，有时会出现与净现值指标不同的评价结论。因此，一般不使用内部收益率指标，而采用差额内部收益率指标。

差额内部收益率，又称"差额投资内含报酬率法"，是指在计算出两个原始投资额不相等的投资项目的差量现金净流量的基础上，计算出差额内含报酬率，并据以判断这两个投资项目孰优孰劣的方法。差额内部收益率是两个方案各年净现金流量差额的现值之和等于零时的折现率。其表达式为

$$\sum_{t=0}^{n} [(CI-CO)_B - (CI-CO)_A] (1+\Delta IRR)^{-t} = 0 \qquad (4-20)$$

式中，ΔIRR 为差额内部收益率；$(CI-CO)_B$ 为 B 方案的净现金流量（投资大的方案的净现金流量）；$(CI-CO)_A$ 为 A 方案的净现金流量（投资小的方案的净现金流量）；n 为项目的计算期。

公式(4-20)经过整理可得

$$\sum_{t=0}^{n} [(CI_B-CI_A) - (CO_B-CO_A)] (1+\Delta IRR)^{-t} = 0 \qquad (4-21)$$

即

$$\sum_{t=0}^{n} (\Delta CI - \Delta CO)(1+\Delta IRR)^{-t} = 0 \qquad (4-22)$$

或

$$\sum_{t=0}^{n} (CI_A-CO_A)_t (1+\Delta IRR)^{-t} - \sum_{t=0}^{n} (CI_B-CO_B)_t (1+\Delta IRR)^{-t} = 0 \qquad (4-23)$$

即

$$NPV_2 - NPV_1 = 0$$
$$NPV_2 = NPV_1$$

可见，差额内部收益率就是两个方案净现值相等时的内部收益率。

采用此法时，当差额内部收益率指标大于或等于基准收益率或设定的折现率时，原始投资额大的项目较优；反之，则投资额小的项目为优。差额内部收益率与内部收益率的计算过程一样，只是所依据的是差量现金净流量。该方法适用于原始投资不相同，但项目计算期相同的多个互斥方案的比较决策，不能用于项目计算期不同的方案的比较决策。

【例 4-18】 某投资项目有两个互斥的备选方案，其现金流量如表 4-18 所示，使用差额内部收益率指标进行方案选优。（$i_c = 10\%$）

表 4-18　互斥方案 A、B 的净现金流量表　　　　　　　　　　　　单位：万元

年　份	0	1~10
方案 A 的净现金流量	−160	32
方案 B 的净现金流量	−200	40
A、B 方案差额净现金流量(A−B)	−40	8

【解】 计算 A、B 方案的净现值如下。

$$NPV_A = -160 + 32(P/A, 10\%, 10) = -160 + 32 \times 6.1446 = 36.63 \ (万元)$$

$$NPV_B = -200 + 40(P/A, 10\%, 10) = -200 + 40 \times 6.1446 = 45.78 \ (万元)$$

A、B 方案的净现值判断都大于 0，即两个方案的绝对指标判断都可行。

将 A、B 方案以差额内部收益率法进行比较，比较如下。

$$-40 + 8 \times (P/A, \Delta IRR, 10) = 0$$
$$(P/A, \Delta IRR, 10) = 5$$
$$(P/A, 15\%, 10) = 5.0188$$
$$(P/A, 20\%, 10) = 4.1925$$

利用线性内插法可得

$$\Delta IRR = 15.11\% > i_c = 10\%$$

因为 $\Delta IRR > i_c$，所以投资额大的方案为优，即 B 方案为最优方案。

（二）寿命期不相等的互斥型方案的比较与选择

对于互斥方案来讲，如果其寿命期不同，那么就不能直接采用净现值法等评价方法来对方案进行比选，因为此时寿命期长的方案的净现值与寿命期短的方案的净现值不具有可比性。因此为了满足时间可比的要求就需要对各备选方案的计算期和计算公式进行适当的处理，使各个方案在相同的条件下进行比较，才能得出合理的结论。常用的有净年值法、年费用法、最小公倍数法和研究期法等，净年值法、年费用法前面已经介绍，这里只介绍最小公倍数法和研究期法。

1. 最小公倍数法

最小公倍数法又称方案重复法，以各备选方案计算期的最小公倍数作为方案比选的共同计算期，并假设各个方案均在这样一个共同的计算期内重复进行，即各备选方案在其计算期结束后，均可按与其原方案计算期内完全相同的现金流量系列周而复始地循环下去，一直计算到共同的计算期。在此基础上计算出各个方案的净现值，以净现值最大的方案为最优方案。

最小公倍数法是基于重复型更新假设理论之上的，包含以下两个假设。

① 在较长的时间内，方案可以连续地以同种方案进行重复更新，直到多个方案的最小公倍数寿命期或无限寿命期。

② 替代更新方案与原方案现金流量完全相同，延长寿命后的方案现金流量以原方案寿命为周期重复变化。

对于某些不可再生资源开发型项目，在进行计算期不等的互斥方案比选时，方案可重复实施的假定不再成立，这种情况下就不能用最小公倍数法确定计算期。有的时候最小公倍数法求得的计算期过长，甚至远远超过所需的项目寿命期或计算期的上限，这就降低了所计算方案经济效果指标的可靠性和真实性，故这种情况也不适合用最小公倍数法。

【例 4-19】 互斥方案 A、B 的现金流量如表 4-19 所示，基准折现率为 10%，用净现值法选择最优方案。

表 4-19 互斥方案 A、B 的现金流量表 单位：万元

方案	投资额	年净收益	寿命期/年
A	150	50	6
B	200	70	8

【解】 各方案寿命期的最小公倍数为 24 年，方案 A 重复 4 次，方案 B 重复 3 次。方案

重复后的现金流量如图 4-8 和图 4-9 所示。

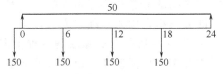

图 4-8　方案 A 现金流量示意图

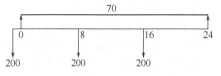

图 4-9　方案 B 现金流量示意图

$$NPV_A = -150 - 150(P/F,10\%,6) - 150(P/F,10\%,12) - 150(P/F,10\%,18) +$$
$$50(P/A,10\%,24)$$
$$= -150 - 150 \times 0.5645 - 150 \times 0.3186 - 150 \times 0.1799 + 50 \times 8.9847$$
$$= 139.79 （万元）$$
$$NPV_B = -200 - 200(P/F,10\%,8) - 200(P/F,10\%,16) + 70(P/A,10\%,24)$$
$$= -200 - 200 \times 0.4665 - 200 \times 0.2176 + 70 \times 8.9847$$
$$= 292.11 （万元）$$

由于 $NPV_A < NPV_B$，所以方案 B 为最优方案。

2. 研究期法

研究期法是指针对寿命期不相等的互斥方案，直接选取一个适当的分析期作为各个方案共同的计算期，通过比较各个方案在该计算期内的净现值来对方案进行比选，以净现值大的为最优方案。在实际应用中，为方便起见，往往直接选取诸方案中最短的计算期作为各方案的共同计算期，所以研究期法也可以称为最小计算期法。

研究期法常用的处理方法有以下三种。

① 完全承认未使用的价值，即将方案的未使用价值全部折算到研究期末。

② 完全不承认未使用的价值，即研究期后的方案未使用价值均忽略不计。

③ 对研究期末的方案未使用价值进行客观地估计，以估计值计入。

前两种方法都存在较大缺陷，一般以第三种应用较多。

【例 4-20】 互斥方案 A、B 的净现金流量如表 4-20 所示，基准折现率为 15%，使用研究期法比选方案。

表 4-20　互斥方案 A、B 的现金流量表　　　　单位：万元

方案	0	1	2	3	4
A	-120	30	60	90	
B	-180	70	70	70	70

【解】 A、B 方案的寿命期为 3 年和 4 年，选择最小的寿命期为研究期，即 3 年，则

$$NPV_A = -120 + 30(P/F,15\%,1) + 60(P/F,15\%,2) + 90(P/F,15\%,3)$$
$$= -120 + 30 \times 0.8696 + 60 \times 0.7561 + 90 \times 0.6575$$
$$= 10.63 （万元）$$
$$NPV_B = [-180(A/P,15\%,4) + 70](P/A,15\%,3)$$
$$= (-180 \times 0.3503 + 70) \times 2.2832$$
$$= 15.86 （万元）$$

由于 $NPV_A < NPV_B$，所以方案 B 为最优方案。

寿命期不同的互斥方案的比选常用的有净年值法、年费用法、最小公倍数法和研究期法中，净年值法、年费用法的计算最为简单，但要求重复性假设和事先确定精确的基准折现率，研究期法可避免重复性假设。因此，为了正确掌握这些方法，需弄清各自的使用范围。

五、混合型方案的经济评价

当一个企业的投资方案不止一个时，不同的投资方向之间的业务是相互独立的，而对每个投资方向而言，却可能有不止一个可供选择的方案。即方案组合中既有独立方案，又有互斥方案时，就构成了混合型方案。混合型方案群可分为无资源限制和有资源限制两种情况。当不存在资金约束时，只要从各独立方案中选择互斥型方案中净现值或净年值最大的方案加以组合。存在资金约束时，选择方法就比较复杂。混合型方案的解法包括两种情况：一种是先以独立后按互斥混合方案进行比选；另一种是先以互斥后按独立混合方案进行比选。

【例 4-21】 某公司有充足的资金在 A 和 B 两地各建一项目，在 A 地有 3 个可行地点 A_1、A_2、A_3 供选择；在 B 地有 2 个可行地点供选择，根据各方案的现金流量情况，见表 4-21，假设基准折现率为 10%，试选择最优的投资方案。

表 4-21 各方案的现金流量情况

方案	初始投资/万元	年净收益/万元	寿命期/年
A_1	750	340	8
A_2	825	410	7
A_3	735	350	8
B_1	1350	380	10
B_2	1725	490	9

【解】 根据已知条件可知，A 和 B 是独立关系，A_1、A_2、A_3 是互斥方案，B_1、B_2 是互斥方案。因此可以先根据互斥方案的比选方法分别在 A_1、A_2、A_3 中选出最优方案，在 B_1、B_2 中选出最优方案，然后对选出的最优方案再根据独立方案的比选原则进行比选。

$NAV_{A_1} = -750(A/P, 10\%, 8) + 340 = -750 \times 0.1874 + 340 = 199.45$（万元）

$NAV_{A_2} = -825(A/P, 10\%, 7) + 410 = -825 \times 0.2054 + 410 = 240.55$（万元）

$NAV_{A_3} = -735(A/P, 10\%, 8) + 350 = -735 \times 0.1874 + 350 = 212.26$（万元）

$NAV_{B_1} = -1350(A/P, 10\%, 9) + 380 = -1350 \times 0.1736 + 380 = 145.64$（万元）

$NAV_{B_2} = -1750(A/P, 10\%, 8) + 490 = -1750 \times 0.1874 + 490 = 162.05$（万元）

因为 $NAV_{A_2} > NAV_{A_3} > NAV_{A_1}$，所以应选择 A_2 方案。

因为 $NAV_{B_2} > NAV_{B_1}$，所以应选择 B_2 方案。

由于该公司资金充足，项目可在 A、B 两地同时开工，因此按独立方案的选择原则，该公司应选择 A_2 和 B_2 方案。

【例 4-22】 某公司由于受到资金的限制，欲在两个行业中挑选一个集中进入，行业一有 3 个独立方案 A_1、A_2、A_3，行业二有 2 各独立方案 B_1、B_2，各方案的现金流量如表 4-22 所示，公司能够筹集到资金 6000 万元，试进行比选。

【解】

表 4-22 各方案的现金流量情况

方案	初始投资/万元	年净收益/万元	寿命期/年
A_1	1500	300	8
A_2	3000	600	8
A_3	2800	550	8
B_1	1400	280	8
B_2	2500	550	8

$$NPV_{A_1} = -1500 + 300(P/A, 10\%, 8) = -1500 + 300 \times 5.3349 = 100.47 \text{ (万元)}$$
$$NPV_{A_2} = -3000 + 600(P/A, 10\%, 8) = -3000 + 600 \times 5.3349 = 200.94 \text{ (万元)}$$
$$NPV_{A_3} = -2800 + 550(P/A, 10\%, 8) = -2800 + 550 \times 5.3349 = 134.20 \text{ (万元)}$$
$$NPV_{B_1} = -1400 + 280(P/A, 10\%, 8) = -1400 + 280 \times 5.3349 = 93.77 \text{ (万元)}$$
$$NPV_{B_2} = -2500 + 550(P/A, 10\%, 8) = -2500 + 550 \times 5.3349 = 434.20 \text{ (万元)}$$

所有的方案的净现值都大于零，在行业一和行业二中比选结果如表 4-23 和表 4-24 所示。

表 4-23 独立方案 A_1、A_2、A_3 的 NPV 排序表　　　　单位：万元

序号	方案	初始投资	年净收益	净现值	累计投资额
1	A_2	3000	600	200.94	3000
2	A_3	2800	550	134.20	5800
3	A_1	1500	300	100.47	7300

表 4-24 独立方案 B_1、B_2 的 NPV 排序表　　　　单位：万元

序号	方案	初始投资	年净收益	净现值	累计投资额
1	B_1	2500	550	434.20	2500
2	B_2	1400	280	93.77	3900

在行业一中 A_1、A_2、A_3 三个独立方案中，在资金限额下应该选择 A_2 和 A_3 方案，两者的净现值为

$$NPV_{A_3+A_2} = 200.94 + 134.20 = 335.14 \text{ (万元)}$$

在行业二中 B_1、B_2 两个独立方案中，在资金限额下应该选择 B_2 方案，该方案的净现值为

$$NPV_{B_2} = 434.20 \text{ 万元}$$

由于该公司应在两个行业中挑选一个集中进入，所以应根据互斥型方案的选择原则，即净现值最大原则。由于 $NPV_{B_2} > NPV_{A_3+A_2}$，所以应该选择进入行业二，具体选择 B_2 方案。

六、互补方案的经济评价

经济上互补而又对称的方案可以结合在一起作为一个"综合体"来考虑；经济上互补而又不对称的方案，如建筑物 A 和空调 B 则可把问题转化为对有空调的建筑物方案 C 和没有空调的建筑物方案 A 这两个互斥方案的经济比较。

七、现金流量相关方案的经济评价

对现金流量相关方案，不能简单地按照独立方案或互斥方案的评价方法来分析，而应首先确定方案之间的相关性，对其现金流量之间的相互影响作出准确的估计，然后根据方案之间的关系，把方案组合成互斥的组合方案。

八、组合—互斥方案的经济评价

组合—互斥方案的经济评价，也称为有资金限制的独立方案的评价。在若干独立方案比较和优选过程中，最常见的约束是资金的约束。如果独立方案无资源限制，企业可利用的资金足够多，这时独立方案的采用与否，只取决于方案自身的绝对经济效果，方案的净现值大于零，或内部收益率大于基准折现率，则方案可行；反之，则不可行。但在资源有限，企业

可利用的资金有明确限制，在不超过资金限额的条件下，选出最佳方案组合的方法有互斥组合法、净现值率排序法等。

（一）互斥组合法

互斥组合法首先把不超过资金限额的所有可行组合方案排列出来，使得各组合方案之间是互斥的，然后按照互斥型方案的选择方法选出最佳方案组合。

【例4-23】 三个独立方案A、B、C，寿命均为8年，现金流量如表4-25所示，基准折现率为10％，投资资金限额为15000万元，试选择最佳投资决策。

表4-25 独立方案A、B、C的现金流量表

方案	初始投资/万元	年净收益/万元	寿命/年
A	4000	800	8
B	5000	1000	8
C	7000	1400	8

【解】 第一步：求三个独立方案的净现值。

$NPV_A = -4000 + 800(P/A,10\%,8) = -4000 + 800 \times 5.3349 = 267.92$ （万元）

$NPV_B = -5000 + 1000(P/A,10\%,8) = -5000 + 1000 \times 5.3349 = 334.9$ （万元）

$NPV_C = -7000 + 1400(P/A,10\%,8) = -7000 + 1400 \times 5.3349 = 468.86$ （万元）

三个方案的净现值都大于零，从单一方案绝对检验的角度而言都是可行的，但是由于投资总额是有限，所以三个方案不能同时实施，只能选择其中的一个或两个方案。

第二步：列出不超过投资限额的所有组合方案，并计算净现值，如表4-26所示。

表4-26 组合方案的现金流量及净现值表   单位：万元

序号	组合方案	初始投资	年净收益	寿命/年	净现值
1	A	4000	800	8	267.92
2	B	5000	1000	8	334.9
3	C	7000	1400	8	468.86
4	A+B	9000	1800	8	602.82
5	B+C	12000	2400	8	804.76
6	A+C	11000	2200	8	736.78

第三步：选择最佳组合方案，以净现值最大者为优，即序号5的组合方案——B+C组合方案为最佳方案。

在有资金约束条件下，运用独立方案互斥化法进行比选，其优点是可以保证得到已知条件下的最佳组合方案。但缺点是当项目个数增加时，其组合方案数将成倍增加。

（二）净现值率排序法

净现值率排序法是在一定资金限制下，根据各方案的净现值率的大小确定各方案的优先次序并分配资金，直到资金限额分配完为止的一种方案选择方法。

【例4-24】 5个独立方案A、B、C、D、E，寿命均为6年，现金流量如表4-27所示，基准折现率为10％，投资资金限额为2200万元，试采用净现值率排序法选择最佳投资决策。

表 4-27 独立方案 A、B、C、D、E 的现金流量表

方案	初始投资/万元	年净收益/万元	寿命/年
A	360	122	6
B	440	110	6
C	480	145	6
D	560	180	6
E	600	230	6

【解】 第一步：求五个独立方案的净现值。

$NPV_A = -360 + 122(P/A, 10\%, 6) = -360 + 122 \times 4.3553 = 171.35$（万元）

$NPV_B = -440 + 110(P/A, 10\%, 6) = -440 + 110 \times 4.3553 = 39.08$（万元）

$NPV_C = -480 + 145(P/A, 10\%, 6) = -480 + 145 \times 4.3553 = 151.52$（万元）

$NPV_D = -560 + 180(P/A, 10\%, 6) = -560 + 180 \times 4.3553 = 223.95$（万元）

$NPV_E = -600 + 230(P/A, 10\%, 6) = -600 + 230 \times 4.3553 = 401.72$（万元）

第二步：求五个独立方案的净现值率。

$NPVR_A = 171.35 \div 360 = 0.48$

$NPVR_B = 39.08 \div 440 = 0.09$

$NPVR_C = 151.52 \div 480 = 0.32$

$NPVR_D = 223.95 \div 560 = 0.40$

$NPVR_E = 401.72 \div 600 = 0.67$

第三步：按净现值率由大到小排序，如表 4-28 所示。

表 4-28 独立方案 A、B、C、D、E 的 $NPVR$ 排序表

序号	方案	初始投资/万元	年净收益/万元	净现值/万元	净现值率/%	累计投资额/万元
1	E	360	122	401.72	0.67	360
2	A	440	110	171.35	0.48	800
3	D	480	145	223.95	0.40	1280
4	C	560	180	151.52	0.32	1840
5	B	600	230	39.08	0.09	2440

第四步：按净现值率排序选择项目至资金约束条件为止。

根据排序和资金约束条件，方案的选择顺序为 E→A→D→C，由于资金限额为 2200 万元，所以最佳投资决策为方案 E、A、D、C 的组合。

净现值率排序法的优点是计算简便，选择方法简明扼要。其缺点是由于投资方案的不可分性，经常会出现资金没有被充分利用的情况。用这种方法评选独立方案，一般能得到投资经济效果较大的方案组合，但不一定是最优的方案组合。

第四节 Excel 在经济评价中的应用

通过前面的介绍我们可以看出，建设项目评价指标的计算涉及的数据非常多，也比较烦

琐，实际上，我们可以利用 Excel 软件，来完成 NPV（净现值）和 IRR（内部收益率）的计算，省时省力、准确率高。下面，简要介绍一下如何用 Excel 软件计算这两个指标。

一、净现值（NPV）的计算

Excel 软件中有内置函数 NPV（ ），这是 Excel 软件中求净现值的一个函数。

（一）语法

NPV(rate，value1，value2…)

① rate 为各期贴现率，是一固定值。

② value1，value2…代表 1 到若干笔支出及收入的参数值。

③ value1，value2…所属各期间的长度必须相等，而且支付及收入的时间都发生在期末。

④ NPV 按次序使用 value1，value2…来注释现金流的次序。所以一定要保证支出和收入的数额按正确的顺序输入。

⑤ 如果参数是数值、空白单元格、逻辑值或表示数值的文字表达式，则都会计算在内；如果参数是错误值或不能转化为数值的文字，则被忽略。

⑥ 如果参数是一个数组或引用，只有其中的数值部分计算在内。忽略数组或引用中的空白单元格、逻辑值、文字及错误值。

（二）说明

函数 NPV 假定投资开始于 value1 现金流所在日期的前一期，并结束于最后一笔现金流的当期。函数 NPV 依据未来的现金流计算。如果第一笔现金流发生在第一个周期的期初，则第一笔现金必须加入到函数 NPV 的结果中，而不应包含在 values 参数中。

（三）操作步骤

第一步：启动 Excel 电子表格，在菜单栏"插入"里点击启动"函数"。

第二步：在粘贴函数对话框里"函数分类"下选择"财务"，"函数名"下选择"NPV"。如图 4-10 所示。

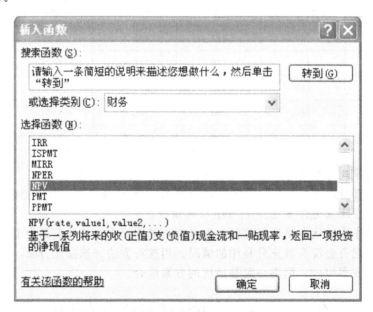

图 4-10　计算 NPV 插入函数

第三步：输入相关参数，求出 NPV。如图 4-11 所示。

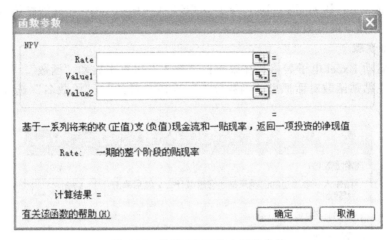

图 4-11　计算 *NPV* 输入函数参数

（四）实例演示

【例 4-25】　某项目投资期为 6 年，各年末净现金流量分别为 −500、200、200、200、200、100，该项目基准收益率为 10%，试通过 *NPV* 法分析该项目是否可行？

【解】　在 Rate 栏内输入折现率 0.1，在 Value 栏内输入一组净现金流量，并用逗号隔开 −500、200、200、200、200、100。也可单击红色箭头处，从 Excel 工作簿里选取数据。然后，从该对话框里直接读取计算结果"计算结果＝178.2411105"。或者点击"确定"，将 *NPV* 的计算结果放到 Excel 工作簿的任一单元格内。

二、内部收益率（*IRR*）的计算

IRR 是由数值代表的一组现金流量的内部收益率。这些现金流不一定必须为均衡的，但作为年金，它们必须按固定的间隔发生，如按月或按年。内部收益率为投资的回收利率，其中包含定期支付（负值）和收入（正值）。

（一）语法

IRR（values，guess）

① Values 为数组或单元格的引用，包含用来计算内部收益率的数字。

② Values 必须包含至少一个正值和一个负值，以计算内部收益率。

③ 函数 *IRR* 根据数值的顺序来解释现金流的顺序。故应确定按需要的顺序输入支付和收入的数值。

④ 如果数组或引用包含文本、逻辑值或空白单元格，这些数值将被忽略。

⑤ Guess 为对函数 *IRR* 计算结果的估计值。

⑥ Microsoft Excel 使用迭代法计算函数 *IRR*。从 guess 开始，函数 *IRR* 进行循环计算，直至结果的精度达到 0.00001%。如果函数 *IRR* 经过 20 次迭代，仍未找到结果，则返回错误值 ♯NUM！。

⑦ 在大多数情况下，并不需要为函数 *IRR* 的计算提供 guess 值。如果省略 guess，则假设它为 0.1（10%）。

⑧ 如果函数 *IRR* 返回错误值 ♯NUM！，或结果没有靠近期望值，可用另一个 guess 值再试一次。

（二）说明

函数 *IRR* 与函数 *NPV* 的关系十分密切。函数 *IRR* 计算出的收益率即为净现值为 0 时的利率。下面的公式显示了函数 *NPV* 和函数 *IRR* 的相互关系。

NPV［IRR（B_1：B_5），B_1：B_6］等于 3.6E-8（在函数 IRR 计算的精度要求之中，数值 3.6E-8 可以当做 0 的有效值）。

（三）操作步骤

第一步：启动 Excel 电子表格，在菜单栏"插入"里点击启动"函数"。

第二步：在粘贴函数对话框里"函数分类"选择"财务"，"函数名"选择"IRR"。如图 4-12 所示。

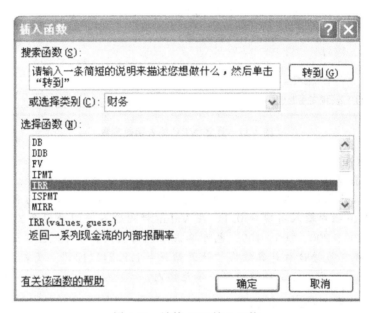

图 4-12　计算 IRR 输入函数

第三步：输入相关参数，求出 IRR。如图 4-13 所示。

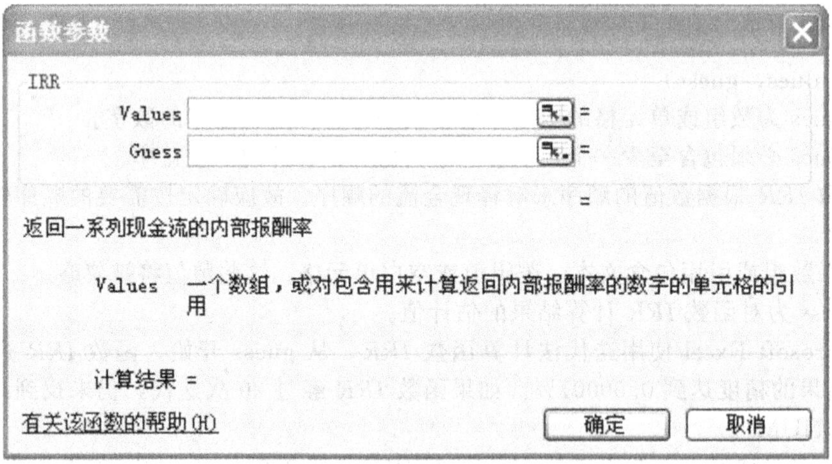

图 4-13　计算 IRR 输入函数参数

仍以【例 4-25】为例，在 Value 栏内输入一组净现金流量，两头用"{ }"，中间用逗号隔开，即"{-500，200，200，200，200，100}"，也可点击对话框中的红色箭头处，从 Excel 工作簿里直接选取。然后，即可从该对话框中直接读出计算结果，或者单击"确定"，将 IRR 的计算结果放到 Excel 工作簿中的任一单元格内。

根据显示，读出"IRR＝25.5280777％＞10％"，即该项目的内部收益率大于项目的基准收益率，因此该投资项目可行。

从上面的例子可以看出，利用 Excel 来计算 NPV 和 IRR，会起到事半功倍的效果，轻松之间就省去了繁杂手工计算的烦恼。

本 章 小 结

（1）正确地运用评价方法、准确地计算经济效果评价指标是技术方案选优的基础。本章的目的正是为了解决技术方案经济效果评价中的这一核心问题。

（2）按项目评价时是否考虑资金的时间价值，评价指标可分为静态评价指标和动态评价指标两大类：静态评价指标和动态评价指标。

（3）静态评价指标，包括盈利能力分析指标和清偿能力分析指标。

（4）项目的静态投资回收期，简称回收期，是指以项目的净收益回收项目全部投资所需要的时间。

（5）投资收益率又称为投资效果系数、投资利润率，是指在项目达到设计能力后的正常生产年份的年利润总额与项目投资总额的比率，它表明投资项目正常生产年份中，单位投资每年所创造的年净收益额。

（6）借款偿还期又称贷款偿还期，是指在国家财政规定及具体的财务条件下，项目投产后可以用作还款的项目收益（税后利润、折旧、摊销及其他收益等）来偿还项目投资借款本金和利息所需要的时间。

（7）利息备付率是指在借款偿还期内的息税前利润与当年应付利息的比值，它从付息资金来源的充裕性角度反映支付债务利息的能力。

（8）偿债备付率是从偿债资金来源的充裕性角度反映偿付债务本息的能力，是指在债务偿还期内，可用于计算还本付息的资金与当年应还本付息额的比值，可用于计算还本付息的资金是指息税、折旧、摊销前利润（息税前利润加上折旧和摊销）减去所得税后的余额，当年应还本付息金额包括还本金额及计入总成本费用的全部利息。

（9）财务状况指标包括资产负债率、流动比率和速动比率，全部依据"资产负债表"计算。

（10）动态投资回收期是把投资项目各年的净现金流量按基准收益率折成现值之后，再来推算投资回收期，这就是它与静态投资回收期的根本区别。动态投资回收期就是净现金流量累计现值等于零时的年份。

（11）净现值是一项投资所产生的未来现金流的折现值与项目投资成本之间的差值。

（12）净现值率是指项目的净现值与投资总额现值的比值，其经济含义是单位投资现值所能带来的净现值，是一个考察项目单位投资盈利能力的指标。

（13）净年值是指按给定的折现率，通过等值换算将方案计算期内各个不同时点的净现金流量分摊到计算期内各年的等额年值。

（14）内部收益率又称内部报酬率，就是资金流入现值总额与资金流出现值总额相等、净现值等于零时的折现率，是除净现值以外的另一个最重要的动态经济评价指标。

（15）在进行投资方案的比较和选择时，首先应明确投资方案之间的相互关系，方案之间是否可以比较，然后才能考虑选用适宜的评价指标和方法进行方案的比选。备选方案之间的关系不同，决定了所采用的评价方法和评价指标也会有所不同。一般来说，方案之间存在着六种关系。

① 互斥型。方案之间具有互斥性，在多方案当中只能选择一个，其余方案必须放弃，不能同时存在。互斥型诸方案的效果之间不具有加和性。

② 独立型。独立型方案是指方案间互不干扰、在经济上互不相关的方案，即这些方案

是彼此独立无关的，选择或放弃其中一个方案，并不影响对其他方案的选择。

③ 混合型。混合型方案是独立型与互斥型的混合情况，即在有限的资源约束下有几个相互独立的投资方案，在这些方案中又分别包含着若干互斥型方案。

④ 互补方案选择。互补方案是指方案之间存在技术经济互补关系的一组方案。某一方案的接受有助于其他方案的接受。

⑤ 现金流量相关方案选择。现金流量相关方案是指方案之间不完全互斥，也不完全相互依存，但任何一个方案的取舍会导致其他方案现金流量变化的一组方案。

⑥ 组合—互斥方案选择。组合—互斥方案是指在若干可采用的独立方案中，如果有资源约束条件（如受资金、劳动力、材料、设备及其他资源拥有量限制），则只能从中选择一部分方案实施，可以将它们组合为互斥方案。

思 考 题

1. 根据评价指标所反映的经济性质，项目评价的指标可分为哪些类型？
2. 常用的静态评价指标有哪些？
3. 静态投资回收期的优、缺点都有哪些？
4. 盈利性指标包括哪些？
5. 清偿性指标包括哪些？
6. 什么是投资收益率？什么是偿债备付率？什么是利息备付率？
7. 常用的动态评价指标有哪些？
8. 动态投资回收期的优、缺点都有哪些？
9. 什么是净现值？计算净现值有哪些方法？
10. 什么是净现值率？其优、缺点有哪些？
11. 什么是净年值？
12. 什么是内部收益率？其使用条件是什么？
13. 投资方案有哪些类型？请举例说明。
14. 某建设投资项目每年的现金流量如表 4-29 所示，若基准收益率为 10%，则计算项目的净现值。

表 4-29　某建设投资方案现金流量表　　　　　　　　　　　　单位：万元

年　　份	0	1	2	3	4	5
现金流入		300	300	300	300	300
现金流出	800	50	50	50	50	50

15. 现有两个互斥方案可供某经营企业选择，各方案的初期投资及净收益见表 4-30，其寿命均为 5 年，不计残值。若基准收益率为 12%，则用差额法计算的 $NPV_{乙-甲}$。

表 4-30　两个互斥方案现金流量表　　　　　　　　　　　　单位：万元

投资方案	初期投资	净收益
甲	2000	700
乙	4000	1200

16. 某投资者欲购买一商业店铺用于出租经营，现有 A、B、C 三个投资方案，经市场调研预计各方案的初始投资、年净经营收入和净转售收入如表 4-31 所示。各投资方案的计算期均为 8 年，基准收益率 $i_c = 10\%$。试用净现值法、用净将来值法、用净年值法、用净现值率法进行方案比选。

17. 某投资项目有三个互斥方案，其现金流量如表 4-32 所示，试用差额投资内部收益率法进行方案比选，基准收益率为 15%。

表 4-31 投资方案的现金流量表 单位：万元

投资方案	初始投资	年净经营收入	净转售收入
	0	1～7	8
A	200	40	260
B	300	55	380
C	400	70	420

表 4-32 三个互斥投资方案的现金流量表 单位：万元

年末	方案		
	A_1	A_2	A_3
0	-5000	-10000	-8000
1～10	1400	2500	1900

18. 对表 4-32 所示的投资方案的现金流量，试在基准收益率为 15％、寿命期均为 10 年的条件下，用差额净现值法选择最佳方案。

19. 互斥方案 A、B、C 的现金流量见表 4-33，试在基准收益率为 10％的条件下选择最优方案。

表 4-33 A、B、C 方案的现金流量 单位：万元

方案	投资额	年经营收入	年经营成本	年净收益	寿命期（计算期）/年
A	300	115	29	86	5
B	360	145	37	108	6
C	450	189	47	142	8

20. 有 A、B 两个互斥方案，效益相同，有关数据见表 4-34。若基准收益率为 10％，试用费用年值法选择最优方案。

表 4-34 A、B 方案费用 单位：万元

方案	初始投资	年经营成本	残值	计算期/年
A	160	32	8	9
B	130	46	9	6

21. 有 A、B 两个计算期不同的互斥方案，其投资额、年净收益和计算期见表 4-35。若投资者要求的最低投资收益率为 12％，试用最小公倍数法选择最优方案。

表 4-35 A、B 方案的有关数据（1） 单位：万元

方案	初始投资	年净收益	计算期/年
A	1800	800	3
B	2200	1000	4

22. 某投资项目有 A、B 两个互斥方案可供选择，各方案的有关数据见表 4-36，试在基准收益率为 12％的条件下用年值折现法选择最优方案。

表 4-36 A、B 方案的有关数据（2） 单位：元

方案	投资额	年净收益	计算期/年
A	800	360	6
B	1200	480	8

23. 某投资项目有 A、B 两个互斥方案,计算期分别为 5 年和 3 年,各自计算期内的净现金流量如表 4-37。若基准收益率为 10%,试用差额内部收益率法进行方案比选。

表 4-37　A、B 方案的净现金流量表　　　　　单位:万元

方案 \ 年份	0	1	2	3	4	5
A	−300	96	96	96	96	96
B	−100	42	42	42		

第五章 不确定性分析与风险分析

本章学习目标

(1) 了解不确定性分析和风险分析的概念及两者之间的区别与联系;

(2) 熟悉盈亏平衡分析的概念和基本理论、敏感性分析的概念和基本步骤、风险分析的概念及一般步骤;

(3) 掌握盈亏平衡分析方法、敏感性分析方法和风险分析的方法。

项目经济评价中采用的数据大部分来自预测和估算。由于影响各种方案经济效果的政治经济形势、资源条件、技术发展情况等因素在未来的变化带有不确定性,加上预测方法和工作条件的局限性,对方案经济效果评价中使用的投资、成本、产量、价格等基础数据的估算与预测结果不可避免地会有误差。这使得方案经济效果的实际值可能偏离其预期值,从而给投资者和经营者带来风险和不确定性。例如,投资超支,建设工期拖长,生产能力达不到设计要求,原材料价格上涨,劳务费用增加,产品售价波动,市场需求量变化,贷款利率及外币汇率变动等都可能使投资项目达不到预期的经济效果,甚至发生亏损。实践证明,人们对投资项目的分析和预测不可能完全符合未来的情况和结果,投资项目的风险与不确定性是客观存在的。因此,必须进行不确定性分析和风险分析,提出项目风险的预警、预报和相应的对策,以提高投资决策的可靠性,减少决策时所承担的风险,为投资决策服务。

第一节 不确定性分析与风险分析概述

一、风险与不确定性

(一) 风险的概念、特征和分类

1. 风险的概念

在几十年风险管理研究的历史中,人们总是希望给风险一个完备的定义,但到目前还没有得到完全统一的定义。

国内一些风险管理学者认为风险是活动或事件消极的,人们不希望的后果发生的潜在可能性。英国风险管理学会对风险的定义是"不利结果出现或不幸事件发生的机会"。以上的定义只反映风险有害和不利的一面,可以理解为狭义的风险定义。美国风险管理专家Arther Williams 等认为"风险就是给定情况下的可能结果的差异性",这一概念可以看做是广义的风险概念。

2. 风险的特征

本书的风险指的是广义的风险,即风险是未来变化偏离预期的可能性以及其对目标产生影响的大小。风险的特征如下。

① 风险是中性的,既可能产生不利影响,也可能带来有利影响。

② 风险的大小与变动发生的可能性有关,也与变动发生后对项目影响的大小有关。变动出现的可能性越大,变动出现后对目标的影响越大,因此风险就越高。

3. 风险的分类

从不同角度，根据不同标准，可将一般风险分成不同的类型。

（1）按照风险的后果分类　分为纯粹风险和投机风险。纯粹风险是指不确定性中仅存在损失的可能性，没有任何收益的可能。如自然灾害，一旦发生，将会造成重大损失，甚至人员伤亡，带来的是绝对损失，不会带来额外的收益。投机风险是指不确定性中既存在收益的可能也存在损失的可能。投机风险可能带来机会，获得利益；但又可能隐含威胁，造成损失。

（2）按照风险来源分类　分为自然风险和人为风险。自然风险是指由于自然力的作用，造成财产毁损或人员伤亡的风险。人为风险是指由于人的活动而带来的风险。人为风险又可以分为行为风险、经济风险、技术风险、政治风险和组织风险等。

（3）按照事件主体的承受能力分类　分为可接受风险和不可接受风险。可接受风险一般指法人或自然人在分析自身承受能力、财产状况的基础上，确认能够接受最大损失的限度，风险低于这一限度称为可接受风险；超过或大大超过所能承担的最大损失额，这种风险就称为不可接受风险。

（4）按照技术因素分类　分为技术风险和非技术风险。由于科学技术的进步、技术结构及其相关变量变动等技术因素导致的风险称为技术风险，如材料改变和更新风险、技术和工艺革新风险、设计变动或计算失误风险、设备故障或损坏风险、生产力因素短缺风险、施工事故风险、信息风险等。非技术因素导致的风险称为非技术风险，如社会风险、经济风险、管理风险等。

（5）按照风险的可分散性分类　分为系统风险和个别风险。系统风险是指对市场内所有投资项目均产生影响的风险，又称为不可分散风险。个别风险是指仅对市场内个别项目产生影响的风险，又称为可分散风险。

此外，风险还可按是内在因素还是外来影响，分为内在风险和外来风险；按控制能力，分为可控风险和不可控风险。对于投资项目而言，风险可以按投资项目的阶段分为前期阶段的风险、实施阶段的风险和经营阶段的风险；可以按风险性质分为政治风险、经济风险、财务风险、信用风险、技术风险和社会风险等；按风险对项目目标的影响，还可将项目风险分为工期风险、费用风险和质量风险。

（二）不确定性的概念和特征

不确定性是与确定性相对的一个概念，指某一事件、活动在未来可能发生，也可能不发生，其发生状况、时间及其结果的可能性或概率是未知的。

确定性是指在决策涉及的未来期间内一定要发生或者一定不发生，其关键特征是只有一种结果。而不确定性不可能预测未来将要发生的事件，该事件发生的概率是未知的，其特征是可能有多种结果。风险是介于不确定性与确定性之间的一种状态，其概率是可知的或已知的。在投资项目分析与评价中，虽然对项目要进行全面的风险分析，但重点在于风险的不利影响和防范对策研究上。

（三）风险与不确定性的异同

1. 风险与不确定性的相同之处

风险与不确定性都具有以下相同的性质。

① 客观性。

② 可变性。即指风险与不确定性都可能造成损失，也可能带来收益。风险是否发生，风险事件的后果如何都是难以确定的。

③ 阶段性。即指在投资项目的投资决策阶段、实施阶段、运营阶段所面临的风险与不确定性是不同的。

④ 多样性。即指依行业和项目不同，风险与不确定性具有特殊性。

⑤ 相对性。即指对于项目的有关各方（不同的风险管理主体）可能会有不同的风险与不确定性，而且同一风险与不确定性因素对不同主体的影响也不同。

⑥ 层次性。即指风险的表现具有层次性，需要层层剖析，才能深入到最基本的风险单元，以明确风险的根本来源。必须挖掘最关键的风险因素，才能制定有效的风险应对措施。

2. 风险与不确定性的区别

但风险与不确定性是有明显区别的。风险可以量化，其发生概率是已知的或通过努力可以知道的，风险分析可以采用概率分析方法，分析各种情况发生的概率及其影响，可以防范并有效降低有害风险；不确定性不可以量化，发生概率未知，不确定性分析只能进行假设分析，假定某些因素发生后分析不确定因素对项目的影响，不确定性代表不可知事件，因而比风险影响更大。

二、不确定性分析与风险分析

（一）不确定性分析与风险分析的概念与作用

不确定性分析是研究项目中各种因素的变化和波动对其经济效益的影响，找出最主要的敏感因素及其临界点的过程。进行不确定性分析有助于投资决策者对投资项目各因素的影响趋势和影响程度有一个定量的估计，使得项目的实施对关键因素和重要因素予以充分的考虑和控制，以保证项目真正取得预期的经济效益；进行不确定性分析更有助于投资决策者对项目的不同方案做出正确的选择，而不会只注重各方案对项目因素正常估计后求得的效果，其选择是既要比较各方案的正常效果，还要比较各方案在项目因素发生变化和波动后的效果，然后再从中选出最佳方案。不仅比较方案的经济性，还需要研究其风险性。

风险分析是识别风险因素、估计风险概率、评价风险影响、制定风险对策的过程。风险分析应贯穿于项目技术经济分析的各个环节和全过程。风险分析超出了市场分析、技术分析、财务分析和经济分析的范畴，是一种系统分析。风险分析的结果有助于在可行性研究的过程中，通过信息反馈改进或优化方案，直接起到降低风险的作用，避免在决策中忽视风险的存在而蒙受损失；利用风险分析结果建立风险管理系统，有助于为项目全过程风险管理打下基础，防范实施和经营过程中的风险。

（二）不确定性分析与风险分析的区别与联系

不确定性分析与风险分析的目的是共同的，都是识别、分析、评价影响项目的主要因素，防范不利影响，提高项目的成功率。但两者分析方法不同。不确定性分析是对投资项目受不确定性因素的影响进行分析，并初步了解项目的抗风险能力，主要包括盈亏平衡分析和敏感性分析；风险分析采用定性与定量相结合的方法，分析风险因素发生的可能性及给项目带来经济损失的程度，其分析过程包括风险识别、风险估计、风险评价与风险应对，主要方法有概率树分析、蒙特卡洛模拟等。敏感性分析可以得知影响项目效益的敏感因素和敏感程度，但不知道这种影响发生的可能性，如需得知可能性，就必须借助于概率分析。敏感性分析所找出的敏感因素又可以作为概率分析风险因素的确定依据。

盈亏平衡分析方法适用于财务评价，敏感性分析和风险分析可同时适用于经济费用效益评价和财务评价。

第二节 盈亏平衡分析

盈亏平衡分析广泛地应用于成本、收入、利润的预测以及利润计划的编制；估计售价、销量、成本水平变动对利润的影响，为各种经营决策提供必要的信息；也可以用于投资项目的不确定性分析。盈亏平衡分析又称平衡点（临界点、分界点、保本点、转折点）分析，是指通过分析项目量、本、利之间的关系，找出盈利和亏损之间在产量、单价、成本等方面的转折点，以判断不确定性因素对方案经济效果的影响程度，判断项目实施的抗风险能力。对于一个投资项目而言，随着产销量的变化，盈利与亏损之间一般至少有一个转折点，我们称这种转折点为盈亏平衡点（Break Even Point，BEP），在这点上，营业收入与成本费用相等，既不亏损也不盈利。盈亏平衡分析关键就是要找出项目方案的盈亏平衡点。一般说来，对投资项目的生产能力而言，盈亏平衡点越低，项目盈利的可能性就越大，对不确定因素变化所带来的风险的承受能力就越强。

进行盈亏平衡分析以一些基本的假设条件为前提，这些假设条件如下。

① 所采取的数据是投资项目在正常年份内所达到设计生产能力时的数据，这里不考虑资金的时间价值及其他因素。

② 产品品种结构稳定。因为随着产品品种结构变化，收益和成本会相应变化，从而使盈亏平衡点处于不断变化之中，难以进行盈亏平衡分析。

③ 假定生产量等于销售量。

盈亏平衡点一般采用公式计算，也可利用盈亏平衡图求取。

一、独立方案的盈亏平衡分析

（一）线性盈亏平衡分析

1. 线性盈亏平衡分析的公式法

公式法是利用数学方程式来反映产销量、成本和利润之间的关系，进而确定盈亏平衡点的一种分析方法。线性盈亏平衡分析的基本公式如下。

年总营业收入方程 $\qquad S=PQ$

年总成本费用方程 $\qquad C=F+VQ+tQ$

年利润方程 $\qquad B=S-C=(P-V-t)Q-F$

式中，S 为年总营业收入；P 为单位产品售价；Q 为年产量或销量；C 为年总成本费用；F 为年固定成本；V 为单位变动成本；t 为单位产品营业税金及附加；B 为年利润。

当盈亏平衡时，$B=0$，由此可推导出盈亏平衡点的系列公式。其中年产量的盈亏平衡点 $BEP(Q)$ 计算公式如下。

$$BEP(Q)=\frac{F}{P-V-t}$$

生产能力利用率的盈亏平衡点 $BEP(f)$ 的计算公式如下。

$$BEP(f)=\frac{BEP(Q)}{Q_0}\times100\%$$

式中，Q_0 为年设计生产能力。

经营安全率 $BEP(S)$ 的计算公式如下。

$$BEP(S)=1-BEP(Q)$$

根据盈亏平衡点的生产能力利用率大小评价项目风险性的参考标准见表 5-1。

表 5-1　盈亏平衡点的生产能力利用率与风险等级对照表

风险等级	低风险	较低风险	中等风险	较高风险	高风险
$BEP(f)$值/%	$[0,60]$	$(60,70]$	$(70,80]$	$(80,90]$	$(90,100]$

同理，还可求出营业收入的盈亏平衡点、产品销售价格的盈亏平衡点、单位产品变动成本的盈亏平衡点、固定成本的盈亏平衡点等。如达到设计生产能力时，产品销售价格的盈亏平衡点 $BEP(P)$ 为

$$BEP(P)=\frac{F}{Q_0}+V+t$$

线性盈亏平衡分析是以许多假设为前提条件的。虽然这些假设的前提条件造成了实际运用盈亏平衡分析的局限性，但是规定了这些假设的前提条件，一方面可以容易地建立及使用数学模型来揭示成本、业务量和利润等诸因素之间内在联系的规律性，从而有助于深刻理解盈亏平衡分析的基本原理；另一方面也说明缺乏假设条件将会影响盈亏平衡分析的正确性，强调在实际工作中不能盲目套搬盈亏平衡分析的数学模型，必须根据实际情况加以调整修正，以便克服其本身的局限性。重要的基本假定如下。

① 产量等于销售量，销售收入与产量呈线性关系。

② 假设项目正常生产年份的总成本可划分为固定和可变成本两部分，其中固定成本总额不随产量变动而变化，可变成本总额随产量变动呈比例变动，单位产品可变成本为一个常数，总可变成本是产量的线性函数。

③ 假定项目在分析期内，产品市场价格、生产工艺、技术装备、生产方法、管理水平等均无变化。

④ 假定项目只生产一种产品，或当生产多种产品时，产品结构不变，且都可以换算为单一产品计算。

2. 线性盈亏平衡分析的图解法

图解法是一种通过绘制盈亏平衡图直观反映产销量、成本和盈利间的关系，确定盈亏平衡点的分析方法。

盈亏平衡图的绘制方法是：以横轴表示产销量 Q，以纵轴表示销售收入和成本费用，在直角坐标系上先绘出固定成本线，再绘出销售收入线和生产总成本线；销售收入线与生产总成本线相交于一点，即盈亏平衡点，在此点销售收入等于生产总成本；以盈亏平衡点作垂直于横轴的直线并与之相交于 BEP_Q 点，此点即为以产

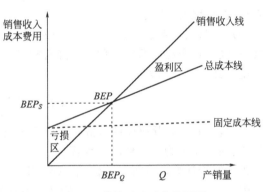

图 5-1　线性盈亏平衡分析图

销量表示的盈亏平衡点（也可以从盈亏平衡点出发作垂直于纵轴的直线并与之相交于一点，此点即为以销售收入表示的盈亏平衡点），见图 5-1。

【例 5-1】 某工业项目设计方案年产量为 50000 台，已知每台产品的销售价格为 27500元，每台产品缴付的营业税金及附加为 2500 元，单位可变成本为 10000 元，年总固定成本费用为 3 亿元，试求用产量表示的盈亏平衡点、用销售收入表示的盈亏平衡点、盈亏平衡点的生产能力利用率、经营安全率、盈亏平衡点的售价。

【解】 盈亏平衡点的产量　$BEP(Q)=\dfrac{300000000}{27500-10000-2500}=20000$（台）

盈亏平衡点的销售收入　$BEP(S)=20000\times27500=5.5$（亿元）

盈亏平衡点的生产能力利用率　$BEP(f)=\dfrac{20000}{50000}\times100\%=40\%$

盈亏平衡点的售价　$BEP(P)=\dfrac{300000000}{50000}+10000+2500=18500$（元/台）

经营安全率　$BEP(S)=1-40\%=60\%$

计算结果表明，该项目只要达到产量 20000 台，销售收入 5.5 亿元，生产能力利用率

40%，产品销售单价18500元，该项目即可实现不亏不赢，又因经营安全率为60%，因此该项目风险低。

3. 经营杠杆与经营风险

（1）经营杠杆 又称营业杠杆或营运杠杆，指由于存在固定成本而使息税前利润变动率大于产销量变动率的规律。

根据成本性态，在一定产销量范围内，产销量的增加一般不会影响固定成本总额，但会使单位产品固定成本降低，从而提高单位产品利润，并使利润增长率大于产销量增长率；反之，产销量减少，会使单位产品固定成本升高，从而降低单位产品利润，并使利润的下降率大于产销量的下降率。所以，产品只有在没有固定成本的条件下，才能使边际贡献（即销售收入减去变动成本后的余额）等于经营利润，使利润变动率与产销量变动率同步增减。但这种情况在现实中是不存在的。

（2）经营风险 也称营业风险，是指与企业经营相关的风险，尤其是指利用营业杠杆而导致息税前利润变动的风险。影响营业风险的因素主要有：产品需求的变动、产品售价的变动、单位产品变动成本的变动、营业杠杆变动等。经营杠杆对经营风险的影响最为综合。经营杠杆是一柄双刃剑，在扩大销售额（或销售量）的条件下，由于经营成本中固定成本相对降低会使息税前利润更快程度地增长；相反，在降低销售额（或销售量）的条件下，由于经营成本中固定成本相对提高，会使息税前利润更快程度地下降。由于经营杠杆的存在，加大了企业或项目的经营风险。

（3）经营杠杆系数 为了对经营杠杆进行量化，我们把息税前利润变动率相当于产销量（或销售收入）变动率的倍数称为"经营杠杆系数"、"经营杠杆率"，它反映着经营杠杆的作用程度。其测算公式为

$$DOL = \frac{\Delta EBIT / EBIT}{\Delta S / S}$$

式中，DOL 为营业杠杆系数；$EBIT$ 为息税前利润；$\Delta EBIT$ 为息税前利润的变动额；S 为营业额；ΔS 为营业额的变动额。

为了便于计算，可将上述公式变换如下。

因为
$$EBIT = Q(P-V) - F$$
$$\Delta EBIT = \Delta Q(P-V)$$

又因为
$$S = QP$$
$$\Delta S = \Delta QP$$

则
$$DOL = \frac{\dfrac{\Delta Q(P-V)}{Q(P-V)-F}}{\dfrac{\Delta QP}{QP}} = \frac{Q(P-V)}{Q(P-V)-F} = \frac{S - C_V}{S - C_V - F}$$

所以
$$DOL = \frac{S - C_V}{S - C_V - F}$$

式中，Q 为年产量或销量；P 为单位产品售价；V 为单位变动成本；F 为年固定成本；S 为营业额；C_V 为变动成本总额。

【例5-2】 某公司的产品销量为40000件，单位产品售价为1000元，固定成本总额为800万元，单位产品的变动成本为600元。试计算经营杠杆系数。

【解】 $DOL = \dfrac{S - C_V}{S - C_V - F} = \dfrac{40000 \times (1000-600)}{40000 \times (1000-600) - 8000000} = 2（倍）$

经营杠杆系数为2的经济含义是：当公司销售增长1倍时，息税前利润将增长2倍；反

之，当公司销售下降 1 倍时，息税前利润将下降 2 倍。

一般而言，经营杠杆系数越大，经营风险就越高；经营杠杆系数越小，经营风险就越低。

（二）非线性盈亏平衡分析

在不完全竞争的条件下，销售收入和成本与产（销）量间可能是非线性的关系。量本利之间的非线性关系表现形式多样，但进行非线性盈亏平衡分析，关键还是确定盈亏平衡点。

【例 5-3】　设某企业的年销售收入与年产量的关系为 $S = 150Q - 0.015Q^2$，固定成本总额（F）为 90000 元，可变成本总额为 $C_V = 50Q - 0.005Q^2$。试求盈亏平衡点以及最大利润时的销售量为多少件？

【解】　依据题意，总成本为 $C = 90000 + 50Q - 0.005Q^2$

根据盈亏平衡原理 $S = C$

因为 $150Q - 0.015Q^2 = 90000 + 50Q - 0.005Q^2$

所以 $-0.01Q^2 + 100Q - 90000 = 0$

解上式得 $BEP(Q_1) = 1000$ 件　$BEP(Q_2) = 9000$ 件

即该企业的年产量要控制在 1000～9000 件方可盈利。

如要获得最大利润额，则对 $B = S - C = 0.01Q^2 + 100Q - 90000$ 求一阶导数并令其等于 0，即

$$\frac{dB}{dQ} = 100 - 0.02Q_{max} = 0$$

$$Q_{max} = 5000 \text{ 件/年}$$

（三）多产品盈亏平衡分析

多产品盈亏平衡分析需要一种统一的换算单位，最常见的是货币量。

【例 5-4】　某项目建成后将从事 A、B、C、D 四种产品的生产，已知该项目的固定成本为 10000 元。已知该项目各产品的销售量、单位产品价格、单位产品边际贡献（即单价减去单位变动成本后的余额）等资料见表 5-2。试计算该项目盈亏平衡销售额。

表 5-2　企业相关产品的数据

产　品	销售量/件	单位产品价格/(元/件)	单位产品边际贡献/(元/件)
A	100	60	39
B	100	50	35
C	100	70	28
D	100	40	20

【解】　① 各产品边际贡献率计算如下。

已知　　　　边际贡献率 $= \dfrac{\text{单位产品贡献}}{\text{单位产品价格}} = \dfrac{\text{边际贡献}}{\text{销售收入}}$

式中　　　　单位产品贡献 = 单价 - 单位变动成本

边际贡献 = 销售收入 - 变动成本

则　　　　利润 = 边际贡献 - 固定成本

项目盈亏平衡销售额即为利润为 0 时的销售额，可见，项目盈亏平衡销售额也就是边际贡献等于固定成本时的销售额。

所以　　　　产品 A 边际贡献率 $= \dfrac{39}{60} = 65\%$

产品 B 边际贡献率 $= \dfrac{35}{50} = 70\%$

$$产品 C 边际贡献率=\frac{28}{70}=40\%$$

$$产品 D 边际贡献率=\frac{20}{40}=50\%$$

② 按各产品边际贡献率由高到低排序，并计算有关参数，见表 5-3。

表 5-3 按各产品边际贡献率高低排序的有关参数　　　　　　单位：元

产品	销售额	销售额累计	边际贡献	边际贡献累计	边际贡献累计－固定成本
B	5000	5000	3500	3500	−6500
A	6000	11000	3900	7400	−2600
D	4000	15000	2000	9400	−600
C	7000	22000	2800	12200	2200

③ 计算该项目盈亏平衡销售额。如表 5-3 所示，项目的盈亏平衡销售在 15000～22000 之间，则

该项目　　　　　　盈亏平衡销售额$=15000+\dfrac{600}{40\%}=16500$（元）

因为　　　　　　　　边际贡献率$=\dfrac{边际贡献}{销售收入}$

则　　　　　　　　　销售收入$=\dfrac{边际贡献}{边际贡献率}$

上式的 600/40% 的经济含义是：C 产品若实现 600 元的边际贡献，则 C 产品最低需要实现销售收入 1500 元（即 600/40%=1500）。也就是说，生产 B、A、D 三种产品后，累计的边际贡献还差 600 元不足以弥补固定成本，这时需要借助 C 产品实现销售收入 1500 元（即 600/40%=1500），才能得到 600 元（1500×40%=600）的边际贡献，进而弥补了固定成本。

二、互斥方案的盈亏平衡分析

在需要对若干个互斥方案进行比选的情况下，如有某个共同的不确定性因素影响互斥方案的取舍时，可先求出两个方案的盈亏平衡点（BEP），再根据 BEP 进行取舍。

【例 5-5】 某企业现有 A、B 两个互斥方案，方案的期初投资额、每年年末的营业收入及营业费用如表 5-4 所示，投资方案的寿命期均具有较大的不确定性，基准收益率 $i_c=10\%$，不考虑期末资产残值。试就项目寿命期分析两方案的临界点，并指出当两个投资方案的寿命期均为 9 年时哪个方案最佳？

表 5-4 投资方案的现金流量　　　　　　单位：万元

投资方案	期初投资	年营业收入	年营业费用
A	3000	780	600
B	5000	1520	1000

【解】 设项目寿命期为 n，则

$$NPV_A=-3000+(780-600)(P/A,10\%,n)$$
$$NPV_B=-5000+(1520-1000)(P/A,10\%,n)$$

令 $-3000+(780-600)(P/A,10\%,n)=-5000+(1520-1000)(P/A,10\%,n)-$
$$2000+340(P/A,10\%,n)=0$$
$$(P/A,10\%,n)=5.8824$$

结合查表及插入法得

两方案寿命期的临界点＝9.32 年

当两个投资方案的寿命期均为 9 年时，A 方案比 B 方案好。

盈亏平衡分析如图 5-2。

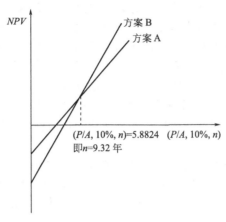

$(P/A, 10\%, n)$=5.8824　$(P/A, 10\%, n)$
即 n=9.32 年

图 5-2　【例 5-5】的盈亏平衡分析图

第三节　敏感性分析

一、敏感性分析的概念

项目方案的经济性总是受到各种不确定因素的影响，如产品产量、产品价格、固定成本、可变成本、总投资、主要原材料和燃料以及动力价格、项目建设工期等。不同因素对项目的影响程度是不同的。所谓敏感性分析是指通过分析项目主要不确定性因素发生增减变化时，对财务或经济评价指标的影响，并计算敏感度系数和临界点，找出敏感因素。根据项目经济目标，如经济净现值或经济内部收益率等所做的敏感性分析叫经济敏感性分析。而根据项目财务目标所做的敏感性分析叫做财务敏感性分析。

二、敏感性分析的作用

① 通过敏感性分析可以找出使项目存在较大风险的敏感性因素，使项目分析者和管理决策者全面掌握项目的盈利能力和潜在风险，做到心中有数，并制定出相应的对策措施。

② 通过敏感性分析可以找到影响项目经济效益的最关键因素。敏感性因素不仅是项目风险产生的根源，也是影响项目经济效益的最主要因素。项目分析人员可以对这些因素进行更深入的调查研究，尽可能地减少误差，提高项目经济评价结果的可靠程度。

③ 通过敏感性分析可以对把握不大的预测数据确定出其允许变化的范围和幅度。

④ 通过敏感性分析得出的结论有助于方案比选。决策者可以根据自己对风险程度的偏好，选择经济回报与所要承担的风险相当的投资方案。

三、敏感性分析的一般步骤和内容

敏感性分析一般按如下步骤进行。

1. 选择需要分析的不确定因素

注意在分析时一般仅选择主要的不确定性因素。这些主要不确定性因素的界定一般按以下原则进行：在可能的变动范围内，预计该因素的变化将较强烈地影响方案的经济效益指标；在确定性经济分析中，对该因素及数据的准确性把握不大。对于投资项目，可用于敏感性分析的因素通常有：投资额、项目建设期限、产品产量或销售量、产品价格、经营成本、项目寿命期限、折现率等。

2. 确定进行敏感性分析的经济评价指标

敏感性分析所用的指标应与确定性分析一致。常用的评价指标包括：净年值、净现值、内部收益率、投资回收期等。确定分析指标，可以遵循以下两个原则。

① 遵循与分析目的相匹配的原则。如果分析目的主要是方案状态和参数变化对方案投资回收快慢的影响，则可选用投资回收期作为分析指标；如果分析目的主要是产品价格波动对方案超额净收益的影响，则可选用净现值作为分析指标；如果分析目的主要是投资大小对方案资金回收能力的影响，则可选用内部收益率指标等。

② 遵循与方案评价的要求深度和方案的特点相匹配的原则。如果在方案机会研究阶段，深度要求不高，可选用静态的评价指标；如果在详细可行性研究阶段，则需选用动态的评价指标。

3. 计算因不确定因素变动引起的经济评价指标的变动值

一般应根据实际情况确定这些因素的变动范围，合理预测，然后计算和各不确定因素变动相应的经济评价指标值，建立一一对应的数量关系，其计算结果常用敏感性分析图或敏感性分析表的形式表示。

4. 找出敏感因素，并对敏感因素进行排队

所谓敏感因素是指该不确定因素的数值有很小的变动就能使项目经济效果评价指标出现较显著改变的因素。判别敏感因素的方法有以下两种。

（1）相对测定法（变动幅度测定法） 设定要分析的各个确定因素均从确定性分析时采用的数值开始变动（在令某个因素变动时，假定其他因素保持在确定性分析时的取值而不动），且各因素每次变动的幅度（增加或减少的百分数）相同（这样做使得各因素的敏感度获得可比性），比较在同一变动幅度下各因素的变动对经济效益评价指标的影响，据此判断经济效益评价指标对各因素变动的敏感程度。一般将结果以图或表的形式表示出对应的数量关系，通过对表中因素变动率或图中曲线斜率的分析，判断敏感性因素。

敏感度系数是常见的一种度量敏感因素的敏感度大小的指标。敏感度系数（S_{AF}）是项目评价指标变化率与不确定性因素变化率之比，其计算公式为

$$S_{AF} = \frac{\Delta A / A}{\Delta F / F}$$

式中，$\Delta F / F$ 为不确定性因素 F 的变化率；$\Delta A / A$ 为不确定性因素 F 发生 ΔF 变化时，评价指标 A 的相应变化率。

（2）绝对值测定法（悲观值测定法） 是设各因素均向对项目不利的方向变动，并取其有可能出现的对项目最不利的数值，据此计算项目的经济评价指标，看其是否能达到使项目不可接受的程度。如果某因素可能出现的最不利数值能使项目变得不可接受，则表明该因素是项目的敏感因素。项目能否被接受的判据是各经济评价指标能否达到临界值（经济评价指标的临界值）；如使用内部收益率指标，要看其内部收益率是否等于或大于基准收益率。

绝对值测定法的一种变通方式是先设定有关经济评价指标为其临界值，如令内部收益率等于基准收益率，然后求待分析因素的最大允许变动幅度（称为因素变动的临界值，即不确定性因素的变化使项目由可行变为不可行的临界数值，一般采用不确定性因素相对基本方案的变化率或其对应的具体数值表示。可通过敏感性分析图得到近似值，也可采用试算法求解），并与其有可能出现的最大变动幅度相比较。如果某因素可能出现的变动幅度超过最大允许的变动幅度，即表明该因素是方案的敏感性因素。

在实践中可以把确定敏感性因素的两种方法结合起来使用。

依据每次所考虑的变动因素的数目不同，敏感性分析又分为单因素敏感性分析和多因素敏感性分析。

四、单因素敏感性分析

每次只考虑一个因素的变动，而假设其他因素保持不变时所进行的敏感性分析，叫做单因素敏感性分析。即假设某一不确定性因素变化时，其他因素不变，各因素之间是相互独立的。下面通过例题来说明单因素敏感性分析的具体操作步骤。

【例 5-6】　设某项目基本方案的基本数据估算值如表 5-5 所示。由于未来影响经济环境的某些因素的不确定性，预计各不确定因素的最大变动范围为 $-20\%\sim20\%$，基准收益率 $i_c=10\%$，试对该项目进行敏感性分析。

表 5-5　基本方案的基本数据估算 　　　　　　单位：万元

因素	期初投资	年营业收入	年经营成本	使用寿命
估算值	4000	1200	700	20 年

【解】　① 以年营业收入、年经营成本、期初投资为拟分析的不确定性因素。
② 选择项目的净现值为经济效果评价指标。
③ 计算营业收入、年经营成本、期初投资变动时对经济效果评价指标净现值的影响。
计算结果见表 5-6。

表 5-6　因素变化对净现值的影响 　　　　　　单位：万元

净现值　　变化率 不确定因素	-20%	-10%	基本方案	$+10\%$	$+20\%$
期初投资	1056.78	656.78	256.78	-143.22	-543.22
年营业收入	-1786.47	-764.85	256.78	1278.41	2300.04
年经营成本	1448.68	852.73	256.78	-424.30	-935.12

净现值的敏感性分析图如图 5-3 所示。

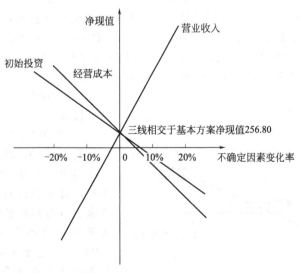

图 5-3　单因素敏感性分析图

④ 计算敏感度系数并对敏感因素进行排序。期初投资平均敏感度计算如下。

$$\frac{[1056.78-(-543.22)]/256.78}{40\%}=15.58$$

营业收入平均敏感度计算如下。

$$\frac{[2300.04-(-1786.47)]/256.78}{40\%}=39.78$$

经营成本平均敏感度计算如下。

$$\frac{[1448.68-(-935.12)]/256.78}{40\%}=23.21$$

按敏感性由高到低排列，由此可对敏感因素进行如下排序：营业收入—经营成本—期初投资。

⑤ 计算变动因素的临界点。临界点是指项目允许不确定因素向不利方向变化的极限值。超过极限，项目的效益指标将不可行。

设期初投资临界值为 x，则

$-x+(1200-700)(P/A,10\%,20)=0$ 解得 $x=4256.80$ 万元

设营业收入临界值为 x，则

$-4000+(x-700)(P/A,10\%,20)=0$ 解得 $x=1169.84$ 万元

设经营成本临界值为 x，则

$-4000+(1200-x)(P/A,10\%,20)=0$ 解得 $x=730.16$ 万元

五、多因素敏感性分析

单因素敏感性分析方法的优点是简单、直观，但不足之处是只考虑各因素独立变化，忽略了因素之间的相互影响。多因素敏感性分析考虑了因素之间的相关性，弥补了单因素敏感性分析的局限性，更全面揭示了事物的本质。常用的有双因素敏感性分析和三因素敏感性分析。

（一）双因素敏感性分析

双因素敏感性分析是指考虑两个因素同时变化对项目经济效果评价指标的影响，其他因素保持不变。单因素敏感性分析获得曲线，双因素敏感性分析获得曲面。

【例 5-7】 本例对【例 5-6】中的基本方案做关于初始投资和营业收入的双因素敏感性分析，并指出当初始投资增加 10% 时，营业收入允许的变动范围。

【解】 设初始投资变动率为 x，营业收入变动率为 y，则

令 $NPV=-4000(1+x)+1200(1+y)(P/A,10\%,20)-700(P/A,10\%,20)=0$

解得 $y=0.392x-0.0251$

其中 $y=0.392x-0.0251$ 称为临界线，这条直线可在坐标图 5-4 上表示出来。当初始投资和营业收入同时变化的范围在这条直线左上方区域时，则 $NPV>0$；当初始投资和营业收入同时变化的范围在这条直线右下方区域时，则 $NPV<0$。

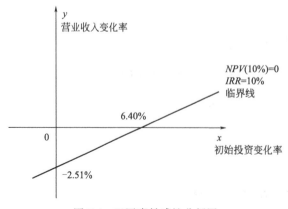

图 5-4　双因素敏感性分析图

当 x 增加 10% 时，代入 $y=0.392x-0.0251$，求出 $y=1.41\%$。

即表明当初始投资增加 10% 时，营业收入应该增加 1.41% 以上才能保证项目的 $NPV \geqslant 0$。

（二）三因素敏感性分析

对于三因素敏感性分析，一般需列出三维表达式。但通常用降维的方法来简单地表示。

【例 5-8】　本例对【例 5-6】中的基本方案做关于初始投资、营业收入、寿命的三因素敏感性分析。

【解】　设初始投资变化率为 x，营业收入变动率为 y，n 表示寿命期，则

令 $NPV(n)=-4000(1+x)+1200(1+y)(P/A,10\%,n)-700(P/A,10\%,n)=0$

依次取 $n=15$、16、17、18、19、20，并按照【例 5-7】中对双因素变化时的敏感性分析，可得下列一组临界曲线族。

$NPV(15)=-4000(1+x)+1200(1+y)(P/A,10\%,15)-700(P/A,10\%,15)=0$
$\qquad y=0.4382x+0.0216$

$NPV(16)=-4000(1+x)+1200(1+y)(P/A,10\%,16)-700(P/A,10\%,16)=0$
$\qquad y=0.4261x+0.0094$

$NPV(17)=-4000(1+x)+1200(1+y)(P/A,10\%,17)-700(P/A,10\%,17)=0$
$\qquad y=0.4155x-0.0011$

$NPV(18)=-4000(1+x)+1200(1+y)(P/A,10\%,18)-700(P/A,10\%,18)=0$
$\qquad y=0.4064x-0.0102$

$NPV(19)=-4000(1+x)+1200(1+y)(P/A,10\%,19)-700(P/A,10\%,19)=0$
$\qquad y=0.3985x-0.0182$

$NPV(20)=-4000(1+x)+1200(1+y)(P/A,10\%,20)-700(P/A,10\%,20)=0$
$\qquad y=0.392x-0.0251$

根据上面的计算结果，可绘出一组损益平衡线（如图 5-5 所示）。只要 $n \geqslant 17$ 年，方案就具有一定的抗风险能力。但是，$n=17$ 年时，投资及年收入发生估计误差的允许范围就很

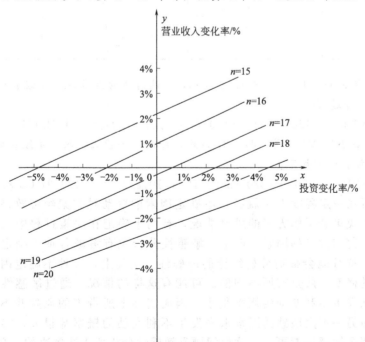

图 5-5　净现值敏感性分析图

小了。从图中可以看出，寿命期上升，将导致临界线向下方移动，使$NPV>0$的区域扩大。反之，寿命期下降，将导致临界线向上移动，使$NPV>0$的区域缩小。

六、三项预测值敏感性分析

当分析的不确定因素不超过三个，并且指标计算比较简单时，也可以采用三项预测值敏感性分析方法。三项预测值的基本思路是，对技术方案的各不确定因素分别估算三个预测值，即悲观的预测值P、最可能的预测值M、乐观的预测值O。根据这三种预测值便可对技术方案进行敏感性分析并做出评价。

【例 5-9】 某项投资活动，其主要技术参数如表 5-7 所示，其中年营业收入和年经营成本为不确定性因素，试进行净现值三项预测值敏感性分析。（$i_c=10\%$）

表 5-7 投资活动参数表

因素 因素变化	初始投资/万元	年营业收入/万元	年经营成本/万元	寿命/年
最有利(O)	1500	600	150	20
很可能(M)	1500	450	225	20
最不利(P)	1500	420	300	20

【解】 计算过程如表 5-8 所示。

表 5-8 三项预测值敏感性分析　　　　　　　　单位：万元

净现值 成本变化	收入变化 最有利(O)	很可能(M)	最不利(P)
最有利(O)	2331.12	1054.08	798.68
很可能(M)	1692.60	415.56	160.16
最不利(P)	1054.08	−222.96	−478.37

在表 5-8 中最大的 NPV 是 2331.12 万元，即此时年营业收入、年经营成本均处于最有利状态，NPV 计算过程如下。

$$NPV=-1500+(600-150)(P/A,10\%,20)=2331.12（万元）$$

在表 5-8 中最小的 NPV 是 −478.37 万元，即此时年营业收入、年经营成本均处于最不利状态，NPV 计算过程如下。

$$NPV=-1500+(420-300)(P/A,10\%,20)=-478.37（万元）$$

敏感性分析在一定程度上是就各种不确定因素的变动对方案经济效果的影响作定量描述。这有助于决策者了解方案的风险情况，有助于确定在决策过程中及各方案实施过程中需要重点研究与控制的因素。但是，敏感性分析没有考虑各种不确定因素在未来发生变化的概率，这可能会影响分析结论的准确性。实际上，各种不确定因素在未来发生某一幅度变动的概率一般是有所不同的。可能有这样的情况，通过敏感性分析找出的某一敏感因素未来发生不利变动的概率很小，因而实际上所带来的风险并不大，以至于可以忽略不计；而另一不太敏感的因素未来发生不利变动的概率却很大，实际上所带来的风险比确认的那个敏感因素更大。这种问题是敏感性分析所无法解决的，必须借助于风险概率分析方法。

第四节 风 险 分 析

风险分析过程一般包括风险识别、风险估计、风险评价、风险决策与风险应对。

一、风险识别

(一) 风险识别的含义和步骤

风险识别，是指采用系统论的观点对项目全面考察综合分析，找出潜在的各种风险因素，并对各种风险进行比较、分类，确定各因素间的相关性与独立性，判断其发生的可能性及对项目的影响程度，按其重要性进行排队，或赋予权重。敏感性分析是初步识别风险因素的重要手段。风险识别是风险分析和管理的一项基础性工作，其主要任务是明确风险存在的可能性，为风险估计、风险评价和风险应对奠定基础。

风险识别的一般步骤如下。

① 明确所要实现的目标。

② 找出影响目标值的全部因素。

③ 分析各因素对目标的相对影响程度。

④ 根据各因素向不利方向变化的可能性进行分析、判断，并确定主要风险因素。

(二) 风险识别的方法

风险识别的方法有：专家调查法、财务报表法、流程图法、情景构造法、初始清单法、经验数据法和风险调查法。其中前四种方法为风险识别的一般方法，后三种方法为建设工程风险识别的具体方法。

1. 专家调查法

专家调查法有两种方式：一种是召集有关专家开会；另一种是采用问卷式调查。问卷中注明可能的风险，这些风险条款来自于先前的项目或专家的判断。对专家发表的意见要由风险管理人员加以归纳分类、整理分析。

2. 财务报表法

采用财务报表法进行风险识别要以会计记录和财务报表为基础，并视每一会计科目为一个风险单位加以分析，从中发现可能存在的风险。

3. 流程图法

流程图法是将一项特定的生产或经营活动按步骤或阶段顺序以若干个模块形式组成一个流程图系列，在每个模块中都标出各种潜在的风险因素或风险事件，从而给决策者一个清晰的总体印象。这种方法实际上是将时间维、因素维与目标维相结合。由于流程图的篇幅限制，采用这种方法所得到的风险识别结果较粗。

4. 情景构造法

情景构造法也是依照过去经验来鉴别的方法。这一方式与其他方式的不同在于风险识别与处理的方式。项目过程是从两个极端情形来考察的，即最乐观的一面和最悲观的一面，这种方法有可能覆盖项目产出的所有变动。

5. 初始清单法

建立建设工程的初始风险清单有以下两种途径。

① 常规途径是采用保险公司或风险管理学会（或协会）公布的潜在损失一览表，即任何企业或工程都可能发生的所有损失一览表。以此为基础，风险管理人员再结合本企业或某项工程所面临的潜在损失对一览表中的损失予以具体化，从而建立特定工程的风险一览表。

② 通过适当的风险分解方式来识别风险是建立建设工程初始风险清单的有效途径。对

于大型、复杂的建设工程，首先将其按单项工程、单位工程分解，再对各单项工程、单位工程分别从时间维、目标维和因素维进行分解，可以较容易地识别出建设工程主要的、常见的风险。从初始风险清单的作用来看，因素维仅分解到各种不同的风险因素是不够的，还应进一步将各风险因素分解到风险事件。

初始风险清单只是为了便于人们较全面地认识风险的存在，而不至于遗漏重要的工程风险，但并不是风险识别的最终结论。在初始风险清单建立后，还需要结合特定建设工程的具体情况进一步识别风险，从而对初始风险清单作一些必要的补充和修正。为此，需要参照同类建设工程风险的经验数据或针对具体建设工程的特点进行风险调查。

6. 经验数据法

经验数据法也称为统计资料法，即根据已建各类建设工程与风险有关的统计资料来识别拟建建设工程的风险。不同的风险管理主体都应有自己关于建设工程风险的经验数据或统计资料。在工程建设领域，可能有工程风险经验数据或统计资料的风险管理主体包括咨询公司（含设计公司）、承包商以及长期有工程项目的业主（如房地产开发商）。各自的初始风险清单一般多少有些差异，但是风险本身是客观事实，有客观的规律性，当经验数据或统计资料足够多时，这种差异性就会大大减少。

风险识别只是对建设工程风险的初步认识，还是一种定性分析，因此这种基于经验数据或统计资料的初始风险清单可以满足对建设工程风险识别的需要。

7. 风险调查法

风险调查法既是一项重要的工作，也是建设工程风险识别的重要方法。

风险调查应当从分析具体建设工程的特点入手，一方面对通过其他方法已识别出的风险（如初始风险清单所列出的风险）进行鉴别和确定；另一方面，通过风险调查有可能发现此前尚未识别出的重要的工程风险。

通常，风险调查可以从组织、技术、自然及环境、经济、合同等方面分析拟建建设工程的特点以及相应的潜在风险。

风险调查并不是一次性的。风险调查应该不断进行，随着实施的进展，风险调查的内容也应相应减少，并且风险调查的重点也有可能不同。

对于建设工程的风险识别来说，仅仅采用一种风险识别方法是远远不够的，一般都应综合采用两种或多种风险识别方法，才能取得较为满意的结果。而且，不论采用何种风险识别方法组合，都必须包含风险调查法。从某种意义上讲，前六种风险识别方法的主要作用在于建立初始风险清单，而风险调查法的作用则在于建立最终的风险清单。

（三）风险识别的原则

1. 方法可靠原则

任何一个建设项目，可能遇到各种不同性质的风险，因此，采用唯一的识别方法是不可取的，必须把几种方法结合起来，相互补充。而对于特定活动和事件，采用某种识别方法比其他方法更有效。

2. 全面了解原则

项目的风险管理人员应尽量向有关业务部门的专业人士征求意见以求得对项目风险的全面了解。例如，其他熟悉项目风险的单位以及专家等。

3. 连续识别原则

风险因素随着项目的进展是会不断发生变化的，一次大规模的风险识别工作完成后，经过一段时间又会产生新的风险。因此，必须制订一个连续的风险识别计划。

4. 方法经济原则

风险识别的方法必须考虑其相应的成本，讲究经济上的合理，对于影响项目系统目标比较明显的风险，需要花较大的精力，用多种方法进行识别，以期做到最大程度地掌握情况，但对于影响小的风险因素如果花费较大的费用来进行识别就失去了经济意义。

5. 积累资料原则

资料的不断积累是开展风险管理的重要基础，而在风险识别时产生的记录则是主要的风险资料之一，因此，在识别风险的同时要做准确的记录。这就要求识别工作开始前应准备好将要用到的记录表格，完成识别工作后，将所获取的相关资料整理保存。

二、风险估计

风险识别仅是从定性角度去了解和识别风险，要进一步把握风险，有待于对其进行深刻的分析。

风险估计，是指采用主观概率和客观概率分析方法，确定风险因素的概率分布，运用数理统计分析方法，计算项目评价指标相应的概率分布或累计概率、期望值、标准差。也就是说，估计风险大小不仅要考虑损失或负偏离发生的大小范围，更要综合考虑各种损失或负偏离发生的可能性大小，即概率。风险事件发生的概率和概率分布是风险估计的基础。因此，风险估计的首要工作是确定风险事件的概率分布。概率分为客观概率和主观概率。一般而言，风险事件的概率分布应由历史资料确定，是对大量历史资料进行统计分析得到的，这样得到的概率分布即为客观概率。当没有足够的历史资料确定风险事件的概率分布时，由决策人自己或借助于咨询机构或专家凭经验进行估计得出的概率分布为主观概率。实际上，主观概率也是人们在长期实践基础上得出的，并非纯主观的随意猜想。

(一) 概率树分析法

在离散概率分布情况下进行风险估计常用的方法是概率树分析。

1. 概率树分析的步骤

① 列出要考虑的各种风险因素，如投资、经营成本、销售价格等。

② 设想各种风险因素可能发生的状态，即确定其数值发生变化的个数。

③ 分别确定各种状态可能出现的概率，并使可能发生状态概率之和为 1。

④ 分别求出各种风险因素发生变化时，方案净现金流量各状态发生的概率和相应状态下的净现值 $NPV(j)$。

⑤ 计算方案净现值的期望值（均值）$E(NPV)$ 和标准差 $\sigma(NPV)$。

$$E(NPV) = \sum_{j=1}^{k} NPV^{(j)} P_j$$

式中　P_j——第 j 种状态出现的概率；

　　　k——可能出现的状态数。

$$\sigma(NPV) = \sqrt{\sum_{j=1}^{k} \left[NPV^{(j)} - E(NPV) \right]^2 P_j}$$

⑥ 求出方案净现值非负的累计概率；

⑦ 对概率分析结果作说明。

2. 概率树分析的适用范围

概率树分析的理论计算法一般只适用于服从离散分布的输入与输出变量。当输入变量数和每个变量可取的状态数较多（大于 3 个）时，一般不适于使用理论分析方法。若各输入变量之间不是独立的，而存在相互关联时，也不适用这种方法。

【例 5-10】 设某项目基本方案的基本数据估算值如表 5-9 所示，根据经验推断，营业收入和经营成本为离散型随机变量，其值在估计值的基础上可能发生的变化及其概率见表 5-10。试确定该项目净现值大于等于零的概率。（基准收益率 $i_c = 10\%$）

表 5-9   基本方案的基本数据估算表   单位：万元

因素	期初投资	年营业收入	年经营成本	使用寿命/年
估算值	2000	800	400	10

表 5-10   不确定因素可能发生的变化及其概率

概率 ╲ 变幅 因素	−10%	0	+10%
营业收入	0.3	0.5	0.2
经营成本	0.3	0.4	0.3

【解】   ① 项目净现金流量未来可能发生的 9 种状态，如图 5-6 所示。

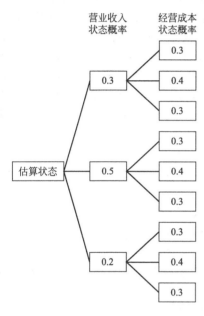

可能状态 (j)	状态概率 (P_j)	$NPV^{(j)}$	$P_j NPV^{(j)}$
1	0.09	212.06	19.08
2	0.12	−33.72	−4.04
3	0.09	−279.52	−25.16
4	0.15	703.62	105.54
5	0.20	457.84	91.56
6	0.15	212.06	31.82
7	0.06	1195.20	71.72
8	0.08	949.40	75.96
9	0.06	703.62	42.22
合计	1.00	—	408.70

图 5-6   概率树图

② 分别计算项目净现金流量各种状态的概率 $P_j (j=1,2,\cdots,9)$。

$$P_1 = 0.3 \times 0.3 = 0.09$$
$$P_2 = 0.3 \times 0.4 = 0.12$$
$$P_3 = 0.3 \times 0.3 = 0.09$$

余类推，结果见图 5-6。

③ 分别计算项目各状态下的净现值 $NPV^{(j)} (j=1,2,\cdots,9)$。

$$NPV^{(1)} = -1000 + (360-180)(P/A, 10\%, 10) = 106.03 \text{（万元）}$$

余类推，结果见图 5-6。

④ 计算项目净现值的期望值。

$$
\begin{aligned}
E(NPV) =\ & 0.09 \times 212.06 + 0.12 \times (-33.72) + 0.09 \times (-279.52) + \\
& 0.15 \times 703.62 + 0.20 \times 457.84 + 0.15 \times 212.06 + \\
& 0.06 \times 1195.20 + 0.08 \times 949.40 + 0.06 \times 703.62 = 408.70 \text{（万元）}
\end{aligned}
$$

$$\sigma(NPV) = \sqrt{\sum_{j=1}^{k} [NPV^{(j)} - E(NPV)]^2 P_j} = 393.26 \text{ 万元}$$

⑤ 计算净现值大于等于零的概率。

$$P(NPV \geqslant 0) = 1 - 0.09 - 0.12 = 0.79$$

结论：因为 $E(NPV) = 408.70 > 0$，故本项目是可行的；又因为 $P(NPV \geqslant 0) = 0.79$，说明项目具有较高的可靠性。但由于标准差 $\sigma(NPV) = 393.26$ 较大，所以期望值不一定能反映项目实施后的净现值。

（二）解析法

在方案经济效果指标服从某种典型概率分布的情况下，如果已知其期望值与标准差，可以用解析法进行风险估计。

【例 5-11】 假定某投资方案净现值服从均值为 600 万元、均方差为 300 万元的正态分布，试计算 $NPV \geqslant 0$ 时的概率；$NPV \geqslant 1500$ 万元时的概率。

【解】 由概率论知，若连续型随机变量 x 服从参数为 μ（均值）、σ（均方差）的正态分布，则 x 小于 x_0 的概率为

$$P(x < x_0) = \Phi\left(\frac{x_0 - \mu}{\sigma}\right)$$

Φ 值可从本书附录Ⅲ的标准正态分布表中查出。

在本例中，已知 $\mu = E(NPV) = 600$ 万元，$\sigma = \sigma(NPV) = 300$ 万元，则

① 方案净现值大于或等于零的概率为

$$P(NPV \geqslant 0) = 1 - P(NPV < 0) = 1 - \Phi\left(\frac{0 - 600}{300}\right) = 0.9772$$

② 方案净现值大于或等于 1500 万元的概率为

$$P(NPV \geqslant 1500) = 1 - P(NPV < 1500) = 1 - \Phi\left(\frac{1500 - 600}{300}\right) = 0.0013$$

（三）蒙特卡洛模拟法

蒙特卡洛模拟法是用随机抽样的方法抽取一组输入变量的概率分布特征的数值，输入这组变量计算项目评价指标，通过多次抽样计算可获得评价指标的概率分布及累计概率分布、期望值、方差、标准差，计算项目可行或不可行的概率，从而估计项目投资所承担的风险。蒙特卡洛模拟法不仅适用于离散型随机变量的情况，也适用于连续型随机变量的情况。若遇到随机变量较多且概率分布是连续型的时，采用概率树法将变得十分复杂，而蒙特卡洛方法却能较方便地解决此类问题。

蒙特卡洛模拟法的实施步骤一般为：

① 确定风险随机变量。通常运用敏感性分析确定风险随机变量。

② 确定风险随机变量的概率分布。

③ 通过随机数表或计算机为各随机变量抽取随机数。

④ 根据风险随机变量的概率分布将抽得的随机数转化为各输入变量的抽样值。

如果是离散型随机变量的模拟，则用随机数作为随机变量累积概率的随机值，结合累计概率图，画一水平线与累计概率折线相交的交点对应的横坐标值即为输入变量的抽样值。

如果是正态分布随机变量的模拟，则随机数（RN）作为随机变量累积概率的随机值，这样，每个随机数都可找到对应的一个随机正态偏差（RND），对应的随机变量的抽样结果可通过下式求得

抽样结果＝均值＋随机正态偏差×标准差

如果是具有最小值 a 和最大值 b 的连续均匀分布随机变量的模拟，随机数（RN）作为随机变量累积概率的随机值，其中设 RN_m 表示最大随机数，对应的随机变量的抽样结果可

通过下式求得。

$$抽样结果 = a + \frac{RN}{RN_m}(b-a) = \frac{a+b}{2} - \frac{b-a}{2} + \frac{RN}{RN_m}(b-a)$$

⑤ 将抽样值组成一组项目评价基础数据。

⑥ 选取经济评价指标，如内部收益率、财务净现值等，根据得到的基础数据计算出一组随机状况下的评价指标值。

⑦ 重复上述过程，进行多次反复模拟，得出多组评价指标值。

⑧ 整理模拟结果所得评价指标的期望值、方差、标准差和它的概率分布及累计概率，绘制累计概率图，同时检验模拟次数是否满足预定的精度要求。根据上述结果，分析计算项目可行或不可行的概率。

三、风险评价

风险评价，是指根据风险识别和风险估计的结果，依据项目风险判别标准，找出影响项目成败的关键风险因素。项目风险大小的评价标准应根据风险因素发生的可能性及其造成的损失来确定，一般采用评价指标的概率分布或累计概率、期望值、标准差作为判别标准，也可采用综合风险等级作为判别标准。

（一）以评价指标作为判别标准

① 财务（经济）内部收益率大于等于基准收益率（社会折现率）的累计概率值越大，风险越小；标准差越小，风险越小。

② 财务（经济）净现值大于等于零的累计概率值越大，风险越小；标准差越小，风险越小。

（二）以综合风险等级作判别标准

根据风险因素发生的可能性及其造成损失的程度，建立综合风险等级矩阵，将综合风险分为风险很强的 K（Kill）级、风险强的 M（Modify）级、风险较强的 T（Trigger）级、风险适度的 R（Review and Reconsider）级和风险弱的 I（Ignore）级。综合风险等级分类如表 5-11 所示。

表 5-11　综合风险等级分类表

综合风险等级		风险影响的程度			
		严重	较大	适度	低
风险的可能性	高	K	M	R	R
	较高	M	M	R	R
	适度	T	T	R	I
	低	T	T	R	I

注：落在表 5-11 左上角的风险会产生严重的后果；落在表 5-11 右下角的风险，可忽略不计。

本表来源：《建设项目经济评价方法与参数》（第三版）中国计划出版社。

四、风险决策

（一）风险决策原则

风险估计估算出方案经济效益指标的期望值和标准差，以及经济效益指标的实际值发生在某一区间的可能性。而风险决策则着眼于风险条件下方案取舍的基本原则和多方案比较的方法。

人是决策的主体，在风险条件下决策行为取决于决策者的风险态度，对同一风险决策问题，风险态度不同的人决策的结果通常有较大的差异。典型的风险态度有三种表现形式：风险厌恶、风险中性和风险偏爱。与风险态度相对应，风险决策人可坚持以下决策原则。

1. 优势原则

在两个可选方案中，如果无论什么条件下方案 A 总是优于方案 B，则称 A 为优势方案，B 为劣势方案，B 应予以排除。应用优势原则一般不能决定最佳方案，但可以减少可选方案的数量，缩小决策范围。

2. 期望值原则

如果选用的经济指标为收益指标，则应选择期望值大的方案；如果选用的是成本费用指标，则应选择期望值小的方案。

3. 最小方差原则

方差反映了实际发生的方案可能偏离其期望值的程度。在同等条件下，方差越小，意味着项目的风险越小，稳定性和可靠性越高，应优先选择。

根据期望值和最小方差选择的结果往往会出现矛盾。在这种情况下，方案的最终选择与决策者有关。风险承受能力较强的决策者倾向于做出乐观的选择（根据期望值），而风险承受能力较弱的决策者倾向于更安全的方案（根据方差）。

4. 最大可能原则

若某一状态发生的概率显著大于其他状态，则可根据该状态下各方案的技术经济指标进行决策，而不考虑其他状态。应当注意的是，只有当某一状态发生的概率大大高于其他状态，且各方案在不同状态下的损益值差别不很大时方可应用最大可能原则。

5. 满意度原则

在技术经济实践中由于决策人的理性有限性和时空的限制，既不能找到一切方案，也不能比较一切方案，并非人们不喜欢"最优"，而是取得"最优"的代价太高。因此，最优准则只存在于纯粹的逻辑推理中。在实践中只要遵循满意度准则，就可以进行决策，即制定一个足够满意的目标值，将各种可选方案在不同状态下的损益值与此目标值相比较进而做出决策。

（二）风险决策方法

风险决策的方法有多种，如矩阵法、决策树法等。这里重点介绍决策树法。

1. 决策树法的概念

决策树法是将构成决策方案的有关因素，以树状图形的方式表现出来，并据以分析和选择决策方案的一种系统分析法，它以损益值为依据。决策树法是风险决策的重要方法，有利于分析复杂的多级决策问题，常用于多级风险决策。

2. 决策树图

决策树图由不同的节点与分枝组成，如图 5-7 所示。符号"□"表示的节点称为决策点，从决策点引出的每一分枝表示一个可供选择的方案。符号"○"表示的节点称为状态点，从状态点引出的每一分枝表示一种可能发生的状态。每一状态枝上方需要文字标明对应状态，状态后的括号内数值表示该状态发生的概率，每一状态分支末端的数值为相应的损益值。根据各种状态发生的概率与相应的损益值分别计算每一方案的损益期望值，并将其标在相应的状态点上

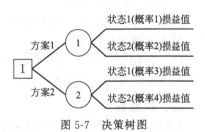

图 5-7　决策树图

方，就可以直观地判断出应该选择哪个方案。

3. 决策树法的程序

① 绘制决策树图形，按上述要求由左向右顺序展开。

② 计算每个节点的期望值，计算公式为

$$状态节点的期望值 = \sum(损益值 \times 概率值) \times 经营年限$$

③ 剪枝，即进行方案的选优。

【例 5-12】　某企业为了扩大某产品的生产，拟建设新厂。据市场预测，产品销路好的概率为 0.7，销路差的概率为 0.3。有三种方案可供企业选择。

方案 1：新建大厂，需投资 300 万元。据初步估计，销路好时，每年可获利 100 万元；销路差时，每年亏损 20 万元。服务期为 10 年。

方案 2：新建小厂，需投资 140 万元。销路好时，每年可获利 40 万元，销路差时，每年仍可获利 30 万元。服务期为 10 年。

方案 3：先建小厂，3 年后销路好时再扩建，需追加投资 200 万元，服务期为 7 年，估计每年获利 95 万元。以上哪种方案最好？

【解】　① 绘制决策树图形，按上述要求由左向右顺序展开。如图 5-8 所示。

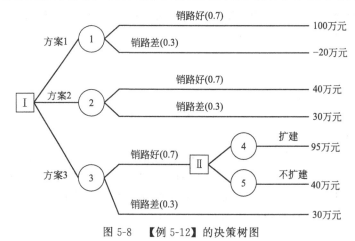

图 5-8　【例 5-12】的决策树图

② 计算每个节点的期望值。

节点①的期望收益为

$$[0.7 \times 100 + 0.3 \times (-20)] \times 10 - 300 = 340 （万元）$$

节点②的期望收益为

$$(0.7 \times 40 + 0.3 \times 30) \times 10 - 140 = 230 （万元）$$

节点④的期望收益为

$$95 \times 7 - 200 = 465 （万元）$$

节点⑤的期望收益为

$$40 \times 7 = 280 （万元）$$

所以，对于方案 3，销路好时，扩建比不扩建好。

节点③的期望收益为

$$(0.7 \times 40 \times 3 + 0.7 \times 465 + 0.3 \times 30 \times 10) - 140 = 359.5 （万元）$$

计算结果表明，在三种方案中，方案 3 最好。

五、风险应对

风险应对是指根据风险评价的结果，研究规避、控制与防范风险的措施，为项目全过程风险管理提供依据。风险应对应具有针对性、可行性、经济性，并贯穿于项目评价的全过程。决策阶段风险应对的主要措施包括：强调多方案比选；对潜在风险因素提出必要的研究与试验课题；对投资估算与财务（经济）分析，应留有充分的余地；对建设或生产经营期的潜在风险可建议采取回避、转移、分担和自担措施。结合综合风险因素等级的分析结果，应提出下列应对方案：K 级，风险很强，出现这类风险就要放弃项目；M 级，风险强，修正拟议中的方案，可改变设计或采取补偿措施等；T 级，风险较强，设定某些指标的临界值，指标一旦达到临界值，就要变更设计或对负面影响采取补偿措施；R 级，风险适度（较小），适当采取措施后不影响项目；I 级，风险弱，可忽略。

风险应对的四种基本方法是：风险回避、损失控制、风险转移和风险保留。风险回避是投资主体有意识地放弃风险行为，完全避免特定的损失风险。

简单的风险回避是一种最消极的风险处理办法，因为投资者在放弃风险行为的同时，往往也放弃了潜在的目标收益。所以一般只有在以下情况下才会采用这种方法：当出现 K 级很强风险时；投资主体对风险极端厌恶；存在可实现同样目标的其他方案，其风险更低；投资主体无能力消除或转移风险；投资主体无能力承担该风险，或承担风险得不到足够的补偿。

损失控制不是放弃风险，而是制订计划和采取措施降低损失的可能性或者是减少实际损失。控制阶段包括事前、事中和事后三个阶段。事前控制的目的主要是为了降低损失的概率，事中和事后的控制主要是为了减少实际发生的损失。

风险转移，是指通过契约，将让渡人的风险转移给受让人承担的行为。通过风险转移过程有时可大大降低经济主体的风险程度。风险转移的主要形式是合同和保险。通过签订合同，可以将部分或全部风险转移给一个或多个其他参与者。保险是使用最为广泛的风险转移方式。

风险保留，即风险承担。也就是说，如果损失发生，经济主体将以当时可利用的任何资金进行支付。风险保留包括无计划自留、有计划自我保险。无计划自留指风险损失发生后从收入中支付，即不是在损失前做出资金安排。当经济主体没有意识到风险并认为损失不会发生时，或将意识到的与风险有关的最大可能损失显著低估时，就会采用无计划保留方式承担风险。一般来说，无资金保留应当谨慎使用，因为如果实际总损失远远大于预计损失，将引起资金周转困难。有计划自我保险指可能的损失发生前，通过做出各种资金安排以确保损失出现后能及时获得资金以补偿损失。有计划自我保险主要通过建立风险预留基金的方式来实现。

本 章 小 结

（1）不确定性分析是研究项目中各种因素的变化和波动对其经济效益的影响，找出最主要的敏感因素及其临界点的过程。风险分析是识别风险因素、估计风险概率、评价风险影响、制定风险对策的过程。不确定性分析与风险分析的目的是相同的。不确定性分析主要包括盈亏平衡分析和敏感性分析；风险分析的主要方法有概率树分析、蒙特卡洛模拟等。敏感性分析可以得知影响项目效益的敏感因素和敏感程度，但不知这种影响发生的可能性，如需得知可能性，就必须借助于概率分析。敏感性分析所找出的敏感因素又可以作为概率分析风险因素的确定依据。

（2）盈亏平衡分析是指通过计算项目的盈亏平衡点，分析项目成本与收入的平衡关系，判断项目对产出品数量变化的适应能力和抗风险能力。盈亏平衡分析关键就是要找出项目方案的盈亏平衡点。

（3）敏感性分析是指通过分析项目主要不确定性因素发生增减变化时，对财务或经济评价指标的影响，并计算敏感度系数和临界点，找出敏感因素。依据每次所考虑的变动因素的数目不同，敏感性分析又分为单因素敏感性分析和多因素敏感性分析。

（4）风险识别是指采用系统论的观点对项目全面考察、综合分析，找出潜在的各种风险因素，并对各种风险进行比较、分类，确定各因素间的相关性与独立性，判断其发生的可能性及对项目的影响程度，按其重要性进行排队，或赋予权重。敏感性分析是初步识别风险因素的重要手段。

（5）风险估计是指采用主观概率和客观概率分析方法，确定风险因素的概率分布，运用数理统计分析方法，计算项目评价指标相应的概率分布或累计概率、期望值、标准差。在离散概率分布情况下进行风险估计常用的方法是概率树分析。在方案经济效果指标服从某种典型概率分布的情况下，如果已知其期望值与标准差，可以用解析法进行风险估计。蒙特卡洛模拟法不仅适用于离散型随机变量情况，也适用于连续型随机变量情况。若遇到随机变量较多且概率分布是连续型的时，采用概率树法将变得十分复杂，而蒙特卡洛方法却能较方便地解决此类问题。

（6）风险评价是指根据风险识别和风险估计的结果，依据项目风险判别标准，找出影响项目成败的关键风险因素。

（7）风险决策是着眼于风险条件下方案取舍的基本原则和多方案比较的方法。

（8）风险应对是指根据风险评价的结果，研究规避、控制与防范风险的措施，为项目全过程风险管理提供依据。

思 考 题

1. 什么是不确定性分析和风险分析？不确定性分析和风险分析的区别与联系包括哪些方面？
2. 什么是盈亏平衡分析？
3. 什么是敏感性分析？
4. 风险识别、风险估计、风险评价和风险应对经常采用哪些方法？
5. 某方案设计产量为3000吨，产品的销售价格为734元/吨，固定成本为900000元，单位变动成本为475元/吨，产品销售税金及附加忽略不计，则达到盈亏平衡点时的生产能力利用率为多少？
6. 某企业现有A、B两个互斥方案，方案的期初投资额、每年年末的营业收入及营业费用如表5-12所示，投资方案的寿命期均具有较大的不确定性，基准收益率 $i_c = 10\%$，不考虑期末资产残值。要求：
① 试就项目寿命期分析两方案的临界点，并指出当两个投资方案的寿命期均为8年时哪个方案最佳？
② 以假设两个投资方案的寿命期均为8年，期初投资、年营业收入为不确定因素，试通过净现值指标对最佳方案进行双因素敏感性分析，并指出当期初投资增加1%时，年营业收入的允许变动范围。

表 5-12 投资方案的现金流量 单位：万元

投资方案	期初投资	年营业收入	年营业费用
A	6000	3660	3200
B	8000	5900	5100

7. 某企业从事A、B、C、D四种产品的生产，固定成本为24000元。该企业各产品的销售量、单位产品价格、单位产品贡献等资料见表5-13，试计算该企业盈亏平衡销售额。

表 5-13 企业相关产品的数据

产 品	销售量/件	单位产品价格/（元/件）	单位产品贡献/（元/件）
A	200	50	32.5
B	200	60	30
C	200	80	44
D	200	55	33

8. 假定某投资方案净现值服从均值为 2400 万元、均方差为 1200 万元的正态分布，试计算：$NPV \geqslant 0$ 时的概率；$NPV \geqslant 2400$ 万元时的概率。

9. 某企业提出三个投资方案：一是建大厂，需投资 1200 万元；二是建小厂，需投资 400 万元；三是先建小厂，若前 5 年销路好，后 5 年可以考虑扩建以达到大厂规模，但需再投资 1000 万元。企业对今后 10 年的销售情况预测如下：大厂销路好的情况下每年盈利 600 万元，销路不好时每年盈利 200 万元；小厂销路好的情况下每年盈利 200 万元，销路不好时每年盈利 40 万元。不论大厂、小厂，前 5 年销路好的概率为 60%；在前 5 年销路好的情况下后 5 年仍然销路好的概率为 80%；在前 5 年销路不好的情况下，后 5 年销路不好的概率为 90%。试用决策树法进行决策。

第六章 项目的资金筹集

本章学习目标

（1）了解融资方案分析的内容以及项目资本金制度；

（2）熟悉项目融资主体及不同融资主体的融资方式、项目资本金和债务资金的筹集以及项目融资概念、特点和主要模式；

（3）掌握资金成本的概念、个别资金成本的计算和加权平均资金成本的计算；

（4）掌握融资风险因素。

项目的运行离不开资金的支持，资金如何筹集是项目决策时必须专门考虑的问题。在投资估算的基础上，资金筹集决策应分析建设投资和流动资金的来源渠道和筹措方式，并在明确项目融资主体的基础上，设定初步融资方案；通过对初步融资方案的资金结构、融资成本和融资风险的分析，结合融资后财务分析，比选、确定融资方案，为财务分析提供必需的基础数据。资金筹集决策的任务是广开资金来源渠道，运用多种筹资方式，选择合理的融资方案，用最小的代价使筹措的资金、币种及投入时序与项目建设进度和投资使用计划相匹配，确保项目建设和运营顺利进行。在筹资决策时，要注意把握融资方案与财务分析的关系，融资方案确定的项目资本金和项目债务资金的数额是进行融资后资本金盈利能力分析、项目偿债能力分析、项目财务生存能力分析等财务分析的基础数据，而融资后财务分析结论，又是比选、确定融资方案的依据。

第一节 项目融资主体及其融资方式

设定融资方案，应先确定项目融资主体。项目的融资主体是指进行融资活动、并承担融资责任和风险的项目法人单位。确定融资主体应考虑项目投资的规模和行业特点，项目与既有法人资产、经营活动的联系，既有法人财务状况，项目自身的盈利能力等因素。按照融资主体不同，融资方式分为新设法人融资和既有法人融资两种，如表 6-1 所示。

表 6-1 新设法人融资与既有法人融资对比表

对比点	新设法人融资	既有法人融资
概念	组建新的项目法人进行项目建设的融资活动	又称公司融资或公司信用融资，是以既有法人作为项目法人进行项目建设的融资活动
主体适用条件	①项目发起人希望拟建项目的生产经营活动相对独立，且拟建项目与既有法人的经营活动联系不密切； ②拟建项目的投资规模较大，既有法人财务状况较差，不具有为项目进行融资和承担全部融资责任的经济实力，需要新设法人募集股本金； ③项目自身具有较强的盈利能力，依靠项目自身未来的现金流量可以按期偿还债务	①既有法人为扩大生产能力而兴建的扩建项目或原有生产线的技术改造项目； ②既有法人为新增生产经营所需水、电、汽等动力供应及环境保护设施而兴建的项目； ③项目与既有法人的资产以及经营活动联系密切； ④现有法人具有为项目进行融资和承担全部融资责任的经济实力； ⑤项目盈利能力较差，但项目对整个企业的持续发展具有重要作用，需要利用既有法人的整体资信获得债务资金

续表

对比点	新设法人融资	既有法人融资
融资方式	项目公司股东投资的资本金和项目公司承担的债务资金 ①资本金可通过股东直接投资、发行股票、政府投资等渠道和方式筹措； ②项目债务资金可通过商业银行贷款、政策性银行贷款、外国政府贷款、国际组织贷款、出口信贷、银团贷款、企业债券、国际债券、融资租赁等渠道和方式筹措	建设项目所需的资金,来源于既有法人内部融资、新增资本金和新增债务资金 ①新增资本金可通过原有股东增资扩股、吸收新股东投资、发行股票、政府投资等渠道和方式筹措； ②项目债务资金可通过商业银行贷款、政策性银行贷款、外国政府贷款、国际组织贷款、出口信贷、银团贷款、企业债券、国际债券、融资租赁等渠道和方式筹措； ③内部融资渠道和方式包括:货币资金、资产变现、资产经营权变现、直接使用非现金资产
特点	①项目投资由新设法人筹集的资本金和债务资金构成； ②新设法人承担融资责任和风险； ③从项目投产后的经济效益情况考察偿债能力	①拟建项目不组建新的项目法人,由既有法人统一组织融资活动并承担融资责任和风险； ②拟建项目一般是在既有法人资产和信用的基础上进行的,并形成增量资产； ③一般从既有法人的财务整体状况考察融资后的偿债能力
其他	①新组建的法人拥有项目的财产和权益,并承担融资责任和风险； ②新设法人可按《公司法》的规定设立有限责任公司(包括国有独资公司)和股份有限公司形式	①既有法人负责筹集资金,投资新项目,不组建新的独立法人,负债由既有法人承担； ②融资方案要与公司总体财务安排相协调,将其作为公司理财的一部分

第二节　项目资本金的筹集

项目的资金来源一般分为两大部分——股东权益资金及负债。权益投资人获得项目的财产权和控制权；债权人优先于股权受偿,但没有控制权。项目资本金是股东权益资金的重要部分,是由项目的发起人、股权投资人（即投资者）以获得项目财产权和控制权的方式投入的资金。对于提供债务融资的债权人来说,项目的资本金是获得负债融资的一种信用基础,这部分资金对项目的法人而言属非债务资金,投资者可以转让其出资,但不能以任何方式抽回。项目资本金可以用货币出资,也可以用实物、工业产权、非专利技术、土地使用权、资源开采权等作价出资。作价出资的实物、工业产权、非专利技术、土地使用权和资源开采权,必须经过有资格的资产评估机构依照法律法规评估作价。其中以工业产权、非专利技术作价出资的比例不得超过资本金总额的 20%,但经特别批准,部分高新技术企业可以达到 35%。

一、项目资本金制度

（一）资本金制度的实施范围

我国除了主要由中央和地方政府用财政预算投资建设的公益性项目等部分特殊项目外,大部分投资项目都实行资本金制度。国有单位和集体投资项目必须首先落实资本金才能进行建设。个体和私营企业的经营性投资项目参照执行。

（二）资本金制度的具体规定

1. 国内投资项目资本金比例

国家对固定资产投资项目实施资本金制度起始于 1996 年。当年为了抑制国内过热的经济,以建立投资风险约束机制,有效地控制投资规模为目的,国务院于 1996 年 8 月 23 日发出了《关于固定资产投资项目试行资本金制度的通知》,该通知目前仍然有效。通知中规定了各种经营性国内投资项目资本金占总投资的比例。作为计算资本金比例基数的总投资，是指投资项目的固定资产投资（即建设投资和建设期利息之和）与铺底流动资金之和。在投资项目的总投资中，除项目法人（依托现有企业的扩建及技术改造项目，现有企业法人即为项目法人）从银行或资金市场筹措的债务性资金外，还必须拥有一定比例的资本金。其中货币资金不得少于 80％，其余 20％可以用实物、工业产权、非专利技术、土地使用权作价出资。通知中具体指出，投资项目资本金占总投资的比例，根据不同行业和项目的经济效益等因素确定，具体规定如下：交通运输、煤炭项目，资本金比例为 35％及以上；钢铁、邮电、化肥项目，资本金比例为 25％及以上；电力、机电、建材、化工、石油加工、有色、轻工、纺织、商贸及其他行业的项目，资本金比例为 20％及以上。项目资本金的具体比例，由项目审批单位根据项目经济效益、银行贷款意愿与评估意见等情况，在审批可行性研究报告时核定。经国务院批准，对个别情况特殊的国家重点建设项目，可适当降低资本金比例。

固定资产投资项目资本金制度既是宏观调控手段，也是风险约束机制。该制度自 1996 年建立以来，对改善宏观调控、促进结构调整、控制企业投资风险、保障金融机构稳健经营、防范金融风险发挥了积极作用。根据国民经济发展的需要，政府有关部门会调整建设项目的资本金比例。

2004 年 4 月国务院决定，钢铁项目资本金比例由 25％及以上提高到 40％及以上，水泥、电解铝、房地产开发项目（不含经济适用房项目）资本金比例由 20％及以上提高到 35％及以上。2005 年 11 月国务院又决定将铜冶炼项目资本金比例由 20％以上提高到 35％以上。

2009 年 5 月为应对国际金融危机，扩大国内需求，有保有压，促进结构调整，有效防范金融风险，保持国民经济平稳较快增长，国务院决定对固定资产投资项目资本金比例再次适当调整，各行业固定资产投资项目的最低资本金比例按以下规定执行：钢铁、电解铝项目，最低资本金比例为 40％；水泥项目，最低资本金比例为 35％；煤炭、电石、铁合金、烧碱、焦炭、黄磷、玉米深加工、机场、港口、沿海及内河航运项目，最低资本金比例为 30％；铁路、公路、城市轨道交通、化肥（钾肥除外）项目，最低资本金比例为 25％；保障性住房和普通商品住房项目的最低资本金比例为 20％，其他房地产开发项目的最低资本金比例为 30％；其他项目的最低资本金比例为 20％；经国务院批准，对个别情况特殊的国家重大建设项目，可以适当降低最低资本金比例要求。属于国家支持的中小企业自主创新、高新技术投资项目，最低资本金比例可以适当降低。外商投资项目按现行有关法规执行。

除了项目审批部门对项目资本金有要求外，提供贷款的银行或其他金融机构在选择项目为其提供贷款时，也要考虑资本金的比例，因为项目投资者的资本金是金融机构的安全保障，投资者的资本金比例越大，金融机构承担的风险越小。

2. 外商投资项目注册资本比例

外商投资项目（包括外商投资、中外合资、中外合作经营项目）目前不执行上述项目资本金制度，而是按照外商投资企业的有关法规执行。外商投资项目包括外商独资、中外合资、中外合作经营项目，按我国现行规定，其注册资本与投资总额的比例为：投资总额在 300 万美元以下（含 300 万美元）的，其注册资本的比例不得低于 70％；投资总额在 300 万美元以上至 1000 万美元（含 1000 万美元）的，其注册资本的比例不得低于 50％；投资总额在 1000 万美元以上至 3000 万美元（含 3000 万美元）的，其注册资本的比例不得低于 40％；投资总额在 3000 万美元以上的，其注册资本的比例不得低于 1/3。投资总额是指建设投资、建设期利息和流动资金之和。

按照我国现行规定，有些项目不允许国外资本控股，有些项目要求国有资本控股。如

2005 年 1 月 1 日起施行的《外商投资产业指导目录（2004 年修订）》中明确规定，核电站、铁路干线路网、城市地铁及轻轨等项目，必须由中方控股。

二、项目资本金的来源及筹措

（一）项目资本金的来源

根据《国务院关于固定资产投资项目试行资本金制度的通知》的要求，项目资本金的来源可以是中央和地方各级政府预算内资金；国家批准的各项专项建设资金；"拨改贷"和经营性基本建设基金回收的本息；土地批租收入；国有企业产权转让收入；地方政府按国家有关规定收取的各种税费及其他预算外资金；国家授权的投资机构及企业法人的所有者权益（包括资本金、资本公积金、盈余公积金、未分配利润、股票上市收益金等）；企业折旧基金以及投资者按照国家规定从资本市场上筹措的资金；经批准，发行股票或可转换债券；国家规定的其他可用作项目资本金的资金。

（二）项目资本金的筹措

1. 股东直接投资

股东直接投资包括政府授权投资机构入股资金、国内外企业入股资金、社会团体和个人入股的资金以及基金投资公司入股的资金，分别构成国家资本金、法人资本金、个人资本金和外商资本金。

既有法人融资项目，股东直接投资表现为扩充既有企业的资本金，包括原有股东增资扩股和吸收新股东投资。新设法人融资项目，股东直接投资表现为投资者为项目提供资本金。合资经营公司的资本金由企业的股东按股权比例认缴，合作经营公司的资本金由合作投资方按预先约定的金额投入。

2. 股票融资

无论是既有法人融资项目还是新设法人融资项目，凡符合规定条件的，均可以通过发行股票在资本市场募集股本资金。股票融资可以采取公募和私募两种形式。公开募集需要取得证券监管机关的批准，要求发行股票的企业要有较高的信用，通过证券公司或投资银行向社会发行，并需要提供相应的文件。私募程序可以相当简化，但也要保证信息的披露。此外，公募较私募而言，筹资费用较高，筹资时间较长。股票融资所筹资金是股本资金，可作为其他筹资方式的基础，同时股票融资的资金成本较高。

按照股东权利不同，股票分为普通股股票和优先股股票。普通股是随着企业利润变动而变动的一种股份，是股份公司资本构成中最普通、最基本的股份，是股份制企业资金的基础部分。优先股是相对于普通股而言的，主要指在利润分红及剩余财产分配的权利方面，优先于普通股优先股收益不受公司经营业绩的影响。其主要特征有：享受固定收益、优先获得分配、优先获得公司剩余财产的清偿、无表决权。优先股股票是一种兼有资本金和债务资金特点的有价证券，但在项目评价中应视为项目资本金。

3. 政府投资

政府投资主要是为了加强公益性和公共基础设施建设，保护和改善生态环境，促进欠发达地区的经济和社会发展，推进科技进步和高新技术产业。政府投资通常采取直接投资、资本金注入、投资补助、转贷和贷款贴息等方式。政府投资在项目评价中应根据资金投入的不同情况进行不同的处理。全部使用政府直接投资的项目，一般为非经营性项目，不需要进行融资方案分析；以资本金注入方式投入的政府投资资金，在项目评价中视为权益资金；以投资补贴、贷款贴息等方式投入的政府投资资金，对具体项目来说在项目评价中视为现金流入，根据具体情况分别处理；以转贷方式投入的政府投资资金（统称国外贷款）在项目评价中视为债务资金。

三、筹集项目资本金应注意的问题

1. 确定项目资本金的具体来源渠道

对于一个项目来讲，资本金是否到位，不但决定项目能否开工，而且更重要的是决定其他资金提供者是否能够及时到位的重要因素。作为一个具体的项目，其资本金的来源渠道可能是有限的一个或几个。项目的投资者，可根据自己所掌握的有关信息，确定资本金的具体的、可能的来源渠道。

2. 根据资本金的额度确定项目的投资额

如上所述，不论是审批项目的政府职能部门，还是提供贷款的金融机构，都要求投资者投入一定比例的资本金，如果达不到要求，项目可能得不到审批，金融机构可能不会提供贷款。这就要求投资者根据自己所能筹集到的资本金确定一个项目的投资额。

3. 合理掌握资本金投入比例

投资者在投入资本金时，除了满足政府有关职能部门和其他资金提供者的要求外，还要充分运用好财务杠杆作用，合理确定资本金投入比例。

4. 合理安排资本金到位的时间

一般情况下，一个项目的资金供应是根据其实施进度进行安排的。如果资金到位的时间与项目进度不符，要么是影响项目进度，要么是形成资金的积压，增加了筹资成本。作为投资者投入的项目资本金，不一定要一次到位，可以根据项目进度和其他相关因素，安排资本金的到位时间。

第三节　项目债务资金的筹集

项目债务资金是项目投资中以负债方式从金融市场、证券市场等资本市场取得的资金。债务资金在使用上具有时间性限制，到期必须偿还；无论项目的融资主体财务状况如何，均需按期还本付息，从而形成融资主体的财务负担；资金成本一般比权益资金低，并且不会分散投资者对项目的控制权。债务资金的筹集方式主要有取得银行或非银行金融机构的贷款、发行债券和融资租赁等。

一、国内银行及非银行金融机构贷款

（一）商业银行贷款

从银行监管的角度，目前我国仍习惯按照国有商业银行、股份制商业银行和城市商业银行、中国邮政储蓄银行等进行分类。主要的商业银行包括国有商业银行和股份制商业银行。国有商业银行除了新转制的国家开发银行外主要有 5 家，即工商银行、农业银行、中国银行、建设银行和交通银行；股份制商业银行有 12 家，即中信银行、光大银行、华夏银行、广东发展银行、深圳发展银行、招商银行、上海浦东发展银行、兴业银行、民生银行、恒丰银行、浙商银行、渤海银行。当前几乎所有的商业银行都已经属于股份制银行，上述划分的方法有修正的必要。

1. 商业银行贷款的特点

① 筹资手续简单，速度较快。贷款的主要条款只需取得银行的同意，不必经过诸如国家金融管理机关、证券管理机构等部门的批准。

② 筹资成本较低。借款人与银行可直接商定信贷条件，无需大量的文件制作，而且在经济发生变化的情况下，如果需要变更贷款协议的有关条款，借贷双方可采取灵活的方式，进行协商处理。

2. 商业银行贷款期限

商业银行和贷款人签订贷款合同时，一般应对贷款期、提款期、宽限期和还款期做出明确的规定。贷款期是指从贷款合同生效之日起，到最后一笔贷款本金或利息还清日止的这段时间，一般可分为短期、中期和长期，其中 1 年或 1 年以内的为短期贷款，1～3 年的为中期贷款，3 年以上的为长期贷款；提款期是从合同签订生效日起，到合同规定的最后一笔贷款本金的提取日止；宽限期是从贷款合同签订生效日起，到合同规定的第一笔贷款本金归还日止；还款期是从合同规定的第一笔贷款本金归还日起，到贷款本金和利息全部还清日止。

若不能按期归还贷款，借款人应在贷款到期日之前，向银行提出展期，至于是否展期，则由银行决定。申请保证贷款、抵押贷款、质押贷款展期的，还应由保证人、抵押人、出质人出具书面的同意证明。短期贷款展期期限累计不得超过原贷款期限；中期贷款展期期限累计不得超过原借款期限的一半；长期贷款展期期限累计不得超过 3 年。若借款人未申请展期或申请展期未得到批准，其贷款从到期日次日起，转入逾期贷款账户。若借款人根据自身的还贷能力，要提前归还贷款，应与银行协商。

3. 商业银行贷款金额

贷款金额是银行就每笔贷款向借款人提供的最高授信额度，贷款金额由借款人在申请贷款时提出，银行核定。借款人在决定贷款金额时应考虑三个因素。

(1) 最高限额　某种贷款金额通常不能超过贷款政策所规定的该种贷款的最高限额。

(2) 客观需要　根据项目建设、生产和经营过程中对资金的需要来确定。

(3) 偿还能力　贷款金额应与自身的财务状况相适应，保证能按期还本付息。

(二) 政策性银行贷款

政策性银行是指由政府创立、参股或保证的，不以盈利为目的，专门为贯彻、配合政府社会经济政策或意图，在特定的业务领域内，直接或间接地从事政策性融资活动，充当政府发展经济、促进社会进步、进行宏观经济管理工具的金融机构。政策性银行贷款是为配合国家产业政策等的实施，对有关的政策性项目提供的贷款。政策性银行贷款的特点是：贷款期限长、利率低，但对申请贷款的企业或项目有比较严格的要求。

政策性银行的产生和发展是国家干预、协调经济的产物。政策性银行与商业银行和其他非银行金融机构相比，有共性的一面，如要对贷款进行严格审查，贷款要还本付息、周转使用等。但作为政策性金融机构，也有其特殊性：一是政策性银行的资本金多由政府财政拨付；二是政策性银行经营时主要考虑国家的整体利益、社会效益，不以盈利为目标，但政策性银行的资金并不是财政资金，政策性银行也必须考虑盈亏，坚持银行管理的基本原则，力争保本微利；三是政策性银行有其特定的资金来源，主要依靠发行金融债券或向中央银行举债，一般不面向公众吸收存款；四是政策性银行有特定的业务领域，不与商业银行竞争。

根据党的十四届三中全会精神和《国务院关于金融体制改革的决定》及其他文件，我国于 1994 年相继建立了国家开发银行（1994 年 3 月 17 日）、中国农业发展银行（1994 年 11 月 8 日）、中国进出口银行（1994 年 7 月 1 日）三家政策性银行。

1. 国家开发银行

根据国家的发展规划、生产力布局和产业政策，国家开发银行配置资金的对象是国家批准立项的基础设施、基础产业和支柱产业大中型基本建设、技术改造等政策性项目及其配套项目。主要包括：制约经济发展的"瓶颈"项目、直接关系增强综合国力的支柱产业中的重大项目、重大高新技术在经济领域应用的项目、跨地区的重大政策性项目、其他政策性项目。基础设施项目主要包括农业、水利、铁道、公路、民航、城市建设、电信等行业；基础产业项目主要包括煤炭、石油、电力、钢铁、有色、黄金、化工、建材、医药等行业；支柱产业项目主要包括石化、汽车、机械（重大技术装备）、电子等行业中的政策性项目；其他行业项目主要包括环保、高科技产业及轻工、纺织等行业政策性项目。

国家开发银行的资金运用，参照世界银行运行机制进行，贷款主要分为两大部分。一是软贷款，即国家开发银行的注册资本金的运用。国家开发银行在项目总体资金配置的基础上，将注册资本金以长期优惠贷款的方式（依照大亚湾核电站中国银行贷款提供资本金的模式），主要按项目配股需要贷给国家控股公司和中央企业集团，由他们对项目进行参股、控股。二是硬贷款，即国家开发银行借入资金的运用，包括在国内外发行债券和利用外资等。国家开发银行在项目总体资金配置的基础上，将借入资金直接贷给项目，到期收回本息。开发银行的贷款期限可分为：短期贷款（1 年以下）、中期贷款（1～5 年）和长期贷款（5 年以上），贷款期限一般不超过 15 年。对大型基础设施建设项目，根据行业和项目的具体情况，贷款期限可适当延长。国家开发银行执行中国人民银行统一颁布的利率规定，对长期使用国家开发银行贷款并始终保持优良信誉的借款人，项目贷款利率可适当下浮，下浮的幅度控制在中国人民银行规定的幅度之内。

2008 年 12 月经国务院同意，中国银监会正式批准国家开发银行以发起设立的方式进行改制，设立国家开发银行股份有限公司。其性质已经从政策性银行转变为商业银行，从现有的资产规模和股东构成属性看，目前是我国排名居工商银行、农业银行、中国银行、建设银行之后的第 5 家大型国有商业银行。

2. 中国进出口银行

中国进出口银行是通过办理出口信贷、出口信用保险及担保、对外担保、外国政府贷款转贷、对外援助优惠贷款以及国务院交办的其他业务，贯彻国家产业政策、外经贸政策和金融政策，为扩大我国机电产品、成套设备和高新技术产品出口和促进对外经济技术合作与交流，提供政策性金融支持。

3. 中国农业发展银行

中国农业发展银行是按照国家的法律、法规和方针、政策，以国家信用为基础，筹集农业政策性信贷资金，承担国家规定的农业政策性金融业务，代理财政性支农资金的拨付，为农业和农村经济发展服务。

（三）非银行金融机构贷款

非银行金融机构是指银行以外的其他经营金融性业务的公司或组织。也就是说，非银行金融机构属于金融机构，但不是银行。非银行金融机构主要有信托投资公司、财务公司和保险公司等。

1. 信托投资公司贷款

信托贷款是信托投资公司运用吸收的信托存款、自有资金和筹集的其他资金对审定的贷款对象和项目发放的贷款。与商业银行贷款相比，信托贷款具有以下几个特点：银行贷款由于现行信贷制度的限制，无法对一些企业特殊但合理的资金需求予以满足，信托贷款恰好可以满足企业特殊的资金需求。银行贷款按贷款的对象、期限、用途不同，有不同的利率，但不能浮动。信托贷款的利率则相对比较灵活，可以在一定范围内浮动。

信托贷款主要有技术改造信托贷款、补偿贸易信托贷款、单位住房信托贷款、联营投资信托贷款和专项信托贷款等。

2. 财务公司贷款

财务公司是由企业集团成员单位组建，为集团成员单位提供中长期金融业务服务为主的非银行金融机构。财务公司贷款有短期贷款和中长期贷款。短期贷款一般为 1 年、6 个月、3 个月以及 3 个月以下不定期限的临时贷款；中长期贷款一般为 1～3 年、3～5 年以及 5 年以上的贷款。

3. 保险公司贷款

虽然我国目前不论是法律法规的规定，还是现实的操作，保险公司尚不能对项目提供贷款，但从西方经济发达国家的实践来看，保险公司的资金，不但可以进入证券市场，用于购买各种股票和债券，而且可向项目提供贷款，特别是向有稳定市场和收益的基础设施项目提供贷款。

二、国外贷款

国外贷款资金的来源渠道主要有外国政府贷款、外国银行贷款、出口信贷、联合货款和银团贷款、国际金融组织贷款等。

（一）外国政府贷款

外国政府贷款是指一国政府利用财政资金向另一国政府提供的援助性贷款。根据经济合作和发展组织（OECD）的有关规定，政府贷款主要用于城市基础设施、环境保护等非盈利项目，若用于工业等盈利性项目，则贷款总额不得超过 200 万美元特别提款权。贷款额在 200 万美元特别提款权以上或赠与成分在 80％以下的项目，则由贷款国提交 OECD 审核。

我国利用外国政府贷款始于 1979 年，目前我国与奥地利、澳大利亚、北欧发展基金、北欧投资银行、比利时、波兰、丹麦、德国、德国促进贷款、法国、法国开发署、芬兰、韩国、荷兰、加拿大、科威特、卢森堡、挪威、日本、日本协力银行、瑞典、沙特、西班牙、以色列、意大利、英国、美国进出口银行（主权担保贷款）、欧佩克国际发展基金会共 28 个国家及机构建立了政府（双边）贷款关系。根据财政部提供的数据，截至 2007 年年底，中国已累计实施各类外国政府贷款项目 2394 个，利用贷款总额 557 亿美元。

外国政府贷款一般分四种情况。

第一种为软贷款，也就是政府财政性贷款。一般无息或利率较低，还款期较长，并有较长的宽限期，如科威特政府贷款年利率 1％～5.5％，偿还期 18～20 年（含宽限期 3～5 年）；比利时政府贷款为无息贷款，偿还期 30 年，含宽限期 10 年。这种贷款一般在项目选择上侧重于非盈利的开发性项目，如城市基础设施等。

第二种为混合性贷款，主要包括三种情况。第一种情况，由政府财政性贷款和一般商业性贷款混合在一起，比一般商业性贷款优惠。如奥地利政府贷款年利率 4.5％，偿还期 20 年，含宽限期 2 年。第二种情况，由一定比例的赠款和出口信贷混合组成。如澳大利亚、挪威、英国、西班牙等国政府贷款中，赠款占 25％～45％。这类贷款，通常要签署两个协议，即赠款协议和出口信贷协议。第三种情况，由政府软贷款和出口信贷混合性贷款组成，称为"政府混合贷款"，这是最普遍实行的一种贷款。一般软贷款占 30％～50％。软贷款的利率一般低于 1％；硬贷款利率执行国际商业参考利率（CIRR）。如法国、意大利、德国、瑞士等国贷款都采用这种形式。

第三种为特种贷款，如北欧投资银行贷款、美国贴息贷款等。

第四种为纯赠款。外国政府在财政合作基金项下为资助我国某些特别项目而提供的100％的赠款，能否提供纯赠款需双方政府预先商定，日本、德国和西班牙都曾为我国提供过一定数量的纯赠款。20 世纪 80 年代初期，日本对我国部分贷款项目可研报告的编制曾提供过部分纯赠款，现已不再提供。德国对我国的部分扶贫和造林项目提供过纯赠款。西班牙对其感兴趣的特定项目或某些项目可行性研究报告的编制提供纯赠款。

外国政府贷款的特点如下。特点一，属主权外债，强调贷款的偿还利用。外国政府贷款首先是一种外债，是我国政府对外借用的一种债务。除经国家发改委、财政部审查确认，并经国务院的批准由国家统还者外，其余由项目业主偿还且多数由地方财政担保。特点二，贷款条件优惠。外国政府贷款其赠与成分一般在 35％以上，最高达 80％。贷款的利率一般为0.2％～3％，个别贷款为无息。贷款偿还期限通常在 10～40 年，并含有 2～15 年的宽限期，是我国目前所借国外贷款中条件比较优惠的贷款。特点三，限制性采购。多数国家政府贷

（科威特除外）的第三国采购比例为 $15\%\sim50\%$，即贷款总额的 $50\%\sim85\%$ 用于购买贷款国的设备和技术。通常情况下不能自由选择贷款币种，汇率风险较大。特点四，投向限制。外国政府贷款总量较大，使用时间长，便于国家根据经济发展的需要进行统一计划，统一安排，集中使用，可以最大限度地发挥其规模效益。利用外国政府贷款主要用于政府主导型项目建设，领域集中在基础设施、社会发展和环境保护等。特点五，具有政府间援助性质。易受贷款国外交、财政政策的影响。

国家规定，凡是利用外国政府贷款的项目，进口的先进技术和设备都要通过招标方式进行，保证了技术的先进性和价格的合理性。此外，凡是利用外国政府贷款所进口的设备，免征进口关税和增值税，这两项综合税率大致为 $25\%\sim30\%$。

政府间贷款是友好国家经济交往的重要形式，具有优惠的性质。目前，尽管政府贷款在国际间投资中不占主导地位，但其独特的作用和优势是其他国际间接投资形式所无法替代的。但同时也应当看到，投资国的政府贷款也是其实现对外政治经济目标的重要工具。

（二）外国银行贷款

外国银行贷款是指从国际金融市场上的外国银行借入资金。外国政府贷款和国际金融机构贷款条件优惠，但不易争取，且数量有限。因此吸收国外银行贷款已成为各国利用国外间接投资的主要形式。目前，我国接受的国外贷款以银行贷款为主。

外国商业信贷的利率水平取决于世界经济中平均利润率和国际金融市场上的借贷供求关系，处于不断变化之中。从实际运行情况来看，国际间的银行贷款利率比政府贷款和国际金融机构贷款的利率要高，依据贷款国别、贷款币种和贷款期限的不同而又有所差异。

国际间银行贷款可划分为短期贷款、中期贷款和长期贷款，其划分的标准是：短期贷款的期限在 1 年以内，有的甚至仅为几天；中期贷款的期限为 $1\sim5$ 年；长期贷款的期限在 5 年以上。银行贷款的偿还方法主要有到期一次偿还、分期等额偿还、分次等本偿还和提前偿还四种方式。

银行贷款所使用的货币是银行贷款条件的重要组成部分。在贷款货币的选择上，借贷双方难免有分歧。就借款者而言，在其他因素不变的前提下，更倾向于使用汇率趋于贬值的货币，以便从该货币未来的贬值中受益，而贷款者则相反。

国外商业银行贷款的特点主要体现在以下几个方面。

1. 国外商业银行贷款是非限制性贷款

国外商业银行贷款的规定和使用灵活简便，没有什么限制条件，国外商业银行直接对社会经营，没有有关贷款条件和贷款资格的限制，凡需要资金的可以到银行申请借款，由银行根据借款人的资金用途、还款能力和信誉资格，决定贷与不贷；一般商业银行贷款部不指定用途，借款人可根据自己的需要安排使用；手续比较简便；只要借款人信誉良好，商业银行贷款不限制金额；借款人可以自由选择币种。大多数情况下，商业银行贷款允许根据需要选择各种货币。这样，借款人可以灵活掌握以什么货币来偿付贷款，也能主动地掌握所借货币承担的汇价变动的风险。

2. 国外商业银行贷款利率比较高

作为货币经营者，各国商业银行的贷款数额、贷款利率受国际金融市场各种货币的供求关系和银行本身经营条件的制约，同时利率还受借款人信誉高低的影响。不论是固定利率还是浮动利率，一般都按国际金融市场的平均利率计算，所以较高。国外商业银行贷款利率的高低与下列因素有关。

（1）贷款期限长短　一般贷款期限越长，利率越高；反之，利率越低。

（2）货币种类　硬通货使用范围厂，汇率稳定，贷款利率低；而软通货汇率不稳定且呈下浮趋势，所以贷款利率相应就高。

（3）提款方式　一次性提款比分期提款的利率低，因为一次性提款方式对银行来说，资金比较容易安排。而且借款人一次提款后往往分期使用，未用部分只能用于其他途径，如存入银行，而银行存款利率低于贷款利率，所以一次性提款比分期提款的利率低。

（4）有无宽限期　贷款项目到期后，一般需有一段时间积累资金用于还款，这段时间叫做宽限期。有宽限期的贷款利率高于无宽限期的贷款利率，因为在宽限期内可以不还本，因而利率高。

3. 国外商业银行贷款的还款方法多

一般地，借款人可以采取以下方法归还贷款。

（1）到期一次还款　借贷双方签订贷款协议后，按协议规定分次支出贷款，期满时一次归还本金。每季或半年付息一次。

（2）分次归还　借贷双方在签订借款协议时即规定了用款期和还款期。借款人在用款期内，分次提用，在还款期间内每半年还本付息一次。

（3）自支用贷款日起，逐年偿还　例如一笔 5 年期的 2 亿美元贷款，从第一年起每年偿还 4000 万美元，到第 5 年末还清本息。

（4）延期偿还　即对贷款规定一定的宽限期。例如一笔 10 年期的贷款，根据协议规定，到期时可以延长一定时间（如 1 年）还本付息。但延长期的利息相应提高。

（5）提前还款　贷款协议中都规定借款人可以提前还款。这对借款人十分有利，它可以在所借货币汇率上浮幅度较大，或贷款利率有上升趋势时提前还款，从而避免外汇风险，减少利息负担。

（三）出口信贷

出口信贷亦称长期贸易信贷，是指商品出口国的官方金融机构或商业银行以优惠利率向本国出口商、进口方银行或进口商提供的一种贴补性贷款。出口信贷主要有卖方信贷和买方信贷。出口信贷利率通常要低于国际上商业银行的贷款利率，但需要支付一定的附加费用，如管理费、承诺费、信贷保险费等。

卖方信贷是出口商的联系银行向出口商（卖方）提供的信贷，出口商可以利用这笔资金向外国进口商提供延期分期付款的信贷。贷款程序一般是进出口商签订商品买卖合同后，买方先支付一部分定金，通常为 10%～15%，其余贷款在出口商全部交货后的一段时间内陆续偿还，比如每半年或一年支付一次，包括延付期间的利息。出口商将用从进口商手中分期收回的贷款陆续归还银行贷款。

买方信贷是指由出口商国家的银行向进口商或进口商国家的银行提供的信贷，用以支付进口货款的一种贷款形式。其中，由出口方银行直接贷给进口商的，出口方银行通常要求进口方银行提供担保；如由出口方银行贷款给进口方银行，再由进口方银行贷给进口商或使用单位的，则进口方银行要负责向出口方银行清偿贷款。

（四）联合贷款和银团贷款

联合贷款是指商业银行与世界性、区域性国际金融组织以及各国的发展基金、对外援助机构共同联合起来，向某一国家提供资金的一种形式。此种贷款比一般贷款更具有灵活性和优惠性，其特点是：政府与商业金融机构共同经营；援助与筹资互相结合，利率比较低，贷款期比较长；有指定用途。

银团贷款也叫辛迪加贷款，它是指由一家或几家银行牵头，多家国际商业银行参加，共同向一国政府、企业的某个项目（一般是大型的基础设施项目）提供金额较大、期限较长的一种贷款。此种贷款的特点是：必须有一家牵头银行，该银行与借款人共同议定一切贷款的初步条件和相关文件，然后再由其安排参加银行，协商确定贷款额，达成正式协议后，即把下一步工作移交代理银行；必须有一个代理银行代表银团严格按照贷款协议履行其权利和义务，并按各银行出资份额比例提款、计息和分配收回的贷款等一系列事宜；贷款管理十分严密；贷款利率比较优惠，贷款期限也比较长，并且没有指定用途。

（五）国际金融组织贷款

国际金融组织贷款是国际金融组织按照章程向其成员国提供的各种贷款。1980 年，我国恢复了在国际货币基金组织和世界银行的合法席位，开始了利用国际金融组织贷款的历程。截至 2008 年年底，我国利用国际金融组织贷款承诺额累计达 702.82 亿美元，并累计获得国际金融组织赠款 32 亿美元。国际金融组织分为全球性金融组织和区域性金融组织两类。全球性国际金融组织主要有国际货币基金组织（IMF）、世界银行、国际农业发展基金会（IFAD，简称为国际农发基金）等；区域性国际金融组织主要有亚洲开发银行（ADB，简称为亚行）、泛美开发银行（IDB）、非洲开发银行（AFDB）、欧洲复兴开发银行（EBRD）、阿拉伯货币基金组织等。目前，向我国提供多边贷款的国际金融组织主要是世界银行、亚洲开发银行、国际农发基金、欧洲投资银行（EIB）、全球环境基金（GEF）五家国际金融组织，曾经提供过信贷的有国际货币基金组织。

1. 世界银行

世界银行是向全世界发展中国家提供金融和技术援助的重要机构，其使命是以热情和专业精神实现持久减贫，通过提供资源、共享知识、建立能力以及培育公共和私营部门合作，帮助人们实现自助。世界银行并不是一家常规意义上的银行，它由归 186 个成员国所有的两个独特机构——国际复兴开发银行（IBRD）和国际开发协会（IDA）构成。在推进具有包容性和可持续性的全球化方面，两个机构发挥着不同的作用，并相互协作。国际复兴开发银行旨在减少中等收入国家和信誉良好的较贫困国家的贫困人口，而国际开发协会则注重支持世界最贫困国家。两个机构的工作由国际金融公司、多边投资担保机构和国际投资争端解决中心的工作予以补充。两个机构向发展中国家提供低息贷款、无息贷款和赠款，用于包括教育、卫生、公共管理、基础设施、金融和私营部门发展、农业以及环境和自然资源管理投资在内的多重目的。需要注意的是，世界银行仅指国际复兴开发银行和国际开发协会；而"世界银行集团（WBG）"则包括 IBRD、IDA 及三个其他机构，即国际金融公司、多边投资担保机构和解决投资争端国际中心。这五个机构分别侧重于不同的发展领域，但都运用其各自的比较优势，协力实现其共同的最终目标，即减轻贫困。世界银行是多边国际金融机构，不同于政府金融机构或私人金融机构。世界银行的业务活动受其资本来源、组织构成以及股份大小等因素的影响。2006 年 4 月下旬，国家发改委会同财政部就 2007～2009 财年贷款规划与世界银行进行了磋商。2007～2009 财年仍保持年度世行贷款 10 亿～15 亿美元的规模，三年贷款规模约 30 亿～45 亿美元。世行为加强与中低收入国家合作，主动服务于发展中国家，自 2007 年 10 月和 2008 年 2 月，两次调整了世行硬贷款条件，使贷款条件优化，贷款成本降低。2007 年 10 月，世行降低了贷款利差，将主要采用美元单一浮动利差贷款的贷款年利率由 LIBOR（London Interbank Offered Rate，伦敦同业拆放利率）加 0.5％降为 LIBOR 加 0.1％左右，同时取消了 0.75％的贷款承诺费，并将贷款先征费由 1％降为 0.25％。2008 年 2 月，世行延长了贷款期限，改变了以往一直根据借款国的人均国民收入水平来划分其硬贷款期限和宽限期的做法，不再按国民人均收入水平划分硬贷款期限和宽限期，对所有借款国均采用同样贷款还款期的政策。即硬贷款期限和宽限期将不固定，在同时满足贷款平均期限不超过 18 年、整个贷款期限不超过 30 年的条件下，借款国可与世行共同商定具体的贷款期和宽限期，贷款期最长可达 30 年，宽限期最长可达 17 年。同时，还合并了固定利差和浮动利差贷款的风险管理选择权，即固定利差和浮动利差贷款均拥有三种风险管理选择权：一是已支付贷款的利率和币种的转换权；二是未支付贷款的币种转换权；三是可以为贷款利率设定上、下限。在还款方式上，借款国除了可以选择年金还款方式和等额本金还款方式外，还可根据意愿提出个性化的还款计划。此外，世界银行贷款还具有如下特点。

① 贷款项目的准备时间比较长（约需 1～2 年的时间）。世界银行对每一个使用其项目贷款的项目，均需要从技术上和经济上进行全面而详细的调查与评估，以确定该项目在借款国经济发展中的优先性与可行性。

② 世界银行对一个项目提供贷款的数额根据该项目所需的外汇资金或项目总投资额的 50％来确定。一般情况下，世界银行只提供项目所需的外汇资金，其比例约占项目总投资的 35％～50％，个别的可达到 75％。

③ 手续严密，管理严格。世界银行提供项目贷款，从项目的最初提出和准备开始直至贷款用完，项目建设完成，需要经历一个完整的周期，在这一复杂而漫长的过程中，世界银行和项目单位均需投入大量的人力进行工程建设、资金拨付、招标采购、监督检查等管理活动，但贷款的投入与项目的建设却也因此而收到较好的成效。

④ 资金使用上实行报账制或先发生后支付制。世界银行在提供每一笔项目贷款时，不是一次把贷款资金全部发放给借款国，而是在签订贷款协定后，将贷款作为承诺额记在借款国名下，然后随着项目建设的进度，由借款国逐次申请提取，由世界银行审核后直接支付给供货商或承包商，或支付给借款国以偿还其已垫支的项目资金，直至项目竣工。所以，一般一个项目贷款的提款支付，要持续 5～7 年，短的也要 4 年左右。在此期间，对已承诺尚未提取的贷款，世界银行要收取一定的承诺费。

⑤ 使用世界银行贷款的项目，其设备采购、土建工程和建设、咨询专家的聘请等，要按照世界银行的有关采购指南，使用国际竞争性招标及其他有关规定程序进行。

⑥ 世界银行的项目贷款不仅仅只为项目提供建设资金，它同时还帮助借款国引进先进的技术，并通过提供咨询和培训等，帮助改善项目和机构管理。

虽然国际金融机构筹资的数量有限，程序也较复杂，但这些机构所提供的项目贷款一般利率较低、期限较长。所以项目如果符合国际金融机构的贷款条件，应尽量争取从这些机构筹资。

2. 国际农业发展基金会

国际农业发展基金会（IFAD）是联合国下属的国际农业机构，其宗旨是筹集资金，以优惠条件向发展中成员国发放农业贷款，扶持农业发展，消除贫困与营养不良，促进农业范围内南北合作与南南合作。国际农发基金从 1981 年开始在中国开展相关项目。截至 2008 年年底，国际农发基金支持的中国项目有 22 个，总贷款金额接近 6 亿美元。国际农发基金根据借款国的人均国民收入水平来确定其贷款期限和宽限期。2007 年以前，农发基金将我国划入低收入水平国家，因此以该基金高优惠度贷款条件向我国提供贷款，即贷款无息，年服务费 0.75％，贷款期 40 年，含宽限期 10 年。从 2008 年开始，农发基金将我国划入中等收入水平国家，贷款条件调整为贷款年利率为世行硬贷款年利率的一半，贷款期限从 40 年缩短为 20 年，含宽限期 5 年。贷款条件趋于硬化，贷款成本增加。

3. 亚洲开发银行

亚洲开发银行（ADB）是亚洲和太平洋地区的区域性金融机构，其宗旨是通过发展援助亚太地区发展中成员消除贫困，促进亚太地区的经济和社会发展。1986 年 2 月 17 日，亚行理事会通过决议，接纳中国为亚行成员国。亚洲开发银行贷款分为硬贷款、软贷款和赠款。硬贷款是由亚行普通资金提供的贷款，贷款利率为浮动利率，每半年调整一次，贷款期限为 10～30 年，含 2～7 年宽限期。软贷款是由亚行开发基金提供的贷款，只提供给人均国民收入低于 670 美元（1983 年的美元）且还款能力有限的会员国或地区成员，贷款期限为 40 年，含 10 年宽限期，没有利息，仅有 1％的手续费。赠款用于技术援助，资金由技术援助特别基金提供，赠款额没有限制。亚洲开发银行于 2007 年 12 月调低了硬贷款的息费水平，降低了贷款成本。即降低了贷款利差，将主要采用美元单一浮动利差贷款的贷款年利率由 LIBOR 加 0.6% 的利差降为 LIBOR 加 0.2% 的利差，同时取消了贷款先征费，并将贷款承诺费由 0.75% 降为 0.15%。贷款期限不变，仍为 25 年，含宽限期 4~5 年。

4. 欧洲投资银行

欧洲投资银行（EIB）是欧洲经济共同体各国政府间的一个金融机构，该行的宗旨是利用国际资本市场和共同体内部资金，促进共同体的平衡和稳定发展。为此，该行的主要贷款对象是成员国不发达地区的经济开发项目。欧洲投资银行从 2008 年开始向我国提供应对气候变化框架贷款，主要投向可再生能源、清洁能源及提高能效、节能减排等领域。重点用于风力发电、中小型水电、抽水蓄能电站、垃圾焚烧发电、太阳能、生物质能、地热利用、沼气回收及利用、煤层气开发利用、电力及工业企业节能改造、热电联产、集中供热及植树造林等方面的项目。贷款条件为：贷款币种可选择欧元或美元。贷款年利率为：欧元贷款，6 个月的 EURIBOR（Euro Interbank Offered Rate，欧元区银行间拆借利率）加 0.1%~0.25% 的利差（最多不超过 0.4%）；美元贷款，6 个月的 LIBOR 加 0.1%~0.25% 的利差（最多不超过 0.4%）。贷款期限 25 年，含宽限期 5 年。没有贷款承诺费和先征费。采用国际竞争性招标方式采购。

5. 全球环境基金

全球环境基金（GEF）作为一个国际资金机制，主要是以赠款或其他形式的优惠资助，为受援国（包括发展中国家和部分经济转轨国家）提供关于气候变化、生物多样性、国际水域和臭氧层损耗四个领域以及与这些领域相关的土地退化方面项目的资金支持，以取得全球环境效益，促进受援国有益于环境的可持续发展。自 1990 年 11 月以来，中国作为 25 个创始国之一，参与了全球环境基金的建立；中国和几个大的 GEF 捐款国（如美国、日本、德国等）一样，一直拥有一个独立的理事席位。中国从 GEF 试运行期开始就一直对 GEF 增资捐款，是少数几个对 GEF 捐款的发展中国家之一，是发展中国家中捐款数额最大的国家。中国对第一期、第二期、第三期和第四期 GEF 信托基金的捐款数额分别为 560 万美元、820 万美元、951 万美元和 951 万美元。中国是获得 GEF 资助最多的国家。截至 2006 年 12 月，中国 GEF 项目（指国家项目）获得的 GEF 赠款和赠款承诺已经达 5.3 亿美元。

三、融资租赁

（一）融资租赁含义

融资租赁是由租赁公司按承租单位要求出资购买设备，在较长的契约或合同期内提供给承租单位使用的信用业务。它是以融通资金为主要目的的租赁。一般借贷的对象是资金，而融资租赁的对象是实物，融资租赁是融资与融物相结合的、带有商品销售性质的借贷活动。就全世界而言，融资租赁已成为仅次于贷款的国际信贷方式。有关专家预测，在今后 10 年中，世界的租赁业将出现超过贷款筹资的趋势，是极有发展前途的朝阳产业。

（二）融资租赁的特点

① 出租的设备由承租人提出要求购买或者由承租人直接从制造商或销售商那里选定。

② 租赁期较长，接近于资产的有效使用期，在租赁期间双方无权取消合同。

③ 由承租企业负责设备的维修、保养和保险，承租企业无权拆卸改装。

④ 租赁期满，按事先约定的方法处理设备，包括退还租赁公司，继续租赁，企业留购，即以很少的"名义货价"（相当于设备残值的市场售价）买下设备。通常采用企业留购办法，这样，租赁公司也可以免除处理设备的麻烦。

（三）融资租赁的方式

① 自营租赁。亦称直接租赁，其一般程序为：用户根据自己所需设备，先向制造厂家

或经销商洽谈供货条件；然后向租赁公司申请租赁预约，经租赁公司审查合格后，双方签订租赁合同，由租赁公司支付全部设备款，并让供货者直接向承租人供货，货物经验收并开始使用后，租赁期即开始，承租人根据合同规定向租赁公司分期交付租金，并负责租赁设备的安装、维修和保养。

② 回租租赁。亦称售出与回租，是先由租赁公司买下企业正在使用的设备，然后再将原设备租赁给该企业的租赁方式。

③ 转租赁。转租赁是指国内租赁公司在国内用户与国外厂商签订设备买卖合同的基础上，选定一家国外租赁公司或厂商，以承租人身份与其签订租赁合同，然后再以出租人身份将该设备转租给国内用户，并收取租金转付给国外租赁公司的一种租赁方式。

（四）融资租赁筹资的优点

① 能迅速获得所需资产。融资租赁集"融资"与"融物"于一身，一般要比先筹措现金再购置设备来得更快，可使企业尽快形成生产经营能力。

② 租赁筹资限制较少。企业运用股票、债券、长期借款等筹资方式，都受到相当多的资格条件的限制，相比之下，租赁筹资的限制条件很少。

③ 免遭设备陈旧过时的风险。随着科学技术的不断进步，设备陈旧过时的风险很高，而多数租赁协议规定由出租人承担，承租企业可免遭这种风险。

④ 到期还本负担轻。全部租金在整个租期内分期支付，可降低不能偿付的危险。许多借款都在到期日一次偿还本金，往往给财务基础薄弱的公司造成相当大的困难，有时会形成不能偿付的风险。

⑤ 税收负担轻。租金可在所得税前扣除，具有抵免所得税的效用。

⑥ 租赁可提供一种新资金来源。有些企业由于种种原因，如负债比率过高、借款信贷额度已经全部用完、贷款协议限制企业进一步举债等，而不能向外界筹集大量资金。在此情况下，采用租赁方式可使企业在资金不足而又急需设备时，不付出大量资金就能得到所需的设备。这种"借鸡生蛋，卖蛋还钱"的办法有较高的经济效益。

（五）融资租赁筹资的缺点

融资租赁筹资的主要缺点是资金成本高。其租金通常比举借银行借款或发行债券所负担的利息高得多，而且租金总额通常要高于设备价值的30%；承租企业在财务困难时期，支付固定的租金也将构成一项沉重的负担。另外，采用租赁筹资方式如不能享有设备残值，也将视为承租企业的一种机会损失。

四、发行债券

（一）债券概念

债券是发行人按照法定程序发行，并约定在一定期限还本付息的有价证券。债券是借款单位为筹集资金而发行的一种信用凭证，它证明持券人有权按期取得固定利息并到期收回本金。由于债券的利息通常是事先确定的，因此债券通常被称为固定收益证券。

（二）债券的分类

1. 按发行主体划分

按发行主体的不同分类，债券可分为政府债券、金融债券和公司债券。

由政府发行的债券称为政府债券，投资者的利息享受免税待遇，其中由中央政府发行的债券也称公债或国库券，其发行债券的目的是为了弥补财政赤字或投资于大型建设项目。而由各级地方政府机构如市、县、镇等发行的债券就称为地方政府债券，其发行目的主要是为地方建设筹集资金，因此都是一些期限较长的债券；在政府债券中还有一类称为政府保证债券，它主要是为一些市政项目及公共设施的建设筹集资金而由一些与政府有直接关系的企业、公司或金融机构发行的债券，这些债券的发行均由政府担保，但不享受中央和地方政府债券的利息免税待遇。

由银行或其他金融机构发行的债券，称为金融债券。金融债券发行的目的一般是为了筹集长期资金，其利率也一般要高于同期银行存款利率，而且持券者需要资金时可以随时转让。

公司债券是由非金融性质的企业发行的债券，其发行目的是为了筹集长期建设资金。一般都有特定用途。按有关规定，企业要发行债券必须先参加信用评级，级别达到一定标准才可发行。因为企业的资信水平比不上金融机构和政府，所以公司债券的风险相对较大，因而其利率一般也较高。

2. 按发行区域划分

按发行的区域分类，债券可分为国内债券和国际债券。

国内债券，就是由本国的发行主体以本国货币为单位在国内金融市场上发行的债券。

国际债券是一国政府、金融机构、工商企业在国外金融市场上发行或者国际组织在一国金融市场上发行的，以外国货币标明面值的债券。国际债券的重要特征，是发行者和投资者属于不同的国家，筹集的资金来源于国外金融市场。国际债券的发行和交易，既可以用来平衡发行国的国际收支，也可用来为发行国政府或企业引入资金从事开发和生产。按照发行债券所用货币与发行地点的不同，国际债券主要有外国债券和欧洲债券两种。外国债券是一国政府、金融机构、工商企业在国外金融市场上发行或者国际组织在一国金融市场上，以所在国货币发行的债券。例如，欧洲债券就是一国政府、金融机构、工商企业在国外金融市场上发行或者国际组织在一国金融市场上，以第三国货币发行的债券。因国际债券的发行涉及国际收支管理，所以国家对企业发行国际债券进行严格的管理。

3. 按期限长短划分

按期限长短分类，债券可分为短期，中期和长期债券。

一般的划分标准是把期限在 1 年以下的债券称为短期债券，期限在 10 年以上的称为长期债券，而期限在 1~10 年的称为中期债券。

4. 按利息支付方式划分

按利息的支付方式分类，债券一般分为附息债券、贴现债券和普通债券。

附息债券是在它的券面上附有各期息票的中长期债券，息票的持有者可按其标明的时间期限到指定的地点按标明的利息额领取利息。息票通常以 6 个月为一期，由于它在到期时可获取利息收入，息票也是一种有价证券，因此它也可以流通、转让。

贴现债券是在发行时按规定的折扣率将债券以低于面值的价格出售，在到期时持有者仍按面额领回本息，其票面价格与发行价之差即为利息。

普通债券，它按不低于面值的价格发行，持券者可按规定分期分批领取利息或到期后一次领回本息。

5. 按划分方式划分

按发行方式分类，债券可分为公募债券和私募债券。

公募债券是指按法定手续，经证券主管机构批准在市场上公开发行的债券，其发行对象是不限定的。这种债券由于发行对象是广大的投资者，因而要求发行主体必须遵守信息公开制度，向投资者提供多种财务报表和资料，以保护投资者利益，防止欺诈行为的发生。

私募债券是发行者以与其有特定关系的少数投资者为募集对象而发行的债券。该债券的发行范围很小，其投资者大多数为银行或保险公司等金融机构，它不采用公开呈报制度，债券的转让也受到一定程度的限制，流动性较差，但其利率水平一般较公募债券要高。

6. 按有无抵押担保划分

按有无抵押担保分类，可以分为信用债券和担保债券。

信用债券亦称无担保债券，是仅凭债券发行者的信用而发行的、没有抵押品作担保的债券。一般政府债券及金融债券都为信用债券。少数信用良好的公司也可发行信用债券，但在发行时须签订信托契约，对发行者的有关行为进行约束限制，由受托的信托投资公司监督执行，以保障投资者的利益。

担保债券指以抵押财产为担保而发行的债券。具体包括：以土地、房屋、机器、设备等不动产为抵押担保品而发行的抵押公司债券；以公司的有价证券（股票和其他证券）为担保品而发行的抵押信托债券；由第三者担保偿付本息的承保债券。当债券的发行人在债券到期而不能履行还本付息义务时，债券持有者有权变卖抵押品来清偿抵付或要求担保人承担还本付息的义务。

7. 按是否记名划分

按是否记名分类，可以将债券分为记名债券和无记名债券。

记名债券是指在券面上注明债权人姓名，同时在发行公司的账簿上作同样登记的债券。转让记名债券时，除要交付票券外，还要在债券上背书和在公司账簿上更换债权人姓名。

无记名债券是指券面未注明债权人姓名，也不在公司账簿上登记其姓名的债券。现在市面上流通的一般都是无记名债券。

8. 按是否可转换划分

按是否可转换来分类，债券又可分为可转换债券与不可转换债券。

可转换债券是可转换公司债券的简称。它是一种可以在特定时间、按特定条件转换为普通股票的特殊企业债券。不可转换债券是指债券发行时没有约定可在一定条件下转换成普通股这一特定条件的债券。

可转换债券兼具债券和股票的特征。可转换债券兼有债券和股票的特征，具有以下三个特点。

① 债权性。与其他债券一样，可转换债券也有规定的利率和期限，投资者可以选择持有债券到期，收取本息。

② 股权性。可转换债券在转换成股票之前是纯粹的债券，但在转换成股票之后，原债券持有人就由债权人变成了公司的股东，可参与企业的经营决策和红利分配，这也在一定程度上会影响公司的股本结构。

③ 可转换性。可转换性是可转换债券的重要标志，债券持有人可以按约定的条件将债券转换成股票。转股权是投资者享有的、一般债券所没有的选择权。可转换债券在发行时就明确约定，债券持有人可按照发行时约定的价格将债券转换成公司的普通股票。如果债券持有人不想转换，则可以继续持有债券，直到偿还期满时收取本金和利息，或者在流通市场出售变现。如果持有人看好发债公司股票增值潜力，在宽限期之后可以行使转换权，按照预定转换价格将债券转换成为股票，发债公司不得拒绝。正因为具有可转换性，可转换债券利率一般低于普通公司债券利率，企业发行可转换债券可以降低筹资成本。但可转换债券在一定条件下可转换为公司股票，因而可能会造成股权的分散。

在项目评价中，可转换债券应视为项目债务资金。

（三）债券筹资的优点

发行企业债券是企业筹集借入资金的重要方式。其优点主要有以下三个。

（1）资金成本较低　债券的利息通常比股票的股利要低，而且债券的利息按规定是在税前支付的，发行公司可享受减税利益，故企业实际负担的债券成本明显低于股票成本。

（2）具有财务杠杆作用　债券成本率固定，不论企业盈利多少，债券持有人只收取固定的利息，而更多的利润可用于分配给股东，增加其财富，或留归企业用以扩大经营。

（3）可保障控制权　债券持有人无权参与公司的管理决策，企业发行债券不会像增发新股票那样可能分散股东对公司的控制权。

（四）债券筹资的缺点

（1）财务风险高　债券有固定的到期日，并需定期支付利息。利用债券筹资要承担还本付息的义务。在企业经营不景气时，向债券持有人还本付息，无异于釜底抽薪，会给企业带来更大的困难，甚至导致企业破产。

（2）限制条件多　发行债券的契约书中往往规定一些限制条款。这种限制比优先股及长期借款要严得多，这可能会影响企业的正常发展和以后的筹资能力。

（3）筹资额有限　利用债券筹资在数额上有一定限度，当公司的负债超过一定程度后，债券筹资的成本会迅速上升，有时甚至难以发行出去。

第四节　项目融资

一、项目融资含义

（一）项目融资的概念

对于项目融资，比较典型的定义是：项目融资是以项目的资产、预期收益或权益作抵押取得的一种无追索权或者有限追索权的融资或者贷款。目前，项目融资已经成为大型项目筹措资金的一种新方式。银监会于 2009 年 7 月发布的《项目融资业务指引》里，在吸收借鉴新资本协议对项目融资定义的基础上，结合我国银行业金融机构开展项目融资业务的实际情况，明确了项目融资是符合以下特征的贷款：贷款用途通常是用于建造一个或一组大型生产装置、基础设施、房地产项目或其他项目，包括对在建或已建项目的再融资；借款人通常是为建设、经营该项目或为该项目融资而专门组建的企事业法人，包括主要从事该项目建设、经营或融资的既有企事业法人；还款资金来源主要依赖该项目产生的销售收入、补贴收入或其他收入，一般不具备其他还款来源。

项目融资通常包括无追索权项目融资和有限追索权项目融资。

无追索权项目融资，指的是贷款人对项目发起人无任何追索权，只能依靠项目所产生的收益作为还本付息的唯一来源。因此，从操作规则上看，无追索权项目融资具有如下特点：首先，项目贷款人对于项目发起人的其他项目资产没有任何要求权，只能依靠该项目的现金流量偿还；其次，项目生产现金流量的能力是项目融资的信用基础；第三，当项目风险的分配不被项目贷款人所接受时，由第三方当事人提供信用担保将是十分必要的；第四，该种项目融资一般是建立在可以预见的政治、法律环境和稳定的市场环境基础上的。从无追索权项目融资的特点可以看出，要构成无追索权项目融资，需要对项目进行严格的论证，使项目借款人理解并接受项目运行的各种风险。因此，从这种意义上说，无追索权项目融资是一种昂贵的融资方式。在现代项目融资实务中，无追索权的项目融资已经较少使用。

有限追索权项目融资指的是，项目发起人只承担有限债务责任和义务的项目融资。其有限追索性主要表现在时间上的有限性、金额上的有限性和对象上的有限性。作为有限追索的项目融资，贷款人可以在贷款的某个特定阶段对项目借款人实行追索，或者在一个规定的范围内对项目借款人实行追索。除此之外，无论项目出现任何问题，贷款人均不能追索到项目借款人除该项目资产现金流量和所承担的义务之外的任何形式的财产。有限追索权项目融资的实质是由于项目本身可以构造一个"有限追索"的结构，因而需要项目的借款人在项目的特定阶段提供一定形式的信用支持。一个成功的项目融资应该是在项目中没有任何一方单独承担起全部项目债务风险的责任。

（二）项目融资与传统公司融资方式的区别

项目融资是近年来出现的新型融资方式，它与传统的公司融资有很大区别，其具有以下基本特征。

1. 项目的经济强度是项目融资的基础

项目融资的一个显著特点是项目能否获得贷款完全取决于项目的经济强度，即贷款人在贷款决策时，主要考虑项目在贷款时期内能产生多少现金流量用于还款，贷款的数量、利率和融资结构的安排完全取决于项目本身的经济效益，这完全有别于传统融资主要依赖于投资者或发起人的资信。项目融资的这些特征使得缺乏资金而又难以筹措资金的投资者，可以依靠项目的经济强度，通过项目融资方式实现融资。同时，由于贷款人关注的是项目本身的经济实力，因此，其必然要密切关注项目的建设和运营状况，对项目的谈判、建设、运营进行全过程的监控。从这个意义上讲，采用项目融资方式有利于项目的成功。

2. 追索的有限性

是完全追索，还是有限追索或无追索，这是项目融资与传统的公司融资的最主要区别。追索是指借款人未按期偿还债务时，贷款人要求借款人用除抵押资产之外的其他资产偿还债务的权力。如前所述，项目融资属于有限追索或无追索性质的融资，所谓有限追索是指贷款人可以在某个特定阶段或者规定的范围内，对项目的借款人追索，除此之外，无论项目出现任何问题，贷款人均不能追索到借款人除该项目资产、现金流量以及所承担义务之外的任何财产。有限追索融资的特征是"无追索"融资，即融资百分之百地依赖于项目的经济实力。实际工作中，无追索的项目融资很少见。由于有限追索或无追索的实现，使投资者的其他资产得到有效的保护，这就调动了大批具有资金实力的投资者参与开发与建设的积极性。

传统的公司融资方式属于完全追索。所谓完全追索是指借款人必须以本身的资产作抵押。如果违约时该项目不足以还本付息，贷款方则有权把借款方的其他资产也作为抵押品收走或拍卖，直到贷款本金及利息偿清为止。可见，完全追索与有限追索的区别十分明显，人们往往把这点作为区别项目融资与公司融资的最主要标准。

3. 风险分担的合理性

任何项目的开发与建设都必然存在着各种风险。项目融资与传统的公司融资方式比较，在风险分担方面有三点显著不同：其一，通过项目融资的项目都是大型项目，具有投资数额巨大，建设期长的特点，因而与传统的融资项目相比，投资风险大；其二，项目融资大多是一种利用外资的形式，因此，项目融资的风险种类多于传统融资的风险，如政治风险和法律风险等；其三，传统融资的项目风险往往集中于投资者、贷款者或担保者，风险相对集中，难以分担，而项目融资的参与者有项目发起人、项目公司、贷款银行、工程承建商、项目设备和原材料供应商、项目产品的购买者和使用者、保险公司和政府机构等多方，通过严格的法律合同可以合理分担责任和风险，从而保证项目融资的顺利实施。

4. 融资的负债比例较高

在传统的公司融资方式下，一般要求项目投资者的出资比例至少要达到 30％～40％才能融资，其余的不足部分由债务资金解决。而项目融资是有限追索融资，通过这种融资形式可以筹集到高于投资者本身资产几十倍甚至上百倍的资金，而对投资者的股权出资所占的比例要求不高，一般而言，股权出资占项目总投资的 30％即可，其余由贷款、租赁、出口信贷等方式解决。因此可以说，项目融资是一种负债比率较高的融资。

（三）项目融资的适用范围

① 资源开发类项目，如石油、天然气、煤炭、铀等开发项目。

② 基础设施。

③ 制造业，如飞机、大型轮船制造等。

（四）项目融资的限制

① 程序复杂，参加者众多，合作谈判成本高。

② 政府的控制较严格。

③ 增加项目最终用户的负担。

④ 项目风险增加融资成本。

二、项目融资的主要模式

(一) 直接融资模式

1. 直接融资方式在结构安排上的两种操作思路

思路一，由投资者面对同一贷款银行和市场直接安排融资。在这一融资模式中，首先，投资者根据合资协议组成非公司合资结构，并按照投资比例合资组建一个项目管理公司负责项目的建设和生产经营，项目管理公司同时也作为项目发起人的代理人负责项目的产品销售。项目管理公司的这两部分职能分别通过项目的管理协议和销售代理协议加以规定和实现。其次，根据合资协议规定，发起人分别在项目中投入相应比例的自有资金，并统一筹集项目的建设资金和流动资金，但是由每个发起人单独与贷款银行签署协议。在建设期间，项目管理公司代表发起人与工程公司签订工程建设合同，监督项目的建设，支付项目的建设费用；在生产经营期间，项目管理公司负责项目的生产管理，并作为发起人的代理人销售项目产品。最后，项目的销售收入将首先进入一个贷款银行监控下的账户，用于支付项目的生产费用和资本再投入，偿还贷款银行的到期债务，最终，按照融资协议的规定将盈余资金返还给发起人。

思路二，由投资者各自独立地安排融资和承担市场销售责任。在这一融资模式中，两个投资者组成非公司型合资结构，投资于某一项目，并由投资者而不是项目管理公司组织产品销售和债务偿还。首先，项目发起人根据合资协议投资合资项目，任命项目管理公司负责项目的建设生产管理。然后，发起人按照投资比例，直接支付项目的建设费用和生产费用，根据自己的财务状况自行安排融资。项目管理公司代表发起人安排项目建设，安排项目生产，组织原料供应，并根据投资比例将项目产品分配给项目发起人。最后，发起人以"或付或取"合同的规定价格购买项目产品，其销售收入根据与贷款银行之间的现金流量管理协议进入贷款银行监控账户，并按照资金使用优先序列的原则进行分配。

2. 直接融资模式的特点

任何一种融资模式在满足投资者某些方面需要的同时，难免会存在某些方面的缺憾。直接融资模式也是如此，既有其优点，也有其不足。

直接融资的优点主要体现在三个方面。一是选择融资结构及融资方式比较灵活。发起人可以根据不同需要在多种融资模式、多种资金来源方案之间充分加以选择和合并，比如资信较好的公司可以很便宜地融通到资金，而对于一些小公司却必须付出很高的融资成本。二是债务比例安排比较灵活。发起人可以根据项目的经济强度和本身资金状况较灵活地安排债务比例。三是可以灵活运用发起人在商业社会中的信誉。同样是有限追索的项目融资，信誉越好的发起人就可以得到越优惠的贷款条件。

直接融资模式的不足之处，主要表现在将融资结构设计成有限追索时比较复杂。一是如果组成合资结构的投资者在信誉、财务状况、市场销售和生产管理能力等方面不一致，就会增加项目资产及现金流量作为融资担保抵押的难度，从而在融资追索的程度和范围上会显得比较复杂。二是在安排融资时，需要注意划清投资者在项目中所承担的融资责任和投资者其他业务之间的界限，这一点在操作上更为复杂。三是通过投资者直接融资很难将融资安排成为非公司负债型的融资形式，也就是说在安排成有追索的融资时难度很大。

(二) 以"设施使用协议"为基础的项目融资模式

国际上，一些项目融资是围绕着一个服务性设施或工业设施的使用协议作为主体安排的。这种设施使用协议（Tolling Agreement），在工业项目中有时也称为"委托加工协议"，是指在某种服务性设施或工业设施的提供者和这种设施的使用者之间达成的一种具有"无论提货与否均需付款"性质的协议。项目公司以"设施使用协议"为基础安排项目融资，主要应用于一些带有服务性质的项目，例如石油、天然气管道、发电设施、某种专门产品的运输系统以及港口、铁路设施等。20世纪80年代以来，这种融资模式也被引入到工业项目中。

利用"设施使用协议"安排项目融资，其成败的关键是项目设施的使用者能否提供一个强有力的、具有"无论提货与否均需付款"性质的承诺。这个承诺要求项目设施的使用者在融资期间无条件地定期向设施的提供者支付一定数量的预先确定下来的项目设施使用费，而无论使用者是否真正利用了项目设施所提供的服务。这种无条件承诺的合法权益将被转让给提供资金方，再加上项目投资者的完全担保，就构成项目信用保证的主要部分。一般来说，项目设施的使用费在融资期间应足以支付项目的生产经营成本和项目的还本付息。

在生产型工业项目中，"设施使用协议"被称为"委托加工协议"，项目产品的购买者提供或组织生产所需的原材料，通过项目的生产设施将其加工成最终产品，然后由购买者在支付加工费后取走产品。

以"设施使用协议"为基础安排的项目融资具有以下特点。

① 投资结构的选择比较灵活，既可以采用公司型合资结构，也可以采用非公司型合资结构、合伙制结构或者信托基金结构。投资结构选择的主要依据是项目的性质、项目投资者和设施使用者的类型及融资、税务等方面的要求。

② 项目的投资者可以利用与项目利益有关的第三方（即项目设施使用者）的信用来安排融资，分散风险，节约初始资金投入，因而特别适用于资本密集、收益相对较低但相对稳定的基础设施类型项目。

③ 具有"无论提货与否均需付款"性质的设施使用协议是项目融资的不可缺少的组成部分。这种项目设施使用协议在使用费的确定上至少需要考虑到项目投资在以下三个方面的回收：生产运行成本和资本再投入费用；融资成本，包括项目融资的本金和利息的偿还；投资者的收益。

④ 采用这种模式的项目融资，在税务结构处理上需要谨慎。虽然国际上有些项目将拥有"设施使用协议"的公司的利润水平安排在损益平衡点上，以达到转移利润的目的，但是有些国家的税务制度是不允许这样做的。

（三）以"产品支付"为基础的项目融资模式

以"生产支付（Production Payment）"为基础的项目融资模式是项目融资的早期形式之一，起源于20世纪50年代美国的石油天然气项目开发的融资安排。

以生产支付为基础组织起来的项目融资，在信用保证结构上与其他的融资模式有一定的区别。一个生产支付的融资安排是建立在由贷款银行购买某一特定矿产资源储量的全部或部分未来销售收入的权益的基础上的。在这一安排中提供融资的贷款银行从项目中购买到一个特定份额的生产量，这部分生产量的收益也就成为项目融资的主要偿债资金来源。因此，生产支付是通过直接拥有项目的产品和销售收入，而不是通过抵押或权益转让的方式来实现融资的信用保证。对于那些资源属于国家所有，项目投资者只能获得资源开采权的国家和地区，生产支付的信用保证是通过购买项目未来生产的现金流量，加上资源开采权和项目资产的抵押实现的。

生产支付融资适用于资源储藏量已经探明并且项目生产的现金流量能够比较准确地计算出来的项目。生产支付融资所能安排的资金数量等于生产支付所购买的那一部分矿产资源的预期未来收益在一定利率条件下贴现出来的资产现值。

生产支付融资模式具有以下基本特征。

① 由于所购买的资源储量及其销售收益被用作为生产支付融资的主要偿债资金来源，因此，融资比较容易被安排成为无追索或有限追索的形式。

② 融资期限将短于项目的经济生命期。换句话说，如果一个资源性项目具有 20 年的开采期，生产支付融资的贷款期限将会远远短于 20 年。

③ 在生产支付融资结构中，贷款银行一般只为项目的建设和资本费用提供融资，而不承担项目生产费用的贷款，并且要求项目投资者提供最低生产量、最低产品质量标准等方面的担保。

④ 一般要成立一个"融资中介机构"，即所谓的专设公司，专门负责从项目公司中购买一定比例的产品，在市场上直接销售或委托项目公司作为代理人销售，并负责归集产品的销售收入和偿还贷款。

（四）以"杠杆租赁"为基础的项目融资模式

以"杠杆租赁"为基础的项目融资模式，是指在项目投资者的要求和安排下，由有两个或两个以上的专业租赁公司、银行以及其他金融机构等以合伙制形式组成的合伙制金融租赁公司作为出租人，融资购买项目的资产，然后租赁给作为承租人的项目公司的一种融资模式。合伙制金融租赁公司和贷款银行的收入及信用保证来自税务好处、租赁费用、项目的资产以及对项目现金流量的控制。当租赁公司的成本全部收回并且获得了相应的回报后，项目公司只需交纳很少的租金，在租赁期满后，项目发起人的一个相关公司可以将项目资产以事先商定的价格购买回去，或者由项目公司以代理人的身份代理租赁公司把资产以其可以接受的价格卖掉，售价大部分会当做代销手续费由租赁公司返还给项目公司。

1. 人员构成

在一个杠杆租赁融资模式中，至少要有以下四部分人员的介入。

（1）"股本参加者" 至少由两个"股本参加者"组成的合伙制结构（在美国也可以采用信托基金结构）作为项目资产的法律持有人和出租人。合伙制结构是专门为某一个杠杆租赁融资结构组织起来的，其参加者一般为专业租赁公司、银行和其他金融机构，在有些情况下，也可以是一些工业公司。合伙制结构为杠杆租赁结构提供股本资金（一般为项目建设费用或者项目收购价格的 20%～40%），安排债务融资，享受项目结构中的税务好处（主要来自项目折旧和利息的税务扣减），出租项目资产收取租赁费，在支付到期债务、税收和其他管理费用之后取得相应的股本投资收益（在项目融资中这个收益通常表现为一个预先确定的投资收益率）。

（2）"债务参加者" 其数目多少由项目融资的规模决定。债务参加者为普通的银行和金融机构。债务参加者以对股本参加者无追索权的形式为被融资项目提供绝大部分的资金（一般为 60%～80%）。由债务参加者和股本参加者所提供的资金应构成被出租项目的全部或大部分建设费用或者购买价格。通常，债务参加者的债务被全部偿还之前在杠杆租赁结构中享有优先取得租赁费的权利。对于债务参加者来说，为杠杆租赁结构提供贷款和为其他结构的融资提供贷款在本质上是一样的。

（3）"项目资产承租人" 项目资产承租人是项目的主办人和真正投资者。项目资产承租人通过租赁协议的方式从杠杆租赁结构中的股本参加者手中获得项目资产的使用权，支付租赁费作为使用项目资产的报酬。由于在结构中充分考虑到了股本投资者的税务好处，所以与直接拥有项目资产的融资模式比较，项目投资者可以获得较低的融资成本。具体地说，只要项目在建设期和生产前期可以有相当数额的税务扣减，这些税务扣减就可以被用来作为支付股本参加者的股本资金投资收益的一个重要组成部分。与其他模式的项目融资一样，项目资产的承租人在多数情况下，也需要为杠杆租赁融资提供项目完工担保、长期的市场销售保证、一定形式和数量的资金转入（作为项目中真正的股本资金）以及其他形式的信用保证。

由于其结构的复杂性，并不是任何人都可以组织起来以杠杆租赁为基础的项目融资。项目资产承租人本身的资信状况是一个关键的评价指标。

（4）"杠杆租赁经理人"　杠杆租赁融资结构通常是通过一个杠杆租赁经理人组织起来的。这个经理人相当于一般项目融资结构中的融资顾问角色，主要由投资银行担任。在安排融资阶段，杠杆租赁的经理人根据项目的特点，项目投资者的要求设计项目融资结构，并与各方谈判组织融资结构中的股本参加者和债务参加者，安排项目的信用保证结构。如果融资安排成功，杠杆租赁经理人就代表股本参加者在融资期内管理该融资结构的运作。

2. "杠杆租赁"的特点

以"杠杆租赁"为基础项目融资的主要特点如下。

（1）融资方式较复杂　由于杠杆租赁融资结构中涉及的参与者数目较多，资产抵押以及其他形式的信用保证在股本参加者与债务参加者之间的分配和优先顺序问题也比一般项目融资模式复杂，再加上税务、资产管理与转让等问题，造成组织这种项目融资所花费的时间要相对长一些，法律结构以及文件也相对复杂一些，因此比较适合大型项目的融资安排。

（2）融资成本较低　杠杆租赁由于充分利用了项目的税务好处，所以降低了投资者的融资成本和投资成本，同时也增加了融资结构中债务偿还的灵活性。利用税务扣减一般可以偿还项目全部融资总额的 30%～50%。

（3）可实现百分之百的融资　在这种模式中，由金融租赁公司的部分股本资金加上银行贷款，就可解决项目所需资金或设备，项目发起人可以不需要再进行任何股本投资。

（4）应用范围比较广泛　既可以作为一项大型项目的项目融资安排，也可以为项目的一部分建设项目安排融资，例如用于购置项目的某一专项大型设备。

（五）其他融资模式

1. BOT 项目融资方式

BOT（Build-Operate-Transfer），即建造-运营-移交方式，这种方式最大的特点就是将基础设施的经营权有期限的抵押以获得项目融资，或者说是基础设施国有项目民营化。在这种模式下，首先由项目发起人通过投标从委托人手中获取对某个项目的特许权，随后组成项目公司并负责进行项目的融资，组织项目的建设，管理项目的运营，在特许期内通过对项目的开发运营以及当地政府给予的其他优惠来回收资金用以还贷，并取得合理的利润。特许期结束后，应将项目无偿地移交给政府。在 BOT 模式下，投资者一般要求政府保证其最低收益率，一旦在特许期内无法达到该标准，政府应给予特别补偿。实质上，BOT 融资模式是政府与承包商合作经营项目的一种特殊运作模式，从 20 世纪 80 年代产生以来，越来越受到各国政府的重视，成为各国基础设施建设及资源开发等大型项目融资中较受欢迎的一种融资模式。

BOT 融资在我国也称为"特许经营权融资方式"，主要以外资为融资对象，其含义是指国家或者地方政府部门通过特许经营权协议，授予签约方的外商投资企业（包括中外合资、中外合作、外商独资）承担公共性基础设施项目的融资、建造、经营和维护；在协议规定的特许期限内，项目公司拥有投资建造设施的所有权，允许向设施使用者收取适当的费用，由此回收项目投资、经营和维护成本并获得合理的回报；特许期满后，项目公司将设施无偿地移交给签约方的政府部门。

BOT 上述的普通模式，还有 20 多种演化模式，比较常见的有：BOO（建设—经营—拥有）、BT（建设—转让）、TOT（转让—经营—转让）、BOOT（建设—经营—拥有—转让）、BLT（建设—租赁—转让）、BTO（建设—转让—经营）等。

TOT（Transfer-Operate-Transfer），它是 BOT 项目融资方式的新发展，即转让—经营—转让模式，是一种通过出售现有资产以获得增量资金进行新建项目融资的一种新型融资方式，在这种模式下，首先私营企业用私人资本或资金购买某项资产的全部或部分产权或经营权，然后，购买者对项目进行开发和建设，在约定的时间内通过对项目经营收回全部投资并取得合理的回报，特许期结束后，将所得到的产权或经营权无偿移交给原所有人。TOT方式存在着几点 BOT 项目融资方式所不具备的优势：积极盘活国有资产，推进国有企业转机建制；为拟建项目引进资金，为建成项目引进新的更有效的管理模式；只涉及经营权让渡，不存在产权、股权问题，可以避免许多争议；投资者可以尽快从高速发展的中国经济中获得利益。另外，由于 TOT 的风险比 BOT 小很多，金融机构、基金组织、私人资本等都有机会参与投资，因此也增加了项目的资金来源。

2. ABS 项目融资模式

ABS（Asset-Backed-Securieization），即资产支持证券化模式。这种模式是以资产支持的一种利用存量资产转换为货币资金用于新项目投资的证券化项目融资方式。它以项目所拥有的资产为基础，以项目可带来的预期收入为保证，通过在资本市场发行债券来募集资金。这种方式能以较低的资金成本筹集到期限较长、规模较大的项目建设资金，对于不能将经营权和建设权交出的建设项目来说，采用 ABS 融资模式非常适合。

（1）ABS 项目融资模式的特点

① 资产形成的在未来一定时期内的现金流，可以同其他资产所形成的现金流相分离，即该资产权益相对独立，出售时不易与其他资产权益相混淆。这是资产可被证券化的基本前提。

② 从技术上看，被证券化的资产还必须达到一定的量。如果规模较小，就需要找到与其性质相类似的资产，共同组成一个可证券化的资产池，从而达到规模经济。

③ 被证券化的资产收益率具有可拆分的经济价值，即资产必须具有可重组性，资产证券化的本质要求组合中的各种资产的期限、风险、收益水平等基本接近。

④ 资产持有者要具备某种提高拟发行资产证券信用的能力，即需要对所发证券进行信用提高。

（2）ABS 融资的具体方式

① 通过项目收益资产证券化来为项目融资，即以项目所拥有的资产为基础，以项目资产可以带来的预期收益为保证，通过在资本市场发行债券来募集资金的一种证券化融资方式。具体来讲是项目发起人将项目资产出售给特设机构 SPV（Special Purpose Vehicle），SPV 凭借项目未来可预见的稳定的现金流，并通过寻求担保等信用增级（Credit Enhancement）手段，将不可流动的项目收益资产转变为流动性较高、具有投资价值的高等级债券，通过在国际资本市场上发行，一次性地为项目建设融得资金，并依靠项目未来收益还本付息。

② 通过与项目有关的信贷资产证券化来为项目融资，即项目的贷款银行将项目贷款资产作为基础资产，或是与其他具有共同特征的、流动性较差但能产生可预见的稳定现金流的贷款资产组合成资产池（Asset Pool），通过信用增级等手段使其转变为具有投资价值的高等级证券，通过在国际市场发行债券来进行融资，降低银行的不良贷款比率，从而提高银行为项目提供贷款的积极性，间接地为项目融资服务。

ABS 项目融资方式适用于房地产、水、电、道路、桥梁、铁路等收入安全、持续、稳定的项目。一些出于某些原因不宜采用 BOT 方式的关系国计民生的重大项目也可以考虑采用 ABS 方式进行融资。

第五节   项目融资方案分析

在初步明确项目的融资主体和资金来源的基础上，对于融资环境、融资方案资金来源的可靠性、资金结构的合理性、融资成本高低和融资风险大小，应进行综合分析，结合融资后财务分析，比选确定融资方案。

一、融资环境分析

项目的投融资研究首先要考察项目所在地的投融资环境。影响融资环境的因素主要包括以下几个方面。

1. 法律法规环境

健全的法律法规体系是项目融资成功的根本保障，主要涉及公司法、银行法、证券法、税法、合同法、担保法以及投资管理、外汇管理、资本市场管理等方面的法规，外商投资项目还涉及与外商投资有关的法规。

2. 经济环境

经济环境影响作用于融资方案，影响融资成本和融资风险。主要包括资本市场、银行体系、证券市场、税务体系、国家和地方政府的经济和产业政策等。

3. 融资渠道

可能的融资渠道是构造项目融资方案的基础，各种融资渠道取得资金的条件对于融资渠道的选择有着决定性的影响。当前的融资渠道主要包括政府投资资金、国内外银行等金融机构的贷款、在国内外证券市场发行的股票或债券、国内外非银行金融机构的资金、外国政府的资金、国内外企业和团体及其个人的资金。

4. 税务条件

税务条件在融资成本和融资风险两个方面产生影响。如所得税税率优惠会使项目收益提高，风险降低，融资更为容易；利润汇出税会增加境外投资人股权投资成本，影响境外投资人的投资；利息预提税会增加项目从国外借款融资的成本，影响借款来源。

5. 投资政策

投资政策也会对融资产生影响。如果项目属于限制投资的领域，则投资风险高，融资成本和风险较高；如果项目属于鼓励投资项目，由于会获得政府优惠政策支持，则间接保证项目收益，风险降低。

二、资金来源可靠性分析

资金来源可靠性分析应对投入项目的各类资金在币种、数量和时间要求上是否能满足项目需要进行下列几个方面分析。

1. 既有法人内部融资可靠性分析的主要内容

① 通过调查了解既有企业资产负债结构、现金流量状况和盈利能力，分析企业的财务状况、可能筹集到并用于拟建项目的现金数额及其可靠性。

② 通过调查了解既有企业资产结构现状及其与拟建项目的关联性，分析企业可能用于拟建项目的非现金资产数。

在初步确定项目的资金筹措方式和资金来源后，应进一步对融资方案进行分析，以降低融资成本和融资风险。

2. 项目资本金可靠性分析的主要内容

① 采用既有法人融资方式的项目，应分析原有股东增资扩股和吸收新股东投资的数额及其可靠性。

② 采用新设法人融资方式的项目，应分析各投资者认缴的股本金数额及其可靠性。

③ 采用上述两种融资方式，如通过发行股票筹集资本金，应分析其获得批准的可能性。

3. 项目债务资金可靠性分析的主要内容

① 采用债券融资的项目，应分析其能否获得国家有关主管部门的批准。

② 采用银行贷款的项目，应分析其能否取得银行的贷款承诺。

③ 采用外国政府贷款或国际金融组织贷款的项目，应核实项目是否列入利用外资备选项目。

三、资金结构合理性分析

资金结构合理性分析是指对项目资本金与项目债务资金、项目资本金内部结构以及项目债务资金内部结构等资金比例合理性的分析。

1. 项目资本金与项目债务资金的比例要求

① 符合国家法律和行政法规规定。

② 符合金融机构信贷规定及债权人有关资产负债比例的要求。

③ 满足权益投资者获得期望投资回报的要求。

④ 满足防范财务风险的要求。

2. 项目资本金内部结构的要求

① 根据投资各方在资金、技术和市场开发方面的优势，通过协商确定各方的出资比例、出资形式和出资时间。

② 采用既有法人融资方式的项目，应合理确定既有法人内部融资和新增资本金在项目融资总额中所占的比例，分析既有法人内部融资及新增资本金的可能性与合理性。

③ 国内投资项目，应分析控股股东的合法性和合理性；外商投资项目，应分析外商出资比例的合法性和合理性。

3. 项目债务资金内部结构的要求

① 根据债权人提供债务资金的条件（包括利率、宽限期、偿还期及担保方式等）合理确定各类借款和债券的比例。

② 合理搭配短期、中长期债务比例。

③ 合理安排债务资金的偿还顺序。

④ 合理确定内债和外债的比例。

⑤ 合理选择外汇币种。

⑥ 合理确定利率结构。

四、资金成本分析

（一）资金成本的含义和作用

1. 资金成本的含义

资金是一种资源，筹集和使用任何资金都要付出代价，资金成本就是投资者在项目实施中，为筹集和使用资金而向资金的所有者及中介人支付的代价，包括资金筹集费和资金占用费。资金筹集费是指投资者在资金筹措过程中支付的各项费用。主要包括向银行借款的手续费；发行股票、债券而支付的各项代理发行费用，如印刷费、手续费、公证费、担保费和广告费等。资金筹集成本一般属于一次性费用，筹资次数越多，资金筹集成本也就越大。资金占用费主要包括支付给股东的各种股利、向债权人支付的贷款利息以及支付给其他债权人的各种利息费用等。资金使用成本一般与所筹资金的多少以及所筹资金使用时间的长短有关，具有经常性、定期支付的特点，是资金成本的主要内容。

2. 资金成本的作用

① 资金成本是选择资金来源和筹资方式的重要依据。企业筹集资金的方式多种多样，如发行股票、债券、银行借款等，不同的筹资方式，其个别的资金成本也不尽相同。资金成本的高低可以作为比较各种筹资方式优缺点的一项依据。

② 资金成本是投资者进行资金结构决策的基本依据。如上所述，一个项目的资金结构

一般是由借入资金与自有资金组合而成，这种组合有多种方案，如何寻求两者间的最佳组合，一般可通过计算综合资金成本作为项目筹资决策的依据。

③ 资金成本是评价各种项目是否可行的一个重要尺度。国际上通常将资金成本视为项目的"最低收益率"和是否接受项目的"取舍率"，在评价投资方案是否可行的标准上，一般要以项目本身的投资收益率与其资金成本进行比较。如果项目的预期投资收益率小于其资金成本，则项目不可行。

（二）资金成本的计算

1. 资金成本计算的一般形式

资金成本可用绝对数表示，也可用相对数表示。为便于分析比较，资金成本一般用相对数表示，称之为资金成本率。资金成本率是指实际支付的资金占用费和筹资净额之比。其一般计算公式为

$$K=\frac{D}{P-F}$$

或

$$K=\frac{D}{P(1-f)}$$

式中，K 为资金成本率（一般通称为资金成本）；P 为筹集资金总额；D 为资金占用费；F 为筹资费；f 为筹资费费率，即筹资费占筹集资金总额的比率。

2. 不同筹资方式资金成本的计算

（1）长期银行借款的资金成本　按照《企业财务通则》，长期银行借款利息计入财务费用，在税前利润中支付，这样就使企业少缴了一部分所得税，所以企业每年实际支付的资金占用费不是年利息 I_d，而是 $I_d(1-T)$。长期银行借款的资金成本率计算公式如下。

$$K_d=\frac{I_d(1-T)}{P_d(1-f_d)}$$

式中，K_d 为长期银行借款的资金成本率；P_d 为长期银行借款筹集资金总额；I_d 为长期银行借款年利息；f_d 为长期银行借款筹资费费率；T 为企业所得税税率。

长期银行借款的筹资费主要是借款手续费，一般数额很小，有时可忽略不计，这时长期银行借款的资金成本率计算公式如下。

$$K_d=i_d(1-T)$$

式中，i_d 为长期银行借款年利率；其他符号的意义同上式。

【例6-1】　某企业为某建设项目申请银行长期贷款 5000 万元，年利率为 7%，每年付息一次，到期一次还本，贷款管理费及手续费费率为 0.5%。企业所得税税率为 25%，试计算该项目长期借款的资金成本率。

【解】　该项目长期借款的资金成本率为

$$K_d=\frac{I_d(1-T)}{P_d(1-f)}=\frac{5000\times7\%\times(1-25\%)}{5000\times(1-0.5\%)}=5.28\%$$

（2）长期债券的资金成本　发行债券的代价主要是指债券利息和筹资费用。债券利息的处理与长期借款利息的处理相同，应以税后的债务成本为计算依据。债券的筹资费用一般比较高，不可在计算融资成本时省略。债券资金成本的计算公式为

$$K_b=\frac{I_b(1-T)}{P_b(1-f_b)}$$

式中，K_b 为长期债券的资金成本率；P_b 为长期债券筹集资金总额；I_b 为长期债券年利息；f_b 为长期债券筹资费费率；T 为企业所得税税率。

若债券溢价或折价发行，为了更精确地计算资金成本，应以其实际发行价格作为债券筹

资额。

【例6-2】 假定某公司发行面值为5000万元的10年期债券，票面利率为10％，发行费费率为2％，发行价格为5500万元，公司所得税税率为25％，试计算该公司债券的资金成本；如果公司以4500万元发行面额为1000万元的债券，则资金成本率又为多少？

【解】 ① 以5000万元价格发行时的资金成本率为

$$K_b = \frac{I_b(1-T)}{P_b(1-f)} = \frac{5000 \times 10\% \times (1-25\%)}{5500 \times (1-2\%)} = 6.96\%$$

② 以4500万元价格发行时的资金成本率为

$$K_b = \frac{I_b(1-T)}{P_b(1-f)} = \frac{5000 \times 10\% \times (1-25\%)}{4500 \times (1-2\%)} = 8.50\%$$

（3）优先股成本　与负债利息的支付不同，优先股的股利不能在税前扣除，属于税后利润的分配，因而在计算优先股成本时无需经过税赋的调整。优先股成本的计算公式为

$$K_p = \frac{D_p}{P_p(1-f_p)}$$

式中，K_p 为优先股的资金成本率；P_p 为优先股筹集资金总额；D_p 为优先股年股利；f_p 为优先股筹资费费率。

【例6-3】 某公司为某项目发行优先股股票，票面额按正常市价计算为9000万元，筹资费费率为3％，股息年利率为12％，试求其资金成本。

【解】 资金成本率计算如下。

$$K_p = \frac{D_p}{P_p(1-f_p)} = \frac{9000 \times 12\%}{9000 \times (1-3\%)} = 12.37\%$$

（4）普通股资金成本　普通股资金成本属于权益融资成本。权益资金的资金占用费是向股东分派的股利，而股利是以所得税后净利润支付的，不能抵减所得税。计算普通股资金成本，常用的方法有"评价法"和"资本资产定价模型法"。

① 评价法。普通股的股利一般不是固定的，是逐年增长的。如果每年以固定比率 G 增长，第一年股利为 D_c，则第二年为 $D_c(1+G)$，第三年为 $D_c(1+G)^2$，……，第 n 年为 $D_c(1+G)^{n-1}$。因此可把未知的普通股资金成本作为折现率，把筹资净额作为现值，利用计算现值的原理就可以推导出普通股资金成本的计算公式为

$$K_c = \frac{D_c}{P_c(1-f_c)} + G$$

式中，K_c 为普通股的资金成本率；P_c 为普通股筹集资金总额；D_c 为普通股年股利；f_c 为普通股筹资费费率；G 为普通股股利年增长率。

【例6-4】 某公司发行普通股正常市价为8000万元，筹资费费率为4％，第一年的普通股股利年增长率为10％，以后每年增长6％，试求其资金成本率。

【解】 资金成本率计算如下。

$$K_c = \frac{D_c}{P_c(1-f_c)} + G = \frac{8000 \times 10\%}{8000 \times (1-4\%)} + 6\% = 16.42\%$$

② 资本资产定价模型法。

$$K_c = R_f + \beta(R_m - R_f)$$

式中，R_f 为无风险报酬率；R_m 为平均风险股票必要报酬率；β 为股票的风险校正系数；K_c 为普通股的资金成本率。

【例6-5】 某证券市场无风险报酬率为8％，平均风险股票必要报酬率为13％，某一股份公司普通股 β 值为1.5，试计算该普通股的资金成本。

【解】　该普通股的资金成本率计算如下。

$$K_c = R_f + \beta(R_m - R_f) = 8\% + 1.5 \times (13\% - 8\%) = 15.5\%$$

（5）留存盈余资金成本　留存盈余是指企业未以股利等形式发放给投资者而保留在企业的那部分盈利，即经营所得净收益的盈余，包括盈余公积和未分配利润。

留存盈余是所得税后形成的，其所有权属于股东，实质上相当于股东对公司的追加投资。股东将留存盈余留用于公司，是想从中获取投资报酬，所以留存盈余也有资金成本，即股东失去的向外投资的机会成本。它与普通股成本的计算基本相同，只是不考虑筹资费用。如按评价法，计算公式为

$$K_r = \frac{D_c}{P_c} + G$$

式中，K_r 为留存盈余资金成本率，其他符号同前。

3. 加权平均资金成本

由于条件制约，项目不可能只从某种低成本的来源筹集资金，而是各种筹资方案的有机组合。因此，为了对整个项目的融资方案进行筹资决策，在计算各种融资方式个别资金成本的基础上，还要计算整个融资方案的加权平均融资成本，以反映项目的整个融资方案的融资成本状况。其计算公式为

$$K_w = \sum_{j=1}^{n} K_j W_j$$

式中，K_w 为加权平均资金成本率；K_j 为第 j 种融资渠道的资金成本率；W_j 为第 j 种融资渠道筹集的资金占全部资金的比重（权数）。

五、融资风险分析

融资方案的实施经常会受到各种风险因素的影响。融资风险分析就是对可能影响融资方案的风险因素进行识别和预测。通常可能的融资风险因素有下列几种。

1. 投资缺口风险

项目在建设过程中由于技术设计、施工图设计及施工过程中增加项目，由于价格上涨引起项目造价变化等，都会引起投资额的增加，导致原估算投资额出现缺口。

2. 资金供应风险

资金供应风险是指融资方案在实施过程中，可能出现资金不落实，导致建设工期拖长，项目造价升高，原定投资效益目标难以实现的风险。主要风险有以下几种。

① 原定筹资额全部或部分落空，例如已承诺出资的投资者中途变故，不能兑现承诺。

② 原定发行股票、债券的计划不能实现。

③ 既有项目法人融资项目由于企业经营状况恶化，无力按原定计划出资。

④ 其他资金不能按建设进度足额及时到位。

3. 利率风险

利率水平随着金融市场行情的变动而变动，如果融资方案中采用浮动利率计息，则应分析贷款利率变动的可能性及其对项目造成的风险和损失。

4. 汇率风险

汇率风险是指国际金融市场外汇交易结算产生的风险，包括人民币对各种外币币值的变动风险和各外币之间比价变动的风险。利用外资数额较大的投资项目应对外汇汇率的趋势进行分析，估测汇率发生较大变动时，对项目造成的风险和损失。

5. 财务风险

财务风险来自于财务杠杆的作用。我们把那些支付固定性资金成本的筹资方式（如债

券、优先股、融资性租赁等）称为财务杠杆。由于财务杠杆的存在，当息税前利润增长时，资本金利润率（普通股每股税后利润）有更大的增长率；当息税前利润下降时，资本金利润率（普通股每股税后利润）有更大的降低率。我们把这种作用称为财务杠杆作用。衡量财务杠杆作用大小经常使用财务杠杆系数（用 DFL 表示），公式如下。

$$DFL = \frac{\Delta EPS / EPS}{\Delta EBIT / EBIT} = \frac{EBIT}{EBIT - I}$$

式中，$EBIT$ 表示息税前利润；$\Delta EBIT$ 表示息税前利润变动额；EPS 表示每股税后利润；ΔEPS 表示每股税后利润变动额；I 表示年利息。

财务杠杆系数表明息前税前利润变化（增长或下降）引起的每股盈余变化（增长或下降）的幅度。在资本总额、息税前利润相同的情况下，负债比率越高，财务杠杆系数越高，预期每股盈余的变动也越大。

在息税前利润大于利息时，财务杠杆系数为正；在息税前利润小于利息时，财务杠杆系数为负；在息税前利润等于利息时，财务杠杆系数达到无穷大。在息税前利润超过利息支出后，随着息税前利润的增加，财务杠杆系数越来越小，逐渐趋近于1，即说明每股盈余对息税前利润变动的敏感性越来越低，固定融资成本的存在对每股盈余的放大作用趋于1∶1的关系。由此可见，企业即使有很大的固定性融资成本（即利息支出），只要息税前利润远远超过利息支出，财务杠杆也会很低，即负债经营也是很安全的；但企业即使有很低的固定性资金成本，而其息税前利润很接近于利息支出，财务杠杆也会很高，即负债经营风险也会很大。

负债比率是可以控制的。企业可以通过合理安排资金结构，适度负债，使财务杠杆利益抵消其风险增大所带来的不利影响。

每股利润分析法是利用每股利润无差别点来进行资本结构决策的方法。我们把两种筹资方案下普通股每股利润相等时的息税前利润点称为息税前利润平衡点，有时亦称筹资无差别点。运用这种方法，根据每股利润无差别点，可以分析判断在什么情况下可利用债务筹资来安排及调整资本结构，进行资本结构决策。其测算公式如下。

$$\frac{(\overline{EBIT} - I_1)(1 - T) - D_{P_1}}{N_1} = \frac{(\overline{EBIT} - I_2)(1 - T) - D_{P_2}}{N_2}$$

式中，I_1、I_2 表示筹资方案1和筹资方案2的年利息；T 表示企业所得税税率；D_{P_1}、D_{P_2} 表示筹资方案1和筹资方案2的年优先股股利；N_1、N_2 表示筹资方案1和筹资方案2的普通股股份数。

本 章 小 结

（1）设定融资方案，应先确定项目融资主体。按照融资主体不同，融资方式分为既有法人融资和新设法人融资两种。

（2）项目的资金来源一般分为两大部分：股东权益资金及负债。权益投资人获得项目的财产权和控制权；债权人优先于股权受偿，但没有控制权。

（3）我国除了主要由中央和地方政府用财政预算投资建设的公益性项目等部分特殊项目外，大部分投资项目都实行资本金制度。项目资本金筹集的方式主要有股东直接投资、股票融资、政府投资。

（4）项目债务资金筹集的主要方式有：国内银行及非银行金融机构贷款、国外贷款、融资租赁、发行债券。

（5）项目融资是以项目的资产、预期收益或权益作抵押取得的一种无追索权或者有限追索权的融资或者贷款。目前，项目融资已经成为大型项目筹措资金的一种新方式。项目融资的主要模式有：直接融资模式、以"设施使用协议"为基础的项目融资模式、以"产品支付"为基础的项目融资模式、以"杠杆租赁"为基础的项目融资、其他融资模式（如 BOT 项目融资方式、ABS 项目融资模式）。

（6）在项目融资主体及其融资方式分析的基础上，融资方案的分析还包括融资环境分析、资金来源可靠性分析、资金结构合理性分析、资金成本和融资风险分析。

（7）资金成本是投资者在项目实施中，为筹集和使用资金而向资金的所有者及中介人支付的代价，包括资金筹集费和资金占用费。资金成本率是指实际支付的资金占用费和筹资净额之比。在不同筹资方式下，个别资金成本率的具体计算公式具有差异性。还要计算整个融资方案的加权平均融资成本，以反映项目的整个融资方案的融资成本状况。

（8）融资风险分析中通常考虑的融资风险因素有：投资缺口风险、资金供应风险、利率风险、汇率风险、财务风险。其中，财务风险来自于财务杠杆的作用。我们把那些支付固定性资金成本的筹资方式（如债券、优先股、融资性租赁等）称为财务杠杆。

思　考　题

1. 既有法人融资和新设法人融资的融资方式各有哪些？

2. 对投资项目资本金制度如何理解？

3. 项目的资本金和债务资金的筹资方式各有哪些？

4. 什么是项目融资？项目融资的特点怎样？有哪些主要模式？

5. 什么是资金成本？不同筹资方式下的个别资金成本如何计算？加权平均资金成本如何计算？

6. 融资风险分析中通常考虑的融资风险因素有哪些？

7. 某公司从银行借款 6000 万元，年利率为 8%，公司所得税税率为 25%，筹资费费率为 0.5%，如果按 1 年分 12 次支付利息，试计算借款的资金成本。

8. 某公司发行了一批新债券。每张债券票面值为 50000 元，年利率为 8%，1 年分 4 次支付利息，10 年期满。每张债券发行时市价 50500 元。如果所得税税率为 25%，试计算公司新发行债券的资本成本。

9. 某一时期证券市场无风险报酬率为 6%，平均的股票必要报酬率为 12%，某一股份公司普通股 β 值为 1.1，试运用资本资产定价模型法计算该普通股的资金成本为多少？

第七章　项目可行性研究

本章学习目标

（1）了解项目、建设项目的概念以及特征和分类；

（2）熟悉建设项目周期；熟悉市场调查的内容和方法；

（3）掌握可行性研究的概念、可行性研究的作用、可行性研究的工作阶段、可行性研究的内容与可行性研究报告的编制；

（4）掌握市场预测方法中的德尔菲法、回归分析预测法、移动平均法。

第一节　项目概述

一、项目的概念与特征

（一）项目的概念

项目来源于人类有组织的活动的分化。随着人类的发展，有组织的活动逐步分为两种类型：一是连续不断、周而复始的活动，人们称之为"作业或运作"（Operation），如企业的日常生产活动；二是临时性、一次性的活动，人们称之为"项目"（Projects），如企业研发一种新产品的活动。

项目是人类社会特有的一类经济、社会活动形式，项目无处不在，普遍存在于人们的工作、生活中，并产生重要影响。项目的定义和概念可以从许多不同的角度给出。既可以从项目的投资者、所有者、使用者、实施者和项目的政府监管部门等不同的角度给项目下定义，也可以从不同的专业领域，如从建筑、软件开发、新产品试制、服务提供、管理咨询等角度给项目下定义。例如，从投资角度对项目的定义比较有代表性的有联合国工业发展组织和世界银行的定义。联合国工业发展组织《工业项目评估手册》对项目的定义是：一个项目是对一项投资的一个提案，用来创建、扩建或发展某些工厂企业，以便在一定周期时间内增加货物的生产或社会的服务。世界银行认为：所谓项目，一般是指同一性质的投资，或同一部门内一系列有关或相关的投资，或不同部门内的一系列投资。又如我国建筑业从建设角度对项目的定义是：在批准的总体设计范围内进行施工，经济上实行统一核算，行政上有独立的组织形式，实行统一管理的建设单位。对于现代项目管理理论而言，项目的定义是从一般项目和广义的角度给出的。国内外对项目定义的表述版本很多，具有代表性的主要有以下几种。

1. 美国《项目管理知识体系指南》（PMBOK 第 3 版）的定义

美国项目管理协会（Project Management Institute，PMI）在项目管理知识体系（Project Management Body of Knowledge，PMBOK）中是这样来定义项目的：项目是为创造特定产品或服务的一项有时限的任务。其中，"时限"是指每一个项目都有明确的起点和终点；"特定"是指一个项目所形成的产品或服务在关键特性上不同于其他的产品和服务。

2.《中国项目管理知识体系》（C-PMBOK 2006）的定义

中国项目管理知识体系（Chinese Project Management Body of Knowledge，C-PMBOK）指出：项目是一个特殊的将被完成的有限任务，它是在一定时间内，满足一系列特定目标的多项相关工作的总称。

3. 国际标准化组织（ISO）的定义

国际标准化组织（ISO）对项目的定义是从项目过程的角度给出的。ISO 对项目的定义是：项目是由一系列具有开始和结束日期、相互协调和控制的活动组成的，通过实施活动而达到满足时间、费用和资源等约束条件和实现项目目标的独特过程。ISO 认为：一个大项目中可以包括多个具体的单个项目，某些类型项目的目标和产出物的特性及规定必须随着项目的进展而逐步细化和明确，一个项目的成果可能是一个或者几个项目的产出物，项目组织都是临时性的并且在项目生命周期结束的时候会解散，并且项目活动之间的相互关系可能是简单的，也可能是非常复杂的。

4. R. J. 格雷厄姆的定义

R. J. 格雷厄姆认为：项目是为了达到特定目标而调集到一起的资源组合，它与常规任务之间关键的区别是，项目通常只做一次；项目是一项独特的工作努力，即按某种规范及应用标准指导或生产新产品或某项新服务。这种工作努力应当在限定的时间、成本费用、人力资源及资产等项目参数内完成。

5. 哈罗德·科兹纳的定义

哈罗德·科兹纳（Harold Kerzner）博士认为，项目是具有以下条件的任何活动和任务的序列。

① 有一个将根据某种技术规格完成的特定目标。

② 有确定的开始和结束日期。

③ 有经费限制。

④ 消耗一定的资源（如资金、人员、设备）。

综上所述，项目是指在一定的资源约束条件下，按照一定的程序，为完成某个独特的产品或服务而有组织完成的具有明确目标的一次性任务。

（二）项目的特征

一般而言，项目具有如下基本特征。

1. 项目活动的一次性和独特性

项目的一次性，也被称为"时限性"，是项目与其他常规运作的最大区别，是指每一个项目都有自己明确的时间起点和终点，都是有始有终的，而不是不断重复、周而复始的。项目的起点是项目开始的时间，项目的终点是项目的目标已经实现，或者项目的目标已经无法实现，从而中止项目的时间。项目的一次性与项目持续时间的长短无关，不管项目持续多长时间，一个项目都是有始有终的。项目的一次性是项目活动不同于一般日常运营活动的关键特性。

项目的独特性是从一次性特征衍生出来的，是指在一定程度上，项目与项目之间没有重复性，不存在两个完全相同的项目，只能对其进行单件处置，而不可能批量生产。每一个项目都有特殊性，都有其独自的特点。项目的特殊性可能表现在项目的目标、环境、条件、组织、过程等诸多方面，两个目标不同的项目肯定各有其特殊性，即使目标相同的两个项目也各有其特殊性。

2. 项目目标的明确性和多重性

人类有组织的活动都有其目的性。项目作为一类特别的活动，更有其明确的目标。项目目标的明确性是指任何一个项目都是为实现特定的组织目标服务的。因此，任何一个项目都必须根据组织目标确定出项目的目标。这些项目目标不是单一目标，目标具有多重性。多重性目标主要分两个方面，其一是有关项目工作本身的目标，其二是有关项目产出物的目标。前者是对项目工作而言的，后者是对项目的结果而言的。例如，对一栋建筑物的建设项目而言，项目工作的目标包括项目工期、造价、质量和安全等方面的目标，项目产出物的目标包括建筑物的功能、特性、使用寿命和使用安全性等方面的目标。

3. 项目资源的稀缺性和约束性

每个项目都在一定程度上受客观条件和资源的约束。客观条件和资源对于项目的约束涉及项目的各个方面，其中最主要的约束是资源的约束。项目的资源是稀缺的，资源的约束包括人力资源、财力资源、物力资源、时间资源、技术资源、信息资源等各方面的约束。因为任何一个项目都是有时间限制的，任何一个项目都有预算限制，而且一个项目的人员、技术、信息、设备条件、工艺水平等也都是有限制的。这些限制条件和项目所处环境的一些制约因素构成了项目的约束性。项目的约束性也是决定一个项目成败的关键特性之一。通常，一个项目在人力、物力、财力、时间等方面的资源宽裕，约束很小，那么其成功的可能性就会非常高；情况相反时项目成功的可能性就会大大降低。

4. 项目组织的临时性和开放性

项目往往需要临时组建一个班子去实现，一旦项目完成班子就会解散。参与项目的组织往往有多个，它们通过合同、协议或其他的社会联系组合在一起，项目组织没有严格的界限。

5. 项目过程的整体性和渐进性

项目是为实现目标而开展的任务的集合，它不是一项孤立的活动，而是一系列活动有机组合而形成一个完整的过程。这些任务彼此相互关联，前期任务未完成之前，后面的任务就无法启动，并且如果这些任务不能协调地进行，也会影响整个项目目标的实现。每一个项目都是独特的，因此其项目的开发必然是渐进的，不可能从其他模式那里一下子复制过来。即使有可参照借鉴的模式，也都需要经过逐步的补充、修改和完善。项目的实施同样需要逐步地投入资源，持续地累积可交付成果，始终要精工细作，直至项目完成。强调项目的整体性和渐进性，也就是强调项目的过程性和系统性。

6. 项目实现的创新性和不确定性

因为一个项目的独特之处多数需要进行不同程度的创新，而创新就包括着各种的不确定性，从而造成项目风险。同时，项目开始时会在一定的假定和预算基础上进行时间、成本、质量的估计，因假定和预算存在一定程度的不确定性，所以带来了项目目标实现的不确定性。此外项目不像其他事情可以试做，失败了可以重来，项目后果的不可挽回性决定了项目具有较大的不确定性。

7. 项目干系人需求的多元性和复杂性

项目干系人（Stakeholders）是指积极参与项目或其利益因项目的实施或完成而受到积极或消极影响的个人和组织，同时项目干系人对项目及其结果也会施加影响。项目干系人包括：项目经理、项目发起者、项目保证人、顾客、项目团队成员、政府机关、承包商、供应商、新闻媒体、项目成员家属等。

项目要求达到的目标是根据需求和可能来确定的。不同的项目干系人对项目有不同的期望和需求，他们关注的目标和重点常常相去甚远，甚至互相抵触。例如，业主也许十分在意时间进度，设计师往往更注重技术一流，政府部门可能更关心税收，附近社区的公众则希望尽量减少不利的环境影响等。这就更要求项目管理者对这些不同的需求加以协调，统筹兼顾，以取得某种平衡，最大限度地调动项目干系人的积极性，减少他们的阻力和消极影响。

项目干系人的需求往往是笼统的、含糊的，他们缺乏专门知识，难以将其需求确切、清晰地表达出来。因此需要项目管理人员与干系人充分合作，采取一定的步骤和方法将其确定下来，成为项目要求达到的目标。同时，项目干系人在提出其需求时，未必充分地考虑了其实现的可能性。项目管理者还应协助业主进行可行性研究，评估项目的得失，调整项目的需求，优化项目的目标。有时可引导业主和其他干系人去追求进一步的需求，有时要帮助他们放弃不切实际的需求，有时甚至要否定一个项目，避免不必要的损失。

项目干系人的需求在项目进展过程中往往还会发生变化，项目需求的变化将引起项目目标、计划等一系列相应的变化。因此，需求管理自始至终都是项目管理中极为重要的因素。

8. 项目开发与实施的阶段性和周期性

项目是一次性的任务，因而它是有起点和终点的。任何项目都会经历启动、实施、结束这样一个过程，因此项目开发与实施表现为各个阶段，具有阶段性；每个阶段按一定的逻辑与顺序方式连续进行，具有周期性。人们常把这一过程称为"生命周期"。简而言之，项目生命周期指一个项目按一定的逻辑与顺序方式连续地通过一系列时间期间的全集。项目生命周期用于界定项目的开始和结束。它最简单的形式包括以下四个阶段。

概念阶段：选择并定义需要解答的项目概念。

开发阶段：检验概念并由此开发出一个切实可行的实施计划。

执行阶段：将实施计划付诸实施。

结束阶段：项目过程完成并归档，最终产品交付业主管理、保管与控制。

项目所处的阶段越早，项目不确定性就越大，但项目调整或变更的代价比较低。随着项目的进行，不确定性逐渐减小，而变更的代价、付出的人力、资源却逐渐增加，就会增加决策的困难度。

（三）项目的分类

为了对项目的特性有更为深入的了解和认识，可以根据工作需要对项目按不同的标志分类。

按项目的最终成果或专业特征为标志进行划分，可以分为：新产品或新服务的开发项目；技术改造与技术革新项目；组织结构、人员配备或组织管理模式的变革项目；科学技术研究与开发项目；信息系统的集成或应用软件开发项目；建筑物、设施或民宅的建设项目；政府或社会团体组织和推行的新行动；大型体育比赛项目或文艺演出项目；开展一项新经营活动的项目；各种服务作业项目。对每类项目还可以进一步分类，如建设项目既可以按专业分为建筑工程、公路工程、桥梁工程、港口工程、水利工程项目等，又可以按管理者的不同划分为建设项目、施工项目等。

按项目的规模和统属关系为标志进行划分，可以分为大项目、项目和子项目。在英文中有关"项目"的单词按照项目的规模和统属关系有"Program"、"Project"和"Subproject"三个。它们都有自己相对应的中文，"Project"通常被翻译成"项目"，而"Subproject"被译成"子项目"。但是对于"Program"，有的译成"项目"，有的译成"计划"，有的译成"工程"。例如，阿波罗"计划"就是美国一个非常大的航天工程项目，中国的三峡"工程"就是一个典型的工程项目。但是从分类的角度，一般认为"Program"应该译成"大项目"，与项目和子项目并列而构成一个体系。确切地说，"大项目"是由一系列"项目"构成的一个集合，而"项目"是"大项目"的一个子集。同时，任何一个"项目"又可以进一步划分为多个可管理的部分，即"子项目"。"子项目"多数是可以分包出去由其他的企业或本企业的其他职能部门完成的一个项目的子集。一个项目可以组合分解成各种不同层次的子项目。

此外，项目可以根据需要分为业务项目和自我开发项目；企业项目、政府项目和非盈利机构的项目；盈利性项目和非盈利性项目等。

二、建设项目的概念与特征

项目包括的范围比较广泛，只要是投入一定资源的计划、规划或方案，并可以进行分析和评价的独立单位都可以称之为项目。相对项目而言，建设项目包括的范围相对较窄，是指具有独立的功能和明确的费用投入及产出的项目，必须通过设计和施工来完成，从而形成项目实体。建设项目在一段时间内主要是投入，最终形成一定量的资产，就是所谓的建设期；而另一段时间里主要是产出，从而实现投资效益，就是所谓的生产运营期。在我国的建设程序中和有关可行性研究与项目评价的规定中针对的建设项目，原国家计划委员会在 2002 年发布的《投资项目可行性研究指南》改称为投资项目。

实际上建设项目与投资项目是有一定区别的。与建设项目相比，投资项目涵盖范围更广，只要是拟投入一定资金，执行既定计划，实现投资目标的项目都可以称为投资项目，而只有通过施工进行建设，形成项目实体的项目才是建设项目。例如拟投入一定资金，执行项目购并计划，实现扩张目标可以称之为拟进行一个投资项目，具体地说它是一个资本运作项目。但是拟投入一定资金，建设一个工厂，通过产品生产的销售实现获利的目标，既是投资项目，也是建设项目。按照"可行性研究指南"的口径，称为投资项目。但本书和项目有关的内容主要是建设项目涉及的内容，其他投资项目的可行性研究和财务评价等问题可以比照进行。

（一）建设项目的概念及分类

简而言之，建设项目是指需要一定量的投资，按照一定的程序，在一定的时间内完成，符合质量要求的，以形成固定资产为明确目标的一次性任务。它是以实物形态表示的具体项目，如修建一幢大楼、一座水电站及铺设输油管道等。建设项目是一个完整的概念，在一个总体设计范围内，分期分批进行建设的若干单项工程均算作一个建设项目。建设项目种类繁多，为适应科学管理的需要，可从不同角度进行分类。

1. 按建设性质不同划分

（1）新建项目　是指原来没有，现在开始建设的项目，或对原有的规模较小的项目扩大建设规模，其新增固定资产价值超过原有固定资产价值三倍以上的建设项目。

（2）新建项目　指为了扩大原有主要产品的生产能力或效益，在原有固定资产的基础上，兴建一些主要车间或工程的项目。

（3）改建项目　是指为了改进产品质量或产品方向，对原有固定资产进行整体性技术改造的项目。此外，为提高综合生产能力，增加一些附属辅助车间或非生产性工程，也属于改建项目。

（4）恢复项目　是指对因重大自然灾害或战争而造成破坏的固定资产，按原来规模重新建设或在重建的同时进行扩建的项目。

（5）迁建项目　是指为改变生产力布局或由于其他原因，将原有单位迁至异地重建的项目，不论其是否按原规模建设，均属迁建项目。

2. 按建设规模不同划分

按建设规模的大小，基本建设项目划分为大型、中型、小型三类，技术改造项目分为限额以下和限额以上两类。

现行国家规定是：基本建设生产性建设项目中能源、交通、原材料部门的项目投资额达到 5000 万元人民币以上，其他部门和全部非生产性建设项目投资额达到 3000 万元人民币及以上的为大中型建设项目，在此限额以下的为小型建设项目；按生产能力或使用效益标准划分的建设项目，国家对各行各业都有具体规定。技术改造项目投资额达到 5000 万元人民币以上的为限额以上项目，以下的为限额以下项目。

3. 按功能不同划分

（1）工业建设项目　是生产性建设项目，类型繁多。

（2）民用建设项目　是供人们工作、学习、生活、娱乐、居住等方面活动的建设项目，一般称为非生产性建设项目。

（3）基础设施项目　是指能源项目、交通运输项目、邮电通信项目、水利项目以及道路、桥梁、地铁和轨道交通、污水排放、垃圾处理、地下管道、公共停车场和供水、供电、供气、供热等城市设施项目。

4. 按隶属关系不同划分

建设项目按隶属关系可分为中央项目、地方项目、合资项目等，其中合资项目有中央与地方合资，国内企业与国外企业合资，国内不同地区、不同行业、不同经济类型企业合资等形式。

5. 按用途和投资主体的活动范围划分

（1）竞争性项目　主要是指投资收益水平比较高、市场调节比较灵敏、具有市场竞争能力的行业部门的相关项目。如工业（不含能源）；建筑业；商业、供销仓储业；房产、公用、服务、咨询业；金融、保险和其他行业。根据我国投融资体制改革的要求，竞争性投资项目的投融资应直接面向市场，由企业自主决策，自担风险，通过市场筹资、建设、经营。

（2）基础性项目　主要是指具有一定自然垄断、建设周期长、投资量大而收益较低的基础产业和基础设施项目。如农、林、牧、渔、水利设施；能源；交通、邮电、通信业；地质普查和勘探业；部分支柱产业项目和其他重点项目。其中一部分属于在一定时期具备市场竞争条件的项目，其投融资应在政府引导的前提下，逐步推向市场。对那些不具备市场条件的项目，其投融资应由各级政府负责。

（3）公益性项目　是指那些非盈利性和具有社会效益性的项目。如文、教、科研、卫生、体育、环保、广播电视等设施；公、检、法、司等政权设施；政府、社会团体、国防设施。公益性项目的这种特性决定了其投融资应由政府承担，即由政府运用财政性资金采取无偿和追加拨款的方式进行投资建设。

此外，按项目的目标，分为经营性项目和非经营性项目；按项目经济评价的产出属性（产品或服务），分为公共项目和非公共项目；按项目的融资主体，分为新设法人项目和既有法人项目。

（二）建设项目的特征

建设项目除具有项目的一般特征外，还具有以下一些特征。

1. 空间的固定性

建设项目都含有一定的建筑或建筑安装工程，都必须固定在一定的地点，都必须受项目所在地的资源、气候、地质等条件制约，受到当地政府以及社会文化的干预和影响。工程项目既受其所处环境的影响，同时也会对环境造成不同程度的影响。

2. 生产的约束性

建设项目的约束条件主要有：时间约束，即要有合理的建设工期目标限制；资源约束，即有一定的投资总额、人力、物力等条件限制；质量约束，即每项工程都有预期的生产能力、技术水平或使用效益及质量要求目标。

3. 产品的多样性

建设项目由于其用途互不相同、规格要求各异、场地条件的限制等原因，其产品也多种多样。每一个建设项目都有其各自的施工特点，不能完全重复生产。

4. 环境的开放性

建设项目是在开放的环境条件下进行施工的，由于其体型庞大，不可能移入室内环境中进行施工，作业条件常常是露天的。因此，易受环境的干扰，不确定的影响因素较多。

5. 过程的一次性

建设项目实施完成后，很难推倒重来，具有不可逆转性，否则将会造成大量的损失，因而其风险较大，与批量生产产品有着本质区别。

6. 施工的专业性

建设项目的施工有其特定的技术规范要遵守，各种施工规范是建筑产品生产必须遵循的法律依据。同时，要按科学的施工程序和工艺流程组织施工，需使用各种专用的设备和工具。建设项目的施工是一种专业性较强的以专门的知识和技术为支撑的工作任务。

7. 品质的强制性

建设项目被列为国家政府监督控制的部门，从征地、报建、施工到竣工验收等各个环节，都会受到政府及相关部门的监督和管理，它是在政府的监管过程中进行建设的。不像其他产品，一般要进入市场后才可能受到政府部门的监督和管理。

8. 组织的协调性

建设项目需要内外部各组织多方面的协调和配合，否则难以顺利地完成任务。如到政府部门办理各种建设手续、解决施工用水和供电及相关各方的配合等。

以上是建设项目的一般特征，而现代建设项目还具有一些新的特征，如建设规模日趋庞大、组成结构日趋复杂化、技术密集性、资金密集性、商务纠纷纷繁、与环境相关性日趋密切、工程风险日趋增大等。

三、建设项目周期

一个建设项目要经历投资前期、建设期及运营期三个时期，其全过程如图 7-1 所示。

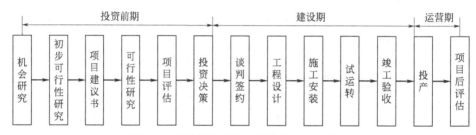

图 7-1　项目投资决策和建设全过程示意图

其中，可行性研究是项目投资前期阶段中的一项重要工作，是研究和控制的重点。通过项目的可行性研究，可以避免和减少项目投资决策的失误、强化投资决策的科学性和客观性，提高项目的综合效益。

第二节　可行性研究及可行性研究报告的编制

所谓可行性研究（Feasibility Study），是运用多种科学手段（包括技术科学、社会学、经济学及系统工程学等）对投资项目的必要性、可行性、合理性进行技术经济论证的综合科学。其基本任务是通过广泛的调查研究，综合论证一个投资项目在技术上是否先进、实用和可靠，在经济上是否合理，在财务上是否盈利，为投资决策提供科学的依据。同时，可行性研究还能为银行贷款、合作者签约、工程设计等提供依据和基础资料，它是决策科学化的必要步骤和手段。

一、可行性研究的产生和发展

1844 年，法国工程师杜比首创了费用效益系统分析法，将费用效益分析方法引进到项目评估与决策之中，成为科学的项目分析方法建立的主要标志。但杜比提出的理论和方法只能算是项目分析的雏形。1902 年，美国颁布了《河港法》，以法律的形式规定了河流和港口项目的分析方法。《河港法》涉及一些现代意义的可行性研究的基本原理。但现代意义的可行性研究产生于 20 世纪 30 年代，当时世界性经济大萧条使得一些西方发达国家的政府施行新经济政策，兴办公共建设工程，出现了公共项目评价方法。1936 年，美国为了有效地控制洪水，大兴水利工程，颁布了《全国洪水控制法》，该法正式规定了运用成本效益分析方法评价洪水控制和水域资源开发项目。可行性研究从其产生到现在，经过百年的推广及广泛应用、充实和完善，逐步形成了一整套比较系统的科学研究方法。具体来说，大致经历了以下三个发展阶段。

第一阶段，从 20 世纪初到 50 年代前期。在这一阶段，工程项目可行性研究主要采用财务分析法，即从微观角度出发，通过对工程项目的收入和支出的简单比较来判断工程项目的优劣，并依此来决定工程项目的取舍。此阶段财务分析法的主要缺陷是它不能对公用事业项目给国家及社会带来的经济效益问题进行有效的评价和分析。

第二阶段，从 20 世纪 50 年代初到 60 年代末期。在这一阶段，工程项目可行性研究从侧重于财务分析发展到同时从微观和宏观角度来评价工程项目的经济效益，以"社会净收益"为理论基础的费用-效益分析法作为工程项目评价的方法被普遍接受。在这一时期，美国于 1950 年颁布了《内河流域项目经济分析的实用方法》，规定了测算费用效益比率的原则性程序。1958 年荷兰经济学家丁伯根首次提出了在经济分析中使用影子价格的主张。在这以后，世界银行和联合国工业发展组织（UNIDO）都在其贷款项目的评价中同时采用了财务分析和经济分析两种方法。

第三阶段，从 20 世纪 60 年代末期到现在。这一阶段，工程项目可行性研究的分析在以往的基础上又采用了社会分析法，即把增长目标和公平目标（二者合称为国民福利目标）结合在一起作为选择工程项目的标准。这一阶段的主要研究成果有：1968 年和 1974 年，由牛津大学的李托和穆里斯分别编写的《发展中国家工业项目分析手册》和《发展中国家项目评价和规划》；1972 年、1978 年和 1980 年，联合国工业发展组织编写的《项目评价准则》、《工业可行性研究手册》以及《工业项目评价手册》等。这些研究成果的出版，标志着工程项目可行性研究朝着规范和标准的方向发展，为可行性研究的推广和应用作出了积极的贡献。

我国自 1979 年开始，在总结新中国建立后经济建设经验教训的基础上，引进了可行性研究，并将其用于工程项目建设前期的技术经济分析。1981 年，原国家计委正式下文，明确规定："把可行性研究作为建设前期工作中一个重要技术经济论证阶段，纳入基本建设程序。"1983 年，原国家计委又下发了《关于建设项目进行可行性研究的试行管理办法》，重申"建设项目的决策和实施必须严格遵守国家规定的基本建设程序"，"可行性研究是建设前期工作的重要内容，是基本建设程序中的组成部分"，在这之后，原国家计委又于 1987 年、1993 年颁布了《建设项目经济评价方法与参数》第一版、第二版，为规范工程项目的可行性研究和科学决策工程项目投资提供了指导原则。2004 年《国务院关于投资体制改革的决定》指出，为体现投资自主权，对于企业不使用政府投资建设的项目，一律不再实行审批制，区别不同情况实行核准制和备案制。凡《政府核准的投资项目目录》中规定的"由国务院投资主管部门核准"的项目，由国务院主管部门会同行业主管部门核准，其中重要项目报国务院核准；《政府核准的投资项目目录》中规定"由地方政府投资主管部门核准"的项目，由地方政府投资主管部门会同同级行业主管部门核准。其中，政府仅对重大项目和限制类项目从维护社会公共利益角度进行核准，其他项目无论规模大小，均实行备案制。对企业投资建设实行核准的项目，仅需向政府提交项目申请报告，不再经过批准项目建议书、可行性研究报告和开工报告等程序。对于企业使用政府补助、转贷、贴息投资建设的项目，政府只审批资金申请报告。2006 年，按照国家投资体制改革的总体要求，国家发改委会同建设部对《建设项目经济评价方法与参数》第二版进行了修订，颁布了《建设项目经济评价方法与参数》第三版。

二、可行性研究的作用

对项目进行可行性研究的主要目的在于为投资决策从技术经济多方面提供科学依据，以提高项目投资决策的水平，提高项目的投资经济效益。具体来说，项目的可行性研究具有以下作用。

① 作为经济主体投资决策的依据。一个项目的成功与否及效益如何，会受到社会的、自然的、经济的、技术的诸多不确定因素的影响，而项目的可行性研究，有助于分析和认识这些因素，并依据分析论证的结果提出可靠的或合理的建议，从而为项目的决策提供强有力的依据。

② 作为向银行等金融机构或金融组织申请贷款、筹集资金的依据。银行是否给一个项目贷款融资，其依据是这个项目是否能按期足额归还贷款本息。银行只有在对贷款项目的可行性研究进行全面细致的分析评价之后，才能确认是否给予贷款。例如，世界银行等国际金融组织都视项目的可行性研究报告为项目申请贷款的先决条件。

③ 作为编制科研试验计划和新技术、新设备需用计划以及大型专用设备生产与安排的依据。项目拟采用的重大新技术、新设备必须经过周密慎重的技术经济论证，确认可行，方能拟定研究和制造计划。

④ 作为签订有关合同、协议的依据。项目的可行性研究是项目投资者与其他单位进行谈判，签订承包合同、设备订货合同、原材料供应合同、销售合同及技术引进合同等的重要依据。

⑤ 作为该项目工程建设的基础资料。建设项目的可行性研究报告，是项目工程建设的重要基础资料。项目建设过程中的任何技术性和经济性的更改，都可以在原可行性研究报告的基础上通过认真分析得出项目经济效益指标变动程度的信息。

⑥ 作为项目机构设置、职工培训、生产组织的依据。根据批准的可行性研究报告，进行与建设项目有关的生产组织工作，包括设置相宜的组织机构，进行职工培训，合理地组织生产等工作安排。

⑦ 作为环保部门审查项目环境影响的依据。

⑧ 作为向项目所在地政府和规划部门申请建设执照的依据。

⑨ 作为项目进行后评价的依据。

要对投资项目进行投资建设活动全过程的事后评价，就必须以项目的可行性研究作为参照物，并将其作为项目后评价的对照标准，尤其是项目可行性研究中有关效益分析的指标，无疑是项目后评价的重要依据。

三、项目可行性研究的基本要求

可行性研究作为项目的一个重要阶段，不仅起到细化项目目标的承上启下的作用，而且其研究报告是项目决策的重要依据。只有正确的符合实际的可行性研究，才可能有正确的决策。具体要求如下。

① 大量调查研究，以第一手资料为依据，客观地反映和分析问题，不应带任何主观观点和其他意图，可行性研究的科学性常常是由调查的深度和广度决定的。项目的可行性研究应从市场、法律和技术经济的角度来论证项目可行或不可行，而不是对已决定上马的项目，找一些依据证明决定的正确性。

② 可行性研究应详细、全面，定性和定量分析相结合，用数据说话，多用图表表示分析的依据和结果，可行性研究报告应透彻明了。常用的方法有：数学方法、运筹学方法、经济统计和技术经济分析方法等。

③ 多方案比较，无论是项目的构思，还是市场战略、产品方案、项目规模、技术措施、

厂址选择、时间安排、筹资方案等，都要进行多方案比较。应大胆地设想各种方案，进行精心的研究论证，按照既定目标对备选方案进行评估，以选择经济合理的方案。

④ 在可行性研究中，许多考虑是基于对将来情况的预测上的，而预测结果中包含着很大的不确定性，例如项目的产品市场、项目的环境条件，参加者的技术、经济、财务等各方面都可能有风险，所以要加强风险分析。

⑤ 可行性研究的结果作为项目的一个中间研究和决策文件，在项目立项后应作为设计和计划的依据，在项目后评价中又作为项目实施成果评价的依据。可行性研究报告经上层审查、评价、批准，然后进行项目立项。这是项目生命期中最关键性的一步。可行性研究报告应在以下几个方面达到使用要求。

① 可行性研究报告应能充分反映项目可行性研究工作的成果，内容齐全，结论明确，数据准确，论据充分，满足决策者确定方案和项目决策的要求。

② 可行性研究报告选用主要设备的规格、参数应能满足预订货的要求。引进技术设备的资料应能满足合同谈判的要求。

③ 可行性研究报告中的重大技术、经济方案，应有两个以上方案的比选。

④ 可行性研究报告中确定的主要工程技术数据，应能满足项目初步设计的要求。

⑤ 可行性研究报告中构造的融资方案，应能满足银行等金融部门信贷决策的需要。

⑥ 可行性研究报告中应反映可行性研究过程中出现的某些方案的重大分歧及未被采纳的理由，以供委托单位或投资者权衡利弊进行决策。

⑦ 可行性研究报告应附有评估、决策（审批）所必需的合同、协议、意向书、政府批件等。

四、可行性研究的工作阶段

根据联合国工业发展组织（UNIDO）编写的《工业可行性研究手册》的规定，项目投资前期的可行性研究工作分为机会研究（投资机会鉴定）、初步可行性研究（预可行性研究）、详细可行性研究（最终研究，也称可行性研究）、项目评估与决策四个阶段。

1. 机会研究

机会研究的主要任务是捕捉投资机会，为拟建工程项目的投资方向提出轮廓性建议。它又可以分为一般机会研究和工程项目机会研究。一般机会研究是指以某个地区、某个行业或部门、某种资源为基础所进行的投资机会研究。工程项目机会研究是在一般机会研究基础上以工程项目为对象进行的机会研究，通过工程项目机会研究将项目设想落实到工程项目投资建议，以吸引投资者的注意和增大投资者的兴趣，并引导其确定投资意向。这一阶段的工作内容相对比较粗略、简单，一般可根据同类或类似工程项目的投资额及营运成本来估算拟建工程项目的投资额与营运成本，初步分析投资效果。如果投资者对该项目设想或机会感兴趣，则可转入下一步的可行性研究工作；否则，就停止研究工作。机会研究的估算精度一般控制在±30％以内，所需时间约为1～3个月，所需费用约占投资额的0.2％～1.0％。

2. 初步可行性研究

一般地，对要求较高或比较复杂的工程项目，仅靠机会研究尚不能决定项目的取舍，还需要进行初步可行性研究，以进一步判断工程项目的生命力。初步可行性研究是介于机会研究和可行性研究的中间阶段，是在机会研究的基础上进一步弄清拟建项目的规模、选址、工艺设备、资源、组织机构和建设进度等情况，以判断其是否有可能和有必要进行下一步的可行性研究工作。其研究内容与详细可行性研究的内容基本相同，只是深度和广度略低。

这一阶段的主要工作有：分析投资机会研究的结论；对关键性问题进行专题的辅助性研究；论证项目的初步可行性，判定有无必要继续进行研究；编制初步可行性研究报告。

初步可行性研究阶段对工程项目投资的估算一般可采用生产能力指数法、因素法和比例法等估算方法。估算精度一般控制在±20％以内，所需时间约为4～6个月，所需费用约占投资额的0.25％～1.25％。

3. 详细可行性研究

这一阶段的可行性研究亦称可行性研究，是对工程项目进行详细、深入的技术经济论证阶段，是工程项目决策研究的关键环节。其研究内容主要有以下几个方面。

① 实施要点，即简单说明研究的结论和建议。

② 工程项目背景和历史。

③ 工程项目的市场研究及项目的生产能力，列举市场预测的数据、估算的成本、价格、收入及利润等。

④ 工程项目所需投入的资源情况。

⑤ 工程项目拟建的地点。

⑥ 工程项目设计，旨在说明工程项目设计最优方案的选择、工程项目的总体设计、建筑物的布置、材料及劳动力的需要量、建筑物和工程设施的投资估算等。

⑦ 工程项目的管理费用。

⑧ 人员编制，根据工程项目生产能力的大小及难易程度，得出所需劳动力的构成、数量及工资支出等。

⑨ 工程项目实施设计，说明工程项目建设的期限和建设进度。

⑩ 工程项目的财务评价和经济评价。

这一阶段的估算精度一般控制在±10％以内，所需时间约为8～12个月或者更长时间，大项目所需费用约占投资额的0.8％～1.0％，小中项目约占投资额的1.0％～3.0％.

4. 项目评估与决策

工程项目评估是在可行性研究报告的基础上进行的，其主要任务是综合评价工程项目建设的必要性、可行性和合理性，并对拟建工程项目的可行性研究报告提出评价意见，最终决定工程项目投资是否可行并选择满意的投资方案。

由于基础资料的占有程度、研究深度及可靠程度等要求不同，可行性研究各阶段的工作性质、工作内容、投资成本估算精度、工作时间与费用也各不相同，它们之间的关系具体可见表7-1。

表 7-1　可行性研究的阶段划分

工作阶段	机会研究	初步可行性研究	详细可行性研究	项目评估与决策
工作性质	项目设想	项目初选	项目拟定	项目评估
工作内容及成果	鉴别投资方向，寻找投资机会，提出项目建议，为初步选择项目提供依据	对项目进行专题辅助研究，编制初步可行性研究报告，确定是否进行详细可行性研究，进一步判断项目的生命力	对项目进行深入细致的技术经济论证，编制可行性研究报告，提出结论性意见，为项目投资决策提供依据	综合分析各种效益，对可行性研究报告进行评估和审核，分析判断项目可行性研究的可靠性和真实性，提出项目评估报告，对项目作出最终决策
投资估算精度/%	30	20	10	10
费用占投资的比例	0.2％～1.0％	0.25％～1.25％	大项目0.8％～1.0％；小中项目1.0％～3.0％	—
所需时间/月	1～3	4～6	8～12或更长	—

五、可行性研究的内容与可行性研究报告的编制依据

可行性研究工作的最后成果是编制一份可行性研究报告作为正式文件。可行性研究的内容构成了可行性研究报告的主要内容。需要注意的是，可行性研究不必将所有工作过程和内容都展示出来，此外只需详细说明最优方案，简述其他备选方案的情况。可行性研究报告是确定建设项目、编制设计文件的重要依据。所有基本建设项目都要在可行性研究通过的基础上，选择经济效益最好的方案编制可行性研究报告，由于可行性研究报告是项目最终决策和进行初步设计的重要文件，因此要求它必须有相当的深度和准确性。

（一）可行性研究的内容

根据国家规定，一般工业建设项目的可行性研究应包括以下 12 个方面的内容。

1. 总论

说明项目提出的背景、投资环境、项目投资建设的必要性和经济意义，项目投资对国民经济的作用和重要性；提出项目调查的主要依据、工作范围和要求；项目的历史发展概况，项目建议书及有关审批文件；综述可行性研究的主要结论、存在的问题与建议，列表说明项目的主要技术经济指标。

2. 需求预测和拟建规模

国内、国外市场需求的调查与预测；国内现有工厂生产能力的估计；销售预测、价格分析、产品竞争能力、进入国际市场的前景；拟建项目的规模、产品方案和发展方向的技术经济比较和分析。

3. 原材料、能源及公用设施情况

经过储量委员会正式批准的资源储量、品位、成分以及开采、利用条件的评述；原料、辅助材料、燃料的种类、数量、来源和供应可能；有毒、有害及危险品的种类、数量和储运条件；材料试验情况；所需动力（水、电、气等）、公用设施的数量、供应方式、供应条件、外部协作条件以及所签协议、合同或意向的情况。

4. 建厂条件和厂址方案

建厂的地理位置、气象、水文、地质、地形条件和社会经济现状；交通、运输及水、电、气的现状和发展趋势；厂址比较和选择意见，厂址占地范围、厂区总体布置方案、建设条件、地价、拆迁及其他工程费用情况。

5. 设计方案

项目的构成范围（包括主要的单项工程）、技术来源和生产方法，主要技术工艺和设备造型方案的比较，引进技术、设备来源国别、与外商合作制造的设想；全厂布置方案的初步选择和土建工程量估算；公用辅助设施和厂内外交通运输方式的比较和初步选择。

6. 环境保护与劳动安全

对建厂具体地区历史和现在的环境调研，以及建设项目投产后对环境影响的预测；制定环境保护措施和"三废"治理方案，如防止公害的主要措施、三废处理和劳动保护的主要方法；编制审批环境影响报告书（附建设项目环境影响评价资格证书的单位所完成的"环境影响报告书"）。

我国是最早实施建设项目环境影响评价制度的发展中国家之一。1979 年，第五届全国人大常委会第十一次会议通过了《中华人民共和国环境保护法（试行）》，首次把对建设项目进行环境影响评价作为法律制度确立下来。以后陆续制定的各项环境保护法律，均含有建设项目环境影响评价的原则规定。自 2003 年 9 月 1 日起施行《环境影响评价法》。根据《环境影响评价法》的规定，环境影响评价的对象包括法定应当进行环境影响评价的规划和建设项目两大类。我国环境影响评价制度的建立和实施，对于推进产业合理布局和企业的优化选址，预防开发建设活动可能产生的环境污染和破坏，发挥了不可替代的积极作用。

7. 企业组织、劳动定员和人员培训

企业组织、劳动定员和人员培训包括：全厂生产管理体制及机构设置的论述；在项目进展的各个不同时期需要的各种级别管理人员、工程技术人员、工人及其他人员数量、水平以及来源；人员培训规划和费用的估算。

8. 项目实施进度的建议

项目实施进度的建议包括：项目建设的基本要求和总安排；勘察设计、设备制造、工程施工、安装、调试、投产及达产所需时间和进度的要求；论述最佳实施计划方案的选择，并用线条图或网络图来表示。

9. 投资估算与资金筹措

投资估算与资金筹措包括：主体工程和协作配套工程所需的投资；营运资金的估算；资金来源、筹措方式及贷款的偿付方式。

10. 社会及经济效果评价

社会及经济效果评价主要包括：财务评价、费用效益分析、社会影响评价、风险与不确定性分析。

（1）财务评价 微观的财务评价是项目经济评价的重要组成部分。财务评价是根据国家现行财税制度和现行价格，分析测算项目的效益和费用，考察项目的获利能力、清偿能力及外汇效果等财务状况，从企业财务角度分析、判断工程项目是否可行，为投资决策提供可靠的依据。

（2）费用效益分析 宏观的费用效益分析是从国家整体角度考察项目的效益和费用，用影子价格、影子工资、影子汇率和社会折现率，计算分析项目给国民经济带来的净收益，评价项目经济上的合理性，它是考虑项目或方案取舍的主要依据。

（3）社会影响评价 国际组织委员会（简称ICGP）在1994年对"社会影响"进行了定义："社会影响"作为社会影响评价的对象，是指任何公共或私人行为的后果，带来人们生活、工作、游憩活动中相互关系和组织协作方式的改变，以及在文化层面的影响，如规范、价值观、信仰的改变，从而指导他们对自我和社会认知的形成，并使其合理化。社会影响评价主要应用于发展项目和投资项目中，目的是优化项目的政策建议，规避项目带来的各种风险。

世界银行曾选择50多项重大投资项目作了一次专门研究，比较这些项目在可行性论证阶段预设的经济收益率和运行5年后的实际经济收益率，结论是，在做过社会影响评价的项目中，基本接近或超过预设经济收益率的比例大约是85%，而未做社会影响评价的项目的这一比例要低得多。

2002年原国家计委审定批准发布了《投资项目可行性研究指南》。在该指南中，正式将社会评价作为投资项目可行性研究的重要组成部分。该指南要求对那些社会影响因素复杂、项目投资的社会影响久远、社会效益显著、社会矛盾突出、社会风险较大的投资项目，应进行社会评价。《投资项目可行性研究指南》虽然建议在重大投资项目可行性论证中引入社会影响评价，然而未作硬性规定，更多是作为投资项目的核准报告，不具有法律的强制性。

（4）风险与不确定性分析 风险与不确定性分析的主要内容有项目盈亏平衡分析、敏感性分析；项目主要风险识别；风险程度分析；防范风险对策。

11. 其他内容

如2001年6月18日我国实施了《建设项目可行性报告增加招标内容以及核准招标事项暂行规定》，明确了依法必须进行招标的工程建设项目中，按照工程建设项目审批管理规定，凡应报送项目审批部门审批的，必须在报送的项目可行性研究报告中增加有关招标的内容。在项目可行性研究报告中增加的招标内容包括以下几点。

① 建设项目的勘察、设计、施工、监理以及重要设备、材料等采购活动的具体招标范围（全部或者部分招标）。

② 建设项目的勘察、设计、施工、监理以及重要设备、材料等采购活动拟采用的招标组织形式（委托招标或者自行招标）；拟自行招标的，还应按照《工程建设项目自行招标试行办法》（国家发展计划委员会令第5号）规定报送书面材料。

③ 建设项目的勘察、设计、施工、监理以及重要设备、材料等采购活动拟采用的招标方式（公开招标或者邀请招标）；国家发展计划委员会确定的国家重点项目和省、自治区、直辖市人民政府确定的地方重点项目，拟采用邀请招标的理由作出说明等。

12. 结论与建议

结论与建议，即建设方案的综合性分析评价与方案选择，运用各项数据，从技术、经济、社会以及项目财务等方面论述建设项目的可行性，推荐一个以上的可行性方案，提供决策参考，指出项目存在的问题、改进建议及结论性意见。

综上所述，项目可行性研究的基本内容可概括为三个部分。第一部分是市场调查和预测，说明项目建设的"必要性"。第二部分是建设条件和技术方案，说明项目在技术上的"可行性"。第三部分是经济效益和社会效益的评价和分析，是可行性研究报告的核心，说明项目在经济上的"合理性"。可行性研究就是主要从这三个方面对项目进行优化研究，并为投资者提供依据。

上述可行性研究的内容主要是针对新建工业项目而言的，鉴于建设项目的性质、任务、规模及工程复杂程度不同，可行性研究的内容有所侧重的深度和广度不尽一致。改扩建工业项目的可行性研究，应增加对企业情况及原有固定资产利用的说明和分析。非工业项目的可行性研究内容，应结合该行业特点，参照工业项目的要求，进行适当调整。对于技术引进和设备进口的中小型工交项目及农业、商业、文教卫生等项目，如果经济技术条件不太复杂，协作关系比较简单，可行性研究的内容可以简化。

（二）可行性研究报告的编制依据

1. 国民经济中长期发展规划和产业政策

国家和地方国民经济和社会发展规划是一个时期国民经济发展的纲领性文件，对项目建设具有指导作用，另外，产业发展规划也同样可以作为项目建设的依据。

2. 项目建议书

项目建议书是工程项目投资决策前的总体设想，主要论证项目的必要性，同时初步分析项目建设的可能性，它是进行各项投资准备工作的主要依据。基础性项目和公益性项目只有经国家主管部门核准后，并列入建设前期工作计划后，方可开展可行性研究的各项工作。可行性研究确定的项目规模和标准原则上不应突破项目建议书相应的指标。

3. 委托方的意图

可行性研究的承担单位应充分了解委托方建设项目的背景、意图、设想，认真听取委托方对市场行情、资金来源、协作单位、建设工期以及工作范围等情况的说明。

4. 有关的基础资料

进行厂址选择、工程设计、技术经济分析需要可靠的自然、地理、气象、水文、地质、经济、社会等基础资料和数据。对于基础资料不全的，还应进行地形勘测、地质勘探、工业试验等补充工作。

5. 有关的技术经济规范、标准、定额等指标

例如，钢铁联合企业单位生产能力投资指标、饭店单位客房投资指标等，都是进行技术经济分析的依据。

6. 有关经济评价的基本参数和指标

例如，基准收益率、社会折现率、基准投资回收期、汇率等，这些参数和指标都是对工程项目经济评价结果进行衡量的重要依据。

第三节　市场调查

市场调查是运用科学的方法，有目的、系统地收集、整理有关市场的信息，并对所获得的数据与资料进行深入地分析研究，掌握市场现状和发展趋势的过程。市场调查是市场预测的基础，是项目可行性研究的起点。

一、市场调查的内容

（一）市场需求调查

市场需求调查是市场调查的主要内容。主要包括市场商品需求总量调查、市场商品需求结构调查以及市场需求相关因素调查。

1. 市场商品需求总量调查

市场商品需求总量调查是对全国或地区市场商品的需求总量调查。它是从宏观上对市场需求的调查研究。它由居民购买力和社会集团购买力决定。市场商品需求总量的调查，一般由国家统计局和各地统计局以及经济管理部门组织此项调查。企业可以应用文案调查法获得这一方面的市场信息资料。

2. 市场商品需求结构调查

市场商品需求结构调查包括的内容有两个方面。

（1）对消费者需求比例的调查　对消费者吃、穿、住、行等需求比例的调查，即居民各种消费支出占消费总支出的比例有多大。这属于宏观的需要结构，一般由政府有关机构进行调查。

（2）对每类商品需求的具体结构的调查　了解每类商品的品种、规格、款式、价格、数量等需求的具体结构，属于微观需求结构，一般由企业开展调查。

通过市场需求结构调查，可以详细了解市场需要的是何种特征的商品及多少数量，从而为企业的生产、经销决策提供依据。

3. 市场需求相关因素调查

为了准确把握市场需求总量和市场需求结构调查，还要进行与市场需求总量和市场需求结构相关的因素调查。市场需求相关因素的调查，主要是对人口数量及构成、家庭及其构成、消费者个人或家庭可支配收入和消费者消费特点等因素进行调查。

（1）人口数量及构成　人口数量是计算市场需求量时必须考虑的因素。因为人口数量多，对商品的需求量就大，尤其是日常食品和日用工业品这类商品，其需求量随着人口的增加必然增加。

市场需求不仅与人口数量有关，还与人口构成有关。由于人口的性别、年龄、职业、文化程度、民族等的不同，因此其消费投向会有很大的差异。如当前我国已进入老龄化社会，老龄化社会催生银色产业。

（2）家庭及构成　家庭是由消费者组成的消费品的基本购买单位。全国或地区的家庭户数及其构成是影响商品需求的重要因素。家庭规模的大小决定家庭户数的多少。目前，我国家庭向小型化发展，会增加许多以家庭为单位的消费商品的需求数量，也会改变需求的品种。

（3）消费者个人或家庭可支配收入　消费者需求数量、需求结构等受其个人及其家庭可支配收入多少的影响。19世纪德国统计学家恩格尔根据统计资料，对消费结构的变化得出一个规律：一个家庭收入越少，家庭收入中（或总支出中）用来购买食物的支出所占的比例就越大，随着家庭收入的增加，家庭收入中（或总支出中）用来购买食物的支出比例则会下降。推而广之，一个国家越穷，每个国民的平均收入中（或平均支出中）用于购买食物的支出所占比例就越大，随着国家的富裕，这个比例呈下降趋势。

（4）消费者消费特点调查 满足消费者的需求是企业生产和营销的根本任务。所以，消费者调查是企业市场调查的主要内容。消费者调查的内容主要有：现有消费者的数量及地区分布状况；消费者的背景材料（如性别、年龄、职业、民族、文化程度、收入状况等）；消费者对产品及服务的满意程度评价，消费者的购买心理和购买行为等。

① 消费者心理需要调查。消费者心理需要是促成消费者购买行为的关键因素。所以非常有必要调查消费者出于何种心理需要来购买某种商品，怎样去迎合这种心理需要进行产品的宣传。消费者购买心理是多种多样的，如经济心理需要，即注重经济实惠、价廉物美、货价相等的心理需要。好奇心理需要，即追求新颖、奇特的心理需要。美观心理需要，要求商品美观、使人赏心悦目或产生舒适感的需要。求名心理的需要，即要求商品必须是名牌，以便能体现自己社会、经济地位的需要。这说明，不同的消费心理，对产品和服务的要求也不同。

② 消费者购买行为调查。主要是对消费者购买行为的类型，购买行为模式的调查。消费者购买行为类型表现在消费者不同的购买态度上。例如，理智型购买，即根据自己的经验和学识判别商品，对商品进行认真的分析、比较和衡量后才作出决定；感情型购买，即在购买时因感情因素的支配，容易受到某种宣传和广告的吸引，经常以商品是否符合感情的需要进行购买；冲动型购买，即消费者为商品的某一方面（商标、样式、价格等）所强烈吸引，迅速作出购买决策，而不愿对商品作反复比较；经济型购买，即消费者多从经济方面着眼考虑购买，特别是对价格非常敏感，购买高级商品以求好或购买低级商品以求廉的购买行为。不仅要了解消费者不同的购买类型，还要了解消费者的购买行为模式，即何时购买，何处购买，如何购买，由谁购买。对上述内容进行调查，便于企业探索消费者行为的活动规律，使企业能根据消费者的行为确定项目的定位以及项目的营销策略。

（二）市场环境调查

企业的生产、经营活动离不开所处的社会环境。一个国家或地区的环境是由政治法律环境、经济环境、社会文化环境、技术环境、自然环境等方面所组成的。企业只有在了解的基础上去适应它，才能取得经营的成功。对社会环境的调查包括以下几个方面。

1. 政治法律环境调查

市场政治法律环境主要是指国家或地区的政局是否稳定、政策是否连续、政府是否廉洁、政府的办事效率，以及各项政策、方针、法律、法规等对市场活动的影响。

2. 经济环境调查

经济环境调查主要是对一个国家或地区的 GDP 及其增长率、工农业生产发展状况、自然资源和能源的开发、供应状况、进出口产品数量及变化状况、税收和银行利率及其变动、通货膨胀率、汇率以及国际经济环境相关因素等的调查。如经济发展水平增长快，就业人员就会相应增加。而失业率低，企业开工率高以及经济形势的宽松，必然引起消费需求的增加和消费结构的改变；反之，需求量就会减少。又如进出口产品数量及其变化会在很大程度上影响相关企业产品的生产和销售。因此企业必须重视经济环境的调查。

3. 社会文化环境调查

社会文化环境调查主要是对消费者的文化背景以及社会教育水平、民族与宗教状况、风俗习惯、社会心理等的调查。消费者的文化水平和社会教育水平，是影响消费水平和消费结构的重要因素。一般来说，不同社会教育水平下不同文化程度的消费者，具有不同的消费观念和消费结构。民族与宗教状况也是对市场产生重要影响的社会文化因素。由于各民族有着自己的传统民俗，也具有相对集中的生活地域，因而形成了独特的消费需求。

4．技术环境调查

技术环境调查主要是对行业技术发展趋势和新产品开发动向的调查。当代科学技术发展日新月异，对社会经济生活影响越来越大。这就要求企业密切注意科技进步的新动向，不断研制开发新产品，采用新工艺、新材料、新能源，利用新技术改善营销管理，从而发挥科学技术是第一生产力的作用。

对于建设项目而言，自然环境中诸如气候、地理等因素调查具有重要意义。

（三）产品调查

这一方面的调查主要有：产品实体调查、产品包装调查、产品生命周期调查。

1．产品实体调查

产品实体调查是对产品本身的性能质量、规格、品种等因素的调查。

（1）产品性能质量调查　产品性能质量是产品最基本的内容，也是消费者或用户最为关注的问题。产品的性能质量，直接关系到产品的有用性、耐用性、安全性、维修方便性等问题。例如，某企业在对热水器市场进行调查中了解到，热水器的安全性是消费者购买热水器所考虑的最重要的因素。为此，该企业狠抓热水器质量，很快就使产品质量达到国内一流水平，产品大受消费者欢迎。

（2）产品规格、式样、颜色、品味等方面的调查　消费者的需求是丰富多彩的，不同的消费者对产品的规格、式样、颜色、品味等有不同的爱好和需求。企业通过这一方面的调查，努力生产、销售各种规格、各种式样、各种颜色、各种品味的产品，满足消费者的不同需求。

2．产品包装调查

现代商品包装除了保护商品，保证商品安全外，还要起到美化商品、宣传商品，从而吸引消费者购买的作用。对产品包装的调查，主要是要了解商品包装对消费者的吸引程度，什么样的产品包装能受到消费者的喜爱，现有的产品包装功能是否完善。

3．产品生命周期调查

产品的生命周期包括引入期、增长期、成熟期和衰退期四个阶段。决策者首先要明确项目的产品处于生命周期的哪一阶段，所以需要在产品的销售量、利润率、经营者和消费者对产品的兴趣等方面进行调查。当产品处于引入期时，这时产品初次进入市场，带有一定风险性。此时市场调查的重点应是：消费者选择此种产品的动机；消费者对此种产品价格的承受力；消费者对此种产品的需求程度。当产品处于增长期时，产品已在市场上保住了自己的阵地，并开始出现上升的势头，这时的调查内容应包括：产品受欢迎的原因；产品在哪些方面尚有不足，还需要改进；是否出现了竞争产品；潜在的消费需求量有多大。在产品的成熟期，产品已进入销售的最高点，市场上出现了多家竞争，此时生产或经营单位应考虑转向或改进产品，因而对市场的调查重点是消费者减少购买的原因以及竞争产品的优势。当企业已确定产品进入衰退期后，就要停止生产或经营，而转向其他产品。这时企业应着重调查，有何新产品替代老产品。

（四）销售和促销调查

1．销售渠道调查

销售渠道是指商品从生产者手中转移到消费者手中所经过的中间环节。销售渠道调查主要应调查：企业现有的销售渠道能否满足销售商品的需要；现有销售网点的布局是否合理、科学；销售渠道中各环节的商品运输、库存是否合理经济；各类中间商的营销实力如何？各类中间商对经销本商品有何要求。通过这些问题的调查，有助于企业选择更为合适的中间商，开辟更合理、效益更好的销售渠道。

2. 促销调查

促销的主要目的，是向消费者传递商品和服务信息，激发消费者的购买欲望，以便扩大销售。促销活动形式多样，除了人员推销外，还包括广告宣传、公关活动、现场演示、降价销售、有奖销售等。促销活动调查应着重调查消费者对促销活动的反映，了解消费者最喜爱的促销形式。具体内容包括：调查各种促销形式的特点，促销活动是否独具一格，具有创新性；是否突出了产品和服务特点，消费者接受程度如何；能否给消费者留下深刻印象，效果与投入比有无不良反应；是否最终起到了吸引顾客，争取潜在消费者的作用。

3. 销售服务调查

商品售前、售中、售后服务已日益成为广大消费者购买商品时考虑的重要因素。在生活水平提高的情况下，小件商品的售后服务并不被人们特别看重，而在耐用家电和一些技术性产品的购买上，服务是非常重要的考虑内容。正因为如此，企业之间的竞争往往在服务上做文章。对销售服务的调查应了解消费者服务需要的具体内容和形式；了解企业目前所提供的服务在网点数量、服务质量上能否满足的消费者的要求，消费者对目前服务的意见反映；调查了解竞争者提供服务的内容、形式和质量情况。

（五）竞争对手状况的调查

知己知彼，百战不殆。要想使项目产品处于有利地位，首先要对竞争对手进行调查，以确定项目的营销策略。竞争对手状况的调查，主要内容如下。

① 竞争对手的数量有多少？主要竞争对手是谁？

② 竞争对手的实力如何？如竞争对手的生产经营规模、拥有资金、产品质量、技术开发能力等。

③ 竞争对手采取什么样的营销策略，如产品定价、产品销售渠道和促销方式等。

④ 竞争对手的市场占有率。

⑤ 竞争对手产品质量和本企业产品质量的差距。

⑥ 消费者对竞争对手产品的认可程度和消费者对本企业产品的认可程度。

二、市场调查方法

（一）典型调查法、普遍调查法和抽样调查法

典型调查法是通过选取有代表性的样本进行调查，以达到对全部需求的基本认识，了解市场大体趋势。该方法的特点是调查单位少，信息汇总快，节省资源，可以收到事半功倍的效果。

普遍调查法是一次性对调查对象进行全面调查，以取得全面、精确的数字资料。该法的特点是信息准确度较高，但资源消耗比较大，需要的时间长。一般适用于使用范围较小的产品。

抽样调查法依照同等可能原则，在所调查对象的全部单位中，抽取一部分有代表性的样本进行调查，通过统计推理用调查分析结果推论全体。科学的抽样调查具有相当的准确性，消耗的资源和时间比较少。因此是市场调查普遍使用的方法。常用的抽样方法有单纯随机抽样、分层抽样、分群抽样等。

（二）间接调查法、访问调查法和观察法

间接调查法又称文案调查法，是指通过查看、阅读、检索、筛选、剪辑、购买、复制等手段收集二手资料的一种调查方法。文案调查的资料来源包括内部资料（如内部统计资料、财务资料、业务资料、其他资料）、外部资料以及国际互联网和在线数据库。间接搜集信息法可以为直接搜集信息提供指导，并对直接调查方法起弥补修正作用，可以鉴定、证明直接

调查法所获资料的可信度。间接搜集信息法应遵循先易后难、由近至远以及先内部后外部的原则。

访问调查法就是将所拟调查的事项，以面谈、电话或书面形式向被调查者提问，以获得所需资料信息的调查方法。访问调查法具体包括面谈调查、电话调查和问卷调查等方法。

观察法是指调查者到现场凭自己的视觉、听觉或借助摄录像器材，直接或间接观察和记录正在发生的市场行为或状况，以获取有关原始信息的一种实地调查法。观察法通常应用于商场顾客流量测定；车站码头顾客流量测定；主要交通道口车流量测定；对竞争对手进行跟踪或暗访观察；消费者购买行为与购买动机以及购买偏好调查；产品跟踪测试；商场购物环境、商品陈列、服务态度观察；生产经营现场考察与评估；作业研究，弥补询问调查法的不足等。按观察的形式不同分为直接观察法、间接观察法和实验观察法。

第四节　市场预测

市场预测是在市场调查的基础上，通过对市场资料的分析研究，运用科学的方法和手段推测市场未来的前景。市场预测的方法如图 7-2 所示。

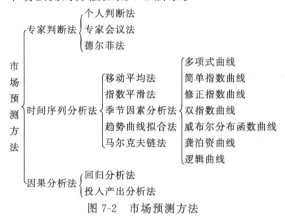

图 7-2　市场预测方法

本节介绍三种较为常用的市场预测方法：德尔菲法、移动平均法和回归分析法。

一、德尔菲法

德尔菲是古希腊地名。相传太阳神阿波罗在德尔菲杀死了一条巨蟒，成了德尔菲的主人。阿波罗不仅年轻英俊，而且对未来有很高的预见能力。在德尔菲有座阿波罗神殿，是一个预卜未来的神谕之地，于是人们就借用此名，作为这种方法的名字。德尔菲法最早出现于 20 世纪 50 年代末，是当时美国为了预测在其"遭受原子弹轰炸后，可能出现的结果"而发明的一种方法。1964 年美国兰德（RAND）公司的赫尔默（Helmer）和戈登（Gordon）发表了"长远预测研究报告"，首次将德尔菲法用于技术预测中，以后便迅速地应用于美国和其他国家。除了科技领域之外，德尔菲法几乎可以用于任何领域的预测，如军事预测、人口预测、医疗保健预测、经营和需求预测、教育预测等，此外，还用来进行评价、决策和规划工作，并且在长远规划者和决策者心目中享有很高的威望。据《未来》杂志报道，从 20 世纪 60 年代末到 70 年代中期，专家会议法和德尔菲法在各类预测方法中所占比重由 20.8% 增加到 24.2%。20 世纪 80 年代以来，我国不少单位也采用德尔菲法进行预测、决策分析和编制规划工作。

（一）德尔菲法的概念

德尔菲法是在专家个人判断法和专家会议法基础上发展起来的一种专家调查法，它是以不记名方式多轮征询专家意见，最终得出预测结果的一种集体经验判断法。德尔菲法本质上是一种反馈匿名函询法。其作法是，在对所要预测的问题征得专家的意见之后，进行整理、归纳、统计，再匿名反馈给各专家，再次征求意见，再集中，再反馈，直至得到稳定的意见。

（二）德尔菲法的特点

德尔菲法的主要特点是匿名性、多次反馈、小组的统计回答。

匿名性是德尔菲法的极其重要的特点，从事预测的专家彼此互不知道其他有哪些人参加预测，他们是在完全匿名的情况下交流思想的。

多次有控制的反馈是指小组成员的交流是通过回答组织者的问题来实现的。它一般要经过若干轮反馈才能完成预测。

以往，一个小组的最典型的预测结果是反映多数人的观点，少数派的观点至多概括地提及一下。但是这并没有表示出小组的不同意见的状况。小组的统计回答却不是这样，它报告一个中位数和两个四分点，其中一半落在两个四分点内，一半落在两个四分点之外。上下四分位数之间的区域为四分位区间。四分位区间大小反映专家意见的离散程度。区间越小，说明意见越集中。函询过程中，调查人员可根据四分位区间的大小确定是否需要进行下一轮函询。这样，每种观点都包括在这样的统计中了，避免了专家会议法的又一个缺点。

对某些长期的复杂的社会、经济、技术问题的预测，对某些无先例事件和突发事件的预测等，数学模型往往无能为力，只能使用德尔菲这一类专家预测方法。

（三）德尔菲法的程序

德尔菲法中的调查表与通常的调查表有所不同。通常的调查表只向被调查者提出问题，要求回答。而德尔菲法的调查表不仅提出问题，还兼有向被调查者提供信息的责任。它是专家们交流思想的工具。在德尔菲法过程中，始终有两个方面的人在活动：一是预测的组织者；二是被选出来的专家。德尔菲法采用时，一般视项目的大小和对市场预测的要求，选择20～50位对预测问题有深入研究、知识渊博、经验丰富、具有创造力和洞察力，并且参与性强的专家。征询专家意见采用"背靠背"的函询方式进行，一般进行3～4轮。

德尔菲法的程序是以轮来说明的。在每一轮中，组织者与专家都有各自不同的任务。

1. 第一轮

① 由组织者发给专家的第一轮调查表是开放式的，不带任何框框，只提出预测问题。请专家围绕预测主题提出预测事件。如果限制太多，会漏掉一些重要事件。

② 预测组织者要对专家填好的调查表进行汇总整理，归并同类事件，排除次要事件，用准确术语提出一个预测事件一览表，并作为第二轮调查表发给专家。

2. 第二轮

① 专家对第二轮调查表所列的每个事件作出评价。例如，说明事件发生的时间、叙述争论问题和事件或迟或早发生的理由。

② 预测组织者收到第二轮专家意见后，对专家意见作统计处理，整理出第三张调查表。第三张调查表包括：事件、事件发生的中位数和上下四分点，以及事件发生时间在四分点外侧的理由。

3. 第三轮

① 把第三张调查表发下去后，请专家做以下事情：重审争论；对上下四分点外的对立意见作一个评价；给出自己新的评价（尤其是在上下四分点外的专家，应重述自己的理由）；如果修正自己的观点，也请叙述为何改变，原来的理由错在哪里，或者说明哪里不完善。

② 专家们的新评论和新争论返回到组织者手中后，组织者的工作与第二轮十分类似，统计中位数和上下四分点；总结专家观点，重点在争论双方的意见。形成第四张调查表。

4. 第四轮

① 请专家对第四张调查表再次评价和权衡，作出新的预测。是否要作出新的论证与评价，取决于组织者的要求。

② 当第四张调查表返回后，组织者的任务与上一轮的任务相同：计算每个事件的中位数和上下四分点，归纳总结各种意见的理由以及争论点。

需要说明的是，并不是所有被预测的事件都要经过四轮。可能有的事件在第二轮就达到统一，而不必在第三轮中出现。在第四轮结束后，专家对各事件的预测也不一定都达到统一。不统一也可以用中位数和上下四分点来作结论。事实上，总会有许多事件的预测结果都是不统一的。

二、移动平均法

移动平均法是用分段逐点推移的平均方法对时间序列数据进行处理，找出预测对象的历史变动规律，并据此建立预测模型的一种时间序列预测方法。

（一）一次移动平均值的计算

设实际的预测对象时间序列数据为 y_t（$t=1，2，3\cdots$），一次移动平均值的计算公式为

$$M_{t-1}^{[1]}=\frac{1}{n}(y_{t-1}+y_{t-2}+\cdots+y_{t-n})$$

$$M_{t}^{[1]}=\frac{1}{n}(y_{t}+y_{t-1}+\cdots+y_{t-n+1})$$

式中，$M_t^{[1]}$ 为第 t 周期的一次移动平均值；n 为计算移动平均值所取的数据个数。

采取移动平均法作预测，关键在于选取用来求平均数的时期数 n。n 值越小，表明对近期观测值在预测中的作用越为重视，预测值对数据变化的反应速度也越快，但预测的修匀程度较低。反之，n 值越大，预测值的修匀程度越高，但对数据变化的反映程度较慢。一般对始终围绕一条水平线上下波动的数据，n 值的选取较为随意；对于具有向上或向下趋势型特点的数据，为提高预测值对数据变化的反应速度，n 值宜取得小一些；同时，n 的取值还应考虑预测对象时间序列数据点的多少及预测期限的长短。通常 n 的取值范围可在 $3\sim20$。

移动平均法简单易行，容易掌握。但 n 值的选取没有统一的规则，事实上，不同 n 值的选择对所计算的平均数有较大的影响。

【例 7-1】 某项目历年的产品销售数量如表 7-2 所示。取 $n=3$，试用一次移动平均法模拟该时间序列，并预测其 2009 年的销售数量。

表 7-2　某产品销售数量统计表　　　　　　　　　单位：万吨

年份/年	2002	2003	2004	2005	2006	2007	2008
销售数量	1.58	5.64	5.18	16.3	19.58	10.92	20.42

【解】

$$M_3^{[1]}=\frac{1}{3}(1.58+5.64+5.18)=4.13$$

$$M_4^{[1]}=\frac{1}{3}(5.64+5.18+16.3)=9.04$$

$$M_5^{[1]}=\frac{1}{3}(5.18+16.3+19.58)=13.69$$

$$M_6^{[1]}=\frac{1}{3}(16.3+19.58+10.92)=15.60$$

$$M_7^{[1]}=\frac{1}{3}(19.58+10.92+20.42)=16.97$$

该公司 2009 年的销售数量为 16.97 万吨。

（二）二次移动平均值的计算

$$M_t^{[2]} = \frac{1}{n}(y_t^{[1]} + y_{t-1}^{[1]} + \cdots + y_{t-n+1}^{[1]})$$

式中，$M_t^{[2]}$ 为第 t 期的二次移动平均值；$y_{t-n+1}^{[1]}$ 为第 $t-(n-1)$ 期的一次移动平均值。

【例 7-2】 根据【例 7-1】中的表 7-2 中的数据，取 $n=3$，计算二次移动平均值。

【解】
$$M_5^{[2]} = \frac{1}{3}(4.13 + 9.04 + 13.69) = 8.95$$

$$M_6^{[2]} = \frac{1}{3}(9.04 + 13.69 + 15.60) = 12.78$$

$$M_7^{[2]} = \frac{1}{3}(13.69 + 15.60 + 16.97) = 15.42$$

（三）利用移动平均值序列作预测

预测模型为
$$\hat{y}_{t+T} = a_t + b_t T$$

其中
$$a_t = 2M_t^{[1]} - M_t^{[2]}$$
$$b_t = \frac{1}{n-1}(M_t^{[1]} - M_t^{[2]})$$

式中，t 为目前的周期序号；T 为由目前到预测周期的周期间隔数；$\hat{y}_{t+T}$ 为第 $t+T$ 周期的预测值；a_t 为线性预测模型的截距；b_t 为线性预测模型的斜率，即每周期预测值的变化量。

【例 7-3】 根据【例 7-1】中的表 7-2 中的数据建立预测方程，预测 2009 年该项目的销售数量。

【解】
$$M_5^{[1]} = \frac{1}{3}(5.18 + 16.3 + 19.58) = 13.69$$

$$M_6^{[1]} = \frac{1}{3}(16.3 + 19.58 + 10.92) = 15.60$$

$$M_7^{[1]} = \frac{1}{3}(19.58 + 10.92 + 20.42) = 16.97$$

$$M_7^{[2]} = \frac{1}{3}(13.69 + 15.60 + 16.97) = 15.42$$

$$a_7 = 2 \times 16.97 - 15.42 = 18.52$$

$$b_7 = (16.97 - 15.42) \times \frac{1}{3-1} = 0.78$$

预测 2009 年该项目的销售数量计算如下。
$$y = 18.52 + 0.78 \times 1 = 19.30(万吨)$$

三、回归分析法

回归分析预测法，是根据预测变量（因变量）与相关因素（自变量）之间存在的因果关系，借助数理统计中的回归分析原理，确定因果关系，建立回归模型并进行预测的一种定量预测方法。回归分析分为一元回归模型和多元回归模型，下面是采用一元线性回归模型预测的过程。

（一）建立一元线性回归方程

一元线性回归方程如下。

$$y = a + bx$$

式中，y 为因变量，即拟进行预测的变量；x 为自变量，即引起因变量 y 变化的变量；a、b 为回归系数，即表示 x 与 y 之间关系的系数。

（二）用最小二乘法拟合回归曲线

利用最小二乘法对回归系数 a、b 进行估计，即

$$b = \frac{\sum xy - \frac{1}{n}\sum x \sum y}{\sum x^2 - \frac{1}{n}(\sum x)^2} = \frac{L_{xy}}{L_{xx}}$$

$$a = \frac{1}{n}\left(\sum y - b\sum x\right)$$

$$a = \frac{1}{n}\left(\sum y - b\sum x\right)$$

式中，n 为样本数目。

其中

$$L_{xy} = \sum xy - \frac{1}{n}\sum x \sum y$$

$$L_{xx} = \sum x^2 - \frac{1}{n}(\sum x)^2$$

（三）计算相关系数 r 进行相关检验

r 的计算公式为

$$r = \frac{\sum xy - \frac{1}{n}\sum x \sum y}{\sqrt{\left[\sum x^2 - \frac{1}{n}(\sum x)^2\right]\left[\sum y^2 - \frac{1}{n}(\sum y)^2\right]}} = \frac{L_{xy}}{\sqrt{L_{xx}L_{yy}}}$$

其中

$$L_{yy} = \sum y^2 - \frac{1}{n}(\sum y)^2$$

$0 \leqslant |r| \leqslant 1$，$|r|$ 愈接近 1，说明 x 与 y 的相关性愈大，预测结果可信度愈高。一般可用计算出的相关系数 r 与相关系数临界值 r_c 相比较，r_c 是由样本数 n 和显著性水平 α 两个参数决定的，是判断 x 与 y 达到线性显著的相关系数的最小值，可由表 7-3 查出。只有当 $|r| > r_c$ 时，用回归方程描述 x 与 y 的关系才有意义。

（四）求置信区间

由于回归方程中自变量 x 与因变量 y 之间的关系并不是确定的，对于任意的 x_0，我们无法确切地知道相应的 y_0，只能通过求置信区间判定在给予概率下 y_0 实际值的取值范围。例如当置信度为 95.44% 时，y_0 的置信区间近似为 $\hat{y} \pm 2\hat{\sigma}$，这意味着 y_0 的实际值发生在 $(\hat{y} - 2\hat{\sigma}, \hat{y} + 2\hat{\sigma})$ 区间的概率为 95.44%。当置信度为 99.72% 时，y_0 的置信区间近似为 $\hat{y} \pm 3\hat{\sigma}$。$\hat{y}_0$ 是与 x_0 相对应的根据回归方程计算的 y_0 的估计值，$\hat{\sigma}$ 为标准差的估计值，$\hat{\sigma}$ 的计算公式如下。

$$\hat{\sigma} = \sqrt{\frac{1}{n-1}(1 - r^2)L_{yy}}$$

表 7-3　相关系数临界值表

$n-2$	α		$n-2$	α	
	0.05	0.01		0.05	0.01
1	0.997	1.000	21	0.413	0.526
2	0.950	0.990	22	0.404	0.515
3	0.878	0.959	23	0.396	0.505
4	0.811	0.917	24	0.388	0.496
5	0.754	0.874	25	0.381	0.487
6	0.707	0.834	26	0.374	0.478
7	0.666	0.798	27	0.367	0.470
8	0.632	0.765	28	0.361	0.463
9	0.602	0.735	29	0.355	0.456
10	0.576	0.708	30	0.349	0.449
11	0.553	0.684	35	0.325	0.418
12	0.532	0.661	40	0.304	0.393
13	0.514	0.641	45	0.288	0.372
14	0.497	0.623	50	0.273	0.354
15	0.482	0.606	60	0.250	0.325
16	0.468	0.590	70	0.232	0.302
17	0.456	0.575	80	0.217	0.283
18	0.444	0.561	90	0.205	0.267
19	0.433	0.549	100	0.195	0.254
20	0.423	0.537	200	0.138	0.181

【例 7-4】　某房地产企业为了以企业的年度人均建安价值预测其年度管理费用，收集了 1~12 月份的 12 组数据，如表 7-4 所示。设 $\alpha=0.05$，要求：据此进行直线回归与相关分析；提出预测模型（要求可信度达到 95.44%）；由 $N=12$，$\alpha=0.05$，查相关系数显著性水平检验表可知 $r_{0.05}=0.576$）。

表 7-4　企业 1~12 月份人均建安价值和管理费用统计表

月　份	管理费(y)/千元	人均建安价值(x)/(千元/人)
1	3.1	3.9
2	2.6	3.5
3	2.9	3.8
4	2.7	3.9
5	3.0	3.9
6	3.4	4.0
7	3.8	4.2
8	2.7	3.6
9	3.5	4.0
10	2.5	3.4
11	2.9	3.2
12	3.0	3.8

【解】 ① 计算基础数据。如表7-5所示。

表 7-5   统计数据处理表

月份	管理费(y)/千元	人均建安价值(x)/(千元/人)	y^2	x^2	xy
1	3.1	3.9	9.61	15.21	12.09
2	2.6	3.5	6.76	12.25	9.10
3	2.9	3.8	8.41	14.44	11.02
4	2.7	3.9	7.29	15.21	10.53
5	3.0	3.9	9.00	15.21	11.70
6	3.4	4.0	11.56	16.00	13.60
7	3.8	4.2	14.44	17.64	15.96
8	2.7	3.6	7.29	12.96	9.72
9	3.5	4.0	12.25	16.00	14.00
10	2.5	3.4	6.25	11.56	8.50
11	2.9	3.2	8.41	10.24	9.28
12	3.0	3.8	9.00	14.44	11.40
合计	36.1	45.2	110.27	171.16	136.90

$$L_{xx} = \sum x^2 - \frac{1}{n}(\sum x)^2 = 0.907$$

$$L_{yy} = \sum y^2 - \frac{1}{n}(\sum y)^2 = 1.669$$

$$L_{xy} = \sum xy - \frac{1}{n}(\sum x \sum y) = 0.923$$

② 建立一元线性回归方程。

$$b = \frac{L_{xy}}{L_{xx}} = 1.018$$

$$a = \frac{1}{n}\sum y - \frac{1}{n}b(\sum x) = -0.826$$

所以 $y = -0.826 + 1.018x$

③ 计算相关系数 r。

$$r = \frac{0.923}{\sqrt{0.907 \times 1.669}} = 0.750$$

因为 $r_{0.05} = 0.576$，$0.750 > 0.576$

所以判定该企业年度管理费用与人均建安价值在 $\alpha = 0.05$ 的水平上是显著相关的。

④ 建立预测模型。

$$\hat{\sigma} = \sqrt{\frac{1}{12-1}(1-0.750^2) \times 1.669} \approx 0.258$$

因为要求可信度达到 95.44%，$2\hat{\sigma} = 0.516$

所以预测模型 $y = -0.826 + 1.018x \pm 0.516$

本 章 小 结

(1) 项目是指在一定的资源约束条件下，按照一定的程序，为完成某个独特的产品或服务而有组织完成的具有明确目标的一次性任务。建设项目是指需要一定量的投资，按照一定的程序，在一定的时间内完成，符合质量要求的，以形成固定资产为明确目标的一次性任务。

（2）一个建设项目要经历投资前期、建设期及运营期三个时期。可行性研究是项目投资前期阶段中的一项重要工作，是研究和控制的重点。

（3）可行性研究（Feasibility Study），是运用多种科学手段（包括技术科学、社会学、经济学及系统工程学等）对投资项目的必要性、可行性、合理性进行技术经济论证的综合科学。

（4）根据联合国工业发展组织（UNIDO）编写的《工业可行性研究手册》的规定，项目投资前期的可行性研究工作分为机会研究（投资机会鉴定）、初步可行性研究（预可行性研究）、详细可行性研究（最终研究，也称可行性研究）、项目评估与决策四个阶段。

（5）可行性研究工作的最后成果是编制一份可行性研究报告作为正式文件。可行性研究的内容构成了可行性研究报告的主要内容。需要注意的是，可行性研究不必将所有工作过程和内容都展示出来，此外只需详细说明最优方案，简述其他备选方案的情况。根据国家规定，一般工业建设项目的可行性研究应包括 12 个方面的内容：总论；需求预测和拟建规模；原材料、能源及公用设施情况；建厂条件和厂址方案；设计方案；环境保护与劳动安全；企业组织、劳动定员和人员培训；项目实施进度的建议；投资估算与资金筹措；社会及经济效果评价；其他内容；结论与建议。总之，项目可行性研究的基本内容可概括为三部分：第一部分是市场调查和预测，说明项目建设的"必要性"；第二部分是建设条件和技术方案，说明项目在技术上的"可行性"；第三部分是经济效益和社会效益的评价和分析，是可行性研究报告的核心，说明项目在经济上的"合理性"。可行性研究就是主要从这三个方面对项目进行优化研究，并为投资者提供依据的。

（6）市场调查是运用科学的方法，有目的、系统地收集、整理有关市场的信息，并对所获得的数据与资料进行深入地分析研究，掌握市场现状和发展趋势的过程。市场调查是市场预测的基础，是项目可行性研究的起点。市场调查内容主要包括市场需求调查、市场环境调查、产品调查、销售和促销调查、竞争对手状况调查。市场调查方法有典型调查法、普遍调查法和抽样调查法；间接调查法、访问调查法和观察法等。

（7）市场预测方法主要包括三大类方法，即专家判断法、时间序列分析法、因果分析法。其中的德尔菲法是在专家个人判断法和专家会议法基础上发展起来的一种专家调查法，它是以不记名方式多轮征询专家意见，最终得出预测结果的一种集体经验判断法；移动平均法是用分段逐点推移的平均方法对时间序列数据进行处理，找出预测对象的历史变动规律，并据此建立预测模型的一种时间序列预测方法；回归分析预测法，是根据预测变量（因变量）与相关因素（自变量）之间存在的因果关系，借助数理统计中的回归分析原理，确定因果关系，建立回归模型并进行预测的一种定量预测方法。

思 考 题

1. 什么是项目、建设项目？
2. 项目、建设项目各自具有哪些特征？
3. 建设项目如何分类？
4. 什么是可行性研究？可行性研究有什么作用？
5. 可行性研究工作分为哪几个阶段？每个阶段的工作内容及特点如何？
6. 可行性研究报告编制的主要内容有哪些？
7. 什么是市场调查？
8. 市场调查的内容包括哪些方面？市场调查方法有哪些？
9. 什么是德尔菲法？德尔菲法的主要特点有哪些？德尔菲法的程序如何？
10. 为了以企业的年销售量预测年度销售费用，收集了某市 8 个房地产企业的年销售量与销售费用数据资料，如表 7-6 所示。设 $\alpha = 0.05$，要求：据此进行直线回归与相关分析；提出预测模型（要求可信度达到 95.44%；由 $n=8$，$\alpha=0.05$，查相关系数显著性水平检验表可知 $r_{0.05}=0.707$）。

表 7-6　某市 8 个房地产企业的年销售量与销售费用统计表

企业编号	年销售量(x)/万平方米	销售费用(y)/万元
1	1.2	62
2	2.0	86
3	3.1	80
4	3.8	110
5	5.0	115
6	6.1	132
7	7.2	135
8	8.0	160

第八章 项目财务评价

本章学习目标

（1）了解财务效益与费用估算的原则、步骤；了解财务评价参数如何选取；

（2）熟悉财务评价概念、财务评价的基本步骤；

（3）掌握财务评价的内容和评价指标、财务评价报表的类型和内容；掌握财务效益费用估算内容、方法和相关辅助报表；掌握财务评价的内容、步骤和财务效益与费用估算之间的关系。

项目经济评价是在完成市场调查与预测、拟建规模、营销策划、资源优化、技术方案论证、环境保护、投资估算与资金筹措等可行性分析的基础上，对拟建项目各方案投入与产出的基础数据进行推测、估算，对项目各方案进行评价和选优的过程。经济评价的内容及不同类型项目的经济评价内容选择如表 8-1 所示❶。

表 8-1　建设项目经济评价内容选择参考表

项目类型		分析内容	财务分析			经济费用效益分析	费用效果分析	不确定性分析	风险分析	区域经济与宏观经济影响分析
			生存能力分析	偿债能力分析	盈利能力分析					
政府投资	直接投资	经营	☆	☆	☆	☆	△	☆	△	△
		非经营	☆	△		☆	☆	△	△	△
	资本金	经营	☆	☆	☆	☆	△	☆	△	△
		非经营	☆	△		☆	☆	△	△	△
	转贷	经营	☆	☆	☆	☆	△	☆	△	△
		非经营	☆	☆		☆	☆	△	△	△
	补助	经营	☆	☆	☆	☆	△	☆	△	△
		非经营	☆	△		☆	☆	△	△	△
	贴息	经营	☆	☆	☆	☆	△	☆	△	△
		非经营								
企业投资（核准制）		经营	☆	☆	☆	△	△	☆		△
企业投资（备案制）		经营	☆	☆	☆		△	☆		

注：1. 表中☆代表做；△代表根据项目的特点，有要求时做，无要求时可不做。

2. 企业投资项目经济评价内容可根据要求进行，一般按经营性项目选用，非经营性项目可参照政府投资项目选取评价内容。

第一节　财务评价的基本步骤

财务评价应在项目财务效益与费用估算的基础上进行，其内容应根据项目的性质和目标

---

❶ 本章除例表外，所有表格内容均来源于中国计划出版社《建设项目经济评价方法与参数》（第三版）。

确定，即对于经营性项目，财务评价应在国家现行财税制度和市场价格体系下，通过编制财务分析报表，计算财务指标，分析项目的盈利能力、偿债能力和财务生存能力，判断项目的财务可接受性，明确项目对财务主体及投资者的价值贡献，为项目决策提供依据。对于非经营性项目，财务评价应主要分析项目的财务生存能力。财务评价的一般步骤如下。

一、财务评价前的准备

实地调研，熟悉拟建项目的基本情况，收集整理相关信息；编制部分财务分析辅助报表，包括建设投资估算表、流动资金估算表、营业收入、营业税金及附加和增值税估算表、总成本费用估算表等。

二、融资前分析

融资前分析属于项目决策中的投资决策，是不考虑债务融资条件下的财务分析，重在考察项目净现金流量的价值是否大于其投资成本。融资前分析只进行盈利能力分析，应以动态分析为主，静态分析为辅。

（一）融资前分析的基本步骤

① 编制项目投资现金流量表，计算项目投资内部收益率、净现值和项目投资回收期（动态或静态）等指标。

② 如果分析结果表明项目效益符合要求，再考虑融资方案，继续进行融资后分析。

③ 如果分析结果不能满足要求，可修改方案、设计完善项目方案，必要时甚至可据此做出放弃项目的建议。

（二）融资前分析的基本形式

融资前分析通常有两种基本的分析形式，一种是所得税前分析，另一种是所得税后分析。相应地，融资前分析可计算所得税前指标和（或）所得税后指标。所得税前和所得税后分析的现金流入完全相同，但现金流出略有不同，所得税前分析不将所得税作为现金流出，所得税后分析视所得税为现金流出。

1. 所得税前分析

项目投资息税前财务内部收益率（FIRR）和项目投资息税前财务净现值（FNPV）是所得税前指标，是投资盈利能力的完整体现，用以考察由项目方案设计本身所决定的财务盈利能力，它不受融资方案和所得税政策变化的影响，仅仅体现项目方案本身的合理性。税前指标特别适用于建设方案设计中的方案比选，是初步投资决策的主要指标，用于考察项目是否基本可行，并值得去为之融资。在国外，公共项目、政府所属的公司和特殊免税的非盈利项目，一般只进行税前分析。

为了体现与融资方案无关的要求，项目投资现金流量表中的基础数据都需要剔除利息的影响。因此项目投资现金流量表中的"所得税"应根据利润与利润分配表中的息税前利润（EBIT）乘以所得税率计算，称为"调整所得税"。

2. 所得税后分析

所得税后分析是所得税前分析的延伸，主要用于在融资条件下判断项目投资对企业价值的贡献，因而在项目融资前后财务评价中，特别是融资后财务评价中，是企业投资决策依据的主要指标。

对于经营性项目则需要进行所得税后分析，因为所得税对于该类项目来说，是一项重要的现金流出，应该反映在项目的现金流量表中。特别是当各个方案的折旧方法具有显著差别以及其减免税优惠条件不同时，更需要进行税后分析。

有时决定是进行所得税前分析还是所得税后分析，主要取决于财务基准收益率是所得税前确定的，还是所得税后确定的。

三、融资后分析

融资后分析属项目决策中的融资决策，是以设定的融资方案为基础进行的财务分析，重在考察项目资金筹措方案能否满足要求。融资后分析包括盈利能力分析、偿债能力分析和财务生存能力分析。

（一）融资后盈利能力分析

融资后盈利能力分析应包括动态分析和静态分析两种，主要指标包括项目资本金财务内部收益率、投资回收期、项目资本金利润率和总投资收益率等。融资后盈利能力分析的基本步骤如下。

① 在融资前分析结论满足要求的情况下，初步设定融资方案。

② 在已有财务分析辅助报表的基础上，编制项目总投资使用计划与资金筹措表和建设期利息估算表。

③ 编制项目资本金现金流量表，计算项目资本金财务内部收益率指标，考察项目资本金可获得的收益水平。

④ 编制投资各方现金流量表，计算投资各方的财务内部收益率指标，考察投资各方可获得的收益水平。

⑤ 编制利润与利润分配表，计算静态分析指标资本金利润率和总投资收益率。

（二）融资后偿债能力分析

融资后偿债能力分析应通过计算利息备付率、偿债备付率和资产负债率等指标，分析判断财务主体的偿债能力。

（三）融资后财务生存能力分析

融资后财务生存能力分析应在财务分析辅助报表和利润与利润分配表的基础上编制财务计划现金流量表，通过考察项目计算期内的投资、融资和经营活动所产生的各项现金流入和流出，计算净现金流量和累计盈余资金，分析项目是否有足够的净现金流量维持正常营运，以实现财务可持续性。财务可持续性应首先体现在有足够大的经营活动净现金流量，其次各年累计盈余资金不能出现负值。若出现负值，应进行短期借款，同时分析该短期借款的年份长短和数额大小，进一步判断项目的财务生存能力。短期借款应体现在财务计划现金流量表中，其利息应计入财务费用。为维持项目正常运营，还应分析短期借款的可靠性。

在项目的建议书阶段，也可只进行融资前分析。

在财务评价过程中，技术经济分析人员可以根据项目的具体情况和委托方的要求对评价指标进行取舍。

四、财务评价结论

按以上内容完成财务分析后，还应对各项财务指标进行汇总，并结合不确定性分析的结果，做出项目财务评价结论。

第二节　财务评价基本报表和财务评价指标

一、财务评价报表基础数据估算

财务效益与费用数据是财务评价的重要基础数据，其估算的准确性与可靠程度直接影响到财务评价结论。

（一）财务效益与费用估算原则

财务效益与费用的识别和估算时应遵循以下原则。

1. 遵循现行财务、会计以及税收制度规定的原则

财务效益与费用的估算应注意遵守现行财务、会计以及税收制度的规定。由于财务效益与费用的识别和估算是对将来情况的预测，经济评价中允许做有别于财会制度的处理，但是要求在总体上与会计准则和会计以及税收制度相适应。

2. 遵循有无对比的原则

财务效益与费用的估算应遵守有无对比的原则。所谓"有项目"是指实施项目后的将来状况，"无项目"指不实施项目时的将来状况。在识别项目的效益和费用时，须注意只有"有无对比"的差额部分才是由于项目的建设增加的效益和费用。采用有无对比的方法，是为了识别那些真正应该算做项目效益的增量效益部分，排除那些由于其他原因产生的效益；同时也要找出与增量效益相对应的增量费用，只有这样才能真正体现项目投资的净效益。

3. 遵循效益和费用对应一致的原则

财务效益与费用的估算范围应体现效益和费用对应一致的原则。即在合理确定的项目范围内，对等地估算财务主体的直接效益以及相应的直接费用，避免高估或低估项目的净效益。

4. 遵循适应性原则

财务效益与费用估算的方法应和项目性质、类别和行业特点相适应，应和影响项目运行的因素及其变化相适应。也就是说，财务效益与费用的估算应根据项目性质、类别和行业特点，明确相关的政策和其他依据、选取适宜的方法，并进行文字说明，编制相关表格。

（二）财务效益与费用估算步骤

财务效益和费用的估算步骤应该与财务分析的步骤相匹配。在进行融资前分析时，应先估算独立于融资方案的建设投资和营业收入，然后是经营成本和流动资金。在进行融资后分析时，应先确定初步融资方案，然后估算建设期利息，进而完成固定资产原值的估算，通过还本付息计算求得运营期各年利息，最终完成总成本费用的估算。上述估算步骤只是体现了融资前分析和融资后分析对效益和费用数据的要求，并非实践中必须遵循的顺序。

二、财务评价基本报表

（一）现金流量表

现金流量表反映项目计算期内各年的现金收支，用以计算各项动态和静态评价指标，进行项目财务盈利能力分析。

现金流量表又分为项目投资现金流量表、项目资本金现金流量表和投资各方财务现金流量表。

1. 项目投资现金流量表

对于新设法人项目，该表不分投资资金来源，以全部投资作为计算基础，用于计算项目投入全部资金的财务内部收益率（包括所得税前、所得税后）、财务净现值（包括所得税前、所得税后）及项目静态和动态投资回收期（包括所得税前、所得税后）等评价指标，考察项目全部投资的盈利能力，为各个投资方案（不论其资金来源及利息多少）进行比较建立共同基础。如表 8-2 所示。

2. 项目资本金现金流量表

项目资本金现金流量表用于计算项目资本金财务内部收益率。如表 8-3 所示。

表8-2　项目投资现金流量表　　　　　　　　单位：万元

序号	项　　目	合计	计　算　期					
			1	2	3	4	···	n
1	现金流入							
1.1	营业收入							
1.2	补贴收入							
1.3	回收固定资产余值							
1.4	回收流动资金							
2	现金流出							
2.1	建设投资							
2.2	流动资金							
2.3	经营成本							
2.4	营业税金及附加							
2.5	维持运营投资							
3	所得税前净现金流量(1−2)							
4	累计所得税前净现金流量							
5	调整所得税							
6	所得税后净现金流量(3−5)							
7	累计所得税后净现金流量							

表8-3　项目资本金现金流量表　　　　　　　　单位：万元

序号	项　　目	合计	计　算　期					
			1	2	3	4	···	n
1	现金流入							
1.1	营业收入							
1.2	补贴收入							
1.3	回收固定资产余值							
1.4	回收流动资金							
2	现金流出							
2.1	项目资本金							
2.2	借款本金偿还							
2.3	借款利息支付							
2.4	经营成本							
2.5	营业税金及附加							
2.6	所得税							
2.7	维持运营投资							
3	净现金流量(1−2)							

3. 投资各方财务现金流量表

投资各方财务现金流量表用于计算投资各方财务内部收益率。如表8-4所示。

表 8-4　投资各方现金流量表　　　　　　　单位：万元

序号	项目	合计	计算期					
			1	2	3	4	⋯	n
1	现金流入							
1.1	实分利润							
1.2	资产处置收益分配							
1.3	租赁费收入							
1.4	技术转让或使用收入							
1.5	其他现金流入							
2	现金流出							
2.1	实缴资本							
2.2	租赁资产支出							
2.3	其他现金流出							
3	净现金流量(1－2)							

(二) 利润与利润分配表

利润与利润分配表反映项目计算期内各年的营业收入、总成本费用、利润总额等情况，以及所得税后利润的分配，用以计算总投资收益率、项目资本金净利润率等指标。如表 8-5 所示。

表 8-5　利润与利润分配表　　　　　　　　单位：万元

序号	项目	合计	计算期					
			1	2	3	4	⋯	n
1	营业收入							
2	营业税金及附加							
3	总成本费用							
4	补贴收入							
5	利润总额(1－2－3＋4)							
6	弥补以前年度亏损							
7	应纳税所得额(5－6)							
8	所得税							
9	净利润(5－8)							
10	期初未分配利润							
11	可供分配的利润(9＋10)							
12	提取法定盈余公积金							
13	可供投资者分配的利润(11－12)							
14	应付优先股股利							
15	提取任意盈余公积金							
16	应付普通股股利(13－14－15)							
17	各投资方利润分配							
	其中：××方							
	××方							
18	未分配利润(13－14－15－17)							
19	息税前利润(利润总额＋利息支出)							
20	息税折旧摊销前利润(息税前利润＋折旧＋摊销)							

（三）财务计划现金流量表

财务计划现金流量表反映项目计算期内各年的投资、融资及经营活动的资金流入和流出，用于计算累计盈余资金，分析项目的财务生存能力。如表 8-6 所示。

表 8-6　财务计划现金流量表　　　　　单位：万元

序号	项　　目	合计	计算期					
			1	2	3	4	…	n
1	经营活动净现金流量(1.1－1.2)							
1.1	现金流入							
1.1.1	营业收入							
1.1.2	增值税销项税额							
1.1.3	补贴收入							
1.1.4	其他流入							
1.2	现金流出							
1.2.1	经营成本							
1.2.2	增值税进项税额							
1.2.3	营业税金及附加							
1.2.4	增值税							
1.2.5	所得税							
1.2.6	其他流出							
2	投资活动净现金流量(2.1－2.2)							
2.1	现金流入							
2.2	现金流出							
2.2.1	建设投资							
2.2.2	维持运营投资							
2.2.3	流动资金							
2.2.4	其他流出							
3	筹资活动净现金流量(3.1－3.2)							
3.1	现金流入							
3.1.1	项目资本金投入							
3.1.2	建设投资借款							
3.1.3	流动资金借款							
3.1.4	债券							
3.1.5	短期借款							
3.1.6	其他流入							
3.2	现金流出							
3.2.1	各种利息支出							
3.2.2	偿还债务本金							
3.2.3	应付利润(股利分配)							
3.2.4	其他流出							
4	净现金流量(1＋2＋3)							
5	累计盈余资金							

（四）资产负债表

资产负债表用于综合反映项目计算期内各年年末资产、负债和所有者权益的增减变化及对应关系，计算资产负债率。如表 8-7 所示。

表 8-7　资产负债表

单位：万元

序号	项　目	合计	计 算 期					
			1	2	3	4	…	n
1	资产							
1.1	流动资产总额							
1.1.1	货币资金							
1.1.2	应收账款							
1.1.3	预付账款							
1.1.4	存货							
1.1.5	其他							
1.2	在建工程							
1.3	固定资产净值							
1.4	无形及其他资产净值							
2	负债及所有者权益(2.4+2.5)							
2.1	流动负债总额							
2.1.1	短期借款							
2.1.2	应付账款							
2.1.3	预收账款							
2.1.4	其他							
2.2	建设投资借款							
2.3	流动资金借款							
2.4	负债小计(2.1+2.2+2.3)							
2.5	所有者权益							
2.5.1	资本金							
2.5.2	资本公积							
2.5.3	累计盈余公积							
2.5.4	累计未分配利润							

（五）借款还本付息计划表

借款还本付息计划表反映项目计算期内各年借款本金偿还和利息支付情况，计算偿债备付率和利息备付率等指标。如表 8-8 所示。

表 8-8　借款还本付息计划表

单位：万元

序号	项　目	合计	计 算 期					
			1	2	3	4	…	n
1	借款1							
1.1	期初借款余额							

序号	项　　目	合计	计　算　期					
			1	2	3	4	…	n
1.2	当期还本付息							
	其中:还本							
	付息							
1.3	期末借款余额							
2	借款2							
2.1	期初借款余额							
2.2	当期还本付息							
	其中:还本							
	付息							
2.3	期末借款余额							
3	债券							
3.1	期初债务余额							
3.2	当期还本付息							
	其中:还本							
	付息							
3.3	期末债务余额							
4	借款和债券合计							
4.1	期初余额							
4.2	当期还本付息							
	其中:还本							
	付息							
4.3	期末余额							

三、财务评价的内容及其主要评价指标

财务评价的内容、财务分析报表与财务评价指标的关系，如表 8-9 所示。

表 8-9　财务评价的内容、财务分析报表与财务评价指标的关系

评价内容	基本报表	静态指标	动态指标
盈利能力	项目投资现金流量表	项目投资静态投资回收期	项目投资财务内部收益率； 项目投资财务净现值； 项目投资动态投资回收期
	项目资本金现金流量表		项目资本金财务内部收益率
	投资各方现金流量表		投资各方财务内部收益率
	利润与利润分配表	总投资收益率； 项目资本金净利润率	
清偿能力	资产负债表； 建设期利息估算及还本付息计划表	资产负债率； 偿债备付率； 利息备付率	
财务生存能力	财务计划现金流量表	累计盈余资金	

第三节　财务评价参数

财务评价参数包括计算、衡量项目的财务费用效益的各类计算参数和判定项目财务合理性的判据参数。财务评价中的计算参数具体包括计算期、建设期价格上涨指数、各种取费系数或比率、税率、利率、汇率等；财务评价中的判据参数具体包括财务基准收益率、财务评价指标的基准值或参考值，如参考国际经验和国内行业的具体情况，根据我国企业历史数据统计分析，一般情况下，利息备付率不宜低于2，偿债备付率不宜低于1.3。

建设项目经济评价参数的测定，应遵循同期性、有效性、谨慎性和准确性的原则，并应结合项目所在地区、归属行业以及项目自身特点，进行定期测算、动态调整、适时发布。评价人员应认真做好市场预测，并根据项目的具体情况选用参数，对项目经济评价中选用的参数要有充分的依据并做出论证。

本节主要阐述项目计算期、财务价格、财务基准收益率这三个参数的选取。

一、项目计算期

项目计算期是指对拟建项目进行现金流量分析时应确定的项目服务年限，包括项目建设期和项目生产运营期。计算期较长且现金流量变化较平稳的项目多以年为时间单位。计算期较短且现金流量在较短的时间间隔内有较大变化的项目，如油田钻井开发项目、高科技产业项目等，可视项目的具体情况选择合适的时间单位。

（一）项目建设期

项目建设期是从项目开始施工至全部建成投产所需要的时间。项目建设期与投资规模、行业性质及建设方式有关，应根据实际情况确定。项目建设期内只有投资，很少有产出，从投资成本和获利机会的角度来看，项目建设期应在保证工程质量的前提下，尽可能缩短。

建设期是经济主体为了获得未来的经济效益而筹措资金、垫付资金或其他资源的过程，在此期间，只有投资，没有收入，因此要求项目建设期越短越好。

（二）项目运营期

项目运营期是项目从建成投产到项目报废为止所经历的时间。一般来讲，项目的生产经营期是由项目的运营寿命期决定的，应根据项目的产品寿命期、主要工程和设备的使用寿命期等因素综合确定。有些项目的运营寿命很长，甚至是永久性工程，项目的计算期应根据评价要求确定。一般工业项目的生产经营期分为投产期和达产期两个阶段，投产期是项目实际生产能力没有达到设计能力的时期；达产期是项目达到设计生产能力，正常生产经营的时期。

随着科学技术的迅猛发展，产品更新换代的速度越来越快。对于特定性较强的建设项目，由于其厂房和设备的专用性，当产品已无销路时，必须终止生产，同时又很难转产，不得不重建或改建项目。因此对轻工和家电产品这类新陈代谢较快的项目适合按产品的寿命周期确定项目的寿命周期。对于通用性较强的制造企业或者生产产品的技术比较成熟因而更新速度较慢的工程项目类型则可以按主要工艺设备的经济寿命确定。一般大型复杂的综合项目采用综合分析法确定其寿命周期。如钢铁联合企业规模大，涉及问题多，综合各种因素，我国规定其寿命周期为20年，而机械制造企业一般为10年。

运营期是投资的回收期和回报期，因而投资者希望其越长越好。

二、财务价格

财务评价使用的价格称为财务价格。财务评价就是对拟建项目未来效益和费用进行分析，所以财务价格应采用以现行市场价格体系为基础的预测价格。

（一）对市场价格变动的处理

影响市场价格变动的因素很多，也很复杂，但归纳起来，不外乎两类：一类是由于供需量的变化、价格政策的变化、劳动生产率的变化等可能引起商品间比价的改变，产生相对价格变化；另一类是由于通货膨胀或通货紧缩而引起商品价格总水平的变化，产生绝对价格变动。

在实际工作中，可以根据具体情况选用固定价格或变动价格。

固定价格，指在项目的生产经营期内不考虑价格变动的不变价格，即在整个生产经营期内都用一种预测的固定价格。采用固定价格主要是出于以下考虑：引起项目整个计算期内价格变动的因素很多，对这些复杂的因素做出长期预测比较困难；在进行不同方案、不同项目比较时，均舍去价格变动因素，一般不会影响项目或方案的可比性；采用同一价格，可以简化计算，方便经济评价工作的进行。

变动价格，指在项目的生产经营期内考虑价格变动的预测价格。变动价格又可分为两种情况：一是只考虑价格相对变动因素的变动价格；二是既考虑价格相对变动，又考虑价格总水平因素的变动价格。一般进行盈利能力分析采用只考虑相对价格变动因素，不考虑物价总水平变动的预测价格，计算财务内部收益率等盈利指标。进行清偿能力分析，为了使项目投资估算、资金筹集和清偿能力的计算与项目实施中发生的数值相一致，则应采用既考虑计算期内相对价格变动，又考虑物价总水平变动的价格，计算偿债能力指标。为简化起见，可做如下处理。

① 在建设期间，由于需要预测的年限较短，可既考虑价格总水平变动，又考虑相对价格变化。在建设投资估算中，由于建设期投入物品种繁多，分别预测难度大，还可能增加不确定性，因此，在实践中一般以涨价预备费（价差预备费）的形式综合计算。

② 项目运营期内，一般情况下盈利能力分析和偿债能力分析可以采用同一套价格，即预测的运营期价格。

③ 项目运营期内，可根据项目的具体情况，选用固定价格（项目经营期内各年价格不变）或考虑相对价格变化的变动价格（项目运营期内各年价格不同，或某些年份价格不同）。

④ 当有要求或价格总水平变动较大时，项目偿债能力分析采用的价格应考虑价格总水平变动因素。

（二）对增值税的处理

① 项目投资估算应采用含增值税价格，包括建设投资、流动资金和运营期内的维持运营投资。

② 项目运营期内投入与产出采用的价格可以是含增值税的价格，也可以是不含增值税的价格。为与企业实际财务报表数字相匹配，本章表格编制统一采用不含增值税价格。若采用含增值税价格时，需要正确调整部分表格（主要是利润与利润分配表、财务计划现金流量表和项目投资现金流量表与项目资本金现金流量表）的相关科目，以不影响项目净效益的估算。

需要注意的是在计算期内同一年份，无论是有项目还是无项目的情况，原则上同种（质量、功能无差异）产出或投入的价格应一致。

三、财务基准收益率

财务基准收益率是指建设项目财务评价中对可货币化的项目费用与效益采用折现方法计算财务净现值的基准折现率，是衡量项目财务内部收益率的基准值，是项目财务可行性和方案比选的主要判据。财务基准收益率反映投资者对相应项目占用资金的时间价值的判断，应是投资者在相应项目上最低可接受的财务收益率。政府投资项目财务评价中使用的财务基准收益率，由国家发展和改革委员会与住房和城乡建设部组织测定、发布并定期调整。有关部门（行业）可根据需要自行测算、补充经济评价所需的其他行业参数，并报国家发展和改革委员会与住房和城乡建设部备案。

财务基准收益率的选用，应遵循下列原则。

① 政府投资项目的财务评价必须采用国家行政主管部门发布的行业财务基准收益率。一般情况下，项目产出物或服务属于非市场定价的项目，其基准收益率的确定与项目产出物或服务的定价密切相关，是政府投资所要求的收益水平上限，但不是对参与非市场定价项目的其他投资者的收益率要求。参与非市场定价项目的其他投资者的财务收益率，通过参加政府招标或与政府部门协商确定。

② 企业投资等其他各类建设项目的财务评价中所采用的行业基准收益率，既可使用由投资者自行测定的项目最低可接受财务收益率，也可使用国家或行业主管部门发布的行业财务基准收益率。根据投资人意图和项目的具体情况，项目最低可接受财务收益率的取值可高于、等于或低于行业财务基准收益率。

第四节　财务效益估算及相关财务评价辅助报表

《建设项目经济评价方法与参数》（第三版）明确指出，项目的财务效益与项目目标有直接的关系，项目目标不同，财务效益包含的内容也不同。市场化运作的经营性项目，项目目标是通过销售产品或提供服务实现盈利的，其财务效益主要是指所获取的营业收入。对于某些国家鼓励发展的经营性项目，可以获得增值税的优惠。按照有关会计及税收制度，先征后返的增值税应记作补贴收入，作为财务效益进行核算。对于以提供公共产品服务于社会或以保护环境等为目标的非经营性项目，往往没有直接的营业收入，也就没有直接的财务效益。这类项目需要政府提供补贴才能维持正常运转，应将补贴作为项目的财务收益，通过预算平衡计算所需要补贴的数额。对于为社会提供准公共产品或服务，且运营维护采用经营方式的项目，如市政公用设施项目、交通、电力项目等，其产出价格往往受到政府管制，营业收入可能基本满足或不能满足补偿成本的要求，有些需要在政府提供补贴的情况下才具有财务生存能力。因此，这类项目的财务效益包括营业收入和补贴收入。

一、营业收入估算

营业收入是指销售产品或者提供服务所获得的收入，是现金流量表中现金流入的主体，也是利润表的主要科目。营业收入是财务分析的重要数据，其估算的准确性极大地影响着项目财务效益的估计。

（一）营业收入估算的基础数据

营业收入估算的基础数据，包括产品或服务的数量和价格，都与市场预测密切相关。在估算营业收入时应对市场预测的相关结果以及建设规模、产品或服务方案进行概括地描述或确认，特别应对采用价格的合理性进行说明。如表8-10所示。

（二）工业项目评价中营业收入的估算

工业项目评价中营业收入的估算基于一项重要假定，即当期的产出（扣除自用量后）当期全部销售，也就是当期商品产量等于当期销售量。

主副产品（或不同等级产品）的销售收入应全部计入营业收入，其中某些行业的产品成品率按行业习惯或规定计算；其他行业提供的不同类型服务的收入也应同时计入营业收入。

（三）分年运营量的确定

分年运营量可根据经验确定负荷率后计算或通过制订销售（运营）计划确定。

表 8-10　营业收入、营业税金及附加和增值税估算表　　　单位：万元

序号	项　目	合计	计　算　期					
			1	2	3	4	…	n
1	营业收入							
1.1	产品 A 营业收入							
	单价							
	数量							
	销项税额							
1.2	产品 B 营业收入							
	单价							
	数量							
	销项税额							
	……							
2	营业税金与附加							
2.1	营业税							
2.2	消费税							
2.3	城市维护建设税							
2.4	教育费附加							
3	增值税							
	销项税额							
	进项税额							

① 按照市场预测的结果和项目具体情况，根据经验直接判定分年的负荷率。判定时应考虑项目性质、技术掌握难易程度、产出的成熟度及市场的开发程度等诸多因素。

② 根据市场预测的结果，结合项目性质、产出特性和市场的开发程度等制订分年运营计划，进而确定各年产出数量。相对而言，这种做法更具合理性，国际上多采用。

运营计划或分年负荷的确定不应是固定的模式，应强调具体项目具体分析。一般开始投产时负荷较低，以后各年逐步提高，提高的幅度取决于上述因素的分析结果。有些项目的产出寿命期较短，更新快，达到一定负荷后，在适当的年份开始减少产量，甚至应适时终止生产。

二、补贴收入估算

某些项目还应按有关规定估算企业可能得到的补贴收入。补贴收入仅包括与收益相关的政府补助，与资产相关的政府补助不在此处核算。与资产相关的政府补助是指企业取得的、用于购建或以其他方式形成长期资产的政府补助。

补贴收入通常包括先征后返的增值税；按销量或工作量等依据国家规定的补助定额计算并按期给予的定额补贴；属于财政扶持而给予的其他形式的补贴等。

补贴收入同营业收入一样，应列入利润与利润分配表、财务计划现金流量表和项目投资现金流量表与项目资本金现金流量表。

以上几类补贴收入，应根据财政、税务部门的规定，分别计入或不计入应税收入。

第五节　财务费用估算及相关财务评价辅助报表

一、总投资估算

项目评价中总投资估算是在对项目的建设规模、产品方案、工艺技术及设备方案、工程方案及项目实施进度等进行研究并在基本确定的基础上，估算项目所需资金总额并测算建设期分年资金使用计划的评价。投资估算是拟建项目编制项目建议书、可行性研究报告的重要组成部分，是项目经济评价的重要依据之一。具体地说，项目评价中的总投资是指项目建设和投入运营所需要的全部投资，为建设投资、建设期利息和全部流动资金之和。它区别于目前国家考核建设规模的总投资，即建设投资和30%的流动资金（又称铺底流动资金）。

项目评价中总投资最终形成固定资产、无形资产、其他资产、流动资产。其中，固定资产是指同时具有下列特征的有形资产，即该资产为生产商品、提供劳务、出租或经营管理而持有；使用寿命超过一个会计年度。构成固定资产原值的费用包括：工程费用，即建筑工程费、设备购置费和安装工程费；固定资产其他费用；预备费，可以含有基本预备费和涨价预备费；建设期利息。无形资产是指企业拥有或者控制的没有实物形态的可辨认的非货币性资产。构成无形资产原值的费用主要包括技术转让费或技术使用费（含专利权和非专利技术）、商标权和商誉等。其他资产，或称递延资产，是指除流动资产、长期投资、固定资产、无形资产以外的其他资产，如长期待摊费用。按照有关规定，除购置和建造固定资产以外，所有筹建期间发生的费用，先在长期待摊费用中归集，待企业开始生产经营起计入当期损益。构成其他资产原值的费用主要包括生产准备费、开办费、样品样机购置费和农业开荒费等。此外，总投资中的流动资金与流动负债共同构成流动资产。

（一）建设投资估算

建设投资是项目费用的重要组成，是项目财务分析的基础数据，可根据项目前期研究的不同阶段，对投资估算精度的要求及相关规定选用估算方法。

1. 建设投资构成

建设投资的构成可按概算法分类或按形成资产法分类。建设投资估算表（概算法）如表8-11所示。

表 8-11　建设投资估算表（概算法）　　　人民币单位：万元　外币单位：

序号	工程或费用名称	建筑工程费	设备购置费	安装工程费	其他费用	合计	其中：外币	比例/%
1	工程费用							
1.1	主体工程							
1.1.1	×××							
	……							
1.2	辅助工程							
1.2.1	×××							
	……							
1.3	公用工程							
1.3.1	×××							
	……							
1.4	服务性工程							

续表

序号	工程或费用名称	建筑工程费	设备购置费	安装工程费	其他费用	合计	其中：外币	比例/%
1.4.1	×××							
	……							
1.5	厂外工程							
1.5.1	×××							
	……							
1.6	×××							
2	工程建设其他费用							
2.1	×××							
	……							
3	预备费							
3.1	基本预备费							
3.2	涨价预备费							
4	建设投资合计							
	比例/%							100

按概算法分类，建设投资由工程费用、工程建设其他费用和预备费三部分构成。其中工程费用又由建筑工程费、设备购置费（含工器具及生产家具购置费）和安装工程费构成；工程建设其他费用内容较多，且随行业和项目的不同而有所区别。预备费包括基本预备费和涨价预备费。

按形成资产法分类，建设投资由形成固定资产的费用、形成无形资产的费用、形成其他资产的费用和预备费四部分组成。固定资产费用是指项目投产时将直接形成固定资产的建设投资，包括工程费用和工程建设其他费用中按规定将形成固定资产的费用，后者被称为固定资产其他费用，主要包括建设单位管理费、可行性研究费、研究试验费、勘察设计费、环境影响评价费、场地准备及临时设施费、引进技术和引进设备其他费、工程保险费、联合试运转费、特殊设备安全监督检验费和市政公用设施建设及绿化费等。无形资产费用是指将直接形成无形资产的建设投资，主要是专利权、非专利技术、商标权、土地使用权和商誉等。其他资产费用是指建设投资中除形成固定资产和无形资产以外的部分，如生产准备及开办费等。

建设投资估算表（形成资产法）如表 8-12 所示。

对于土地使用权的特殊处理如下：按照有关规定，在尚未开发或建造自用项目前，土地使用权作为无形资产核算，房地产开发企业开发商品房时，将其账面价值转入开发成本；企业建造自用项目时将其账面价值转入在建工程成本。因此，为了与以后的折旧和摊销计算相协调，在建设投资估算表中通常可将土地使用权直接列入固定资产其他费用中。

2. 建设投资概略估算方法

所谓概略估算是指根据实际经验和历史资料，对建设投资进行综合估算。这类方法虽然精确度不高，但在建设投资的毛估或初估阶段是十分必要的，所以在国外普遍采用。建设投资典型的概略估算方法有：生产规模指数法、资金周转率法、分项比例估算法和单元指标估算法。

表 8-12   建设投资估算表（形成资产法）

人民币单位：万元   外币单位：

序号	工程或费用名称	建筑工程费	设备购置费	安装工程费	其他费用	合计	其中：外币	比例/%
1	固定资产费用							
1.1	工程费用							
1.1.1	×××							
1.1.2	×××							
1.1.3	×××							
	……							
1.2	固定资产其他费用							
	×××							
	……							
2	无形资产费用							
2.1	×××							
	……							
3	其他资产费用							
3.1	×××							
	……							
4	预备费							
4.1	基本预备费							
4.2	涨价预备费							
5	建设投资合计							
	比例/%							100

（1）生产规模指数法   是利用已经建成项目的投资额或其设备投资额，估算同类而不同生产规模的项目投资或其设备投资的方法，其估算数学公式为

$$拟建项目的投资额＝已建同类项目的投资额×\left(\frac{拟建项目的生产规模}{已建同类项目的生产规模}\right)^{n}×综合调整系数$$

式中，n 表示生产规模指数。生产规模指数是一个关键因素。不同行业、性质、工艺流程、建设水平、生产率水平的项目，n 应取不同的值。选取 n 值的原则是：靠增加设备装置的数量以及靠增大生产场所扩大生产规模时，n 取 $0.8\sim1.0$；靠提高设备、装置的功能和效率扩大生产规模时，n 取 $0.6\sim0.7$。另外，拟估投资项目生产能力与已建同类项目生产能力的比值应有一定的限制范围，一般这一比值不能超过 50 倍，而在 10 倍以内效果较好。

（2）资金周转率法   是一种国际上普遍使用的方法，它是从资金周转的定义出发推算出建设投资的一种方法。

当资金周转率为已知时，则

$$拟建项目建设投资＝\frac{产品年产量×产品单价}{资金周转率}$$

资金周转率法简单明了，方便易行。但需注意不同行业、不同性质项目的资金周转率不同，必须做好相关的基础工作，以提高投资估算的精确度。

（3）分项比例估算法   是以拟建项目的设备费为基数，根据已建成的同类项目的建筑安

装工程费和其他费用等占设备价值的百分比，求出相应的建筑安装工程费及其他有关费用，其总和即为拟建项目建设投资。

（4）单元指标估算法 主要依据单元指标和生产规模进行建设投资额的估算。该法的单元指标是指每个估算单位的建设投资额，如民用建筑单位面积或单位体积的投资即单元指标。以民用建设项目为例，在单元指标估算法下民用建设项目建设投资额的计算公式如下。

民用建设项目建设投资额＝单位指标×民用建筑规模×物价浮动指数

3. 建设投资详细估算方法

（1）建筑工程投资估算 一般采用单位建筑工程投资估算法，该方法是以单位建筑工程量投资乘以建筑工程总量计算建筑工程投资的。一般工业与民用建筑以单位建筑面积（平方米）的投资，工业窑炉砌筑以单位容积（立方米）的投资，水库以水坝单位长度（米）的投资，铁路路基以单位长度（千米）的投资，矿山掘进以单位长度（米）的投资，乘以相应的建筑工程总量计算建筑工程费。

对于没有上述估算指标且建筑工程费占总投资比例较大的项目，可采用概算指标估算法。采用这种估算法，应占有较为详细的基础数据和工程资料。

（2）安装工程费估算 安装工程费包括各种机电设备装配和安装工程费用；与设备相连的工作台、梯子及其装设工程费用；附属于被安装设备的管线铺设工程费用；安装设备的绝缘、保温、防腐等工程费用；单体试运转和联动无负荷试运转费用等。安装工程费通常按行业或专业机构发布的安装工程定额、取费标准和指标估算投资。

（3）设备购置费（含工器具及生产家具购置费）估算 应根据项目主要设备表及价格、费用资料编制。工器具及生产家具购置费一般按占设备费的一定比例计取。对于价值高的设备应按单台（套）估算购置费；价值较小的设备可按类估算。国内设备和进口设备的设备购置费应分别估算。国内设备购置费为设备出厂价加运杂费。设备运杂费主要包括运输费、装卸费和仓库保管费等，运杂费可按设备出厂价的一定百分比计算。进口设备购置费由进口设备价、进口从属费用及国内运杂费组成。

（4）工程建设其他费用估算 按各项费用科目的费率或者取费标准估算。

（5）基本预备费估算 以建筑工程费、设备购置费、安装工程费及工程建设其他费用之和为计算基数，乘以基本预备费率计算。

（6）涨价预备费估算 以建筑工程费、安装工程费、设备购置费之和为计算基数，设第 t 年建筑工程费、安装工程费、设备购置费之和为 I_t，价格上涨指数为 f，n 表示建设期，则涨价预备费的计算公式为

$$涨价预备费 = \sum_{t=1}^{n} I_t [(1+f)^t - 1]$$

式中，建设期价格上涨指数，政府部门有规定的按规定执行，没有规定的由可行性研究人员预测。

（二）流动资金估算

1. 流动资金构成

流动资金是指生产经营性项目投产后，为进行正常生产运营，用于购买原材料、燃料，支付工资及其他经营费用等所需的周转资金。项目运营需要流动资产投资，但项目评价中需要估算并预先筹措的是从流动资产中扣除流动负债，即企业短期信用融资（应付账款）后的流动资金。项目评价中流动资金的估算应考虑应付账款对需要预先筹措的流动资金的抵减作用。对有预收账款的某些项目，还可以同时考虑预收账款对流动资金的抵减作用。流动资金构成如表 8-13 所示。

表 8-13   流动资金估算表   单位：万元

序号	项　　目	最低周转天数	周转次数	计　算　期					
				1	2	3	4	…	n
1	流动资产								
1.1	应收账款								
1.2	存货								
1.2.1	原材料								
1.2.2	×××								
	……								
1.2.3	燃料								
	×××								
	……								
1.2.4	在产品								
1.2.5	产成品								
1.3	现金								
1.4	预付账款								
2	流动负债								
2.1	应付账款								
2.2	预收账款								
3	流动资金（1—2）								
4	流动资金当期增加额								

流动资金估算一般是参照现有同类企业的状况采用分项详细估算法，个别情况或者小型项目可采用扩大指标法。

2. 流动资金分项详细估算法

对计算流动资金需要掌握的流动资产和流动负债这两类因素应分别进行估算。在可行性研究中，为简化计算，仅对存货、现金、应收账款、预付账款等流动资产和应付账款、预收账款等流动负债进行估算，计算公式如下。

$$流动资金 = 流动资产 - 流动负债$$

其中

$$流动资产 = 应收账款 + 预付账款 + 存货 + 现金$$

$$流动负债 = 应付账款 + 预收账款$$

$$流动资金本年增加额 = 本年流动资金 - 上年流动资金$$

$$应收账款 = \frac{年经营成本}{应收账款周转次数}$$

$$预付账款 = \frac{外购商品或服务年费用金额}{预付账款周转次数}$$

$$存货 = 外购原材料 + 外购燃料 + 其他材料 + 在产品 + 产成品$$

其中

$$外购原材料 = \frac{年外购原材料}{按种类分项周转次数}$$

$$外购燃料 = \frac{年外购燃料}{按种类分项周转次数}$$

$$在产品 = \frac{年外购原材料 + 年外购燃料 + 年工资及福利费 + 年修理费 + 年其他制造费用}{在产品周转次数}$$

$$产成品 = \frac{年经营成本}{产成品周转次数}$$

$$现金需要量 = \frac{年工资及福利费 + 年其他费用}{现金周转次数}$$

年其他费用 = (制造费用 + 管理费用 + 营业费用) - 以上三项费用中所含的工资及福利费、折旧费、摊销费、修理费

$$应付账款 = \frac{年外购原材料 + 年外购燃料 + 年其他材料费}{应付账款周转次数}$$

$$预收账款 = \frac{预收的营业收入年金额}{预收账款周转次数}$$

3. 流动资金扩大指标估算法

流动资金扩大指标估算法包括：按建设投资的一定比例估算，例如，国外化工企业的流动资金，一般是按建设投资的15%～20%计算；按经营成本的一定比例估算；按年营业收入的一定比例估算；按单位产量占用流动资金的比例估算。

流动资金一般在投产前开始筹措。在投产第一年开始按生产负荷进行安排，其借款部分按全年计算利息，流动资金利息应计入财务费用，项目计算期末回收全部流动资金。

（三）建设期利息估算

估算建设期利息，需要根据项目进度计划，提出建设投资分年计划，列出各年投资额，并明确其中的外汇和人民币。建设期利息估算表如表8-14所示。

表8-14　建设期利息估算表　　　　单位：万元

序号	项　目	合计	建 设 期					
			1	2	3	4	…	n
1	借款							
1.1	建设期利息							
1.1.1	期初借款余额							
1.1.2	当期借款							
1.1.3	当期应计利息							
1.1.4	期末借款余额							
1.2	其他融资费用							
1.3	小计(1.1+1.2)							
2	债券							
2.1	建设期利息							
2.1.1	期初债务余额							
2.1.2	当期债务金额							
2.1.3	当期应计利息							
2.1.4	期末债务余额							
2.2	其他融资费用							
2.3	小计(2.1+2.2)							
3	合计(1.3+2.3)							
3.1	建设期利息合计(1.1+2.1)							
3.2	其他融资费用合计(1.2+2.2)							

估算建设期利息，应注意名义年利率和有效年利率的换算。当建设期用自有资金按期支付利息时，可不必进行换算，直接采用名义年利率计算建设期利息。计算建设期利息时，为了简化计算，通常假定借款均在每年的年中支用，借款当年按半年计息，其余各年份按全年计息。对有多种借款资金来源，每笔借款的年利率各不相同的项目，既可分别计算每笔借款的利息，也可先计算出各笔借款加权平均的年利率，并以加权平均利率计算全部借款的利息。其他融资费用是指某些债务资金发生的手续费、承诺费、管理费、信贷保险费等融资费用，原则上应按该债务资金的债权人的要求单独计算，并计入建设期利息。项目建议书阶段，可简化作粗略估算，计入建设投资；可行性研究阶段，不涉及国外贷款的项目，也可简化作粗略估计后计入建设投资。在项目评价中，对于分期建成投产的项目，应注意按各期投产时间分别停止借款费用的资本化，即投产后继续发生的借款费用不作为建设期利息计入固定资产原值，而是作为运营期利息计入总成本费用。

（四）项目总投资使用计划与资金筹措

项目总投资使用计划与资金筹措如表 8-15 所示。

表 8-15   项目总投资使用计划与资金筹措表   人民币单位：万元   外币单位：

序号	项目	合计			1			...		
		人民币	外币	小计	人民币	外币	小计	人民币	外币	小计
1	总投资									
1.1	建设投资									
1.2	建设期利息									
1.3	流动资金									
2	资金筹措									
2.1	项目资本金									
2.1.1	用于建设投资									
	××方									
	……									
2.1.2	用于流动资金									
	××方									
	……									
2.1.3	用于建设期利息									
	××方									
	……									
2.2	债务资金									
2.2.1	用于建设投资									
	××借款									
	××债券									
	……									
2.2.2	用于建设期利息									
	××借款									
	××债券									
	……									

续表

序号	项目	合计			1			...		
		人民币	外币	小计	人民币	外币	小计	人民币	外币	小计
2.2.3	用于流动资金									
	××借款									
	××债券									
	……									
2.3	其他资金									
	×××									

二、总成本费用估算

（一）总成本费用构成

运营期间的总成本费用构成如表 8-16 和表 8-22 所示。

（二）总成本费用估算方法

总成本费用估算的行业性很强，估算时应注意反映行业特点，或遵从行业规定。以下以工业项目为例阐述总成本费用的估算方法与注意事项，在折旧、摊销、利息和某些费用计算方面也基本适用于其他行业。

1. 生产要素法

生产要素法估算总成本费用时，各分项的内容如表 8-16 所示。

表 8-16　总成本费用估算表（生产要素法）　　　　　　单位：万元

序号	项　　目	合计	计　算　期					
			1	2	3	4	...	n
1	外购原材料费							
2	外购燃料及动力费							
3	工资及福利费							
4	修理费							
5	其他费用							
6	经营成本(1+2+3+4+5)							
7	折旧费							
8	摊销费							
9	利息支出							
10	总成本费用合计(6+7+8+9)							
	其中:可变成本							
	固定成本							

生产要素法估算总成本费用时，各分项的估算要点如下。

（1）外购原材料和燃料动力费估算　生产要素法下，原材料和燃料动力费是指外购的部分，估算需要相关专业所提出的外购原材料和燃料动力年耗用量，以及在选定价格体系下的预测价格，该价格应按入库价格计算，即到厂价格并考虑途库损耗。采用的价格时点和价格体系应与营业收入的估算一致。外购原材料和燃料动力费估算如表 8-17 和表 8-18 所示。

表 8-17 外购原材料费估算表 单位：万元

序号	项 目	合计	计 算 期					
			1	2	3	4	…	n
1	外购原材料费							
1.1	原材料 A							
	单价							
	数量							
	进项税额							
1.2	原材料 B							
	单价							
	数量							
	进项税额							
	……							
2	辅助材料费用							
	进项税额							
3	其他							
	进项税额							
4	外购原材料费合计							
5	外购原材料进项税额合计							

表 8-18 外购燃料和动力费估算表 单位：万元

序号	项 目	合计	计 算 期					
			1	2	3	4	…	n
1	燃料费							
1.1	燃料 A							
	单价							
	数量							
	进项税额							
	……							
2	动力费							
2.1	动力 A							
	单价							
	数量							
	进项税额							
	……							
3	外购燃料及动力费合计							
4	外购燃料及动力进项税额							

（2）人工工资及福利费估算 财务分析中的人工工资及福利费，是指企业为获得职工提供的服务而给予的各种形式的报酬，通常包括职工工资、奖金、津贴、补贴以及职工福

利费。

医疗保险费、养老保险费、失业保险费、工伤保险费、生育保险费等社会保险费和住房公积金中由企业缴付的部分，应按规定计入其他管理费用。

按生产要素法估算总成本费用时，人工工资及福利费是按项目全部人员数量估算的。确定人工工资及福利费时需考虑项目性质、项目地点、行业特点等因素。依托老企业的项目，还要考虑原企业工资水平。

根据不同项目的需要，财务分析中可视情况选择按项目全部人员年工资的平均数值计算或者按照人员类型和层次分别设定不同档次的工资进行计算。工资及福利费估算内容如表8-19所示。

表 8-19　工资及福利费估算表

单位：万元

序号	项　目	合计	计 算 期					
			1	2	3	4	…	n
1	工人							
	人数							
	人均年工资							
	工资额							
2	技术人员							
	人数							
	人均年工资							
	工资额							
3	管理人员							
	人数							
	人均年工资							
	工资额							
4	工资总额(1+2+3)							
5	福利费							
6	合计(4+5)							

（3）固定资产原值及折旧费的估算

① 固定资产原值。计算折旧，需要先计算固定资产原值。固定资产原值是指项目投产时（达到预定可使用状态）按规定由投资形成固定资产的部分。

按照《企业会计准则——租赁》，融资租赁的固定资产，承租人应将租赁开始日租赁资产的公允价值与最低租赁付款额的现值两者中较低者作为租入资产的入账价值。计算最低租赁付款额的现值所用的折现率，应首先选择出租人的租赁内含利率，其次使用租赁合同规定的利率，如都无法知悉，应用同期银行贷款利率。项目评价中条件不清楚的，也可直接按该资产公允价值计算。

② 固定资产折旧。固定资产在使用过程中会受到磨损，其价值损失通常是通过提取折旧的方式得以补偿：按财税制度规定，企业固定资产应当按月计提折旧，并根据用途计入相关资产的成本或者当期损益。财务分析中，按生产要素法估算总成本费用时，固定资产折旧可直接列支于总成本费用。固定资产折旧方法可在税法允许的范围内由企业自行确定，一般采用直线法，包括年限平均法和工作量法。我国税法也允许对某些机器设备采用快速折旧

法，即双倍余额递减法和年数总和法。

固定资产折旧年限、预计净残值率可在税法允许的范围内由企业自行确定，或按行业规定。项目评价中一般应按税法明确规定的分类折旧年限，也可按行业规定的综合折旧年限计算。

按照国家规定的折旧制度，计提折旧的固定资产范围是：企业的房屋、建筑物；在用的机器设备、仪器仪表、运输车辆、工具器具；季节性停用和在修理停用的设备；以经营租赁方式租出的固定资产；以融资租赁方式租入的固定资产。不计提折旧的固定资产范围是：未使用、不需用、封存的机器设备、仪器仪表、运输车辆、工具器具等；交付改扩建的房屋、建筑物；经营租赁方式租入的固定资产；交付使用前的固定资产；已提足折旧继续使用的固定资产；提前报废的固定资产；破产、关停企业的固定资产；过去已经估价单独入账的土地。

对于融资租赁的固定资产，如果能够合理确定租赁期届满时承租人会取得租赁资产所有权，即可认为承租人拥有该项资产的全部尚可使用年限，因此应以其作为折旧年限；否则，则应以租赁期与租赁资产尚可使用年限两者中较短者作为折旧年限。

固定资产折旧费估算内容如表 8-20 所示。

表 8-20　固定资产折旧费估算表　　　　　　　　单位：万元

序号	项　　目	合计	计　算　期					
			1	2	3	4	…	n
1	房屋、建筑物							
	原值							
	当期折旧费							
	净值							
2	机器设备							
	原值							
	当期折旧费							
	净值							
	……							
3	合计							
	原值							
	当期折旧费							
	净值							

（4）固定资产修理费的估算　修理费是指为保持固定资产的正常运转和使用，充分发挥使用效能，对其进行必要修理所发生的费用，按修理范围的大小和修理时间间隔的长短可以分为大修理和中小修理。修理费允许直接在成本中列支，如果当期发生的修理费用数额较大，可实行预提或摊销的办法。当按"生产要素法"估算总成本费用时，固定资产修理费是指项目全部固定资产的修理费，可直接按固定资产原值（扣除所含的建设期利息）的一定百分数估算。百分数的选取应考虑行业和项目特点。在生产运营的各年中，修理费费率的取值，一般采用固定值。根据项目特点也可以间断性地调整修理费费率，开始取较低值，以后取较高值。

（5）无形资产和其他资产原值及摊销费的估算　无形资产原值是指项目投产时按规定由

投资形成无形资产的部分。按照有关规定，无形资产从开始使用之日起，在有效使用期限内平均摊入成本。法律和合同规定了法定有效期限或者受益年限的，摊销年限从其规定，否则摊销年限应注意符合税法的要求。无形资产的摊销一般采用平均年限法，不计残值。其他资产的摊销可以采用平均年限法，不计残值，摊销年限应注意符合税法的要求。无形资产和其他资产摊销估算的内容如表 8-21 所示。

表 8-21　无形资产和其他资产摊销估算表　　　　　单位：万元

序号	项　　目	合计	计　算　期					
			1	2	3	4	…	n
1	无形资产							
	原值							
	当期摊销费							
	净值							
2	其他资产							
	原值							
	当期摊销费							
	净值							
	……							
3	合计							
	原值							
	当期摊销费							
	净值							

（6）其他费用估算　其他费用包括其他制造费用、其他管理费用和其他营业费用。其他费用是指由制造费用、管理费用和营业费用中分别扣除工资及福利费、折旧费、摊销费、修理费以后的其余部分。产品出口退税和减免税项目按规定不能抵扣的进项税额也可包括在内。

① 其他制造费用。按照《企业会计制度》，制造费用指企业为生产产品和提供劳务而发生的各项间接费用，包括生产单位管理人员工资和福利费、折旧费、修理费（生产单位和管理用房屋、建筑物、设备）、办公费、水电费、机物料消耗、劳动保护费，季节性和修理期间的停工损失等。但不包括企业行政管理部门为组织和管理生产经营活动而发生的管理费用。项目评价中的制造费用是指项目包含的各分厂或车间的总制造费用，为了简化计算常将制造费用归类为管理人员工资及福利费、折旧费、修理费和其他制造费用几部分。其他制造费用是指由制造费用中扣除生产单位管理人员工资及福利费、折旧费、修理费后的其余部分。项目评价中常见的估算方法有：按固定资产原值（扣除所含的建设期利息）的百分数估算；按人员定额估算。具体估算方法可遵从行业规定。

② 其他管理费用。管理费用是指企业为管理和组织生产经营活动所发生的各项费用，包括公司经费、工会经费、职工教育经费、劳动保险费、待业保险费、咨询费、聘请中介机构费、诉讼费、业务招待费、排污费、房产税、车船使用税、土地使用税、印花税、矿产资源补偿费、技术转让费、研究与开发费、无形资产与其他资产摊销、职工教育经费、计提的坏账准备和存货跌价准备等。为了简化计算，项目评价中可将管理费用归类为管理人员工资及福利费、折旧费、无形资产和其他资产摊销、修理费和其他管理费用几个部分。其他管理费

用是指由管理费用中扣除工资及福利费、折旧费、摊销费、修理费后的其余部分。项目评价中常见的估算方法是按人员定额或取工资及福利费总额的倍数估算。若管理费用中的技术转让费、研究与开发费、土地使用税等数额较大，应单独核算后并入其他管理费用，或单独列项。

③ 其他营业费用。营业费用是指企业在销售商品过程中发生的各项费用以及专设销售机构的各项经费，包括应由企业负担的运输费、装卸费、包装费、保险费、广告费、展览费以及专设销售机构人员工资及福利费、类似工资性质的费用、业务费等经营费用。为了简化计算，项目评价中将营业费用归为销售人员工资及福利费、折旧费、修理费和其他营业费用几个部分。其他营业费用是指由营业费用中扣除工资及福利费、折旧费、修理费后的其余部分。项目评价中常见的估算方法是按营业收入的百分数估算的。

④ 不能抵扣的进项税额。对于产品出口项目和产品国内销售的增值税减免税项目，应将不能抵扣的进项税额计入总成本费用的其他费用或单独列项。

（7）利息支出估算　按照会计法规，企业为筹集所需资金而发生的费用称为借款费用，又称财务费用，包括利息支出（减利息收入）、汇兑损失（减汇兑收益）以及相关的手续费等。

在大多数项目的财务分析中，通常只考虑利息支出。利息支出的估算包括长期借款利息、流动资金借款利息和短期借款利息三部分。

① 长期借款利息。是指对建设期间借款余额（含未支付的建设期利息）应在生产期支付的利息，项目评价中可以选择等额还本付息方式或者等额还本利息照付方式来计算长期借款利息。

② 流动资金借款利息。项目评价中估算的流动资金借款从本质上说应归类为长期借款，但目前企业往往有可能和银行达成共识，按期末偿还、期初再借的方式处理，并按一年期利率计息。财务分析中对流动资金的借款可以在计算期最后一年偿还，也可在还完长期借款后安排。

③ 短期借款利息。项目评价中的短期借款是指运营期间由于资金的临时需要而发生的短期借款，短期借款的数额应在财务计划现金流量表中得到反映，其利息应计入总成本费用表的利息支出。短期借款利息的计算同流动资金借款利息，短期借款的偿还按照随借随还的原则处理，即当年借款尽可能于下年偿还。

（8）固定成本和可变成本估算　根据成本费用与产量的关系可以将总成本费用分解为可变成本、固定成本和半可变（或半固定）成本。固定成本是指成本总额在一定时期和一定业务量范围内不随产品产量变化的各项成本费用。可变成本是指成本总额在一定时期和一定业务量范围内随产品产量增减而成正比例变化的各项费用。工资、营业费用和流动资金利息等也都可能既有可变因素，又有固定因素，属于半可变（或半固定）成本，必要时需将半可变（或半固定）成本进一步分解为可变成本和固定成本，使产品成本费用最终划分为可变成本和固定成本。长期借款利息应视为固定成本，流动资金借款和短期借款利息可能部分与产品产量相关，其利息可视为半可变半固定成本，为简化计算，一般也将其作为固定成本。

2. 生产（服务）成本加期间费用法

采用生产（服务）成本加期间费用法估算总成本费用时，需要各分单元（如分车间、装置或生产线）的有关数据或每种服务的有关数据，主要有原材料和公用工程消耗、各车间、装置或生产线等的定员和固定资产原值等。要先分别估算各分单元的生产（服务）成本，再加总得出总的生产（服务）成本，然后与期间费用（管理费用、营业费用和财务费用）相加得到总成本费用。当会计制度与税收制度的相关规定有矛盾时，应按从税原则处理。

生产成本加期间费用法下的总成本费用估算内容如表 8-22 所示。

表 8-22　总成本费用估算表（生产成本加期间费用法）　　　单位：万元

序号	项　　目	合计	计　算　期					
			1	2	3	4	…	n
1	生产成本							
1.1	直接材料费							
1.2	直接燃料及动力费							
1.3	直接工资及福利费							
1.4	制造费用							
1.4.1	折旧费							
1.4.2	修理费							
1.4.3	其他制造费							
2	管理费用							
2.1	无形资产摊销							
2.2	其他资产摊销							
2.3	其他管理费用							
3	利息支出							
3.1	长期借款利息							
3.2	流动资金借款利息							
3.3	短期借款利息							
4	营业费用							
5	总成本费用合计(1+2+3+4)							
5.1	其中:可变成本							
5.2	固定成本							
6	经营成本(5−1.4.1−2.1−2.2−3)							

三、经营成本估算

经营成本是财务分析的现金流量分析中所使用的特定概念，是项目现金流量表中运营期现金流出的主体部分。

经营成本与融资方案无关，因此在完成建设投资和营业收入估算后，就可以估算经营成本，为项目融资前分析提供数据。

经营成本估算的行业性很强，不同行业在成本构成科目和名称上都可能有较大的不同。估算应按行业规定，没有规定的也应反映行业特点。

生产要素法下，经营成本的估算可通过求解外购原材料费、外购燃料及动力费、工资及福利费、修理费与其他费用的和进行；生产（服务）成本加期间费用法下，经营成本则是总成本费用扣除固定资产折旧费、无形资产摊销、其他资产摊销、维检费和利息支出后的余额。现金流量表反映项目在计算期内逐年发生的现金流入和流出。与常规的会计方法不同，现金收支在何时发生就在何时计入，不作分摊。由于投资已在其发生的时间作为一次性支出被计入现金流出，所以不能再以折旧和摊销的方式记为现金流出，否则会发生重复计算。因此，作为经常性支出的经营成本中不包括折旧和摊销费，同理也不包括维检费。同时，全部投资现金量表是以全部投资作为计算基础的，利息支出不作为现金流出，而自有资金流量表中已将利息支出单列，因此经营成本也不包括利息支出。

四、税费估算

项目财务评价中涉及的税费主要包括关税、增值税、营业税、消费税、所得税、资源税、城市维护建设税和教育费附加等，有些行业还包括土地增值税，可分为以下四类。

第一类，从营业收入中扣除的营业税金及附加和增值税。在财务现金流量表中所列的营业税金及附加是指项目生产期内各年因销售产品（或提供服务）而发生的从营业收入中缴纳的税金。在会计处理上，营业税、消费税、土地增值税、资源税和城市维护建设税、教育费附加均可包含在营业税金及附加中。营业税金及附加应是利润和利润分配表中的科目。一般不含增值税，因为增值税是价外税，纳税人交税，最终由消费者负担，因此与纳税人的经营成本和经营利润无关。第二类，计入总成本费用的进口材料的关税、房产税、土地使用税、车船使用税和印花税等。第三类，计入建设投资的引进技术、设备材料的关税和固定资产投资方向调节税（目前，国家暂停征收）。第四类，从利润中扣除的所得税等。

1. 关税

关税是以进出口的应税货物为纳税对象的税种。项目评价中涉及引进设备、技术和进口原材料时，可能需要估算进口关税。项目评价中应按有关税法和国家的税收优惠政策，正确估算进口关税。

我国仅对少数货物征收出口关税，而对大部分货物免征出口关税。若项目的出口产品属征税货物，应按规定估算出口关税。

2. 增值税

财务分析应按税法规定计算增值税。须注意当采用含（增值）税价格计算销售收入和原材料、燃料动力成本时，利润和利润分配表以及现金流量表中应单列增值税科目；采用不含（增值）税价格计算时，利润表和利润分配表以及现金流量表中不包括增值税科目。应明确说明采用何种计价方式，同时注意涉及出口退税（增值税）时的计算及与相关报表的联系。

目前我国大部分地区仍然采用生产型增值税，不允许抵扣购进固定资产的进项税额。2004年7月起，开始对东北老工业基地的部分行业试行扩大增值税抵扣范围，允许抵扣购置固定资产的增值税税额，项目评价中须注意按相关法规采用适宜的计税方法。

3. 营业税

营业税是对在中华人民共和国境内从事交通运输业、建筑业、金融保险业、邮电通信业、文化体育业、娱乐业、服务业或有偿转让无形资产、销售不动产行为的单位和个人，就其营业额所征收的一种税。营业税税率在3％～20％。应纳营业税税额的计算公式为

$$应营业税纳税额＝营业额×适用税率$$

在一般情况下，营业额为纳税人提供应税劳务、转让无形资产、销售不动产向对方收取的全部价款和价外费用。

营业税是价内税，包含在营业收入之内。

4. 消费税

消费税是对工业企业生产、委托加工和进口的部分应税消费品按差别税率或税额征收的一种税。消费税是在普遍征收增值税的基础上，根据消费政策、产业政策的要求，有选择地对部分消费品征税。目前，我国的消费税共设有11个税目，13个子目。消费税的税率有从价定率和从量定额两种，黄酒、啤酒、汽油、柴油采用从量定额；其他消费品均为从价定率，税率从3％至45％不等。

从价定率按下式计算。

$$应纳消费税税额＝应税消费品的销售额×适用税率＝组成计税价格×消费税税率$$

从量定额按下式计算。

$$应纳消费税税额＝应税消费品的销售数量×单位税额$$

应税消费品的销售额是指纳税人销售应税消费品向买方收取的全部价款和价外费用，不包括向买方收取的增值税税款。应税消费品的销售数量是指应税消费品数量。

5. 营业税金及附加

营业税金及附加包括城市维护建设税和教育费附加。

（1）城市维护建设税 是一种地方附加税，目前以流转税额（包括增值税、营业税和消费税）为计税依据，分别与上述 3 种税同时缴纳。税率根据项目所在地分为：市区；县、镇；县、镇以外三个不同等级。项目所在地为市区的，税率为 7％；项目所在地为县、镇的，税率为 5％；项目所在地为乡村或矿区的，税率为 1％。城市维护建设税应纳税额计算公式为

$$城市维护建设税应纳税额＝实际缴纳的消费税、增值税、营业税税额×适用税率$$

（2）教育费附加 是地方收取的专项费用，是为了加快地方教育事业的发展，扩大地方教育经费的资金来源而开征的。教育费附加收入纳入预算管理，作为教育专项基金，主要用于各地改善教学设施和办学条件。教育费附加是 1986 年起在全国开征的，1990 年又经修改而进一步完善合理。凡缴纳消费税、增值税、营业税的单位和个人，都是教育费附加的缴纳人。教育费附加随消费税、增值税、营业税同时缴纳，由税务机关负责征收。教育费附加的计征依据是各缴纳人实际缴纳的消费税、增值税、营业税的税额，征收率为 3％。其计算公式为

$$教育费附加应纳税额＝实际缴纳的消费税、增值税、营业税税额×3％$$

6. 土地增值税

土地增值税的征税范围是有偿转让的房地产，包括国有土地使用权及地上建筑物和其附着物。土地增值税的计税依据为转让房地产所取得的增值额。其计算公式如下。

$$土地增值额＝转让房地产收入－扣除项目金额$$

扣除项目金额包括以下几个部分：取得土地使用权所支付的金额；开发土地的成本、费用；新建房及配套设施的成本、费用，或者旧房及建筑物的评估价格；与转让房地产有关的税金；第一项和开发土地成本金额之和的 20％为加计扣除。

土地增值税实行四级超率累进税率。增值额未超过扣除项目金额 50％的部分，税率为 30％；超过 50％未超过 100％的部分，税率为 40％；超过 100％未超过 200％的部分，税率为 50％；超过 200％的部分，税率为 60％。

7. 资源税

资源税是国家对在我国境内开采应税矿产品或者生产盐的单位和个人征收的一种税。它是对因资源生成和开发条件的差异而客观形成的级差收入征收的。

资源税的征收范围包括：矿产品（原油、天然气、煤炭、金属矿产品和其他非金属矿产品）；盐（固体盐、液体盐）。

资源税的应纳税额，按照应税产品的课税数量和规定的单位税额计算。资源税的应纳税额的计算公式为

$$资源税应纳税额＝应税产品课税数量×单位税额$$

纳税人开采或者生产应税产品用于销售的，以销售数量为课税数量；纳税人开采或者生产应税产品自用的，以自用数量为课税数量。

8. 企业所得税

企业所得税是针对企业应纳税所得额征收的税种。项目评价中应注意按有关税法对所得税前扣除项目的要求，正确计算应纳税所得额，并采用适宜的税率计算企业所得税，同时注

意正确使用有关的所得税优惠政策，并加以说明。

五、维持运营投资估算

某些项目在运营期需要投入一定的固定资产投资才能得以维持正常运营，例如设备更新费用、油田的开发费用、矿山的井巷开拓延伸费用等。不同类型和不同行业的项目，其投资的内容可能不同，如发生维持运营投资时应将其列入现金流量表作为现金流出，参与内部收益率等指标的计算等。同时，也应反映在财务计划现金流量表中，参与财务生存能力分析。

按照《企业会计准则——固定资产》，一项投资是否能予以资本化，取决于其是否能为企业带来经济利益且该固定资产的成本是否能可靠地计量。项目评价中，如果该投资投入后延长了固定资产的使用寿命，或使产品质量实质性提高，或成本实质性降低等，使可能流入企业的经济利益增加，那么该固定资产投资应予以资本化，即应计入固定资产原值，并计提折旧。否则该投资只能费用化，不形成新的固定资产原值。

对于非经营性项目，无论是否有营业收入都需要估算费用。在费用估算的要求和具体方法上可参照本节内容，同时应编制费用估算的相关报表。对于没有营业收入的项目，费用估算更显重要，可以用于计算单位功能费用指标，进行方案比选，还可以用来进行财务生存能力分析等。

第六节 财务评价中的主要关系及财务评价方法应用

一、财务评价中的主要关系

财务评价的内容、步骤、财务效益与费用估算的关系如图 8-1 所示。

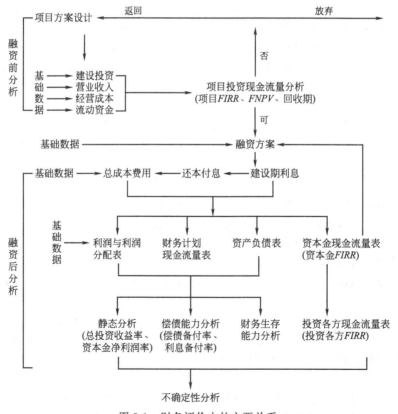

图 8-1 财务评价中的主要关系

二、财务评价方法应用

下面结合【例8-1】~【例8-3】阐述财务评价上述关系以及方法的应用。

【例8-1】 某开发商购得一宗商业用地使用权，期限为40年，拟建一商场出租经营。据估算，项目的开发建设期为2年，第3年即可出租。经过分析，得到以下数据。

① 项目建设投资为5000万元。第1年投资2500万元，其中资本金1300万元；第2年投资2500万元，其中资本金1200万元。每年资金缺口由银行借款解决，贷款年利率为10%。建设期只计息不还款，第3年开始采用等额还本并支付利息的方式还本付息，分3年还清。

② 第3年租金收入、经营税费、经营成本分别为4100万元、230万元、1500万元。从第4年起每年的租金收入、经营税费、经营成本分别为5200万元、310万元、1800万元。

③ 建成后经营18年，经营18年后实现净转售收入900万元。

请根据以上资料，完成下列工作：

① 编制项目资本金现金流量表（不考虑所得税）；

② 若该开发商要求的目标收益率为12%，试依据项目资本金现金流量表计算财务净现值（假设所有的投资和收入均发生在年末）。

【解】 ① 借款需要量的计算表编制如表8-23所示。

表8-23　借款需要量的计算表　　　　　　　　　单位：万元

内容 ＼ 年份	1	2
建设投资	2500	2500
资本金	1300	1200
银行借款	1200	1300

② 编制借款还本付息表，如表8-24所示。

表8-24　借款还本付息表　　　　　　　　　　单位：万元

内容 ＼ 年份	1	2	3	4	5
年初借款累计	0	1260	2751	1834	917
当年借款	1200	1300			
当年应计利息	60	191	275.1	183.4	91.7
当年还本			917	917	917
当年利息支付			275.1	183.4	91.7
年末借款累计	1260	2751	1834	917	0

③ 编制资本金现金流量表（税前），如表8-25所示。

表8-25　资本金现金流量表（税前）　　　　　　单位：万元

内容 ＼ 年末	1	2	3	4	5	6~19	20
1. 现金流入			4100	5200	5200	5200	6100
租金流入			4100	5200	5200	5200	5200
转售收入							900

续表

内容 \ 年末	1	2	3	4	5	6～19	20
2. 现金流出	1300	1200	2922.1	3210.4	3118.7	2110	2110
资本金	1300	1200					
经营成本			1500	1800	1800	1800	1800
经营税金			230	310	310	310	310
本金偿还			917	917	917		
利息支付			275.1	183.4	91.7		
3. 净现金流量	-1300	-1200	1177.9	1989.6	2081.3	3090	3990

财务净现值 $FNPV$（12%）计算如下。

$$FNPV = -1300(P/F,12\%,1) - 1200(P/F,12\%,2) + 1177.9(P/F,12\%,3) +$$
$$1989.6(P/F,12\%,4) + 2081.3(P/F,12\%,5) + 3090(P/A,12\%,14)$$
$$(P/F,12\%,5) + 3990(P/F,12\%,20)$$
$$= -1160.77 - 956.64 + 838.43 + 1264.39 + 1180.93 + 11095.02 + 413.76$$
$$= 12675.12 （万元）$$

【例 8-2】 某新设法人建设项目，项目建成后生产的产品主要应用于工业、农业、城市基础设施建设等领域。该项目可行性研究已经完成市场需求预测、拟建规模、原材料和能源及公用设施情况、建厂条件和厂址方案、设计方案、环境保护与劳动安全、企业组织和劳动定员与人员培训、项目实施进度等诸方面的研究论证和多方案比较。项目评价在此基础上进行。项目生产期按 8 年计算，计算期为 10 年，融资前税前的基准收益率为 12%，融资前税前的基准投资回收期为 7 年，融资前税后的基准收益率为 10%，融资前税后的基准投资回收期为 8 年。

1. 基础数据

根据调查和预测，项目的基础数据如下。

（1）总投资估算　经测算，项目总投资为 11693.37 万元。其中建设投资 9571.75 万元（外汇按 1 万美元兑换 7.50987 万元人民币计算），建设投资估算如表 8-26 所示；流动资金 1579.48 万元，流动资金估算如表 8-27 所示。

表 8-26　建设投资估算表（概算法）

序号	工程或费用名称	估算价值						占总值比例 /%
		建筑工程 /万元	设备费用 /万元	安装费用 /万元	其他费用 /万元	总值 /万元	其中外汇 /万美元	
1	工程费用	779.63	5024.49	1946.48		7750.60	452.17	80.97
1.1	主要生产项目	231.75	3924.69	1647.00		5803.44		
	其中:外汇		353.11	99.06		452.17	452.17	
1.2	辅助生产车间	86.18	236.70	11.48		334.36		
1.3	公用工程	101.03	559.80	228.82		889.65		
1.4	环境保护工程	41.62	247.50	50.63		339.75		
1.5	总图运输	11.70	55.80			67.50		

序号	工程或费用名称	估　算　价　值						占总值比例/%
		建筑工程/万元	设备费用/万元	安装费用/万元	其他费用/万元	总值/万元	其中外汇/万美元	
1.6	厂区服务性工程	58.95				58.95		
1.7	生活福利工程	248.40				248.40		
1.8	厂外工程			8.55		8.55		
2	其他费用				684.45	684.45	87.31	7.15
	其中:土地费用				300.00	300.00		
3	预备费用				1136.70	1136.70		11.88
4	建设投资合计	779.63	5024.49	1946.48	1821.15	9571.75	539.48	
	比例/%	8.14	52.49	20.34	19.03	100.00		100.00

表 8-27　流动资金估算表

序号	项　目	最低周转天数/天	周转次数/次	年　份					
				3	4	5	6	7	8
				投产期/万元		达到设计生产能力期/万元			
1	流动资产			1488.75	1846.57	2024.48	2024.48	2024.48	2024.48
1.1	应收账款	30	12	410.48	499.48	543.98	543.98	543.98	543.98
1.2	存货			1059.10	1327.92	1461.33	1461.33	1461.33	1461.33
1.3	现金	15	24	19.17	19.17	19.17	19.17	19.17	19.17
2	流动负债			311.50	400.50	445.00	445.00	445.00	445.00
2.1	应付账款	30	12	311.50	400.50	445.00	445.00	445.00	445.00
2.2	预收账款								
3	流动资金(1—2)			1177.25	1446.07	1579.48	1579.48	1579.48	1579.48
4	流动资产增加额			1177.25	268.82	133.41	0.00	0.00	0.00

（2）资金来源　项目资本金为 3560.72 万元，其中流动资金 404.16 万元，其余为借款。资本金由甲、乙两个投资方出资，其中甲方出资 1500 万元，从还完建设投资长期借款年开始，每年分红按出资额的 20%计算，经营期末收回投资。投资分年使用计划按第一年 60%，第二年 40%的比例分配。项目总投资使用计划与资金筹措情况见表 8-28。

（3）营业收入和营业税金及附加　本项目生产规模为年产 6 万吨 N 产品。产品方案有Ⅰ型和Ⅱ型，以Ⅰ型为主。项目拟两年建成，第三年投产，当年生产负荷达到设计能力的 70%，第四年达到 90%，第五年达到 100%。产品售价以市场价格为基础，预测到生产期初的市场价格，每吨出厂价按 1585 元计算（不含增值税）。本项目采用价外计税方式考虑增值税，产品增值税税率为 17%。城市维护建设税按增值税的 7%计算，教育费附加按增值税的 3%计算。营业收入和营业税金及附加见表 8-29。

（4）总成本费用估算　总成本费用估算见表 8-30。

表 8-28 项目总投资使用计划与资金筹措表 人民币单位：万元 外币单位：万美元

序号	项目	合计（人民币）	年份 1 外币	年份 1 折人民币	年份 1 人民币	年份 1 小计	年份 2 外币	年份 2 折人民币	年份 2 人民币	年份 2 小计
1	总投资	11693.37	335.93	2522.79	3365.15	5887.94	249.35	1872.58	2353.37	4225.95
1.1	建设投资	9571.75	323.69	2430.87	3312.18	5743.05	215.79	1620.55	2208.15	3828.70
1.2	建设期利息	542.14	12.24	91.92	52.97	144.89	33.56	252.03	145.22	397.25
1.3	流动资金	1579.48								
2	资金筹措	11693.37	335.93	2522.79	3365.15	5887.94	249.35	1872.58	2353.37	4225.95
2.1	项目资本金	3560.72			1893.94	1893.94			1262.62	1262.62
2.1.1	用于建设投资	3156.56			1893.94	1893.94			1262.62	1262.62
2.1.2	用于流动资金	404.16								
2.1.3	用于建设期利息									
2.2	债务资金	8132.65	335.93	2522.79	1471.21	3994.00	249.35	1872.58	1090.95	2963.33
2.2.1	用于建设投资	6415.19	323.69	2430.87	1418.24	3849.11	215.79	1620.55	945.53	2566.08
2.2.2	用于流动资金	1175.32								
2.2.3	用于建设期利息	542.14	12.24	91.92	52.97	144.89	33.56	252.03	145.22	397.25
2.3	其他资金									

序号	项目	合计（人民币）	年份 3 外币	年份 3 折人民币	年份 3 人民币	年份 3 小计	年份 4 外币	年份 4 折人民币	年份 4 人民币	年份 4 小计	年份 5 外币	年份 5 折人民币	年份 5 人民币	年份 5 小计
1	总投资	11693.37			1177.25	1177.25			268.82	268.82			133.41	133.41
1.1	建设投资	9571.75												
1.2	建设期利息	542.14												
1.3	流动资金	1579.48			1177.25	1177.25			268.82	268.82			133.41	133.41
2	资金筹措	11693.37			1177.25	1177.25			268.82	268.82			133.41	133.41
2.1	项目资本金	3560.72			404.16	404.16								
2.1.1	用于建设投资	3156.56												
2.1.2	用于流动资金	404.16			404.16	404.16								
2.1.3	用于建设期利息													
2.2	债务资金	8132.65			773.09	773.09			268.82	268.82			133.41	133.41
2.2.1	用于建设投资	6415.19												
2.2.2	用于流动资金	1175.32			773.09	773.09			268.82	268.82			133.41	133.41
2.2.3	用于建设期利息	542.14			1177.25	1177.20			268.82	268.82	0.00	0.00	133.41	133.41
2.3	其他资金													

表 8-29　营业收入、营业税金及附加和增值税估算表　　　　　单位：万元

序号	项　目	合计	年　份			
			3	4	5	6～10
			生产负荷 70.00%	生产负荷 90.00%	生产负荷 100.00%	生产负荷 100.00%
1	产品营业收入	72276.00	6657.00	8559.00	9510.00	9510.00
	单价/元		1585.00	1585.00	1585.00	1585.00
	数量/万吨	45.60	4.20	5.40	6.00	6.00
	销项税额	12286.92	1131.69	1455.03	1616.70	1616.70
2	营业税金及附加	538.76	49.62	63.80	70.89	70.89
2.1	营业税					
2.2	消费税					
2.3	城市维护建设税	377.11	34.73	44.66	49.62	49.62
2.4	教育费附加	161.65	14.89	19.14	21.27	21.27
3	增值税	5387.64	496.23	638.01	708.90	708.90
3.1	增值税销项税额	12286.92	1131.69	1455.03	1616.70	1616.70
3.2	增值税进项税额	6899.28	635.46	817.02	907.80	907.80

成本估算说明如下。

①　固定资产原值中除工程费用外还包括建设期利息、预备费用以及其他费用中的土地费用。经计算可知，固定资产原值为 9729.44 万元。如果按平均年限法计算折旧，折旧年限为 8 年，残值率为 5%。固定资产折旧费估算见表 8-31。

②　假设修理费按年折旧额的 50% 提取，每年 577.69 万元。

③　假设表 8-26 里的其他费用中其余部分均作为无形资产及其他资产。其中，无形资产为 184.45 万元，采用平均年限法，按 8 年摊销。其他资产为 200 万元，采用平均年限法，按 5 年摊销。无形资产及其他资产摊销费估算见表 8-32。

④　利息估算见表 8-38。如上所述，建设投资外汇借款年利率 7.5625%，人民币贷款年利率为 7.4%；流动资金贷款年利率 7.29%。

⑤　固定成本和可变成本。可变成本包含外购原材料、外购燃料、动力费以及流动资金借款利息。固定成本包含总成本费用中除可变成本外的费用。

（5）利润与利润分配　利润与利润分配表见表 8-36。利润总额正常年为 1647.22 万元。所得税按利润总额的 25% 计取，法定盈余公积金按税后利润的 10% 计取。

表8-30　总成本费用估算表（生产要素法）

单位：万元

序号	项目	合计	3	4	5	6	7	8	9	10
			投产期			年份		达到设计生产能力期		
	生产负荷/%		70.00	90.00	100.00	100.00	100.00	100.00	100.00	100.00
1	外购原材料	35905.56	3307.20	4251.96	4724.40	4724.40	4724.40	4724.40	4724.40	4724.40
2	外购燃料、动力	4678.43	430.79	554.04	615.60	615.60	615.60	615.60	615.60	615.60
3	工资及福利费	2800.00	350.00	350.00	350.00	350.00	350.00	350.00	350.00	350.00
4	修理费	4621.52	577.69	577.69	577.69	577.69	577.69	577.69	577.69	577.69
5	折旧费	9242.96	1155.37	1155.37	1155.37	1155.37	1155.37	1155.37	1155.37	1155.37
6	摊销费	384.45	63.06	63.06	63.06	63.06	63.06	23.05	23.05	23.05
7	财务费用（利息、汇兑损失）	2050.49	580.14	516.44	388.33	222.86	85.68	85.68	85.68	85.68
7.1	其中：利息支出	2050.49	580.14	516.44	388.33	222.86	85.68	85.68	85.68	85.68
	长期借款利息	1404.09	523.78	440.48	302.65	137.18				
7.2	流动资金借款利息	646.40	56.36	75.96	85.68	85.68	85.68	85.68	85.68	85.68
8	其他费用	2080.80	260.10	260.10	260.10	260.10	260.10	260.10	260.10	260.10
9	总成本费用（1+2+3+4+5+6+7+8）	61764.21	6724.35	7728.66	8134.55	7969.08	7831.90	7791.89	7791.89	7791.89
	其中：固定成本	20533.83	2930.00	2846.70	2708.87	2543.40	2406.22	2366.21	2366.21	2366.21
	可变成本	41230.39	3794.35	4881.96	5425.68	5425.68	5425.68	5425.68	5425.68	5425.68
10	经营成本（9-5-6-7.1）	50086.31	4925.78	5993.79	6527.79	6527.79	6527.79	6527.79	6527.79	6527.79

表 8-31　固定资产折旧费估算表　　　　　　　　　　单位：万元

序号	项目	合计	年 份							
			3	4	5	6	7	8	9	10
			投产期		达到设计生产能力期					
1	固定资产合计									
1.1	原值	9729.44								
1.2	当期折旧费	9242.96	1155.37	1155.37	1155.37	1155.37	1155.37	1155.37	1155.37	1155.37
	净值		8574.07	7418.70	6263.33	5107.96	3952.59	2797.22	1641.85	486.48

表 8-32　无形资产和其他资产摊销费估算表　　　　　　　单位：万元

序号	项目	摊销年限	原值	年 份							
				3	4	5	6	7	8	9	10
				投产期		达到设计生产能力期					
1	无形资产	8	184.45								
1.1	摊销			23.06	23.06	23.06	23.06	23.06	23.05	23.05	23.05
1.2	净值			161.39	138.33	115.27	92.21	69.15	46.10	23.05	0.00
2	其他资产(开办费)	5	200.00								
2.1	摊销			40	40	40	40	40			
2.2	净值			160	120	80	40				
3	无形及其他资产合计		384.45								
3.1	摊销			63.06	63.06	63.06	63.06	63.06	23.05	23.05	23.05
3.2	净值			321.39	258.33	195.27	132.21	69.15	46.10	23.06	

2. 财务评价基本报表

项目投资现金流量表，如表8-33所示；项目资本金现金流量表，如表8-34所示；甲方财务现金流量表，如表8-35所示；利润与利润分配表，如表8-36所示；财务计划现金流量表，如表8-37所示；建设期利息估算及还本付息计划表，如表8-38所示。

3. 财务评价指标计算

财务评价指标计算结论及计算依据如表8-39所示。

4. 财务评价结论

财务评价结论如表8-40所示。从主要指标上看，财务评价结果均可行，所以该项目在财务上可行。

表 8-33　项目投资现金流量表

单位：万元

序号	项目	合计	1	2	3	4	5	6	7	8	9	10
			建设期		投产期			达到设计生产能力期				
	生产负荷/%				70.00	90.00	100.00	100.00	100.00	100.00	100.00	100.00
1	现金流入	74341.96			6657.00	8559.00	9510.00	9510.00	9510.00	9510.00	9510.00	11575.96
1.1	营业收入	72276.00			6657.00	8559.00	9510.00	9510.00	9510.00	9510.00	9510.00	9510.00
1.2	补贴收入											
1.3	回收固定资产余值	486.48										486.48
1.4	回收流动资产	1579.48										1579.48
2	现金流出	61776.30	5743.05	3828.70	6152.65	6326.41	6732.09	6598.68	6598.68	6598.68	6598.68	6598.68
2.1	建设投资	9571.75	5743.05	3828.70								
2.2	流动资金	1579.48			1177.25	268.82	133.41					
2.3	经营成本	50086.31			4925.78	5993.79	6527.79	6527.79	6527.79	6527.79	6527.79	6527.79
2.4	营业税金及附加	538.76			49.62	63.80	70.89	70.89	70.89	70.89	70.89	70.89
2.5	维护运营投资											
3	所得税前净现金流量(1-2)	12565.66	-5743.05	-3828.70	504.35	2232.59	2777.91	2911.32	2911.32	2911.33	2911.33	4977.29
4	累计所得税前净现金流量		-5743.05	-9571.75	-9067.40	-6834.81	-4056.90	-1145.58	1765.74	4677.10	7588.43	12565.72
5	调整所得税	3005.89			115.79	320.75	432.22	432.22	423.22	433.22	433.22	433.22
6	所得税后净现金流量(3-5)	9559.77	-5743.05	-3828.70	388.56	1911.84	2354.69	2488.10	2488.10	2488.10	2478.09	4544.05
7	累计所得税后净现金流量		-5743.05	-9571.75	-9183.19	-7271.35	-4916.66	-2428.56	59.54	2537.63	5015.72	9559.77

单位：万元

表 8-34　项目资本金现金流量表（例）

序号	项　　目	合计	年　份									
			建设期		投产期		达到设计生产能力期					
			1	2	3	4	5	6	7	8	9	10
	生产负荷/%				70.00	90.00	100.00	100.00	100.00	100.00	100.00	100.00
1	现金流入	74341.96			6657.00	8559.00	9510.00	9510.00	9510.00	9510.00	9510.00	11575.96
1.1	营业收入	72276.00			6657.00	8559.00	9510.00	9510.00	9510.00	9510.00	9510.00	9510.00
1.2	补贴收入											
1.3	回收固定资产余值	486.48										486.48
1.4	回收流动资金	1579.48										1579.48
2	现金流出	65686.88	1893.94	1262.62	7061.16	8559.00	9510.00	9025.49	7086.16	7096.17	7096.17	7096.17
2.1	项目资本金	3560.72	1893.94	1262.62	404.16							
2.2	借款本金偿还	6957.33			1101.46	1822.58	2196.85	1836.44				
2.3	借款利息支付	2050.49			580.14	516.44	388.33	222.86	85.68	85.68	85.68	85.68
2.4	经营成本	50086.31			4925.78	5993.79	6527.79	6527.79	6527.79	6527.79	6527.79	6527.79
2.5	营业税金及附加	538.76			49.62	63.80	70.89	70.89	70.89	70.89	70.89	70.89
2.6	所得税	2493.25				162.39	326.14	367.51	401.80	411.81	411.81	411.81
2.7	维护运营投资											
3	净现金流量(1-2)	8655.08	-1893.94	-1262.62	-404.16		2413.83	484.51	2423.84	2413.83	2413.83	4479.79

表 8-35　甲方财务现金流量表（例）

单位：万元

序号	项目	合计	1	2	3	4	5	6	7	8	9	10
			建设期		投产期		达到设计生产能力期					
	生产负荷/%				70.00	90.00	100.00	100.00	100.00	100.00	100.00	100.00
1	现金流入	3000.00						300.00	300.00	300.00	300.00	1800.00
1.1	股利分配	3000.00						300.00	300.00	300.00	300.00	1800.00
1.2	资产处置收益分配											
1.3	租赁费收入											
1.4	技术转让收入											
1.5	其他现金流入											
2	现金流出	1500.00	750.00	750.00								
2.1	股权投资	1500.00	750.00	750.00								
2.2	租赁资产支出											
2.3	其他现金流出											
3	净现金流量	1500.00	−750.00	−750.00				300.00	300.00	300.00	300.00	1800.00

表 8-36　利润与利润分配表（例）

单位：万元

序号	项目	合计	3	4	5	6	7	8	9	10
			投产期		达到设计生产能力期					
	生产负荷/%		70.00	90.00	100.00	100.00	100.00	100.00	100.00	100.00
1	营业收入	72276.00	6657.00	8559.00	9510.00	9510.00	9510.00	9510.00	9510.00	9510.00
2	营业税金及附加	538.76	49.62	63.80	70.89	70.89	70.89	70.89	70.89	70.89
3	总成本费用	61754.21	6724.35	7728.66	8134.55	7969.08	7831.90	7791.89	7791.89	7791.89
4	补贴收入									
5	利润总额(1−2−3+4)	9973.03	−116.97	766.54	1304.56	1470.03	1607.21	1647.22	1647.22	1647.22
6	弥补以前年度亏损	116.97		116.97						

续表

序号	项目	合计	建设期		投产期				达到设计生产能力期			
			1	2	3	4	5	6	7	8	9	10
7	应纳税所得额	9973.03				658.42	1304.56	1470.03	1607.21	1647.22	1647.22	1647.22
8	所得税	2493.27				162.39	326.14	367.51	401.80	411.81	411.81	411.81
9	净利润(5-8)	7479.76			-116.97	604.15	978.42	1102.52	1205.41	1235.41	1235.41	1235.41
10	可供分配的利润	7596.73				604.15	978.42	1102.52	1205.41	1235.41	1235.41	1235.41
11	提取法定盈余公积金	491.16							120.54	123.54	123.54	123.54
12	未分配利润	7105.57				604.15	978.42	1102.52	1084.87	1111.87	1111.87	1111.87
13	息税前利润(利润总额+利息支出)	12023.52			463.17	1282.98	1692.90	1692.90	1692.89	1732.90	1732.90	1732.90
14	息税折旧摊销前利润(息税前利润+折旧+摊销)	21650.93			1681.60	2501.41	2911.32	2911.32	2911.32	2911.32	2911.32	2911.32

表8-37　财务计划现金流量表

单位：万元

序号	项目	合计	建设期		投产期			达到设计生产能力期				
			1	2	3	4	5	6	7	8	9	10
	生产负荷/%				70	90	100	100	100	100	100	100
1	经营活动现金流量(1.1-1.2)	19157.69			1691.60	2339.02	2585.18	2543.81	2509.52	2499.51	2499.51	2499.51
1.1	现金流入	84562.92			7788.69	10014.03	11126.70	11126.70	11126.70	11126.70	11126.70	11126.70
1.1.1	营业收入	72276.00			6657.00	8559.00	9510.00	9510.00	9510.00	9510.00	9510.00	9510.00
1.1.2	增值税销项税额	12286.92			1131.69	1455.03	1616.70	1616.70	1616.70	1616.70	1616.70	1616.70
1.2	现金流出	65405.26			6097.11	7675.01	8541.52	8582.89	8617.18	8627.18	8627.18	8627.18
1.2.1	经营成本	50086.31			4925.78	5993.79	6527.79	6527.79	6527.79	6527.79	6527.79	6527.79
1.2.2	增值税进项税额	6899.28			635.46	817.02	907.80	907.80	907.80	907.80	907.80	907.80
1.2.3	营业税金及附加	538.76			49.62	63.80	70.89	70.89	70.89	70.89	70.89	70.89
1.2.4	增值税	5387.64			496.23	638.01	708.90	708.90	708.90	708.90	708.90	708.90
1.2.5	所得税	2493.27				162.39	326.14	367.51	401.80	411.81	411.81	411.81

续表

序号	项目	合计	建设期		投产期				达到设计生产能力期			
			1	2	3	4	5	6	7	8	9	10
2	投资活动净现金流量（2.1-2.2）	-11151.23	-5743.05	-3828.70	-1177.25	-268.82	-133.41					
2.1	现金流入											
2.2	现金流出	11151.23	5743.05	3828.70	1177.25	268.82	133.41					
2.2.1	建设投资	9521.75	5743.05	3828.70								
2.2.2	流动资金	1579.48			1177.25	268.82	133.41					
3	筹资活动净现金流量（3.1-3.2）	2143.41	5743.05	3828.70	-504.35	-2070.20	-2451.77	-2059.30	-85.68	-85.68	-85.68	-85.68
3.1	现金流入	11151.23	5743.05	3828.70	1177.25	268.82	133.41					
3.1.1	项目资本金投入	3560.72	1893.94	1262.62	404.16							
3.1.2	建设投资借款	6415.19	3849.11	2566.08								
3.1.3	流动资金借款	1175.32			773.09	268.82	133.41					
3.2	现金流出	9007.82			1681.60	2339.02	2585.18	2059.30	85.68	85.68	85.68	85.68
3.2.1	各种利息支出	2050.49			580.14	516.44	388.33	222.86	85.68	85.68	85.68	85.68
3.2.2	偿还债务本金	6957.33			1101.46	1822.58	2196.85	1836.44				
4	净现金流量	10149.84						484.51	2423.83	2413.83	2413.83	2413.83
5	累计盈余资金							484.51	2908.35	5322.18	7736.01	10149.84

表 8-38　建设期利息估算及还本付息计划表

单位：万元

序号	项目	合计	建设期		投产期		达到设计生产能力期	
			1	2	3	4	5	6
1	外汇借款（折成人民币）							
1.1	建设期利息	343.95	91.92	252.03				
1.1.1	期初借款余额			2522.79	4395.37	3293.91	1471.33	
1.1.2	当期借款	4051.42	2430.87	1620.55				
1.1.3	当期应计利息	1036.72	91.92	252.03	332.40	249.10	111.27	

续表

序号	项目	合计	年份					
			建设期		投产期		达到设计生产能力期	
			1	2	3	4	5	6
1.1.4	期末借款余额		2522.79	4395.37	3293.91	1471.33		
1.2	其他融资费用	343.95	91.92	252.03				
1.3	小计(1.1+1.2)	343.95	91.92	252.03				
2	人民币借款							
2.1	建设期利息	198.19	52.97	145.22				
2.1.1	期初借款余额			1471.21	2561.96	2561.96	2561.96	1836.44
2.1.2	当期借款	2363.77	1418.24	945.53				
2.1.3	当期应计利息	909.51	52.97	145.22	191.38	191.38	191.38	137.18
2.1.4	期末借款余额		1471.21	2561.96	2561.96	2561.96	1836.44	
2.2	其他融资费用							
2.3	小计(2.1+2.2)	198.19	52.97	145.22				
3	合计(1.3+2.3)	542.14	144.89	397.25				
3.1	建设期利息合计(1.1+2.1)	542.14	144.89	397.25				
3.2	其他融资费用合计(1.2+2.2)							
4	当期还本付息	8665.10			1681.60	2339.02	2585.18	2059.30
	其中:还本	6957.33			1101.46	1822.58	2196.85	1836.44
	付息	1707.77			580.14	516.44	388.33	222.86
5	还款来源							
5.1	净利润	2568.12			−116.97	604.15	978.42	1102.52
5.2	折旧费	4621.48			1155.37	1155.37	1155.37	1155.37
5.3	摊销费	252.24			63.06	63.06	63.06	63.06
5.4	偿还本金来源合计(5.1+5.2+5.3)	7441.84			1101.46	1822.58	2196.85	2320.95
5.4.1	偿还外汇本金	4395.37			1101.46	1822.58	1471.33	
5.4.2	偿还人民币本金	2561.96					725.52	1836.44
5.4.3	偿还本金后余额(5.4−5.4.1−5.4.2)							484.51

表 8-39 财务评价的内容、财务分析报表与财务评价指标的关系（例）

评价内容		指标和计算依据	静态指标	动态指标
融资前分析	盈利能力	表 8-33 项目投资现金流量表	①项目投资静态投资回收期 6.39 年(含建设期、税前) ②项目投资静态投资回收期 6.98 年(含建设期、税后)	①项目投资财务内部收益率(税前) 16.26% ②项目投资财务净现值(税前,$i_c=12\%$)为 1794.29 万元 ③项目投资财务内部收益(税后)12.97% ④项目投资财务净现值(税后,$i_c=10\%$)为 1314.83 万元
融资后分析	盈利能力	表 8-34 项目资本金现金流量表		项目资本金财务内部收益率 19.19%
		表 8-35 甲方财务现金流量表		投资各方(甲方)财务内部收益率 9.81%
		表 8-36 利润与利润分配表 表 8-28 项目总投资使用计划与资金筹措表 表 8-34 项目资本金现金流量表	①总投资收益率 12.85% ②项目资本金净利润 26.26%	
	清偿能力	表 8-30 总成本费用估算表 表 8-36 利润与利润分配表 表 8-38 建设期利息估算及还本付息计划表	①偿债备付率(按整个借款期考虑)1.88 ②利息备付率(按整个借款期考虑)5.86	
	财务生存能力	表 8-37 财务计划现金流量表	①运营期各年经营净现金流量充足(每年"财务计划现金流量表"数据见表 8-37) ②各年累计盈余资金没出现负值(各年"累计盈余资金"数据见表 8-37)	

表 8-40 财务评价结论汇总表（例）

	财务评价指标	计算结果	评价标准	是否可行
融资前分析指标	项目投资财务内部收益率(税前)	16.26%	>12%	是
	项目投资财务净现值(税前)	1794.29 万元	>0	是
	项目投资静态投资回收期(税前)	6.39 年	<7 年	是
	项目投资财务内部收益率(税后)	12.97%	>10%	是
	项目投资财务净现值(税后)	1314.83 万元	>0	是
	项目投资静态投资回收期(税后)	6.98 年	<8 年	是
融资后分析指标	项目资本金财务内部收益率	19.19%		是
	投资各方(甲方)财务内部收益率	9.81%		是
	利息备付率	5.86	>2.0	是
	偿债备付率	1.88	>1.3	是

【例 8-3】 某改造项目原有资产的重估价值为 400 万元，其中 100 万元的资产将在改造后被拆除变卖，其余的 300 万元资产继续留用。改造的新增投资估计为 600 万元，改造后预计每年的净收益可达 200 万元，而不改造每年的净收益预计只有 80 万元。假定改造、不改造的寿命期均为 10 年，基准折现率 i_c 为 10%，试用有无对比法分析决策是否应当进行技术改造？

【解】 $NPV_{有项目}=-900+200(P/A,10\%,10)=328.92$（万元）

$NPV_{无项目}=-400+80(P/A,10\%,10)=91.57$（万元）

因为 $NPV_{\text{有项目}} > NPV_{\text{无项目}} > 0$

所以应当进行技术改造。

本 章 小 结

(1) 财务评价应在项目财务效益与费用估算的基础上进行，其内容应根据项目的性质和目标确定，即对于经营性项目，财务评价应在国家现行财税制度和市场价格体系下，通过编制财务分析报表，计算财务指标，分析项目的盈利能力、偿债能力和财务生存能力，判断项目的财务可接受性，明确项目对财务主体及投资者的价值贡献，为项目决策提供依据。对于非经营性项目，财务评价应主要分析项目的财务生存能力。

(2) 财务评价的基本步骤如下：财务评价前的准备、进行融资前分析、进行融资后分析、财务评价结论。

(3) 财务效益与费用估算数据是财务评价的基础数据，是财务评价报表的编制依据，其估算的准确性与可靠程度直接影响到财务分析结论。财务评价基本报表包括：现金流量表、利润与利润分配表、财务计划现金流量表、资产负债表、借款还本付息计划表。

(4) 财务评价需要依据财务评价报表计算经济评价指标以分析项目的盈利能力、清偿能力、财务生存能力。盈利能力的分析指标主要有项目投资财务内部收益率、项目投资财务净现值、项目投资动态投资回收期、项目投资静态投资回收期、总投资收益率、项目资本金净利润率；清偿能力的分析指标主要有资产负债率、偿债备付率、利息备付率；财务生存能力的分析指标主要有经营活动净现金流量以及各年的累计盈余资金。

(5) 财务评价参数包括计算、衡量项目的财务费用效益的各类计算参数和判定项目财务合理性的判据参数。评价人员应认真做好市场预测，并根据项目的具体情况选用参数，对项目经济评价中选用的参数要有充分的依据并做出论证。

(6) 财务效益估算主要包括营业收入估算和补贴收入估算。相关的财务评价辅助报表主要有营业收入、营业税金及附加和增值税估算表等。

(7) 财务费用估算主要包括总投资估算、总成本费用估算、经营成本估算、税费估算、维持运营投资估算等。相关的财务评价辅助报表主要有建设投资估算表、流动资金估算表、建设期利息估算表、项目总投资使用计划与资金筹措表、总成本费用估算表、外购原材料费估算表、外购燃料和动力费估算表、工资及福利费估算表、固定资产折旧费估算表、无形资产和其他资产摊销估算表等。

(8) 财务评价在应用时要注意财务评价的内容、步骤和财务效益与费用估算之间存在的内在逻辑关系。

思 考 题

1. 什么是财务评价？
2. 财务评价有哪些基本步骤？
3. 财务评价包括哪些基本报表？
4. 财务效益和费用估算应遵循哪些原则？财务效益和费用估算的步骤有哪些？
5. 财务评价的内容、财务分析报表与财务评价指标的关系如何？
6. 财务效益估算的主要内容有哪些？有哪些相关的财务评价辅助报表？
7. 财务费用估算的主要内容有哪些？有哪些相关的财务评价辅助报表？
8. 财务评价的内容、步骤和财务效益与费用估算之间存在着什么关系？
9. 某开发商购得一宗商业用地使用权，期限为 40 年，拟建一商场出租经营。据估算，项目的开发建设期为 2 年，第 3 年即可出租。经过分析，得到以下数据。

① 项目建设投资为 13000 万元。第 1 年投资 7000 万元，其中资本金 5857.14 万元；第 2 年投资 6000

万元，其中资本金 4900 万元。每年的资金缺口由银行借款解决，贷款年利率为 10％。建设期只计息不还款，第 3 年开始采用等额还本并支付利息的方式还本付息，分 3 年还清。

② 第 3 年租金收入、经营税费、经营成本分别为 8000 万元、400 万元、2800 万元。从第 4 年起每年的租金收入、经营税费、经营成本分别为 9000 万元、500 万元、3000 万元。

③ 建成后经营 18 年，经营 18 年后实现净转售收入 4000 万元。

请根据以上资料，完成下列工作。

① 编制项目资本金现金流量表（不考虑所得税）。

② 若该开发商要求的目标收益率为 12％，试依据项目资本金现金流量表计算财务净现值（假设所有的投资和收入均发生在年末）。

第九章 项目经济费用效益分析

> **本章学习目标**
>
> （1）熟悉项目费用效益分析相关概念及应用范围；
> （2）了解项目费用效益分析基本程序和方法；
> （3）掌握并灵活运用费用效益分析指标和方法解决问题。

第一节 经济费用效益分析概述

建设项目的经济评价分为财务评价与经济费用效益分析，又称国民经济评价，对于私人投资者而言，财务评价的结果已可以满足其投资决策的需要。然而，在现代经济活动中，政府对经济的宏观调控作用越来越大。政府必须通过有效的投资活动，使国家有限的资源在全社会实现合理配置。要实现该目的，只站在企业角度的项目财务评价是不够的，应从国家和全社会的角度进行项目的国民经济评价。

正常运作的市场机制是将稀缺资源在不同用途和不同时间上合理配置的有效机制。然而，市场的正常运作要求具备若干条件，包括：资源的产权清晰、完全竞争、公共产品数量不多、短期行为不存在等。如果这些条件不能满足，市场就不能有效地配置资源，即市场失灵。市场失灵的存在使得财务评价的结果往往不能真实地反映项目的全部利弊得失，必须通过费用效益分析对财务评价中失真的结果进行修正。

一、经济费用效益分析的基本概念和应用范围

（一）经济费用效益分析的基本概念

建设项目的经济费用效益分析，又称国民经济评价，是对投资项目进行决策分析与评价，判定其经济合理性的一项重要工作。经济费用效益分析是按照资源合理配置的原则，从国家整体角度考察项目的效益和费用，它采用社会折现率、影子汇率、影子工资和货物影子价格等经济分析参数，从项目对社会经济所做贡献以及社会为项目付出代价的角度，评价项目的经济合理性。

（二）经济费用效益分析的应用范围

现实的市场经济运行，由于市场本身的原因及政府的不恰当干预，都有可能导致市场配置资源的失灵，市场价格难以反映项目的真实经济价值，客观上需要通过经济费用效益分析来反映建设项目的真实经济价值，判断投资的经济合理性，为投资决策提供依据。一般需要进行经济费用效益分析的项目有以下几类。

① 自然垄断项目，电力、电信、交通运输等行业的项目，存在着规模效益递增特征的产业，企业一般不会按照帕累托最优原则进行运作，从而导致市场配置资源失效。

② 公共产品项目。即项目提供的产品或服务在同一时间内可以被共同消费，具有"消费的非排他性"（主要是指消费者可以平等地消费产品和服务以及无法排除其他人从产品和服务中获得的利益）和"消费的非竞争性"（一个人消费一种公共产品并不以牺牲其他人的消费为代价）。由于市场价格机制只有通过将那些不愿意付费的消费者排除在该物品的消费

之外才能得以有效运作，因此市场机制对公共产品项目的资源配置失灵。

③ 具有明显外部效果的项目。一般来说，如果某消费者或企业在从事经济活动时，给他人带来危害或好处，但该消费者或企业又并没有因为这一危害或好处而向他人支付赔偿或索取报酬时，那么，我们就说经济中出现了"外部效果"。例如，造纸企业排放污水造成了水污染，给周围居民的健康带来不利影响，但该公司并没有因此向居民支付赔偿；又如，一个房主在自家门前种植令人喜欢的花草，所有邻居都因这一活动而受益，但房主并没有因此而获得报酬。通常前一种情况称为经济活动的负外部效果，而后一种情况称为经济活动的正外部效果。由于外部效果的存在，使得经济活动的某些后果没有得到市场的承认，当事人不必承担负外部效果所造成的损失，也无法从正外部效果中得到报酬。这样，经济活动的私人经济费用与社会经济费用（或私人经济收益与社会经济收益）便不相一致。在市场经济中，经济活动的决策是基于私人经济费用和私人经济收益的比较，当私人经济费用与社会经济费用不相一致（或私人经济收益与社会经济收益不相一致）时，一个对企业或个人是最优的决策，并不一定对社会而言也是最优的决策。在经济活动存在负外部效果的情况下，市场竞争会导致生产或消费过多，而在经济活动存在正外部效果的情况下，市场竞争又会导致生产或消费不足。可见，外部效果问题的存在，破坏了市场机制配置资源的优越性，导致出现市场失灵的情况。

④ 对于国家控制的战略性资源开发及涉及国家经济安全的项目，往往具有公共性、外部效果等综合特征，不能完全依靠市场配置资源。

⑤ 政府对经济活动的干预，如果干预了正常的经济效率，也是导致市场失灵的重要因素。

从投资管理的角度，现阶段需要进行经济费用效益分析的项目可以分为以下几类。

① 政府预算内投资（包括国债资金）的用于关系国家安全、国土开发和市场不能有效配置资源的公益性项目、保护和改造生态环境项目、重大战略性资源开发项目。

② 政府各类专项建设基金投资的用于交通运输、农林水利等基础设施、基础产业建设项目。

③ 利用国际金融组织和外国政府贷款，需要政府主权信用担保的建设项目。

④ 法律、法规规定的其他政府性资金投资的建设项目。

⑤ 企业投资建设的涉及国家经济安全、影响环境资源、公共利益的建设项目。

作为一种方法，费用效益分析既可以用于财务分析，采用财务费用流量计算，也可以应用于经济分析，采用经济费用流量计算。用于财务分析，主要用于项目各个环节的方案比选、项目总体方案的初步筛选；用于经济分析，除了可以用于方案比选、筛选外，对项目主体效益难以货币量化的，则取代经济费用效益分析，并作为经济分析的最终结论。

二、经济费用效益分析的目的

① 经济费用效益分析能正确反映项目对社会经济的净贡献、评价项目的经济合理性。财务费用效益分析主要是从企业的角度考察项目的效益，由于企业的利益并不总是与国家和社会的利益完全一致，当国家给予项目补贴、企业向国家缴税、某些货物市场价格扭曲以及项目存在外部效果的情况下，财务费用效益就不能全面反映项目的经济合理性。因而，需要从项目对社会资源增加所做的贡献和项目引起社会资源耗费增加的角度，进行项目的经济费用效益分析，以便正确反映项目的经济效率和对社会福利的净贡献。

② 经济费用效益分析能够为政府合理配置资源提供依据。资源的稀缺性决定了必须从这些相互竞争的用途中作出选择。此时，就需要借助于经济费用效益分析，从社会整体利益的角度来考虑。在完全的市场经济状态下，可通过市场机制调节资源的流向，实现资源的优化配置。在不完全的市场经济中，需要政府在资源配置中发挥调节作用。但是由于市场本身的原因以及政府不恰当的干预，可能导致市场配置资源的失灵。项目的经济费用效益分析对

项目的资源配置效率，即项目的经济效益进行分析评价，可为政府的资源配置决策提供依据，提高资源配置的有效性。

③ 经济费用效益分析是投资决策科学化的需要。第一，有利于引导投资方向。运用经济费用效益分析的相关指标以及有关参数，可以影响费用效益分析的最终结论，进而起到鼓励或抑制某些行业或项目发展的作用，促进国家资源的优化和合理分配。第二，有利于抑制投资规模。投资规模过剩，可能会引发通货膨胀，这时可通过适当提高折现率，控制一些项目的通过，从而控制投资规模。第三，有利于提高计划质量。

④ 经济费用效益分析有助于实现企业利益与全社会利益的有机结合。对于实行国家审批和核准的项目，应当特别强调要从社会经济的角度评价和考察，支持和发展对社会经济贡献大的产业项目，并特别注意限制和禁止对社会经济贡献小甚至有负面影响的项目。正确运用经济费用效益分析方法，在项目决策中可以有效地察觉盲目建设、重复建设的项目，有效地将企业利益与全社会利益有机结合。

三、经济费用效益分析与财务评价的关系

（一）经济费用效益分析与财务评价的共同之处

① 评价方法相同。它们都是经济效果评价；都使用基本的经济评价理论，即效益与费用比较的理论方法；都要寻求以最小的投入获取最大的产出；都要考虑资金的时间价值，采用内部收益率、净现值等盈利性指标评价项目的经济效果。

② 评价的基础工作相同。两种分析都要在完成产品需求预测、工艺技术选择、投资估算、资金筹措方案等可行性研究内容的基础上进行。

③ 评价的计算期相同。

（二）经济费用效益分析与财务评价的区别

① 两种评价所处的层次不同。财务评价是在项目的层次上，从项目经营者、投资者、未来债权人的角度，分析项目在财务上能够生存的可能性，分析各方的实际收益或损失，分析投资或贷款的风险及收益。费用效益分析则是在国民经济的层次上，从全社会的角度分析项目的国民经济费用和效益。

② 费用和效益的含义和划分范围不同。财务评价只根据项目直接发生的财务收支，计算项目的费用和效益。经济费用效益分析则从全社会的角度考察项目的费用和效益，这时项目的有些收入和支出，从全社会的角度考虑，不能作为社会费用或收益，例如，税金和补贴、银行贷款利息。

③ 财务评价与经济费用效益所使用价格体系不同。财务评价使用实际的市场预测价格；经济费用效益则使用一套专用的影子价格体系。

④ 两种评价使用的参数不同。如衡量盈利性指标内部收益率的判据，财务评价中用财务基准收益率，经济费用效益分析中则用社会折现率，财务基准收益率依行业的不同而不同，而社会折现率则是全国各行业、各地区都是一致的。

⑤ 评价内容不同。财务评价主要有两个方面，一是盈利能力分析，二是清偿能力分析。而经济费用效益分析则只做盈利能力分析，不做清偿能力分析。

第二节 经济效益和经济费用的识别

一、识别经济效益和经济费用的原则

（一）对经济效益和费用进行全面识别原则

凡项目对社会经济所作的贡献，均计为项目的经济效益，包括项目的直接效益和间接效

益。凡社会经济为项目所付出的代价（即社会资源的耗费，或称社会成本）均计为项目的经济费用，包括直接费用和间接费用。因此，经济分析应考虑关联效果，对项目涉及的所有社会成员的有关效益和费用进行全面识别。

（二）遵循有无对比原则

判别项目的经济效益和费用，要从有无对比的角度进行分析，将"有项目"（项目实施）与"无项目"（项目不实施）的情况加以对比，以确定某项效益或费用的存在。

（三）增量分析原则

项目经济费用效益分析应建立在增量效益和增量费用识别和计算的基础上，不应考虑沉没成本和已实现的效益。

（四）合理确定经济效益与经济费用识别的时间原则

经济效益与费用识别的时间跨度应足以包含项目所产生的全部重要效益和费用，不完全受财务分析计算期的限制。不仅要分析项目的近期影响，还可能需要分析项目将带来的中期、远期影响。

（五）正确处理"转移支付"原则

正确处理"转移支付"是经济效益与费用识别的关键。转移支付代表购买力的转移行为，由于转移支付本身没有导致新增资源的发生，在经济费用效益分析中，税负、补贴、借款和利息属于转移支付。因此接受转移支付的一方所获得的效益与付出方所产生的费用相等。一般在进行经济费用效益分析时，不得再计算转移支付的影响。

（六）以本国成员作为分析对象原则

经济效益与费用的识别应以本国社会成员作为分析对象。对于超越国界，对本国之外的其他社会成员也产生影响的项目，应重点分析项目给本国社会成员带来的效益和费用，项目对国外社会成员所产生的效果应给予单独陈述。

二、经济效益和经济费用的构成

经济效益分为直接经济效益和间接经济效益，经济费用分为直接经济费用和间接经济费用。直接经济效益和直接经济费用可称为内部效果，间接经济效益和间接经济费用可称为外部效果。

（一）内部效果

直接经济效益是指由项目产出物直接生成，并在项目范围内计算的经济效益。一般表现为增加项目产出物或者服务的数量以满足国内需求的效益；替代效益较低的相同或类似企业的产出物或者服务，使被替代企业减产（停产）从而减少国家有用资源耗费或者损失的效益；增加出口或者减少进口从而增加或者节约的外汇等。

直接经济费用是指项目使用投入物所形成，并在项目范围内计算的费用。一般表现为其他部门为本项目提供的投入物；需要扩大生产规模所耗费的资源费用；减少对其他项目或者最终消费投入物的供应而放弃的效益；增加进口或者减少出口从而耗用或减少的外汇等。

（二）外部效果

间接经济效益与间接经济费用，或称外部效果，是指项目对国民经济做出的贡献与国民经济为项目付出的代价中，在直接效益与直接费用中未得到反映的那部分效益与费用。外部效果应包括以下几个方面。

（1）产业关联效果　如建设一个水电站，一般除发电、防洪、灌溉和供水等直接效果外，还必然带来养殖业和水上运动的发展，以及旅游业的增进等间接效益。此外，农牧业还会因土地淹没而遭受一定的损失（间接费用）。这些都是水电站兴建而产生的产业关联效果。

（2）环境和生态效果　如发电厂排放的烟尘可使附近四周的作物产量减少，质量下降；

化工厂排放的污水可使附近江河的鱼类资源骤减，人们的健康甚至生命会受到威胁等。

（3）技术扩散效果 技术扩散和示范效果是由于建设技术先进的项目会培养和造就大量的技术人员和管理人员。他们除了为本项目服务外，由于人员流动、技术交流对整个社会经济发展也会带来好处。

技术性外部效果反映了社会生产和消费的真实变化，这种真实变化必然引起社会资源配置的变化，所以应在经济费用效益中加以考虑。

为防止外部效果计算扩大化，项目的外部效果一般只计算一次相关效果，不应连续计算。

（三）国外贷款还本付息

国外贷款还本付息的处理分以下两种情况。

（1）评价国内投资经济效益的处理办法 项目的经济费用效益是以项目所在国的经济利益为根本出发点的，所以必须考察国外贷款还本付息对项目举办国的真实影响。如果国外贷款利率很高，高于全部投资的内部收益率，那么一个全投资效益好的项目，也可能由于偿还国外债务造成大部分"肥水"外流的局面，致使本国投资不得偿失。为了能够提示这种情况，如实判断本国投资资金的盈利水平，必须进行国内投资的经济效益分析。在分析时，应将国外贷款视为现金流入，还本付息应当视为现金流出项。

（2）评价全投资经济效益的处理办法 对项目进行经济费用效益分析的目的是使有限的资源得到最佳配置，因此，应当对项目所用全部资源的利用效果作出分析评价，这种评价就是包括国外贷款在内的全投资经济费用效益。不过，对使用国外贷款的项目进行全投资经济费用效益分析应是有条件的，这个条件就是国外贷款不是针对某一项目专款专用，该贷款还允许用于其他项目（即国外贷款不指定用途）。这种情况下，与贷款对应的实际资源虽然来自国外，但受贷国在如何有效利用这些资源的问题上，面临着与国内资源同样的优化配置任务，因而应当对包括国外贷款在内的全部资源的利用效果作出评价。在这种评价中，国外贷款还本付息不视为收益，也不视为费用，不出现于经济费用效益所用的项目投资经济费用效益流量表中。如果国外贷款指定用途，这时便无须进行全投资的经济效益评价，可只进行国内投资资金的经济评价。

第三节　经济费用效益分析参数

经济费用效益分析参数是经济费用效益的基本判据，对比选优化方案具有重要作用。经济费用效益的参数主要包括：社会折现率、影子汇率和影子工资等，这些参数由有关专门机构组织测算和发布。

一、社会折现率

（一）社会折现率的概念

社会折现率（Social Discount Rate）是国家规定的将不同时间发生的各种费用和效益的现金流量折算成现值时所用的折现率，又称为资金的影子价格，单位资金的影子价格就叫影子利率。社会折现率是整个国民经济角度所要求的资金投资收益率标准，代表占用社会资金所应获得的最低收益，所以社会折现率可作为国民经济评价项目内部收益率的基准值。它体现了社会对资金时间价值的期望和对资金盈余能力的估量。

（二）社会折现率的作用

社会折现率是国民经济评价中的一项重要参数，它从国民经济角度对资金的机会成本和资金时间价值进行估量，是在计算经济净现值、经济内部收益率等指标时采用的折现率，是项目经济可行性研究和方案比较选择的主要依据。它代表着社会对资金时间价值的判断，是国民经济评价中计算项目效益指标的计算参数。社会折现率作为所有投资项目都应达到的最低收益水平，是衡量和判别项目效益指标的标准和考虑项目取舍的决策判据，社会折现率作为资金的影子价格，代表着资金占用在一定时期内应达到的最低增值率。

社会折现率是国家评价和调控投资活动的一项重要经济杠杆，国家利用社会折现率取值的大小来决定或选择项目或方案的方向，控制一定时期内的投资规模。

① 利用社会折现率取值的高低，调控一定时期的投资规模。由于项目各项成本及收益在整个寿命期内每年分布结构不同，在以复利计算的条件下，社会折现率取不同的评价值会得出不同的评价结果。因此，当客观经济形势要求在一定时期内缩小投资规模时，可适当提高社会折现率，使本来可获得通过的某些项目难于达到这一折现率标准，从而起到间接调控投资规模的作用。

② 利用社会折现率取值的高低，确定项目或方案选择的方向。社会折现率取值的不同，会得出不同的评价结果。其中一个重要因素是由项目近期效益与远期效益所占比例所决定的。当社会折现率取较低值时远期效益将得到较充分的反映（折现因素大），因而评价结果可能是一个合格项目或较优方案。但当提高社会折现率时，远期效益在指标中所占的比例会显著降低（贴现因素小），从而有可能变为不合格的项目或非较优方案。利用这种近期与远期效益在评价指标计算中的关系，可根据客观经济形势的需要，考虑选择项目或优先方案的方向，适当调整社会折现率。

（三）我国现行社会折现率

根据对我国国民经济运行的实际情况、投资收益水平、资金供求状况、资金机会成本以及国家宏观调控等因素综合分析，根据 2006 年国家发展改革委员会和原建设部联合发布的第三版《建设项目经济评价方法与参数》，目前社会折现率测定值为 8%；对于受益期长的建设项目，如果远期效益较大，效益实现的风险较小，社会折现率可适当降低，但不应低于 6%。

二、影子汇率

（一）影子汇率的概念

汇率是指两个国家不同货币之间的比价或交换比率。在财务经济费用效益中，涉及的外汇成本和外汇收益均用官方汇率（OER，Official Exchange Rate）进行计算，但实际上官方汇率往往不能反映外币与本国货币的真实比价。因此，在经济评价经济费用效益中涉及外汇与人民币之间的换算均应采用影子汇率。影子汇率（SER，Shadow Exchange Rate）也称外汇的影子价格，是指能正确反映国家外汇经济价值的汇率，即能反映外汇增加或减少对国民经济贡献或损失的汇率，体现了从国家角度对外汇价格的估量。同时影子汇率又是经济换汇成本或经济节汇成本指标的判据。

作为项目经济费用效益分析的重要通用参数，影子汇率的取值对于项目决策有着重要的影响。影子汇率取值的高低，会影响项目评价中的进出口选择，影响采用进口设备还是国产设备的选择，影响生产进口型项目和产品出口型项目的决策。外汇的影子价格越高，产品是外贸出口货物的项目的经济效益就越好，项目就越容易通过。反之，项目就越难通过。当项目要引进国外的技术、设备或要使用进口原材料、零部件时都要进行引进与不引进之间的方案比较。外汇的影子价格较高时，引进方案的费用较高，评价结论也会较不利于引进方案。

（二）影子汇率的发布

影子汇率的发布有两种形式。

① 一种是直接发布影子汇率。

② 另一种是将影子汇率与国家外汇牌价挂钩，发布影子汇率换算系数。

（三）影子汇率的取值

影子汇率的取值对于项目的决策有着重要的影响，国家利用影子汇率作为杠杆，影响项目投资决策，影响项目的选择和项目的取舍。在经济费用效益分析中，影子汇率通过影子汇率换算系数计算，影子汇率换算系数是影子汇率与国家外汇牌价的比值。影子汇率换算系数根据外贸货物比价、加权平均关税率、外贸逆差收入比率及出口换汇成本等指标分析和测算并定期调整。目前，根据我国外汇收支、外汇供求、进出口结构、进出口关税、进口增值税及出口退税补贴等情况，统一发布的影子汇率换算系数为 1.08。

$$影子汇率(SER)＝官方汇率(OER)×影子汇率换算系数 \tag{9-1}$$

【例 9-1】 已知 2010 年 2 月 5 日国家外汇牌价中 1 美元等于 6.83 元人民币，用影子汇率换算系数 1.08 计算，试求人民币对美元的影子汇率。

【解】 影子汇率＝6.83×1.08＝7.38

影子汇率以美元与人民币的比价表示，对于美元以外的其他国家或地区的货币，应先将其根据项目评价确定的某个时间公布的国际金融市场美元与该种货币兑换率，折算为美元，再用影子汇率换算成人民币。

三、影子工资

在经济费用效益分析中，用影子工资度量劳动力费用。影子工资（Shadow Wage Rate）反映经济费用效益分析为项目使用劳动力所付出的真实代价，也就是劳动力作为特殊投入物的影子价格。影子工资由两部分组成。一部分是劳动力的机会成本，它是指劳动力如果不就业于拟建项目而从事其他生产经营活动所创造的最大效益，它与劳动力的技术熟练程度和供求状况密切相关，技术越熟练，稀缺程度越高，其机会成本越高；反之越低。另一部分是因劳动力转移而引起的新增资源消耗，它是指项目使用劳动力，由于劳动力就业或者迁移而增加的城市管理费用和城市交通等基础设施投资费用。

在项目经济费用效益分析中，影子工资作为费用计入项目经营成本。影子工资的简易计算方法是，以财务评价中的现行工资及福利费为基础，乘以一个换算系数，即变换为影子工资。影子工资换算系数是指影子工资与项目财务分析中的劳动力工资之间的比值。它也是项目国民经济评价的通用参数之一。

$$影子工资＝财务工资×影子工资换算系数 \tag{9-2}$$

在选用影子工资换算系数时，根据我国劳动力现状、结构和就业水平，一般项目影子工资换算系数为 1。对于某些特殊的项目，可以根据当地劳动力的充裕程度和技术熟练程度，适当提高或降低影子工资换算系数。对于非技术劳动力，其影子工资换算系数取值为 0.25～0.8，劳动力不太富余的地区可取较高值，中间状况可取 0.5。如果项目占用大量短缺的专业技术人员，影子工资换算系数可以大于 1。

第四节 影子价格的确定

一、影子价格

影子价格（SP, Shadow Price）又称"计算价格"、"影子定价"、"预测价格"、"最优价格"，是荷兰经济学家詹恩·丁伯根在 20 世纪 30 年代末首次提出来的，运用线性规划的数学方式计算得出，反映社会资源获得最佳配置的一种价格。他认为影子价格是对"劳动、资本和为获得稀缺资源而进口商品的合理评价"。1954 年，他将影子价格定义为"在均衡价格的意义上表示生产要素或产品内在的或真正的价格"。

　　萨缪尔逊认为影子价格是一种以数学形式表述的，反映资源在得到最佳使用时的价格。联合国把影子价格定义为"一种投入（比如资本、劳动力和外汇）的机会成本或它的供应量减少一个单位给整个经济带来的损失"。

　　前苏联经济学家列·维·康特罗维奇根据当时苏联经济发展状况和商品合理计价的要求，提出了最优价格理论。其主要观点是以资源的有限性为出发点，以资源最佳配置作为价格形成的基础，即最优价格不取决于部门的平均消耗，而是由在最劣等生产条件下的个别消耗（边际消耗）决定的。这种最优价格被美籍荷兰经济学家库普曼和原苏联经济学界视为影子价格。

　　列·维·康特罗维奇的最优价格与丁伯根的影子价格，其内容基本是相同的，都是运用线性规划把资源和价格联系起来。但由于各自所处的社会制度不同，出发点亦不同，因此二者又有差异。丁伯根的理论是以主观的边际效用价值论为基础的，而列·维·康特罗维奇的理论是同劳动价值论相联系的。前者的理论被人们看成一种经营管理方法，后者则作为一种价格形成理论；前者的理论主要用于自由经济中的分散决策，而后者的理论主要用于计划经济中的集中决策。

　　经济费用效益分析中虽然不能简单地采用交换价格，但是现实经济中的交换价格毕竟是对资源价值的一种估价，而且这种价格信息又是大量存在于现实经济之中的，所以获得影子价格的基本途径是以交换价格为起点，将交换价格调整为影子价格。影子价格的类型在确定某种货物的影子价格之前，应先区分该货物的类型。

　　项目的各种投入物和产出物可分为外贸货物、非外贸货物和特殊投入物。一种货物的投入或产出，如果主要影响国家的进出口水平，则该货物为外贸货物。如果主要影响国内的供求关系，则该货物为非外贸货物。特殊投入物一般指劳务和土地和自然资源。

　　在区分外贸货物和非外贸货物时，应防止两个极端：一是把外贸货物的范围划分得过宽，凡是国家有进口的都列为外贸货物；二是划分得过严，认为只有本项目进出口的货物才定为外贸货物。根据我国的情况，区分外贸货物和非外贸货物应遵循的原则如下。

　　① 直接进出口的货物为外贸货物。

　　② 国内生产的货物，原来确有出口机会，由于拟建项目的使用，减少了出口，则该货物为外贸货物。

　　③ 拟建项目的产出或投入物，引起进出口货物的增加或减少的为外贸货物。

　　④ 国内建设项目（国家建设天然气、石油输送管道项目）、大部分电力项目、国内电信项目等基础设施所提供的产品或服务为非外贸货物。

　　⑤ 由于国内运费过高，不能进行对外贸易的货物为非外贸货物。

　　⑥ 受国内国际贸易政策的限制，不能进行对外贸易的货物为非外贸货物。

　　根据货物价格机制的不同，分为市场定价货物和非市场定价货物。外贸货物通常属于市场定价货物，非外贸货物中既有市场定价货物也有非市场定价货物。

　　在经济效益费用计算中，作为计量依据的影子价格的确定是问题的关键。影子价格是指依据一定原则确定的，能够反映投入物和产出物真实经济价值，反映市场供求状况，反映资源稀缺程度，使资源得到合理配置的价格。影子价格是根据国家经济增长的目标和资源的可获取性来确定的。如果某种资源数量稀缺，同时，有许多用途完全依靠于它，那么它的影子价格就高。如果这种资源的供应量增多，那么它的影子价格就会下降。进行经济费用效益评价时，项目的主要投入物和产出物价格原则上都应采用影子价格。

　　确定影子价格时，对于投入物和产出物，首先要区分为市场定价货物、政府调控价格货物、特殊投入物和非市场定价货物四大类别，然后根据投入物和产出物对国民经济的影响分别处理。

二、市场定价货物的影子价格

随着我国市场经济的发展和国际贸易的增长，大部分货物已经主要由市场定价，政府不再进行管制和干预，市场价格由市场形成，可以近似反映支付意愿或机会成本。

（一）外贸货物影子价格

外贸货物是指其生产或使用会直接或间接影响国家出口或进口的货物，原则上石油、金属材料、金属矿物、木材及可出口的商品煤，一般都为外贸货物。

外贸货物影子价格的定价基础是国际市场价格。尽管国际市场价格并非就是完全理想的价格，存在着诸如发达国家有意压低发展中国家初级产品的价格，实行贸易保护主义，限制高技术向发展中国家转移，以维持高技术产品的垄断价格等问题。但在国际市场上起主导作用的还是市场机制，各种商品的价格主要由供需规律所决定，多数情况下不受个别国家和集团的控制，一般比较接近物品的真实价值。

外贸货物中的进口品应满足的条件（否则不应进口）是国内生产成本大于到岸价格（CIF）。外贸货物中的出口品应满足的条件（否则不应出口）是国内生产成本小于离岸价格（FOB）。到岸价格与离岸价格统称口岸价格。

在经济费用效益中，口岸价格应按本国货币计算，故口岸价格的实际计算公式如下。

$$到岸价格（人民币）＝美元结算的到岸价格×影子汇率 \qquad (9-3)$$
$$离岸价格（人民币）＝美元结算的离岸价格×影子汇率 \qquad (9-4)$$

（二）非外贸货物影子价格

非外贸货物是指其生产或使用将不影响国家进出口的货物。除了所谓"天然"的非外贸货物如建筑、国内运输等基础设施和商业等产品和服务外，还有由于运输费用过高或受国内外贸易政策和其他条件的限制不能进行外贸的货物。非外贸货物的影子价格主要从供求关系出发，按机会成本和消费者支付意愿来确定。具体方法如下。

1. 产出物的影子价格

① 增加供应数量满足国内消费的产出物。若供求均衡，可按市场价格定价；若供不应求，可参照国内市场价格并考虑价格变化趋势定价，但不应高于相同质量产品的进口价格；若无法判断供求情况，可取上述价格中的较低者。

② 不增加国内供应数量，只是替代其他相同或类似企业的产出物，致使被替代企业停产或减产的。若项目产出物的质量与被替代产品相同，应按被替代企业相应产品的可变成本分解定价；若项目产出物的质量高于被替代产品，应按被替代产品的可变成本加上提高产品质量而带来的国民经济效益定价，其中，提高产品质量带来的国民经济效益，可近似地按国内市场价格与被替代产品的价格之差确定。

2. 投入物的影子价格

① 能通过原有企业挖潜（不增加投资）增加供应的，按可变成本分解定价。

② 在项目寿命期内需通过增加投资扩大生产规模来满足投资项目需要的，按全部成本（包括可变成本和固定成本）分解定价。当难以获得分解成本所需的资料时，可参照国内市场价格定价。

③ 在项目寿命期内无法通过扩大生产规模增加供应的（这时将减少原用户的供应量），可按国内市场价格、国家统一价格加补贴（如果存在）中较高者定价。

（三）非外贸货物的影子价格的确定

非外贸货物的影子价格，主要应从供求关系出发，按机会成本或消费者支付意愿的原则，采用成本分解法计算确定。

所谓成本分解法，是指对某种货物以建成成本构成要素进行分解，求得该种货物的分解成本。分解成本属于价格形态，它不仅包括成本，而且隐含利润。在对非外贸货物进行分解时，应将其成本构成要素分解为外贸货物和非外贸货物。对外贸货物现行价格按上述方法逐项计算它的影子价格；对非外贸货物现行价格按规定标准换算系数计算它的影子价格。对固定资产折旧、无形资产摊销和流动资金利息按社会折现率计算它们的投资成本。因为整个社会化的大生产是一个有机的整体，很多非外贸货物从表面上看虽不能直接影响进出口，但它们使用的原材料很可能与进出口有关。如电力一般属于非外贸货物，但它耗用的燃料多数是外贸货物。对多数非外贸货物的成本经过分解，都可以成为外贸货物和电力、运力等生产要素。

在采用成本分解法计算非外贸货物的影子价格时，要注意以下几个方面。

① 凡项目投入物的原有生产能力过剩，能通过原有企业挖潜来增加供应的，可按可变成本即变动费用进行成本分解，计算货物出厂的影子价格，再加上运输费和贸易费用求得货物到项目所在地的影子价格。因为这种货物属长线产品，不必新增投资，只要发挥原有企业的生产能力即可满足需求。

② 凡项目投入物必须通过投资扩大生产规模才能满足项目需求的，应按它的全部成本进行成本分解，计算货物出厂的影子价格，再加上运输费和贸易费用求得货物到项目所在地的影子价格。

③ 在分解非外贸货物的全部成本时，对成本中的固定资产折旧费、无形资产摊销（不包括土地使用权摊销）以及流动资金利息应按社会折现率计算产品占用固定资产投资、无形资产投资和流动资产投资的成本。

④ 用成本分解法计算非外贸货物的影子价格进行第一轮分解时，往往会发现货物的成本要素中有些重要的非外贸货物难以确定影子价格，因而需要对这些要素进行第二轮分解。如此分解下去，轮次越来越多，工作量也越来越大。为了简化手续，在实践中可仅对少数重要的要素进行到第二轮分解。这样做，一般不会影响工程项目国民经济评价的精确性。

⑤ 对一些诸如电力、运力以及建筑产品等非外贸货物，可按统一规定的标准换算系数，将现行价格换算成影子价格。其他次要的、零星的投入物以及其他费用，可以不作调整。

采用成本分解法确定非外贸货物影子价格是基于这样的前提：认为投入物都可用扩大生产来得到满足。这种观点，从长远来看是成立的。但从短期来看，可能由于资金的缺乏、资源和其他技术条件的限制，在短时期内难以做到。这就势必要去挤占原来的部分用户。在这种情况下，采用成本分解法就不妥了。因为投入物的价格应当反映供求的影响，此时该种非外贸货物的价格可能比分解成本算得的影子价格要高。因此，对项目寿命期内无法通过扩大生产能力来供应的非外贸货物的投入物，应从市场价格、协议价格中取较高者，再加上运费和贸易费用作为货物到项目所在地的影子价格。

项目产出物如果是非外贸货物并属于短线产品，可选取市场价格、协议价格和同类企业产品的平均分解成本中较高者作为产出物的影子价格。如果项目产出物在国内市场已经饱和，投产后并不能有效增加国内供给，只是在挤占其他生产同类产品企业的市场份额，使这些企业减产甚至停产，说明这种产出物是长线产品，项目很可能是盲目投资、重复建设。在这种情况下，如果产出物在质量、花色以及品种等方面并无特色，应该分解被替代企业相应产品的可变成本作为影子价格；如果质量确有提高，在市场上能销售出去，可取国内市场价格为影子价格。

三、政府调控价格货物的影子价格

我国尚有少部分产品或服务不完全由市场机制决定价格，而是由政府调控价格。政府调控价格包括：政府定价、指导价、最高限价、最低限价等。这些产品或服务的价格不能完全反映其真实的价值。在经济费用效益分析中，这些产品或服务的影子价格不能简单地根据市场价格确定，而要采取特殊的方法确定。这些影子价格的确定方法主要有：成本分解法、机会成本法、消费者支付意愿。

机会成本是指用于拟建项目的某种资源若改用于其他替代项目，在所有其他替代项目中所能获得的最大经济效益。例如资金是一种资源，在各种投资机会中都可使用，一个项目使用了一定量的资金，这些资金就不能再在别的项目中使用，它的机会成本就是所放弃的所有投资机会中可获得的最大的净效益。在经济费用效益分析中，机会成本法也是测定影子价格的重要方法之一。

支付意愿是指消费者为获得某种商品或服务所愿意付出的价格。在经济费用效益分析中，常常采用消费者支付意愿测定影子价格。下面是政府主要调拨的水、电、铁路运输等作为投入物和产出物时的影子价格的确定方法。

① 电力作为项目投入物时的影子价格，一般按完全成本分解定价，电力过剩时按可变成本分解定价。电力作为项目产出物时的影子价格，可按电力对当地经济边际贡献率定价。

② 水作为项目投入物时的影子价格，按后备水源的边际成本分解定价，或者按恢复水资源存量的成本计算。水作为项目产出物时的影子价格，按消费者支付意愿或者按消费者承受能力加上政府补贴计算。

③ 铁路运输作为项目投入物时的影子价格，一般按完全成本分解定价，对运能富余的地区，按可变成本分解定价。铁路运输作为产出物时的影子价格，可按铁路运输对国民经济的边际贡献率定价。

四、特殊投入物的影子价格

项目的特殊投入物是指项目使用劳动力、土地以及自然资源等特别的投入物。特殊投入物定价方法包括：影子工资（劳动力费用）、土地的影子价格、自然资源的影子价格。其中，影子工资已在本章第三节"经济费用效益分析参数"中进行了介绍，下面仅介绍土地的影子价格和自然资源的影子价格。

（一）土地的影子价格

土地是一种特殊投入物，在我国是一种稀缺资源。项目使用了土地，就造成了社会费用，无论是否实际需要支付费用，都应根据机会成本或消费者支付意愿计算土地的影子价格。土地的地理位置对土地的机会成本或消费者支付意愿影响很大，因此土地地块的地理位置是影响土地影子价格的关键因素。

1. 非生产性用地的土地影子价格

项目占用住宅区、休闲区等非生产性用地，市场完善的，应根据市场交易价格作为土地的影子价格；市场不完善或无市场交易价格的，应按消费者支付意愿确定土地的影子价格。

2. 生产性用地的土地影子价格

项目占用生产性用地，主要指农业、林业、牧业、渔业及其他生产性用地，按照这些生产用地的机会成本及因改变土地用途而发生的新增资源消耗进行计算。计算公式如下。

$$土地影子价格＝土地机会成本＋新增资源消耗 \tag{9-5}$$

（1）土地机会成本　土地机会成本按照项目占用土地而使社会成员由此损失的该土地"最佳可行替代用途"的净效益计算。通常该净效益应按影子价格重新计算，并用项目计算期各年净效益的现值表示。在土地机会成本的计算过程中应适当考虑净效益的递增速度以及净效益计算基年距项目开工年的年数。

（2）新增资源消耗　新增资源消耗应按照在"有项目"情况下土地的占用造成原有地上

附属物财产的损失及其他资源耗费来计算。土地平整等开发成本通常应计入工程建设投资中，在土地影子价格估算中不再重复计算。

（3）实际征地费用的分解 实际的项目评价中，土地的影子价格可以从财务分析中土地的征地费用出发，进行调整计算。由于各地土地征收的费用标准不完全相同，在经济分析中须注意项目所在地区征地费用的标准和范围。一般情况下，项目的实际征地费用可以划分为三部分，分别按照不同的方法调整。

① 属于机会成本性质的费用，如土地补偿费、青苗补偿费等，按照机会成本计算方法调整计算。

② 属于新增资源消耗的费用，如征地动迁费、安置补助费和地上附着物补偿费等，按影子价格计算。

③ 属于转移支付的费用主要是政府征收的税费，如耕地占用税、土地复耕费、新菜地开发建设基金等，不应列入土地经济费用。

（二）自然资源的影子价格

各种有限的不可再生的自然资源也属于一种特殊的投入物，一个项目使用了矿产资源、水资源、森林资源等，对国家来说也产生社会费用。不可再生资源的影子价格应当按资源的机会成本计算；可再生资源的影子价格可以按资源再生费用计算。

五、非市场定价货物的影子价格

当项目的产出效果不具有市场价格，或市场价格难以真实反映其经济价值时，需要采用如下方法对项目的产品或服务的影子价格进行重新测算。

（一）假设成本法

假设成本法，是指通过有关成本费用信息来间接估算环境影响的费用或效益。假设成本法包括替代成本法、置换成本法和机会成本法。

（1）替代成本法 是指为了消除项目对环境的影响，而假设采取其他方案来替代拟建项目方案，其他方案的增量投资作为项目方案环境影响的经济价值。

（2）置换成本法 是指当项目对其他产业造成生产性资产损失时，假设一个置换方案，通过测算其置换成本，即为恢复其生产能力必须投入的价值，作为对环境影响进行量化的依据。

（3）机会成本法 是指通过评价因保护某种环境资源而放弃某项目方案而损失的机会成本，来评价该项目方案环境影响的损失。

（二）显示偏好方法

显示偏好方法，是指按照消费者支付意愿，通过其他相关市场价格信号，寻找提示拟建项目间接产出物的隐含价值。如项目的建设，会导致环境生态等外部效果，从而对其他社会群体产生正面或负面的影响，就可以通过预防性支出法、产品替代法这类显示偏好的方法确定项目的外部效果。

（1）预防性支出法 是以受影响的社会成员为了避免或减缓拟建项目对环境可能造成的危害，所愿意付出的费用，如社会成员为避免死亡而愿意支付的价格，人们对避免疾病而获得健康生活所愿意付出的代价，作为对环境影响的经济价值进行计算的依据。

（2）产品替代法 是指对人们愿意改善目前的环境质量，而对其他替代项目或产品的价值进行分析，间接测算项目对环境造成的负面影响。如可以通过兴建一个绿色环保的高科技产业项目所需的投入，来度量某传统技术的钢铁企业对所在城市造成的环境影响。

（三）陈述偏好法

通过对被评估者的直接调查，直接评价调查对象的支付意愿或接受补偿的意愿，从中推断出项目造成的有关外部影响的影子价格。

第五节　经济费用效益分析指标及报表

项目经济费用效益分析是对项目进行宏观经济效果的分析和评价，评价的目的是为了更有效地合理分配和利用社会经济资源，最大限度地促进经济的增长和人民物质文化生活水平的提高。因此，经济费用效益分析的主要经济目标，就是国民经济增长目标，应使项目投资所能增加的国民收入净增值和社会净收益最大。

经济费用效益分析包括国民经济盈利能力分析和外汇效果分析。需要利用经济费用效益分析的基本报表及经济内部收益率、经济净现值等评价指标。

一、经济费用效益分析的步骤

在经济费用效益分析中，当费用和效益流量识别和估算完毕之后，应编制经济费用效益报表，并根据报表计算评价指标，进行经济效率分析，判断项目的经济合理性。

项目国民经济评价可以在财务评价的基础上进行，也可以直接进行，应视项目的具体情况而定。

（一）在财务经济费用效益基础上进行经济费用效益分析

首先，剔除在财务经济费用效益中计算为效益或费用的转移支付，增加财务经济费用效益中未反映的间接效益和间接费用；其次，用影子价格、影子工资、影子汇率和土地影子费用等代替财务价格及费用，对销售收入（或收益）、固定资产投资、流动资金、经营成本等进行调整；最后，编制经济费用效益分析的基本报表，并据此计算经济费用效益分析的有关评价指标。

由于经济费用效益分析时取用的成本、效益范围、外汇汇率以及主要投入产出物的价格都同财务评价不同，因而需要对财务经济费用效益所用的成本效益数据进行必要的调整。

1. 成本与效益范围的调整

① 剔除国民经济内部转移性收支费用。财务成本、各项税金、利息、补贴、摊销费和特种基金均为内部转移性收支（转移支付），应从成本或效益中剔除。

② 确定外部成本与外部效益。根据项目的具体情况，分析确定是否需要计算外部效果，原则是既要考虑外部效果，又要防止重复计算。

2. 成本、效益数值的调整

① 固定资产投资的调整。包括：剔除内部转移性支付，调整引进设备、国内设备的价值，调整建筑工程费用、安装费，计算土地费用及其他费用。

② 流动资金的调整。

③ 经营成本的调整。包括：各种投入物、固定资产投资、影子工资。

④ 销售收入的调整。根据不同的类型确定产品的影子价格，重新计算销售收入。

⑤ 外汇借款还本付息额及投产后分年支付的技术转让费。按每年支付的外汇额，用影子汇率计算确定。

（二）直接对项目进行经济费用效益分析

① 识别和计算项目的直接效益和间接效益、直接费用和间接费用。

② 使用货物影子价格、影子工资、影子汇率和土地影子费用等计算项目固定资产投资、流动资金、经营费项、销售收入（或效益）。

③ 编制项目经济费用效益分析的基本报表，并在此基础上计算项目的经济费用效益评价指标。

二、经济费用效益分析指标

（一）盈利能力评价指标

经济费用效益分析以盈利能力评价为主，评价指标包括经济内部收益率、经济净现值和效益费用比。

1. 经济内部收益率

经济内部收益率（EIRR）是反映项目对国民经济净贡献的相对指标。它是项目在计算期内各年经济净效益流量的现值累计等于零时的折现率。其表达式为

$$EIRR = \sum_{t=0}^{n} (B-C)_t (1+EIRR)^{-T} \tag{9-6}$$

式中，B 为经济效益流量；C 为经济费用流量；$(B-C)_t$ 为第 t 年的经济净效益流量；n 为计算期；$EIRR$ 为经济内部收益率。

判别准则：经济内部效益率等于或大于社会折现率，表明项目对国民经济的净贡献达到或超过了要求的水平，这时应认为项目是可以接受的。

2. 经济净现值

经济净现值（ENPV）是反映项目对国民经济净贡献的绝对指标。它是指用社会折现率将项目计算期内各年的净效益流量折算到建设期初的现值之和。其表达式为

$$ENPV = \sum_{t=1}^{n} (B-C)_t (1+i_s)^{-t} \tag{9-7}$$

式中，$ENPV$ 为项目的经济净现值；B 为项目的经济效益流量；C 为项目的经济费用流量；$(B-C)_t$ 为项目第 t 期的经济净效益流量；n 为项目的计算期，以年计算；i_s 为社会折现率。

判别准则：$ENPV \geqslant 0$，表示国家拟建项目付出代价后，可以得到符合社会折现率的社会盈余，或除了得到符合社会折现率的社会盈余外，还可以得到以现值计算的超额社会盈余，这时就认为项目是可以考虑接受的。

按分析效益费用的口径不同，可分为整个项目的经济内部效益率和经济净现值、国内投资经济内部效益率和经济净现值。如果项目没有国外投资和国外借款，全投资指标与国内投资指标相同；如果项目有国外资金流入与流出，但国外资金指定用途时，应以国内投资的经济内部效益率和经济净现值作为项目经济费用效益的指标；如果项目使用非指定用途的国外资金时，还应计算全投资经济内部收益率和经济净现值指标。

3. 效益费用比

效益费用比（R_{BC}）的计算公式如下。

$$R_{BC} = \frac{\sum\limits_{t=1}^{n} B_t (1+i_s)^{-t}}{\sum\limits_{t=1}^{n} C_t (1+i_s)^{-t}} \tag{9-8}$$

式中，R_{BC} 为项目的经济效益费用比；B_t 为项目的第 t 期的经济效益；C_t 为项目的第 t 期的经济费用；i_s 为社会折现率；n 为项目的计算期，以年计算。

如果 $R_{BC} > 1$，表明项目资源配置的经济效率达到了可以被接受的水平；如果 $R_{BC} < 1$，该项目不应该被接受；如果 $R_{BC} = 1$，表明项目的投入产出平衡，项目没有盈利，此类项目没有可行性。

（二）外汇效果分析评价指标

项目涉及产品出口创汇及替代进口结汇，要计算经济外汇净现值、经济换汇成本和经济

节汇成本等指标。

1. 经济外汇净现值

经济外汇净现值（$ENPV_F$）是反映项目实施后对国家外汇收支造成直接或间接影响的重要指标，用以衡量项目对国家外汇的真正净贡献（创汇）或净消耗（用汇）。经济外汇净现值可以通过经济外汇流量表计算求得，其计算公式为

$$ENPV_F = \sum_{t=1}^{n} \frac{(FI - FO)_t}{(1+i_s)^t} \tag{9-9}$$

式中，$ENPV_F$ 为项目的经济外汇净现值；FI 为项目的外汇流入量；FO 为项目的外汇流出量；$(FI-FO)_t$ 为第 t 年的净外汇流量；i_s 为社会折现率；n 为项目的计算期，以年计。

当有产品替代进口时，可以按净外汇效果计算经济外汇净现值。一般情况下，$ENPV_F \geqslant 0$ 的项目，从外汇获得或节约的角度看，应认为是可以考虑接受的。

2. 经济换汇成本

当项目有产品直接出口时，还要计算经济换汇成本，以分析这种产品出口对于国民经济是否真正有利可图。经济换汇成本是指每换取一个单位的净外汇收入需要耗费多少价值的国内资源，国内资源的价值以人民币记价，要按照从国民经济评价角度考虑的影子价格、影子工资计算资源耗费价值。生产出口产品的净外汇收入是指产品出口的外汇收入扣除用于生产这些出口产品所投入的外汇后的净收入。所扣除的外汇投入包括进口所需的原材料、零部件以及应摊销的外汇投资。由于项目的外汇收入和支出时间并不总是同时发生，特别是项目投资中的外汇投入时间与产品出口收入外汇的时间甚至可能相隔很多年，所以在计算换汇成本时需要用现值比较的方法。经济换汇成本即用货物影子价格、影子工资和社会折现率计算的为生产出口产品而投入的国内资源现值（以人民币表示）与生产出口产品的经济外汇净现值（通常以美元表示）之比。其计算公式为

$$经济换汇成本 = \frac{\sum_{t=1}^{n} DR_t (1+i_s)^{-t}}{\sum_{t=1}^{n} (FI' - FO')_t (1+i_s)^{-t}} \tag{9-10}$$

式中，DR_t 为项目在第 t 年生产出口产品投入的国内资源，用人民币表示；FI' 为生产出口产品的外汇流入量，用美元表示；FO' 为生产出口产品的外汇流出量，用美元表示；$(FI'-FO')_t$ 为第 t 年产品出口的净外汇收入；i_s 为社会折现率；n 为项目的计算期，以年计。

经济换汇成本即表示换取 1 美元的净外汇收入需要投入多少价值的国内资源。它既是分析项目产品出口的国际竞争力，也是判断项目产品是否应当出口的指标。需要注意的是，经济换汇成本与我国有些外贸部门进行的出口换汇成本统计指标是不同的。

3. 经济节汇成本

对于有产品替代进口的项目，应计算经济节汇成本，它与经济换汇成本相似，所不同的是它的外汇收入不是产品直接出口而是产品以生产替代进口而为国家所节省下来的外汇支出。经济节汇成本等于项目计算期内生产替代进口产品所投入的国内资源的现值与生产替代进口产品的经济外汇净现值之比，即节约 1 美元外汇所需的人民币金额。其计算公式为

$$经济换汇成本 = \frac{\sum_{t=1}^{n} DR'_t (1+i_s)^{-t}}{\sum_{t=1}^{n} (FI'' - FO'')_t (1+i_s)^{-t}} \tag{9-11}$$

式中，DR'_t 为项目在第 t 年为生产出口产品投入的国内资源，用人民币表示；FI'' 为出口产品的外汇流入量，用美元表示；FO'' 为生产出口产品的外汇流出量，用美元表示；$(FI''-FO'')_t$ 为第 t 年产品出口的净外汇收入；i_s 为社会折现率；n 为项目的计算期，以年计。

经济节汇成本指标可以显示项目产品"以产顶进"的节汇是否在经济上合理。经济换汇成本或经济节汇成本（元/美元）小于或等于影子汇率，表明项目产品的出口或替代进口是有利的。

三、经济费用效益报表

项目经济费用效益分析的基本报表一般包括项目投资经济效益费用流量表、国内投资经济效益费用流量表、经济外汇流量表。另外在进行经济费用效益分析时，还应编制国内资源流量表以及经济费用效益分析数据调整计算表等辅助报表。

（一）基本报表

1. 项目投资经济效益费用流量表

项目投资经济效益费用流量表以全部投资作为计算的基础，用以计算全部投资经济内部收益率、经济净现值等指标，考察项目全部投资对国民经济的净贡献，并根据此表判断项目的经济合理性。如表 9-1 所示。

表 9-1 项目投资经济效益费用流量表

序号	时间／项目	建设期		投产期		达产期				合 计
		1	2	3	4	5	6	7	...	
1	效益流量									
1.1	销售收入									
1.2	回收固定资金余值									
1.3	回收流动资金									
1.4	项目间接效益									
2	费用流量									
2.1	固定资产投资									
2.2	流动资金									
2.3	经营费用									
2.4	项目间接费用									
3	净效益流量(1−2)									

2. 国内投资经济效益费用流量表

国内投资经济效益费用流量表，以国内投资作为分析对象，考察项目国内投资部分的盈利能力。如表 9-2 所示。

3. 经济外汇流量表

经济外汇流量表适用涉及出口创汇或替代进口结汇的项目，反映各年净外汇流量和净外汇效果，用以计算经济外汇净现值、经济换汇成本或节汇成本，衡量项目对国家外汇的净贡献以及在国际上的竞争力。

该表主要由外汇流入、外汇流出、净外汇流量、产品替代进口收入和净外汇效果五个部分组成。其中，外汇流入是指实际发生数，包括产品销售外汇收入、外汇借款和其他外汇收入；外汇流出也是实际发生数，包括固定资产投资中的外汇支出、进口原材料、进口零部件、

表 9-2 国内投资经济效益费用流量表

序号	时间 项目	建设期 1	建设期 2	投产期 3	投产期 4	达产期 5	达产期 6	达产期 7	达产期 …	合计
1	效益流量									
1.1	销售收入									
1.2	回收固定资金余值									
1.3	回收流动资金									
1.4	项目间接效益									
2	费用流量									
2.1	固定资产投资中国内资金									
2.2	流动资金中国内资金									
2.3	经营费用									
2.4	流到国外的资金									
2.4.1	国外借款本金偿还									
2.4.2	国外借款利息支付									
2.4.3	其他									
2.5	项目间接费用									
3	净效益流量(1－2)									

技术转让费、偿付外汇借款本息和其他外汇支出；净外汇流量等于外汇流入与外汇流出之差；产品替代进口收入是指项目生产的产品替代进口所节约的外汇，是通过测算得到的，虽然不是实际发生的外汇流入，但对国家的外汇收支有一定的影响；项目的净外汇效果等于项目的净外汇流量与产品替代进口收入之和。如表 9-3 所示。

表 9-3 经济外汇流量表

序号	时间 项目	建设期 1	建设期 2	投产期 3	投产期 4	达产期 5	达产期 6	达产期 7	达产期 …	合计
1	外汇流入									
1.1	销售外汇收入									
1.2	外汇借款									
1.3	其他外汇收入									
2	外汇流出									
2.1	固定资产投资中外汇支出									
2.2	进口原材料									
2.3	进口零部件									
2.4	技术转让费									
2.5	偿付外汇借款本息									
2.6	其他外汇支出									
3	净效益流量(1－2)									
4	产品替代进口收入									
5	经济外汇效果(3＋4)									

（二）辅助报表

经济费用效益分析的辅助报表有出口（替代进口）产品国内资源流量表（见表 9-4），经济费用效益分析投资调整计算表、销售收入计算表、经营费用调整计算表等。

表 9-4   出口（替代进口）产品国内资源流量表

序号	时间 项目	建设期		投产期		达产期				合 计
		1	2	3	4	5	6	7	…	
1	固定资产投资中国内投资									
2	流动资金中国内投资									
3	经营费用中国内投资									
4	其他国内投资									
5	国内资源流量合计									

本 章 小 结

（1）经济费用效益分析是按照合理配置资源的原则，采用社会折现率、影子汇率、影子工资和货物影子价格等经济分析参数，从项目对社会经济所做贡献以及社会为项目付出代价的角度，考察项目的经济合理性。经济费用效益分析的目的有：能正确反映项目对社会经济的净贡献、评价项目的经济合理性；能够为政府合理配置资源提供依据；是投资决策科学化的需要；有助于实现企业利益与全社会利益的有机结合。

（2）经济费用效益与财务评价的评价方法相同、评价的基础工作相同、评价的计算期相同。但两种评价所处的层次不同，费用和效益的含义和划分范围不同，财务评价与经济费用效益所使用价格体系不同，两种评价使用的参数不同，评价内容不同。

（3）识别经济效益和经济费用的原则包括：对经济效益和费用进行全面识别原则、遵循有无对比的原则；增量分析原则；合理确定经济效益与经济费用识别的时间原则；正确处理"转移支付"原则；以本国成员作为分析对象原则。

（4）经济效益分为直接经济效益和间接经济效益；经济费用分为直接经济费用和间接经济费用。直接经济效益和直接经济费用可称为内部效果；间接经济效益和间接经济费用可称为外部效果。

（5）经济费用效益分析常用的参数有社会折现率、影子汇率、影子工资、影子价格。影子价格又称为"计算价格"、"影子定价"、"预测价格"、"最优价格"，是荷兰经济学家詹恩·丁伯根在 20 世纪 30 年代末首次提出来的，是运用线性规划的数学方式计算得出，反映社会资源获得最佳配置的一种价格。

（6）经济费用效益分析中盈利性分析评价指标有经济净现值、经济内部收益率。内部收益率是项目到计算期末正好将未回收的资金全部收回来的折现率；外汇效果分析评价指标有经济外汇净现值、经济换汇成本、经济节汇成本。

思 考 题

1. 什么是经济费用效益分析？它与财务评价有何不同？
2. 在经济费用效益分析中，识别效益费用的原则是什么？与财务评价的原则有何不同？
3. 经济费用效益分析的目的？
4. 通常对项目进行经济费用效益分析时，应该遵循哪些步骤？
5. 经济费用效益分析的范围有哪些？

6. 经济效益和经济费用的识别有哪些原则？

7. 什么是社会折现率？它有哪些作用？

8. 什么是影子价格？

9. 什么是影子汇率？

10. 什么是影子工资？

11. 政府调控价格货物的影子价格的测定方法有哪些？

12. 什么是经济效益费用比？

13. 某项目 M 的投入物为 G 厂生产的 A 产品，由于项目 M 的建成使原用户 W 由 G 厂供应的投入物减少，一部分要靠进口，已知条件如下：M 距 G 厂 100km；G 厂距原用户 W 130km；原用户 W 距港口 200km，进口到岸价格为 400 美元/吨，影子汇率为 7 元人民币/美元，贸易费用按采购价的 6% 计算，国内运费为 0.15 元/(t·km)。要求：计算项目 M 投入物到厂价的影子价格为多少？

第十章　项目费用效果分析

本章学习目标

(1) 了解项目费用效果分析的要求和应用条件；

(2) 熟悉项目费用效果分析的相关概念及应用范围；

(3) 掌握费用效果分析基本程序、费用效果分析指标以及费用效果分析的方法。

费用效果分析是通过对项目预期效果和所支付费用的比较，判断项目费用的有效性和项目经济合理性的分析方法。进行费用效果分析的目的是向决策者提供方案优劣的定量信息，在达到既定目标的前提下，把费用减少到最低限度，或在费用既定的前提下，使效果达到最大。

第一节　项目费用效果分析概述

一、费用效果分析的概念与应用范围

(一) 费用效果分析

1. 费用效果分析的概念

(1) 广义的费用效果分析　是指通过比较所达到的效果与所付出的耗费，分析判断所付出的代价是否值得。广义费用效果分析并不刻意强调采用何种计量方式。

(2) 狭义的费用效果分析　专指耗费采用货币计量，效果采用非货币计量的分析方法。而效果和耗费均用货币计量的称为费用效益分析。

项目评价中关于费用效果分析一般采用狭义的概念。

(3) 费用效益分析和费用效果分析的比较　费用效益分析的优点是单位统一，结果透明，易于被人们接受。在市场经济中，货币作为一般等价物，在不同产出效果的叠加计算中起着重要的参照物作用。如总收入、净现金流量等是效果的货币化表达。财务盈利能力、偿债能力分析必须采用费用效益分析方法。在项目经济分析中，当项目效果或其中主要部分易于货币化时也采用费用效益分析方法。

在费用效益分析中较为困难的问题是某些项目的效益不能简单地用货币来衡量。我们把一些不存在市场价格而难以或不能货币化计量的效果称为无形效果。无形效果主要存在于以下三个领域。

① 项目涉及代际内公平和代际公平效益的价值判断。在项目经济费用效益分析中，当涉及发达程度不同的地区、不同收入阶层的代际内公平和当代人福利和未来人福利的代际公平等问题时，对效益的价值判断就变得十分复杂和困难。

② 项目涉及环境价值、生态价值、生命和健康的价值、自然和人类文化遗产的价值等的判断。例如文化、教育、医疗、保健、通信、国防、公安、消防、住宅，以及绿化等建设项目的效果，常有涉及噪声危害、空气污染、防止犯罪、提高人的素质、改善环境、消除疾病、延长寿命以及军事能力增强、就业机会增多等效果判断问题，这些领域的价值往往很难货币化，而且不同的测算方法可能有数十倍的差距。勉强定价往往引起争议，降低评价的可

信度。

③ 项目可行性研究的不同技术经济环节，如场址选择、工艺比较、设备选型、总图设计、环境保护、安全措施等，无论进行财务分析，还是进行经济费用效益分析，都很难直接与项目最终的货币效益直接挂钩测算。在这些情况下，都适宜采用费用效果分析。

费用效果分析回避了无形效果定价的难题，直接用非货币化的效果指标与费用进行比较，方法相对简单，适用于效果难于货币化的领域。

2. 费用效果分析中的效果和费用的概念

费用效果分析中的效果指的是项目结果所起到的作用、效应或效能，表示项目目标的实现程度，往往不能或难于货币化。

费用效果分析中的费用指的是社会经济为实现项目预定目标所付出的代价，是可以货币化计算的。

（二）费用效果分析的应用范围

1. 制定实现项目目标的途径和方案

正常情况下，在充分论证项目必要性后，项目进入方案比选阶段，这个阶段一般不再对项目的可行性提出质疑，而是本着以尽可能少的费用获得尽可能大的效果原则，通过多方案比选，提供优选方案或进行方案优先次序排队。

2. 评价项目主体效益难于货币化的项目

在项目中，防病治病、防灾减灾、环境保护、国家安全、科技、教育、文化、卫生、体育等一类项目属于公益性项目，公益性项目的建设目的在于向社会公众提供服务，使社会大众受益，而不是以项目自身的盈利为主要目标，其主体效益往往难以货币化，应采用费用效果分析的结论作为项目投资决策的依据之一。

可见，当项目的效果难于或不能货币化，或货币化的效果不是项目目标的主体时，在经济评价中应采用费用效果分析法，通过比较项目预期的效果与所支付的费用，判断项目的费用有效性或经济合理性。

二、费用效果分析的要求与应用条件

（一）费用效果分析的要求

费用效果分析将效果与费用采取不同的度量方法、度量单位和指标，即在采用货币度量费用的同时，采用某种非货币指标度量效果。

费用效果分析遵循多方案比选原则，通过对各种方案的费用和效果进行比较，选择最好或较好的方案。对单一方案的项目，由于费用与效果采取不同的度量单位和指标，不易直接评价其合理性。

（二）费用效果分析的应用条件

费用效果分析只能比较不同方案的优劣，应遵循多方案比选的原则，使所分析的项目具备以下条件。

① 备选方案是互斥方案或可转化为互斥方案，且不少于两个。

② 备选方案目标相同，且均能满足最低效果标准的要求，否则不可以进行比较。

③ 备选方案的费用可以货币量化，且资金用量不突破资金限额。

④ 备选方案的效果应采用同一非货币单位计量。如果有多个效果，可通过加权的方法处理成单一的综合指标。

⑤ 备选方案应具有可比的寿命周期。

第二节 费用效果分析的程序与方法

一、费用效果分析的程序

第一步，确定项目目标，并将其转化为可量化的指标。

费用效果分析就是要确定一个最优方案来完成项目目标。评价项目的各个方案必须具有共同的既定实物目标。所谓实物目标是指不以货币计量的一项具体的使命。项目目标或目的必须清晰，应当尽可能将项目目标转化为具体的可量化的指标，并有明确的最低要求。项目目标既可能是单一的，也可能是多目标的。多目标要分清目标的主次，选择必备目标作为考核内容，将其他次要目标仅作为项目的附带效果进行适当分析。

第二步，拟定各种可以完成任务的方案。

根据项目目标探索不同的实现途径，构想和建立比较方案。比较方案多，则优选余地大。但方案应是切实可行的，较优秀的。不能满足项目最低要求的方案不可作为比较方案。

第三步，识别和计算各方案的费用与效果。

费用应包括整个寿命周期内发生的费用，它是项目从建设投资开始到项目终结整个过程期限内所发生的全部费用，包括投资、经营成本、期末资产回收和拆除、恢复环境的处置费用。寿命周期费用一般按现值计算或按年值计算，备选方案计算期不一致时应采用年值。费用应采用货币指标。

效果可以采用有助于说明项目效能的任何计量单位。选择的计量单位应能切实度量项目目标实现的程度，且便于计算。效果用非货币指标计算，应选择能真实反映项目目标实现程度的指标。例如，供水工程选用供水量（吨）、教育项目选用受教育人数等。若项目的目标不止一个，或项目的效果难以直接度量，需要建立次级分解目标加以度量时，借助层次分析法对项目的效果进行加权计算，处理成统一的综合指标。

第四步，计算指标，综合比较分析各方案的优缺点。

费用效果分析基本指标是效果费用比，其经济含义是单位费用所达到的效果。其计算公式为

$$R_{EC} = \frac{E}{C} = \frac{项目效果}{项目费用现值或费用年值}$$

式中，R_{EC} 为效果费用比；E 为项目效果；C 为项目的费用现值或费用年值。

依据上述指标的判定准则是：投入费用一定时效果最大，或者效果一定时费用最小的方案最佳。

习惯上，也可以采用费用效果比指标，其经济含义是单位效果所花费的费用。计算公式为

$$R_{CE} = \frac{C}{E} = \frac{项目费用现值或费用年值}{项目效果}$$

式中，各符号的含义同上式。

【例 10-1】 某流感免疫接种计划可使每 10 万个接种者中 8 人免于死亡，1 人在注射疫苗时有致命反映。该计划每人接种费用为 5.1 元，但因此可以不动用流感病患救护车，每 10 万人可节省费用 9 万元。试用效果费用分析决定是否实施该计划？

【解】 净保健效果是避免 8 例死亡减去造成 1 人死亡，即避免 7 例死亡。

$$C = 5.1 \times 100000 - 90000 = 420000（元）$$

$$R_{EC} = \frac{7}{420000} = \frac{1}{60000}$$

结果表明，若社会认可用 60000 元代价挽救一个生命时，该计划应实施。

第五步，推荐最佳方案或提出优先采用的次序。

第六步，对分析的可靠性进行审查，最后做出决策。

二、费用效果分析的方法

(一) 固定效果法

固定效果法，也称最小费用法，是指当项目目标是明确固定的，也即效果相同的条件下，选择能够达到效果的各种可能方案中费用最小的方案。例如需要增加的供水量或污水处理量一定，应选择达到相同目标所需费用最低的方案。又如优化一个满足特定标准的学校，其设施要达到的标准和可以容纳的学生人数事先确定下来，则可以采用固定效果法。

【例 10-2】 某建设工程需要采购起重机械设备 1 台，现国内有三家机械设备公司可以生产该起重机械设备。A 公司的该种起重机械设备的性能经测评各项指标的数值是适用性为 2，可靠性为 3，安全性为 1；B 公司该种机械设备的各项指标是适用性为 3，可靠性为 1，安全性为 2；C 公司该种机械设备的各项指标是适用性为 3，可靠性为 2，安全性为 1。适用性、可靠性和安全性的权重分别是 1/3∶1/3∶1/3。三家公司机械设备的费用分别为 500 万元、560 万元和 600 万元。三家公司该如何取舍？

【解】 因为各项指标的权重都相同，所以，三家公司的该种机械设备的效果均相同。利用固定效果法判断：在效果一定的情况下，费用最少的一个为最优方案。因为 A 公司的该种机械设备费用为 500 万元，小于 B 公司、C 公司该种机械设备的费用 560 万元和 600 万元，因此，应选择购买 A 公司的起重机械设备。

【例 10-3】 某地区是洪水多发地，为减轻水灾的威胁，政府决定修建一座水坝。但是修建水坝的位置不同，抵御洪水的效果不同，费用也不同。不同位置修建水坝的效果、费用数据如表 10-1 所示。水坝该修建在什么位置？

表 10-1 不同位置修建水坝效果与费用数据

水 坝 位 置	修建费用/万元	效 果
河流上游	600	0.98
河流中游	390	0.85
河流中下游	360	0.85
河流下游	435	0.92

【解】 采用固定效果法，水坝修建在中游和修建在中下游的效果相同，都是 0.85，修建在中下游的费用低于修建在中游的费用，所以首先淘汰修建在中游的方案；则对于修建在上游、中下游还是下游的方案选择可利用效果费用指标判断。计算如下。

$$\frac{E}{C}_{上游} = \frac{0.98}{600} = 0.0016$$

$$\frac{E}{C}_{中下游} = \frac{0.85}{360} = 0.0024$$

$$\frac{E}{C}_{下游} = \frac{0.92}{435} = 0.0021$$

根据计算结果可以看出，水坝修建在河流的中下游的效果好于修建在河流的上游和下游，故选择将水坝修建在河流的中下游。

(二) 固定费用法

固定费用法，也称最大效果法，是指将项目的费用固定，追求效果最大化的方法。例如用于某一贫困地区扶贫的资金通常是事先固定的，扶贫效用最大化是通常要追求的目标，此时需要采用固定费用法。

【例 10-4】 现有甲、乙、丙、丁四种型号可供选择的机械设备，其可靠性和费用如表 10-2 所示。以可靠性作为评价效果的主要指标，资金限制为 100 万元。应选择哪种型号的机械设备？

表 10-2 新型机械设备可靠性和费用

型　　号	费用/万元	可靠性（1—事故概率）
甲	100	0.99
乙	100	0.97
丙	90	0.98
丁	90	0.99

【解】 采用固定费用法，型号甲、乙的费用均是 100 万元，型号甲的可靠性高于乙，故首先淘汰型号乙设备；型号丙、丁的费用均为 90 万元，丁的可靠性高于丙，故再淘汰丙方案。下面将甲和丁型号的两种设备进行比较。

$$\frac{E}{C}_{型号甲}=\frac{0.99}{100}=0.0099$$

$$\frac{E}{C}_{型号丁}=\frac{0.99}{90}=0.0110$$

根据计算结果可以看出，型号丁的单位投资的效果高于型号甲的，故选择型号丁。

（三）费用效果比较法

1. 费用效果比较法的适用范围

费用效果比较法，也称增量分析法，当备选方案效果和费用均不固定，且分别具有较大幅度的差别时，应比较两个备选方案之间的费用差额和效果差额，分析获得增量效果所花费的增量费用是否值得，不可盲目选择效果费用比大的方案或者费用效果比小的方案。

2. 费用效果比较法的基础指标和基准指标

费用效果比较法的基础指标为 $\Delta E/\Delta C$ 或 $\Delta C/\Delta E$。

基准指标是项目可以接受的效果费用比的最低要求或费用效果比的最高要求。基准指标的决定因素较为复杂，受经济实力、技术水平、社会需求等多方面的影响，需按项目行业类别等专门制定。有些行业定额，可以作为测定基准指标的重要参考。基准指标使用时要注意与分析计算基础指标保持一致。

采用增量分析法时，需事先确定基准指标，例如 $[E/C]_0$ 或 $[C/E]_0$（也称截止指标）。

如果增量效果超过增量费用，即若 $\Delta E/\Delta C \geq [E/C]_0$ 或 $\Delta C/\Delta E \leq [C/E]_0$，可选择费用高的方案，否则选费用低的方案。

3. 费用效果比较法的步骤

如果项目有两个以上的备选方案进行增量分析，应按以下步骤进行优选。

① 按费用由小到大对方案进行排列。

② 从费用最小的两个方案开始比较，通过增量分析选择优胜方案。

③ 将优胜方案与紧邻的下一个方案进行增量分析，并选出新的优胜方案。

④ 重复第三步，直至最后一个方案，最终被选定的优势方案为最优方案。

【例 10-5】 某地新建高速公路有四种方案，方案 1 能将车速在原有的基础上提高 15%；

方案 2 能将车速提高 20%；方案 3 能将车速提高 25%；方案 4 能将车速提高 30%。方案 1 的费用为 5000 万元；方案 2 的费用是 6000 万元；方案 3 的费用为 7000 万元；方案 4 的费用为 8000 万元。设定基准指标 $[C/E]_0$ 为 6000。假设只用车速来衡量高速路的效果，原有车速的效果为 1。这四个方案应该怎样选择？

【解】 ① 计算各方案效果。因为原有车速的效果为 1，则方案 1 的效果是 1.15，方案 2 的效果是 1.20，方案 3 的效果是 1.25，方案 4 的效果是 1.30。经计算，数据如表 10-3 所示。

表 10-3 各方案费用效果比

项　　目	方案 1	方案 2	方案 3	方案 4
费用/万元	5000	6000	7000	8000
效果	1.15	1.20	1.25	1.30
费用效果比	4347.83	5000	5600	6153.85

② 计算各方案费用效果比指标（如下）。

$$\frac{C}{E}_{方案1} = \frac{5000}{1.15} = 4347.83$$

$$\frac{C}{E}_{方案2} = \frac{6000}{1.2} = 5000$$

$$\frac{C}{E}_{方案3} = \frac{7000}{1.25} = 5600$$

$$\frac{C}{E}_{方案4} = \frac{8000}{1.30} = 6153.85$$

方案 4 的费用效果比明显高于基准指标，不符合备选方案的条件，应予放弃。方案 1 和方案 2、方案 3 的费用效果比都低于基准值，符合备选方案的条件。

③ 从费用最小的方案 1 和方案 2 开始比较，通过增量分析选择优胜方案，计算方案 1 和方案 2 两个互斥方案的增量费用效果比（如下）。

$$\frac{\Delta C}{\Delta E} = \frac{6000-5000}{1.20-1.15} = 20000$$

由计算结果看，方案 1 和方案 2 两个方案的费用效果比都低于设计的基准指标 6000，而增量费用效果比高于基准指标 6000，说明费用低的方案 1 优于费用高的方案 2。

④ 将优胜方案（方案 1）与紧邻的下一个方案（方案 3）进行增量分析，并选出新的优胜方案。

计算方案 3 和方案 1 两个互斥方案的增量费用效果比（如下）。

$$\frac{\Delta C}{\Delta E} = \frac{7000-5000}{1.25-1.15} = 20000$$

由计算结果看，方案 1 和方案 3 两个方案的费用效果比都低于设计的基准指标 6000，而增量费用效果比高于基准指标 6000，说明费用低的方案 1 优于费用高的方案 3。

因此，当地政府可选择方案 1 实施新建公路项目。

本 章 小 结

(1) 广义的费用效果分析指通过比较所达到的效果与所付出的耗费，分析判断所付出的代价是否值得。狭义的费用效果分析专指耗费采用货币计量，效果采用非货币计量的分析方法。而效果和耗费均用货币计量的称为费用效益分析。项目评价中一般采用狭义的概念。

费用效果分析回避了效果定价的难题，直接用非货币化的效果指标与费用进行比较，方法相对简单。制定实现项目目标的途径和方案评价、项目主体效益难于货币化的项目应该采用费用效果分析方法。

（2）费用效果分析是将效果与费用采取不同的度量方法、度量单位和指标，即在采用货币度量费用的同时，采用某种非货币指标度量效果。费用效果分析遵循多方案比选原则，通过对各种方案的费用和效果进行比较，选择最好或较好的方案。对单一方案的项目，由于费用与效果采取不同的度量单位和指标，不易直接评价其合理性。

（3）费用效果分析只能比较不同方案的优劣，应遵循多方案比选的原则，使所分析的项目具备以下条件：备选方案是互斥方案或可转化为互斥方案的，且不少于两个；备选方案目标相同，且均能满足最低效果标准的要求，否则不可进行比较；备选方案的费用能以货币量化，且资金用量不突破资金限额；备选方案的效果应采用同一非货币单位计量。如果有多个效果，可通过加权的方法处理成单一的综合指标；备选方案应具有可比的寿命周期。

（4）费用效果分析的基本程序如下：确定项目目标，并将其转化为可量化的指标；拟定各种可以完成任务的方案；识别和计算各方案的费用与效果；计算指标，综合比较分析各方案的优缺点；推荐最佳方案或提出优先采用的次序；对分析的可靠性进行审查，最后做出决策。

（5）费用效果分析基本指标是效果费用比，其经济含义是单位费用所达到的效果。习惯上，也可以采用费用效果比指标，其经济含义是单位效果所花费的费用。

（6）费用效果分析的方法有固定效果法、固定费用法、费用效果比较法。

思 考 题

1. 什么是费用效果分析？它与费用效益分析有什么区别？
2. 一般在什么样的情况下采用费用效果分析？
3. 在费用效果分析中，备选方案应该具备哪些条件？
4. 费用效果分析的基本程序有哪几步？
5. 费用效果分析的指标有哪些？
6. 什么是固定效果法？它有哪些特点？
7. 什么是固定费用法？它有哪些特点？
8. 什么是费用效果比较法？它有哪些特点？
9. 某小区的物业公司为提高服务质量，提出了免费帮助照顾放学后的儿童、为小区内老人提供免费开放棋牌室、在小区内建设图书馆三个方案，服务效果指标为群众满意度。三个方案的费用及推广的满意度见表10-4。

表 10-4 物业公司提高服务质量方案费用及满意度表

方　　案	费用/万元	群众满意度
照顾放学儿童	1.00	0.85
为老人开放棋牌室	0.80	0.86
建设图书室	1.50	0.85

以上三个方案哪个最优？

第十一章　设备更新的技术经济分析

本章学习目标

（1）了解设备更新分析的基本概念、设备更新经济分析的特点；

（2）熟悉设备更新决策的原则；

（3）掌握设备经济寿命的确定方法和设备更新的经济分析方法；掌握设备大修理合理性的最低经济界限和补充条件。

设备是现代生产重要的生产手段和物质技术基础，能在生产中长期使用，并在反复使用中基本保持原有的实物形态和功能。企业购置设备之后，从投入使用到最后报废，通常要经历一段较长的时期，在这段时期内，设备会逐渐磨损，当设备因物理损坏或技术落后而不能再继续使用时，就需要对其进行更新，而设备更新是发展生产能力、改善产品质量、提高劳动生产率、提高经济效益、促进技术进步的重要手段。

第一节　设备更新分析的基本概念

设备更新分析有一些特有的概念，诸如和设备更新产生原因有关的一组概念、和设备更新并列的一组概念、和设备更新决策有关的一组概念等。科学地进行设备更新分析离不开对这些概念的理解。

一、和设备更新产生原因有关的一组概念

设备更新源于设备的磨损。设备在寿命期内，在使用和闲置过程中都会逐渐发生磨损，设备磨损是有形磨损和无形磨损共同作用的结果。通常根据设备的磨损程度，确定设备是否需要更新。和设备更新产生原因有关的一组概念包括有形磨损及其第Ⅰ类有形磨损和第Ⅱ类有形磨损；无形磨损及其第Ⅰ类无形磨损和第Ⅱ类无形磨损；综合磨损。

（一）有形磨损及其第Ⅰ类有形磨损和第Ⅱ类有形磨损

由于设备被使用或自然环境造成设备实体的磨损称为设备的有形磨损或物质磨损。设备有形磨损分为第Ⅰ类有形磨损和第Ⅱ类有形磨损。

1. 第Ⅰ类有形磨损

设备在使用中，由于输入能量而运转，产生摩擦、振动、疲劳，致使相对运动的零部件实体产生磨损、变形和损坏的称为第Ⅰ类有形磨损，也称为使用磨损。第Ⅰ类有形磨损结果的一般表现为：设备零部件尺寸、几何形状改变，设备零部件之间公差配合性质改变，导致工作精度和性能下降，甚至零部件损坏，引起相关其他零部件损坏而导致事故。第Ⅰ类有形磨损可使设备精度降低，功能下降，劳动生产率降低，因此导致设备故障频发、废品率升高、使用费剧增，甚至设备难以继续正常工作，丧失使用价值。影响使用磨损发展程度的主要因素有：设备的质量、负荷程度、操作工人的技术水平、工作环境、维护修理质量与周期等。

2. 第Ⅱ类有形磨损

设备有形磨损的另一个原因就是自然力的作用。如机器设备即使在没有使用的情况下也

会出现金属件生锈、腐蚀、橡胶老化等现象。因此，设备闲置的时间长了就会自然丧失其加工精度和工作能力，失去其使用价值。这种有形磨损与设备闲置的时间长短和闲置期的维护情况有关，称为第Ⅱ类有形磨损。设备闲置比使用自然磨损更明显。

第Ⅰ类有形磨损、第Ⅱ类有形磨损都会造成设备的技术性陈旧。

3. 设备有形磨损的阶段

设备有形磨损大致可分为三个阶段，即初期磨损阶段、正常磨损阶段和剧烈磨损阶段。

① 初期磨损阶段，也称磨合磨损阶段。这一阶段时间很短，磨损量较大。主要原因是零件加工粗糙，表面在负载运转中的快速磨损，低可靠度零件在负载下的迅速失效，以及安装不良或者操作人员对新使用设备不熟悉等。随着粗糙表面被磨平，失效零件被更换，安装经过磨合调整，操作者逐渐熟悉设备，设备磨损速度逐渐减小。

② 正常磨损阶段，也称自然磨损阶段。这一阶段将维持一段时间，磨损的速度比较平稳，磨损量的增长也较缓慢。由于零件表面已经磨光，零件间间隙合理，只要合理地加以润滑，正确使用，磨损量就会减小。本阶段维持时间越长，零件寿命就越长，成本费用也会降低。这时，设备进入最佳技术状态，设备的生产率、产品质量最有保证。

③ 剧烈磨损阶段。这一阶段，零部件磨损超过一定限度，正常磨损关系被破坏，工作情况恶化而零部件磨损量迅速增大，设备的精度、性能和生产率都会迅速下降。在这个阶段中，由于零件间隙增大，如遇超负荷、受到冲击、油膜受到破坏、操作性能变坏、出现故障或者由于个别易耗零件提前损坏没及时更换等情况，都会造成设备剧烈磨损，甚至造成设备损坏而提前报废，或增加修理工作量和费用。设备的性能、精度迅速降低，如不及时进行修理，就会产生生产事故和设备事故。

设备有形磨损的三个阶段的发生、发展变化及其内部的相互关系，就是设备、零件的磨损规律，只有认识和掌握了这个规律，并遵循这一规律，搞好设备的使用、维修，才能延长寿命，减少修理费用。

（二）无形磨损及其第Ⅰ类无形磨损和第Ⅱ类无形磨损

设备在使用中除遭受有形磨损外，还遭受无形磨损，也称为精神磨损或经济磨损。设备无形磨损是由于科学技术进步而不断出现性能更加完善、生产效率更高的设备，使原有设备的价值降低，或是生产同样结构设备的价值不断降低，而使原有设备贬值。显然，在这种情况下，原有设备的价值不取决于最初的生产消耗，而是取决于再生产时的消耗，而且这种消耗也是不断下降的。设备无形磨损分为第Ⅰ类无形磨损和第Ⅱ类无形磨损。

1. 第Ⅰ类无形磨损

第Ⅰ类无形磨损是由于设备制造工艺不断改进，成本不断降低，劳动生产率不断提高，生产同种设备所需的社会必要劳动减少，因而设备的市场价格降低了，这样就使原来购买的设备相应地贬值。这种无形磨损的后果只是现有设备原始价值部分贬值，设备本身的技术特性和功能并未发生变化，故不会影响现有设备的使用，一般情况下不需要提前更新。但是，如果设备价值贬值的速度很快，以致影响到设备使用的经济性时，就要及时淘汰。

2. 第Ⅱ类无形磨损

第Ⅱ类无形磨损是由于技术进步，社会上出现了结构更先进、技术更完善、生产效率更高、耗费原材料和能源更少的新型设备，而使原有机器设备在技术上显得陈旧落后造成的。它的后果不仅是使原有设备价值降低，而且会使原有设备局部或全部丧失其使用功能。这是因为，虽然原有设备的使用期还未达到其物理寿命，能够正常工作，但由于技术上更先进的新设备的发明和应用，使原有设备的生产效率大大低于社会平均生产效率，如果继续使用，有可能使产品成本明显高于社会平均成本，所以原有设备价值应视为已降低，甚至应被淘汰。

（三）综合磨损

在实际工作中，设备的综合磨损是客观存在的。综合磨损是指设备在有效使用期内同时遭受有形磨损和无形磨损的作用。对特定的设备来说，这两类磨损必然同时发生和相互影响。

二、和设备更新并列的一组概念

为了保证企业生产经营活动的顺利开展，应使设备处于良好的技术状态，故必须对设备的磨损及时予以补偿。补偿的方式视设备的磨损情况、技术状况和经济性而定。设备的磨损有两种补偿方式，即局部补偿和完全补偿。设备有形磨损的局部补偿方式是修理，设备无形磨损的局部补偿是现代化技术改造。有形磨损和无形磨损的完全补偿方式是更换，即淘汰旧设备更换新设备。

修理、现代化技术改造同作为磨损补偿基本方式的更新是一组并列的概念。

（一）修理

在设备的实际使用中，一般把为了保持设备在寿命期内的完好使用状态而进行的局部修复或更换工作称为修理或维修。

按其实际发生的费用和修理的性质可以将修理工作分为日常维护、小修理、中修理和大修理。其中大修理是维修工作中规模最大、花钱最多的一种设备磨损补偿方式，因此对设备的修理工作的经济性分析，主要是针对设备大修理而言的。设备大修理是对发生磨损的设备，采用较大范围或规模的调整、修复或更换已经磨损的零部件的方法，来恢复或基本恢复设备局部丧失的生产能力。它是补偿设备的有形磨损的方法之一。

（二）现代化技术改造

设备现代化技术改造是指应用现代的技术成就和先进经验，为适应生产的具体需要，而改变现有设备的结构，改善现有设备的技术性能，使之全部达到或局部达到新设备的水平。设备现代化技术改造是克服现有设备的技术陈旧状态，消除第Ⅱ类无形磨损的有效手段。作为促进技术进步的方法之一，设备现代化技术改造是改善设备技术性能的重要途径。在多数情况下，通过设备的现代化改造使陈旧设备达到需要的水平，所需的投资往往比用更换新设备更少，因此，在不少情况下，设备的现代化改造在经济上有很大的优越性。

（三）设备更新

设备更新是对旧设备的整体更换，也就是用原型新设备或结构更加合理、技术更加完善、性能和生产效率更高、比较经济的新设备，更换已经陈旧了的，在技术上不能继续使用，或在经济上不宜继续使用的旧设备。就实物形态而言，设备更新是用新的设备替换陈旧落后的设备；就价值形态而言，设备更新是设备在运动中消耗掉的价值的重新补偿。设备更新是消除设备有形磨损和无形磨损的重要手段，目的是为了提高企业生产的现代化水平，尽快地形成新的生产能力。

设备更新方式有两种：一种是设备的原型更新，即使用相同的设备去更换有形磨损严重不能继续使用的旧设备，这种更新不具有更新技术的性质，不能促进技术进步，只能解决设备的损坏问题。另一种是用较经济和较完善的新设备，即用技术更先进、结构更合理、效率更高、性能更好、耗费能源和原材料更少的新型设备更换那些技术上不能继续使用或经济上不宜继续使用的旧设备。当前技术进步快速发展，后一种方式是目前设备更新的一种主要形式。当然，经济效益的高低，是选择设备更新时间、更新种类的主要依据。

三、和设备更新决策有关的一组概念

设备更新决策的中心内容是确定设备的经济寿命，同时设备更新决策原则之一是不考虑沉没成本。要科学地进行设备更新决策还需把握物理寿命、技术寿命、折旧寿命和经济寿命以及沉没成本等概念。

（一）物理寿命、技术寿命、折旧寿命和经济寿命

根据不同研究角度可将设备寿命划分为物理寿命、技术寿命、折旧寿命和经济寿命。

1. 设备的物理寿命

设备的物理寿命也称为自然寿命，是指设备从全新状态开始使用，一直到因设备老化、技术性能下降而无法正常使用从而报废为止的时间。设备的物理寿命取决于有形磨损。延长物理寿命的主要措施是日常的维修保养。

2. 设备的技术寿命

设备的技术寿命是指一台设备能在市场上维持其自身价值而不显陈旧落后的全部时间。它与技术进步所引起的无形磨损密切相关。设备的技术寿命一般短于物理寿命，科学技术发展越快，设备技术寿命越短。

3. 设备的折旧寿命

设备的折旧寿命，即设备折旧年限，是指按现行会计制度规定的折旧方法和原则，将设备的原值通过折旧的形式转入产品成本，直到提取的折旧费与设备的原值相等的全部时间，它与提取折旧的方法有关，一般不等于设备的物理寿命。

4. 设备的经济寿命

设备的经济寿命，是指设备从开始使用到其年度费用最小的使用年限。设备的年度费用一般来说包括两个部分：资产恢复费用和年度运行费用。资金恢复费用是指设备的原始费用（购买设备的投资及相关费用）扣除设备更新时的预计净残值后分摊到设备使用各年中的费用。设备的资金恢复费用随着服务年限的增长会逐渐变小。设备的年度运行费用由年运行费（人工、材料、动力、机油等消耗）和维修费组成。一般来说，它随着设备使用年限的增长而变大。设备的年度运行费用曲线如图 11-1 所示。

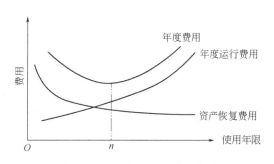

图 11-1　设备年度运行费用曲线

从图 11-1 上可以看出，设备在 n 年处的年度费用最小（图中 n 点），n 年就是设备的经济寿命。当设备的使用年限低于其经济寿命时，其年度费用是下降的；当使用年限超过设备的经济寿命时，设备的年度费用又将上升。可见，设备使用到其经济寿命的年限时进行更新最为经济。所以设备的经济寿命就是求设备年度费用最小的使用年份。

（二）沉没成本

沉没成本是指由于过去的决策已经发生了，而不能由现在或将来的任何决策改变的成本。沉没成本是一种历史成本，对现有决策而言是不可控成本，不会影响当前行为或未来决策。与其对应的成本概念是现在或将来的决策所带来的新增成本。

沉没成本是决策的非相关成本，在项目决策时无需考虑。相对的，新增成本是决策相关成本，在项目决策时必须考虑。

第二节　设备更新决策原则

设备更新方案比选的基本原理和评价方法与互斥性投资方案比选相同。但在进行设备更新分析时，要遵循两条原则，即不考虑沉没成本；应站在咨询者的立场分析问题。

如前所述，沉没成本是过去已支付的、今后决策无法改变的成本，即已经发生的成本，不管企业以后生产什么和生产多少，这项成本都不可避免地要发生，因而决策对它不起作用。设备更新决策应在分析中只考虑今后所发生的现金流量。以前发生的现金流量及沉没成本都与更新决策无关，故不需要再参与经济计算。

设备更新分析不需要简单地按照新、旧设备方案的直接现金流量进行比较，而应该站在一个客观的立场上。只有这样才能客观地、正确地描述新、旧设备的现金流量。也可以说，设备更新决策的要点是站在咨询师的立场上，以一个客观的身份进行研究，而不是站在旧资产所有者的立场上考虑问题。咨询师并不拥有任何资产，故若要保留旧资产，首先要付出相当于旧资产当前市场价值的现金，才能取得旧资产的使用权。

【例 11-1】　某建筑施工企业有一台旧设备，工程技术人员提出更新要求，有关数据如表 11-1 所示。假设该企业要求的最低报酬率为 12%。要求：比较继续使用旧设备与更新设备两个方案哪个方案更经济？

表 11-1　设备统计数据表

摘　　要	旧 设 备	新 设 备
原值	6000 万元	7000 万元
预计使用年限	10 年	10 年
已经使用年限	4 年	0 年
最终残值	350 万元	300 万元
变现价值	3000 万元	7000 万元
年运行成本	900 万元	700 万元

【解】　根据第一条原则——不考虑沉没成本，旧设备方案的期初投资是 3000 元，而不是 6000 元，也不是旧设备的账面价值 $6000-4\times565=3740$（元）[旧设备年折旧额 $=(6000-350)/10=565$（元/年）]，沉没成本在更新决策中是不应考虑的。根据第二条原则——站在客观的立场上，新旧设备比较分析时应站在一个客观的立场，3000 元是使用旧设备的代价，应视为旧设备的现金流出，而不是新设备的现金流入。计算过程如下。

旧设备平均年成本 $=3000(A/P,12\%,6)+900-350(A/F,12\%,6)=1586.48$（万元）

新设备平均年成本 $=7000(A/P,12\%,10)+700-300(A/F,12\%,10)=1921.90$（万元）

所以，继续使用旧设备方案更经济。

第三节　设备经济寿命的确定

设备经济寿命的确定是设备更新经济分析的重要内容，解决的是设备应该何时更新才是最经济的问题。按照是否考虑资金的时间价值，确定设备经济寿命的方法可以分为静态和动态两种方法。

一、经济寿命的静态计算方法

静态方法不考虑资金的时间价值，一般假设设备的年度费用由年度运行费用和资金恢复费用组成。静态方法又包括低劣化值法和列表法两种。

（一）低劣化值法

1. 年度运行费用

设备的年度运行费用包括：能源费、保养费、修理费、停工损失、废次品损失等。一般而言，随着设备使用期限的增加，年运行费用每年以某种速度在递增，这种运行费用的逐年递增称为设备的劣化。现假定每年运行费用的增量是均等的，即经营成本呈线性增长，假定运营成本均发生在年末，设每年运行费用增加额为 λ，如果设备使用了 T 年，则设备第 T

年的运行费用 C_T 为

$$C_T = C_1 + (T-1)\lambda$$

式中，C_T 为设备第 T 年的运行费用；C_1 为设备运行费用初始值；T 为设备的使用年数；λ 为设备的低劣化值。

设备 T 年平均运行费用为

$$C_T = \frac{C_1 + (C_1+\lambda) + (C_1+2\lambda) + \cdots + [C_1 + (T-1)\lambda]}{T} = C_1 + \frac{T-1}{2}\lambda$$

2. 资金恢复费用

设备除运行费用外，在设备的年均总费用中还包括设备每年分摊的年等额资金恢复费用，年等额资金恢复费用的计算公式为

$$C = \frac{K_0 - V_L}{T}$$

式中，C 为设备年等额资金恢复费用；K_0 为设备原始价值；V_L 为设备的净残值；T 为设备的使用年数。

3. 年度费用

由上述公式可得设备的年度费用，计算公式为

$$AC = C_1 + \frac{T-1}{2}\lambda + \frac{K_0 - V_L}{T}$$

式中，AC 为设备的年度费用；C_1 为设备运行费用初始值；T 为设备的使用年数；λ 为设备的低劣化值；K_0 为设备原始价值；V_L 为设备的净残值。

4. 设备的经济寿命

设备的经济寿命为年度费用最小的年数，即年度费用的最小值。

令 $\dfrac{\mathrm{d}(AC)}{\mathrm{d}T} = 0$，则设备的经济寿命 T_{opt} 为

$$T_{opt} = \sqrt{\frac{2(K_0 - V_L)}{\lambda}}$$

【例 11-2】 一台设备原始价值为 5 万元，残值率为 5%，初始运行费用为 4000 元，年运行费用的劣化值为 3000 元，计算该设备的经济寿命。

【解】
$$T_{opt} = \sqrt{\frac{2(K_0 - V_L)}{\lambda}} = \sqrt{\frac{2 \times 50000 \times (1-5\%)}{3000}} = 6(年)$$

（二）列表法

实际情况中，设备的劣化并非是线性的，而是没有规律的。此时，就需要根据实际情况，用列表法来判断设备的经济寿命。

【例 11-3】 设某固定资产原值为 1400 万元，运行成本逐年增加，残余价值逐年下降。有关数据见表 11-2。试用静态计算方法确定该固定资产的经济寿命。

表 11-2 某固定资产统计数据表   单位：万元

使用年数	1	2	3	4	5	6	7	8
年运行成本	200	220	250	290	340	400	450	500
年末余值	1000	760	600	460	340	240	160	100

【解】 某固定资产经济寿命确定过程如表 11-3 所示。

表 11-3　某固定资产年度等额费用计算表　　　　　　　　单位：万元

使用期限 (1)	残　值 (2)	资产恢复成本 (3)=1400-(2)	年运营成本 (4)	年度运营成本累计 (5)=∑(4)	年度总费用 (6)=(3)+(5)	年度等额费用 (7)=(6)/n
1	1000	400	200	200	600	600
2	760	640	220	420	1060	530
3	600	800	250	670	1470	490
4	460	940	290	960	1900	475
5	340	1060	340	1300	2360	472
6	240	1160	400	1700	2860	476.67
7	160	1240	450	2150	3390	482.29
8	100	1300	500	2650	3950	493.75

该设备经济寿命计算如表 11-3 所示，在第 5 年时设备的年度费用最小，为 472 万元，所以该设备采用静态计算方法的经济寿命为 5 年。

二、经济寿命的动态计算方法

经济寿命的动态计算方法就是考虑资金时间价值的情况下计算设备的年度费用，年度费用最小时对应的设备使用期限即为设备的经济寿命。考虑资金时间价值，并以复利计息，年度费用不是各年的算术平均值，而是把各年的费用折算成现值，将其看做是年金总额的现值，乘以资金回收系数，得到各年支付的年金，即为年度费用的时间调整平均值。其计算公式为

$$AC = \left\{ \left[K_0 - V_L(P/F,i,n) \right] + \sum_{j=1}^{n} C_j(P/F,i,j) \right\} (A/P,i,n)$$

式中，AC 为设备的年度费用；K_0 为设备原始价值；V_L 为设备的净残值；C_j 为第 j 年的运营费用；n 为设备使用期限；j 为设备使用过程中的某一年，$j=1,2,3,\cdots,n$。

在给定的基准折现率 i 下，令 AC 最小，此时求得的最小 AC 对应的年限就是设备在考虑资金时间价值的情况下的经济寿命。

【**例 11-4**】　依据【例 11-3】资料，假设预定利率为 8%，试用动态计算方法确定该固定资产的经济寿命。

【**解**】　某固定资产经济寿命确定过程如表 11-4 所示。

表 11-4　某固定资产年度等额费用计算表　　　　　　　　单位：万元

使用期限 (j) (1)	残　值 (2)	资产恢复成本现值 (3)=1400-(2)×(P/F,8%,j)	年度经营成本 (4)	年度经营成本现值累计 (5)=∑[(4)×(P/F,8%,j)]	年度总费用 (6)=(3)+(5)	年度等额费用 (7)=(6)×(A/P,8%,j)
1	1000	474	200	185.20	659.2	711.94
2	760	748.68	220	373.74	1122.42	629.68
3	600	923.6	250	572.24	1495.84	580.39
4	460	1061.9	290	785.39	1847.29	557.89
5	340	1168.46	340	1016.93	2185.39	548.53
6	240	1248.8	400	1268.93	2517.73	543.82
7	160	1306.56	450	1511.93	2818.49	541.16
8	100	1346	500	1781.93	3127.93	544.26

如表 11-4 所示，在第 7 年时设备的年度费用最小，为 541.16 万元，所以采用动态计算方法确定该设备的经济寿命为 7 年。

第四节 设备更新的经济分析

一、设备更新经济分析的意义

设备更新经济分析就是确定正在使用的设备何时应该更新以及确定是否应该用更经济的设备来替代或者改进现有设备。

对企业来说，设备更新问题的决策是很重要的，如果因为机器暂时的故障就将现有的设备进行草率的报废处理或者因为片面追求先进和现代化，而购买最新型的设备，都有可能造成资本的流失。而对于一个资金比较紧张的企业可能会选择另一个极端的做法，即恶性使用设备（拖延设备的更新直到其不能再使用为止）。恶性使用设备对企业来说是一种危险的做法，它必须依靠低效率的设备所生产的高成本和低质量的产品与竞争对手们利用现代化的设备生产的低成本和高质量的产品进行竞争，显然这会使企业处于一个极为不利的地位。

一般设备更新有以下两种情况。

一种情况是，有些设备在其整个使用期内并不会过时，即在一定时期内还没有更先进的设备出现。在这种情况下，设备在使用过程中避免不了有形磨损的作用，结果引起设备的维修费用，特别是大修费用以及其他运行费用的不断增加，这时在确定经济寿命的基础上及时进行原型设备替换，在经济上是合算的，这就是原型更新问题。原型设备的更新通常由设备的经济寿命决定，即当设备运行到它的经济寿命时，就进行更新。

另一种情况是，在技术不断进步的条件下，由于无形磨损的作用，很可能在设备尚未使用到经济寿命期，就已经出现了重置价格很低的同型设备或工作效率更高和经济效益更好的新型的同类设备，这时就要从继续使用原设备和购置新型设备的两种方案中进行选择，确定设备是否应进行更新。在实际工作中，更换新型设备往往是综合磨损作用的结果。

二、设备更新经济分析的特点

设备更新经济分析通常要进行设备更新方案的比较。在采用新设备时，一切有关的费用，包括购置费、运输费、装置费等都应该考虑进去，作为原始费用。在更换旧设备时，应把旧设备出售的收入、拆卸费用以及可能发生的修理费用等都计算在内，求出其净残值。设备更新方案比较具有以下两个特点。

① 在考虑设备更新方案的比较时，通常假定设备产生的收益是相同的，因此，只对设备的费用进行比较。

② 由于不同设备的寿命期不同，为了计算简便，通常采用设备的年度费用进行比较。如上节介绍的经济寿命计算的内容中，都只计算了设备的费用，没有考虑设备的收益。

三、设备更新经济分析的内容

设备更新的经济分析包括两个方面的内容。一是确定设备更新的最佳时期。设备更新的最佳时期主要是依据设备的经济寿命，当设备在经济寿命结束时就是设备的最佳更新期。二是对不同的更新方案进行比较，选择最优更新方案。主要包括设备因过时而发生的更新、设备由于能力不足而引起的更新、设备由于维修过多而引起的更新。

1. 设备因过时而发生的更新

所谓设备过时，就是指因为设备的技术进步或加工工艺等的改进致使原有设备不能满足需要。设备过时就会导致设备无形磨损加剧，使现有设备贬值，因此需以新的技术性能高、加工工艺先进的设备来更换原有的设备。在此情况下，主要对不同更新设备的经济指标进行分析，比较它们之间的优劣，还要对原有设备进行经济分析。在设备更新的分析中，对现有设备要注意的一个重要问题就是现有设备的最初购置费以及会计账面余值，从经济分析的角度并按照设备更新决策的原则，它们属于沉没成本，将不予以考虑，只考虑现有设备的现行市场价值。

2. 设备由于能力不足而引起的更新

在企业生产经营活动中，有时虽然设备既没有技术上的陈旧落后，也没有经济上的不可行，但仅仅是因为生产的发展而引起生产能力或加工精度难以满足要求，这时也需要更新设备。所以在设备更新的决策方案中，就要通过新型高效设备的年度费用与旧设备和增加旧设备原型设备的年度总费用进行比较。

3. 设备由于维修过多而引起的更新

由于机器设备在使用过程中发生磨损，所以需要进行临时性的修理或定期大修理。但是，在设备大修理以前，应该分析计算大修理和更新的优越性来决策继续大修理合算还是更新合算。

第五节 设备大修理的经济分析

对设备进行更新分析时应与大修理方案进行比较；反之亦然。一般来说，采用大修理的方法来恢复设备原有的功能与更新设备相比具有很大的优越性。设备大修理可以继续利用大量被保留下来的零部件，因而能够节约大量原材料和加工工时，这些都是保证设备修理的经济性的有利条件。但是，劣化程度随大修次数的加深，大修间隔期会越来越短，大修理的费用会越来越高，大修理的经济性也会越来越差，最终将会采取设备整体更新的措施。所以，设备是否值得大修理，取决于其经济性，即是否超出其经济界限。

一、设备大修理合理性的最低经济界限

大修理费用不能超过购置同种新设备所需的费用，否则该次大修理不具有经济合理性，而应考虑设备更新。这是大修理经济合理性的起码条件，或称最低经济界限。其公式为

$$I \leqslant P - L_t$$

式中，I 为本次大修理费用；P 为同种设备的重置费用；L_t 为设备本次大修理时的残值。

当大修理费小于或等于设备现价（新设备费）与设备残值的差时，则大修理在经济上是合理的；否则，应该去购买新设备而不应进行大修理。

值得注意的是，利用上式进行判断时要求大修理后的设备在技术性能上与同种新设备的性能大致相同时，才能成立，否则不如把旧设备卖掉，购置新设备使用。

设备磨损后，虽然可以用大修理来进行补偿，但是也不能无休止地一修再修，应有其技术经济界限。在实际工作中的下列情况下，设备必须进行更新。

① 设备役龄长，精度丧失，结构陈旧，技术老化，无修理或改造价值。

② 设备先天不足，粗制滥造，生产效率低，不能满足产品工艺要求并且很难修好。

③ 设备技术落后，工人劳动强度大，影响人身安全。

④ 设备有严重"四漏"（漏油、漏电、漏气、漏水）之一者，能耗高，污染环境。

⑤ 一般经过三次大修理，再修理也难恢复出厂精度和生产效率，且大修理费用超过设备原值的 60% 以上。

二、设备大修理合理性的补充条件

应当指出，即使满足设备大修理的最低经济界限，也并非所有的大修理都是合理的。如

果大修理后的设备综合质量下降较多，有可能致使生产单位产品的成本比用同种用途的新设备生产成本高，这时其原有设备的大修理就未必是合理的。也就是说，设备经过某次大修理后的单位产品生产成本不能高于同种新设备的单位产品成本，否则大修理不具有经济合理性，而应考虑设备更新。因此，设备大修理合理性的界定还应补充另一个条件，即

$$\frac{C_j}{C_n} \leqslant 1$$

式中，C_j 为设备第 j 次大修理后生产单位产品的计算费用；C_n 为具有相同用途的新设备生产单位产品的计算费用。

其中

$$C_j = \frac{(I_j + \Delta V_j)(A/P, i_c, T_j)}{Q_j} + C_{gj}$$

$$C_n = \frac{\Delta V_n (A/P, i_c, T_n)}{Q_n} + C_{gn}$$

式中，I_j 为旧设备第 j 次大修理的费用；ΔV_j 为旧设备第 $j+1$ 个大修理周期内的价值损耗现值；Q_j 为旧设备第 $j+1$ 个大修理周期的年均生产量；C_{gj} 为旧设备第 j 次大修理后生产单位产品的经营成本；T_j 为旧设备第 j 次大修理与第 $j+1$ 次大修理的间隔年数；ΔV_n 为新设备第 1 个大修理周期内的价值损耗现值；Q_n 为新设备第 1 个大修理周期的年均生产量；C_{gn} 为新设备的生产单位产品的经营成本；T_n 为新设备投入使用到第 1 次大修理的间隔年数；i_c 为基准收益率。

本 章 小 结

（1）设备更新分析有一些特有的概念，诸如和设备更新产生原因有关的一组概念、和设备更新并列的一组概念、和设备更新决策有关的一组概念等。科学地进行设备更新分析离不开对这些概念的理解。

（2）在进行设备更新分析时，要遵循两条原则，即不考虑沉没成本；应站在咨询者的立场分析问题。

（3）确定设备经济寿命的方法可以分为静态和动态两种方法。

（4）设备更新方案比较具有以下两个特点，即在考虑设备更新方案的比较时，通常假定设备产生的收益是相同的，因此，只对设备的费用进行比较；由于不同设备的寿命期不同，为了计算简便，通常采用设备的年度费用进行比较。

（5）设备因过时而发生的更新决策主要是对不同更新设备的经济指标进行分析，比较它们之间的优劣，还要对原有设备进行经济分析。在设备更新的分析中，对现有设备要注意的一个重要问题就是现有设备的最初购置费以及会计账面余值，从经济分析的角度看，它们属于沉没成本，将不予以考虑，只考虑现有设备的现行市场价值。

（6）设备由于能力不足而引起的更新决策要通过新型高效设备的年度费用与旧设备和增加旧设备原型设备的年度总费用进行比较。

（7）设备由于维修过多而引起的更新决策应该分析计算大修理和更新的优越性来决策继续大修理合算还是更新合算。

（8）设备大修理合理性的最低经济界限的表达公式为 $I \leqslant P - L_t$。但即使满足设备大修理的最低经济界限，也并非所有的大修理都是合理的。设备大修理合理性的界定还应补充另一个条件，即 $\frac{C_j}{C_n} \leqslant 1$。

思 考 题

1. 和设备更新产生原因有关的一组概念有哪些？你是如何理解的？

2. 和设备更新并列的一组概念有哪些？你是如何理解的？

3. 和设备更新决策有关的一组概念有哪些？你是如何理解的？

4. 在进行设备更新分析时，要遵循哪两条原则？

5. 确定设备经济寿命的方法有哪些？

6. 设备更新经济分析具有哪些特点？

7. 设备因过时而发生的更新决策应如何进行？

8. 设备由于能力不足而引起的更新决策应如何进行？

9. 设备由于维修过多而引起的更新决策应如何进行？

10. 设备大修理合理性的最低经济界限是什么？

11. 设备大修理合理性界定的一个补充条件是什么？

12. 设某企业以 3000 元购入全新设备一台，收集同类型设备使用情况的经验统计资料如表 11-5 所示。试分别用静态计算法和动态计算法（假设基准收益率 10%），计算该设备的最佳更新周期。

表 11-5 同类型设备的统计资料　　　　　　　　单位：元

年份	1	2	3	4	5	6	7
年末残值	2000	1333	1000	750	500	300	300
维持费	600	700	800	900	1000	1200	1500

第十二章 价值工程

本章学习目标

(1) 了解价值工程的产生与发展；
(2) 熟悉价值工程的基本概念；
(3) 掌握开展价值工程活动的工作内容和步骤以及价值工程活动采用的方法。

第一节 价值工程的产生与发展

价值工程（Value Engineering，VE），起源于美国，是 20 世纪 40 年代以后发展起来的一种现代管理方法，创始人是美国通用电气公司负责物资采购工作的电气工程师麦尔斯。

一、价值工程在制造业的产生——价值分析阶段

第二次世界大战期间，美国成为世界上最大的军火生产国，军事工业迅速发展。但是由于战争的原因，各种资源都非常紧张。引发价值工程产生的是著名的"石棉板事件"。当时美国通用电气公司需要大量的石棉板，而石棉板却供应紧张，价格昂贵。负责原材料采购工作的工程师劳伦斯·戴罗斯·麦尔斯（Lawrenoe D. Miles）极具责任心，在物资采购工作中，麦尔斯不像其他采购人员那样为采购短缺物资四处奔波，而是对短缺物资的功能进行认真地分析研究，努力寻找与短缺物资具有相同或相近功能，且货源充足、价格较低的材料作为代用品，以取代短缺物资。这样在保证产品质量的前提下，既满足了生产需要，又使生产成本降低，使企业获得了较好的经济效益。当时经过广泛的市场调查，麦尔斯发现了一种具有同样防火功能的纸，且这种防火纸市场供应充足而且价格低廉。但这种石棉板替代品的使用违反了美国的《消防法》。根据美国《消防法》规定，该类企业作业时地板上必须铺一层石棉板，避免玷污地板，引起火灾。为此引起了美国历史上有名的"石棉板事件"。经过反复交涉，政府修改了《消防法》，准许使用这种防火纸。同时由于麦尔斯的创造性工作，为该公司带来了极大的经济利益。

美国通用电气公司对麦尔斯的工作给予了充分的肯定和积极的支持，并拨专款进行进一步的研究工作。在实践的基础上，麦尔斯经过综合、整理和归纳，使其方法更加系统化、科学化，并于 1947 年以"价值分析"为题在《美国机械师》杂志上公开发表文章，这就标志着价值工程已经产生了。麦尔斯被称为"价值工程之父"。

二、价值分析在其他产业和领域的推广——价值工程阶段

价值分析在通用电气公司所获得的成就，逐渐为外界所知。1954 年美国国防部海军造船厂在一次价值计划方案中，把通用电气公司所用价值分析名称改为价值工程。原因在于，海军认为，如果能在进行制造以前就对产品设计图加以分析，则更能达到所需效果。因此，他们认为价值方案应把设计阶段包括在内。事实证明海军的这次价值计划方案进行的效果更佳。随着海军首开应用之风，陆军及空军也随即制订了各自的价值工程计划并收到很好的效果。1959 年美国国防部修订的军需采购条例专门做出了应用价值工程的规定，即武器承包商应用价值工程所节约的费用，可以按一定比例提成。

1959 年，美国成立了全国性的学术组织"美国价值工程协会（SAVE）"，由麦尔斯出任

第一任会长。1961 年麦尔斯发表了第一部价值工程专著《价值工程——价值分析技术》，这本权威著作奠定了 VE 的理论基础，同时也为 VE 的进一步研究和应用、推广提供了极大的方便。

1964 年美国国防部制定了美国军用标准《价值工程规划要求》，并命令美国陆军、海军、空军和后勤部门使用。1981 年又重新制定了美国军用标准《价值工程规划要求》，并要求国防部各部和各局使用。

从 1971 年开始，美国应用价值工程的基本原理推行以成本为设计参数的费用设计（Design to Cost，DTC），并把成本从生产成本发展为寿命周期成本（Life Cycle Cost，LCC）。

在美国国防部大力推行价值工程的同时，民用工业、卫生、教育、福利、退伍军人管理等部门也相继引进、应用了价值工程，并取得了良好的经济效益。1996 年 2 月 10 日，美国总统克林顿签署了美国国会通过的 104～106 号公共法令。该法令强调，不仅是国防机构，而且在联邦政府的其他部门都要应用价值工程，以法律形式确立了价值工程及其在经济发展中的作用和地位。

从价值工程的应用范围来看，它虽然起源于材料采购和代用品的研究，但很快就扩展到了产品生产的各个方面，如产品的开发和设计、产品或零部件的改进、生产工具和装备的改进等，以后又逐步扩展到改进工作方法、作用程序及管理体制等各个方面。可以说，凡是有功能需要付出代价（费用或时间）的地方，都可以用价值工程的原理进行分析。成功的价值工程应用往往是提供了比价值工程活动高出十倍甚至几十倍以上的可以看得见的节约效益。

当前，在日本、英国、法国、澳大利亚、加拿大及许多欧盟国家，价值工程的应用也是卓有成效。

1978 年 6 月，复旦大学沈胜白教授在上海市哲学社会科学学会联合会作"价值工程概论"的学术报告。同年 12 月，长春汽车研究所戴军波在《国外机械工业消息》总 267 期发表了《价值分析——在日本企业的应用情况》一文，从此揭开了我国研究、推广、应用价值工程的序幕。1982 年，我国唯一的价值工程专业刊物《价值工程通讯》在河北省石家庄市创刊。1984 年改名为现在的《价值工程》，为价值工程在我国的理论研究和普及推广做出了十分重要的贡献。1987 年国家标准局发布了我国第一个价值工程国家标准：GB 8223—87《关于价值工程基本术语和一般工作程序》，使价值工程的研究和推广应用向规范化方向发展迈出了重要的一步。北京价值工程学会（VESB）于 2001 年 4 月成立，并作为团体会员加入了国际价值工程学会（SAVE International）。2005 年 10 月，中国技术经济研究会价值工程专业委员会成立，该协会得到中国科协批准，对外使用中国价值工程协会（CSVE）的称谓，由此构建了一个全国性的对外交流平台，有助于整合资源、互相支持，提高中国价值工程在国内和国外的影响力。这些标志着我国价值工程的研究和推广应用进入了一个全新的阶段。总之，我国对价值工程的了解虽然较晚，但普及传播的速度还是比较快的，价值工程活动方兴未艾。但实际应用开展及其效果等方面同管理先进的国家相比还有差距。另外，各地区、各部门发展也很不平衡，VE 的应用成果主要集中在工业行业，尤其是机械制造业和专用设备制造业，而第三产业各行业和软科学领域的 VE 应用尚处于尝试探索阶段，进展缓慢，推广余地极大。

第二节　价值工程原理

一、价值工程的基本概念

（一）价值工程的含义

价值工程（Value Engineering，VE）是以提高产品（或作业）价值和有效利用资源为目的，通过有组织的创造性工作，寻求用最低的寿命周期成本，可靠地实现使用者所需功能的一种管理技术。

价值工程是一门管理技术，但它又不同于一般的工业工程和全面质量管理技术。工业工程和全面质量管理技术都是以产品设计图纸已给定的技术条件为前提的，因此对降低产品成本有局限性。而价值工程是从产品的功能出发，在设计过程中，重新审核设计图纸，对产品做设计改进，把与用户需求的功能无关的零部件消除掉，更改具有过剩功能的材质和零部件，设计出价值更高的产品。由于它冲破了原来设计图纸的界限，所以能大幅度地降低成本。

价值工程是采用系统的工作方法分析产品的功能与成本、效益与费用之间的关系。它不仅广泛应用于产品设计和产品开发，而且应用于各种建设工程项目，甚至应用于组织机构的改革。价值工程在建设工程项目中主要应用在规划和设计阶段，因为这两个阶段是提高建设工程项目经济效果的关键环节。

（二）价值工程的相关概念

1. 工程

价值工程中"工程"一词的概念与日常习惯上讲的土木工程等的"工程"概念不一样。这里"工程"的含义是指为实现提高价值的目标所进行的一系列分析研究的活动。

2. 价值

价值工程中所述的"价值"也是一个相对概念，是指作为某种产品（或作业）所具有的功能与获得该功能的全部费用的比值。它不是对象的使用价值，也不是对象的交换价值，而是对象的比较价值，是作为评价事物有效程度的一种尺度提出来的。这种对比关系可以用下列数学公式表示。

$$V = \frac{F}{C}$$

式中，V 为价值（Value）；F 为研究对象的功能（Function）；C 为成本（Cost）。

在实际价值工程活动中，一般功能（F）、成本（C）和价值（V）都用某种系数表示。价值取决于功能和成本两个因素，因此提高价值的途径可归纳如下。

① 保持产品的必要功能不变，降低产品成本，以提高产品的价值，即

$$\frac{F \rightarrow}{C \downarrow} = V \uparrow$$

② 保持产品成本不变，提高产品的必要功能，以提高产品的价值，即

$$\frac{F \uparrow}{C \rightarrow} = V \uparrow$$

③ 成本稍有增加，但必要功能增加的幅度更大，使产品价值提高，即

$$\frac{F \uparrow \uparrow}{C \uparrow} = V \uparrow$$

④ 在不影响产品主要功能的前提下，适当降低一些次要功能，大幅度降低产品成本，提高产品价值，即

$$\frac{F \downarrow}{C \downarrow \downarrow} = V \uparrow$$

⑤ 运用高新技术，进行产品创新，既提高必要功能，又降低成本，以大幅度提高价值，这是提高产品价值的理想途径，即

$$\frac{F \uparrow}{C \downarrow} = V \uparrow \uparrow$$

3. 功能

价值工程中的功能是指对象能够满足某种要求的一种属性。具体来说，功能就是效用，例如手表有计时的功能，电冰箱具有冷藏的功能。用户向生产企业购买产品，是要求生产企业提供这种产品的功能，而不是产品的具体结构。企业生产的目的，也是通过生产获得用户所期望的功能，而结构、材质等是实现这些功能的手段，目的是主要的，手段可以广泛选择。因此，运用价值工程分析产品，是在分析功能的基础之上再去研究结构、材质等问题。

为了弄清功能的定义，根据功能的不同特性，可以先将功能分为以下几类。

① 按功能的重要程度分为基本功能和辅助功能。按功能的重要程度分类，产品的功能一般可分为基本功能和辅助功能。基本功能就是要达到这种产品的目的所必不可少的功能，是产品的主要功能，如果不具备这种功能，这种产品就失去了其存在的价值。辅助功能是为了更有效的实现基本功能而添加的功能，是次要功能，是为了实现基本功能而附加的功能。

② 按功能的性质分为使用功能和美学功能。按功能的性质分类，产品的功能可划分为使用功能和美学功能。使用功能从功能的内涵上反映其使用属性，而美学功能是从产品外观上反映功能的艺术属性。

③ 按用户的需求分为必要功能和不必要功能。按用户的需求分类，产品的功能可分为必要功能和不必要功能。必要功能是指用户所要求的功能及与实现用户所需求功能有关的功能，使用功能、美学功能、基本功能、辅助功能等均为必要功能。不必要功能是不符合用户要求的功能，又包括三类：一是多余功能，二是重复功能，三是过剩功能。因此，价值工程的功能一般是指必要功能。

④ 按功能的量化标准分为过剩功能与不足功能。按功能的量化标准分类，产品的功能可分为过剩功能与不足功能。过剩功能是指某些功能虽属必要，但满足需要有余，在数量上超过了用户要求或标准功能水平。不足功能是相对于过剩功能而言的，表现为产品整体功能或零部件功能水平在数量上低于标准功能水平，不能完全满足用户需要。

⑤ 按总体与局部分为总体功能和局部功能。按总体与局部分类，产品的功能可划分为总体功能和局部功能。总体功能和局部功能之间是目的与手段的关系。总体功能以各局部功能为基础，又呈现出整体的新特征。

4. 寿命周期成本（Life Cycle Cost）

从对象被研究开发、设计制造、用户使用直到报废为止的整个时期，称为对象的寿命周期。对象的寿命周期一般可分为自然寿命和经济寿命。价值工程一般以经济寿命来计算和确定对象的寿命周期。

寿命周期成本是指从对象被研究开发、设计制造、销售使用直到停止使用的经济寿命期间所发生的各项成本费用之和。产品的寿命周期成本包括生产成本和使用成本两部分。生产成本是产品在研究开发、设计制造、运输施工、安装调试过程中发生的成本；使用成本是用户在使用产品过程中所发生的费用总和，包括产品的维护、保养、管理、能耗等方面的费用。产品的寿命周期成本与产品的功能有关。一般而言，生产成本与产品的功能呈正比关系，使用成本与产品的功能呈反比关系。

二、价值工程的特点

① 价值工程的目标是以最低的寿命周期成本，实现产品或作业的必要功能。

② 价值工程的核心是对产品或作业进行功能分析。

③ 价值工程将产品价值、功能和成本作为一个整体来同时考虑。价值工程中对价值、功能、成本的考虑，不是片面和孤立的，而是在确保产品功能的基础上综合考虑生产成本和使用成本，兼顾生产者和用户的利益，创造出总体价值最高的产品。

④ 价值工程强调不断改革和创新。开拓新构思和新途径，获得新方案，创造新功能载体，从而简化产品结构，节约原材料，提高产品的技术经济效益。

⑤ 价值工程要求将功能定量化。价值工程要求将功能转化为能够与成本直接相比的量化值。

⑥ 价值工程是以集体的智慧开展的有计划、有组织的管理活动。开展价值工程，要组织科研、设计、制造、管理、采购、供销、财务等各方面有经验的人员参加，组成一个智力结构合理的集体，发挥集体智慧，博采众长地进行产品设计，以达到提高方案价值的目的。

三、价值工程的工作步骤

开展价值工程的过程是一个发现问题、解决问题的过程。针对价值工程的研究对象，逐步深入地提出一系列问题。通过回答问题寻找答案，导致问题的解决。所提问题通常有以下7个。

① 价值工程的对象是什么？
② 它是干什么的？
③ 其成本是多少？
④ 其价值是多少？
⑤ 有无其他方法可以实现同样的功能？
⑥ 新方案的成本是多少？
⑦ 新方案能满足要求吗？

价值工程的实施步骤按一般的决策过程划分为分析问题、综合研究与方案评价3个阶段以及对象的选择、目标的选定、收集情报、功能的分析、方案的评价和选择、试验和提案、活动成果的评价7个具体步骤，把3个阶段和7个具体步骤、7个提问分别对应列于表12-1。

表 12-1　价值工程的工作步骤表

一般决策过程的阶段	价值工程实施的具体步骤	价值工程的对应问题
分析问题	对象的选择 目标的选定 收集情报 功能的分析	①价值工程的对象是什么？ ②它是干什么的？ ③其成本是多少？ ④其价值是多少？
综合研究	方案的评价和选择	⑤有无其他方法可以实现同样的功能？
方案评价	试验和提案 活动成果的评价	⑥新方案的成本是多少？ ⑦新方案能满足要求吗？

第三节　对象选择与情报收集

一、对象选择

价值工程的对象选择过程就是逐步缩小研究范围、明确分析研究的目标、确定主攻方向的过程。正确选择工作对象是价值工程成功的第一步，能起到事半功倍的效果。

（一）对象选择的一般原则

一般来说，对象的选择有以下几个原则。

（1）从设计方面看　对产品结构复杂、性能和技术指标差距大、体积大、重量大的产品进行价值工程活动，可使产品结构、性能、技术水平得到优化，从而提高产品价值。

（2）从生产方面看 对量多面广、关键部件、工艺复杂、原材料消耗高和废品率高的产品或零部件，特别是对量多、产值比重大的产品，只要成本下降，所取得的总的经济效果就大。

（3）从市场销售方面看 选择用户意见多、系统配套差、维修能力低、竞争力差、利润率低、生命周期较长的，市场上畅销但竞争激烈的新产品、新工艺等进行价值工程活动，以赢得消费者的认同，占领更大的市场份额。

（4）从成本方面看 选择成本高于同类产品、成本比重大的，如材料费、管理费、人工费等，推行价值工程就是要降低成本，以最低的寿命周期成本可靠地实现必要功能。

（二）对象选择的方法

价值工程对象选择的方法有很多种，不同方法适宜于不同的价值工程对象，根据企业条件选用适宜的方法，就可以取得较好的效果。常用的方法有因素分析法、ABC 分析法、强制确定法、百分比分析法等。

1. 因素分析法

因素分析法是一种常用的方法，又称经验分析法，是指根据价值工程对象选择应考虑的各种因素，凭借分析人员的经验集体研究确定选择对象的一种方法，是一种定性的分析方法。用经验分析的方法确定价值工程对象时，要对各种影响因素进行综合分析，区分主次轻重，既考虑需要，也考虑可能，从而尽可能合理地选择价值工程与产品改进的项目。经验分析法可与其他方法结合使用。如利用因素分析法进行初步选择，再用其他方法进行进一步分析；或将其他方法选出的对象，再用因素分析法进行综合分析，加以修正。

因素分析法的优点是简便易行的，不需要特殊的训练，考虑问题综合全面。缺点是分析质量受 VE 人员的经验与工作态度的影响较大，有时难以保证分析的准确性。所以，因素分析法要求参加价值工程活动的人员要熟悉业务、经验丰富，同时要发挥集体的智慧，协同作战，以求准确。

2. ABC 分析法

如果不分主次，对企业的每一种产品或产品的每一种零部件都进行价值工程活动，则会浪费大量的人力、物力、财力，不仅达不到应有的效果，还会适得其反。ABC 分析法正是一种有助于抓住重点、有的放矢开展价值工程活动的定量分析方法。

ABC 分析法又称帕累托（Pareto）分析法，是价值工程活动中对象选择中应用最多的方法。意大利经济学家帕累托在 20 世纪初研究资本主义国民财富的分布状况时发现了一个规律，即占人口比例不大的少数人，占有社会的大部分财富，而占人口比例很大的多数人却只拥有社会财富中的一小部分。由此得出了"关键的少数和次要的多数"的原理。后来人们发现，在产品成本分配方面，具有非常类似的规律。这一原理目前广泛应用于库存管理、质量控制、成本分析与控制，也被用于进行价值工程研究对象的选择。

ABC 分析法根据研究对象对某项目技术经济指标的影响程度和研究对象数量的比例大小两个因素，把所有研究对象划分成主次有别的 A、B、C 三类。通过这种划分，明确关键的少数（A 类）和一般的多数，准确地选择 A 类产品或零部件等作为价值工程研究对象。研究对象类别划分的参考值如表 12-2 和图 12-1 所示。

表 12-2 A、B、C 类别划分参考值

类 别	数量占总数百分比	成本占总成本百分比
A 类	10%左右	70%左右
B 类	20%左右	20%左右
C 类	70%左右	10%左右

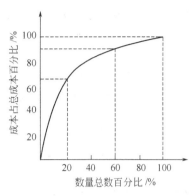

图 12-1　ABC 分析曲线图

3. 强制确定法

强制确定法是以功能重要程度作为选择价值工程对象的一种分析方法。其具体做法为：先求出分析对象的成本系数、功能系数，然后得出价值系数，以揭示出分析对象的功能与成本之间是否相符；如果不相符，价值低的则被选为价值工程的研究对象。这种方法在功能评价和方案评价中也有应用。

强制确定法从功能和成本两个方面综合考虑，比较适用、简便，不仅能明确揭示出价值工程的研究对象所在，而且具有数量概念。但这种方法是人为打分，不能准确地反映出功能差距的大小，只适用于部件间功能差别不太大且比较均匀的对象，而且一次分析的部件数目也不能太多，以不超过 10 个为宜。在零部件很多时，可以先用 ABC 法、经验分析法选出重点部件，然后再用强制确定法细选；也可以用逐层分析法，从部件选起，然后在重点部件中选出重点零件。

4. 百分比分析法

百分比分析法是通过分析各个产品的两个或两个以上的技术经济指标所占总和百分比的大小，来选择价值工程研究对象的方法。

【例 12-1】　某企业有甲、乙、丙、丁 4 种产品，它们各自的年成本和年利润占企业总成本和总利润的百分比如表 12-3 所示。试确定价值工程对象。

表 12-3　产品成本、利润比重表

产品名称	甲	乙	丙	丁	合计
成本/万元	1000	600	400	200	2200
成本比重/%	45.5	27.2	18.2	9.1	100
利润/万元	250	60	140	50	500
利润比重/%	50	12	28	10	100
利润比重/成本比重	1.1	0.44	1.54	1.1	1.00

【解】　由表 12-3 可知，这 4 种产品中，乙产品占总成本的 27.2%，而乙产品的利润则只占总利润的 12%，所以乙产品应为价值工程研究的对象。

百分比法的优点是，当企业在一定时期要提高某些经济指标且拟选对象数目不多时，具有较强的针对性和有效性；缺点是不够系统和全面，有时为了更全面、更综合地选择对象，百分比法可与经验分析法结合使用。

二、价值工程所需信息资料的收集

价值工程所需的信息资料应视具体情况而定。对于产品分析来说，一般应收集以下几个方面的信息资料：用户方面的信息资料；市场销售方面的信息资料；技术方面的信息资料；经济方面的信息资料；本企业的基本资料；环境保护方面的信息资料；外协方面的信息资料；政府和社会有关部门的法律、法规、条例等方面的信息资料。

第四节　功能分析

功能分析是价值工程活动的核心内容和基本内容。它通过分析信息资料，正确表达各对象的功能，明确功能特性要求，绘制功能系统图，在此基础上，依据掌握的用户对功能的要求，对功能进行定量评价，以确定提高价值的重点改进对象。

一、功能定义

功能定义要求用动词和名词宾语把功能简明扼要地描述出来，主语是被描述的对象。例如，基础的功能是"承受荷载"，这里基础是功能承担体。

首先，功能定义时应注意，名词部分要尽量用可测量的词汇，以利定量化，例如，电线功能定义为"传电"就不如"传递电流"好。其次，动词要采用扩大思路的词汇，例如，定义一种在零件上作孔的工作的功能，用"作孔"比用"钻孔"思路开阔得多。

二、功能整理

功能整理就是对定义出的功能进行系统的分析、整理，明确功能之间的关系，分清功能类别，建立功能系统图，如图 12-2 所示。功能系统图是表示对象功能得以实现的功能逻辑关系图。功能系统图中包括总功能、上位功能、下位功能、同位功能、末位功能，以及由上述功能组成的功能区域。

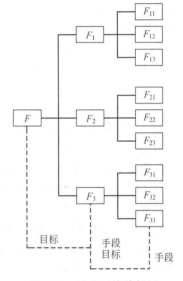

图 12-2 功能系统分析图

功能系统图中，两个功能直接相连时，如果一个功能是另一个功能的目的，并且另一个功能是这个功能的手段，则把作为目的的功能称为上位功能，作为手段的功能称为下位功能，上位功能和下位功能通常具有相对性。如图 12-2 中 F_1 相对于 F_{11}、F_{12} 和 F_{13} 来说是上位功能，但相对于 F 来说是下位功能。同位功能是指功能系统图中，与同一上位功能相连的若干下位功能，如图 12-2 中 F_{11}、F_{12} 和 F_{13}。总功能是指功能系统图中，仅为上位功能的功能，如图 12-2 中的 F。末位功能指功能系统图中，仅为下位功能的功能，如图 12-2 中 F_{11}、F_{12} 和 F_{13} 等。功能区域是功能系统图中，任何一个功能及其各级下位功能的组合。

以平屋顶为例，在对其功能进行定义的基础上，通过功能分析和功能整理，得到平屋顶功能的功能系统图，如图 12-3 所示。

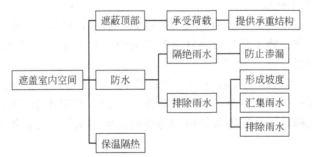

图 12-3 平屋顶功能系统图

三、功能评价

功能评价是在功能定义与功能整理完成之后，在已定性确定问题的基础上进一步做定量的确定。如前所述，价值 V 是功能和成本的比值，成本 C 是以货币形式数量化的，问题的关键是功能 F 也必须数量化，即都用货币表示后才能把两者直接进行比较。但由于功能性质的不同，其量度单位也就多种多样，如美学功能一般是用美、比较美、不美等概念来表示，它是非定量的。因此，功能评价的基本问题是功能的数量化，即把定性指标转化为数量指标，从而为功能与成本提供可比性。

功能评价，即评定功能的价值，是指找出实现功能的最低费用作为功能的目标成本（又称功能评价值），以功能目标成本为基准，通过与功能现实成本的比较，求出两者的比值（功能价值）和两者的差异值（改善期望值），然后选择功能价值低、改善期望值大的功能作为价值工程活动的重点对象。功能评价工作可以更准确地选择价值工程的研究对象，同时，通过制定目标成本，以提高价值工程的工作效率，增加工作人员的信心。

（一）功能现实成本 C 的计算

功能现实成本的计算与一般的传统成本核算既有相同点，也有不同之处。两者的相同点是指它们在成本费用的构成项目上是完全相同的，如建筑产品的成本费用都是由人工费、材料费、施工机械使用费等构成；而两者的不同之处在于功能现实成本的计算是以对象的功能为单位的，而传统的成本核算是以产品或零部件为单位的。因此，在计算功能现实成本时，就需要根据传统的成本核算资料，将产品或零部件的现实成本换算成功能的现实成本。

（二）成本指数的计算

成本指数是指评价对象的现实成本在全部成本中所占的比率。其计算公式如下。

$$成本指数 = \frac{某功能的现实成本}{总成本}$$

（三）功能评价值 F 的计算

对象的功能评价值 F（目标成本）是指可靠地实现用户要求功能的最低成本。它可以理解为是企业有把握或者说应该达到的实现用户要求功能的最低成本。从企业目标的角度来看，功能评价值可以看成是企业预期的、理想的成本目标值。功能评价值一般以功能货币价值形式表达。功能的现实成本较易确定，而功能评价值较难确定。计算功能评价值的方法较多，这里仅介绍功能重要性系数评价法。

功能重要性系数评价法是一种根据功能重要性系数确定功能评价值的方法。这种方法是把功能划分为几个功能区（即子系统），并根据各功能区的重要程度和复杂程度，确定各个功能区在总功能中所占的比重，即功能重要性系数，然后将产品的目标成本按功能重要性系数分配给各个功能区作为该功能区的目标成本，即功能评价值。其具体计算步骤如下所述。

1. 确定功能重要性系数

功能重要性系数又称功能评价系数或功能指数，是指评价对象（如零部件等）的功能在整体功能中所占的比率。确定功能重要性系数的关键是对功能进行打分。常用的打分方法有0-1 评分法、0-4 评分法、倍比法等。

（1）0-1 评分法　是请 5～15 名对某个产品或零部件熟悉的人员参加功能的评价。首先按照功能的重要程度一一对比打分，重要的功能打 1 分，相对不重要的功能打 0 分。最后，根据每个参与人员选择该产品或零部件得到的功能重要性系数，可以得到该零部件的功能重要性系数平均值 W。

$$W = \frac{\sum\limits_{i=1}^{k} W_i}{k}$$

式中，k 为参加功能评价的人数。

【例 12-2】　某产品包含 5 个功能 A、B、C、D、E，其中 A 比 B 重要，B 比 C 重要，D 比 A 重要，C 比 E 重要。试计算各零部件的功能重要性系数。

【解】　计算结果如表 12-4 所示。表 12-4 中要分析的对象（功能）自己与自己相比不得分，用"×"表示。

表 12-4 0-1 评分法功能重要性系数计算表

评价对象	A	B	C	D	E	功能总分	修正得分	功能重要性系数
A	×	1	1	0	1	3	3+1=4	0.27
B	0	×	1	0	1	2	2+1=3	0.20
C	0	0	×	0	1	1	1+1=2	0.13
D	1	1	1	×	1	4	4+1=5	0.33
E	0	0	0	0	×	0	0+1=1	0.07
合 计	—	—	—	—	—	10	15	1.00

为避免不重要的功能得零分，可将各功能累计得分加1分进行修正，用修正后的总分分别去除各功能累计得分即得到功能重要性系数。

(2) 0-4 评分法 0-1 评分法中的功能重要程度差仅为1分，不能拉开档次。为弥补这一不足，将分档扩大为4级，其打分矩阵仍同0-1法。档次划分如下。

F_1 功能比 F_2 功能重要得多：F_1 得4分，F_2 得0分；

F_1 功能比 F_2 功能重要：F_1 得3分，F_2 得1分；

F_1 功能与 F_2 功能同等重要：F_1 得2分，F_2 得2分；

F_1 功能不如 F_2 功能重要：F_1 得1分，F_2 得3分；

F_1 功能远不如 F_2 功能重要：F_1 得0分，F_2 得4分。

以各部件功能得分占总分的比例确定各部件功能评价指数的计算公式如下。

$$第 i 个评价对象的功能指数 = \frac{第 i 个评价对象的功能得分值}{全部功能得分值}$$

如果功能评价指数大，说明功能重要；反之，功能评价指数小，说明功能不太重要。

【例 12-3】 某产品包含5个功能A、B、C、D、E，经过专家评定，对各功能重要性达成以下共识：B和C同样重要，D和E同样重要，A相对于D很重要，A相对于B较重要。试计算各零部件的功能重要性系数。

【解】 各零部件功能重要性系数计算的结果见表12-5。

表 12-5 0-4 评分法功能重要性系数计算表

评价对象	A	B	C	D	E	得分	权重
A	×	3	3	4	4	14	14/40=0.350
B	1	×	2	3	3	9	9/40=0.225
C	1	2	×	3	3	9	9/40=0.225
D	0	1	1	×	2	4	4/40=0.100
E	0	1	1	2	×	4	4/40=0.100
合 计	—	—	—	—	—	40	1.00

(3) 倍比法 是利用评价对象之间的相关性进行比较来定出功能评价系数，其具体步骤如下：根据各评价对象的功能重要性程度，按上高下低原则排序；从上至下按倍数比较相邻两个评价对象；令最后一个评价对象的得分为1，按上述各对象之间的相对比值计算其他对象的得分；计算各评价对象的功能评价系数。

【例 12-4】 某产品包含 4 个功能 F_1、F_2、F_3、F_4，经过专家评定，对各功能重要性达成以下共识：F_1 是 F_2 重要性的 2 倍，F_2 是 F_3 重要性的 3 倍，F_3 是 F_4 重要性的 1.5 倍。试计算各零部件的功能重要性系数。

【解】 各零部件功能重要性系数计算结果见表 12-6。

表 12-6　倍比法功能重要性系数计算表

评价对象	相对比值	得　分	功能评价系数
F_1	$F_1/F_2=2$	9	0.5625
F_2	$F_2/F_3=3$	4.5	0.2812
F_3	$F_3/F_4=1.5$	1.5	0.0938
F_4	—	1	0.0625
合　计	—	16	1.0000

2. 确定功能评价值

功能评价值的确定分以下两种情况。

(1) 新产品评价设计　一般在产品设计之前，根据市场供需情况、价格、企业利润与成本水平已初步设计了目标成本。因此，在功能重要性系数确定之后，就可将新产品设定的目标成本按已有的功能重要性系数加以分配计算，求得各个功能区的功能评价值，并将此功能评价值作为功能的目标成本。

【例 12-5】 某新产品设定的目标成本为 10000 元，该新产品的 3 个功能区 F_1、F_2、F_3 的功能重要性系数分别为 0.50、0.30、0.20，试求该新产品 3 个功能区的功能评价值。

【解】 该新产品 3 个功能区的功能评价值的计算结果如表 12-7 所示。

表 12-7　新产品功能评价值计算表

功能区 (1)	功能重要性系数 (2)	功能评价值 (3)=(2)×10000
F_1	0.50	5000
F_2	0.30	3000
F_3	0.20	2000

(2) 既有产品的改进设计　既有产品应以现实成本为基础计算功能评价值，进而确定功能的目标成本。由于既有产品已有现实成本，所以没有必要再假定目标成本。但是，既有产品的现实成本原已分配到各功能区中去的比例不一定合理，这就需要根据改进设计中新确定的功能重要性系数，重新分配既有产品的原有成本。从分配结果看，各功能区新分配成本与原分配成本之间有差异。正确分析和处理这些差异，就能合理确定各功能区的功能评价值，求出产品功能区的目标成本。

【例 12-6】 某既有产品的现实成本为 500 元，该新产品的 F_1、F_2、F_3、F_4 的功能重要性系数分别为 0.47、0.32、0.16、0.05。试求既有产品 4 个功能区的功能评价值及成本降低幅度。

【解】 该新产品 4 个功能区的功能评价值及成本降低幅度的计算结果如表 12-8 所示。

表 12-8 中第 (3) 栏是把产品的现实成本 $C=500$ 元，按改进设计方案的新功能重要性系数重新分配给各功能区的结果。该分配结果可能有以下 3 种情况：功能区新分配的成本等于现实成本，此时应以现实成本作为功能评价值 F；新分配成本小于现实成本，此时应以新分配的成本作为功能评价值 F；新分配的成本大于现实成本，出现这种情况的原因需要进行

具体分析。如果是因为功能重要性系数定高了，经过分析后可以将其适当降低。如因成本确实投入太少，可以允许适当提高一些。

表 12-8 既有产品功能评价值计算表　　　　单位：元

功能区	功能现实成本	功能重要性系数	根据产品现实成本和功能重要性系数重新分配的功能区成本	功能评价值（或目标成本）	成本降低幅度
	(1)	(2)	(3)＝(2)×500	(4)	(5)＝(1)－(4)
F_1	130	0.47	235	130	—
F_2	200	0.32	160	160	40
F_3	80	0.16	80	80	—
F_4	90	0.05	25	25	65
合 计	500	1.00	500	395	105

3. 功能价值 V 的计算

通过计算和分析对象的价值 V，可以分析成本功能的合理匹配程度。功能价值 V 的计算方法可分为两大类：功能成本法与功能指数法。

（1）功能成本法　又称为绝对值法，是通过一定的测算方法，测定实现应有功能所必须消耗的最低成本，同时计算为实现应有功能所耗费的现实成本，经过分析、对比，求得对象的价值系数和成本降低期望值，确定价值工程的改进对象。其表达式如下。

$$V_i = \frac{F_i}{C_i}$$

式中，V_i 为第 i 个评价对象的价值系数；F_i 为第 i 个评价对象的功能评价值；C_i 为第 i 个评价对象的现实成本。

一般可采用表 12-9 进行定量分析。

表 12-9 功能评价值与价值系数计算表

序号	项目 子项目	功能重要性系数 (1)	功能评价值 (2)＝目标成本×(1)	现实成本 (3)	价值系数 (4)＝(2)/(3)	改善幅度 (5)＝(3)－(2)
1	A					
2	B					
3	C					
...	...					
合 计						

功能的价值计算出来以后，需要进行分析，以揭示功能与成本的内在联系，确定评价对象是否是功能改进的重点，以及其功能改进的方向及幅度，从而为后面的方案创造工作打下良好的基础。

根据上述计算公式，功能的价值系数计算结果有以下 4 种情况。

$V_i = 1$ 时，即功能评价值等于功能现实成本，这表明评价对象的功能现实成本与实现功能所必需的最低成本大致相当。此时评价对象的价值为最佳，一般无需改进。

$V_i<1$ 时，即功能现实成本大于功能评价值，这表明评价对象的现实成本偏高，而功能要求不高。一种可能是由于存在着过剩的功能，另一种可能是功能虽无过剩，但实现功能的条件或方法不佳，以致使实现功能的成本大于功能的实际需要。这两种情况都应列入功能改进的范围，并且以剔除过剩功能及降低现实成本为改进方向，使成本与功能比例趋于合理。

$V_i>1$ 时，即功能现实成本低于功能评价值，说明该部件功能比较重要，但分配的成本较少。此时应进行具体分析，功能与成本的分配可能已较理想，或者有不必要的功能，或者应该提高成本。

$V_i=0$ 时，要进一步分析。如果是不必要的功能，该部件则取消；但如果是最不重要的必要功能，则要根据实际情况处理。

（2）功能指数法　又称相对值法，是通过评定各对象功能的重要程度，用功能指数表示其功能程度的大小，然后将评价对象的功能指数与相对应的成本指数进行比较，得出该评价对象的价值指数，从而确定改进的对象，并求出该对象的成本改进期望值。由于评价对象的功能水平和成本水平都用它们在总体中所占的比率来表示，这样就可以采用上面的公式方便地、定量地表达评价对象价值的大小。因此，在功能指数法中，价值指数是作为评定对象功能价值的指标。

功能重要性系数和成本系数计算价值指数可以通过列表进行，如表 12-10 所示。

表 12-10　价值指数计算表

零部件名称	功能指数 （1）	现实成本 （2）	成本指数 （3）	价值指数 （4）＝（1）/（3）
A				
B				
C				
...				
合　计	1.00		1.00	

价值指数的计算结果有以下 3 种情况。

$V_i=1$ 时，此时评价对象的功能比重与成本比重大致平衡，合理匹配，可以认为功能的现实成本是比较合理的。

$V_i<1$ 时，此时评价对象的成本比重大于其功能比重，表明相对于系统内的其他对象而言，目前所占的成本偏高，从而会导致该对象的功能过剩。此时应将评价对象列为改进对象，改善方向主要是降低成本。

$V_i>1$ 时，此时评价对象的成本比重小于其功能比重。出现这种结果的原因可能有 3 种：第一，由于现实成本偏低，不能满足评价对象实现其应具有的功能要求，致使对象功能偏低，这种情况应列为改进对象，改善方向是增加成本；第二，对象目前具有的已经超过了其应该具有的水平，也即存在过剩功能，这种情况也应列为改进对象，改善方向是降低功能水平；第三，对象在技术、经济等方面具有某些特征，在客观上存在着功能很重要而需要消耗的成本却很少的情况，这种情况一般就不应列为改进对象。

从以上的分析可以看出，对产品部件进行价值分析，就是使每个部件的价值系数尽可能趋近于 1。换句话说，在选择价值工程对象的产品和零部件时，应当综合考虑价值系数偏离 1 的程度和改善幅度，优先选择价值系数远小于 1 且改进幅度大的产品或零部件。

（四）确定价值工程对象的改进范围

对产品部件进行价值分析，就是使每个部件的价值系数尽可能趋近于 1。价值工程对象经过以上各个步骤，特别是完成功能评价之后，得到其价值的大小，就明确了改进方向、目标和具体范围。

第五节　方案创造和方案评价

一、方案创造

方案创造是从提高对象的功能价值出发，在正确的功能分析和评价的基础上，针对应改进的具体目标，通过创造性的思维活动，提出能够可靠地实现必要功能的新方案。

从某种意义上讲，价值工程可以说是创新工程，方案创造是价值工程取得成功的关键一步。因为前面所论述的一些问题，如选择对象、收集资料、功能成本分析、功能评价等，虽然都很重要，但都是为了方案创造和制定服务的。前面的工作做得再好，如果不能创造出高价值的创新方案，也就不会产生好的效果。所以，从价值工程技术实践来看，方案创造是决定价值工程成败的关键阶段。

方案创造的理论依据是功能载体具有替代性。这种功能载体替代的重点应放在以功能创新的新产品替代原有产品和以功能创新的结构替代原有结构的方案上。而方案创造的过程是思想高度活跃、进行创造性开发的过程。为了引导和启发创造性的思考，可以采用各种方法，比较常用的方法有以下几种。

1. 头脑风暴法

头脑风暴法是指自由奔放地思考问题。具体地说，就是由对改进对象有较深了解的人员组成的小集体在非常融洽和不受任何限制的气氛中进行讨论、座谈，打破常规、积极思考、互相启发、集思广益，提出创新方案。这种方法可使获得的方案新颖、全面、富于创造性，并可以防止片面和遗漏。这种方法以 5～10 人的小型会议的方式进行为宜，会议的主持者应熟悉研究对象，思想活跃，知识面广，善于启发引导，使会议气氛融洽，使与会者广开思路，畅所欲言。

2. 歌顿法

美国人歌顿在 1964 年提出了这种方法。这个方法也是在会议上提出方案，但究竟研究什么问题，目的是什么，只有会议的主持人知道，以免其他人受约束。例如，想要研究试制一种新型剪板机，主持会议者请大家就如何把东西切断和分离提出方案。当会议进行到一定时机时，再宣布会议的具体要求，在此联想的基础上研究和提出各种新的具体方案。

这种方法的指导思想是把要研究的问题适当抽象，以利于开拓思路。在研究新方案时，会议主持人开始并不全部摊开要解决的问题，而是只向大家做一番抽象笼统的介绍，要求大家提出各种设想，以激发出有价值的创新方案。这种方法要求会议主持人机智灵活、提问得当。提问太具体，容易限制思路；提问太抽象，则方案可能离题太远。

3. 德尔菲法

德尔菲法是由组织者将研究对象的问题和要求函寄给若干有关专家，使他们在互不商量的情况下提出各种建议和设想，专家返回设想意见，经整理分析后，归纳出若干较合理的方案和建议，再函寄给有关专家征求意见，然后回收整理，如此经过几次反复后，专家意见趋向一致，从而最后确定出新的功能实现方案。这种方法的特点是专家们彼此不见面，研究问题时间充裕，可以无顾虑、不受约束地从各种角度提出意见和方案。其缺点是花费时间较长，缺乏面对面的交谈和商议。

4. 专家检查法

专家检查法不是靠大家想办法，而是由主管设计的工程师做出设计，提出完成所需功能的办法和生产工艺，然后按顺序请各方面的专家（如材料、生产工艺、工艺装备、成本管理、采购方面）审查。这种方法先由熟悉的人进行审查，以提高效率。

二、方案评价

方案评价是在方案创造的基础上对新构思方案的技术、经济和社会效果等几个方面进行估价，以便于选择最佳方案。

在方案创造阶段提出的设想和方案是多种多样的，能否付诸实施，则必须对各个方案的优缺点和可行性做分析、比较、论证和评价，并在评价过程中对有希望的方案进一步完善。

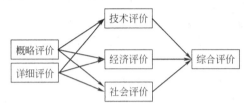

图 12-4　方案评价步骤示意图

方案评价包括概略评价和详细评价两个阶段。其评价内容包括技术评价、经济评价、社会评价及综合评价，如图 12-4 所示。在对方案进行评价时，无论是概略评价还是详细评价，一般可先做技术评价，再分别进行经济评价和社会评价，最后再进行综合评价。

此外，在方案实施过程中，应该对该方案的实施情况进行检查，发现问题及时解决。方案实施完成后，要进行总结、评价与验收。

本 章 小 结

（1）价值工程（Value Engineering，VE），起源于美国，是 20 世纪 40 年代以后发展起来的一种现代管理方法，创始人是美国通用电气公司负责物资采购工作的电气工程师麦尔斯。

（2）价值工程是以提高产品（或作业）价值和有效利用资源为目的，通过有组织的创造性工作，寻求用最低的寿命周期成本，可靠地实现使用者所需功能的一种管理技术。理解价值工程的含义需把握价值工程的相关概念：工程、价值、功能、寿命周期成本。

（3）价值工程的实施步骤按一般的决策过程划分为分析问题、综合研究与方案评价 3 个阶段以及对象的选择、目标的选定、收集情报、功能的分析、方案的评价和选择、试验和提案、活动成果的评价 7 个具体步骤。

（4）功能分析是价值工程活动的核心内容和基本内容。它通过分析信息资料，正确表达各对象的功能，明确功能特性要求，绘制功能系统图，在此基础上，依据掌握的用户对功能的要求，对功能进行定量评价，以确定提高价值的重点改进对象。

（5）方案创造是从提高对象的功能价值出发，在正确的功能分析和评价的基础上，针对应改进的具体目标，通过创造性的思维活动，提出能够可靠地实现必要功能的新方案。从某种意义上讲，价值工程可以说是创新工程，方案创造是价值工程取得成功的关键一步。比较常用的方法有以下几种：头脑风暴法、歌顿法、德尔菲法、专家检查法。方案评价是在方案创造的基础上对新构思方案的技术、经济和社会效果等几个方面进行估价，以便选择最佳方案。此外，在方案实施过程中，应该对该方案的实施情况进行检查，发现问题及时解决。方案实施完成后，要进行总结、评价与验收。

思 考 题

1. 什么是价值工程？价值工程经历了怎样的产生和发展过程？
2. 价值工程的相关概念有哪些？请解释其含义。
3. 提高价值的途径有哪些？
4. 功能如何分类？
5. 价值工程的一般工作程序是什么？
6. 价值工程对象选择的一般原则是什么？价值工程对象选择的方法有哪些？

7. 功能分析的目的是什么？功能系统图的要点是什么？

8. 确定功能重要性系数的方法有哪些？

9. 什么是功能评价？常用的评价方法有哪些？

10. 功能改善目标如何确定？

11. 如何运用 ABC 分析法进行价值工程对象选择？

12. 方案创造的方法有哪些？方案评价的内容和步骤有哪些？

13. 设某产品具有 F_1、F_2、F_3 三项功能，由 A、B、C、D 四种构配件实现，相关资料如表 12-11 所示。

表 12-11　构配件成本及分配表

构配件名称	构配件成本 /元	构配件成本分配给各功能的比重		
		F_1	F_2	F_3
A	1200	10%	0	90%
B	1700	50%	10%	40%
C	1900	20%	20%	60%
D	2200	0	30%	70%
合计	7000	—	—	—

从功能的重要程度上看，F_1 是 F_2 的 1.5 倍，F_3 是 F_1 的 3 倍，假设 F_2 得分为 1 分，产品目标成本为 6300 元，试计算 F_1、F_2、F_3 三项功能的价值系数，并对功能改善的优先次序做出评价。

第十三章 技术进步、技术引进和技术创新

本章学习目标

(1) 熟悉技术进步、技术引进、技术创新相关概念及分类；

(2) 了解技术进步评价的基本方法；

(3) 掌握技术创新过程模型及战略选择。

第一节 技 术 进 步

一、技术进步的一般含义

技术进步泛指技术在合目的性方面所取得的进化与革命。所谓合目的性，即指人们对技术应用所期望达到的目的及其实现的程度。通过对原有技术（或技术体系）的研究、改造、革新，开发出一种新的技术（或技术体系）代替旧技术，使其应用的结果更接近于应用的目标，这时我们就说产生了技术进步。技术进步分有狭义与广义之分。

（一）狭义技术进步

狭义的技术进步指的是在硬技术应用方面所取得的进步。通常此类技术进步又可分为技术进化和技术革命。

当技术进步表现为对原有技术和技术体系的不断改革创新，或在原有技术原理或组织原则的范围内，发明创造新技术和新技术体系时，这种技术进步称技术进化。例如通过技术革新使机床加工精度提高，使电视机的图像更加清晰等。技术进化是经常发生的，这种技术进步是渐进性的。

当技术进步表现为技术或技术体系发生质的飞跃性变革时，就称其为技术革命。所谓飞跃，是指技术的原理发生了新的、革命性的变革或突破，产生了新的技术或新的技术体系，使劳动工具体系产生了质的变化，从而改变了生产组织和生产方式，极大地提高了劳动生产率，甚至引起社会性的革命。十八世纪蒸汽机技术的发明和推广应用，引起第一次工业革命就是一个典型的例子。它使各行业的生产手段发生了巨变，使手工作坊的生产方式转向社会化大生产，使劳动组织与管理方式发生了革命，从而引起了产业革命和社会革命。20 世纪中叶以来，计算机、航天、光纤通讯、新材料、生物等新技术的发明和推广应用，被称为新技术革命，同样引起了社会性的大变革。当然技术革命并不是一朝一夕突然爆发的，而是经过长期技术进化，通过科学研究与开发等成果的逐步积累，到一定程度以后才发生的。

以上介绍了狭义技术进步的一般概念，具体地说它应包括以下主要内容。

① 采用新技术设备或对旧设备进行改造。

② 采用新工艺或改进旧工艺。

③ 采用新材料。

④ 采用新能源。

⑤ 制成新产品和对原有产品进行改造，使其性能与质量提高。

⑥ 降低消耗，提高投入产出率。

⑦ 人的劳动技能得到提高。

⑧ 对资源的合理开发利用与环境保护。

（二）广义技术进步

广义的技术进步是从经济学的意义上提出来的。在一个经济系统中，影响产出的因素是非常多的，例如，劳动力、原材料，燃料、设备、土地以及资金等生产要素的投入都会影响系统的产出，而由于劳动者技术水平的提高，设备的改良、工艺改进、材料更新，组织、管理、决策水平提高等因素的作用，在不增加总投入的前提下也会大幅度增加有效产出。后者体现了所有硬技术与软技术的进步，经济学上将其称为广义的技术进步。关于广义的技术进步目前经济学上一般的定义为：在一个经济系统中除劳动力、资金及其他物质生产要素投入之外，所有引起经济增长的相关因素的进化都属于广义的技术进步。广义技术进步的内涵可表述为：生产要素质量的变化；知识进展；资源优化配置；规模经济性；管理决策水平提高；政策影响。

广义技术进步包括了软技术进步，主要内容有：采取有效的方针政策；推行新的经济体制；采用新的组织与管理方法；改革政治体制；决策科学化；生产要素的合理配制；用新的理论与方法激发劳动者积极性。

人类生活在地球这个有限的空间里，资源的日益枯竭，已为人们敲响了警钟，要用有限的资源创造更多的产出必须依靠技术进步，这已毋庸置疑。因此追求技术进步是人类永恒的目标之一。

二、技术进步的度量及评价

（一）生产函数

人类社会物质资料的生产过程本质上是投入产出的过程。在经济学上，以定量方式反映物质资料生产过程投入与产出关系的最一般表述即生产函数。

如果用 Y 代表产出量，以 X_1、X_2、X_3、$\cdots$、X_n 分别表示与产出相关的 n 种生产要素的投入量，那么生产函数的一般形式可写为

$$Y = F(X_1、X_2、X_3、\cdots、X_n) \tag{13-1}$$

式中，F 为可微函数。

为了使生产函数能较真实地反映生产过程的特点，也便于用数学分析的方法通过生产函数对生产系统的投入与产出关系进行剖析，人们通常假设一般生产函数具有以下特性。

（1）连续性和光滑性 这个前提保证了投入要素的边际产出 $\dfrac{\partial F}{\partial X_i}$（$i=1,2,\cdots,n$）总是有意义的。

（2）单调性 即投入量的增加总是或多或少地引起产出量的增加，这表现为要素投入的边际产出为正值。

$$\frac{\partial F}{\partial X_i} > 0 \qquad i=1,2,\cdots,n \tag{13-2}$$

（3）凹凸性 如果某个要素的投入量增加而其他要素的投入量保持不变，那么产出量总是增加的，但是增加的幅度会随着投入量的增加而减少。这就是要素的边际产出递减规律。

$$\frac{\partial^2 F}{\partial X_i^2} < 0 \qquad i=1,2,\cdots,n \tag{13-3}$$

（4）齐次性 反映生产过程规模收益的特点，一般表示为

$$F(\lambda X_1, \lambda X_2, \lambda X_3, \cdots, \lambda X_n) = \lambda^h F(X_1, X_2, X_3, \cdots, X_n) \tag{13-4}$$

这里 h 是齐次数，$h>1$，表示当生产要素投入等比例增加时，产出的放大倍数要大于生产要素增加的倍数，这体现了规模经济的效益，故称这种生产函数所表达的生产过程是规

模收益递增的；反之，当 $h<1$ 时，生产过程是规模收益递减的。而 $h=1$ 时，生产过程规模收益不变。

以上我们介绍了一般生产函数的基本概念，然而，哪怕对于一个不大的技术经济系统，其相关的生产要素也是相当多的，这就使得在利用以上一般生产函数进行分析时，需要收集大量数据，花费巨大的工作量，从而使生产函数的应用性受到局限。因此在现实中有必要对式(13-1)作适当的简化。

抛开对某个具体对象的研究时，我们可以看到，对于任何一个技术经济系统，生产过程的投入要素无非包括物质资料（包括生产资料和劳动对象）和劳动力。而所有作为物质资料的生产要素总可以用资金量来衡量，这就意味着生产过程的生产要素投入可归结为资金和劳动力投入，通常分别用 K、L 来表示，这样生产函数就可简化为

$$Y=F(K,L) \tag{13-5}$$

这就是迄今为止在技术进步研究方面最通用的生产函数形式。

（二）生产函数与技术进步

从经济学意义上讲，生产函数定义的产出增长与经济增长的概念是等同的。一个技术经济系统的产出主要取决于生产要素投入的质与量，以及它们的组合方式。显然，根据技术进步的定义，投入生产要素的质以及它们的组合方式是技术进步水平的反映。因此式(13-5)定义的生产函数隐含着技术进步的作用，它为人们研究技术进步提供了一个简洁而有效的模型。故本章关于技术进步的度量与评价主要介绍的是以式(13-5)为基础的生产函数法。

物质生产过程的多样性决定了技术进步类型的多样性，而不同类型的技术进步又可反映为不同形式的生产函数，就式(13-5)而言，对各种不同类型的技术进步，可以将其演化为九种不同形式，如表 13-1 所示。

表 13-1　技术进步与生产函数类型

序　号	技术进步的类型	生产函数的形式
1	产出增长型	$Y=A_t f(K,L)$
2	劳动增长型	$Y=f(K,A_t L)$
3	资金增长型	$Y=f(A_t K,L)$
4	劳动组合型	$Y=f(K,L+A_t K)$
5	资金组合型	$Y=f(K+A_t L,L)$
6	劳动添加型	$Y=A_t L+f(K,L)$
7	资金添加型	$Y=A_t K+f(K,L)$
8	劳动减少型	$L=A_t Y+g(K,Y)$
9	资金减少型	$K=A_t Y+h(Y,L)$

表 13-1 中的乘数因子 A_t 表示随时间 t 变化的技术水平。

在以上九种形式中，被最广泛应用的是产出增长型生产函数，它所定义的技术进步称为中性技术进步。

关于中性技术进步的概念目前有三种定义，即希克斯中性、哈罗德中性和索络中性。而其中希克斯中性被广泛接受。

希克斯认为，生产要素相对价格的变化，促使技术进步倾向于节约投入相对昂贵的生产要素。根据这一观点，技术进步倾向可分为三类，即中性技术进步、节约劳动力型技术进步、节约资金型技术进步。希克斯将中性技术进步定义为：技术进步的中性应表示为在资本与劳动力比不变的情况下，当技术变化时，资本边际生产率与劳动力边际生产率的比是不变

的，即生产要素的边际替代率不发生变化，而只是投入产出的关系有所改变。用数学语言描述即为

$$\frac{\frac{\partial Y}{\partial K}}{\frac{\partial Y}{\partial L}}=C \qquad (C \text{ 为常数}) \tag{13-6}$$

　　而相应的非中性技术进步则指当资本与劳动力投入比不变情况下，技术变化将引起生产要素边际替代率发生变化。中性与非中性技术进步的区别还可由图 13-1 的等产量曲线变化直观地看出。图中 Y 和 Y' 分别代表技术进步前和技术进步后的等产出曲线。不难证明，如果技术进步是中性的，那么技术进步前和技术进步后等产出曲线的形状和曲率都不会发生改变。

　　从以上关于中性技术进步的定义，可以看出产出增长型生产函数具有中性技术进步的特征，即要素的边际替代率不随技术进步因子 A_t 的变化而变化。

$$\frac{\frac{\partial Y}{\partial K}}{\frac{\partial Y}{\partial L}}=\frac{A_t\frac{\partial f}{\partial K}}{A_t\frac{\partial f}{\partial L}}=\frac{\frac{\partial f}{\partial K}}{\frac{\partial f}{\partial L}} \tag{13-7}$$

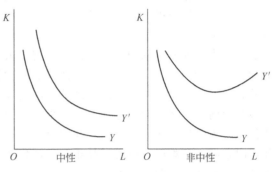

图 13-1　中性与非中性技术进步

　　关于哈罗德、索洛定义的中性技术进步，前提与希克斯中性有所差异，但最终结论却是一致的（李京文著《技术进步与经济效益》第 150 页）。

　　诚然，中性技术进步是对现实生产系统的简化，尽管对这种简化也有人提出质疑，但是这种简化却具有很大的优越性。因为不考虑技术进步前后在同比例生产要素投入条件下要素边际替代率的变化，这实际上是不单独考虑技术进步前后所投入的生产要素的质量及其组合形式的变化，而把这些变化归入技术进步的范围由技术进步因子 A_t 体现（等产出线发生平移），这不仅与广义技术进步的概念相符，而且相对地更符合实际。对于一个复杂而庞大的技术经济系统，作这种简化更具实际意义。

第二节　技 术 引 进

一、技术引进的含义

　　技术引进又称技术输入，是指一个国家通过各种途径引进其他国家的先进科学技术成果，包括先进的机器设备、管理知识和经验，用来提高本国国民经济水平和科学技术水平。技术引进工作是指在技术转让活动中买进技术的工作。技术引进的主要内容有：第一，通过国际技术贸易，以引进专有技术知识为重点（如产品设计、制造工艺、测试方法、材料配方和成分等），也包括为掌握应用引进技术而派人到技术输出一方去学习技术，或请输出一方派专家到引进方指导等；第二，通过国际技术交流、合作及各种跨国的学术交流活动，引进国外新的学术思想和科学技术成果；第三，引进先进的经营管理方法，以充分发挥引进技术的作用。

二、技术引进的意义

　　科学技术是人类在长期的斗争实践中创造出来的共同财富，它属于生产力范畴。尤其是当今世界，科学技术发展迅速，党和国家都先后制定了有关的技术引进政策，把引进先进技

术作为推动我国经济高速发展的重要战略部署。引进先进技术是赶超经济发达国家的重要途径。世界范围的技术转移，早在资本主义以前就已存在。当代科学技术高度发展，为适应现代化大生产的客观要求，国际技术经济交流已成为现代经济的重要组成部分。通过有计划地引进先进技术，促进本国的经济发展，更是发展中国家赶超经济发达国家的客观事实。

最近几年，在"对外开放，对内搞活"方针的指导下，我国技术引进和设备进口工作出现了新局面，引进项目的构成也发生了变化，从过去重点引进大型成套设备，变为重点引进关键设备、关键技术以及开展技术服务、技术咨询、许可证贸易等，引进方式多种多样，对培养人才，发展新技术，提高工业系统综合生产能力发挥了重大作用。

因此，在加速发展我国科学技术，开发研制先进的生产技术装备的同时，认真学习外国的有用经验，积极引进技术，跨阶段地发展，迅速把国民经济搞上去，这是关系到我国实现战略发展目标的大事。

引进技术是加速我国现代化建设的客观要求。加速科学技术的发展，不断满足人民物质生活和文化生活的需要，这是国民经济发展的目标。现代化的关键是科学现代化，没有科学技术的高速发展，就不可能有国民经济的高速度发展。所以，引进国外先进技术，主要是引进一些我国尚未掌握、而发达国家已经采用了的成熟技术，或者对于发展我国经济急需具有的现代先进水平的技术。这样做，我们就可以利用宝贵的时间和技术力量，集中精力去解决那些国内急需而又难以引进的科技难题。消化和吸收引进来的技术并加以发展和创新，使我国的技术发展从更高的起点前进。

社会经济发展表明，增强自力更生的能力同发展科学技术交流十分密切。当今世界，人类社会生产力日益社会化，导致国际市场的形成，使各个国家的技术、经济和生产都向着国际性方向发展，科技交流、技术转让、信息交换、产品换代，在规模和速度上都达到了空前的程度。因此，我们要充分利用国外先进科学技术成果，敢于引进、敢于吸收、积极消化这是符合"自力更生为主，争取外援为辅"方针的。通过引进技术能加快掌握新技术的进程，节省大量的研制费；有利于改善经济结构，填补技术、生产上的空白；有助于减少消耗，降低成本，增加积累，全面提高技术经济效益。

由此可见，技术引进是促进技术与经济之间矛盾转化的重要手段，只要政策对路，不但可以赢得时间，而且经济上也能获得利益。

三、技术引进的基本原则

技术引进不是单纯买和卖的问题，它涉及政治、经济、生产、技术、外交、外贸和法律等多种学科。所以，技术引进是一项复杂的工作，由于引进项目多、投资大、政策性强、业务要求高，所以为搞好技术引进，必须掌握以下基本原则。

1. 坚持积极慎重，一切从实际出发的原则

做好技术引进工作，首先要对国内外的经济发展情况进行科学的分析和研究，既要弄清发达国家的长处和短处，又要立足于国情。引进什么，不引进什么；先引进什么，后引进什么，都要根据本国力量，从实际出发，积极慎重。全面安排，前后衔接，讲求效果，做好引进技术的选择。国际上关于"适宜技术"的讨论和决策是值得借鉴的。所谓适宜技术是指技术的发展与规模适应引进国的社会环境和经济条件。发达国家的技术是适应它们自己的具体条件而发展起来的，有些技术是在资本过剩、劳动力不足的条件下发展起来的，许多"高技术"趋向于大型化、自动化，投资巨大，而发展中国家资金不足，劳动力过剩。若忽视这一具体情况，盲目引进，事必会造成资金的严重浪费。因此，发展中国家一般应注意引进那些劳动密集型的，中等规模的，需要少量资金便可更换生产手段的技术，即人们所说的"中间技术"。

所谓发展中国家不适用的技术，主要是指那些对本国市场和消费者的需要考虑不够的技

术，如依靠进口材料而很少使用本国、本地材料的技术；不能充分使用本国劳动力资源，过多使用进口设备的技术以及费用高、效益不大的技术。引进技术必须讲求技术的适用性，把引进技术的重点放在国家急需、投资少、见效快、收益大的项目上。

2. 坚持洋为中用、学创结合的原则

引进国外先进技术为我所用，必须坚持"洋为中用"和"一学、二用、三改、四创"的原则。把引进技术与提高国内技术水平结合起来，广泛采用各国技术专长。以现代最新技术，改造和装备本国的国民经济，并根据自己的特点加以创新，走自己经济发展的道路。引进技术是有限的，走自力更生的路是无限的，两者结合，才能做到后来者居上。

3. 坚持计划经济、综合平衡的原则

技术引进工作是国家技术经济工作的有机组成部分，它与国家的生产计划，基建计划、外贸信贷计划以及财政计划等都有密切关系，而且互相制约。因而，必须把技术引进工作纳入国民经济计划，进行综合平衡，其中包括资金平衡、物资平衡、生产与基建平衡等，只有做好这些平衡，才能保证引进技术取得良好的经济效果。

4. 坚持技术与经济并重的原则

引进的技术，不但要先进适用，而且要经济合理，因此可行性研究是技术引进的必要环节。在确定引进项目时，运用技术经济分析的方法，调查研究，综合论证，研究引进项目的技术可行性和经济合理性，为引进项目提供科学依据，以保证引进项目在技术上先进可行、经济上合算有利。

5. 坚持协同配合、择优引进的原则

引进技术的规模越来越大、投资越来越多。为此在确定引进项目时，必须使使用部门、科研设计部门、制造部门同引进部门大力协同，以便做到择优引进。除此之外，还要把技术贸易和商品贸易结合起来，把引进技术同本国的生产体系结合起来，把引进技术与引进管理经验结合起来；坚持引进技术同加强科研、情报、人员培训工作相结合，以有利于学习、消化、掌握和发展引进技术，为我所用。

第三节　技术创新

一、技术创新的含义及类型

技术创新的理论观点首先是由美籍奥地利经济学家熊彼特于 1912 年在其著作《经济发展理论》中提出的。技术创新得以被普遍重视，则是 20 世纪 70 年代后期的事情，不少发达国家和发展中国家以及国际组织，都先后开展了对技术创新理论和政策的研究，并采取了许多促进和引导技术创新趋于深化的政策、法律和组织措施，以期通过技术创新，加速经济增长，提高经济增长质量。

对于技术创新的定义，至今有许多表述。一般认为，技术创新是企业家抓住市场的潜在盈利机会，以获取商业利益为目标，重新组织生产条件和要素，建立起效能更强、效率更高和费用更低的生产经营系统，从而推出新的产品、新的生产（工艺）方法，开辟新的市场，获得新的原材料或半成品供给来源或建立企业的新的组织，它是包括科技、组织、商业和金融等一系列活动的综合过程。

关于技术创新的定义需要强调以下几点。

1. 技术创新的主体是企业家

企业家的职能是利用一种新发明推出新商品或用新方法、新技术生产老商品，开辟原材料的新来源或产品的新销路，通过重组产业等来改革生产模式。这种职能主要不在于发明某些东西，或创造出得以开发利用的某些条件，而在于把事情付诸于实践。所以，企业家是具有创新意识和能力并进行创新的独立的商品经营者和生产者。这里所说的企业家在现代企业中更多地表现为群体，是由企业上层的若干领导人组成的群体。

企业家是主体，是因为他们是技术创新全过程的决策者与组织者。创新过程的每一个环节都需要企业家敏锐的目光、果断的决策与高效率的组织，都需要用其所掌握的生产要素作后盾。市场的需求与占有率和超额的利润前景始终是诱发企业家创新的动力。

为了实现技术创新，企业家必须了解科技，熟悉科技，掌握本行业内的科技发展动态和趋势，从而对创新作出正确的判断和决策。

2. 技术创新的目的是获取超额潜在利润

没有技术创新的企业，最多只能获取行业的平均利润，而技术创新成功的企业，它的新产品、新技术在别人没有模仿、技术没有扩散前，往往可以垄断市场，在价格上采取高价策略，利润自然可以较大地超过平均利润。技术创新之所以能获取超额利润，在于它建立了一种新的生产函数，把最新的科学技术融入生产过程，提高了生产力的技术构成，从而大大提高了劳动生产率。

3. 技术创新始于研究开发而终于市场实现

任何技术创新都是从研究开发开始的，没有研究开发就谈不上进行技术创新，即使通过技术引进，但技术上新意不大，要把它们变成本企业自己能实现的商品，也需要做开发工作。至于一些重大的技术创新，则更需要有研究开发工作来支持。技术创新最后是以市场实现来完成的，它将通过营销环节，来实现技术创新的价值。营销环节的创新自然也包含在技术创新过程之中，它对开辟新市场和实现技术创新的价值有着重要的作用。

二、技术创新的分类

英国经济学家弗里曼把技术创新概括为四种类型，即渐进性创新、基本创新、技术体系的变革及技术-经济范式变革。

国内的研究则使技术创新的分类更具体化。清华大学傅家骥教授在他的《技术创新——中国企业发展之路》中就对技术创新作了具体分类。下面介绍五种分类方法。

1. 按创新的对象划分

（1）产品创新　凡是以开发新产品为目标或结果的技术创新活动称为产品创新。

（2）工艺创新　凡是导致产生新工艺的技术创新活动称为工艺创新。工艺创新有独立的工艺创新和伴随性工艺创新。独立的工艺创新是工艺的创新结果，并不改变产品的基本功能，它的变化只是降低生产成本，提高产品性能或者两者兼有。伴随性工艺创新是由于产品变化而导致的工艺创新。

（3）原材料创新　是指企业提高原材料的质量、开发替代的原材料、控制原材料的供应来源的创新活动。

（4）设备创新　是指企业针对其生产过程各环节所采用的设备而进行的技术创新活动。

（5）组织管理创新　是着眼于产生新的组织管理方式而进行的技术创新活动。它包括企业性质、领导制度、组织结构、人事制度、分配制度、管理方式等多方面的内容。

2. 按照创新技术发生变化的程度划分

（1）突变性创新　指在比较短的研究周期内，使某项技术有质的变化，或开发出某项技术从而使某一领域形成跳跃式发展。

（2）累进性创新　即弗里曼提出的渐进性创新。这种创新通常在一次创新中无质的突破，每一次创新都使技术得以改进，但是，当这种改进累积到某一点后，将会构成质的飞跃。在许多情况下，正是累进性创新引发大的技术革命或创新。

（3）根本性创新　类似于弗里曼提出的基本创新，是指技术上有重大突破。这种创新一且实现，将开拓新的市场或者使现有产品或技术得到巨大改善。

3. 按照创新的规模划分

（1）企业创新 是一个企业内部，对其产品、工艺过程、组织机构等方面开展的创新活动和取得的创新成果。

（2）产业创新 指某一项技术创新或形成一个新的产业，或对某一产业进行彻底改造。产业创新在许多情况下，并不是一个企业的创新行为或结果，而是一个企业群体的创新集合。

4. 按照创新本身的经济价值划分

（1）基础性创新 这种创新本身不要求有重大的技术开发成果或技术上有重大的突破，但是却能够在某一方面给社会增加新的需求满足，或者使某一社会需求更好地得到满足。

（2）增值性创新 这种创新的引入，虽然不能引起某一项技术领域发生根本性变化，但却能够使原效益得到较大幅度的提高。

5. 按照创新的最终效益划分

（1）资本节约型创新 这种创新的结果能够使某一行业或某一领域的资本有机构成中，物化劳动部分减少，从而导致商业价值构成中，物化劳动的价值减少。

（2）劳动节约型创新 这种创新结果可使某一行业或领域内的商品价值构成中活劳动的部分减少，从而形成资本密集型产业或产品。

（3）中性技术型创新 这种创新结果使整个劳动生产效率提高，商品中的活劳动与物化劳动消耗大幅度减少，但商品价值构成中活劳动与物化劳动的比重并不发生很大变化。

三、技术创新的作用及影响因素

（一）技术创新的作用

技术创新是人类财富之源，是经济增长的根本动力，其作用表现在以下几方面。

1. 技术创新与实现高质量经济增长

一国的经济增长，既有数量的扩大，又有经济系统质量的改善。这种质量的改善是通过技术创新实现的，主要表现为产品附加价值的提高和资源耗费的降低，即用等量的资源可创造更多的财富。工业发达国家的经济增长主要是靠技术创新，而我国的经济增长仍然主要是靠资金和人力的追加投入，资源浪费已构成抑制我国经济高质量增长的严重障碍。如果不用先进的设备替代陈旧落后的设备，提高员工的知识水平，不断地实施产品创新和工艺创新，提高企业的生产效率和资源利用效率，多数企业以至整个国家的经济将是没有前途的。可以说，技术创新是解决资源浪费的问题，实现高质量经济增长的唯一途径。

2. 技术创新与提高企业经济效益

多年来，我国的经济增长速度相比发达国家而言一直很高，但企业经济效益始终不高，相当多的企业亏损。产生这一问题的主要原因之一是由于企业没有按市场需要进行产品创新。要使经济活跃，提高企业的经济效益，只有一条路，那就是通过技术创新来改善产品结构，提高产品附加价值，以适应市场的需求。

3. 技术创新与新产业的发展

任何一种产品的市场容量都是有限的，当一种产品的市场发展到一定程度，就会出现饱和或供大于求的情况。任何一种产品的市场都有其生命周期，不仅会趋于饱和而达到成熟化，而且还会走向衰老与死亡，最终被另一种新产品所替代。而这种替代会使企业的命运发生戏剧性的变化，现有产品技术领域的领先者未必会成为新技术领域的领先者。有些企业的失败可能是局部性的，有些企业的失败也可能会发展成全局性的，甚至会发生至整个产业。在这种情况下，竞争的胜利者，要通过持续的技术创新才能维持其优势；面被迫退出市场的失败者，也只有通过技术创新另谋生路。如果产品生命周期到了产品市场替代阶段，产业转移的过程就开始了，在这个过程中，任何等待、观望都意味着放弃发展，坐以待毙。所有企业都必须通过技术创新寻求新的发展机会。

4. 技术创新与提高企业竞争力

在市场经济中，产品是由用户来选择的，争夺顾客是竞争的焦点，在对外开放的条件下，这种竞争又具有国际性，它是围绕争夺世界市场而进行的，参加竞争的并非是政府，而是企业。竞争的结果是优胜劣汰，企业在竞争的压力下，必然要在更大的范围内和更高的层次上开展技术创新，以取得竞争优势。如果企业满足现状，不思创新，最终会被市场淘汰。没有竞争，便没有进步。竞争的实质是通过"制造差别化"来战胜竞争对手。企业可以利用自己研究开发的优势，在产品的品种、性能、质量等方面制造差别化；也可以利用先进的工艺设备，通过大规模生产降低产品成本，建立同等质量下的低价格优势；还可以利用流通领域的能力，通过优质的售后服务创造服务方面的差别化。不管哪一种差别化都可能获得竞争优势，而任何一种差别化都离不开技术创新。

（二）技术创新的影响因素

技术创新的规模、方向及成就大小受许多复杂的社会因素的制约和影响。

1. 政府的支持力度

政府的支持力度对技术创新的影响极大。政府的政策导向内容很多，包括政府对行业或产业各种优惠政策的倾斜，例如，税收、信贷政策等；产业调整政策；对技术创新成果的政策；对知识产权的支持政策等。这些无疑都会从正方向或反方向上起到鼓励或延缓技术创新的作用。

2. 社会科学技术发明的成果状况

其影响主要表现在以下几方面。

① 技术创新实现的周期长短。

② 是在近期即可实现，还是在未来才能实现。

③ 技术创新本身的实现难易程度。

④ 技术创新成果的大小。大的创新会推动经济的大幅度推进和发展；小的创新对经济发展的作用无大影响，只会为企业带来效益。

3. 社会资源的紧缺程度

它不仅会影响技术创新成果的大小，而且影响到技术创新的方向。例如，劳动力资源的紧张会使技术创新向劳动节约型迈进；基础资源的缺乏会使技术创新转向资本节约型发展。社会资源紧缺程度越大，供需矛盾越突出，技术创新的速度也会越快。如果通过技术创新能够创造某种新的可以替代旧的重要资源，可能会引起社会经济的深刻变革。

4. 市场结构与市场竞争的状况

市场结构与市场竞争的状况都直接影响到企业技术创新的积极性。市场竞争越激烈，企业的紧迫感就越强。这时企业若要生存和发展，需要在竞争中处于有利地位，而技术创新恰恰可以改善产品、降低消耗，为企业的有利竞争创造条件。所谓市场结构是指将市场划分为完全竞争市场、完全垄断市场、垄断竞争市场和寡头垄断市场。完全自由竞争的行业或产业往往创新意识强，但创新的力量分散，而且其创新成果不显著。由几个主导企业占据垄断地位的行业或产业，其创新的意识较完全自由竞争的产业或行业弱，但是力量集中、创新能力强，并且能够使技术创新尽快扩散且成果显著。

5. 企业的规模大小

这也是影响技术创新的一个重要因素，一般情况下，企业规模越大，实力越雄厚，技术创新能力越强；反之，则技术创新能力越弱。

四、技术创新过程模型及战略选择

（一）技术创新过程模型分析

技术创新过程涉及创新构思产生、研究开发、技术管理与组织、工程设计与制造、用户参与及市场营销等一系列活动。在创新过程中，这些活动相互联系，有时要循环交叉或并行操作。按照技术创新动力机制，可将技术创新过程模型划分为以下几类。

1. 科技推动创新过程

该过程模型认为技术创新是由于科技推动的作用引起的，创新是从基础研究、应用研究到开发研究，得到的新成果要寻找市场出路，一旦与新需求相结合，成果就会商品化，从而完成了技术创新全过程。如合成纤维、半导体、电脑、激光等重大技术创新都是由科学技术的发展推动的。图 13-2 描述了这种创新的过程。

然而，这种模型创新成果并不一定多，因为只强调基础研究的投入而忽视创新过程其他阶段的管理和市场导向，技术成果就可能没有商业价值，技术创新就无法实现。

图 13-2　科技推动引发技术创新模式　　　　图 13-3　市场拉动引发技术创新模式

2. 市场拉动创新过程

该过程模型认为，技术创新是由广义的需求引发的，包括市场需求、社会需求和政府需求。例如，人们对加快旅行速度的要求导致不断推动快速列车、高速列车、喷气式客机、超音速客机等的创新。很多技术创新，特别是积累性的或一般改进性的创新，多数是由市场需求拉动而引发的。图 13-3 描述了这种创新的过程。

由于需求变化的有限性和需求变化测度的困难性，尽管市场需求可能会引发大量的技术创新，但这种创新大部属于渐进性创新。渐进性创新风险小，成本低，常常有重大的商业价值，能大大提高创新者的生产效率和竞争地位。所以，企业往往偏爱这种创新。然而，只考虑市场这一种因素，将企业所有资源全部投向单纯来自市场需求的创新项目，而不考虑潜在技术变化，也是不明智的，因为由市场拉动引发的创新不像由科技推动那样能引发根本性的创新。

3. 科技与需求联合推动的创新过程

这种创新过程模型强调创新全过程中科技与需求这两大创新要素的有机结合，认为技术创新是科技和需求交互作用共同引发的，科技推动和需求拉动在产品生命周期及创新过程的不同阶段有着不同的作用，单纯的科技推动和需求拉动创新过程模型只是科技和需求交互作用创新过程模型的特例。图 13-4 描述了该种模型的创新过程。

4. 一体化创新过程

这种创新模式不是将创新过程看做是从一个职能到另一个职能的序列性过程，而是将创新过程看做是同时涉及创新构思的产生、研究与开发、设计制造和市场营销的并行的过程，如图 13-5 所示。它强调研究开发部门、设计生产部门、供应商和用户之间的联系、沟通和密切合作。例如，波音公司在新型飞机的开发生产中采用了一体化创新方式，大大缩短了新型飞机的研制生产周期。

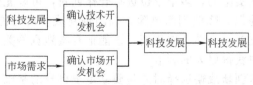

图 13-4　科技与需求联合推动的创新模式

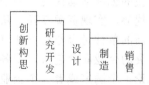

图 13-5　一体化创新模式

5. 系统集成网络创新过程

这种创新模式强调合作企业之间更密切的战略关系，更多地借助于专家系统进行研究开发，利用仿真模型替代实物原型，并采用创新过程一体化的计算机辅助设计与计算机集成制造系统。它认为创新过程不仅是一体化的职能交叉过程，而且也是多机构系统集成网络联结的过程。

（二）技术创新战略的选择

战略是指重大的带有全局性的一种谋划。技术创新战略的正确选择，从企业的角度讲决定着企业的生存和发展；从国家角度讲关系到国民经济增长的质量和发展的后劲。技术创新战略有自主创新、模仿创新和合作创新。

1. 自主创新战略

所谓自主创新，是指企业主要依靠自身的技术力量进行研究开发，实现科技成果的商品化，最终获得市场的认可。

自主创新必须具有率先性，率先性的技术一旦攻克就具有独占性的优势，就能使企业竞争优势极大增强，从而保证企业获得超额利润。例如美国杜邦公司从自主创新尼龙后充分利用形成的技术轨道，接连对合成纤维、合成橡胶、合成塑料三大合成材料进行自主创新，从而使自己在合成材料产业中始终保持着领先地位。

自主创新要求企业有雄厚的研究力量和技术成果与创新经验的积累，要有领先的核心技术和雄厚的开发资金作后盾，特别是要能够正确判断科技发展趋势和市场需求趋势，否则将事倍功半甚至前功尽弃。由于自主创新投资大，而且没有现成经验可借鉴，所以要冒较高的风险。

2. 模仿创新战略

所谓模仿创新，是指在率先创新的示范影响和利益诱导之下，企业通过合法手段（如通过购买专有技术或专利许可的方式）引进技术，并在新技术的基础上进行改进的一种创新形式。模仿创新并不是原样仿造，而是有所发展、有所改善。

模仿创新是技术创新中的一个重要方式，只有通过模仿创新将率先创新进行扩散，创新才能在经济生活中产生巨大的影响，才能形成新兴产业，促进经济高速增长。

从企业角度来说，世界上绝大多数企业的创新活动都属于模仿创新。从国家来说，大多数国家都走模仿创新为主的模式。日本就是靠模仿创新起家而成为世界经济大国的，并且在很多领域已由模仿创新跨进了率先创新的行列。韩国也是通过模仿创新，迅速改变落后面貌，一跃进入新兴工业化国家行列的。对于发展中国家的企业来说，模仿创新是向自主创新过渡的必经阶段，过早地强调以自主创新为主是不现实的。

企业只有在模仿创新的过程中，逐步培育出一支善于创新的人才队伍，不断增强自己的研究开发实力，并在模仿创新中不断增加自主创新的比重，最终才能过渡到以自主创新为主的阶段。

3. 合作创新战略

所谓合作创新，是指以企业为主体，企业与企业，企业与研究院所或高等院校合作推动创新的创新组织方式。合作的成员之间，可以是供需关系，也可能是相互竞争的关系。一些较大规模的创新活动往往是一个单位难以独立实施的，多个单位进行合作创新，可以充分发挥各自优势，实现资源互补，从而缩短创新周期，降低创新风险，提高创新成功的可能性。合作创新的条件是合作各方共享成果，共同发展。借助合作创新，还能把有激烈竞争关系和利益冲突的企业联合起来，使各方从合作中获得更大的利益。

无论一个国家或者一个企业，在进行技术创新战略选择时总是要立足于自身的基础和实力。从国家角度讲，自主创新始终是我们的奋斗方向，但从总体上说模仿创新是现阶段我国企业创新战略的现实选择。科学有其内在的规律，技术发展有其必然的轨道，只有对规律的掌握和对"轨道"的自觉运用，自主创新才能得心应手。所以自主创新需要有一个认识深化过程、规律掌握过程、实践积累过程，从某种意义上讲模仿创新是自主创新必不可少的准备，是一个不可逾越的阶段。目前我国绝大多数企业的经济实力与技术实力，特别是在研究与开发的经验与积累、人才与信息方面，都与国际上的大企业有较大差距。差距意味着风险，只有通过积累缩小差距才能减少创新风险。所以模仿创新是企业增强竞争力、参与国际竞争的必要手段。

当前我国一方面科技人才与资源大量集中于高等院校与科研院所，科技成果在生产上的转化率很低；另一方面旺盛的市场需求又得不到创新的支持。所以企业在模仿创新时应充分利用社会的科技力量进行合作创新。当前合作创新的最大障碍是研究单位与企业的价值取向不同。前者注重研究的是理论成果，而后者需要的是物质成果，所以成果的转化就成为合作创新的"瓶颈"。随着市场经济的发展，这个"瓶颈"会在互利的基础上得到解决。合作创新的进一步发展可促使企业与研究单位合二为一。一部分研究所可直接进入企业成为企业的研究开发部门，直接参与创新的全过程；另一部分高校与科研单位自己创办科技性企业，参与市场竞争，如北大方正、清华同方等，由于这些企业的企业家又是研究与开发者，创新周期无疑将会缩短，提高创新效益。

五、技术创新与经济增长质量

技术创新与经济增长密不可分，技术创新的持续活跃是经济高质量增长的最根本源泉。

（一）经济增长及经济增长质量

经济增长既指一个社会物质财富增长的过程，又指一定时期社会物质财富增长的结果。具体地说，经济增长是指一个国家或地区在一定时期内由于就业人数的增加、资金的积累和技术进步等原因，经济规模在数量上的扩大，在质量上的提高。

经济增长通常有两种类型。一类增长主要是靠持续地增加生产要素的投入实现的，生产要素的使用效率可能是提高的，也可能是降低的。即便生产要素的使用效率是提高的，其对增长的实现也不起主导作用。另一类增长主要是靠生产要素使用效率的提高实现的。当然，这其中不排除适当地增加生产要素的投入的因素。

就经济增长质量而言，在前一类增长中，由于增长主要是靠持续地增加生产要素的投入实现的，所实现的经济增长更多的是价值的转移，即财富形态的变化，而很少有财富的实质性增加。因此，人民所得的福利不可能持续增加，这必然导致一种恶性的循环。要提高人民的福利水平，就要不断增加生产要素的投入，其结果是对于生产要素的使用必然是破坏性的；而一定时期可用的资源终究是有限的，这样，一个国家就不可能有持续的经济增长。这样的增长只有"量"的增长，即一定的增长速度，不可能有"质"的增长，即没有实质性的财富增加和人民福利水平的提高。我们称这一类增长为低质量的经济增长。

在后一类经济增长中，由于增长主要是靠生产要素使用效率的提高实现的，因此，增长是社会物质财富的实质性增长，增长的效果是人民所得福利的持续增加。同时，由于对于生产要素的消耗不是破坏性的，在资源有限的条件下，也可能实现持续的经济增长。这一类增长既有"量"的增长，即一定的增长速度，又有"质"的增长，即实质性的财富增加和人民福利水平的提高。前一轮增长会增强后一轮增长的潜力，我们称这类增长为高质量的经济增长。

（二）技术创新是提高经济增长质量的途径

技术创新更多地和高质量的经济增长紧密相连。高质量的经济增长，虽然也需要适当增加生产要素的投入，但是更多的是依赖生产要素使用效率的提高。从若干工业化国家经济高质量增长的实践来看，生产要素的高效率使用更多的源于一个经济系统的"制度效率"和"学习机制"。只有当经济系统具有较高的制度效率，且形成了有效的学习机制时，该经济系统对于生产要素的使用才会有较高的效率。

1. 制度效率

所谓制度效率，主要是指经济系统中的制度安排允许企业以多高的效率从事生产经营活动，同时允许政府以多高的效率为企业提供服务。制度效率的提高依赖于制度创新。制度创新的动力可以是自下而上的，也可以是自上而下的。在我国，制度创新更多的是靠技术创新与制度创新的互动机制自下而上实现的，通常是企业推动技术创新时遇到了某种障碍，才会迫使政府为提高服务的效率、改善企业创新的环境，一方面变革宏观的经济制度，另一方面允许企业变革内部微观的经济制度。

2. 学习机制

所谓学习机制，主要是指企业能够"自组织地"改善自己的生产经营活动，政府能够"自组织地"改善自己的服务功能。

学习机制主要是在技术创新过程中形成的。企业改善生产经营和政府改善宏观经济管理与服务的过程，实际上是对生产要素进行重新配置的过程。对生产要素进行更有效的配置，正是技术创新的内涵。只有在一系列的技术创新中，企业和政府才会通过一次又一次的行为改善和经验积累，逐渐地建立起有效的学习机制。

不难看出，在一定意义上，技术创新的实现过程，正是制度效率提高和学习机制形成的过程。技术创新对生产要素使用效率的提高、对经济增长的质量水平起着最终的决定作用。

（三）技术创新对经济增长的作用

技术创新对高质量经济增长的决定作用，并不是通过孤立的创新个案实现的，而是通过创新植入增长的动态机制实现的。即通过"率先创新的出现，模仿创新的兴起，新一轮创新的继起，产业结构的优化"这一系统化过程实现的。

1. 率先创新的引擎作用

按照创新出现的时序，可以将技术创新分为率先创新和模仿创新。当一个经济系统中的经济活动陷入"低谷"时，假若此前此后没有新的技术创新出现，则该经济系统就不可能出现新的繁荣。换言之，只有出现新的技术创新，该经济系统才有可能出现新一轮的繁荣。也就是说，率先创新对于经济增长起着"引擎"的作用。

引擎作用的形成在于率先创新使新的科技成果首次转化为现实的生产力。只有当人们将某一科技成果用于创造新的经济价值、谋取商业利润时，新的科技成果才有可能由潜在的生产力转变成为现实的生产力。

率先创新得以实现的过程是市场整合的过程。率先创新的市场整合是在两个层次上进行的：一是创新者对于率先创新可能获得的超额利润的理性预期；二是市场对于率先创新的接纳，市场接纳率先创新的前提是创新符合现实的市场需求，或者是率先创新创造了新的市场需求。一项率先创新的市场整合周期就是其率先创新周期，它取决于特定创新的技术难度、创新中获得技术的方式、使用外部技术的比重、过程组织的有效程度、企业本身的规模特性以及创新中资源配置的费用——时间替代弹性。率先创新的市场整合过程就是率先创新拉动或推动经济增长，发挥"引擎"作用的过程。

2. 模仿创新的扩张作用

就创新对经济总量增长的直接贡献而言，任何个案性的率先创新的作用都是微乎其微的。创新要真正对经济增长起到较大的作用，必须通过众多的企业对率先创新进行模仿。模仿创新对于经济增长具有扩张作用。

率先创新的信息扩散是模仿扩张的前提。它是率先创新通向模仿创新，进而形成模仿竞争的桥梁。创新信息的扩散，是率先创新的行为信息、技术信息和盈利信息外溢、传播和被其他企业获取的过程。众多尾随率先者的企业在获取创新信息之后，对率先创新加以模仿，并在此基础上进行再创新，就形成了创新的模仿扩张。

对于一个企业而言，模仿创新的经济效果如何，取决于能否做到对率先创新的适时模仿及能否在模仿的基础上进行再创新。对于一个经济系统而言，模仿创新促进经济高质量增长的效果如何，取决于能否做到模仿的适度扩张。在模仿竞争中，模仿规模扩张的轨迹呈 S 形曲线。模仿扩张的合理边界是 S 形曲线的渐近线，这条渐近线对应的是模仿扩张的饱和值。对于整个经济系统来说，当模仿扩张规模达到这个饱和值时，再扩张就成了过度模仿，模仿的边际效益就会低于边际费用，就会对经济增长产生负效果。

适度的模仿扩张对于经济增长具有三重效应，即乘数效应、增值效应和优化效应。首先，模仿的扩张对于经济增长具有乘数效应，即通过经济系统内部的经济技术联系链条的作用和模仿创新投资效益的再增值，使经济增长的幅度远大于模仿活动本身的效益额。其次，模仿创新对于经济增长会形成增值效应。现实中企业并不会只是进行简单的模仿，由于模仿竞争的作用，后进入的企业会不断提高模仿创新中的创新含量。当模仿基础上的创新程度达到某个阀值时，又会孕育出新的率先创新。

最后，模仿扩张中的竞争对于经济增长会产生优化效应。优化是在三个层次上进行的。一是促使简单模仿转变为模仿创新，促使模仿创新转化为率先创新；二是通过市场竞争机制优化模仿创新的产品结构；三是促进资源的优化配置。

3. 创新继起的持续作用

任何创新的模仿扩张一旦接近饱和规模，则其对于经济增长的乘数效应、增值效应及优化效应就会衰减乃至消失。此时经济中就需要新的率先创新问世、为持续的经济增长提供新的引擎。在市场经济中，不断有新的创新继起，是推动经济持续增长的必要前提。

创新的替代通常是集群式的。创新的集群现象有三类，即技术关联型创新集群、产业关联型创新集群和竞争关联型创新集群。在健康发展的经济中，除非经济系统对创新的激励不足，后一轮的创新集群规模通常大于前一轮的创新集群规模。因此，创新的流量通常是不断增大的，这就是在经济总量不断增大的情况下，以技术创新为核心特征的技术进步对于经济增长的贡献在世界范围内越来越大的重要原因。

4. 优化的集成作用

现代经济中，产业结构的状态及其变化决定着经济增长的速度和质量，产业结构状态对于经济增长的决定作用，很大程度上是通过技术创新与产业结构变化的互动机制实现的。这一互动机制可以描述为：产业结构的某些特征诱发技术创新——技术创新促使产业结构的优化——产业结构的优化产生集成效应，进一步提高创新效益并诱发新一轮创新。创新植入增长正是在这一互动过程中实现的。

本 章 小 结

(1) 技术进步泛指技术在合目的性方面所取得的进化与革命。狭义的技术进步指的是在硬技术应用方面所取得的进步。通常此类技术进步又可分为技术进化和技术革命。关于广义的技术进步目前经济学上一般的定义为：在一个经济系统中除劳动力、资金及其他物质生产要素投入之外，所有引起经济增长的相关因素的进化都属于广义的技术进步。

(2) 物质生产过程的多样性决定了技术进步类型的多样性，而不同类型的技术进步又可反映为不同形式的生产函数，对各种不同类型的技术进步，可以将其演化为九种不同形式，被最广泛应用的是产出增长型生产函数，它所定义的技术进步称为中性技术进步。

(3) 技术引进又称为技术输入，是指一个国家通过各种途径引进其他国家的先进科学技术成果，包括先进的机器设备、管理知识和经验，用来提高本国国民经济水平和科学技术水平。技术引进应遵循的基本原则是：坚持积极慎重，一切从实际出发的原则；坚持洋为中用、学创结合的原则；坚持协同配合、择优引进的原则；坚持技术与经济并重的原则；坚持计划经济、综合平衡的原则。

(4) 技术创新是企业家抓住市场的潜在盈利机会，以获取商业利益为目标，重新组织生产条件和要素，建立起效能更强、效率更高和费用更低的生产经营系统，从而推出新的产品、新的生产（工艺）方法，开辟新的市场，获得新的原材料或半成品供给来源或建立企业的新的组织。它是包括科技、组织、商业和金融等一系列活动的综合过程。按创新的对象划分，技术创新分为产品创新、工艺创新、原材料创新、设备创新、组织管理创新。按照创新技术发生变化的程度划分，技术创新分为突变性创新、累进性创新、根本性创新。按照创新的规模划分，技术创新分为企业创新、产业创新。按照创新本身的经济价值划分，技术创新分为基础性创新、增值性创新。按照创新的最终效益划分，技术创新分为资本节约型创新、劳动节约型创新、中性技术型创新。

(5) 技术创新的影响因素有政府的支持力度、社会科学技术发明的成果状况、社会资源的紧缺程度、市场结构与市场竞争的状况、企业的规模大小。按照技术创新动力机制，可将技术创新过程模型划分为以下几类：科技推动创新过程、市场拉动创新过程、科技与需求联合推动的创新过程、一体化创新过程、系统集成网络创新过程。技术创新战略有自主创新、模仿创新和合作创新。技术创新与经济增长密不可分。技术创新的持续活跃，是经济高质量增长的最根本源泉。

(6) 只有当经济系统具有较高的制度效率，且形成了有效的学习机制时，该经济系统对于生产要素的使用才会有较高的效率。

(7) 技术创新对经济增长的作用表现为率先创新的引擎作用、模仿创新的扩张作用、创新继起的持续作用和结构优化的集成作用等方面。

思 考 题

1. 说明技术进步、技术引进及技术创新的含义及特点。
2. 简要说明生产函数与技术进步的关系。
3. 简述技术引进的定义、意义及原则。
4. 技术创新有哪些类型？
5. 举例说明各种技术创新的过程模型。
6. 解释自主创新、模仿创新、合作创新，并举例说明。
7. 技术创新促进高质量增长是怎样实现的？

第十四章 项目后评价

第一节 项目后评价的产生和发展

项目后评价产生于 19 世纪 30 年代的美国，与项目前评估几乎同时产生，当时是美国国会监督政府"新政"政策性投资的一种手段。20 世纪 60 年代以来，项目后评价理论已经发展成为经济发达国家和国际金融组织实施投资监督、进行项目管理的重要手段和工具。当前，在发达国家和发展中国家，后评价得到越来越广泛的应用。

一、发达国家的项目后评价

（一）美国的项目后评价

1. 美国项目后评价的地位及推动力

美国是开展项目后评价最早的国家，被认为是国际上项目后评价设计及方法研究的领导者。

美国项目后评价之所以取得显著的成绩并处于领先地位，主要的推动力来自于以下三个方面。

（1）立法和行政之间存在着明确的分权 在美国，立法和行政之间存在着明确的分权，其政治制度在国会和政府之间建立了一种对抗结构，这使得后评价发展和完善具有巨大的动力，后评价同时成为政府和国会的重要工具，它不仅是它们各自进行内部控制和管理的重要手段，同时也是相互对对方进行监督的关键工具。

（2）政府管理者贯彻合理配置资源的决策目标 政府管理者以资源配置合理化为目标，有利于项目后评价的发展。

（3）社会科学的发展 随着社会科学的发展，大量实际调查研究战略和大规模统计分析发展，也从目标、方法和手段上推动了后评价的发展。

2. 美国项目后评价的产生和发展

20 世纪 30 年代，美国经济大萧条期间开始实行"新分配（New Deal）"计划，美国国会为监督罗斯福政府"新政"政策所增加的大量基础建设投资，开始试行项目后评价。

20 世纪 60 年代，在称为"向饥饿宣战"的计划中，联邦政府对新建一大批大型公益项目投入数以亿计的美元，国会和公众对资金的使用、效益和影响表现出极大的关注，于是在计划实施的同时进行了以投资效益评价为核心的后评价。这种效益评价的原则延续至今，并为各国所接受和采纳。

20 世纪 70 年代和 80 年代，由于某些公益性项目的决策由美国联邦政府下放到州政府或地方政府，后评价的过程也相应扩展到地方，后评价方法也有了许多创新，评价更注重对项目的过程的研究，而不是等到项目结束时才进行。目前，美国社会公众十分关注项目的社会效益，要求增加对国家各级政府管理的透明度，对政府是否"尽职"提出质疑，其范围涉及社会的各个方面，诸如从环境保护到教育及创造就业机会等。

在经济衰退和预算紧缩时期，美国更增加了对项目后评价的要求，尤其是执行部门中的管理和预算办公室越来越强调对计划执行情况的评价，并把评价结果作为决定国家预算分配的一个重要因素。在立法部门中，美国国会将后评价研究作为一种监督功能。总会计办公室作为国会的监督代理机构，除其原有的国家决算和审计功能外，还极大地加强了它的评价能力。中央政府机构中总监督的作用原先仅限于一般的审计和检查活动，而今已经扩大到计划的评价领域，政府形成了对公共部门投资计划和项目的效益及结果进行不断监测和评价的能力。在私有公司和企业中，也有不断增强后评价的趋势。

（二）发达国家援外机构的后评价

大部分发达国家在其国家预算中都有一部分资金用于向第三世界投资，这些资金的使用由一个单独的机构管理，如美国国际开发署（USAID）、英国海外开发署（DFID）、加拿大国际开发署（CIDA）、日本国际协力会（JICA）和日本海外经济协力基金（OECF）等。为了保证资金使用的合理性和效益性，各国在这些部门中一般设立一个相对独立的办公室专门从事海外援助项目的后评价。

二、发展中国家的项目后评价

20世纪80年代以后，广大发展中国家开始在借鉴西方发达国家的理论和方法的基础上，建立和完善本国的项目后评价体系。印度是项目后评价发展较早、较为典型的发展中国家，为了使其经济发展计划顺利实施，在计划委员会内成立了规划评价组织，负责组织项目后评价，并只对委员会副主席报告工作。除中央的规划评价组织外，印度各邦还设有邦评议组织，负责组织各邦政府的项目后评价工作。印度后评价的制度和方法也在不断的实践中完善了起来，其后评价的范围逐步扩展，几乎涉及农业、灌溉、工业、教育等所有行业的项目。

据联合国开发署（UNDP）1992年的资料介绍，85个较不发达的国家已经成立了中央评价机构。但是，上述"评价机构"大多从属或挂靠政府的下属机构，相对独立的后评价机构和体系尚未真正形成。这些政府机构大都只是根据世界银行、亚洲开发银行等外部要求组织相关项目的后评价，很少有国家建立了可以统一进行整个国家系统后评价工作的机构。从总体上看，后评价成果的反馈情况并不令人满意，主要问题是没有完善的反馈机制系统地为后评价提供资料和向决策机构提供后评价的反馈信息。

三、国际金融组织的项目后评价

20世纪70年代以来，越来越多的国际金融组织依靠项目后评价来检验其投资活动的结果。其中亚洲开发银行和联合国开发署等国际多边组织在全球大量的援助贷款项目的后评价实践起步较早，经验丰富，其后评价管理方式和实施程序已为多数发展中国家所接受，形成了项目后评价的国际模式。

世界银行（简称世行）的后评价机构成立于1970年，到1975年，世行又设立了负责后评价的总督察（Director-General），并正式成立了业务评价局（Operations Evaluation Department，OED），业务评价局与其他业务部门完全独立，不受外来干扰，独立地对项目执行情况做出评价，只对执行董事和行长负责，将信息直接反馈到世行最高决策机构。从此后评价纳入了世行重要的正规管理和实施的轨道。现在世行的后评价组织改名为独立评价组（Independent Evaluation Group，IEG），IEG也是世行中的一个独立组织，该组织主要包括三个部分：世界银行独立评价小组（IEG-World Bank）、国际金融公司评价小组（IEG-IFC）

和多边投资担保机构独立评价小组（IEG-MIGA），这三个部分分别负责世行集团相应项目的后评价工作。世行开展后评价的主要目的是：对世行所执行的政策、规划、项目和程序进行客观的评价；通过总结经验教训来改进和完善这些政策、规划和项目。

四、我国的项目后评价

（一）我国项目后评价的发展

我国的投资项目后评价始于 20 世纪 80 年代中后期，1988 年国家计委正式委托中国国际工程咨询公司进行第一批国家重点建设项目的后评价。当前中国的后评价事业有了长足的进步，初步形成了自己的后评价体系。2004 年 7 月国家颁布了《国务院关于投资体制改革的决定》，提出了要建立政府投资项目后评价的制度。2005 年 5 月，国务院国资委下发了《中央企业固定资产投资项目后评价工作指南》。为加强和改进中央政府投资项目的管理，建立和完善政府投资项目后评价制度，规范项目后评价工作，提高政府投资决策水平和投资效益，根据《国务院关于投资体制改革的决定》要求，2008 年 11 月 7 日，国家发展改革委员会制定下发了《政府投资项目后评价管理办法》，于 2009 年 1 月 1 日起开始实施。

我国投资项目后评价的目的是：全面总结投资项目的决策、实施和运营情况，分析项目的技术、经济、社会和环境效益的影响，为投资决策和项目管理提供经验教训，改进并完善建成项目，提高其可持续性。

由于我国后评价起步较晚，国家一级的统一管理机构尚未成立，但已在酝酿之中。1995 年，国家开发银行、中国国际工程咨询公司和中国建设银行等相继成立了后评价机构。这些机构大多类似世行的模式，具有相对的独立性。目前我国国家重点项目和政策性贷款项目的后评价已经走向正轨。

（二）我国项目后评价的对象选择

原则上，对所有竣工投产的投资项目都要进行后评价，项目后评价应纳入项目管理程序之中。但在实际工作中，往往由于各方面条件的限制，只能有选择地确定评价对象。

《中央政府投资项目后评价管理办法（试行）》规定，开展项目后评价工作应主要从以下项目中选择：对行业和地区发展、产业结构调整有重大指导意义的项目；对节约资源、保护生态环境、促进社会发展、维护国家安全有重大影响的项目；对优化资源配置、调整投资方向、优化重大布局有重要借鉴作用的项目；采用新技术、新工艺、新设备、新材料、新型投融资和运营模式，以及其他具有特殊示范意义的项目；跨地区、跨流域、工期长、投资大、建设条件复杂，以及项目建设过程中发生重大方案调整的项目；征地拆迁、移民安置规模较大，对贫困地区、贫困人口及其他弱势群体影响较大的项目；使用中央预算内投资数额较大且比例较高的项目；社会舆论普遍关注的项目。

《中央企业固定资产投资项目后评价工作指南》规定，中央企业选择后评价项目应考虑以下条件：项目投资额巨大，建设工期长、建设条件较复杂，或跨地区、跨行业；项目采用新技术、新工艺、新设备，对提升企业核心竞争力有较大影响；项目在建设实施中，产品市场、原料供应及融资条件发生重大变化；项目组织管理体系复杂（包括境外投资项目）；项目对行业或企业发展有重大影响；项目引发的环境、社会影响较大。

（三）我国项目后评价的实施过程

我国项目后评价一般分为四个阶段。

（1）项目自评阶段　由项目的业主会同其执行管理机构按照国家发改委或国家开发银行的要求编写项目的自我评价报告，上报行业主管部门和国家发改委或国家开发银行。

（2）行业或地方初审阶段　由行业或省级主管部门对项目自评报告进行初步审查，提出意见，一并上报。

（3）正式后评价阶段　由相对独立的后评价机构组织专家对项目进行后评价，通过资料收集、现场调查和分析讨论，提出项目的后评价报告。

（4）成果反馈阶段　在项目后评价报告的编写过程中要广泛征求各方面的意见，在报告完成之后要以召开座谈会等形式进行发布，同时散发成果报告。

第二节　项目后评价的内涵、分类和作用

一、项目后评价的内涵

（一）项目后评价的含义

项目后评价是指在项目建成投产并达到设计生产能力后，通过对项目前期工作、项目实施、项目运营情况进行系统的客观的综合研究，衡量和分析项目的实际情况与预测情况的差距，确定有关项目预测和判断是否合理，并分析其成败的原因，总结经验教训，为今后项目准备、决策、管理、监督等工作积累经验，并为提高项目投资效益提出切实可行的对策和措施的技术经济活动。

（二）项目后评价的特点

（1）全面性　项目后评价是对项目实践的全面评价，它不仅对项目立项决策、项目实施、项目运营等全过程进行系统评价，还对项目经济效益、社会影响、环境影响及项目综合管理等进行全方位的系统评价。这种评价不仅涉及项目生命周期的各个阶段，而且还涉及项目的方方面面，因此是比较系统、比较全面的技术经济活动。

（2）现实性　项目后评价分析研究的是项目的实际情况，是在项目开始运营后一定的时期内，根据企业的实际经营情况以及在此基础上重新预测的数据进行的，而项目可行性研究和前评价分析研究的内容是项目预测情况，依据历史和经验资料，具有预测性。

（3）公正性　表示在实施项目后评价时，应持有实事求是的态度，在发现问题、分析原因和做出结论中始终保持客观、负责的态度。公正性标志着后评价及评价者的信誉，应贯穿于整个后评价的全过程，即从后评价项目的选定、计划的编制、任务的委托、评价者的组成、具体评价过程直到形成报告。

（4）独立性　是指项目后评价应从第三者的角度出发，独立地进行，特别要避免项目决策者和管理者自己评价自己的情况发生。

（5）实用性　后评价报告必须具有可操作性，即较强的实用性，才能使后评价成果对决策产生作用。因此，后评价报告应能满足多方面的要求，报告编写过程中尽量回避大量专业性太强的用语，同时应突出重点并提出具体的措施和要求。

（6）探索性　项目后评价要分析企业现状，发现问题，探索未来的发展方向，因而要求项目后评价人员具有较高的素质和创造性，能够把握影响项目效益的主要因素，并提出切实可行的改进措施。

（7）反馈性　后评价的最终目标是将后评价的结果反馈到决策部门，作为新项目的立项和前评价的基础，以及调整投资规划和政策的依据。因此，反馈性是后评价最主要的特点。

（8）合作性　项目可行性研究和项目前评价一般只需要通过评价单位与投资主体间的合作，由专职的评价人员就可以提出评价报告，而后评价需要更多方面的合作，如专职技术经济人员、项目经理、企业经营管理人员、投资项目主管部门等，各方融洽合作，项目后评价工作才能顺利进行。

（三）项目后评价与项目前评价的区别

项目后评价与项目前评价由于两者的评价时点不同，目的也不完全相同，因此也就存在

一些区别。

（1）评价的主体不同 项目前评价主要是由投资主体（投资者、贷款银行和项目审批部门）组织实施的；而项目后评价则多是以投资主体之外的第三者（投资运行的监督管理机构、单独设立的后评价机构、决策的上一级机构）为主，组织主管部门会同计划、财政、审计、银行、质量等有关部门进行。

（2）评价的性质不同 项目前评价是对将要投资的项目进行评价，其结果可作为投资决策、项目取舍的依据；项目后评价是对已经实施一段时间的项目进行总结和鉴定，其结果一方面直接对存在的问题提出改进和完善的建议，另一方面间接作用于未来项目的投资决策，提高投资决策的科学化水平。

（3）评价的阶段不同 项目前评价属于项目前期工作；项目后评价则是项目竣工投产后的后期工作。

（4）评价的依据不同 项目前评价主要依据国家、行业和部门颁布的政策规定、参数和指标，以及历史资料和对未来的预测资料；项目后评价主要依据项目实施的现实资料，并将预测数据和实际数据进行比较，总结经验，查找差距。

（5）评价的内容不同 项目前评价主要论证项目的必要性、可行性、合理性、经济效益、社会效益和环境效益；项目后评价除了对上述内容进行再评价外，还要对项目决策的准确程度和实施效率进行评价。

总之，项目后评价不是对项目前评价的简单重复，而是对投资项目的决策水平、管理水平和实施结果进行严格的检验和总结。它是在前评价的基础上，总结经验教训，对存在的问题提出改进和完善的措施，促使项目更好地发挥效益和健康地发展。同时有利于提高投资决策水平和项目实施的管理水平。所以，项目后评价是对项目前评价的升华。

二、项目后评价的分类

从不同角度出发，项目后评价可分为不同的种类。

（一）根据评价的时点划分

（1）项目跟踪评价 是指在项目开工以后到项目竣工验收之前任何一个时点所进行的评价。其目的或是检查项目评价和设计质量；或是评价项目在建设过程中的重大变更及其对项目效益的作用和影响；或是诊断项目发生的重大困难和问题，寻求对策和出路等。

（2）项目实施效果评价 是指在项目竣工以后一段时间之内所进行的评价。生产性行业在竣工以后1～2年，基础设施行业在竣工以后5年左右，社会基础设施行业可能更长一些。其主要目的是检查确定投资项目或活动达到理想效果的程度，总结经验教训，为完善已建项目、调整在建项目和指导待建项目服务。

（3）项目效益监督评价 是指在项目实施效果评价完成一段时间以后，在项目实施效果评价的基础上，通过调查项目的经营状况，分析项目的发展趋势及其对社会、经济和环境的影响，总结决策等宏观方面的经验教训。行业或地区的总结都属于这类评价的范围。

（二）根据评价的内容划分

（1）项目目标后评价 一方面，项目目标后评价的任务是评定项目立项时原定目的和目标的实现程度。项目目标后评价要对照原定目标及主要指标，检查项目实际完成指标的情况和变化，分析实际指标发生改变的原因，以判断目标的实现程度。另一方面，项目目标后评价要对项目原定决策目标的正确性、合理性和实践性进行分析评价，对项目实施过程中可能会发生的重大变化（如政策性变化或市场变化等），重新进行分析和评价。

（2）项目实施过程后评价 一般要分析以下几个方面：项目的立项、准备和评估；项目内容和建设规模；项目进度和实施情况；项目配套设施和服务条件；项目干系人的范围及其反映；项目的管理和运行机制；项目财务执行情况。

（3）项目效益后评价　以项目投产后实际取得的效益为基础，重新测算项目的各项经济数据，并与项目前期评估时预测的相关指标进行对比，以评价和分析其偏差及其原因。项目效益后评价的主要内容与项目前评估无大的差别，主要分析指标还是内部收益率、净现值和贷款偿还期等项目盈利能力和清偿能力的指标，只不过项目效益后评价对已发生的财务现金流量和经济流量采用实际值，并按统计学原理加以处理，而且对后评价时点以后的现金流量需要作出新的预测。

（4）项目影响后评价　内容包括经济影响、环境影响和社会影响的后评价。

经济影响后评价主要分析评价项目对所在国家、地区和所属行业所产生的经济方面的影响，它区别于项目效益评价中的经济分析，评价的内容主要包括分配、就业、国内资源成本、技术进步等。环境影响后评价包括项目的污染控制、地区环境质量、自然资源利用和保护、区域生态平衡和环境管理等几个方面。社会影响后评价是对项目在经济、社会和环境方面产生的有形和无形的效益和结果所进行的一种分析，通过评价持续性、机构发展、参与、妇女、平等和贫困六个要素，分析项目对国家（或地方）社会发展目标的贡献和影响，包括项目本身和对项目周围地区社会的影响。

（5）项目持续性后评价　项目的持续性是指在项目的建设资金投入完成之后，项目的既定目标是否还能继续，项目是否还可以持续地发展下去，接受投资的项目业主是否愿意并可能依靠自己的力量继续去实现既定目标，项目是否具有可重复性，即是否可在未来以同样的方式建设同类项目。项目持续性分析的要素为财务、技术、环保、管理、政策等。持续性后评价一般可作为项目影响评价的一部分，但是亚洲开发银行（简称亚行）等组织把项目的可持续性视为其援助项目成败的关键之一，因此要求援助项目在评估和评价中进行单独的持续性分析和评价。

（三）根据评价的主体划分

（1）项目自评价　由项目业主会同执行管理机构按照国家有关部门的要求编写项目自我评价报告，报送行业主管部门、其他管理部门或银行。

（2）行业或地方项目后评价　由行业或地方主管部门对项目自评价报告进行审查分析，并提出意见，撰写报告。

（3）独立后评价　由相对独立的后评价机构组织专家对项目进行后评价，通过资料收集、现场调查和分析讨论，提出项目后评价报告。

（四）根据项目投资渠道和管理体制划分

（1）国家重点建设项目后评价　由国家发改委制定评价规定，编制评价计划，委托独立的咨询机构来完成。目前国家发改委主要委托中国国际工程咨询公司实施国家重点建设项目的项目后评价。

（2）国际金融组织贷款项目后评价　世行和亚行在华的贷款项目，分别按其国际金融组织的规定开展项目后评价。

（3）国家银行贷款项目后评价　国家政府性投资项目1987年起由建设银行，1994年起转由国家开发银行实施后评价工作。

（4）国家审计项目后评价　20世纪80年代末国家审计署开始对国家投资和利用外资的大中型项目的完工、实施和竣工开展财务审计，目前正在积极开拓绩效审计等与项目后评价相关的业务。

（5）行业部门和地方项目后评价　由行业部门和地方政府安排投资的建设项目一般由行业部门和地方政府安排项目后评价。行业部门和地方政府也参与在本地区或本部门的国家一级和世行、亚行项目的项目后评价工作。

三、项目后评价的作用、任务及原则

（一）项目后评价的作用

项目后评价是项目管理工作的延伸，是项目管理周期中一个不可缺少的重要阶段。它在提高项目决策科学化水平，促进投资活动规范化，弥补拟建项目缺陷，改进项目管理和提高投资效益等方面发挥着极其重要的作用。具体表现在以下几个方面。

① 总结项目管理的经验教训提高项目管理水平。项目管理是一项十分复杂的活动，项目后评价通过对已经建成项目实际情况的分析研究，总结项目管理经验，指导未来项目管理活动，从而提高项目管理水平。

② 提高项目决策科学文化水平。通过完善的项目后评价制度和方法体系，一方面，可以增强项目前评价人员的责任感，提高项目预测的准确性；另一方面，可通过项目后评价的反馈信息，及时纠正项目决策中存在的问题，从而提高未来项目决策的科学化水平。

③ 监督和改进项目本身，促使项目运营状态正常化。把项目后评价纳入基本建设程序，决策者和执行者预先知道自己的行为和后果要受到事后的评价和审查，就会努力做好工作，起到监督和检查作用。通过项目后评价还可以比较项目投产初期和达产时期的实际情况与预测状况的偏离程度，并探索导致偏差的原因，针对项目实际效果反映出的各阶段存在的问题，提出切实可行的改进措施，从而促使项目运营状态的正常化。

④ 为银行部门及时调整信贷政策提供依据。通过项目后评价可以及时发现项目建设资金使用过程中存在的问题，分析研究贷款项目成功或失败的原因，从而为银行部门调整信贷政策提供依据，确保投资资金的按期回收。

⑤ 为国家投资计划和政策的制定提供依据。通过项目后评价不仅能够对具有共性或重复性的决策起示范和参考的作用，还可为项目评价所涉及的评价方法、参数以及有关的政策、法规的不断完善和补充提供修正依据和建议，发现宏观投资管理中的不足。国家还可以根据后评价反馈的信息，合理确定投资规模和投资流向，协调各产业、各部门之间及其内部的各种比例关系。

（二）项目后评价的任务

项目后评价要发挥作用就要完成下列任务：根据项目的进程，审核项目准备和评价文件中所确定的目的；确定在项目实施各阶段实际完成的情况，分析变化的原因；分析工艺技术的选择情况，寻找成功点和失败点；对比分析项目的经济效益情况；评价项目对社会、环境的作用和影响；从被评价项目中总结经验教训，提出建议，供同类项目和未来项目或投资决策参考。

（三）项目后评价的原则

项目后评价要发挥作用，在实际工作中还要坚持独立、科学、公正的基本原则。

① 独立性。即项目后评价机构独立于客户而展开工作。独立性是社会分工要求项目后评价机构必须具备的特性，是其合法性的基础。项目后评价机构或个人不应隶属或依附于客户，而是独立自主的，在接受客户委托后，应独立进行分析研究，不受外界的干扰或干预，向客户提供独立、公正的咨询意见和建议。

《中央政府投资项目后评价管理办法（试行）》规定，国家发展与改革委员会每年年初研究确定需要开展后评价工作的项目名单，制订项目后评价年度计划。列入项目后评价年度计划的项目单位，应当在项目后评价年度计划下达后 3 个月内，向国家发展与改革委员会报送项目自我总结评价报告。在项目单位完成自我总结评价报告后，国家发展与改革委员会再根据项目后评价年度计划，委托具备相应资质的甲级工程咨询机构承担项目后评价任务。国家发展与改革委员会不得委托参加过同一项目前期工作和建设实施工作的工程咨询机构承担

该项目的后评价任务。

② 科学性。指项目后评价以知识和经验为基础为客户提供解决方案。项目后评价所需的是多种专业知识和大量的信息资料,包括自然科学、社会科学和工程技术知识。多种知识的综合应用是项目后评价科学化的基础。知识、经验、能力和信誉是项目后评价科学性的基本要素。

③ 公正性。指项目后评价应该维护全局和整体利益,要有宏观意识,坚持可持续发展的原则。在调查研究、分析问题、作出判断和提出建议的时候要客观、公平和公正,遵守职业道德,坚持项目后评价的独立性和科学态度。

第三节　项目后评价的基本程序和评价方法

一、项目后评价的基本程序

因项目的性质、规模、复杂程度不同和项目后评价的具体情况不同,每个项目后评价的具体工作程序也应有所不同。但一般而言,项目后评价都应遵循一个客观和渐进的过程。主要步骤如下。

1. 组建项目后评价机构

组建项目后评价机构是项目后评价首先要解决的问题。项目后评价机构的组建,应遵循客观、公正、民主、科学的原则。为了使项目后评价报告真正具有反馈检查作用,项目原可行性研究单位和项目前评估单位以及项目实施过程中的项目管理机构应回避。

项目后评价是一项较为复杂的工作,其工作人员应具有良好的职业道德和较强的责任心,并具有较高的业务水平。就知识结构而言,工作人员应包括以下几类专家:经济学专家、工程技术专家、投资管理专家、生产经营管理专家、市场预测专家和统计分析专家等。

2. 制订项目后评价计划

项目后评价机构应根据项目的特点,确定项目后评价小组的人员配备和进度安排,确定项目后评价的内容和范围,选择项目后评价所采用的方法和指标体系。

3. 收集资料和选取数据

根据项目后评价计划,后评价人员应制定详细的调查提纲,确定调查对象和调查方法,收集有关资料。项目后评价是以大量的数据、资料为依据的,这些数据和资料的来源要可靠,一般应由项目后评价者亲自调查整理。需要收集的数据和资料如下。

(1) 档案资料　主要有建设项目的规划方案、项目建议书(预可行性研究)和批文、可行性研究报告、评估报告、设计任务书、初步设计材料和批文、施工图设计和批文、竣工验收报告、工程大事记、各种协议书和合同及有关厂址选择、工艺方案选择、设备方案选择的论证材料等。

(2) 项目生产经营资料　主要是生产、销售、供应、技术、财务、劳动工资等部门的统计年度报告。

(3) 分析预测用基础资料　主要是建设项目开工以来的有关利率、汇率、价格、税种、税率、物价指数变化的有关资料。

(4) 与项目有关的其他资料　如国家及地方的产业结构调整政策、发展战略和长远规划;国家和地方颁布的规定和法律文件等。

4. 分析和加工收集的资料

对所收集的数据和资料进行汇总、加工、分析和整理,对需要调整的数据和资料进行调整。此时往往需要进一步补充测算有关资料,以满足验证的需要。

5. 编制各种评价报表以及计算、分析评价指标

（1）编制经济财务报表 将经整理和去伪存真的各项基础财务数据分门别类地填入相关报表，对后评价时点以后的栏目数据，需经重新测算后填入报表。测量依据要可靠，预测数据取值要经得起推敲。

（2）计算后评价指标 直接利用经济财务报表和有关资料计算整个项目的各项后评价指标（包括绝对效果指标和相对效果指标）。

（3）分析后评价指标 根据后评价指标，找出项目实际效果与预期目标的差异，分析产生偏差的原因。

6. 编制后评价报告

项目后评价报告是后评价工作的最终成果，它应客观反映项目建设的全过程，重新评估项目效果，总结经验教训，提出包括问题和建议在内的综合评价结论，并附有项目效果前后分析对比表。

项目的类型、规模不同，其后评价报告的内容和格式也不同。一般项目后评价报告应包括以下内容：总论、项目前期工作后评价、项目实施工作后评价、项目生产运营工作后评价、项目经济后评价、综合结论。总论包括项目实施概况综述；项目后评价的主要结论和存在的问题及建议；项目后评价工作的组织机构及其工作依据和方法简介。项目前期工作后评价包括对项目筹建工作的评价；项目立项和决策工作的评价；厂址选择工作的评价；项目勘察设计工作的评价；项目建设准备工作的评价。项目实施工作后评价包括对施工发包工作的评价；对工程质量、进度和造价的评价；业主、监理和承包商三者协调关系的评价；工程合同管理的评价；工程竣工验收的评价。项目生产运营工作后评价包括对经营管理和生产技术系统的评价和产品方案的评价。项目经济后评价包括项目的财务效益后评价；国民经济效益后评价；社会效益后评价；环境效益后评价。综合结论是对上述各项评价内容进行总结性的归纳。它包括项目决策、实施和生产经营各阶段工作的主要经验和教训；对项目可行性研究和项目（前）评估决策水平的综合评价；在对项目进行再评估后，展望其发展前景，并为提高项目在未来时期内的经济效益水平提出建议和对策。

二、项目后评价的方法

（一）对比法

项目后评价采用对比法时，要十分注意数据的可比性，同时要更多地与其他项目进行对比，可以是同行业对比、同规模对比、同地区对比等。对比法包括前后对比和有无对比，项目后评价更强调有无对比。

前后对比法是指将项目实施之前与完成之后的情况加以对比，以确定项目的作用与效益的一种对比方法。在项目后评价中，则是指将项目前期的可行性研究和评价的预测结论以及技术设计时的技术经济指标，与项目的实际运行结果及在评价时所做的预测相比较，用以发现变化和分析原因。

有无对比法是指在项目周期内"有项目"（实施项目）相关指标的实际值与"无项目"（不实施项目）相关指标的预测值进行对比，用以度量项目真实的效益、作用及影响。

项目后评价对比法的重点是要分清项目作用与项目以外的作用，要求投入的代价与产出的效果口径一致，即所度量的效果要真正归因于项目。但很多大型项目，特别是大型社会经济项目，实施后的效果不仅仅是项目单一的效果和作用，还有项目以外多种因素的影响。因此，简单的前后对比不能得出真正关于项目效果的结论。项目后评价要剔除那些非项目因素，对归因于项目的效果加以正确的定义和度量。由于无项目时可能发生的情况往往无法确定地描述，所以项目后评价中只能用一些方法近似地度量项目的作用。理想的做法是在项目受益范围之外找一个类似的"对照区"，进行比较和评价。有无对比需要大量数据，最好有系统的项目监测资料，也可以引用当地的统计资料。在进行比较时，先确定评价内容和主要指标，选择可比对象，通过建立比较指标的对比表，并用科学的方法收集资料。

【例 14-1】 某船厂的大坞项目地处船厂东侧。大坞项目设计任务书批复的主要建设内容：新建 10 万吨级修船坞一座（干坞），修船码头以及修船体加工工场、变电所、空压站等公用设施，新增起重机等修船设备，以及其他相关工程。项目建成后的生产目标为，年修 1万～10 万吨级船舶 62 艘。大坞项目建设工期 2 年 8 个月，比计划工期提前约 4 个月完工。项目的提前投产为企业抓住市场机遇，提高经营效益创造了良好条件。大坞项目效益对比，如表 14-1 所示。

表 14-1　项目效益有无对比表

指 标		有无对比			前后对比		
		有项目	无项目	有项目∶无项目	项目后	项目前	项目后∶项目前
修船分厂	销售收入/万元	24041	9203	2.6∶1	24041	13812	1.7∶1
	销售利润率/%	29	17	1.7∶1	29	31	0.9∶1
某船厂	销售收入/万元	46713	31875	1.5∶1	46713	47147	1∶1
	销售利润率/%	4	—11	—	4	5	0.8∶1

（二）逻辑框架法

逻辑框架法（Logical Framework Approach，LFA）是由美国国际发展署（USAID）于 1970 年开发并使用的一种设计、计划和评价工具。目前已有 2/3 的国际组织把逻辑框架法作为援助项目的计划、管理和评价的主要方法。在项目后评价中使用逻辑框架法，把项目投资目标划分为宏观目标（Goal）、具体目标（Objectives）、产出效果（Outputs）和具体的投入活动（Input and Activities）四个层次，辅之系统、规范的评价指标与验证方法体系，将项目的分析评价结果形成一个逻辑框架矩阵表，如表 14-2 所示。再将后评价结果与前评价结论进行对比，判断前评价的质量，项目目标的实现程度，项目实施效果，项目实施后对社会、经济、环境和可持续发展的影响等。

运用逻辑框架法进行项目后评价，首先，要深入研究项目的建设背景及重要假设条件落实情况；其次，要收集分析项目前评价和后评价的资料；再次，将前评价和后评价资料编制成逻辑框架表；最后，对比分析前评价和后评价资料，得出评价结论，提供给政府或有关部门作为对本项目进行监督管理和其他相关项目评价决策的依据。

1. 逻辑框架法的含义

逻辑框架法，是一种概念化论述项目的综合评价方法，是一种综合、系统地研究和分析问题的思维框架模式。它是用一张简单的框图，将一个复杂项目的几个内容相关、必须同步考虑的动态因素组合起来，按层次分析其内涵，得出项目目标和达到目标所需手段之间的因果逻辑关系，用以确定工作范围和任务，指导、管理和评价项目活动的工作方法。通过对项目的投入、产出、直接目的、宏观影响四个层面进行分析总结，了解其间的关系，从设计策划到目的、目标等方面来评价一项活动或工作。逻辑框架法为项目计划者和评价者提供了一种分析框架，用以确定工作的范围和任务，并对项目目标和达到目标所需要的手段进行逻辑关系的分析。

2. 逻辑框架法的模式

逻辑框架模式由 4×4 的矩阵组成，横行代表项目目标的层次，包括达到这些目标所需要的方法（垂直逻辑）；竖列代表如何验证这些目标是否达到（水平逻辑）。如表 14-2 所示。

表 14-2　逻辑框架模式

概述	客观验证指标		验证方法	重要假设条件
	预计目标	实际结果		
目标	预计目标指标	实际目标指标	监测和监督手段及方法	实现目标的主要条件
目的	预计目的指标	实际目的指标	监测和监督手段及方法	实现目的的主要条件
产出	预计产出物定量指标	实际产出物定量指标	监测和监督手段及方法	实现产出的主要条件
投入	预计投入物定量指标	实际投入物定量指标	监测和监督手段及方法	实现投入的主要条件

3. 逻辑框架法的内容

（1）垂直逻辑　逻辑框架法把目标及因果关系划分为四个层次，四个层次自下而上由三个逻辑关系相连接。第一级，如果保证一定的资源投入，并加以很好地管理，预计有怎样的产出；第二级，项目的产出与社会或经济的直接变化之间的关系；第三级，项目的目的对整个地区或整个国家更高层次目标的贡献。垂直逻辑可用来阐述各层次的目标内容及其上下间的关系，如图 14-1 所示。

（2）水平逻辑　逻辑框架的垂直逻辑分清了评价项目的层次关系，但尚不能满足对项目实施分析和评价的要求。水平逻辑分析的目的是通过主要验证指标和方法来衡量一个项目的资源和成果。对应垂直逻辑每个层次目标，水平逻辑对四个层次的结果加以具体说明。水平逻辑关系则由验证指标、验证方法和重要的假设条件所构成，形成了逻辑框架法的 4×4 的逻辑框架。水平逻辑验证指标和验证方法的内容和关系如表 14-3 所示。

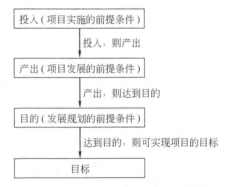

图 14-1　垂直逻辑中的因果关系

表 14-3　水平逻辑验证指标和验证方法的内容、关系

目标层次	验证指标	验证方法
宏观目标（或影响）	影响程度（预测、实现等）	信息来源：文件、官方统计、项目受益者 采用方法：资料分析、调查研究
项目目的（或作用）	作用的大小	信息来源：受益者 采用方法：资料分析、调查研究
产出	不同阶段项目定性和定量的产出	信息来源：项目记录、报告、受益者 采用方法：资料分析、调查研究
投入	资源的性质、数量、成本、时间、区位	信息来源：项目评价报告、计划、投资者协议文件等 采用方法：资料分析、调查研究

4. 项目后评价的逻辑框架

项目后评价通过应用逻辑框架法来分析项目原来的预期目标、各种目标的层次、目标实现的程度和原因，用以评价其效果、作用和影响。项目后评价逻辑框架的基本格式如表 14-4 所示。

表 14-4　项目后评价的逻辑框架

目标层次	验证对比指标			原因分析		项目可持续性能力
	项目原定指标	实际实现指标	差别或变化	内部原因	外部条件	
宏观目标（或影响）						
项目目的（或作用）						
项目产出（实施结果）						
项目投入（建设条件）						

【例 14-2】 承**【例 14-1】**。大坞项目后评价的逻辑框架如表 14-5 所示。

表 14-5 大坞项目后评价的逻辑框架

目标层次	原定目标	实际结果	原因分析	可持续条件
宏观目标	为发展远洋海运,缓解华南地区大型修船能力不足	建立了船坞,填补了不足,缓解了修船矛盾	国家的开放政策,劳动力资源和价格优势	国家对外开放政策的延续,亚太经济和贸易的发展
项目目的	填补我国 10 万吨级船坞的空白,生产纲领:年修 1 万~10 万吨级船舶 62 艘	年修万吨级以上船 62 艘,最大为 20 万吨级的国外轮船,市场竞争力大增	我国对外贸易的增加,远洋航运事业的发展,修船行业的发达	巩固和发展大船修理的经营网络,开拓外轮修理市场
项目产出	新建 10 万吨船坞 1 座,配套码头、辅助设施等	船坞及配套辅助设施建成,工程质量和进度好,但部分设备配套不足,影响坞期	项目实施管理得力,方案优化,前期投资估算不足,工程受投资限制	改革和完善经营管理机制,增加必要设备,缩短坞期,提高效率
项目投入	投资 1.84 亿元,工期 3 年	总投资 3.64 亿元,超过原投资,工期缩短 4 个月	物价、定额收费上涨,设计施工变更,施工方案优化	设备填平补齐,加强管理,提高人员素质

(三) 成功度评价法

成功度评价是依靠评价专家或专家组的经验,综合后评价各项指标的评价结果,对项目的成功程度作出定性结论,也就是通常所说的打分方法。成功度评价是以用逻辑框架法分析的项目目标的实现程度和经济效益分析的评价结论为基础,以项目的目标和效益为核心所进行的全面而系统的评价。

1. 项目成功度的标准

项目后评价成功度通常划分为 5 个等级,衡量项目成功度的标准如表 14-6 所示。

表 14-6 项目成功度的评定标准

项目后评价成功度等级	标 准
成功	项目的各项目标都已全面实现或超过;相对成本而言,项目取得巨大的效益和影响
基本成功	项目的大部分目标已经实现;相对成本而言,项目达到了预期的效益和影响
部分成功	项目实现了原定的部分目标;相对成本而言,项目只取得了一定的效益和影响
不成功	项目实现的目标非常有限;相对成本而言,项目几乎没有产生什么正效益和影响
失败	项目的目标是不现实的,无法实现;相对成本而言,项目不得不终止

2. 项目成功度的测定步骤和方法

① 确定综合评价指标及其与项目相关的程度。评价人员根据具体项目的类型和特点,确定综合评价指标及其与项目相关的程度,把它们分为"重要"、"次重要"和"不重要"三类。对"不重要"的指标不用测定,只需测定重要和次重要的项目内容,一般的项目实际需测定的指标在 10 项左右。

② 用权重制和打分制相结合的方法测定各项指标及总成功度。在测定各项指标时,采用权重制和打分制相结合的方法,先给每项指标确定权重,再根据实际执行情况逐项打分。测定各项指标时采用 5 级或 10 级打分制。最后,通过指标重要性权重分析和单项成功度结论的综合,可得到整个项目的成功度指标(总成功度)。在具体操作时,项目后评价组每个成员根据自己对各项指标的感受程度,分别填入相应的分值。项目评价组成员每人填好一张表后,对各项指标的取舍和等级进行内部讨论,或经必要的数据处理,形成评价组的项目成功度评价表(如表 14-7 所示),再把结论写入评价报告。

3. 成功度评价表

项目成功度评价表格是根据后评价任务的目的和性质决定的，包括评价项目及其权重和评价结论。如表 14-7 所示。

表 14-7　项目成功度评价表

评定项目指标	项目相关重要性	评定等级
宏观目标和产业政策		
决策及其程序		
布局与规模		
项目目标及市场		
设计与技术装备水平		
资源和建设条件		
资金来源和融资		
项目进度及其控制		
项目质量及其控制		
项目投资及其控制		
项目经营		
机构和管理		
项目财务效益		
项目经济效益和影响		
社会和环境影响		
项目可持续性		
项目总评		

需要说明的是，国际上各个组织和机构的表格设计各不相同。在评定具体项目的成功度时，并不一定要测定表中所有的指标。

【**例 14-3**】　承【例 14-1】。大坝项目成功度评价表如表 14-8 所示。

表 14-8　大坝项目成功度评价表

评定项目指标	相关重要性	评定等级	备　注
1. 宏观目标和产业政策	重要	A	
2. 决策及其程序	重要	B	
3. 布局与规模	重要	A	
4. 项目目标及市场	重要	A	
5. 设计与技术装备水平	次重要	B	
6. 资源和建设条件	次重要	A	
7. 资金来源和融资	重要	A	
8. 项目进度及其控制	重要	A	
9. 项目质量及其控制	重要	A	
10. 项目投资及其控制	重要	A	
11. 项目经营	重要	A	
12. 机构和管理	重要	B	
13. 项目财务效益	重要	A	
14. 项目经济效益和影响	次重要	A	
15. 社会和环境影响	次重要	A	
16. 项目可持续性	重要	A	
项目总评价		A	

第四节 项目后评价的基本内容和评价指标

一、项目后评价的基本内容

项目的类型、规模、复杂程度以及后评价目的的不同，对每个项目进行后评价的内容也并不完全一致。但项目后评价的基本内容一般包括项目目标后评价、项目实施效果后评价、项目技术水平后评价、项目财务后评价、项目国民经济后评价、项目环境影响后评价、项目社会影响后评价、项目持续性后评价。

1. 项目目标后评价

项目目标后评价一般包括既定项目目标正确性与合理性的评价和对于项目目标实现情况的后评价。

对于项目目标的后评价，一项具体任务就是要对项目原定目标的正确性和合理性进行分析评价。有些项目原定的目标不明确或不符合实际情况，结果在项目实施过程中就会发生重大的目标变更。项目后评价要对项目原定目标给予分析和评价，项目目标正确性与合理性的评价工作主要是对项目可行性研究报告的目标进行评价。对项目可行性研究报告的目标的评价主要是评价项目前评价者在项目立项和可行性研究阶段所确定的项目目标是否科学合理，对项目产品及技术水平、项目产品的服务对象、产品市场定位、产品价格、质量、售后服务、市场占有率、综合竞争能力、产品盈利和项目盈利等目标的确定是否合理。若项目预定目标偏离实际较远，就应在项目后评价报告中给出评价和说明。

对项目目标实现情况的分析和评价主要是分析和确认项目实际实现的各种目标的情况是否合理，以及评价它与项目原定计划目标的一致性程度。由于根据项目前评价作出项目决策以后，项目所在国家及地区的宏观经济条件、市场供需情况和项目建设的各种条件都会发生变化，因此预定的项目目标的实现程度就成了项目后评价的主要任务之一。项目后评价要对照原定项目目标去分析和检查实际完成的指标情况，检查项目实际实现目标的情况和变化的情况，分析项目目标实际发生改变的原因，以判断项目目标发生变化的原因和程度。对于项目目标实现情况的评价可以使用表 14-9 的方法。

表 14-9 项目预定目标和目的达到程度分析表

项目目标的内容和名称	目标的预定值	目标的实际值	目标的实现程度	目标偏离原因分析

从目标层次上看，项目目标后评价又具体包括项目宏观目标评价层次和项目直接目标评价评价层次。项目目标后评价的层次不同，评价内容就不同。

项目宏观目标评价内容包括：满足国民经济或当地经济发展对项目产出（产品或服务）的需要，推动国民经济或地区经济中相关产业的发展，从而达到促进全国和当地 GDP 的增长；项目能推动国民经济或地区经济产业结构调整，提高现有类似产品或服务的功能、质量，增加高附加值产品的比例，增加对外出口商品的国民经济效益；项目增加人民收入，改善居民的生活质量，提高人民的健康、教育和生活水平，增加就业，改善环境质量，减少环境污染，提高职工生产安全程度，防止和减少事故发生的可能性，扶贫和扶持少数民族和边远地区经济发展，稳定社会政治和经济秩序等。

项目直接目标评价内容包括：提高产品或服务的数量和质量，增加产品品种，改善企业的产品结构，扩大企业规模；降低原材料和能源消耗，降低产品成本，为企业降低产品或服务价格创造条件；通过提高企业产品质量与性能，制定合理的价格政策以及提供良好的售后服务等，提高企业产品在市场上的知名度，达到提高企业的市场竞争能力和市场占有率，企业的获利能力等；获得较高的财务或经济效益，满足资源投入的回报要求，合理配置资源等。

2. 项目实施效果后评价

对于项目实施效果的评价是指在项目竣工和运行一段时间之后所进行的评价。这种评价的主要目的是检查确定项目活动所达到的实际效果及其实现程度，从而总结经验教训，为新项目的决策提供政策和管理方面的反馈信息。这种评价要对项目决策和项目管理的不同层次进行全面的分析和总结。

对于项目的实施效果的评价应对照项目立项和可行性分析时的项目前评价结果与可行性研究报告预计的项目指标和项目实际实施的结果，通过比较和分析找出差别并分析造成差距的原因。这一后评价内容的具体评价工作包括：实际项目的合同执行情况分析；项目实施与管理的情况分析；项目资金来源和使用情况分析；对项目实施效果的各种指标的全面分析和评价。对于项目实施效果的评价应注意项目前评价与实际情况的对比分析和问题原因分析，一方面要将项目开工前项目计划与项目实际的计划完成情况进行对比，另一方面还应把项目实施情况的结果与项目决策预期的效果进行对比。在此基础上找出造成偏差的原因，总结经验教训。由于这种对比数据时间的不同，所以这种对比数据的可比性也需要统一，这也是项目后评价中需要做的工作之一。

对项目实施效果的评价要分析项目主要指标的发展变化，找出差异或偏离。项目实施效果评价的分析框架如表 14-10 所示。

表 14-10　项目实施效果后评价分析框架

项目的计划指标 （实施前的计划）	项目的实施指标 （实施效果）	对于项目实施效果的评价

3. 项目技术水平后评价

项目技术水平后评价主要是对项目工艺技术、技术装备和工程技术选择的可靠性、适用性、配套性、先进性、经济合理性的再分析。在项目决策阶段认为可行的工艺技术和技术装备以及工程技术，在项目实施或使用中有可能与预想的结果有差别，许多不足之处会逐渐暴露出来，在项目后评价中需要针对实践中存在的问题、产生的原因认真总结经验，以便在以后的项目设计或设备更新中选用更好、更适用、更经济的设备，甚至对项目原有的工艺技术和技术装备进行适当的调整，更好地发挥技术和设备的经济效益。项目技术后评价的主要方法和内容与项目前评价基本相同。对于加工制造业项目其内容主要包括以下几点。

① 检验工艺技术与技术装备的可靠性。检验项目工艺技术和技术装备的可靠性，即对项目工艺技术和技术装备在生产中的应用进行经验总结，同时，应该对不成熟的工艺技术和技术装备给组织造成损失的项目，认真分析其原因，以便在今后的项目中吸取经验教训。

② 检验工艺技术和技术装备是否合理。项目的工艺技术和技术装备是否符合项目生产的要求，包括项目的工艺技术与装备是否符合加工对象的特点，项目的加工和形成产品的过程是否顺畅、便捷、具有连续性，以及项目生产的各种资源消耗情况等。

③ 检验工艺技术和装备对产品质量的保证程度。主要通过对项目实际的生产情况的分

析、调查，核实、对比、衡量项目工艺技术与装备实际生产出来的产品质量及其各种参数，由此分析和评价项目工艺技术和技术装备对项目产品的质量的影响。

④ 检验工艺技术和技术装备的配套性。对于项目技术的后评价还要考察项目所采用的工艺技术和技术装备是否与项目组织的其他技术条件相匹配，这包括项目工艺技术及技术装备与项目执行人员的操作技能和运营管理水平的匹配情况，与项目组织的技术支持系统的匹配情况方面的后评价等。

4. 项目财务后评价

项目财务后评价与项目前评价中的财务分析与评价的内容基本是相同的，都要进行项目

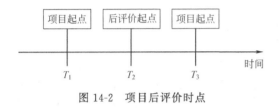

图 14-2　项目后评价时点

的盈利能力、清偿能力、财务生存能力等方面的评价。但在项目后评价中采用的数据不是简单的实际数据，应该将项目实际数据扣除物价指数的变动，以便使项目后评价与前评价中的各项评价指标在评价时点和计算范围上具有可比性。另外，项目后评价的财务分析数据可分为两个时间段，以项目后评价的时点作为基准时间，此时点以前（T_1-T_2）使用不变价的实际发生数据，此时点以后（T_2-T_3）使用不变价的预测数据，如图 14-2 所示。

项目的财务后评价中最重要的工作是对于项目前评价和项目实际发生的财务评价指标的对比分析。这种分析可以使用财务效益对比表的形式进行。如表 4-11 所示。

表 14-11　财务效益对比表

分析内容	报表名称	评价指标名称	指标值		偏离值	偏离原因
			前评价	后评价		
盈利能力	项目投资现金流量表	项目投资财务内部收益率 项目投资财务净现值 项目投资回收期				
	项目资本金现金流量表	财务内部收益率 财务净现值				
	利润与利润分配表	总投资收益率 项目资本金净利润率				
清偿能力	资产负债表 建设期利息估算及还本付息计划表	资产负债率 偿债备付率 利息备付率				
财务生存能力	财务计划现金流量表	累计盈余资金				

5. 项目国民经济后评价

项目国民经济后评价的主要内容是通过编制项目投资和国内投资经济效益费用流量表、外汇流量表、国内资源流量表等计算出项目实际的国民经济成本与盈利指标（包括项目投资的经济内部收益率和经济净现值、经济换汇成本、经济节汇成本等），分析和评价项目的建设实际上对当地经济发展、所在行业和社会经济发展的影响和推动本地区、本行业技术进步的影响等。主要作用是通过项目后评价指标与前评价指标的比较，分析项目前评价和项目决策质量以及项目实际的国民经济成本效益情况，以及分析和给出项目的可持续发展情况。表14-12 为项目国民经济后评价与前评价指标对比表。

6. 项目环境影响后评价

表 14-12　项目国民经济效益指标对比表

分析内容	名称报表	评价指标名称	指标值		偏离值	偏离原因
			前评价	后评价		
盈利能力分析	项目投资经济效益费用流量表	经济内部收益率				
		经济净现值				
	国内投资经济效益费用流量表	经济内部收益率				
		经济净现值				
外汇效果分析	出口产品国内资源流量表及出口产品外汇流量	经济换汇成本				
	替代出口产品国内资源流量表及替代出口产品外汇流量	经济节汇成本				

对项目环境影响的后评价是指对照项目前评价时批准的项目环境影响报告书，重新审查项目对于环境影响的实际结果，并评价二者之间的差异及其原因。主要审查项目环境管理的决策、规定、规范以及参数选择的可靠性和实际效果。审查项目实施环境影响评价报告和项目环境实际影响现状的差异时，对有可能产生突发性事故的项目环境影响风险要进行进一步的识别和分析。如果项目的生产和使用对人类和生态危害产生极大的剧毒的物品，或项目位于环境高度敏感的地区，或项目已发生严重的污染事件，则需要提出一份单独的项目环境影响后评价报告。项目环境影响后评价一般包括五部分内容：项目污染控制、区域环境质量影响、自然资源利用和保护、区域生态平衡影响和环境管理能力。

（1）项目污染的控制　多数生产项目的一项重要环境保护工作就是控制项目的污染。项目后评价在检查和评价项目污染控制方面的主要工作有：分析和评价项目的废气、废水和废渣及噪声是否在总量和浓度上达到了国家和地方政府颁布的标准，评价项目实际的污染控制与项目设计之间的差距，项目的环保治理措施是否运转正常和项目环保的管理是否有效等。

（2）区域环境质量影响　区域环境质量影响主要分析项目对当地环境影响较大的污染物，这些物质与环境背景有关，并与项目的三废排放有关。

（3）自然资源利用和保护　包括项目对于水资源、海洋、土地、森林、草原、矿产、渔业、野生动植物等自然资源的合理开发、综合利用、积极保护等方面的评价。这种对自然资源利用方面的评价分析的重点是节约资源和资源的综合利用等。对于上述内容的评价方法要根据国家和地区环保部门制定的有关的规定和办法进行。

（4）区域生态平衡影响　其评价内容包括项目对于人类、植物和动物种群，特别是珍稀濒危的野生动植物等生态环境所造成的综合影响。这方面的后评价内容主要是评价项目实际对于区域生态环境的影响，以及对项目前评价的预计情况和项目后评价的实际情况进行必要的对比分析。

（5）环境管理能力　其评价内容包括对环境监测管理、"三同时"制度（防治环境污染和生态破坏的设施必须与主体工程同时设计、同时施工、同时投产使用）和其他环保法例的执行情况；环保资金、设备的管理；环保制度和机构、政策和规定的制定情况；环保技术管理和人员培训情况等。

7. 项目社会影响后评价

对项目社会影响的后评价是分析项目对国家或地方的社会发展目标的实际影响情况等。项目社会影响后评价的具体内容主要包括以下几点。

（1）项目对于就业的影响　主要是指项目对于就业的直接影响。项目对于就业影响的评价可使用绝对量指标，也可以使用相对量指标。绝对量指标是项目实际直接招收的就业人员数量。相对量指标是项目的就业率指标，公式如下。

$$单位投资就业人数 = \frac{新增就业人数}{项目总投资}$$

新增就业人数包括项目带来的直接和间接新增就业人数，其中含所在地区妇女就业的人数分析；项目总投资包括直接投资和间接投资。

（2）项目对地区收入分配的影响　主要是指项目对地区的收入及其分配的影响，即项目对公平分配和扶贫的影响。项目对于这些方面的影响的后评价主要是评价项目实际的影响和项目实际情况与项目前评价的预计情况的差距，以及造成这些差距的原因，从而修订决策或采取相应的改进措施。

（3）项目对居民生活条件和生活质量的影响　其后评价包括分析和评价项目实际引起的居民收入的变化、人口和计划生育情况、住房条件和服务设施的改善、教育和卫生条件的提高、体育活动和文化娱乐活动的改善等，以及相应的项目前后评价的对比。

（4）项目对当地和社区发展的影响　其后评价主要评价项目实际上对于地区和社区的基础设施建设以及未来发展的各种影响，项目对于地方和社区的社会安定、社区福利、社区组织和管理等方面的影响。这种后评价的内容也要作项目实际情况与项目前评价预计情况的比较。

（5）项目对于文化教育和民族宗教的影响　这方面的项目后评价内容包括：项目对于文化和教育事业的影响；项目对于妇女的社会地位的影响；项目对于少数民族和民族团结的影响；项目对于当地人民的风俗习惯和宗教信仰的影响等。这种后评价也包括对项目实际情况的评价和项目前后评价指标的对比。

对于项目社会影响的后评价除了上述的一些专项评价以外，还要在这些专项评价的基础上，进行项目社会影响的综合评价。表 14-13 是项目社会影响后评价综合评价的一种矩阵分析法的模式。

表 14-13　项目社会影响综合评价矩阵

指标（定性和定量）			评　　价		说明
原定指标	实际实现	差别	原因	结论	（措施与费用）

8. 项目持续性后评价

项目持续性后评价指在项目建设资金投入完成后，项目既定目标是否还能继续，项目是否可以继续发展下去，接受投资的项目业主是否愿意并可能依靠自己的力量继续去实现既定目标。项目持续性分析的要素包括财务、技术、环保、管理、政策等。

项目持续性后评价首先要进行制约因素分析，列出制约项目可持续发展的主要因素，并分析原因；然后进行项目可持续发展的条件分析，根据上一步的因素分析，分析主要条件，区分内外部条件，并提出合理的建议和要求；最后根据制约因素解决方案，提出完善项目的具体的、详细的措施建议，使之具有较强的持续发展的能力。建议包括内部措施实施和外部条件创造的具体意见，重点是项目业主无法控制的外部条件。

二、项目后评价的评价指标

要定量地评价项目的效果，必须借助能够反映项目效果的指标。由于项目的效果有不同的表现形式，说明不同方面的内容，单独一个指标不能概括各方面的效果，因此需要设计出一系列指标体系，才能够全面地反映项目的效果。

在项目后评价中的效果指标体系中，既要有反映经济效果的指标，又要有反映社会效果和环境效果的指标；既要有反映时间效果的指标，又要有反映质量和使用效果的指标；既要有反映策划、实施和运营等不同阶段的效果指标，又要有反映项目全寿命周期的效果指标。

（一）项目后评价指标体系的设置原则

项目后评价指标与前评价、项目实施过程中的有关指标以及国内外同类项目的有关指标应基本一致，保持可比性，这是项目后评价指标体系设置的最基本原则。此外，根据项目后评价的性质和特点，其指标体系的设置应遵循下列原则。

1. 全面性和目的性相结合原则

项目后评价指标要能全面反映建设项目从准备阶段到投产运营全过程的状况。但并不是越多越好，而是要围绕后评价的目标有一定的针对性。

2. 动态指标与静态指标相结合原则

静态指标将资金看做静止的实际数值，使用简单，计算方便，但不能真实反映项目运营的生命期内的实际经济效果。动态指标考虑了资金的时间价值，能够真实反映项目的实际经济效果，但计算较复杂。进行项目后评价时，应将静态指标与动态指标结合起来运用。

3. 综合指标与单项指标相结合原则

综合指标是反映建设项目功能、利润、工期、投资总额、成本等经济效果的指标，如投资总额。它能够全面地、综合地反映项目整体经济效益的高低，在项目后评价中起主导作用。单项指标是从某一方面或某一角度反映项目实际效果大小的指标。由于综合指标受到很多因素的影响，使用综合指标时可能掩盖某些不利因素或薄弱环节，因此，还需要用一些单项指标来补充综合指标的不足。同时，综合指标也可以克服一些单项指标反映问题的片面性。

4. 微观投资效果指标与宏观投资效果指标相结合原则

整个国民经济和各部门、地区、企业在根本利益上是一致的。因此，在设置后评价指标体系时，既要有考核和分析项目实际微观投资效果的指标，也要有项目实际宏观投资效果的指标。

（二）项目后评价指标的构成与计算

一般情况下，项目后评价主要是通过以下一系列指标的计算和对比，来考察和分析项目实施后的效果。

1. 反映项目前期和实施阶段效果的后评价指标

（1）实际项目决策（设计）周期变化率 该指标反映实际项目决策（设计）周期与预计项目决策（设计）周期相比的变化程度。其计算公式如下。

$$实际项目决策（设计）周期变化率 = \frac{实际决策（设计）周期 - 预计决策（设计）周期}{预计决策（设计）周期} \times 100\%$$

（2）实际建设工期变化率 该指标反映实际建设工期与计划安排工期（或国家统一制定的合理工期）的偏离程度。其计算公式如下。

$$实际建设工期变化率 = \frac{实际建设工期 - 预计（或额定）建设工期}{预计（或额定）建设工期} \times 100\%$$

（3）实际工程合格（优良）品率 该指标反映项目的质量。其计算公式如下。

$$实际工程合格率 = \frac{实际工程合格数量}{验收鉴定的单位工程数量} \times 100\%$$

（4）实际总投资变化率 该指标反映实际总投资与项目前评价时预计总投资的偏离程度，包括静态比较与动态比较。其计算公式如下。

$$总投资变化率 = \frac{实际总投资 - 预计总投资}{预计总投资} \times 100\%$$

（5）实际单位生产能力（或效益）投资及其变化率　实际单位生产能力投资反映竣工项目每增加单位生产能力（或效益）所花费的投资，它将投资与投资效果联系起来分析，能够反映投资的比较效果。其计算公式如下。

$$实际单位生产能力投资=\frac{工程项目总投资}{新增生产能力}\times100\%$$

实际单位生产能力投资变化率反映实际单位生产能力（或效益）投资与设计单位生产能力（或效益）投资的偏离（节约）程度。其计算公式如下。

$$实际单位生产能力投资变化率=\frac{实际单位生产能力投资-设计单位生产能力投资}{设计单位生产能力投资}\times100\%$$

2. 反映项目运营阶段效果的后评价指标

（1）实际达产年限变化率　该指标反映实际达产年限与设计达产年限的偏离程度。其计算公式如下。

$$实际达产年限变化率=\frac{实际达到产量的年限-设计达到产量的年限}{设计达到产量的年限}\times100\%$$

（2）实际产品价格（成本）变化率　该指标可以衡量项目前评价中对产品价格（成本）的预测水平，也可用以部分地解释实际投资效益与预期投资效益产生偏差的原因，还可以作为重新预测项目寿命周期内产品价格（成本）变化情况的依据。该指标计算可分三步进行。

第一步，计算各年各主要产品的价格（成本）变化率，其计算公式如下。

$$主要产品价格（成本）变化率=\frac{该年实际产品价格（成本）-预测产品价格（成本）}{预计产品价格（成本）}\times100\%$$

第二步，计算各年主要产品价格（成本）平均变化率，其计算公式如下。

$$各年主要产品价格（成本）平均变化率=\sum该年产品价格（成本）变化率\times\frac{该产品产值（成本）}{总产值（总成本）}$$

第三步，计算考核期内的产品价格（成本）变化率，其计算公式如下。

$$产品价格（成本）变化率=\frac{\sum各年主要产品价格（成本）平均变化率}{考核期限}$$

（3）实际投资利润（利税）及其变化率　实际投资利润（利税）是反映项目投资效果的一个重要指标，其中年实际利润（利税）是指项目达到设计生产能力后的实际年利润（利税）或实际平均利润（利税）。其计算公式如下。

$$实际投资利润（利税）=\frac{年实际利润（利税）}{实际总投资}\times100\%$$

实际投资利润（利税）变化率反映实际投资利润（利税）率与预计投资利润（利税）率的偏离程度。

$$实际投资利润（利税）变化率=\frac{年实际利润（利税）率-预计投资利润（利税）率}{预计投资利润（利税）率}\times100\%$$

3. 反映项目全寿命周期效果的后评价指标

（1）实际净现值（$RNPV$）及其变动率

① 实际净现值（$RNPV$）　反映项目寿命期内的动态获利能力。其计算公式如下。

$$RNPV=\sum_{t=1}^{n}(RCI-RCO)(1+i_k)^{-t}$$

式中，$RNPV$ 为实际净现值；RCI 为项目实际或根据实际情况重新预测的年现金流入量；RCO 为项目实际或根据实际情况重新预测的年现金流出量；i_k 为根据实际情况重新选定的行业基准投资收益率；n 为重新预测的项目寿命期；t 为项目计算期（$t=1, 2, \cdots, n$）。

② 净现值变化率 反映实际净现值与预计净现值的偏差程度。其计算公式如下。

$$净现值变化率 = \frac{RNPV - NPV}{NPV} \times 100\%$$

式中，$RNPV$ 为实际（后评价）净现值；NPV 为预计（评价前）净现值。

（2）实际内部收益率（$RIRR$） 其计算公式如下。

$$\sum_{t=1}^{n}(RCI - RCO)_t(1 + RIRR)^{-t} = 0$$

式中，$RIRR$ 表示实际内部收益率；其他符号含义同上。

实际内部收益率是项目在后评价前实际发生的各年净现金流量和后评价后重新预测的项目寿命周期内各年净现金流量的现值之和为零时的折现率。该指标是通过解上述方程求得的。用后评价时计算得到的实际内部收益率与前评价时预测计算的内部收益率或行业基准投资收益率进行比较，能清楚地反映出项目的实际投资效益。若 $RIRR \geq i_k$ 或 $RIRR \geq IRR$，则说明项目的实际投资经济效益已达到或超过行业平均水平或预测的目标水平，有较好的投资经济效益。

（3）实际投资回收期 该指标反映用项目实际产生的净收益或根据实际情况重新预测的净收益来抵偿总投资所需的时间。投资回收期分静态投资回收期和动态投资回收期。

静态投资回收期（P_{R_t}）的计算公式如下。

$$\sum_{t=1}^{P_{R_t}}(RCI - RCO)_t = 0$$

式中，P_{R_t} 表示静态投资回收期；其他符号含义同上。

动态投资回收期（P'_{R_t}）的计算公式如下。

$$\sum_{t=1}^{P'_{R_t}}(RCI - RCO)_t(1 + i_k)^{-t} = 0$$

式中，P'_{R_t} 表示动态投资回收期；其他符号含义同上。

（4）实际借款偿还期（P_{Rd}） 该指标反映用项目实际产生的用于还款的折旧和部分税后利润来抵偿固定资产投资借款本金和建设期利息所需的时间。它反映项目的实际偿债能力。其计算公式如下。

$$I_{Rd} = \sum_{t=1}^{P_{Rd}}(R_{R_p} + D_R + R_{R_o} - R_{R_t})_t$$

式中，I_{Rd} 为固定资产投资借款本金和建设期利息；P_{Rd} 为实际借款偿还期；R_{R_p} 为实际或重新预测的年税后利润；D_R 为实际用于还款的折旧；R_{R_o} 为实际用于还款的其他收益；R_{R_t} 为还款期内的企业留利。

（5）实际经济净现值（$RENPV$）和实际经济内部收益率（$REIRR$） 是国民经济后评价中的两个重要指标，其计算方法与实际净现值（$RNPV$）和实际内部收益率（$RIRR$）相同。但在计算这两个指标时必须认真考虑以下两个问题：项目投入物和产出物的影子价格的确定；项目的间接效益和间接费用的计算。由于后评价是在项目竣工投产若干年后进行的，与前评价会相隔几年甚至十几年，在此期间由于经济发展、产业结构调整和汇率变化，前评价时的影子价格已不适用了，必须重新计算；对于项目的间接效益和间接费用，也会随时间的推移，随其他项目建成投产等原因，使预期的间接效益随之消失，间接费用也会有所变化，因此在后评价时均应重新加以考虑，做出新的符合实际的评价。

4. 反映项目社会效益和环境效益的后评价指标

反映项目社会效益和环境效益的后评估指标有定性效益指标和定量效益指标两大类。

反映社会效益和环境效益的定性指标有利于对资源的有效利用、先进技术的扩散、生产力布局的改善、工业产业结构的调整、地区经济平衡发展的促进以及有利于生态平衡和环境保护等方面产生影响的描述。

反映社会效益和环境效益的定量指标有劳动就业效益、收入分配效益和综合能耗等。

（1）劳动就业效益的后评价指标　项目的劳动就业效益，可分为直接劳动就业效益、间接劳动就业效益和总劳动就业效益三种。其计算公式如下。

$$直接劳动就业效益 = \frac{工程项目新增就业人数}{工程项目投资支出}$$

$$间接劳动就业效益 = \frac{配套项目新增就业人数}{配套项目投资支出}$$

$$总劳动就业效益 = \frac{工程项目新增就业人数 + 配套项目新增就业人数}{工程项目投资支出 + 配套项目投资支出}$$

劳动就业效益指标，是指单位投资所创造的就业机会。劳动就业效益与技术进步和劳动生产率提高是有矛盾的，所以劳动就业效益的评价应与项目的目标联系起来分析和评价。

（2）收入分配效益的后评价指标　收入分配效益是考察项目的国民收入净增值在职工、投资者、企业和国家等各利益主体之间的分配情况，并评价其公平、合理与否。其计算公式如下。

$$职工分配比重 = \frac{年职工工资收入 + 年职工福利费}{项目年国民收入净增值} \times 100\%$$

$$投资者分配比重 = \frac{投资者年分配利润}{项目年国民收入净增值} \times 100\%$$

$$企业留用比重 = \frac{年提取法定盈余公积金和公益金 + 年未分配利润}{项目年国民收入净增值} \times 100\%$$

$$国家分配比重 = \frac{年上交国家财政税金 + 年保险费 + 年利息}{项目年国民收入净增值} \times 100\%$$

（3）综合能耗指标　其计算公式如下。

$$国民收入综合耗能 = \frac{年度能源消耗量}{年度国民收入净增值}$$

式中，年度能源消耗量指生产时消耗的煤、油、汽等折合成标准煤的重量。该指标反映项目能源利用状况和对社会效益带来的影响。

本 章 小 结

（1）项目后评价产生于 19 世纪 30 年代的美国，与项目前评估几乎同时产生，当时是美国国会监督政府"新政"政策性投资的一种手段。20 世纪 60 年代以来，项目后评价理论已经发展成为经济发达国家和国际金融组织实施投资监督、进行项目管理的重要手段和工具。美国是开展项目后评价最早的国家，被认为是国际上项目后评价设计及方法研究的领导者。我国的投资项目后评价始于 20 世纪 80 年代中后期，1988 年国家计委正式委托中国国际工程咨询公司进行第一批国家重点建设项目的后评价。当前中国的后评价事业有了长足的进步，初步形成了自己的后评价体系。

（2）项目后评价是指在项目建成投产并达到设计生产能力后，通过对项目前期工作、项目实施、项目运营情况进行系统的客观的综合研究，衡量和分析项目的实际情况与预测情况的差距，确定有关项目预测和判断是否合理，并分析其成败的原因，总结经验教训，为今后项目准备、决策、管理、监督等工作积累经验，并为提高项目投资效益提出切实可行的对策和措施的技术经济活动。项目后评价具有全面性、现实性、公正性、独立性、实用性、探索性、反馈性、合作性等特点。项目后评价与项目前评价的区别表现在评价的主体、评价的性质、评价的阶段、评价的依据、评价的内容不同。

（3）项目后评价根据评价的时点划分为项目跟踪评价、项目实施效果评价、项目效益监督评价；根据评价的内容划分为项目目标后评价、项目实施过程后评价、项目效益后评价、项目影响后评价、项目持续性后评价；根据评价的主体划分为项目自评价、行业或地方项目后评价、独立后评价；根据项目投资渠道和管理体制分为国家重点建设项目后评价、国际金融组织贷款项目后评价、国家银行贷款项目后评价、行业部门和地方项目后评价、国家审计项目后评价。

（4）项目后评价的作用具体表现为：总结项目管理的经验教训，提高项目管理水平；提高项目决策科学文化水平；监督和改进项目本身，促使项目运营状态正常化；为银行部门及时调整信贷政策提供依据；为国家投资计划、政策的制定提供依据。

（5）项目后评价要发挥作用就要完成下列任务：根据项目的进程，审核项目准备和评价文件中所确定的目的；确定在项目实施各阶段实际完成的情况，分析变化的原因；分析工艺技术的选择情况，寻找成功点和失败点；对比分析项目的经济效益情况；评价项目对社会、环境的作用和影响；从被评价项目中总结经验教训，提出建议，供同类项目和未来项目或投资决策参考。项目后评价要发挥作用，在实际工作中还要坚持独立、科学、公正的基本原则。

（6）项目后评价基本程序如下：组建项目后评价机构；制订项目后评价计划；收集资料和选取数据；分析和加工收集的资料；编制各种评价报表以及计算、分析评价指标；编制后评价报告。

（7）项目后评价的常用方法有对比法、逻辑框架法、成功度评价法。

（8）项目后评价的基本内容一般包括项目目标后评价、项目实施效果后评价、项目技术水平后评价、项目财务后评价项目国民经济后评价、项目环境影响后评价、项目社会影响后评价、项目持续性后评价。

（9）项目后评价指标体系的设置应遵循全面性和目的性相结合原则、动态指标与静态指标相结合原则、综合指标与单项指标相结合原则、微观投资效果指标与宏观投资效果指标相结合原则。一般情况下，项目后评价主要是通过反映项目前期和实施阶段效果的后评价指标、反映项目运营阶段效果的后评价指标、反映项目全寿命周期效果的后评价指标、反映项目社会效益和环境效益的后评价指标等一系列指标的计算和对比，来考察和分析项目实施后的效果。

思　考　题

1. 简述项目后评价的产生与发展。
2. 什么是项目后评价？项目后评价的特点有哪些？
3. 项目后评价与项目前评价的主要区别有哪些？
4. 项目后评价有哪些特征？
5. 项目后评价如何分类？
6. 简述项目后评价的作用、任务和原则。
7. 简述项目后评价的基本程序。
8. 项目后评价的常用方法有哪些？
9. 项目后评价包括哪些方面的内容？
10. 项目后评价指标体系设置的原则是什么？
11. 项目后评价有哪些评价指标？

附录Ⅰ 复利因子

	一次性支付		等额多次支付				
n	F/P	P/F	F/A	P/A	A/F	A/P	n
1	1.0400	0.9615	1.0000	0.9615	1.0000	1.0400	1
2	1.0816	0.9246	2.0400	1.8861	0.4902	0.5302	2
3	1.1249	0.8890	3.1216	2.7751	0.3202	0.3603	3
4	1.1699	0.8548	4.2465	3.6299	0.2355	0.2755	4
5	1.2167	0.8219	5.4163	4.4518	0.1846	0.2246	5
6	1.2653	0.7903	6.6330	5.2421	0.1508	0.1908	6
7	1.3159	0.7599	7.8983	6.0021	0.1266	0.1666	7
8	1.3686	0.7307	9.2142	6.7327	0.1085	0.1485	8
9	1.4233	0.7026	10.5828	7.4353	0.0945	0.1345	9
10	1.4802	0.6756	12.0061	8.1109	0.0833	0.1233	10
11	1.5395	0.6496	13.4863	8.7605	0.0741	0.1141	11
12	1.6010	0.6246	15.0258	9.3851	0.0666	0.1066	12
13	1.6651	0.6006	16.6268	9.9856	0.0601	0.1001	13
14	1.7317	0.5775	18.2919	10.5631	0.0547	0.0947	14
15	1.8009	0.5553	20.0236	11.1184	0.0499	0.0899	15
16	1.8730	0.5339	21.8245	11.6523	0.0458	0.0858	16
17	1.9479	0.5134	23.6975	12.1657	0.0422	0.0822	17
18	2.0258	0.4936	25.6456	12.6593	0.0390	0.0790	18
19	2.1068	0.4746	27.6712	13.1339	0.0361	0.0761	19
20	2.1911	0.4564	29.7781	13.5903	0.0336	0.0736	20
21	2.2788	0.4388	31.9692	14.0292	0.0313	0.0713	21
22	2.3699	0.4220	34.2480	14.4511	0.0292	0.0692	22
23	2.4647	0.4057	36.6179	14.8568	0.0273	0.0673	23
24	2.5633	0.3901	39.0826	15.2470	0.0256	0.0656	24
25	2.6658	0.3751	41.6459	15.6221	0.0240	0.0640	25
26	2.7725	0.3607	44.3117	15.9828	0.0226	0.0626	26
27	2.8834	0.3468	47.0842	16.3296	0.0212	0.0612	27
28	2.9987	0.3335	49.9676	16.6631	0.0200	0.0600	28
29	3.1187	0.3207	52.9663	16.9837	0.0189	0.0589	29
30	3.2434	0.3083	56.0849	17.2920	0.0178	0.0578	30
35	3.9461	0.2534	73.6522	18.6646	0.0136	0.0536	35
40	4.8010	0.2083	95.0255	19.7928	0.0105	0.0505	40
45	5.8412	0.1712	121.029	20.7200	0.0083	0.0483	45
50	7.1067	0.1407	152.667	21.4822	0.0066	0.0466	50
55	8.6464	0.1157	191.159	22.1086	0.0052	0.0452	55
60	10.5196	0.0951	237.991	22.6235	0.0042	0.0442	60
65	12.7987	0.0781	294.968	23.0467	0.0034	0.0434	65
70	15.5716	0.0642	364.290	23.3945	0.0027	0.0427	70
75	18.9452	0.0528	448.631	23.6804	0.0022	0.0422	75
80	23.0498	0.0434	551.245	23.9145	0.0018	0.0418	80
85	28.0436	0.0357	676.090	24.1085	0.0015	0.0415	85
90	34.1193	0.0293	827.98	24.2673	0.0012	0.0412	90
95	41.5113	0.0241	1012.78	24.3978	0.0010	0.0410	95
100	50.5049	0.0198	1237.62	24.5050	0.0008	0.0408	100
∞				25.0000		0.0400	∞

5%复利因子

	一次性支付			等额多次支付			
n	F/P	P/F	F/A	P/A	A/F	A/P	n
1	1.0500	0.9524	1.0000	0.9524	1.0000	1.0500	1
2	1.1025	0.9070	2.0500	1.8594	0.4878	0.5378	2
3	1.1576	0.8636	3.1525	2.7232	0.3172	0.3672	3
4	1.2155	0.8227	4.3103	3.5460	0.2320	0.2820	4
5	1.2763	0.7835	5.5256	4.3295	0.1810	0.2310	5
6	1.3401	0.7462	6.8019	5.0757	0.1470	0.1970	6
7	1.4071	0.7107	8.1420	5.7864	0.1228	0.1728	7
8	1.4775	0.6768	9.5491	6.4632	0.1047	0.1547	8
9	1.5513	0.6446	11.0266	7.1078	0.0907	0.1407	9
10	1.6289	0.6139	12.5779	7.1217	0.0795	0.1295	10
11	1.7103	0.5847	14.2068	8.3064	0.0704	0.1204	11
12	1.7959	0.5568	15.9171	8.8633	0.0628	0.1128	12
13	1.8856	0.5303	17.7130	9.3936	0.0565	0.1065	13
14	1.9799	0.5051	19.5986	9.8986	0.0510	0.1010	14
15	2.0789	0.4810	21.5786	10.3797	0.0463	0.0963	15
16	2.1829	0.4581	23.6575	10.8378	0.0423	0.0923	16
17	2.2920	0.4363	25.8404	11.2741	0.0387	0.0887	17
18	2.4066	0.4155	28.1324	11.6896	0.0355	0.0855	18
19	2.5269	0.3957	30.5390	12.0853	0.0327	0.0827	19
20	2.6533	0.3769	33.0659	12.4622	0.0302	0.0802	20
21	2.7860	0.3589	35.7192	12.8212	0.0280	0.0780	21
22	2.9253	0.3418	38.5052	13.1630	0.0260	0.0760	22
23	3.0715	0.3256	41.4305	13.4886	0.0241	0.0741	23
24	3.2251	0.3101	44.5020	13.7986	0.0225	0.0725	24
25	3.3864	0.2953	47.7271	14.0939	0.0210	0.0710	25
26	3.5557	0.2812	51.1134	14.3752	0.0196	0.0696	26
27	3.7335	0.2678	54.6691	14.6430	0.0183	0.0683	27
28	3.9201	0.2551	58.4026	14.8981	0.0171	0.0671	28
29	4.1161	0.2429	62.3227	15.1411	0.0160	0.0660	29
30	4.3219	0.2314	66.4388	15.3725	0.0151	0.0651	30
35	5.5160	0.1813	90.3203	16.3742	0.0111	0.0611	35
40	7.0400	0.1420	120.800	17.1591	0.0083	0.0583	40
45	8.9850	0.1113	159.700	17.7741	0.0063	0.0563	45
50	11.4674	0.0872	209.348	18.2559	0.0048	0.0548	50
55	14.6356	0.0683	272.713	18.6335	0.0037	0.0537	55
60	18.6792	0.0535	353.584	18.9293	0.0028	0.0528	60
65	23.8399	0.0419	456.789	19.1611	0.0022	0.0522	65
70	30.4264	0.0329	588.528	19.3427	0.0017	0.0517	70
75	38.8327	0.0258	756.653	19.4850	0.0013	0.0153	75
80	49.5614	0.0202	971.228	19.5965	0.0010	0.0510	80
85	63.2543	0.0158	1245.09	19.6838	0.0008	0.0508	85
90	80.7303	0.0124	1594.61	19.7523	0.0006	0.0506	90
95	103.035	0.0097	2040.69	19.8059	0.0005	0.0505	95
100	131.501	0.0076	2610.02	19.8479	0.0004	0.0504	100
∞				20.0000		0.5000	∞

6%复利因子

	一次性支付		等额多次支付				
n	F/P	P/F	F/A	P/A	A/F	A/P	n
1	1.0600	0.9434	1.0000	0.9434	1.0000	1.0600	1
2	1.1236	0.8900	2.0600	1.8334	0.4854	0.5454	2
3	1.1910	0.8396	3.1836	2.6730	0.3141	0.3741	3
4	1.2625	0.7921	4.3746	3.4651	0.2286	0.2886	4
5	1.3382	0.7473	5.6371	4.2124	0.1774	0.2374	5
6	1.4185	0.7050	6.9753	4.9173	0.1434	0.2034	6
7	1.5036	0.6651	8.3938	5.5854	0.1191	0.1791	7
8	1.5938	0.6274	9.8975	6.2098	0.1010	0.1610	8
9	1.6895	0.5919	11.4913	6.8017	0.0870	0.1470	9
10	1.7908	0.5584	13.1808	7.3601	0.0759	0.1359	10
11	1.8983	0.5268	14.9716	7.8869	0.0668	0.1268	11
12	2.0122	0.4970	16.8699	8.3838	0.0593	0.1193	12
13	2.1329	0.4688	18.8821	8.8527	0.0530	0.1130	13
14	2.2609	0.4423	21.0151	9.2950	0.0476	0.1076	14
15	2.3966	0.4173	23.2760	9.7122	0.0430	0.1030	15
16	2.5404	0.3936	25.6725	10.1059	0.0390	0.0990	16
17	2.6928	0.3714	28.2129	10.4773	0.0354	0.0954	17
18	2.8543	0.3503	30.9056	10.8276	0.0324	0.0924	18
19	3.0256	0.3305	33.7600	11.1581	0.0296	0.0896	19
20	3.2071	0.3118	36.7856	11.4699	0.0272	0.0872	20
21	3.3996	0.2942	39.9927	11.7641	0.0250	0.0850	21
22	3.6035	0.2775	43.3923	12.0416	0.0230	0.0830	22
23	3.8197	0.2618	46.9958	12.3034	0.0213	0.0813	23
24	4.0489	0.2470	50.8155	12.5504	0.0197	0.0797	24
25	4.2919	0.2330	54.8645	12.7834	0.0182	0.0782	25
26	4.5494	0.2198	59.1563	13.0032	0.0169	0.0769	26
27	4.8223	0.2074	63.7057	13.2105	0.0157	0.0757	27
28	5.1117	0.1956	68.5281	13.4062	0.0146	0.0746	28
29	5.4184	0.1846	73.6397	13.5907	0.0136	0.736	29
30	5.7435	0.1741	79.0581	13.7648	0.0126	0.726	30
35	7.6861	0.1301	111.435	14.4982	0.0090	0.0690	35
40	10.2857	0.0972	154.762	15.0463	0.0065	0.0665	40
45	13.7646	0.0727	212.743	15.4558	0.0047	0.0647	45
50	18.4201	0.0543	290.336	15.7615	0.0034	0.0634	50
55	24.6503	0.0406	394.172	15.9905	0.0025	0.0625	55
60	32.9876	0.0303	533.128	16.1614	0.0019	0.0619	60
65	44.1449	0.0227	719.082	16.2891	0.0014	0.0614	65
70	59.0758	0.0169	967.931	16.3845	0.0010	0.0610	70
75	79.0568	0.0126	1300.95	16.4558	0.0008	0.0608	75
80	105.796	0.0095	1746.60	16.5091	0.0006	0.0606	80
85	141.579	0.0071	2342.98	16.5489	0.0004	0.0604	85
90	189.464	0.0053	3141.07	16.5787	0.0003	0.0603	90
95	253.546	0.0039	4209.10	16.6009	0.0002	0.0602	95
100	339.301	0.0029	5638.36	16.6175	0.0002	0.0602	100
∞				18.182		0.0600	∞

8%复利因子

	一次性支付		等额多次支付				
n	F/P	P/F	F/A	P/A	A/F	A/P	n
1	1.0800	0.9259	1.000	0.9259	1.0000	1.0800	1
2	1.1664	0.8573	2.0800	1.7833	0.4808	0.5608	2
3	1.2597	0.7938	3.2464	2.5771	0.3080	0.3880	3
4	1.3605	0.7350	4.5061	3.3121	0.2219	0.3019	4
5	1.4693	0.6806	5.8666	3.9927	0.1705	0.2505	5
6	1.5869	0.6302	7.3359	4.6229	0.1363	0.2163	6
7	1.7138	0.5835	8.9228	5.2064	0.1121	0.1921	7
8	1.8509	0.5403	10.6366	5.7466	0.0940	0.1740	8
9	1.9990	0.5002	12.4876	6.2469	0.0801	0.1601	9
10	2.1589	0.4632	14.4866	6.7101	0.0690	0.1490	10
11	2.3316	0.4289	16.6455	7.1390	0.0601	0.1401	11
12	2.5182	0.3971	18.9771	7.5361	0.0527	0.1327	12
13	2.7196	0.3677	21.4953	7.9038	0.0465	0.1265	13
14	2.9372	0.3405	24.2149	8.2442	0.0413	0.1213	14
15	3.1722	0.3152	27.1521	8.5595	0.0368	0.1168	15
16	3.4269	0.2919	30.3243	8.8514	0.0330	0.1130	16
17	3.7000	0.2703	33.7502	9.1216	0.0296	0.1096	17
18	3.9960	0.2502	37.4502	9.3719	0.0267	0.1067	18
19	4.3157	0.2117	41.4463	9.6036	0.0241	0.1041	19
20	4.6610	0.2145	45.7620	9.8181	0.0219	0.1019	20
21	5.0338	0.1987	50.4229	10.0168	0.0198	0.0998	21
22	5.4365	0.1839	55.4567	10.2007	0.0180	0.0980	22
23	5.8715	0.1703	60.8933	10.3711	0.0164	0.0964	23
24	6.3412	0.1577	66.7647	10.5288	0.0150	0.0950	24
25	6.8485	0.1460	73.1059	106748	0.0137	0.0937	25
26	7.3964	0.1352	79.9544	10.8100	0.0125	0.0925	26
27	7.9881	0.1252	87.3507	10.9352	0.0114	0.0914	27
28	8.6271	0.1159	95.3388	11.0511	0.0105	0.0905	28
29	9.3173	0.1073	103.966	11.1584	0.0096	0.0896	29
30	10.627	0.0994	113.283	11.2578	0.0088	0.0888	30
35	14.7853	0.0676	172.317	11.6546	0.0058	0.0858	35
40	21.7245	0.0460	259.056	11.9246	0.0039	0.0839	40
45	31.9204	0.0313	386.506	12.1084	0.0026	0.0826	45
50	46.9016	0.0213	573.770	12.2335	0.0017	0.0817	50
55	68.9138	0.0145	848.923	12.3186	0.0012	0.0812	55
60	101.257	0.0099	1253.21	12.3766	0.0008	0.0808	60
65	148.780	0.0067	1847.25	12.4160	0.0005	0.0805	65
70	218.606	0.0046	2720.08	12.4428	0.0004	0.0804	70
75	321.204	0.0031	4002.55	12.4611	0.0002	0.0802	75
80	471.955	0.0021	5886.93	12.4735	0.0002	0.0802	80
85	693.456	0.0014	8655.71	12.4820	0.0001	0.0801	85
90	1018.92	0.0010	12723.9	12.4877	α	0.0801	90
95	1497.12	0.0007	18071.5	12.4917	α	0.0801	95
100	2199.76	0.0005	27484.5	12.4943	α	0.0800	100
∞				12.5000		0.0800	∞

注：$\alpha \leqslant 0.0001$。

10%复利因子

一次性支付			等额多次支付				
n	F/P	P/F	F/A	P/A	A/F	A/P	n
1	1.1000	0.9091	1.0000	0.9091	1.0000	1.1000	1
2	1.2100	0.8264	2.1000	1.7355	0.4762	0.5762	2
3	1.3310	0.7513	3.3100	2.4869	0.3021	0.4021	3
4	1.4641	0.6830	4.6410	3.1699	0.2155	0.3155	4
5	1.6105	0.6209	6.1051	3.7908	0.1638	0.2638	5
6	1.7716	0.5645	7.7156	4.3553	0.1296	0.2296	6
7	1.9487	0.5132	9.4872	4.8684	0.1054	0.2054	7
8	2.1436	0.4665	11.4359	5.3349	0.0874	0.1874	8
9	2.3579	0.4241	13.5795	5.7590	0.0736	0.1736	9
10	2.5937	0.3855	15.9374	6.1446	0.0627	0.1627	10
11	2.8531	0.3505	48.5312	6.4951	0.0540	0.1540	11
12	3.1384	0.3186	21.3843	6.8137	0.0468	0.1468	12
13	3.4523	0.2897	24.5227	7.1034	0.0408	0.1408	13
14	3.7975	0.2633	27.9750	7.3667	0.0357	0.1357	14
15	4.1772	0.2394	31.7725	7.6061	0.0315	0.1315	15
16	4.5950	0.2176	35.9497	7.8237	0.0278	0.1278	16
17	5.0545	0.1978	40.5447	8.0216	0.0247	0.1247	17
18	5.5599	0.1799	45.5992	8.2014	0.0219	0.1219	18
19	6.1159	0.1635	51.1591	8.3649	0.0195	0.1195	19
20	6.7275	0.1486	57.2750	8.5136	0.0175	0.1175	20
21	7.4002	0.1351	64.0025	8.6487	0.0156	0.1156	21
22	8.1403	0.1228	71.4027	8.7715	0.0140	0.1140	22
23	8.9543	0.1117	79.5430	8.8832	0.0126	0.1126	23
24	9.8494	0.1015	88.4973	8.9847	0.0113	0.1113	24
25	10.8347	0.0923	98.3470	9.0770	0.0102	0.1102	25
26	11.9182	0.0839	109.182	9.1609	0.0092	0.1092	26
27	13.1100	0.0763	121.100	9.2372	0.0083	0.1083	27
28	14.4210	0.0693	134.210	9.3066	0.0075	0.1075	28
29	15.8631	0.0630	148.631	9.3696	0.0067	0.1067	29
30	17.4494	0.0573	164.494	9.4269	0.0061	0.1061	30
35	28.1024	0.0356	271.024	9.6442	0.0037	0.1037	35
40	45.2592	0.0221	442.592	9.7791	0.0023	0.1033	40
45	72.8904	0.0137	718.905	9.8628	0.0014	0.1024	45
50	117.391	0.0085	1163.91	9.9148	0.0009	0.1019	50
55	189.059	0.0053	1880.59	9.9471	0.0005	0.1005	55
60	304.481	0.0033	3034.81	9.9672	0.0003	0.1003	60
65	490.370	0.0020	4893.71	9.9796	0.0002	0.1002	65
70	789.746	0.0013	7887.47	9.9873	0.0001	0.1001	70
75	1271.89	0.0008	12708.9	9.9921	α	0.1001	75
80	2048.40	0.0005	20474.0	9.9951	α	0.0000	80
85	3298.97	0.0003	32979.7	9.9970	α	0.1000	85
90	5313.02	0.0002	53120.2	9.9981	α	0.1000	90
95	8556.67	0.0001	85556.7	9.9988	α	0.1000	95
100	13780.6	α	137796	9.9993	α	0.1000	100
∞				10.0000		0.1000	∞

12%复利因子

	一次性支付		等额多次支付				
n	F/P	P/F	F/A	P/A	A/F	A/P	n
1	1.1200	0.8929	1.0000	0.8929	1.0000	1.1200	1
2	1.2544	0.7972	2.1200	1.6901	0.4717	0.5917	2
3	1.4049	0.7118	3.3744	2.4018	0.2963	0.4163	3
4	1.5735	0.6355	4.7793	3.0373	0.2092	0.3292	4
5	1.7623	0.5674	6.3528	3.6048	0.1574	0.2774	5
6	1.9738	0.5066	8.1152	4.1114	0.1232	0.2432	6
7	2.2107	0.4523	10.0890	4.5638	0.0991	0.2191	7
8	2.4106	0.4039	12.2997	4.9676	0.0813	0.2013	8
9	2.7731	0.3606	14.7757	5.3282	0.0677	0.1877	9
10	3.1058	0.3220	17.5487	5.6502	0.0570	0.1770	10
11	3.4785	0.2875	20.6546	5.9377	0.0484	0.1684	11
12	3.8960	0.2567	24.1331	6.1944	0.0414	0.1614	12
13	4.3635	0.2292	28.0291	6.4235	0.0357	0.1557	13
14	4.8871	0.2046	32.3926	6.3282	0.0309	0.1509	14
15	5.4736	0.1827	37.2797	6.8109	0.0268	0.1468	15
16	6.1304	0.1631	42.7533	6.9740	0.0234	0.1434	16
17	6.8660	0.1456	48.8837	7.1196	0.0205	0.1405	17
18	7.6900	0.1300	55.7497	7.2497	0.0179	0.1379	18
19	8.6128	0.1161	63.4397	7.3658	0.0158	0.1358	19
20	9.6463	0.1037	72.0524	7.4694	0.0139	0.1339	20
21	10.8038	0.0926	81.4987	7.5620	0.0122	0.1322	21
22	12.1003	0.0826	92.5026	7.6446	0.0108	0.1308	22
23	13.5523	0.0738	104.603	7.7184	0.0096	0.1296	23
24	15.1786	0.0659	118.155	7.7843	0.0085	0.1285	24
25	17.0001	0.0588	133.334	7.8431	0.0075	0.1275	25
26	19.0401	0.0525	150.334	7.8957	0.0067	0.1267	26
27	21.3249	0.0469	169.374	7.9426	0.0059	0.1259	27
28	23.8839	0.0419	190.699	7.9844	0.0052	0.1252	28
29	26.7499	0.0374	214.583	8.0218	0.0047	0.1247	29
30	29.9599	0.0334	241.333	8.0552	0.0041	0.1241	30
35	52.7996	0.0189	431.663	8.1755	0.0023	0.1223	35
40	93.0509	0.0107	767.091	8.2438	0.0013	0.1213	40
45	163.988	0.0061	1358.23	8.2825	0.0007	0.1207	45
50	289.002	0.0035	2400.02	8.3045	0.0004	0.1204	50
55	509.320	0.0020	4236.00	8.3170	0.0002	0.1202	55
60	897.596	0.0011	7471.63	8.3240	0.0001	0.1201	60
65	1581.87	0.0006	13173.9	8.3281	α	0.1201	65
70	2787.80	0.0004	23223.3	8.3303	α	0.1200	70
75	4913.05	0.0002	40933.8	8.3316	α	0.1200	75
80	8658.47	0.0001	72145.6	8.3324	α	0.1200	80
∞				8.333		0.1200	∞

15%复利因子

	一次性支付		等额多次支付				
n	F/P	P/F	F/A	P/A	A/F	A/P	n
1	1.1500	0.8696	1.0000	0.8696	1.0000	1.1500	1
2	1.3225	0.7561	2.1500	1.6257	0.4651	0.6151	2
3	1.5209	0.6575	3.4725	2.2832	0.2880	0.4380	3
4	1.7490	0.5718	4.9934	2.8550	0.2003	0.3503	4
5	2.0114	0.4972	6.7424	3.3522	0.1483	0.2983	5
6	2.3131	0.4323	8.7537	3.7845	0.1142	0.2642	6
7	2.6600	0.3759	11.0668	4.1604	0.0904	0.2404	7
8	3.0579	0.3269	13.7268	4.4873	0.0729	0.2229	8
9	3.5179	0.2843	16.7858	4.7716	0.0596	0.2096	9
10	4.0456	0.2472	20.3037	5.0188	0.0493	0.1993	10
11	4.6524	0.2149	24.3493	5.2337	0.0411	0.1911	11
12	5.3502	0.1869	29.0017	5.4206	0.0345	0.1845	12
13	6.1528	0.1625	34.3519	5.5831	0.0291	0.1791	13
14	7.0757	0.1413	40.5047	5.7245	0.247	0.1747	14
15	8.1371	0.1229	47.5804	5.8474	0.0210	0.1710	15
16	9.3576	0.1069	55.7175	5.9542	0.0179	0.1679	16
17	10.7613	0.0929	65.0751	6.0072	0.0154	0.1654	17
18	12.3755	0.0808	75.8363	6.1280	0.0132	0.1632	18
19	14.2318	0.0703	88.2118	6.1982	0.0113	0.1613	19
20	16.3665	0.0611	102.444	6.2593	0.0098	0.1598	20
21	18.8215	0.0531	118.810	6.3125	0.0084	0.1584	21
22	21.6447	0.0462	137.632	6.3587	0.0073	0.1573	22
23	24.8915	0.0402	159.276	6.3988	0.0063	0.1563	23
24	28.6252	0.0349	184.168	6.4338	0.0054	0.1554	24
25	32.9189	0.0304	212.793	6.4641	0.0047	0.1547	25
26	37.8568	0.0264	245.712	6.4906	0.0041	0.1541	26
27	43.5353	0.0230	283.596	6.5135	0.0035	0.1535	27
28	50.0656	0.0200	327.104	6.5335	0.0031	0.1531	28
29	57.5754	0.0174	377.170	6.5509	0.0027	0.1527	29
30	66.2118	0.0151	434.745	6.5660	0.0023	0.1523	30
35	133.176	0.0075	881.170	6.6166	0.0011	0.1511	35
40	267.863	0.0037	1779.09	6.6418	0.0006	0.1506	40
45	538.769	0.0019	3585.13	6.6543	0.0003	0.1503	45
50	1083.66	0.0009	7212.71	6.6605	0.0001	0.1501	50
55	2179.62	0.0005	14524.1	6.6636	α	0.1501	55
60	4384.00	0.0002	29220.0	6.6651	α	0.1500	60
65	8817.78	0.0001	58778.5	6.6659	α	0.1500	65
70	17735.7	α	118231	6.6663	α	0.1500	70
75	35672.8	α	237812	6.6665	α	0.1500	75
80	71750.8	α	478332	6.6666	α	0.1500	80
∞				6.667		0.1500	∞

20%复利因子

	一次性支付		等额多次支付				
n	F/P	P/F	F/A	P/A	A/F	A/P	n
1	1.2000	0.8333	1.0000	0.8333	1.0000	1.2000	1
2	1.4400	0.6944	2.2000	1.5278	0.4545	0.6545	2
3	1.7280	0.5787	3.6400	2.1065	0.2747	0.4747	3
4	2.0736	0.4823	5.3680	2.5887	0.1863	0.3863	4
5	2.4883	0.4019	7.4416	2.9906	0.1344	0.3344	5
6	2.9860	0.3349	9.9099	3.3255	0.1007	0.3007	6
7	3.5832	0.2791	12.9159	3.6046	0.0774	0.2774	7
8	4.2998	0.2326	16.4991	3.8372	0.0606	0.2606	8
9	5.1598	0.1938	20.7989	4.0310	0.481	0.2481	9
10	6.1917	0.1615	25.9587	4.1925	0.385	0.2385	10
11	7.4301	0.1346	32.1504	4.3271	0.0311	0.2311	11
12	8.9161	0.1122	39.5805	4.4392	0.0253	0.2253	12
13	10.6993	0.0935	48.4966	4.5327	0.0206	0.2206	13
14	12.8392	0.0779	59.1959	4.6106	0.0169	0.2169	14
15	15.4070	0.0649	72.0351	4.6755	0.0139	0.2139	15
16	18.4884	0.0541	87.4421	4.7296	0.0114	0.2114	16
17	22.1861	0.0451	105.931	4.7746	0.0094	0.2094	17
18	26.6233	0.0376	128.117	4.8122	0.0078	0.2078	18
19	31.9480	0.0313	154.740	4.8435	0.0065	0.2065	19
20	38.3376	0.0261	186.688	4.8696	0.0054	0.2054	20
21	46.0051	0.0217	225.026	4.8913	0.0114	0.2114	21
22	55.2061	0.0181	271.031	4.7746	0.0094	0.2094	22
23	66.2474	0.0151	326.237	4.8122	0.0078	0.2078	23
24	79.4968	0.0126	392.484	4.8435	0.0065	0.2065	24
25	95.3962	0.0105	471.981	4.8696	0.0054	0.2054	25
26	114.475	0.0087	567.377	4.9563	0.0018	0.2018	26
27	137.371	0.0073	681.853	4.9636	0.0015	0.2015	27
28	164.845	0.0061	819.233	4.9697	0.0012	0.2012	28
29	197.814	0.0051	984.068	4.9747	0.0010	0.2010	29
30	237.376	0.0042	1181.88	4.9789	0.0008	0.2008	30
35	590.668	0.0017	2948.34	4.9915	0.0003	0.2003	35
40	1469.77	0.0007	7343.85	4.9966	0.0001	0.2001	40
45	3657.26	0.0003	18281.3	4.9986	α	0.2001	45
50	9100.43	0.0001	45497.2	4.9995	α	0.2000	50
55	22644.8	α	113219	4.9998	α	0.2000	55
60	56347.5	α	281732	4.9999	α	0.2000	60
∞				5.0000		0.2000	∞

25%复利因子

	一次性支付		等额多次支付				
n	F/P	P/F	F/A	P/A	A/F	A/P	n
1	1.2500	0.8000	1.0000	0.8000	1.0000	1.2500	1
2	1.5625	0.6400	2.2500	1.4400	0.4444	0.6944	2
3	1.9531	0.5120	3.8125	1.9520	0.2623	0.5123	3
4	2.4414	0.4096	5.7656	2.3616	0.1734	0.4234	4
5	3.0518	0.3277	8.2070	2.6893	0.1218	0.3718	5
6	3.8147	0.2621	11.2588	2.9514	0.0888	0.3388	6
7	4.7684	0.2097	15.0735	3.1611	0.0663	0.3163	7
8	5.9605	0.1678	19.8419	3.3289	0.0504	0.3004	8
9	7.4506	0.1342	25.8023	3.4631	0.0388	0.2888	9
10	9.3132	0.1074	33.2529	3.5705	0.0310	0.2801	10
11	11.6415	0.0859	42.5661	3.6564	0.0235	0.2735	11
12	14.5519	0.0687	54.2077	3.7251	0.0184	0.2684	12
13	18.1899	0.0550	68.7596	3.7801	0.0145	0.2645	13
14	22.7374	0.0440	86.9495	3.8241	0.0115	0.2615	14
15	28.4217	0.0352	109.687	3.8593	0.0091	0.2591	15
16	35.5271	0.0281	138.109	3.8874	0.0072	0.2572	16
17	44.4089	0.0225	173.636	3.9099	0.0058	0.2558	17
18	55.5112	0.0180	218.045	3.9279	0.0046	0.2546	18
19	69.3889	0.0144	273.556	3.9424	0.0037	0.2537	19
20	86.7362	0.0115	342.945	3.9539	0.0029	0.2529	20
21	108.420	0.0092	429.681	3.9631	0.0023	0.3523	21
22	135.525	0.0074	538.101	3.9705	0.0019	0.2519	22
23	169.407	0.0059	673.626	3.9764	0.0015	0.2515	23
24	211.758	0.0047	843.626	3.9811	0.0012	0.2512	24
25	264.698	0.0038	1054.79	3.9849	0.0009	0.2509	25
26	330.872	0.0030	1319.49	3.9879	0.0008	0.2508	26
27	413.590	0.0024	1650.36	3.9903	0.0006	0.2506	27
28	516.988	0.0019	2063.95	3.9923	0.0005	0.2505	28
29	646.235	0.0015	2580.94	3.9938	0.0004	0.2504	29
30	807.794	0.0012	3227.17	3.9950	0.0003	0.2503	30
35	2465.19	0.0004	9856.76	3.9984	0.0001	0.2501	35
40	7523.16	0.0001	30088.7	3.9995	α	0.2500	40
45	22958.9	α	91831.5	3.9998	α	0.2500	45
50	70064.9	α	280256	3.9999	α	0.2500	50
∞				4.0000		0.2500	∞

30%复利因子

	一次性支付		等额多次支付				
n	F/P	P/F	F/A	P/A	A/F	A/P	n
1	1.3000	0.7692	1.000	0.796	1.0000	1.3000	1
2	1.6900	0.5917	2.300	1.361	0.4348	0.7348	2
3	2.1970	0.4552	3.990	1.816	0.2506	0.5506	3
4	2.8561	0.3501	6.187	2.166	0.1616	0.4616	4
5	3.7129	0.2693	9.043	2.436	0.1106	0.4106	5
6	4.8268	0.2072	12.756	2.643	0.0784	0.3784	6
7	6.2749	0.1594	17.583	2.802	0.0569	0.3569	7
8	8.1573	0.1226	23.858	2.925	0.0419	0.3419	8
9	10.604	0.0943	32.015	3.019	0.0312	0.3312	9
10	13.786	0.0725	42.619	3.092	0.0235	0.3235	10
11	17.922	0.0558	56.405	3.147	0.0177	0.3177	11
12	23.298	0.0429	74.327	3.190	0.0135	0.3135	12
13	30.287	0.0330	97.625	3.223	0.0102	0.3102	13
14	39.374	0.0254	127.91	3.249	0.0078	0.3078	14
15	51.186	0.0195	167.29	3.268	0.0060	0.3060	15
16	66.542	0.0150	218.47	3.283	0.0046	0.3046	16
17	86.504	0.0116	285.01	3.295	0.0035	0.3035	17
18	112.46	0.0089	371.52	3.304	0.0027	0.3027	18
19	146.19	0.0068	483.97	3.311	0.0021	0.3021	19
20	190.05	0.0053	630.16	3.316	0.0016	0.3016	20
21	247.06	0.0040	820.21	3.302	0.0012	0.3012	21
22	321.18	0.0031	1067.3	3.323	0.0009	0.3009	22
23	417.54	0.0024	1388.5	3.325	0.0007	0.3007	23
24	524.80	0.0018	1806.0	3.327	0.0005	0.3005	24
25	705.64	0.0014	2348.8	3.329	0.0004	0.3004	25
26	917.33	0.0011	3054.4	3.330	0.0003	0.3003	26
27	1192.5	0.0008	3971.8	3.331	0.0003	0.3003	27
28	1550.3	0.0006	5164.3	3.331	0.0002	0.3002	28
29	2015.4	0.0005	6714.6	3.332	0.0002	0.3002	29
30	2620.0	0.0004	8730.0	3.332	0.0001	0.3001	30
31	3406.0	0.0003	11350	3.332	α	0.3001	31
32	4427.8	0.0002	14756	3.333	α	0.3001	32
33	5756.1	0.0002	19184	3.333	α	0.3001	33
34	7483.0	0.0001	24940	3.333	α	0.3000	34
35	9727.8	0.0001	32423	3.333	α	0.3000	35
∞				3.333			∞

40%复利因子

	一次性支付		等额多次支付				
n	F/P	P/F	F/A	P/A	A/F	A/P	n
1	1.4000	0.7134	1.000	0.714	1.000	1.4000	1
2	1.9600	0.5102	2.400	1.224	0.4167	0.8167	2
3	2.7440	0.3644	4.360	1.589	0.2294	0.6294	3
4	3.8416	0.2603	7.104	1.849	0.1408	0.5408	4
5	5.3782	0.1859	10.946	2.035	0.0914	0.4914	5
6	7.5269	0.1328	16.324	2.168	0.0163	0.4613	6
7	10.541	0.0949	23.853	2.263	0.0419	0.4419	7
8	14.758	0.0678	34.395	2.331	0.0295	0.4291	8
9	20.661	0.0484	49.153	2.379	0.0203	0.4203	9
10	28.925	0.0346	69.814	2.414	0.0143	0.4143	10
11	40.496	0.0247	98.739	2.438	0.0101	0.4101	11
12	56.694	0.0176	139.23	2.456	0.0072	0.4072	12
13	79.371	0.0126	195.93	2.469	0.0051	0.4051	13
14	111.12	0.0090	275.30	2.478	0.0036	0.4036	14
15	155.57	0.0064	386.42	2.484	0.0026	0.4026	15
16	217.80	0.0046	541.99	2.489	0.0018	0.4019	16
17	304.91	0.0033	759.78	2.492	0.0013	0.4013	17
18	426.88	0.0023	1064.7	2.494	0.0009	0.4009	18
19	597.63	0.0017	1491.6	2.496	0.0007	0.4007	19
20	836.68	0.0012	2089.2	2.497	0.0005	0.4005	20
21	1171.4	0.0009	2925.9	2.498	0.0003	0.4003	21
22	1639.9	0.0006	4097.2	2.498	0.0002	0.4002	22
23	2295.9	0.0004	5737.1	2.499	0.0002	0.4002	23
24	3214.2	0.0003	8033.0	2.499	0.0001	0.4001	24
25	4499.9	0.0002	11247	2.499	α	0.4001	25
26	6299.8	0.0002	15747	2.500	α	0.4001	26
27	8819.8	0.0001	22047	2.500	α	0.4000	27
28	12348	0.0001	30867	2.500	α	0.4000	28
29	17287	0.0001	43214	2.500	α	0.4000	29
30	24201	α	60501	2.500	α	0.4000	30
∞				2.500		0.4000	∞

50%复利因子

	一次性支付			等额多次支付			
n	F/P	P/F	F/A	P/A	A/F	A/P	n
1	1.5000	0.6667	1.000	0.667	1.0000	1.5000	1
2	2.2500	0.4444	2.500	1.111	0.4000	0.9000	2
3	3.3750	0.2963	4.750	1.407	0.2101	0.7105	3
4	5.0625	0.1975	8.125	1.605	0.1231	0.6231	4
5	7.5938	0.1317	13.188	1.737	0.0758	0.5785	5
6	11.391	0.0878	20.781	1.824	0.0481	0.5481	6
7	17.086	0.0585	32.172	1.883	0.0311	0.5311	7
8	25.629	0.0390	49.258	1.922	0.0203	0.5203	8
9	38.443	0.0260	74.887	1.948	0.0134	0.5134	9
10	57.665	0.0173	113.33	1.968	0.0088	0.5088	10
11	86.498	0.0116	171.00	1.977	0.0059	0.5095	11
12	129.75	0.0077	257.49	1.985	0.0039	0.5039	12
13	194.62	0.0051	387.24	1.990	0.0026	0.5026	13
14	291.93	0.0034	591.86	1.993	0.0017	0.5017	14
15	437.89	0.0023	873.79	1.995	0.0011	0.5011	15
16	656.84	0.0015	1311.7	1.997	0.0008	0.5008	16
17	985.26	0.0010	1968.5	1.998	0.0005	0.5005	17
18	1477.9	0.0007	2953.8	1.999	0.0003	0.5003	18
19	2216.8	0.0005	4431.7	1.999	0.0002	0.5002	19
20	3325.3	0.0003	6648.5	1.999	0.0002	0.5002	20
21	4987.9	0.0002	9973.8	2.000	0.0001	0.5001	21
22	7481.8	0.0001	14962	2.000	α	0.5001	22
23	11223	0.0001	22443	2.000	α	0.5000	23
24	16834	0.0001	33666	2.000	α	0.5000	24
25	25251	α	50500	2.000	α	0.5000	25
∞				2.000		0.5000	∞

附录Ⅱ 定 差 因 子

现值定差因子(P/G)

n	1%	2%	3%	4%	5%	6%	n
2	0.958	0.958	0.941	0.924	0.906	0.890	2
3	2.895	2.841	2.772	2.702	2.634	2.569	3
4	5.773	5.612	5.437	5.267	5.101	4.945	4
5	9.566	9.233	8.887	8.544	8.235	7.934	5
6	14.271	13.672	13.074	12.506	11.966	11.458	6
7	19.860	18.895	17.952	17.066	16.230	15.449	7
8	26.324	24.868	23.478	22.180	20.968	19.840	8
9	33.626	31.559	29.609	27.801	26.124	24.576	9
10	41.764	38.945	36.305	33.881	31.649	29.601	10
11	50.721	46.984	43.530	40.377	37.496	34.869	11
12	60.479	55.657	51.245	47.248	43.621	40.335	12
13	71.018	64.932	59.416	54.454	49.984	45.961	13
14	82.314	74.783	68.010	61.961	56.550	51.711	14
15	94.374	85.183	76.996	69.735	63.284	57.553	15
16	107.154	96.109	86.343	77.744	70.156	63.457	16
17	120.662	107.535	96.023	85.958	77.136	69.399	17
18	143.865	119.436	106.009	94.350	84.200	75.355	18
19	149.754	131.792	116.274	102.893	91.323	81.304	19
20	165.320	144.577	126.794	111.564	98.484	87.228	20
21	181.546	157.772	137.544	120.341	105.663	93.111	21
22	198.407	171.354	148.504	129.202	112.841	98.939	22
23	215.903	185.305	159.651	138.128	120.004	104.699	23
24	234.009	199.604	170.965	147.101	127.135	110.379	24
25	252.717	214.231	182.428	156.103	134.223	115.971	25
26	272.011	229.169	194.020	165.121	141.253	121.466	26
27	291.875	244.401	205.725	174.138	148.217	126.858	27
28	312.309	259.908	217.525	183.142	155.105	132.140	28
29	333.280	259.674	229.407	192.120	161.907	137.307	29
30	354.790	291.684	241.355	201.061	168.617	142.357	30
31	376.822	307.921	253.354	209.955	175.228	147.284	31
32	399.360	324.369	265.392	218.792	181.734	152.088	32
33	422.398	341.016	277.457	227.563	188.130	156.766	33
34	445.919	357.845	289.536	236.260	194.412	161.317	34
35	469.916	374.846	301.619	244.876	200.575	165.741	35
36	494.375	392.003	313.695	253.405	206.618	170.037	36
37	519.279	409.305	325.755	261.839	212.538	174.205	37
38	544.622	426.738	337.788	270.175	218.333	178.247	38
39	570.396	444.291	349.786	278.406	224.000	182.163	39
40	596.576	461.953	361.742	286.530	229.540	185.955	40
42	650.167	497.560	385.495	302.437	240.234	193.171	42
44	705.288	533.474	408.989	317.869	250.412	199.911	44
46	761.870	569.618	432.177	332.810	260.079	206.192	46
48	819.089	605.921	455.017	347.244	269.242	212.033	48
50	879.089	642.316	477.472	361.183	277.910	217.456	50

	现值定差因子(P/G)						
n	7%	8%	9%	10%	15%	20%	n
2	0.873	0.857	0.841	0.826	0.756	0.694	2
3	2.506	2.445	2.386	2.329	2.071	1.852	3
4	4.794	4.650	4.511	4.378	3.786	3.299	4
5	7.646	7.372	7.111	6.862	5.775	4.906	5
6	10.978	10.523	10.092	9.684	7.937	6.581	6
7	14.714	14.024	13.374	12.763	10.192	8.255	7
8	18.788	17.806	16.887	16.028	12.481	9.883	8
9	23.140	21.808	20.570	19.421	14.755	11.434	9
10	27.715	25.977	24.372	22.891	16.979	12.887	10
11	32.466	30.266	28.247	26.396	19.129	14.233	11
12	37.350	34.634	32.158	29.901	21.185	15.467	12
13	42.330	39.046	36.072	33.377	23.135	16.588	13
14	47.371	43.472	39.962	36.800	24.972	17.601	14
15	52.445	47.886	43.086	40.152	26.693	18.509	15
16	57.526	52.264	47.584	43.416	28.296	19.321	16
17	62.592	56.588	51.281	46.581	29.783	20.042	17
18	67.621	60.842	54.885	49.639	31.156	20.680	18
19	72.598	65.013	58.386	52.582	32.421	21.244	19
20	77.508	69.090	61.776	55.406	33.582	21.739	20
21	82.339	73.063	65.056	58.109	34.645	22.174	21
22	87.079	76.926	68.204	60.689	35.615	22.555	22
23	91.719	80.672	71.235	63.146	36.499	22.887	23
24	96.254	84.300	74.142	65.481	37.302	23.176	24
25	100.676	87.804	76.926	67.696	38.031	23.428	25
26	104.981	91.184	79.586	69.794	38.692	23.646	26
27	109.165	94.439	82.123	71.777	39.289	23.835	27
28	113.226	97.569	84.541	73.649	39.828	23.999	28
29	117.161	100.574	86.842	75.414	40.315	24.141	29
30	120.971	103.456	89.027	77.076	40.753	24.263	30
31	124.654	106.216	91.102	78.639	41.147	24.368	31
32	128.211	108.857	93.068	80.108	41.501	24.459	32
33	131.643	111.382	94.931	81.485	41.818	24.537	33
34	134.950	113.792	96.693	82.777	42.103	24.604	34
35	138.135	116.092	98.358	83.987	42.359	24.661	35
36	141.198	118.284	99.931	85.119	42.587	24.711	36
37	144.144	120.371	101.416	86.178	42.792	24.753	37
38	146.972	122.358	102.815	87.167	42.974	24.789	38
39	149.688	124.247	104.134	88.091	43.137	24.820	39
40	152.292	126.042	105.376	88.953	43.283	24.847	40
42	157.180	129.365	107.643	90.505	43.529	24.889	42
44	161.660	132.355	109.645	91.851	43.723	24.920	44
46	165.758	135.038	111.410	93.016	43.878	24.942	46
48	169.498	137.443	112.962	94.022	44.000	24.958	48
50	172.905	139.593	114.325	94.889	44.096	24.970	50

续表

			现值定差因子(P/G)				
n	25%	30%	35%	40%	45%	50%	n
2	0.640	0.592	0.549	0.510	0.476	0.444	2
3	1.664	1.502	1.362	1.239	1.132	1.037	3
4	2.893	2.552	2.265	2.020	1.810	1.630	4
5	4.204	3.630	3.157	2.764	2.434	2.156	5
6	5.514	4.666	3.983	3.428	2.972	2.595	6
7	6.773	5.622	4.717	3.997	3.418	2.946	7
8	7.947	6.480	5.352	4.471	3.776	3.220	8
9	9.021	7.234	5.889	4.858	4.058	3.428	9
10	9.987	7.887	6.336	5.170	4.277	3.584	10
11	10.846	8.445	6.705	5.417	4.445	3.699	11
12	11.602	8.917	7.005	5.611	4.572	3.784	12
13	12.262	9.314	7.247	5.762	4.668	3.846	13
14	12.833	9.644	7.442	5.879	4.740	3.890	14
15	13.326	9.917	7.597	5.969	4.793	3.922	15
16	13.748	10.143	7.721	6.038	4.832	3.945	16
17	14.108	10.328	7.818	6.090	4.861	3.961	17
18	14.415	10.479	7.895	6.130	4.882	3.973	18
19	14.674	10.602	7.955	6.160	4.898	3.981	19
20	14.893	10.702	8.002	6.183	4.909	3.987	20
21	15.078	10.783	8.038	6.200	4.917	3.991	21
22	15.233	10.848	8.067	6.213	4.923	3.994	22
23	15.362	10.901	8.089	6.222	4.927	3.996	23
24	15.471	10.943	8.106	6.229	4.930	3.997	24
25	15.562	10.977	8.119	6.235	4.933	3.998	25
26	15.637	11.005	8.130	6.239	4.934	3.999	26
27	15.700	11.026	8.137	6.242	4.935	3.999	27
28	15.752	11.044	8.143	6.244	4.936	3.999	28
29	15.796	11.058	8.148	6.245	4.937	4.000	29
30	15.832	11.069	8.152	6.247	4.937	4.000	30
31	15.861	11.078	8.154	6.248	4.938	4.000	31
32	15.886	11.085	8.157	6.248	4.938	4.000	32
33	15.906	11.090	8.158	6.249	4.938	4.000	33
34	15.923	11.094	8.159	6.249	4.938	4.000	34
35	15.937	11.098	8.160	6.249	4.938	4.000	35
36	15.948	11.101	8.161	6.249	4.938	4.000	36
37	15.957	11.103	8.162	6.250	4.938	4.000	37
38	15.965	11.105	8.162	6.250	4.938	4.000	38
39	15.971	11.106	8.162	6.250	4.938	4.000	39
40	15.977	11.107	8.163	6.250	4.938	4.000	40
42	15.984	11.109	8.163	6.250	4.938	4.000	42
44	15.990	11.110	8.163	6.250	4.938	4.000	44
46	15.993	11.110	8.163	6.250	4.938	4.000	46
48	15.995	11.111	8.163	6.250	4.938	4.000	48
50	15.997	11.111	8.163	6.250	4.938	4.000	50

			年金定差因子(A/G)					
n	0.5%	1%	2%	3%	4%	5%	6%	*n*
2	0.461	0.486	0.493	0.492	0.490	0.487	0.485	2
3	0.954	0.984	0.985	0.980	0.974	0.967	0.961	3
4	1.453	1.480	1.474	1.463	1.451	1.439	1.427	4
5	1.954	1.971	1.595	1.941	1.922	1.902	1.883	5
6	2.448	2.463	2.441	2.413	2.386	2.358	2.330	6
7	2.942	2.952	2.920	2.881	2.843	2.805	2.767	7
8	3.440	3.440	2.395	3.345	3.294	3.244	3.195	8
9	3.931	3.926	3.867	3.803	3.739	3.675	3.613	9
10	4.425	4.410	4.336	4.256	4.177	4.099	4.022	10
11	4.916	4.893	4.801	4.705	4.609	4.514	4.421	11
12	5.405	5.374	5.263	5.149	5.034	4.922	4.811	12
13	5.894	5.853	5.722	5.587	5.453	5.321	5.192	13
14	6.385	6.311	6.177	6.021	5.866	5.713	5.563	14
15	6.873	6.087	6.630	6.450	6.272	6.097	5.926	15
16	7.360	7.281	7.079	6.874	6.672	6.473	9.279	16
17	7.846	7.754	7.524	7.293	7.066	6.842	6.624	17
18	8.331	8.225	7.967	7.708	7.456	7.203	6.960	18
19	8.816	8.694	8.406	8.118	7.834	7.557	7.287	19
20	9.300	9.162	8.842	8.523	8.209	7.903	7.605	20
22	10.266	10.092	9.704	9.318	8.941	8.573	8.126	22
24	11.228	11.016	10.553	10.095	9.648	9.214	8.795	24
25	11.707	11.476	10.973	10.476	9.992	9.523	9.072	25
26	12.186	11.934	11.390	10.853	10.331	9.826	9.341	26
28	13.141	12.844	12.213	11.593	10.991	10.411	9.857	28
30	14.092	12.748	13.024	12.314	11.627	10.969	10.342	30
32	15.041	14.646	13.822	13.017	12.241	11.500	10.799	32
34	15.986	15.537	14.607	13.702	12.832	12.006	11.227	34
35	16.458	15.980	14.995	14.037	13.120	12.250	11.434	35
36	16.928	16.421	15.380	14.369	13.402	12.487	11.630	36
38	17.867	17.299	16.140	15.018	13.950	12.944	12.006	38
40	18.802	18.170	16.887	15.650	14.476	13.377	12.359	40
45	21.126	20.320	18.702	17.155	15.705	14.364	13.141	45
50	83.429	22.429	20.441	180557	16.812	15.223	13.796	50
55	25.711	24.498	22.105	19.860	17.807	15.966	14.341	55
60	27.973	26.526	23.695	21.067	18.697	16.606	14.791	60
65	30.214	28.515	25.214	22.184	19.491	17.154	15.160	65
70	32.435	30.463	26.662	23.214	20.196	17.621	15.461	70
75	34.635	32.372	28.042	24.163	20.821	18.017	15.756	75
80	36.814	34.242	29.356	25.035	21.372	18.352	15.903	80
85	38.973	36.073	30.605	25.835	21.857	18.635	15.060	85
90	41.112	37.886	31.792	26.566	22.283	18.871	16.189	90
95	43.230	39.620	32.918	27.235	22.655	19.069	16.290	95
100	45.328	41.336	33.985	27.844	22.980	19.234	16.371	100

续表

				年金定差因子(A/G)				
n	7%	8%	9%	10%	12%	15%	18%	n
2	0.483	0.481	0.478	0.476	0.472	0.465	0.459	2
3	0.955	0.949	0.943	0.936	0.925	0.907	0.890	3
4	1.415	1.404	1.392	1.831	1.359	1.326	1.295	4
5	1.865	1.846	1.828	1.810	1.775	1.723	1.673	5
6	2.303	2.276	2.250	2.224	2.172	2.097	2.025	6
7	2.730	2.694	2.657	2.022	2.551	2.450	2.353	7
8	3.146	3.099	3.015	3.004	2.913	2.781	2.656	8
9	3.552	3.491	3.431	3.372	3.257	3.092	2.936	9
10	3.946	3.798	3.798	3.725	3.585	3.838	3.194	10
11	4.330	4.239	4.151	4.064	3.895	3.655	3.430	11
12	4.702	4.596	4.491	4.388	4.190	3.908	3.647	12
13	5.065	4.940	4.818	4.669	4.468	4.144	3.845	13
14	5.417	5.273	5.133	5.995	4.732	4.362	4.025	14
15	5.758	5.594	5.435	5.279	4.980	4.565	4.189	15
16	6.090	5.905	5.724	5.549	5.215	4.572	4.337	16
17	6.411	6.204	6.002	5.807	5.435	4.925	4.471	17
18	6.722	6.492	6.269	6.053	5.643	5.084	4.592	18
19	7.024	6.770	6.524	6.286	5.838	5.231	4.700	19
20	7.316	7.037	6.767	6.508	6.020	5.365	4.798	20
22	7.872	7.541	7.223	6.919	6.351	5.601	4.963	22
24	8.392	8.007	7.638	7.288	6.641	5.798	5.095	24
25	8.639	8.225	7.832	7.458	6.771	5.883	5.150	25
26	8.877	8.435	8.016	7.619	6.892	5.961	5.199	26
28	9.329	8.829	8.357	7.914	7.110	6.096	5.281	28
30	9.794	9.190	8.666	8.176	7.297	6.207	5.345	30
32	10.138	9.520	8.944	8.409	7.459	6.297	5.394	32
34	10.499	9.821	9.193	8.615	7.596	6.371	5.433	34
35	10.669	9.961	9.308	8.709	7.658	6.402	5.449	35
36	10.832	10.059	9.417	8.799	7.714	6.430	5.462	36
38	11.140	10.344	9.617	8.956	7.814	6.478	5.485	38
40	11.423	10.570	9.796	9.096	7.899	6.517	5.502	40
45	12.036	11.045	10.160	9.374	8.057	6.583	5.529	45
50	12.529	11.411	10.429	9.570	8.160	6.620	5.543	50
55	12.921	11.690	10.626	9.708	8.225	6.641	5.549	55
60	13.232	11.902	10.768	9.802	8.266	6.653	5.553	60
65	13.476	12.060	10.870	9.867	8.292	6.659	5.554	65
70	13.666	12.178	10.943	9.911	8.308	6.663	5.555	70
75	13.814	12.266	10.994	9.941	8.318	6.665	5.555	75
80	13.927	12.330	10.030	9.961	8.324	6.666	5.555	80
85	14.015	12.377	11.055	9.974	8.328	6.666	5.555	85
90	14.081	12.412	11.073	9.983	8.330	6.666	5.556	90
95	14.132	12.437	11.085	9.989	8.331	6.667	5.556	95
100	14.170	12.455	11.093	9.993	8.332	6.667	5.556	100

				年金定差因子(A/G)				
n	20%	25%	30%	35%	40%	45%	50%	n
2	0.455	0.444	0.435	0.426	0.417	0.408	0.400	2
3	0.879	0.852	0.827	0.803	0.780	0.758	0.737	3
4	1.274	1.225	1.178	1.134	1.092	1.053	1.015	4
5	1.641	1.563	1.490	1.422	1.358	1.298	1.242	5
6	1.979	1.868	1.765	1.670	1.581	1.499	1.423	6
7	2.290	2.142	2.006	1.881	1.766	1.661	1.565	7
8	2.576	2.387	2.216	2.060	1.919	1.791	1.675	8
9	2.836	23.605	2.396	2.209	2.042	1.893	1.760	9
10	3.074	2.797	2.551	2.344	2.142	1.973	1.824	10
11	3.289	2.966	2.683	2.436	2.221	2.034	1.871	11
12	3.484	3.115	2.795	2.520	2.285	2.082	1.907	12
13	3.660	3.244	2.889	2.589	2.334	2.118	1.933	13
14	3.817	3.356	2.968	2.644	2.373	2.145	1.952	14
15	3.959	3.453	2.034	2.689	2.403	2.165	1.966	15
16	4.085	3.537	3.089	2.725	2.426	2.180	1.976	16
17	4.198	3.608	3.135	2.753	2.444	2.191	1.983	17
18	4.298	3.670	3.172	2.776	2.458	2.200	1.988	18
19	4.386	3.722	3.202	2.793	2.468	2.206	1.991	19
20	4.464	3.767	3.228	2.008	2.476	2.210	1.994	20
22	4.594	3.836	3.265	2.827	2.487	2.216	1.997	22
24	4.694	3.886	3.289	2.839	2.493	2.219	1.999	24
25	4.735	3.905	3.298	2.843	2.494	2.220	1.999	25
26	4.771	3.921	3.305	2.847	2.496	2.221	1.999	26
28	4.829	3.946	3.315	2.851	2.498	2.221	2.000	28
30	4.873	3.963	3.322	2.853	2.499	2.222	2.000	30
32	4.906	3.975	3.326	2.855	2.490	2.222	2.000	32
34	4.931	3.983	3.329	2.856	2.500	2.222	2.000	34
35	4.941	3.986	3.330	2.856	2.500	2.222	2.000	35
36	4.949	3.988	3.330	2.856	2.500	2.222	2.000	36
38	4.963	3.992	3.332	2.857	2.500	2.222	2.000	38
40	4.973	3.995	3.332	2.857	2.500	2.222	2.000	40
45	4.988	3.998	3.333	2.857	2.500	2.222	2.000	45
50	4.995	3.999	3.333	2.857	2.500	2.222	2.000	50
55	4.998	4.000	3.333	2.857	2.500	2.222	2.000	55
60	4.999	4.000	3.333	2.857	2.500	2.222	2.000	60
65	5.000	4.000	3.333	2.857	2.500	2.222	2.000	65
70	5.000	4.000	3.333	2.857	2.500	2.222	2.000	70
75	5.000	4.000	3.333	2.857	2.500	2.222	2.000	75
80	5.000	4.000	3.333	2.857	2.500	2.222	2.000	80
85	5.000	4.000	3.333	2.857	2.500	2.222	2.000	85
90	5.000	4.000	3.333	2.857	2.500	2.222	2.000	90
95	5.000	4.000	3.333	2.857	2.500	2.222	2.000	95
100	5.000	4.000	3.333	2.857	2.500	2.222	2.000	100

附录Ⅲ 标准正态分布表

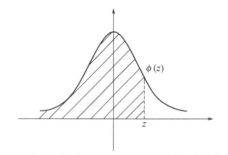

Z	0	1	2	3	4	5	6	7	8	9
−3.0	0.0013	0.0010	0.0007	0.0005	0.0003	0.0002	0.0002	0.0001	0.0001	0.0000
−2.9	0.0019	0.0018	0.0017	0.0017	0.0016	0.0016	0.0015	0.0015	0.0014	0.0014
−2.8	0.0026	0.0025	0.0024	0.0023	0.0023	0.0022	0.0021	0.0021	0.0020	0.0019
−2.7	0.0035	0.0034	0.0033	0.0032	0.0031	0.0030	0.0029	0.0028	0.0027	0.0026
−2.6	0.0047	0.0045	0.0044	0.0043	0.0041	0.0040	0.0039	0.0038	0.0037	0.0036
−2.5	0.0062	0.0060	0.0059	0.0057	0.0055	0.0054	0.0052	0.0051	0.0049	0.0048
−2.4	0.0082	0.0080	0.0078	0.0075	0.0073	0.0071	0.0069	0.0068	0.0066	0.0064
−2.3	0.0107	0.0104	0.0102	0.0099	0.0096	0.0094	0.0091	0.0089	0.0087	0.0084
−2.2	0.0139	0.0136	0.0132	0.0129	0.0126	0.0122	0.0119	0.0116	0.0113	0.0110
−2.1	0.0179	0.0174	0.0170	0.0166	0.0126	0.0158	0.0154	0.0150	0.0146	0.0143
−2.0	0.0228	0.0222	0.0217	0.0212	0.0207	0.0202	0.0197	0.0192	0.0188	0.0183
−1.9	0.0287	0.0281	0.0274	0.0268	0.0262	0.0256	0.0250	0.0244	0.0238	0.0233
−1.8	0.0359	0.0352	0.0344	0.0336	0.0326	0.0322	0.0314	0.0307	0.0300	0.0294
−1.7	0.0446	0.0436	0.0427	0.0418	0.0409	0.0401	0.0392	0.0384	0.0375	0.0367
−1.6	0.0548	0.0537	0.0526	0.0516	0.0505	0.0495	0.0485	0.0475	0.0465	0.0455
−1.5	0.0668	0.0655	0.0643	0.0630	0.0618	0.0606	0.0594	0.0582	0.0570	0.0559
−1.4	0.0808	0.0793	0.0778	0.0764	0.0749	0.0735	0.0722	0.0708	0.0694	0.0681
−1.3	0.0968	0.0951	0.0934	0.0913	0.0901	0.0885	0.0869	0.0853	0.0838	0.0823
−1.2	0.1151	0.1131	0.1112	0.1093	0.1075	0.1056	0.1038	0.1020	0.1003	0.0985
−1.1	0.1357	0.1335	0.1314	0.1292	0.1271	0.1251	0.1230	0.1210	0.1190	0.1170
−1.0	0.1587	0.1562	0.1539	0.1515	0.1492	0.1469	0.1446	0.1423	0.1410	0.1379
−0.9	0.1841	0.1814	0.1788	0.1762	0.1736	0.1711	0.1685	0.1660	0.1635	0.1611
−0.8	0.2119	0.2090	0.2061	0.2033	0.2005	0.1977	0.1949	0.1922	0.1894	0.1867
−0.7	0.2420	0.2389	0.2358	0.2327	0.2297	0.2266	0.2236	0.2206	0.2177	0.2148
−0.6	0.2743	0.2709	0.2676	0.2643	0.2611	0.2578	0.2546	0.2514	0.2483	0.2451
−0.5	0.3085	0.3050	0.3015	0.2981	0.2946	0.2912	0.2877	0.2843	0.2810	0.2776
−0.4	0.3446	0.3409	0.3372	0.3336	0.3300	0.3264	0.3228	0.3192	0.3150	0.3121
−0.3	0.3821	0.3783	0.3745	0.3707	0.3669	0.3632	0.3594	0.3557	0.3520	0.3483
−0.2	0.4207	0.4168	0.4129	0.4090	0.4052	0.4013	0.3974	0.3930	0.3897	0.3859
−0.1	0.4602	0.4563	0.4522	0.4483	0.4443	0.4404	0.4364	0.4325	0.4286	0.4247
−0.0	0.5000	0.4960	0.4920	0.4880	0.4840	0.4801	0.4761	0.4721	0.4681	0.4641

Z	0	1	2	3	4	5	6	7	8	9
0.0	0.5000	0.5040	0.5080	0.512	0.5160	0.5199	0.5239	0.5279	0.5319	0.5359
0.1	0.5398	0.5438	0.5478	0.5517	0.5557	0.5596	0.5636	0.5675	0.5714	0.5753
0.2	0.5793	0.5832	0.5871	0.5910	0.5948	0.5987	0.6026	0.6064	0.6103	0.6141
0.3	0.6179	0.6217	0.6255	0.6293	0.6331	0.6368	0.6406	0.6443	0.6480	0.6517
0.4	0.6554	0.6591	0.6628	0.6664	0.6700	0.6736	0.6772	0.6808	0.6844	0.6879
0.5	0.6915	0.6950	0.6985	0.7019	0.7054	0.7088	0.7123	0.5157	0.7190	0.7224
0.6	0.7257	0.7291	0.7324	0.7357	0.7389	0.7422	0.7454	0.7486	0.7517	0.7549
0.7	0.7580	0.7611	0.7642	0.7673	0.7703	0.7734	0.7764	0.7794	0.7823	0.7852
0.8	0.7881	0.7910	0.7939	0.7967	0.7995	0.8023	0.8051	0.8078	0.8106	0.8133
0.9	0.8159	0.816	0.8212	0.8238	0.8264	0.8289	0.8315	0.8340	0.8365	0.8389
1.0	0.8413	0.8438	0.8461	0.8485	0.8505	0.8531	0.8554	0.8577	0.8955	0.8621
1.1	0.8643	0.8665	0.8686	0.8708	0.8729	0.5749	0.8770	0.8790	0.8810	0.8830
1.2	0.8849	0.8869	0.8888	0.8907	0.8925	0.8944	0.8962	0.8980	0.8997	0.9015
1.3	0.9032	0.9049	0.9066	0.9082	0.9599	0.9115	0.9131	0.9147	0.9162	0.9177
1.4	0.9192	0.9207	0.9222	0.9236	0.9251	0.9265	0.9278	0.9292	0.9306	0.9319
1.5	0.9332	0.9345	0.9357	0.9370	0.9382	0.9394	0.9406	0.9418	0.9430	0.9441
1.6	0.9452	0.9463	0.9472	0.9484	0.9495	0.9505	0.9515	0.9525	0.9535	0.9545
1.7	0.9554	0.9564	0.9573	0.9582	0.9591	0.9599	0.9608	0.9616	0.9625	0.9633
1.8	0.9641	0.9648	0.9656	0.9664	0.9671	0.9678	0.9686	0.9693	0.9700	0.9606
1.9	0.9713	0.9719	0.9726	0.9732	0.9738	0.9744	0.9750	0.9756	0.9762	0.9767
2.0	0.9772	0.9778	0.9783	0.9788	0.9793	0.9798	0.9803	0.9808	0.9812	0.9817
2.1	0.9821	0.9826	0.9830	0.9834	0.9838	0.9842	0.9846	0.9850	0.9854	0.9857
2.2	0.9861	0.9864	0.9868	0.9871	0.9874	0.9878	0.9881	0.9884	0.9887	0.9890
2.3	0.9893	0.9896	0.9898	0.9901	0.9904	0.9906	0.9909	0.9911	0.9913	0.9916
2.4	0.9918	0.9920	0.9922	0.9925	0.9927	0.9929	0.9931	0.9932	0.9934	0.9936
2.5	0.9938	0.9940	0.9941	0.9943	0.9945	0.9946	0.9948	0.9949	0.9951	0.9952
2.6	0.9953	0.9955	0.9956	0.9957	0.9959	0.9960	0.9961	0.9962	0.9963	0.9964
2.7	0.9965	0.9966	0.9967	0.9968	0.9969	0.9970	0.9971	0.9972	0.9973	0.9974
2.8	0.9974	0.9975	0.9976	0.9977	0.9977	0.9978	0.9979	0.9979	0.9980	0.9981
2.9	0.9981	0.9982	0.9982	0.9983	0.9984	0.9984	0.9985	0.9985	0.9986	0.9986
3.0	0.9987	0.9990	0.9993	0.9995	0.9997	0.9998	0.9998	0.9999	0.9999	0.1000

参 考 文 献

[1] 国家发展改革委,建设部. 建设项目经济评价方法与参数. 第3版. 北京:中国计划出版社,2006.
[2] 傅家骥,仝允桓. 工业技术经济学. 北京:清华大学出版社,1996.
[3] 雷家骕,程源,杨湘玉. 技术经济学的基础理论与方法. 北京:高等教育出版社,2005.
[4] 吴添祖,冯勤,欧阳仲健. 技术经济学. 北京:清华大学出版社,2004.
[5] 刘长滨. 建筑工程技术经济学. 北京:中国建筑工业出版社,2007.
[6] 胡珑瑛. 技术经济学. 哈尔滨:哈尔滨工业大学出版社,2004.
[7] 投资项目可行性研究指南编写组. 投资项目可行性研究指南. 北京:中国电力出版社,2002.
[8] 阎军印. 建设项目评估. 北京:机械工业出版社,2005.
[9] 刘秋艳. 房地产投资分析. 大连:东北财经大学出版社,2007.
[10] 财政部注册会计师考试委员会办公室. 税法. 北京:经济科学出版社,2009.
[11] 武献华,宋维佳,屈哲. 工程经济学. 大连:东北财经大学出版社,2007.
[12] 郭献芳,潘智峰,焦俊,李奇会. 工程经济学. 北京:中国电力出版社,2007.
[13] 肖跃军,周东明,赵利. 工程经济学. 北京:高等教育出版社,2004.
[14] 姚玲珍,华锦阳. 工程经济学. 北京:中国建材工业出版社,2004.
[15] 贾兆兵. 工程经济与项目管理. 北京:中国水利水电出版社,2007.
[16] 宋伟,王恩茂. 工程经济学. 北京:人民交通出版社,2006.
[17] 赵国杰. 工程经济学. 天津:天津大学出版社,2003.
[18] 林晓岩,王红梅. 技术经济学教程. 北京:经济管理出版社,2005.
[19] 石兴国,毛良虎,丁云伟. 技术经济学. 北京:中国电力出版社,2004.
[20] 虞和锡. 工程经济学. 北京:中国计划出版社,2002.
[21] 刘晓君. 工程经济学. 第2版. 北京:中国建筑工业出版社,2008.
[22] 付晓灵. 工程经济学. 北京:中国计划出版社,2009.
[23] 陈新元. 高等工程技术经济学. 北京:中国电力出版社,2004.
[24] 王克强. 工程经济学. 上海:上海财经大学出版社,2004.
[25] 陆宁. 工程经济学. 北京:化学工业出版社,2008.
[26] 全国一级建造师执业资格考试用书编写委员会. 建设工程经济. 北京:中国建筑工业出版社,2007.
[27] 段力平,陈建. 实用技术经济学. 北京:高等教育出版社,2003.
[28] 李相然. 工程经济学. 北京:中国电力出版社,2008.
[29] 蒋太才. 技术经济学基础. 北京:清华大学出版社,2006.
[30] 吴添祖. 技术经济学概论. 北京:高等教育出版社,2004.
[31] 时思. 工程经济学. 北京:科学出版社,2004.
[32] 孙怀玉,王子学,宋冀东. 实用技术经济学. 北京:机械工业出版社,2003.
[33] 赵国杰,于海洋. 管理经济·工程经济·技术经济研究. 天津:天津大学出版社,2006.
[34] 陈宪. 工程咨询概论. 北京:机械工业出版社,2008.

前言

随着我国经济和汽车产业的飞速发展，人民的生活越来越富足，汽车迅速进入寻常百姓家，这使得我国汽车保有量逐年增加。汽车的存在使得人民的生活和工作更加方便快捷，但在驾驶汽车的过程中，难免会发生磕磕碰碰甚至是交通事故，因此汽车维修业已成为重要的行业。目前我国汽修人才缺口极大，特别是钣金维修工奇缺。

由于钣金技术培训成本高，对培训场地和设备都有较高要求，另外还有很多维修技术靠经验积累，所以培训难度很大。为了方便钣金维修从业人员自学，也为了满足一些企业的汽车钣金技术的培训需求，我们特组织一批教学经验丰富的老师和实践经验丰富的技师共同编写了本书。

本书依据"实用、适用"的编写原则，按照"通俗、精炼、可操作"的编写风格编写，从专业的角度出发，详细地讲述了汽车钣金实操项目的相关知识，内容包括汽车钣金基础、部件拆装、钣金修复设备的使用、车身修复。通过大量的高清真实场景照片，从汽车钣金相关设备、工具、耗材的认识开始，逐步讲解了如何进行车身钣金件的拆卸、安装，汽车钣金设备的使用方法以及车身修复的实际操作。本书图文并茂，操作步骤详细，并且配套实操视频课程（兑换后可免费观看）辅助学习，还可免费下载教学检验表格与课后练习。本书适合汽车钣金修复人员入门学习使用，也可以作为职业院校汽修专业的实操教材、职业培训机构或汽车维修从业人员的自学参考书。

由于编者水平有限，书中难免有不当之处，敬请广大读者批评指正。

编　者

目　录
CONTENTS

第一章
汽车钣金基础

第一节 车身结构

车身属于汽车中的一大总成，它在外形、结构、生产方法、所用材料、装配技术和维修工艺等许多方面，均与底盘各总成存在着根本性的区别。从外形结构来看，车身壳体由许多具有空间曲面形状的大型覆盖件（如车顶、翼子板、发动机舱盖、外蒙皮等）所组成。掌握车身的类型和典型结构，并能划分车身结构的各组成部分是车身修复的前提。

车身的分类及特点

按承载形式的不同，可将车身分为非承载式、半承载式和承载式三大类。

1. 非承载式车身

车身以弹性元件与车架相连，车身承受自重、货物和乘客的重量引起的载荷以及行驶时的空气阻力、惯性力，其他的载荷则由车架承受。由于车身与车架的连接件能吸收一部分由地面和发动机传来的振动和噪声，所以能改善乘坐舒适性。非承载式车身广泛用于客车及货车，有些高级轿车也采用这种形式的车身，如图 1-1 所示。

图 1-1 非承载式车身

（1）非承载式车身的优点

减振性能好：发动机和底盘各主要总成直接装配在车架上，可以较好地吸收来自各方面的冲击与振动。

工艺简单：壳体与车架共同组成车身主体，它与底盘可以分开制造、装配，然后再组装到一起，总装工艺因此而简化。

易于改型：由于以车架作为车身的基础，易于按使用要求对车身进行改装、改型和改造。

安全性好：当汽车发生碰撞事故时，大部分冲击能量由车架吸收，对车身主体起到一定的保护作用。

（2）非承载式车身的缺点

质量大：由于车身壳体不参与承载或很少承载，故要求车架应有足够的强度与刚度，从而导致整车质量增加。

承载面高：由于车架介于车身主体与底盘之间，给降低整车高度带来一定的困难。

投入多：制造车架需要一定厚度的钢板，对冲压设备要求高导致投入增加，焊接、检验及质量保证等作业也随之复杂化。

2. 半承载式车身

半承载式车身与非承载式车身一样，在下面保留有车架，但车身与车架刚性连接成一体，车身壳体承受部分载荷。半承载式车身骨架（立柱）与车架纵梁两侧悬伸的横梁焊接在一起，所以不像非承载式车身那样可以与车架分开，如图 1-2 所示。

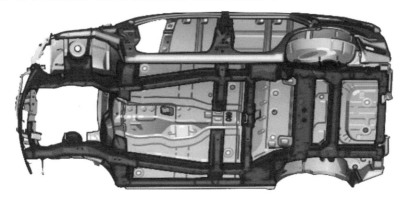

图 1-2 半承载式车身

3. 承载式车身

承载式车身取消了车架，全部载荷均由车身承受，底盘各部件直接与车身相连。这种形式的车身，根据承载部位的不同可分为底架承载式和整体承载式两种。前者底架部分强度较大，承受大部分载荷；后者则是整个车身形成一个参与承载的整体。承载式车身的制造是将薄钢板压制成形状各异的钣金件，然后再点焊成一个整体，如图 1-3 所示。

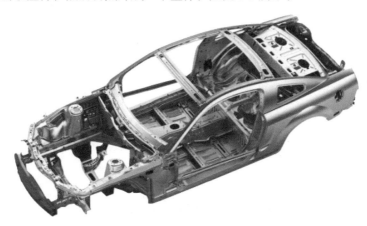

图 1-3 承载式车身

（1）承载式车身的优点

质量小：由于车身由薄钢板冲压成型的构件组焊而成，因此具有质量小、刚性好、抗变扭能力强等优点。

生产性好：车身采用容易成型的薄钢板冲压，并且采用点焊和多工位自动焊接等现代化生产方式，车身组焊后的整体变形较小，且生产效率高，质量保障性好。

结构紧凑：由于没有独立的车架，因此汽车整体高度、重心高度、承载面高度都有所降低，可利用的空间也相应增大。

安全性好：由薄钢板冲压成型后组成的车身具有均匀承受载荷并加以扩散的功能，对冲击能量的吸收性好，使汽车的安全性得到提高。

（2）承载式车身的缺点

底盘部件与车身结合部在汽车运动载荷的冲击下，极易发生疲劳损伤；乘客舱也更容易受到来自汽车底盘的振动与噪声的影响。为此，需要有针对性地采取一些减振、降噪等技术措施。另外，由事故所导致的整体变形较为复杂，并且会直接影响到汽车的行驶性能，在钣金维修作业中复原参数时，必须使用专门的设备和特定的检测手段。

二　车身部件认识

轿车车体通常分为三段，即由前车身、中间车身和后车身三大部分及相关构件组成。

1. 前车身

前车身主要由前翼子板、前段纵梁、前围板及发动机舱盖、前轮罩（又称翼子板内衬、翼子板骨架、前悬架支撑板、大包围等）、发动机支撑架（副车架、元宝梁）以及保险杠等构件组成。大多数轿车的前部装有前悬架、转向装置和发动机总成。

（1）前保险杠

前保险杠位于车辆的最前端，是车身外部装饰件，主要部件一般由非金属面罩与金属加强筋相连而成，起到装饰、防护的作用，应用于所有车辆车身。前保险杠在车辆行驶过程中经常发生剐蹭、碰撞等情况，因此前保险杠外皮、支架、装饰条等零件容易受损，这些部件损坏后一般直接更换新件。前保险杠杠体一般优先考虑钣金修复，而不采取换件操作。前保险杠外皮如果与车身同色，更换后还需要进行喷烤漆处理，如图1-4所示。

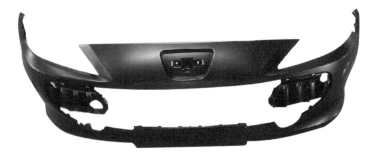

图1-4　前保险杠

（2）前翼子板

前翼子板位于汽车发动机舱盖侧下部、前轮上部，是重要的车身装饰件，主要部件一般采用薄钢板冲压制造。普通轿车的前翼子板主要由前翼子板外板、前翼子板内板、翼子板衬板及翼子板防擦装饰条等组成，部分轿车还装有翼子板轮口装饰条。在车辆碰撞事故中，前翼子板外板、内板等钣金件经常因碰撞而发生变形，此时应视损坏程度采用钣金修复或更换

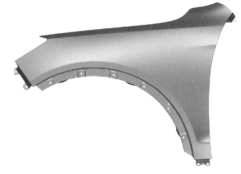

图1-5　前翼子板

新件，固定卡扣、固定螺栓在更换翼子板时应一同更换，如图1-5所示。

（3）发动机舱盖

发动机舱盖位于车辆前上部，是发动机舱的维护盖板。轿车的发动机舱盖主要由发动机舱盖隔热垫、发动机舱盖铰链、发动机舱盖支撑杆、发动机舱盖锁、发动机舱盖锁开启拉索、发动机舱盖密封条等零件组成。发动机舱盖多由高强度钢板冲压成网状骨架和蒙皮组合而成，多数轿车还在夹层之间用了耐热点焊胶，使之确保刚度并在夹层间形成良好的消声胶层。车身维修中应有针对性地实施解体方案，不要轻易用火焰法修理，以免破坏夹胶的减振与隔声作用。

在发动机舱盖的组成零部件中，发动机舱盖锁开启拉索、发动机舱盖锁总成比较容易受损，对于这些零件只要更换新件就可恢复原有功能，支撑杆、密封条以及缓冲垫等一般不会损坏。发动机舱盖一般也只是由于车辆发生碰撞等而变形，损坏不严重时可采取钣金修复，一般不采取换件修复，如图1-6所示。

（4）前围板

前围板位于乘客舱前部，通过前围板使发动机舱与乘客舱分开。前围板的两端与车身前立柱和前纵梁组焊成一体，使整体刚性更好，由于前车身的后部构造还起到横向加固车身的作用，一般采用双重式结构。靠近发动机舱一侧主要起辅助加强作用，靠近乘客舱一侧用高强度钢板冲压成型，并于两侧涂抹沥青，安装毛毡、胶棉等绝缘材料，以保证乘客舱振动小，噪声小，热影响小，如图1-7所示。

图1-6　发动机舱盖

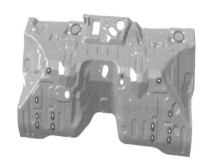

图1-7　前围板

（5）前纵梁

前纵梁是前车身的主要强度件，直接焊接在车身下部，其上再焊接轮罩（有些车型的前轮罩与前纵梁为一体式）等构件。为了满足承载和对前悬架、转向系统等支撑力的受力要求并使载荷分布均匀，前纵梁前细后粗截面不等，同时截面变化也较为明显，能够提高汽车受冲撞时对冲击能量的吸收，尤其是断面处，受冲击时将首先变形以吸收能量。纵梁上钻有许多不同直径的小孔，用于安装发动机总成及汽车附件。

2. 中间车身

中间车身设有车门、侧体门框、门槛板，沿周采用高强度钢制成的抗弯曲能力较高的箱型断面，中间车身侧体框架的中柱、边框、车顶边梁、侧体下边梁等结构件也采用封闭型断面结构。车顶、车底和立柱等构件，均以焊接方式组合在一起。中间车身的立柱起着支撑车窗和车顶的作用，一般下部做得粗大，上部的截面尺寸需要考虑驾驶视野而适当缩小。立柱包括前柱（A柱），中柱（B柱）与后柱（C柱）三种。

（1）立柱、门槛板、地板

如图1-8所示，立柱、门槛板是构成车身侧框架的钣金结构件，也是车身非常重要的支撑件，如轿车、吉普车等车型一般由前、中、后门框及门槛板、门楣等构成一个框架结构，用来固定车门、支撑车顶、固附车身蒙皮等。如图1-9所示，地板是车辆用来承载乘客、货物的基础件，是车身非常重要的钣金件。车辆上几乎所有的组件都直接或间接地安装在地板上，如乘员座椅直接安装在地板上，仪表台通过仪表台框架间接安装在地板上。当车辆发生变形损坏时，地板基本上是采用钣金修复。

图1-8　立柱、门槛板

图1-9　地板

（2）车顶

车顶是指车身车厢顶部的盖板，其上可能装有天窗、换气窗或天线等。车顶主要由车顶板、车顶内衬、横梁（可能有前横梁、后横梁）、加强筋等组成，有的车型还装有车顶行李架，如图1-10所示。

在车顶的零件中，车顶内衬若损坏，一般采取换件的方式进行维修，其他金属零件一般采取钣金修复，只有在损坏非常严重而无法钣金修复时采取换件修复。

图1-10　车顶

电动式天窗一般由天窗框架、天窗玻璃、天窗遮阳板、天窗导轨、电动机等零件组成。天窗总成的零件一般不容易发生损坏，天窗玻璃、天窗导轨一般在车辆发生碰撞后才有可能发生损坏，电动机、控制装置可能发生机械故障损坏，这些零件损坏时一般更换新件即可恢复原有功能。

（3）车门

车门是乘员上下车的通道，其上装有门锁、玻璃、玻璃升降器等附属设备，车门框架是车门的主要钢架，铰链、玻璃、把手等部件安装在车门框架上。车门外板是车门框架上的外面板，由钢、铝、纤维玻璃或塑料制成。车门玻璃沿车门框架上的玻璃导轨上下移动，导轨是用低摩擦材料嵌入、黏结形成的 V 形槽，如图1-11所示。

车门及其附件主要包括车门板（车门外板和车门内

图1-11　车门

板）、车门内饰板、车门密封条、车门铰链（一般包括车门上铰链和下铰链）、车门锁总成等。

车门总成的零件中，车门板（车门外板、车门内板）在损坏不严重的情况下一般采取钣金修复。其他零件（如门锁、拉手、玻璃升降器）属于易损件，在损坏时只要更换新件即可。

3. 后车身

后车身是用于放置物品的部分，可以说是中间车身侧体的延长部分。三厢式轿车的乘客舱与行李舱是分开的，而两厢式轿车的行李舱则与乘客舱合二为一。

后车身的主要载荷来自于汽车后悬架，尤其是后轮驱动的车辆，驱动力通过车桥、悬架直接作用于后车身上。为确保后车身的刚度，车身重量由中间车身径直向后延伸，到后桥部位再形成拱形弯曲，这样既保证了后车身的刚度、又不至于使后桥与车身发生干涉，而且当车身后部受到追尾撞击时，还能吸收部分冲击能量，通过变形来实现对乘客舱的有效保护。

（1）行李舱和行李舱盖

行李舱是装载物品的空间，是由行李舱组件与车身地板钣金件构成的。行李舱基本位于轿车车身的后部，因此又俗称后备箱。轿车的行李舱盖主要由行李舱盖板、行李舱盖衬板、行李舱铰链、行李舱支撑、行李舱密封条、锁总成等零件组成，部分轿车的行李舱盖还带有扰流板、车型品牌标识等。在行李舱盖的组成零件中，除了行李舱盖板损坏可以进行钣金修复外，其他零件损坏基本采取更换新件的方式，如图1-12所示。

（2）后翼子板

后翼子板是遮盖后车轮的车身外板，后翼子板主要由后翼子板外板、后翼子板内板、翼子板衬板及翼子板防擦装饰条等组成，如图1-13所示。

图1-12　行李舱和行李舱盖　　　　　　　图1-13　后翼子板

（3）后保险杠

后保险杠位于车辆车身的尾部，起到装饰、防护车辆后部零件的作用。后保险杠主要包括保险杠外皮、保险杠杠体、保险杠加强件、保险杠固定支架及保险杠装饰条。部分中高级轿车的后保险杠中还备有后保险杠缓冲器，可以有效保护车辆的后部车身在中级以下碰撞时不发生变形。在轿车后保险杠的组成零件中，除了保险杠外皮损坏时一般采取更换新件的方式外，其他钣金件都可先考虑钣金修复，除非损坏较为严重时才更换新件，如图1-14所示。

图1-14 后保险杠

第二节 认识汽车钣金维修的常用设备工具及耗材

专业的汽车维修场地一般配备大量的专用工具和设备，在使用过程中需要正确使用和维护这些工具和设备。这些工具和设备可以加快修理速度，提高修理质量，因此好用的修理工具是十分重要的。从古老石器时代到现在的先进科技时代，工具的作用都是用来扩展人类的各项功能，用来帮助人们完成原本不可能完成的任务，任何汽车维修技师都无法使用劣质工具完成优质的维修工作。

设备工具对汽车钣金维修的重要性

汽车工业百年来发展日新月异，深入到社会生活的各个领域。汽车技术的发展，新材料的广泛使用，使现代汽车相较于传统汽车发生了巨大的变化，这样也给现代汽车碰撞维修带来了新的难题。自1940年前后出现承载式车身以来，为适应汽车行业的经济性、环保性的需求，各种汽车的车身钢板重量越来越轻，钢板厚度越来越薄，材料的合金成分越来越复杂。

汽车钣金维修是指对汽车碰撞所产生的大小损伤进行修复的工作，即汽车钣金维修，在整个汽车维修过程中起着举足轻重的作用。车身碰撞损伤恢复程度的好坏，将直接影响到该车修复后的使用性能和安全结构。一般汽车在不幸遭遇交通事故后，碰撞部分都有不同程度的损伤，车身结构和理论参数总有不同程度的变化，这些损伤和变化都会使受碰撞车辆产生不同程度的破坏，对这些破坏的修复是汽车钣金维修工所要做的具体工作。

钣金修复的质量一是取决于钣金维修工的技术水平，二是取决于钣金维修的设备工具。钣金维修工的技术再好，如果没有合适的工具和设备，那么就无法进行修复，特别是现在制造汽车的材料更加多元化，对钣金维修的工具和设备的要求也会更高。如果车身碰撞损伤修复不到位，那么所有跟车身连接的装置，包括发动机、变速器等都将无法正常工作。比如，连接前后桥的车身大梁，如果各个规定点的位置拉伸、修复不到位，前后桥将无法正常连接，这样发动机、变速器、转向系统、制动系统等等都将因为位置的改变而无法工作，产生新的更多更大的故障，例如共振现象、跑偏现象、轮胎偏磨现象。当车顶大面积塌陷后，如果车顶修复不到位，天窗的工作将会非常吃力，使用寿命缩短，严重的还会出现漏水、漏尘现象。车身更是如此，如果恢复不到位，也可能出现车身玻璃无法正常升降，车门关闭不严等现象。因此，除了要求钣金维修技术人员要达到一定的技术水平之外，工具和设备也应该要满足相应的功能，只有这样才能使受损的车身恢复如初。

二　常用设备

1）大梁校正仪：用于因碰撞等原因而损坏、变形的汽车车身进行矫正修复的汽车修理设备。大梁校正仪一般由基础部件、定位夹紧系统、拉伸系统和测量系统组成。它的工作原理就是将需要修复的车身在大梁校正仪上进行定位夹紧，通过拉伸系统对车身施以与碰撞方向相反的作用力，使车身变形得以恢复，如图1-15所示。

2）剪式举升机：剪式举升机是用于汽车维修行业的专用机械。靠液压系统驱动升降，也叫液压举升机，在汽车维修养护中发挥着至关重要的作用。剪式举升机分为大剪（子母式），小剪（单剪）举升机，小剪举升机主要用于汽车的维修保养，安全性高，操作方便。挖槽后与地面相平。大剪举升机是配合四轮定位仪的最佳设备，同时还可以用于汽车维修，轮胎和底盘检修。可以挖槽，也可以直接安装在地面上，如图1-16所示。

图1-15　大梁校正仪

图1-16　剪式举升机

3）分离式液压千斤顶：分离式液压千斤顶是一种新型多用工具，它由液压泵和油缸组成。能进行顶举、调直、弯曲、压力试验等工作，具有结构紧凑、操作简单、使用方便、安全、装卸快速等特点，如图1-17所示。

4）电焊机：电焊机是利用正、负两极在瞬间短路时产生的高温电弧来熔化焊条上的焊料和被焊材料，达到被接触物相结合的目的。其结构十分简单，本质就是一个大功率的变压器。电焊机按输出电源种类可分为两种：一种是交流电，另一种是直流电。电焊机利用电感的原理，电感量在接通和断开时会产生巨大的电压变化，利用正负两极在瞬间短路时产生的高压电弧来熔化焊条上的焊料，来使它们达到原子结合的目的，如图1-18所示。

图1-17　分离式液压千斤顶

5）二氧化碳气体保护焊机：二氧化碳气体保护焊机是以 CO_2 作为保护气体的熔化极电弧焊设备，工作时在电弧周围形成气体保防层，隔绝外部氧气，使焊缝不至于氧化碳化，从而提高焊缝质量，使焊接平面更加的美观平整，适用于各种低碳钢，低合金钢的气体保护焊接，如图 1-19 所示。

图 1-18　电焊机

图 1-19　二氧化碳气体保护焊机

6）氧乙炔设备：氧乙炔设备是一种可用于切割和焊接的设备，如图 1-20 所示。利用乙炔气与氧气燃烧所产生的热量进行焊接或切割，可调节还原焰、中性焰和氧化焰三种火焰状态。可以焊接碳钢、铸铁和铜合金、铝合金等，也可以切割车身。

7）钣金介子机：也称钣金车身修复机，是汽车修理厂用来修复车身的一种钣金设备，其原理和电焊机差不多，利用瞬间大电流释放使车体金属和焊枪金属粘连在一起从而进行整形。利用低电压、高强度的电流流过两块铁板时产生的高电阻热融化接触部分的金属，用焊枪电极的挤压力把它们熔合在一起，从而达到焊接的目的。介子机的功能有焊接介子（供拉拽用的介质）、单面电焊、电加热收火、碳棒修补与加热、钢板压平等。特点是焊接速度快、受热范围小、金属不易变形、操作方便。使用介子机修复的优点是无论车身结构如何，都可以在凹陷部位焊接不同的介质，通过拉拽的方法使之修复，集多种焊接、加热等功能于一体，给车身整形修复带来了方便，如图 1-21 所示。

图 1-20　氧乙炔设备

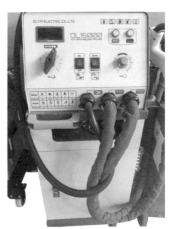

图 1-21　钣金介子机

8）铝介子机：铝介子机与钣金介子机的工作原理相同，也是在钣金件上焊接介子，铝板焊接的介子是铝焊钉。通过介子对铝板进行拉伸，达到修复的效果。但铝介子机与钣金介子机的结构不一样，介子机内部有线圈变压器，通过线圈变压器变成低电压高电流，然后通过垫圈与钣金件接触通电产生电阻热熔化钢铁焊接在一起。铝的电阻是钢板的 1/4~1/5 左右，因此对铝焊接时的电流就需要达到钢铁焊接的 4~5 倍，但很难达到这么大的电流。铝介子机内部没有线圈变压器，但里面有十几个大容量的电容，它的工作原理是通过所有电容瞬间放电来进行焊接，如图 1-22 所示。

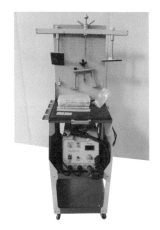

图 1-22 铝介子机

三 常用工具

1）拆装工具 120P 套装：适用于汽车维修，工具种类多，用途广，可以减少找工具时间，快捷方便，如图 1-23 所示。

2）T 字杆：是安装或拆卸螺钉的一种专用工具，如图 1-24 所示。

图 1-23 拆装工具 120P 套装

图 1-24 T 字杆

3）星形螺钉旋具：星形螺钉旋具是一种手持式工具，带有六面星形刀头。它专门设计用于与星形螺钉头交互作用，星形螺钉头的尺寸与相应的螺钉旋具头完全匹配。这种螺钉旋具在使用过程中可防止凸出，同时在螺钉和项目工作区之间产生理想的转矩，如图 1-25 所示。

4）一字、十字螺钉旋具：又称改锥，是用于旋紧或松开头部带一字或十字沟槽的螺钉。一般工作部分用碳素工具钢制成，并经淬火处理。一字螺钉旋具由手柄、刀体和刃口组成；其规格以刀体部分的长度表示，常用规格有 100mm、150mm、200mm 和 300mm 等，使用时，应根据螺钉沟槽的宽度选用相应的规格。十字螺钉旋具：又称十字改锥，用于旋紧或松开头部带十字沟槽的螺钉，材料和规格与一字螺钉旋具相同，如图 1-26 所示。

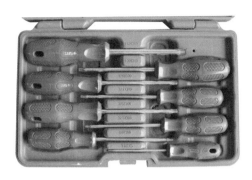

图1-25 星形螺钉旋具

图1-26 一字、十字螺钉旋具

5）撬尺：用于拆卸门板、内饰板卡扣的专用工具，根据材料不同分为塑料撬尺和金属撬尺，实际操作中塑料撬尺使用的比较多，如图1-27、图1-28所示。

图1-27 塑料撬尺

图1-28 金属撬尺

6）冲击螺钉旋具：又称冲击批，顾名思义就是利用冲击力拧紧或拆卸螺钉的螺钉旋具，冲击螺钉旋具的工作原理是利用冲击力使轴向移动手柄压缩、击发或复位弹簧，并通过调节转动方向将螺钉拧紧或旋出，电动冲击螺钉旋具一般用螺钉批头抵住螺钉后，握住冲击螺钉旋具用力即可，手动冲击螺钉旋具还要搭配四磅锤进行锤击敲打，如图1-29所示。

7）内六角扳手：用于内六角螺栓（螺塞）拆装时使用，它通过转矩施加对螺钉的作用力，大大降低了使用者的用力强度。内六角扳手外形一般呈L形，有球头和非球头的分类，如图1-30所示。

图1-29 冲击螺钉旋具

图1-30 内六角扳手

8）气动铲：气动铲是以高压空气为动力的一种分离工具。压缩空气冲击气缸内的冲击块，使冲击块冲撞气铲头，使气铲头获得一定的初速度和动能。气铲头上装有拉簧，气铲头获得的动能一部分用于铲击被击物；而另一部分与拉簧进行能量交换，变为势能使气铲头返回，每撞击一次，气铲头被拉簧拉回原位等待下次撞击，气缸内的冲击块在压缩空气的作用下往复移动对气铲头进行持续撞击，从而使气铲头具备持续铲击被击物的能力，使被击物分离，如图1-31所示。

9）螺栓取出器：螺栓取出器是供手工取出断裂在机器、设备里面的六角头螺栓、双头螺柱、内六角螺钉等用的工具。取出器螺纹为左旋螺纹。使用时，需先选一适当规格的麻花钻，在螺栓的断面中心位置钻一小孔，再将取出器插入小孔中，然后用丝锥扳手或活扳手夹住取出器的方头，用力逆时针转动，即可将断裂在机器、设备里面的螺栓取出，如图1-32所示。

图 1-31 气动铲

图 1-32 螺栓取出器

10）风窗玻璃拆装器：用于快速安全地拆卸前后风窗玻璃时切割玻璃胶，包括送线工具、胶扣起子、玻璃胶刮除器、内饰条刮除器、线锯及线圈，如图1-33所示。

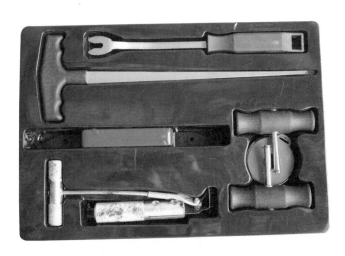

图 1-33 风窗玻璃拆装器

11）磁棒：用于车间维修时，拾取掉落在缝隙的工具、螺栓等，如图1-34所示。

12）钣金锤：钣金锤在车身维修中适用于金属加工中的校正和粗加工、精加工以及特殊用途。粗加工包括重新定位和校直汽车车身、零部件的内部形状或车身加强件，把车身已经撞瘪的部分重新敲平。精加工一般指敲平粗加工后遗留的小凹坑，使表面平整。钣金锤一般包括球头锤、铁锤、橡皮锤、镐锤、冲击锤、精修锤等，如图1-35所示。

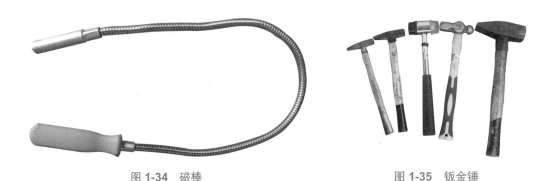

图 1-34　磁棒　　　　　　　　　　图 1-35　钣金锤

13）整形蹄铁：通常顶在锤敲击金属板的背面，用锤和整形蹄铁一起作业使高起的部位下降，使低凹部位上升，如图1-36所示。

图 1-36　整形蹄铁

14）锉刀：锉刀是一种用于锉光工件的手工工具。锉刀表面上有许多细密刀齿，用于对金属、木料、皮革等表层做微量加工，如图1-37所示。

15）钣金锉刀：用于汽车车身修复时检验修复效果的工具，锉刀对修复面进行锉削后，就可以目视检查出现的凸点和凹点，如图1-38所示。

图 1-37　锉刀　　　　　　　　　　图 1-38　钣金锉刀

16）大梁校正仪附件：与大梁校正仪配套使用的各种工具，包括各种类型的夹钳、拉环、连接器等，如图1-39所示。

17）手电钻：手电钻是以交流电或直流电为动力的钻孔工具，是手持式电动工具的一种，如图1-40所示。

图1-39　大梁校正仪附件

图1-40　手电钻

18）充电手电钻：与手电钻功能相同，但使用充电电池为电源，方便携带，不依赖插座电源，如图1-41所示。

19）气动钻：与手电钻功能相同，气钻的优点是用压缩空气作为动力源，而压缩空气是冰冷的，长时间使用对机器散热有很大的帮助。用空气作动力更安全，不会出现触电漏电等安全隐患，也适合一些易燃易爆等特殊场景作业，如图1-42所示。

图1-41　充电手电钻

图1-42　气动钻

20）铆钉枪：用于铝、铁、不锈钢板材的铆接，不锈钢、合金钢拉钉嘴的工具，如图1-43所示。

21）铁皮打孔器：用于给铁皮打孔的工具，打孔方便省力，如图1-44所示。

图 1-43 铆钉枪

图 1-44 铁皮打孔器

22）打孔钻头：打孔用的钻头，根据孔的大小不同有不同规格，如图 1-45 所示。

23）万能钻头：打孔用的钻头，但可以控制所打孔的大小，如图 1-46 所示。

图 1-45 打孔钻头

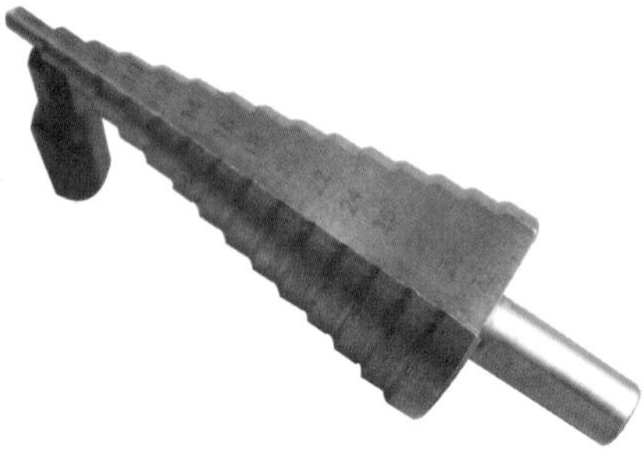

图 1-46 万能钻头

24）铣子：用金属做成的一种打眼工具亦称"冲子"，如图 1-47 所示。

25）拉拔器：修复钣金面凹陷时用于拉起凹坑的工具，通常与介子机配合使用，如图 1-48 所示。

图 1-47 铣子

图 1-48 拉拔器

26）角磨机：又称研磨机或盘磨机，是一种切削和打磨的手提式电动工具，主要用于切割、研磨及刷磨金属与石材等，如图 1-49 所示。

27）双动打磨机：是一种打磨用的气动工具，双动打磨机是以偏离打磨机头部的圆心作为中心转轴，转动时围绕这个偏心轴进行旋转，如图 1-50 所示。

28）黑金刚气动打磨机：与双动打磨机一样，是一种打磨用的气动工具，但黑金刚气动打磨机转动时，是围绕打磨机头部的圆心旋转，转轴在圆心处，如图 1-51 所示。

29）气动带式打磨机：是利用安装在主、从动轮之间的环型砂带来打磨工作面的。它可以根据使用场合（打磨对象）选用不同粒度的打磨带及打磨速度，并具有吸尘装置。适用于金属表面的最后磨光、除锈及除旧漆，如图1-52所示。

图 **1-49** 角磨机

图 **1-50** 双动打磨机

图 **1-51** 黑金刚气动打磨机

图 **1-52** 气动带式打磨机

30）小型气动打磨机：是一种打磨用的气动工具，但它适用于细微处的打磨，如图1-53所示。

31）大力钳：是一种用于夹持的工具，主要用于在铆接、焊接、磨削时夹持零件，其特点是钳口可以锁紧并产生很大的夹紧力，使被夹紧零件不会松脱，而且钳口有很多档调节位置，供夹紧不同厚度的零件使用，另外也可当扳手使用，如图1-54所示。

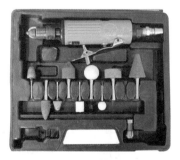

图 **1-53** 小型气动打磨机

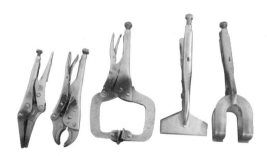

图 **1-54** 大力钳

32）钳子：是一种用于夹持、固定加工工件或扭转、弯曲、剪断金属丝线的手工工具。钳子的外形呈 V 形，通常包括手柄、钳腮和钳嘴三个部分。根据作用或使用对象不同可分为钢丝

钳、尖嘴钳、鲤鱼钳等，如图1-55所示。

33）台虎钳：台虎钳是用来夹持工件的通用夹具，装置在工作台上，用以夹稳加工工件。转盘式的钳体可旋转，使工件旋转到合适的工作位置，如图1-56所示。

图1-55　钳子

图1-56　台虎钳

34）电烙铁：是电子制作和电器维修必备工具，主要用途是焊接元件及导线。按机械结构可分为内热式电烙铁和外热式电烙铁，如图1-57所示。

35）玻璃胶枪：玻璃胶枪是一种密封填缝打胶的工具，适用于塑料瓶装硬筒玻璃胶，广泛用于建筑装饰、电子电器、汽车及汽车部件、船舶及集装箱等行业，如图1-58所示。

图1-57　电烙铁

图1-58　玻璃胶枪

36）气动胶枪：气动胶枪是以压缩空气为动力的打胶工具，较手动胶枪而言可减轻操作者的劳动强度，提高工作效率及打胶的质量，如图1-59所示。

37）热熔胶枪：热熔胶枪是一种注胶工具，可以精准开断，减少浪费。不同类型的热熔胶枪可以搭配不一样的喷嘴，适合在不同工作环境中使用，如图1-60所示。

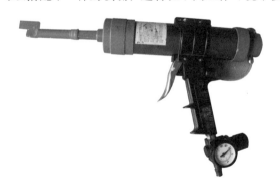

图1-59　气动胶枪

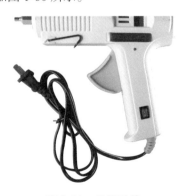

图1-60　热熔胶枪

38）热风枪：热风枪是利用发热电阻丝的枪芯吹出的热风来对元件进行焊接与摘取元件或使材料干燥、软化的工具，如图 1-61 所示。

39）塑料焊枪：是一种热风式焊接工具，通过加热塑料焊条及薄膜表面达到融化和粘结的作用，如图 1-62 所示。

图 1-61　热风枪　　　　　　　　　图 1-62　塑料焊枪

40）吹尘枪：一种利用压缩空气进行清洁、冷却的工具，如图 1-63 所示。

41）二维测量尺：是一种点到点的测量工具。在汽车钣金维修中，配合正版车身数据库，可以轻松自如地测量出车辆的车身尺寸，使受损车辆修复有据可依，如图 1-64 所示。

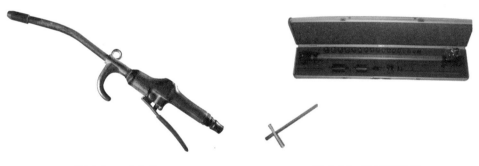

图 1-63　吹尘枪　　　　　　　　　图 1-64　二维测量尺

42）角尺：是具有圆周度数的一种角形测量绘图工具，即可放置得和图板的一边成任意需要的角度的绘图仪器，如图 1-65 所示。

图 1-65　角尺

四 常用耗材

1）波形线：在汽车钣金修复中，修复线条时供拉拔的介质，如图1-66所示。

2）三角介子：在汽车钣金修复中，修复凹面时供拉拔的三角形介子，如图1-67所示。

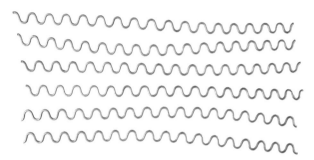

图1-66 波形线 　　　　　　　　　　　　　　图1-67 三角介子

3）圆介子：在汽车钣金修复中，修复凹面时供拉拔的圆形介子，如图1-68所示。

4）OT介子：在汽车钣金修复中，修复凹面时供拉拔的OT形介子，如图1-69所示。

图1-68 圆介子 　　　　　　　　　　　　　图1-69 OT介子

5）钣金胶：钣金胶是一种车用品，它属于合成胶，具有优良的密封性能和内聚力，耐振、耐水，对粘接密封基材无腐蚀，对环境友好，污染少，与金属、玻璃等多种基材粘接性良好。主要用于车体钣金、焊缝、厢体粘接密封，车顶、冷风机风槽接口等部位的密封及维修，如图1-70所示。

6）玻璃胶：是一种常用的黏合剂，由硅酸钠、醋酸和硅酮组成，如图1-71所示。

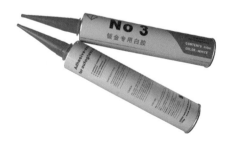

图1-70 钣金胶 　　　　　　　　　　　　图1-71 玻璃胶

7）双面胶：双面胶是以纸、布、塑料薄膜、弹性体型压敏胶或树脂型压敏胶制成的卷状胶带，如图 1-72 所示。

8）美纹纸：美纹纸是一种装饰、喷涂用纸，在汽车维修中常配合遮蔽膜进行遮蔽作业，如图 1-73 所示。

图 1-72　双面胶　　　　　　　　　　　　　图 1-73　美纹纸

9）蛇胶：蛇胶是由密封带材质以高分子多相聚合物辅以其他各种材料加工而成的密封粘结材料，如图 1-74 所示。

10）钢丝打磨轮：带钉刺（钢丝）的打磨转轮，一般用于打磨毛刺，如图 1-75 所示。

图 1-74　蛇胶　　　　　　　　　　　　　　图 1-75　钢丝打磨轮

11）千叶打磨片：用于各种钢材料的打磨、焊后祛疤、镜面抛光及前期打磨，如图 1-76 所示。

12）切割片：切割片属于砂轮，是用磨料和结合剂树脂等制成的用于切割普通钢材、不锈钢金属和非金属材质的薄片，如图 1-77 所示。

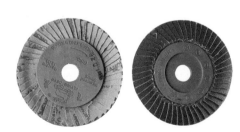

图 1-76　千叶打磨片　　　　　　　　　　　图 1-77　切割片

13）纤维打磨片：与千叶打磨片一样，但纤维打磨片用于打磨抛光，如图1-78所示。

14）焊条：气焊或电焊时熔化填充在焊接工件接合处的金属条。焊条的材料通常跟工件的材料相同。焊条由药皮和焊芯两部分组成，如图1-79所示。

图1-78　纤维打磨片

图1-79　焊条

15）塑料焊条：用于塑料件焊接的焊条，如图1-80所示。

16）碳棒：碳棒为非金属制品，作为碳弧气刨切割工艺中一种必备的焊接前的切割耗材，由碳、石墨加上适当的黏结剂，通过挤压成形，经2200℃焙烤旋锻后镀一层铜制成，如图1-81所示。

图1-80　塑料焊条

图1-81　碳棒

17）卡扣：卡扣是用于一个零件与另一零件的嵌入连接或整体闭锁的机构，通常用于塑料件的连接，其材料通常由具有一定柔韧性的塑料材料制成，如图1-82所示。

18）除油布：也叫无纺布，是一种防静电的擦拭布，如图1-83所示。

图1-82　卡扣

图1-83　除油布

19）瓶装气体：用于焊接用的瓶装气体，有氧气、乙炔、二氧化碳、氩气、氮气、氢气等，如图1-84所示。

1）防尘口罩：指对有害粉尘、气溶胶具有防护能力的口罩。防尘口罩一般是杯型，能够有效贴合在口鼻部位，从而达到防尘效果。防尘口罩通常用来阻隔灰尘或废气，但无法滤除病菌，如图1-85所示。

2）活性炭防护面罩：是一种用于工业防护眼睛和面部免受粉尘、化学物质、热气、毒气等有害物质迎面侵害的工业防护面具，如图1-86所示。

图1-84 瓶装气体

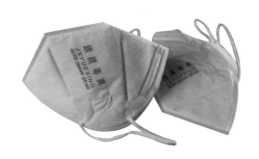

图1-85 防尘口罩

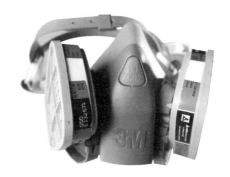

图1-86 活性炭防护面罩

3）电焊防护面罩：电焊防护面罩是指在焊割作业中起到保护作业人员安全的工具，如图1-87所示。

4）电焊护目镜：电焊护目镜是为了保护焊工的眼睛而设计的一种眼镜，如图1-88所示。

图1-87 电焊防护面罩

图1-88 电焊护目镜

5）护目镜：护目镜有防化学物喷溅、防粉尘、防冲击等作用，如图1-89所示。

6）电焊手套：电焊手套是一种焊接工作用手套，耐火、耐热，可提供安全防护及作业舒适性，如图1-90所示。

图 1-89　护目镜

图 1-90　电焊手套

7）棉纱手套：棉纱手套是一种由棉质纤维织造而成的手套，有抗磨抗裂的功能，如图 1-91 所示。

8）橡胶手套：橡胶手套是用橡胶薄片或薄膜制成的一类手套，可以防溶剂侵蚀，如图 1-92 所示。

图 1-91　棉纱手套

图 1-92　橡胶手套

9）工作围裙：又称隔热围裙，也称防水耐油围裙或橡胶围裙，是以纯天然橡胶、棉布为基础材料制成，作为酸碱作业的腹部防护用品，如图 1-93 所示。

图 1-93　工作围裙

第二章
部件拆装

第一节　保险杠

保险杠是防护车身前后部的安全装置，当汽车发生碰撞时可以吸收并缓和外界冲击力，减轻或避免事故对驾乘人员及行人和车辆其他部件的伤害。车辆在日常使用中，或多或少会出现剐、擦、碰撞等事故，而保险杠位于车辆下部，处于驾驶人的视野盲区，因此保险杠相对于车身其他区域的损坏率来讲要高。当保险杠某些部位的漆面被刮花或出现破损，不便于维修或更换，这时候就需要对保险杠进行拆卸作业。绝大多数车辆保险杠的拆卸方法都是相同的，只是在部分细节上稍有区别，只要拆卸时仔细观察，基本上都能很快将其拆卸下来。

一　保险杠的作用

许多年以前，保险杠还是块金属的钢板，表面镀铬，与车架纵梁铆接或焊接，看上去充满违和感，成本也比较高。设计初衷是为了保护驾乘人员的安全，减少事故中驾乘人员受到的伤害。但是随着汽车工业的发展，驾乘人员的安全有了更多的保障，于是保险杠逐渐被设计用于行人的保护。走在街上的行人是可能发生的事故中的弱势群体，而保险杠能够缓解车辆对行人腿部的撞击力，再配合前杠的合理设计，大大降低行人被撞的伤害程度。再有，保险杠能降低碰撞时车辆零件的受损程度。保险杠内的可变形泡沫柔软而富有弹性，在遇到低速撞击时，有一定的缓冲作用，可以最大程度上避免零部件的损坏，减少不必要的维修费用，如有设计良好的保险杠稍作保护，便能尽可能避免这样的情况发生，即使保险杠受损，修理或更换的费用也比其他部件受损要少。

目前广泛使用的塑料保险杠还有防腐效果和轻微碰撞的自我修复功能。金属在潮湿的环境中容易生锈，不仅影响外观，而且存在一定的安全隐患。汽车保险杠是比较容易发生磕碰的部件，如果采用了金属材质的保险杠，一旦发生碰撞损坏了车漆，那么就要马上处理伤处，否则时间久了就会产生氧化反应，危及临近车漆以及保险杠的金属材质，而塑料材质的保险杠则具有很好的防腐蚀性。塑料保险杠还拥有很好的弹性，并具备一定的抗冲击性能，因此当发生小磕小碰，塑料保险杠大多都能够自动回弹修复。如只有小的凹陷而没有伤及车漆的保险杠，经过一段时间的太阳高温照射后，也有可能自己修复还原。

二　保险杠的分类

保险杠按位置分类有前保险杠和后保险杠。保险杠按材料分类有钢板保险杠、镜钢保险杠、铝合金保险杠及塑料保险杠。

1）钢板保险杠：钢板保险杠用钢板冲压成槽钢，与车架纵梁铆接或焊接在一起，与车身有一段较大的间隙，看上去不美观。现在钢板保险杠主要用于货车。

2）镜钢保险杠：镜钢保险杠由钢管制成，并经电镀处理，具有美观、庄重等特点，多用于小型客车。

3）铝合金保险杠：铝合金保险杠是由铝合金构成的管状保险杠，这种保险杠具有造型多、美观、气派等特点，多用于越野车和小型客车。

4）塑料保险杠：塑料保险杠使用的塑料，大多使用聚酯烯和聚丙烯两种材料，并采用注射成型法制成。国外还有一种称为聚碳酯的塑料，渗进合金成分，采用合金注射成型的方法，加工出来的保险杠不但具有高强度的刚性，还具有可以焊接的优点，而且涂装性能好，在轿车上的用量越来越多。塑料保险杠具有强度、刚性和装饰性。从安全上看，汽车发生碰撞事故时能起到缓冲作用，保护前后车体；从外观上看，可以很自然地与车体结合在一块，浑然成一体，具有很好的装饰性，成为装饰轿车外型的重要部件。早期的轿车前后保险杠是以金属材料为主，用厚度为 3mm 以上的钢板冲压成 U 型槽钢，表面处理后镀铬，与车架纵梁铆接或焊接在一起，与车身有一段较大的间隙，看上去不太美观。今天的轿车前后保险杠除了保持原有的保护功能外，还要追求与车体造型和谐与统一，追求本身的轻量化。因此，为了达到这种目的，轿车的前后保险杠均为塑料保险杠。

三 保险杠的拆装

保险杠的拆装过程包括保险杠的拆卸和保险杠的安装两个方面。

1. 保险杠的拆卸

准备工具：一字和十字螺钉旋具、撬尺。

（1）拆卸前检查

1）拆卸之前一定要仔细检查，将有问题的部位及原因都检查出来，方便维修时不会有遗漏。检查漆面是否有剐花或损坏，如漆面有剐花或损坏则记录下来，拆下之后再进行检查和判断是否需要维修或更换，如图 2-1 所示。

2）检查保险杠与车身装配是否配合完好，各处缝隙是否正常，如配合不完好则记录下来，在安装时调整好或更换新保险杠，如图 2-2 所示。

图 2-1 检查划痕　　　　图 2-2 检查装配情况

3）检查安装在保险杠上的电器件（灯泡及灯光）是否工作正常。若有异常，应及时做好相关记录，方便在拆下后维修或更换，如图 2-3 所示。

图 2-3　检查电器件

检查标准：所有问题部位都要检查出来。

注意：一定要仔细检查，防止有遗漏导致客户纠纷。

（2）举升车辆

检查完成之后将车辆停放在举升机上，熄火并拉紧驻车制动器同时将档位置于 P 档位置上，车身左右和前后剩余的距离尽量相等。再将车辆举升至合适位置，并锁好举升机的保险装置，必要时在车辆下方放置好安全支架。要注意车辆举升和下降时周围不能有人，防止误伤，如图 2-4、图 2-5 所示。

图 2-4　车辆熄火

图 2-5　举升车辆

检查标准：车辆停放平稳，边距合适。

（3）开启发动机舱盖

1）拆卸保险杠时需要将发动机舱盖保持在开启状态。汽车的发动机舱盖锁是双重锁，扳动发动机舱盖锁释放开关（此开关一般位于驾驶室的左下方，在制动踏板的左侧，拉一下开关发动机舱盖就会打开了），解开第一级锁钩，如图 2-6 所示，打开开关之后会听见发动机舱盖打开的声音，发动机舱盖向上小幅度弹开，锁处于半开状态，还需解开第二级锁钩。

图 2-6　解开第一级锁钩

2）将手指伸进发动机舱盖，一只手向上扳动解开第二级锁钩；另一只手抬起发动机舱盖。第二级锁钩的打开方法会因为车型的不同而不同，大部分的汽车是向上扳动，也有向左或向右及向里面推的，如图 2-7、图 2-8 所示。

图2-7 第二级锁钩细节

图2-8 解开第二级锁钩

3）用支撑杆支撑好发动机舱盖，防止舱盖突然落下伤人。有些车型的发动机舱盖是液压伸缩杆，当抬起到一定高度时会自动支撑住，如图2-9所示。

图2-9 支撑好发动机舱盖

（4）拆卸附件

1）首先要查找出保险杠及附件的固定螺钉、卡扣的位置。保险杠的安装固定件主要有小号螺钉、螺钉、卡扣等。固定件大部分都是可见的，小部分的位置相对隐蔽，如保险杠支架内部、中网下方、前照灯下方等，要根据实际情况仔细查找，如图2-10、图2-11所示。

图2-10 卡扣

图2-11 保险杠固定件位置

检查标准：找出所有相关固定件，防止拆卸时遗漏导致保险杠及附件损伤。

2）拆卸中网上饰板。中网上饰板是用卡扣固定的，拆卸卡扣有两种方法：一种是用螺钉旋

具；另一种是用专用撬尺，在实际操作中多使用撬尺进行拆卸，如图2-12、图2-13所示。

图2-12　螺钉旋具

图2-13　撬尺

3）使用撬尺将中网上饰板的固定卡扣拆下，如图2-14所示。

4）按同样的方法拆卸其余的卡扣，取下中网上饰板，如图2-15所示。

图2-14　拆卸卡扣

图2-15　取下中网上饰板

注意：拆卸卡扣时要小心谨慎，防止刮伤中网上饰板。

5）拆卸中网（进气格栅）。将中网下面的固定螺钉用螺钉旋具拆下，中网下面的螺钉位置比较狭窄，拆卸时要小心谨慎，防止损坏中网。中网上方与上饰板是用卡扣固定在一起的。拆卸掉卡扣及螺钉后，取下中网，如图2-16所示。

6）拆卸左、右前照灯。用合适的快速扳手配合合适的套筒将前照灯的固定螺钉拆卸下来，如图2-17所示。

图2-16　取下中网

图2-17　拆卸前照灯固定螺钉

注意：螺钉快要完全拆下来时用手扶住前照灯，防止前照灯掉落导致前照灯本体或线束损坏。

7）将前照灯稍稍向外拉出，然后断开前照灯的线束插接件，如图2-18、图2-19所示。

图 2-18 拉出前照灯

图 2-19 断开线束插接件

注意：拉出时不能太用力，防止损伤前照灯线束。

8）取出前照灯，然后以同样的方式拆卸另一只前照灯。前照灯拆卸完成，如图2-20所示。

（5）拆卸保险杠主体

1）保险杠主体用螺钉或卡扣固定，需用撬尺或快速扳手配合套筒来进行拆卸，拆卸时要记住螺钉和卡扣分别在什么位置，不能搞混，如图2-21～图2-24所示。

图 2-20 取出前照灯

图 2-21 用专用工具拆卸前上部螺钉和卡扣

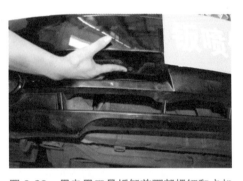

图 2-22 用专用工具拆卸前下部螺钉和卡扣

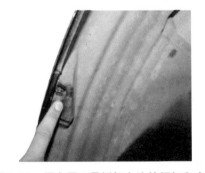

图 2-23 用专用工具拆卸左边的螺钉和卡扣

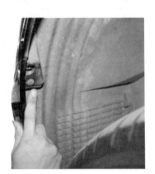

图 2-24 用专用工具拆卸右边的螺钉和卡扣

2）保险杠主体的固定螺钉、卡扣等已全部拆卸，接下来可以将保险杠主体从车上取下。双手托住保险杠向车前方轻轻用力拉出，如图2-25所示。

注意：拆卸时不能用力过度，防止损坏电气 插接件。

3）拉出少许后停住，拔下雾灯线束插接件，然后拆下雾灯及雾灯饰板，如图2-26所示。

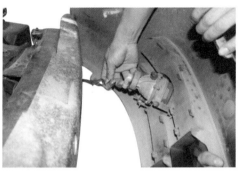

图2-25　拉出保险杠主体　　　　图2-26　断开雾灯线束

4）拆卸完成。分解后的保险杠及附件有：保险杠主体、中网、中间饰板、左前照灯、右前照灯、前雾灯、前雾灯饰板、保险杠可变形泡沫，如图2-27所示。

2. 保险杠的安装

（1）安装前检查

在安装保险杠前应该做好检查，检查拆卸下的各部件及卡扣、螺钉是否完好，是否有缺失，如有损坏或缺失应更换新件。如果是新杠新漆，要检查漆面是否完好，对比颜色是否有差异，如图2-28所示。

图2-27　保险杠及附件

（2）安装保险杠主体

1）将雾灯、雾灯饰板安装在保险杠上，再将保险杠靠近车身，将雾灯的线束插接件连接好，如图2-29所示。

图2-28　安装前检查　　　　　　图2-29　插上雾灯插接件

2）把保险杠总成装上车身，操作需要两人配合，慢慢将保险杠套上车身。在套上车身时要特别注意保险杠与车身的相对位置，各部位与车身的配合要合适，不能有太大的间隙，如图2-30所示。

图 2-30 将保险杠套上车身

检查标准：配合间隙合适，无剐花。

注意：安装时要小心不能损伤漆面，在容易损伤漆面的地方做好防护。

3）安装保险杠螺钉与卡扣，安装前要先检查螺钉与卡扣是否有损坏，拆下的螺栓、卡扣如有损坏一定要更换新件，防止安装不牢在行车时掉落。若螺钉没有更换，应将其安装回原来的位置。切记螺钉与卡扣的位置不能混乱，如图 2-31、图 2-32 所示。

图 2-31 安装卡扣

图 2-32 安装固定螺钉

（3）安装左、右前照灯

1）先将前照灯放在安装位置，注意不要碰伤保险杠的漆面，如图 2-33 所示。

2）观察前照灯与发动机舱盖和保险杠的相对位置是否合适，如不合适则调整到合适的角度，然后将固定螺钉拧上，如图 2-34 所示。

图 2-33 放入前照灯

图 2-34 检查前照灯的相互位置

3）将前照灯线束连接好，并检查灯光是否正常，如图 2-35 所示。

（4）安装中网及饰板

1）将中网下部与保险杠对齐，再用螺钉旋具将固定螺钉拧紧。将中网上饰板与前横梁和中网对齐，然后用螺钉及卡扣固定，完成保险杠的装配，如图2-36、图2-37所示。

2）安装完成后检查安装情况，如前照灯及雾灯的工作情况，保险杠与车身之间的间隙是否正常，有没有漏装少装的螺钉卡扣，保险杠及车身漆面是否有损伤，如图2-38所示。

图2-35　连接前照灯线束

图2-36　安装中网固定螺钉

图2-37　安装中网上饰板卡扣

图2-38　安装完成后检查

检查标准：各电器件工作正常，螺钉和卡扣无漏装，漆面完好。

（5）整理工具及场地

四　相关知识拓展

1. 保险杠的吸能原理

车辆前方受到撞击力，由前保险杠把力量分散到两侧的吸能盒然后传递给左右前纵梁，再传递到车身其他结构。后方受到撞击力，由后保险杠把碰撞力量传导到两侧的吸能盒再到左右后纵梁，再传递到车身其他结构。低强度的撞击保险杠可以应付，而发生高强度的撞击时，保险杠起到力量传递、分散和缓冲的作用，将撞击力传递到车身其他结构，然后靠车身结构强度来抵御。

2. 保险杠如何修复

（1）修复划痕

汽车保险杠作为车辆最外层的保护装置，并且处于视野盲区，难免会发生刮碰，一般来说小的刮擦只会产生一些划痕，但对于不同程度的划痕则有不同的修复技术，一般轻微的划痕可以使用研磨膏进行研磨消除，如果车主不在意也可以不处理，虽然保险杠杠体基本都由塑料制成，不用担心会生锈，但为了汽车的美观，最好是将之处理掉。对于中度划痕可以使用补漆笔进行修复，然后再使用研磨膏研磨平整即可。对于面积较大的深度划痕或漆面脱落则需要对损伤部位进行重新喷漆。

（2）修复保险杠塑料变形

用红外线烤灯或其他加热装置加热变形部位和周围。一般变形部位需要加热到60℃，周围需要加热到40℃左右，保持约10min，大的变形部位将恢复到原来的状态。小的变形部位再用手稍微按压即可恢复原状。

（3）修复保险杠裂纹

保险杠产生裂纹可以用双组分环氧树脂黏结剂进行黏合，或用塑料焊枪进行焊接修复。

用双组分环氧树脂黏合剂进行黏合的方法如下：首先将裂纹周围部位清洁干净。然后用较小直径的钻头在裂纹末端钻一个小孔。用打磨机将裂纹打磨出 V 形沟槽，用 180# 砂纸配合双作用打磨机将裂纹周围的油漆涂层磨出羽状边。用塑料件除油剂清洁干净裂纹周围部位。在裂纹周围部位涂上合适的底漆。将黏结裂纹用的黏结剂按产品说明混合好，在规定时间里面涂布到 V 形沟槽中。为了保证裂纹高度一致，需要在裂纹背面前端部位固定一块辅助材料（如薄铁板），用夹子压好。在涂黏结剂的部位铺上一层玻璃纤维布，并压紧，同时用刮刀将溢出的黏结剂刮到玻璃纤维布上，形成较平的涂层。然后使用烤灯加速固化或按黏结剂使用说明中的方法固化后，取下夹子。再用打磨机配合 240# 砂纸打磨涂过黏结剂的部位，使其大致恢复原来的表面形状。

用塑料焊枪修复的方法如下：用焊枪修复保险杠需要将保险杠拆卸下来。然后将裂纹周围部位清洁干净。再用打磨机将裂纹打磨出 V 形沟槽，保险杠有开裂部位应进行定位，保证在焊接过程中不会出现移位变形，才能进行焊接。然后选择合适的焊接塑料，用塑料焊枪将焊接塑料软化黏结在裂纹处。待冷却固化后用打磨机打磨平整，使其大致恢复原来的表面形状。

对于保险杠裂纹，在修复之后还要进行喷漆处理，才能使之恢复如初。

第二节　前翼子板

前翼子板是遮盖前车轮的车身外板，就像自行车护壳一样，具有保护轮胎以及挡泥等作用，而翼子板名字的来源就是车身该部件的形状像鸟翼而得名。前翼子板是汽车车身中重要的覆盖件，安装在汽车轮毂的外侧，翼子板的结构和外形在汽车上有着十分重要的要求，不仅要考虑到材料、成本和成型工艺等问题，还需要满足空气动力学的要求。前翼子板的外观及其附件较为简单，一般的修复喷漆都不需要拆卸，只有在其发生严重变形或需要更换时才会进行拆卸。但要注意，若想拆卸前翼子板，在绝大多数情况下都需要先拆下前保险杠及前照灯。

一　前翼子板的作用

在车辆行驶过程中，翼子板能够防止被车轮卷起的砂石、泥浆溅到车厢的底部。所以翼子板所使用的材料必须具有耐气候老化和良好的成型加工性。有些汽车的前翼子板用有一定弹性

的塑性材料做成，塑性材料翼子板的强度较低，发生碰撞时对行人的伤害较小，提高了车辆的行人保护性能，也可承受一定的弹性变形，能抵御轻微碰撞，维修相对来说也比较简单。

二 前翼子板的种类

现代汽车前翼子板所使用的材料有多种，包括低碳钢、铝合金、塑料、碳纤维以及复合材料等。

1. 塑料翼子板的结构特点及设计要点

传统的汽车翼子板采用金属材料制成，并且搭接关系复杂，往往跟前车门、侧围A柱、前机舱盖、前照灯和前保险杠都要搭接，这就使得前翼子板周边与其他件的安装配合结构复杂。同时，作为影响外观效果的重要区域，翼子板与周边这些件的间隙配合要求也非常高，因此要求翼子板具有好的刚度，能长久保持零件形状。而作为车身前部的主要区域，为了保证发生碰撞时最大限度保护行人的安全，翼子板又不能过硬（强度要小）。另外还要考虑到作为碰撞中已发生变形等破坏，翼子板还要易于单独拆装和维修。这些要求综合起来，就使得翼子板的结构往往设计的非常复杂，给零件的制造带来了难题，钣金件的翼子板往往需要5~6道工序甚至更多的冲压工序，冲压成型和修边的难度非常大，模具费用不菲。而随着汽车车身轻量化的发展，汽车制造企业都开始用塑料取代金属来制作翼子板，塑料易于加工成型，能够使汽车的线条结构更加圆润，增加汽车的外观美感。塑料的来源广泛、价格便宜，可降低汽车的生产成本，又能保证翼子板的机械强度，因此塑料翼子板已成为当前的主流。

用塑料翼子板来代替传统的钣金件，有如下的优势：一次成型，降低了模具费用；重量轻，实现车身轻量化；强度低，发生碰撞时对行人的伤害性小，提高了车辆的行人保护性能；可承受一定的弹性变形，能抵御轻微碰撞，维修简单。

可用作翼子板材料的塑料应当具有较高的结构强度和耐热性能，尼龙（PA）、聚苯醚（PPO）、丙烯腈-丁二烯-苯乙烯共聚物（ABS）等是优选的塑料品种，由于不同种类的塑料性能不同，因此常用以下塑料的复合材料，有TPO－M30、PA＋PPO、PA＋ABS。根据塑料原材料的性能，塑料翼子板的成型工艺主要有SMC模压成型和注塑成型两种。其中SMC模压成型得到的塑料翼子板表面粗糙度较高，且不能回收利用，因此目前已逐渐被淘汰。注塑成型工艺的过程为：首先制备塑料翼子板的模具，将塑料熔体注入模具的模腔内，冷却固化后脱模而成，制备过程简单且可重复性强。注塑成型完毕后，要对塑料翼子板进行表面涂装，使其表面颜色与车身其他部位颜色匹配，涂装工艺主要有Online（整体喷涂）、Inline（在线喷涂）和Offline（离线喷涂）等。其中Online是将塑料翼子板装配上车身之后，对车身和塑料翼子板进行整体涂装。Inline是在涂装车间对塑料翼子板首先进行电泳涂装，再进行单独的涂装。Offline是离线喷涂，不必考虑车身其他部位的颜色，因此色差较大。

2. 碳纤维增强塑料翼子板的性能特点及设计要点

碳纤维增强塑料是一种各向异性材料，碳纤维的铺设方式、结构参数等对汽车塑料翼子板的性能均有较大影响，碳纤维增强塑料比普通塑料的密度更大，各项性能也明显优于传统的塑料材料。常用的碳纤维增强塑料中，碳纤维是以聚丙烯腈纤维、粘胶纤维等为原材料，在高温（300～1000℃）下经过碳化制备而成，碳纤维的尺寸小但强度高。以塑料熔体为基材，用机械共混法使碳纤维在塑料基材中混合均匀，随后固化即可得到碳纤维增强塑料。

在碳纤维增强塑料翼子板设计过程中，首要考虑的是尺寸的优化问题，碳纤维增强塑料翼子板相对于金属翼子板具有更高的热膨胀系数和吸水性能，而吸水性能的增加导致的材料膨胀极易造成产品外观和尺寸缺陷，根据不同材料吸水性能的差异，结合汽车实际销售地和使用地的环境条件，在注塑成型过程中应当预留尺寸膨胀余地，防止安装后尺寸缺陷的发生。自由尺寸优化法是汽车结构设计中最常用的方法之一，但仅可用于概念设计阶段，并未考虑实际的生产和成型加工工艺条件，在自由尺寸优化法的基础上，结合合理的采样方法和算法，才能建立较为合理的汽车翼子板初步结构模型，随后结合 CAE 模拟分析技术，对模型进行校验，得到精确度更高的模型，再采用合理的验证手段对工艺过程进行验证，并对不合理之处进行优化。翼子板是车身的重要组成部分，其设计方案是否合理也决定着汽车的整体性能，翼子板整体为圆滑曲线过渡形式，有利于减小汽车行驶过程中的阻力，因此设计过程中要重点关注过渡曲线部分。

汽车碳纤维增强塑料翼子板相对于传统的汽车翼子板，主要有以下几方面的优势：第一，车身轻量化效果显著。与金属材料相比，采用碳纤维增强塑料可减重45%以上，节能减排的优势明显。第二，产品生产加工工艺简单、成本低。对于同一车型，仅需要设计一套模具，使用一套注塑工艺参数，即可重复生产多套性能稳定的翼子板，适合大批量生产。第三，产品的耐腐蚀性强、寿命长。碳纤维增强塑料物理、化学性能稳定，不会像钢材那样易氧化生锈，且弹性模量较大，受到轻微碰撞后形变量小，维修成本低，寿命更长。第四，安全性更好。碳纤维增强塑料的拉伸强度和冲击强度高，车身受到撞击后，能吸收大量的能量，传递至驾驶室内的能量极小，能够充分降低对驾乘人员的伤害。此外，碳纤维增强塑料汽车翼子板还具有协调性好、装配精度要求低、高温稳定性能好、便于模块化设计并实现装配集成化等优点，因此碳纤维增强塑料翼子板具有广阔的应用前景。

三　前翼子板的拆装

前翼子板的拆装包括拆卸翼子板和安装翼子板两个方面，操作都非常简单。

1. 拆卸翼子板

准备工具：十字和一字螺钉旋具、T杆套筒、常用拆装工具套装、撬尺。

（1）拆卸前检查

拆卸前一定要仔细检查，将有问题的部位及原因都检查出来，方便维修时不会有遗漏。检查漆面是否有剐花或损坏，如漆面有剐花或损坏则记录下来，拆下之后再进行检查和判断是需要维修还是更换，如图 2-39、图 2-40 所示。

图 2-39　检查翼子板与发动机舱盖的间隙

图 2-40　检查翼子板与保险杠的间隙

检查标准：所有问题部位都要检查出来。

注意：一定要仔细检查，防止有遗漏导致客户纠纷。

（2）开启发动机舱盖

1）拆卸前翼子板时需要将发动机舱盖保持在开启状态。汽车的发动机舱盖锁是双重锁，扳动发动机舱盖锁释放开关（此开关一般位于驾驶室的左下方，位于制动踏板的左侧，拉一下开关发动机舱盖就会打开了），解开第一级锁钩，如图 2-41 所示，打开开关之后会听见发动机舱盖打开的声音，发动机舱盖向上小幅度弹开，锁处于半开状态，还需解开第二级锁钩。

2）将手指伸进发动机舱盖，一只手向上扳动解开第二级锁钩；另一只手抬起发动机舱盖。第二级锁钩的打开方法会因为车型的不同而不同，大部分的汽车是向上扳动，也有向左或向右及向里面推的，如图 2-42、图 2-43 所示。

3）用支撑杆支撑好发动机舱盖，防止发动机舱盖落下伤人。有些车型的发动机舱盖是液压伸缩杆，当抬起到一定高度时会自动支撑住，如图 2-44 所示。

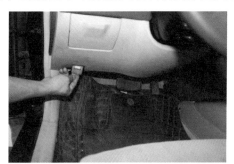

图 2-41　解开第一级锁钩

图 2-42　第二级锁钩细节

图 2-43　解开第二级锁钩

图 2-44　支撑好发动机舱盖

（3）拆卸前保险杠及前照灯

参照"保险杠的拆装"项目，如图2-45所示。

（4）拆卸翼子板

1）翼子板与前纵梁、前车门、翼子板支架、下裙边等搭接处都有固定件，翼子板的安装固定件主要有小号螺钉、螺钉。首先找到这些固定件的位置。

2）翼子板上方用螺钉安装在前纵梁上，用T杆套筒将翼子板上方的螺钉拆下，如图2-46所示。

图2-45 拆下保险杠及前照灯

图2-46 拆下翼子板上方的螺钉

3）翼子板与保险杠搭接处是用螺钉固定在翼子板支架上的，用T杆套筒将翼子板支架上的螺钉拆下，如图2-47所示。

4）翼子板的位置在车轮上方，为了防止汽车行驶时车轮带起的泥浆溅在翼子板的漆面上影响美观，翼子板上还装有挡泥板，拆卸翼子板需要将挡泥板拆卸下来。挡泥板的安装固定件为螺钉或卡扣，用撬尺或螺钉旋具将挡泥板从翼子板上拆卸下来，如图2-48、图2-49所示。

图2-47 拆下翼子板支架螺钉

图2-48 拆卸挡泥板螺钉

图2-49 取下挡泥板

5）将前车门打开，前车门与翼子板搭接处的缝隙里有固定螺钉，用T杆套筒或快速扳手将缝隙处的固定螺钉拆下，如图2-50所示。

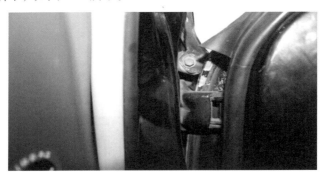

图 2-50　拆卸车门缝隙处的翼子板固定螺钉

注意：一定要用合适的工具拆卸，不得太用力向外推开车门，防止损坏车门或刮伤车漆。

6）用快速扳手配合套筒拆下翼子板下部裙边的固定螺钉，如图2-51所示。

7）用手将翼子板向外轻轻拉出，当翼子板上安装有信号指示灯时，先拔下指示灯的线束插接件，再拿下翼子板，翼子板拆卸完成，如图2-52～图2-54所示。

图 2-51　拆卸翼子板下部裙边的固定螺钉

图 2-52　拉出翼子板

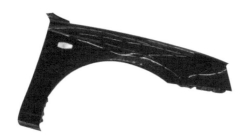

图 2-53　取下翼子板

图 2-54　翼子板拆卸完成

检查标准：附件无损伤。

注意：向外拉出翼子板时不能太用力一下拉出，防止损坏线束。

2. 安装翼子板

1）将翼子板拿起靠近车体，将信号指示灯的线束插接件连接好，再将翼子板套上车身，如

图 2-55、图 2-56 所示。

图 2-55　连接信号指示灯线束

图 2-56　将翼子板套上车身

　　2）确定翼子板与车门、A 柱、发动机舱盖间隙都正常的情况下，安装翼子板各处的固定螺钉，但不要拧得太紧，再将挡泥板安装到翼子板上。将保险杠及前照灯装回原位，如图 2-57 ~ 图 2-60 所示。

图 2-57　安装固定螺钉

图 2-58　检查间隙

图 2-59　安装挡泥板

图 2-60　安装保险杠及前照灯

　　3）检查翼子板与 A 柱、发动机舱盖、车门等部位的间隙，附件是否正常工作。确定翼子板与车门、A 柱、发动机舱盖等部位间隙都正确的情况下，把翼子板螺栓拧紧。前翼子板的安装完成，如图 2-61、图 2-62 所示。

图 2-61　检查间隙（一）

图 2-62　检查间隙（二）

检查标准：各处间隙符合规定，电器件工作正常，螺钉、卡扣无漏装，漆面完好。

注意：拧螺钉不可太用力，防止损坏翼子板及附件。

四　相关知识拓展

1. 翼子板出现损伤需要更换吗？

翼子板是车身覆盖件的重要组成部分之一，并且翼子板在视野盲区，因此在开车时翼子板比较容易被剐蹭。翼子板出现损伤后是否需要更换因情况而定，如果翼子板只是出现了小凹痕或划痕的话最好不要进行更换，因为翼子板上的小凹痕可以通过钣金或重新喷漆进行修复，没必要花大价钱更换，而且使用副厂生产的翼子板适配性肯定没有原厂的那么好。若翼子板已出现贯穿性损伤或大面积凹陷的话建议整块更换，虽然翼子板只是个覆盖件不涉及到行车安全问题，但是大面积钣金或焊接后很难恢复原厂应有的平整度，对车辆外观影响较大。

2. 汽车翼子板被撞要如何修复？

汽车前翼子板被撞，往往会因受力很大出现塌陷（凹坑）、不规则的褶皱或两者同时产生，也可能出现死褶等，并且因撞击方向不同修复的方法也有所不同。维修时必须设法将褶皱展开至平整。若条件允许，可用撑拉法解开褶皱，然后再敲平；若条件不允许，需分解拆除后，在车下展开褶皱并进行平整修复。

（1）翼子板正面碰撞的修复

首先卸下翼子板，在平台上进行修整，用氧乙炔火焰对死褶进行加热，并用撬具撬开，加热一段撬开一段，使其缓解。然后将翼子板凹面置于平台上，由翼子板里侧敲平活褶，边敲边转动翼子板。将里侧基本敲平的翼子板翻转过来，凸面向上，用垫铁垫在里侧，由外向里继续敲击，最终使褶皱完全展开，两面均敲平后，将翼子板装在车上，用锤子和垫铁进行一次全面修整。

（2）翼子板侧面碰撞的修复

首先用一根木棒从车轮与翼子板的空隙处伸进，用力往外撬，即可将凹坑大体上顶出来，趋于原状。用垫铁在里面顶住向外凸出的较小部分，再用锤子在外表面处敲击凸出的部分。锤

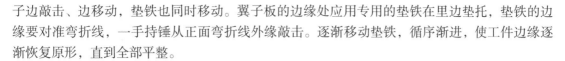

子边敲击、边移动，垫铁也同时移动。翼子板的边缘处应用专用的垫铁在里边垫托，垫铁的边缘要对准弯折线，一手持锤从正面弯折线外缘敲击。逐渐移动垫铁，循序渐进，使工件边缘逐渐恢复原形，直到全部平整。

3. 翼子板与各部件的间隙多大合适？

翼子板与邻近部件间隙过大有两方面的原因：一是钣金修复没有做好，二是拆卸后装复不到位。如果是与发动机舱盖间隙过大，会出现密封不严的现象，在下雨时会导致雨水进入发动机舱，可能导致电器出现故障，其他部位缝隙过大会在缝隙里沉积泥沙污垢，并且对于外形美观会有很大的影响。如果是钣金没有做好则需要重做钣金，如果是装复不到位，通常情况下调整翼子板的螺钉就可以恢复。翼子板临近各部件间隙标准为：发动机舱盖－前保险杠为 4.5mm ± 2mm。发动机舱盖－前照灯为 3.5mm ± 2.5mm。发动机舱盖－前翼子板为 3.5mm ± 1.5mm。前翼子板－前照灯为 1mm ± 1mm。前照灯－前保险杠为 2.5mm ± 2mm。

第三节　后翼子板

后翼子板是遮盖后车轮的车身外板，就像自行车护壳一样，具有保护轮胎以及挡泥等作用，而翼子板名字的来源就是车身该部件的形状像鸟翼而得名。后翼子板与前翼子板都是汽车车身中重要的覆盖件，安装在汽车轮毂的外侧，翼子板的结构和外形在汽车上有着十分重要的要求，不仅要考虑到材料、成本和成型工艺等问题，还需要满足空气动力学的要求。后翼子板的外观及其附件较为简单，一般的修复喷漆都不需要拆卸，只有在其发生严重变形或需要更换时才会进行拆卸。但要注意，金属后翼子板是与车身整体相连的，因此需要在合适的位置将翼子板切割下来。

后翼子板的作用

在车辆行驶过程中，翼子板能够防止被车轮卷起的砂石、泥浆溅到车厢的底部。所以翼子板所使用的材料必须具有耐气候老化和良好的成型加工性。有些汽车的前翼子板用有一定弹性的塑性材料做成，塑性材料翼子板的强度低，发生碰撞时对行人的伤害较小，提高了车辆的行人保护性能，也可承受一定的弹性变形，能抵御轻微碰撞，维修相对来说也比较简单。翼子板里侧的空腔部位经过泡沫隔音处理，减少了传入车内的行驶噪声。

后翼子板的种类

现代汽车后翼子板所使用的材料有多种，包括低碳钢、铝合金、塑料、碳纤维以及复合材料等，以前使用的都是金属翼子板，而随着工业技术的提升，合金、塑料、碳纤维也渐渐的被用作制作翼子板的材料。

1. 塑料翼子板的结构特点及设计要点

传统的汽车翼子板采用金属材料制成，并且搭接关系复杂，往往跟前车门、侧围A柱、前机舱盖、前照灯和前保险杠都要搭接，这就使得前翼子板周边与其他件的安装配合结构复杂。同时作为影响外观效果的重要区域，翼子板与周边这些件的间隙配合要求也非常高，因此要求翼子板具有好的刚度，能长久保持零件形状。而作为车身前部的主要区域，为了保证发生碰撞时最大限度保护行人的安全，翼子板又不能过硬（强度要小）。另外还要考虑到作为碰撞中已发生变形等破坏，翼子板还要易于单独拆装和维修。这些要求综合起来，就使得翼子板的结构往往设计的非常复杂，给零件的制造带来了难题，钣金件的翼子板往往需要5～6道工序甚至更多的冲压工序，冲压成型和修边的难度非常大，模具费用不菲。而随着汽车车身轻量化的发展，世界各国的汽车制造企业都开始用塑料取代金属来制作翼子板，塑料易于加工成型，能够使汽车的线条结构更加圆润，增加汽车的外观美感。同时塑料的来源广泛、价格便宜，可降低汽车的生产成本，又能保证翼子板的机械强度，因此塑料翼子板已成为当前的主流。

用塑料翼子板来代替传统的钣金件，有如下的优势：一次成型，降低了模具费用；重量轻，实现车身轻量化；强度低，发生碰撞时对行人的伤害性小，提高了车辆的行人保护性能；可承受一定的弹性变形，能抵御轻微碰撞，维修简单。

可用作翼子板材料的塑料应当具有较高的结构强度和耐热性能，尼龙（PA）、聚苯醚（PPO）、丙烯腈-丁二烯-苯乙烯共聚物（ABS）等是优选的塑料品种，由于不同种类的塑料性能不同，因此常用以下塑料的复合材料，有TPO－M30、PA＋PPO、PA＋ABS。根据塑料原材料的性能，塑料翼子板的成型工艺主要有SMC模压成型和注塑成型两种。其中SMC模压成型得到的塑料翼子板表面粗糙度较高，且不能回收利用，因此目前已逐渐被淘汰。注塑成型工艺的过程为：首先制备塑料翼子板的模具，将塑料熔体注入模具的模腔内，冷却固化后脱模而成，制备过程简单且可重复性强。注塑成型完毕后，要对塑料翼子板进行表面涂装，使其表面颜色与车身其他部位颜色匹配，涂装工艺主要有Online、Inline（在线喷涂）和Offline（离线喷涂）等。其中Online是将塑料翼子板装配上车身之后，对车身和塑料翼子板进行整体涂装。Inline是在涂装车间对塑料翼子板首先进行电泳涂装，再进行单独的涂装。Offline是离线喷涂，无需考虑车身其他部位的颜色，因此色差较大。

2. 碳纤维增强塑料翼子板的性能特点及设计要点

碳纤维增强塑料是一种各向异性材料，碳纤维的铺设方式、结构参数等对汽车塑料翼子板的性能均有较大影响，碳纤维增强塑料比普通塑料的密度更大，各项性能也明显优于传统的塑料材料。常用的碳纤维增强塑料中，碳纤维是以聚丙烯腈纤维、粘胶纤维等为原材料，在高温（300～1000℃）下经过碳化制备而成，碳纤维的尺寸小但强度高。以塑料熔体为基材，用机械共混法使碳纤维在塑料基材中混合均匀，随后固化即可得到碳纤维增强塑料。

在碳纤维增强塑料翼子板设计过程中，首要考虑的是尺寸的优化问题，汽车碳纤维增强塑料翼子板相对于传统的汽车金属翼子板具有更高的热膨胀系数和吸水性能，而吸水性能的增加导致的材料膨胀极易造成产品外观和尺寸缺陷，根据不同材料吸水性能的差异，结合汽车实际销售地和使用地的环境条件，在注塑成型过程中应当预留尺寸膨胀余地，防止安装后尺寸缺陷的发生。自由尺寸优化法是汽车结构设计中最常用的方法之一，但仅可用于概念设计阶段，并未考虑实际的生产和成型加工工艺条件，在自由尺寸优化法的基础上，结合合理的采样方法和算法，才能建立较为合理的汽车翼子板初步结构模型，随后结合 CAE 模拟分析技术，对模型进行校验，得到精确度更高的模型，再采用合理的验证手段对工艺过程进行验证，并对不合理之处进行优化。汽车翼子板是汽车车身的重要组成部分，其设计方案是否合理也决定着汽车的整体性能，翼子板整体为圆滑曲线过渡形式，有利于减小汽车行驶过程中的阻力，因此设计过程中要重点关注过渡曲线部分。

汽车碳纤维增强塑料翼子板相对于传统的汽车翼子板，主要有以下几方面的优势：第一，车身轻量化效果显著。与金属材料相比，采用碳纤维增强塑料可减重 45% 以上，节能减排的优势明显。第二，产品生产加工工艺简单、成本低。对于同一车型，仅需要设计一套模具，使用一套注塑工艺参数，即可重复生产多套性能稳定的汽车翼子板，适合大批量生产。第三，产品的耐腐蚀性强、寿命长。碳纤维增强塑料物理、化学性能稳定，不会像钢材那样易氧化生锈，且弹性模量较大，受到轻微碰撞后形变量小，维修成本低，寿命更长。第四，安全性更好。碳纤维增强塑料的拉伸强度和冲击强度高，车身受到撞击后，能吸收大量的能量，传递至驾驶室内的能量极小，能够充分降低对驾乘人员的伤害。除此之外，碳纤维增强塑料汽车翼子板还具有协调性好、装配精度要求低、高温稳定性能好、便于模块化设计并实现装配集成化等优点，因此碳纤维增强塑料翼子板具有广阔的应用前景。

三 后翼子板的更换

后翼子板的更换包括切割翼子板、焊接翼子板以及防锈密封处理三个方面。

1. 切割翼子板

准备工具、耗材：角磨机、气动铲、手电钻与钻头、切割片、打磨片。

（1）拆卸相关附件

穿戴好所需的个人防护用品，在更换后翼子板之前，要先将后保险杠、尾灯、后风窗玻璃、后车门三角玻璃、后排座椅拆卸下来，方便切割后翼子板，防止在切割和焊接后翼子板时损坏或污损这些部件，如图 2-63 所示。

注意：相邻的部件一定要全部拆卸或做好防护措施，防止切割时或后续焊接操作时损坏部件。

（2）去除焊点

1）查阅车身维修手册确定翼子板的焊点位置，然后用角磨机配合打磨片将翼子板与车身

图 2-63 附件拆卸完成

各处的焊接部位轻轻打磨一遍，使各处的焊点更加明显可见，以便于后步操作，如图 2-64、图 2-65 所示。

图 2-64　打磨焊点

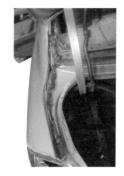

图 2-65　打磨后的焊点

注意：打磨时要小心谨慎，防止将钣金件磨穿。

2）选用专用的去焊点钻头，配合手电钻或气动电钻，依次对风窗玻璃一侧、行李舱一侧、翼子板尾部、下部和车门框处的各焊接部位进行除焊点作业，如图 2-66、图 2-67 所示。

图 2-66　去除焊点

图 2-67　焊点去除完成

检查标准：焊点全部去除。

注意：车辆在制造过程中，翼子板与车身的结合固定采用的是点焊工艺，即将两块薄钢板的边缘位置通过点焊连接在一起。在去除焊点时，只需将翼子板钻穿即可，所以操作时钻头与焊点要在垂直方向，焊头要对准焊点中心位置，施加在钻头上的力度要合适，转速不能太高，不要将车身的钢板钻穿。

（3）分离钣金件

焊点去除完成之后，翼子板与车身钣金件还是紧紧的贴在一起，需要用气动铲将各处除过焊点的位置分开，气动铲不好分离的部位，可以用一字螺钉旋具进行辅助作业，如图 2-68、图 2-69 所示。

图 2-68　分离钣金件（一）

图 2-69　分离钣金件（二）

（4）切割翼子板

1）根据新翼子板的形状确定切割位置，用直尺和画线工具在 C 柱及门框上相对应的部位画好切割线，如图 2-70 所示。

2）用角磨机配合切割片按画线的部位进行切割。切割时要仔细，安全使用角磨机，不要操之过急，切割完成后，取下后翼子板，如图 2-71 ~ 图 2-75 所示。

图 2-70　画切割线

图 2-71　切割翼子板

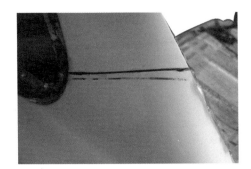

图 2-72　C 柱切割完成

图 2-73　门框切割完成

图 2-74　切割下来的后翼子板

图 2-75　切割翼子板后的车体

检查标准：切割面平整无损坏。

注意：使用角磨机一定要注意安全，角磨机要拿稳。

2. 焊接翼子板

准备设备、工具：大力钳、二氧化碳保护焊机、电阻点焊机。

（1）修整焊接部位

在安装新的后翼子板之前，用钣金锤和垫铁将车身各处的焊接部位进行修正，尽量修平整，必要时可以用打磨机进行打磨，以便于后期的安装定位和焊接，如图2-76、图2-77所示。

图2-76　变形部位仍需修平整

图2-77　打磨焊接部位

检查标准：各焊接部位平整。

（2）定位新翼子板

1）将翼子板装配到合适位置以后，用大力钳将翼子板与车身钣金件夹持固定住，检查翼子板与车门、后风窗玻璃、行李舱盖、后保险杠的间隙，对各处缝隙进行调整，如图2-78~图2-80所示。

图2-78　用大力钳固定翼子板

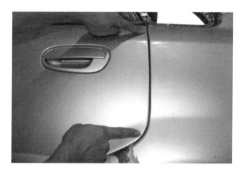

图2-79　检查翼子板与车门的间隙

图2-80　翼子板与行李舱盖的间隙

检查标准：部件之间的间隙是否合适。

注意：用大力钳夹持固定一定要稳固，防止后续操作时松脱，间隙一定要调整合适。

2）用手电钻及自攻螺钉将翼子板与车身钣金件打孔固定，如图2-81、图2-82所示。

图 2-81　用自攻螺钉固定（一）

图 2-82　用自攻螺钉固定（二）

（3）焊接翼子板

1）焊接前检查新钣金件周围的相关部件是否正常，相关部件的安装会影响到完工后的外观。然后用二氧化碳气体保护焊机焊接后翼子板的切割部位，用电阻点焊机或激光焊机焊接翼子板与车身钣金件的贴合处。新点焊数至少是原来点焊数的 1.3 倍，新填孔焊点数不少于原焊点数的 1.1 倍，如图 2-83～图 2-85 所示。

图 2-83　点焊连接部位

图 2-84　焊接连接部位

图 2-85　焊接完成

检查标准：焊点牢固，数量合适。

注意：无论使用哪种焊接方法都要做好车辆与人身的保护工作，必须穿戴好电焊手套、防护口罩、电焊面罩。

2）用角磨机磨平焊点部位的多余金属，使金属钣金件平整，然后去除黏着物，对焊接钣金面进行整修，如图 2-86、图 2-87 所示。

图 2-86　打磨焊点

图 2-87　打磨焊缝

检查标准：焊接部位平整，无多余金属。

3. 防锈处理

准备工具、耗材、防护用品：喷枪、吹尘枪、美纹纸、遮蔽膜、除油剂、除油布、毛巾、防锈底漆、密封胶、喷涂防护服、护目镜、防护口罩、防溶剂手套。

（1）车身遮蔽

用美纹纸和遮蔽膜对 C 柱、行李舱盖、风窗玻璃、车门、门框、后保险杠等非喷涂区域进行遮蔽防护，防止喷漆时喷到其他不需要喷涂的地方。遮蔽完成后仔细检查是否有遗漏的地方，一定要遮蔽严实，如图 2-88、图 2-89 所示。

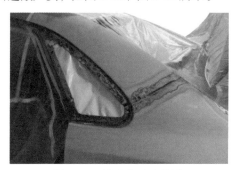

图 2-88　遮蔽非喷涂区域

图 2-89　遮蔽完成

检查标准：遮蔽严实无遗漏。

（2）除尘除油

1）首先穿戴喷涂所需的个人防护用品，防止灰尘、油漆进入体内。将吹尘枪接上高压气管配合毛巾对钣金件进行除尘，如图 2-90、图 2-91 所示。

图 2-90　穿戴防护用品

图 2-91　钣金件除尘

注意：钣金件上有灰尘及油污将会影响喷涂效果，因此一定要清理干净。

2）将除油剂均匀地喷洒在待喷涂钣金件上，然后用除油布进行擦拭除油，如图 2-92 所示。

图 2-92 钣金件除油

（3）防锈密封处理

1）翼子板焊接部位是金属板材，因此要对翼子板各焊接部位喷涂防锈底漆，防止钣金件锈蚀，如图 2-93 ~ 图 2-96 所示。

图 2-93 喷涂防锈底漆（一）

图 2-94 喷涂防锈底漆（二）

图 2-95 喷涂防锈底漆（三）

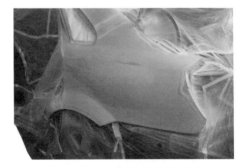

图 2-96 防锈底漆喷涂完成

2）用密封胶枪对各焊接缝隙处涂上密封胶，防止雨水或杂物进入缝隙，如图 2-97 ~ 图 2-99 所示。

图 2-97　涂密封胶

图 2-98　涂抹均匀

图 2-99　密封完成

检查标准：裸露金属部位全部密封无遗漏。

四　相关知识拓展

翼子板出现损伤需要更换吗？

翼子板是车身覆盖件的重要组成部分之一，并且翼子板在视野盲区，因此在开车时翼子板比较容易被剐蹭。翼子板出现损伤后是否需要更换因情况而定，如果翼子板只是出现了小凹痕或划痕的话最好不要进行更换，因为翼子板上的小凹痕可以通过钣金或重新喷漆进行修复，没必要花大价钱更换，而且使用副厂生产的翼子板其适配性肯定没有原厂的那么好。若翼子板已出现贯穿性损伤或大面积凹陷的话建议整块更换，虽然翼子板只是个覆盖件不涉及到行车安全问题，但是大面积钣金或焊接后很难恢复原厂应有的平整度，对车辆外观影响较大。

第四节　发动机舱盖

发动机舱盖是汽车上最醒目的车身构件之一。对发动机舱盖的主要要求是隔热、隔声、自身质量轻、刚性强。为防止在行驶中由于振动自行开启，发动机舱盖前端要有保险锁钩及锁止装置，锁止装置开关设置在车厢仪表板下面，当车门锁住时发动机舱盖也应同时锁住。发动机舱盖一般不会有损伤，但如果发生撞击事故，就会导致发动机舱盖变形或漆面受损。

一　发动机舱盖的作用

发动机舱盖有空气导流、美化外观、保护发动机舱、降低视觉影响等作用。

空气导流：在空气中高速运动的物体，气流在运动物体周边产生的空气阻力和扰流会直接影响运动轨迹和运动速度，通过发动机舱盖外形可有效调整空气相对汽车运动时的流动方向和对车产生的阻力，减小气流对行驶稳定性的影响。

美化外观：车辆外观设计是车辆价值的直观体现，发动机舱盖作为整体外观的重要组成部分，有着至关重要的作用，要设计的赏心悦目来体现汽车整体的价值。

保护发动机舱：发动机舱盖下是汽车重要的组成部分，包括发动机、电路、油路、制动系统以及传动系统等。通过提高发动机舱盖的强度，优化其设计，可充分防止冲击、腐蚀、雨水及电干扰等不利影响，充分保护车辆的正常工作。

降低视觉影响：驾驶人在驾驶汽车的过程中，前方视线和自然光的反射对驾驶人正确判断路面和前方状况至关重要，通过发动机舱盖的外形可有效调整反射光线方向和形式，从而降低光线对驾驶人的影响。

二　发动机舱盖的结构

发动机舱盖的结构比较简单，主要由内、外板和局部加强板组成。内板与外板通过翻边、焊接、铆接等方式结合，局部加强板焊接或粘接在铰链和锁机安装处，以增加装配刚度。外板的形状要与整车一致，并有抗凹痕性和防腐性方面的要求。内板则要求有较高的刚性，并冲有各种形状的窝穴、加强筋和孔洞，以便安装一些附件。发动机舱盖铰链的结构形式目前常用的有两种：一种是合页式；另一种是四连杆式，广泛使用的是四连杆式。

三　在什么情况下需要拆发动机舱盖

发动机舱盖的拆装是比较简单的，当发动机舱盖发生漆面剐花、变形或需要更换新件时都可以将发动机舱盖拆卸下来。当发动机舱盖漆面剐花时，因为发动机舱盖面积较大，并且是平面安装的，因此就车补喷不好操作，可能会导致喷漆效果不好，而拆卸下来就会比较好操作。但需要注意的是在安装时必须保证其相对关系的正确，间隙过大或过小都会有不良影响。

发动机舱盖的拆装包括发动机舱盖的拆卸和发动机舱盖的安装两个方面。

1. 发动机舱盖的拆卸

准备工具：常用拆装工具套装、一字和十字螺钉旋具、撬尺、卡扣、车外防护三件套、螺钉盒、工具车。

（1）拆卸前检查

拆卸前先检查好发动机舱盖与周边部件之间的位置间隙、附件工作情况以及漆面是否受损等问题，如图 2-100、图 2-101 所示。

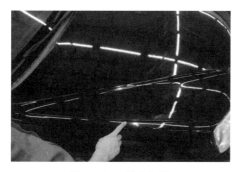
图 2-100　检查间隙

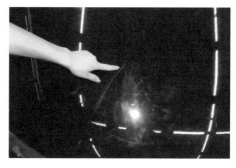
图 2-101　检查漆面

检查标准：所有问题部位都要检查出来。

注意：一定要仔细检查，防止有遗漏导致客户纠纷。

（2）开启发动机舱盖

1）汽车的发动机舱盖锁是双重锁，扳动发动机舱盖锁释放开关（此开关一般位于驾驶室的左下方，位于制动踏板的左侧，拉一下开关发动机舱盖就会打开了），解开第一级锁钩，如图 2-102 所示，打开开关之后会听见发动机舱盖打开的声音，发动机舱盖向上小幅度弹开，锁处于半开状态，还需解开第二级锁钩。

图 2-102　解开第一级锁钩

2）将手指伸进发动机舱盖，一只手向上扳动解开第二级锁钩；另一只手抬起发动机舱盖。第二级锁钩的打开方法会因为车型不同而不同，大部分的车型是向上扳动，也有向左、向右以及向里面推的，如图 2-103、图 2-104 所示。

图 2-103 第二级锁钩细节

图 2-104 解开第二级锁钩

3）用支撑杆支撑固定好发动机舱盖，防止发动机舱盖落下伤人。有的车型发动机舱盖是液压伸缩杆，当抬起到一定高度时会自动完成支撑，如图 2-105 所示。

（3）拆卸附件

1）拆卸发动机舱盖隔音隔热棉。隔音隔热棉用卡扣固定在发动机舱盖内板上，用撬尺拆下卡扣，取下隔音隔热棉，如图 2-106～图 2-108 所示。

图 2-105 支撑发动机舱盖

图 2-106 拆卸隔音隔热棉卡扣

图 2-107 取下隔音隔热棉

图 2-108 隔音隔热棉拆卸完成

注意：发动机舱盖隔音隔热棉是易损坏的玻璃纤维材料，操作过程务必小心，不可发生弯折，防止损坏隔音隔热棉。

2）拆卸喷水嘴。用撬尺将风窗玻璃清洗液导水管的固定卡扣从发动机舱盖内盖上拆下来，再将风窗玻璃清洗液导水管从喷水嘴上拔下。拆卸喷水嘴，喷水嘴没有固定螺钉，一般都是内卡扣结构，操作时用撬尺小心地从内侧拆下（部分车型无喷水嘴，则此步骤不需操作），如图 2-109 ~ 图 2-111 所示。

3）拆卸发动机舱盖前电镀饰条及密封胶条，饰条是由螺钉固定，用扳手配合套筒拆下螺钉，取下饰条。密封胶条则是用卡扣固定，用撬尺拆下固定卡扣，取下密封胶条（部分车型没有，则此步骤不需操作），如图 2-112 ~ 图 2-114 所示。

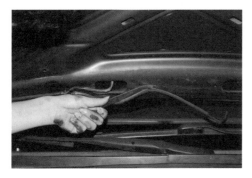

图 2-109　拆卸导水管卡扣

图 2-110　拔下导水管

图 2-111　拆卸喷水嘴

图 2-112　拆卸饰条

图 2-113　取下饰条

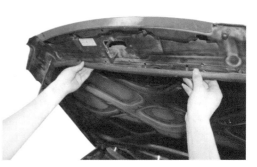

图 2-114　拆卸密封胶条

（4）拆卸发动机舱盖主体

发动机舱盖由四个螺栓与铰链相连。拆卸时需要两人配合，用开口扳手分几次进行拆卸，操作过程中用手扶住发动机舱盖的下部尖角，防止发动机舱盖与风窗玻璃发生碰撞损坏玻璃，螺栓拆下后取下发动机舱盖，如图 2-115、图 2-116 所示。

图 2-115 拆卸铰链螺栓

图 2-116 取下发动机舱盖

2. 发动机舱盖的安装

（1）安装发动机舱盖主体

将发动机舱盖安装到铰链，用开口扳手将螺栓拧上，但不要拧紧，然后放下发动机舱盖，观察发动机舱盖与周边部件的间隙是否合适，如不合适则通过调整铰链螺栓进行调整，调整好后将铰链螺栓拧紧，如图 2-117 所示。

图 2-117 安装发动机舱盖

检查标准：各处间隙符合规定，漆面完好。

注意：安装发动机舱盖铰链螺栓时需要两人配合，操作过程中用手扶住发动机舱盖的下部尖角，防止发动机舱盖与风窗玻璃发生碰撞损坏玻璃。

（2）安装附件

1）安装发动机舱盖喷水嘴，喷水嘴多数车型为两个，不分左右，只须要按压下去即可，如图 2-118 所示。

2）安装玻璃清洗液导水管，玻璃清洗液导水管由卡扣固定在发动机舱盖上面，安装时水管的走线一定要跟原来一致，否则会影响其他附件的安装，如图 2-119 所示。

3）安装发动机舱盖前电镀饰条及密封胶条，饰条是由螺钉固定，用扳手配合套筒拧紧螺钉。密封胶条则是用卡扣固定，将密封胶条装上后，再装上卡扣，注意安装前要检查卡扣是否完好，若有损坏则更换新的卡扣，如图 2-120、图 2-121 所示。

图 2-118　安装喷水嘴

图 2-119　安装玻璃清洗液导水管

图 2-120　安装发动机舱盖前电镀饰条

图 2-121　安装密封胶条

4）安装发动机舱盖隔音隔热棉，隔音隔热棉用卡扣安装固定，先将隔音隔热棉拿起放置在合适位置并用手扶住，再将卡扣装上去，安装完成后放下发动机舱盖，如图 2-122～图 2-124 所示。

图 2-122　放置隔音隔热棉

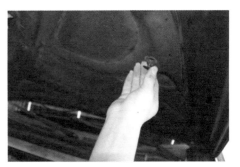

图 2-123　安装卡扣

图 2-124　安装完成

注意：安装前检查卡扣是否完好，若有损坏则更换新的卡扣

（3）检查

再次检查发动机舱盖与车身的装配间隙是否正常。检查喷水嘴是否正常，喷水的高度是否在合适的范围，如图 2-125、图 2-126 所示。

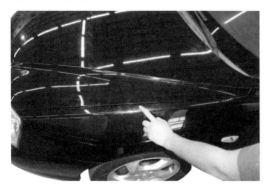

图 2-125　检查发动机舱盖间隙

图 2-126　检查喷水嘴

检查标准：各处间隙合适，喷水嘴工作正常。

五　相关知识拓展

1. 发动机舱盖材料及生产方法

发动机舱盖外板一般采用镀锌钢板，现在很多高档轿车用的是抗拉强度为 340MPa 的超轻高强度钢板，若采用这种钢材制造，自身质量可减轻 25%～30%。而现在从汽车轻量化角度考虑，铝合金在发动机舱盖上的应用也正逐步增多。

电镀锌板因涂装工艺性好，多用于外覆盖件。生产原理：在盛有镀锌液的镀槽中，经过清理和特殊预处理的待镀件作为阴极，用镀覆金属制成阳极，两极分别与直流电源的正极和负极连接。镀锌液由含有镀覆金属的化合物、导电的盐类、缓冲剂、pH 调节剂和添加剂等的水溶液组成。通电后，镀锌液中的金属离子，在电位差的作用下移动到阴极上形成镀层。阳极的金属形成金属离子进入镀锌液，以保持被镀覆的金属离子的浓度。镀锌的种类有：碱性氰化物镀锌、碱性锌酸盐镀锌、铵盐镀锌、钾盐镀锌、铵钾混合浴镀锌、硫酸盐镀锌。热镀锌板的生产工序主要包括：原板准备→镀前处理→热浸镀→镀后处理→成品检验等。按照习惯往往根据镀前处理方法的不同把热镀锌工艺分为线外退火和线内退火两大类。线外退火：就是热轧或冷轧钢板进入热镀锌作业线之前，首先在抽底式退火炉或罩式退火炉中进行再结晶退火，这样，镀锌线就不存在退火工序了。钢板在热镀锌之前必须保持一个无氧化物和其他脏物存在的洁净的纯铁活性表面。这种方法是先经酸洗把经退火的表面氧化铁皮清除，然后涂上一层由氯化锌或由氯化铵和氯化锌混合组成的溶剂进行保护，从而防止钢板再被氧化。线内退火：就是由冷轧或热轧车间直接提供带卷作为热镀锌的原板，在热镀锌作业线内进行气体保护再结晶退火。

高强度钢板：高强度钢板是在低碳钢板的基础上采用强化方法得到的抗拉强度在 350MPa

以上的钢板。强化方法有：固溶强化（添加硅、锰）、析出强化（添加铌、钛等）、细晶强化、组织强化（相态强化及复合组织强化）、时效强化、加工强化等。其中固溶强化、析出强化、细晶强化、组织强化、时效强化是通过添加合金元素和热处理工艺来控制钢板性质的。

铝合金发动机舱盖：制造汽车发动机舱盖的铝合金主要有铝-铜-镁（2000系），铝-镁（5000系）和铝-镁-硅（6000系）。6000系铝合金具有高强度和塑性良好的特点，综合性能优良。2000系铝合金具有锻造性良好、强度高和焊接性能好等特点，但其抗蚀性较差。5000系铝合金中的镁固溶于铝中，形成固溶强化效应使该合金在强度、成型性和抗腐蚀性等方面具有普通碳钢板的优点，可用于汽车内板等形状复杂的部位，但其铸造性能较差。

2. 发动机舱盖为什么要加隔音隔热棉

隔音隔热棉是什么？很多人认为这是装饰品，其实它是汽车原配件。在早期的车型中基本都会有该配置，但随着近些年车企在造车成本上的节约，将该原配件给"减配"，以此获得新车价格上的优势。隔音隔热棉有什么作用？是否会影响散热？

（1）保护发动机舱盖的漆面

夏天，发动机温度较高，风扇侧面有不少热风会吹到发动机舱盖上，当车行驶几十分钟后，用手去摸发动机舱盖和车顶就会发现，发动机舱盖温度高于车顶的温度，这样对发动机舱盖而言，就是"烤漆"。如果现在去洗车，那么温差太大，发动机舱盖上的水就会剧烈蒸发，冷热温差大，对漆面不好。同样，如果下雨，也会有很大温差。如果装了隔音隔热棉，那么行驶几十分钟后，用手摸发动机舱盖会和车身一个温度！

（2）保温作用

在寒冷的冬天停车后，冷却液温度会逐渐降下来，如果加了隔音隔热棉，发动机舱内的温度也不会骤降，保温时间会延长很多，从而减少短时间内再次起动时对发动机造成的损伤。

（3）不影响散热

合格的隔音隔热棉必须是阻燃的，除非买到假冒伪劣产品，再者，发动机降温主要是通过冷却系统实现的，如果发现冷却液温度升高的情况那绝对是冷却系统出了故障，而不是隔音隔热棉的问题。

综上所述，隔音隔热棉能够起到明显的保护车漆、保护发动机的作用。

3. 如何调整发动机舱盖位置

发动机舱盖的安装位置不当时，可以进行调整。首先拧下发动机舱盖铰链固定螺栓，上下、左右移动铰链调整发动机舱盖，可以调整发动机舱盖与其他部件的间隙。转动发动机舱盖缓冲块调整发动机舱盖高度。拧下发动机舱盖碰锁固定螺栓后，上下、左右移动碰锁进行调整。关闭发动机舱盖，查看是否与周围部件对齐，间隙均匀。

4. 发动机舱盖设计轻薄是否别有用意

首先，能更好地保护行人的安全。大家都知道，遵守交通规则人人有责，但是总有些人不遵守交通规则，所以难免会发生一些交通意外。比如当汽车撞上行人的时候，行人的脚是会腾空的，上半身有很大的概率会直接撞上发动机舱盖，如果发动机舱盖板材过硬，给行人带来的伤害也就会越大，发动机舱盖设计轻薄会减缓对行人的伤害。其次，也能更好地保护驾驶人。

发动机舱盖与驾驶人之间只隔着一块风窗玻璃，当汽车发生交通事故撞上物体的时候，如果发动机舱盖比较厚实，足够硬的发动机舱盖有可能会直接撞碎风窗玻璃而插入驾驶室，这会给驾驶人造成致命的伤害，轻薄的设计还会起到缓冲撞力的作用。再有，可以减少油耗还能降低造车成本。轻薄的发动机舱盖，可以减轻车的重量，在一定程度上也会减少车的油耗。在如今竞争激烈的汽车市场，售价以及成本的把控也是至关重要的，在综合了各方面的有利因素的基础上，轻薄的发动机舱盖还可以降低造车成本，从而赢取更多利润空间，或者在售价上可以争取更大的优惠让利。在如今汽车工业发展迅速的今天，汽车的设计都是根据综合数据来参考利弊而定的，不管是以人为本还是成本控制，每一个汽车部件的质控都是有一定指标的，所以关于发动机舱盖比较轻薄也不必担心，不一定就是要做得厚厚的才安全，有时可能会造成适得其反的效果，毕竟安全才是第一。厚重一些虽然好，但也要根据不同部位的职能与效果而定，不能一概而论做一个厚厚的铁皮就是安全，发动机舱盖设计轻薄也并不是为了偷工减料减少造车成本，都是根据综合安全因素考量而定的，因此不一定铁皮轻薄的就不好，厚实的就一定好。

第五节　行李舱盖

　　行李舱盖是汽车车身结构中相对独立的总成，是供乘员取放行李、工具及其他备用物品的必要通道。行李舱盖要求有良好的刚性，结构上基本与发动机舱盖相同，也有外板和内板，内板有加强筋。一些被称为"二厢半"的轿车，其行李舱向上延伸，包括后风窗玻璃在内，使其开启面积增加，形成一个门，因此又称为尾门，这样既保持一种三厢车形状又能够方便存放物品。行李舱盖内板侧要嵌装橡胶密封条，围绕一圈来防水防尘。行李舱盖开启的支撑件一般用勾形铰链或四连杆铰链，铰链装有平衡弹簧，使开关行李舱盖省力，并可自动固定在打开位置，便于提取物品。

行李舱盖的基本功能

　　首先，对使用方便性来说，要求开关灵活、轻便、自如，在最大开度时能可靠限位，同时开度应足够，确保上下物品方便性；第二，对视野性来说，要求行李舱盖外板上表面的高度（或扰流板高度）不得影响内后视镜的视野；第三，对可靠性和安全性来说，要求足够的强度、刚度，不允许因变形而影响行李舱开关的可靠性，行李舱箱盖开关时不允许有振动噪声，并且部件性能可靠、不干涉，碰撞中行李舱不允许自行打开，以确保物品安全；第四，对密封性来说，要求雨、雪、尘不能进入行李舱内，应具备良好的气密封性；第五，对工艺性和维修性来说，要求易于生产制造，拆装方便。

> **在什么情况下需要拆卸行李舱盖？**
> 　　对于汽车行李舱盖，一般的修复喷漆只需要卸下行李舱盖外观装饰条等附件，只有在行李舱严重变形需要拆卸下来维修或更换整个行李舱时才需要拆卸。

二 行李舱盖的拆装

行李舱盖的拆装包括行李舱盖的拆卸和行李舱盖的安装两个方面。

1. 行李舱盖的拆卸

准备工具、耗材:常用拆装工具套装、T杆套筒、一字和十字螺钉旋具、防护手套、螺钉盒、撬尺、工具车、卡扣。

（1）作业前检查

检查行李舱盖上的后摄像头、牌照灯、行李舱开关等部件是否工作正常，行李舱盖与车身的间隙是否合适及漆面是否有损伤，如图 2-127 ~ 图 2-129 所示。

标准：所有问题部位都检查出来

注意：一定要仔细检查，防止有遗漏后面检查出来导致客户纠纷

（2）开启行李舱盖

拉起行李舱盖开启开关，打开行李舱盖。过去的汽车行李舱盖都是用钥匙进行开关，而现在大多车型行李舱盖的开关都在主驾驶位置旁边，有拉线式、按键式等，而且现在的遥控钥匙也有开启行李舱盖的功能。还有部分车型为感应开关，使开启更为便捷，如图 2-130 所示。

图 2-127 检查开关

图 2-128 检查牌照灯

图 2-129 检查间隙

图 2-130 开启行李舱盖

（3）拆卸附件

1）拆卸行李舱盖内饰板，行李舱盖内饰板由卡扣固定，用撬尺将卡扣全部拆卸下来，然后取下内饰板，如图 2-131 ~ 图 2-133 所示。

图 2-131　拆卸卡扣

图 2-132　取下内饰板

图 2-133　内饰板拆卸完成

2）拆卸行李舱盖锁机、锁机连接杆。锁机通过连接杆接受电动机的控制而开启。先用螺钉旋具将锁机一端的连接杆断开，再断开电动机一端的连接杆。然后用扳手配合套筒将行李舱盖锁机的螺栓拆下，取下锁机。锁机由两个螺栓固定在行李舱内板上，如图 2-134、图 2-135 所示。

图 2-134　断开连接杆

图 2-135　拆卸锁机

3）拆卸锁机控制电动机。电动机用螺钉固定在行李舱盖内板里面，用螺钉旋具拆下两颗固定螺钉，取下锁机，如图 2-136 所示。

4）拆卸行李舱盖外饰板总成。外饰板总成包括装饰板、牌照灯、锁芯等，有些车型还加装了倒车影像或行车记录仪在此处。外饰板总成由卡扣和螺钉一起固定，用撬尺先将卡扣拆下，再用螺钉旋具拆下固定螺钉，然后将外饰板总成向外轻轻拉出一些，断开连接线束，取下外饰板，如图 2-137 所示。

图 2-136 拆卸电动机

图 2-137 拆卸外饰板

<u>注意：拆下后不能直接拿出，要轻轻拉出一些，否则会损坏连接线束</u>

5）拆卸行李舱盖线束。行李舱盖线束包括牌照灯线束以及电动机线束，有些车型还包括加装的倒车影像或行车记录仪线束。行李舱盖线束通过卡扣固定在行李舱盖内板上，用撬尺小心地撬开线束卡扣，如图 2-138 所示。

<u>注意：拆卸时不要损坏线束，拆下后把整个线束放在行李舱里面</u>

（4）拆卸行李舱盖主体

行李舱盖通过螺栓安装在铰链上，两个人配合拆卸，一边一人用扳手配合套筒同步拆下固定螺栓，然后取下行李舱盖，拆卸完成，如图 2-139 ～图 2-141 所示。

图 2-138 拆卸线束

图 2-139 拆卸铰链螺栓

图 2-140 取下行李舱盖

图 2-141 拆下的行李舱盖

<u>注意：拆卸时要用手把行李舱盖下部的尖角握住，防止行李舱盖与风窗玻璃发生碰撞损坏玻璃。</u>

2. 行李舱盖的安装

（1）安装行李舱盖主体

两个人配合抬起行李舱盖主体，把行李舱盖安装在铰链上，先把铰链螺栓拧上但不要拧紧，然后关闭行李舱盖观察其两边与车身翼子板之间的间隙、与尾灯的间隙是否对称合适，若不对应，则调节铰链螺栓的位置直至间隙合适后再把铰链的螺栓拧紧至规定力矩，如图2-142～图2-144所示。

检查标准：间隙符合规定。

（2）安装附件

1）安装行李舱盖外饰板总成。外饰板总成通过卡扣及螺钉固定在行李舱盖上，先用螺钉旋具将固定螺钉拧上，再用卡扣将外饰板总成固定好，如图2-145、图2-146所示。

图 2-142　安装铰链螺栓

图 2-143　检查间隙

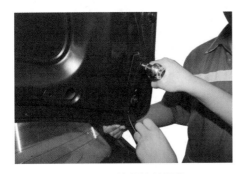

图 2-144　拧紧铰链螺栓

图 2-145　安装固定螺钉

图 2-146　安装卡扣

注意：若卡扣有损坏，则更换新的卡扣。

2）安装行李舱盖线束。先连接好所有的线束接头并测试是否正常，如牌照灯、摄像头工作正常则按原来的路径进行布线，并用卡扣固定好，如图 2-147、图 2-148 所示。

图 2-147　测试牌照灯及摄像头是否正常工作

图 2-148　安装线束

注意：要将线束胶套塞装好防止漏水，若卡扣有损坏则更换新的卡扣。

3）安装锁机控制电动机。先连接好电动机线束测试工作是否正常，若正常则用绝缘胶带包好接头，将锁机控制电动机安装在行李舱盖内板里面，电动机用螺钉固定，用螺钉旋具拧紧即可，如图 2-149 所示。

4）安装锁机。将锁机用螺栓安装固定在行李舱盖上，再将连接电动机和锁机的连接杆安装好，安装好后检查锁机工作是否正常，如图 2-150 所示。

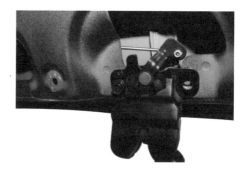

图 2-149　安装电动机

图 2-150　安装锁机

5）将行李舱盖内饰板安装在行李舱盖内板上，用卡扣固定好，如图 2-151 所示。

图 2-151　安装内饰板

注意：若卡扣有损坏，则更换新的卡扣。

（3）检查

关闭行李舱盖，再次对行李舱盖后摄像头、牌照灯、行李舱开关、各部件进行检查是否工作正常。最后对工具、场地进行整理清洁，如图 2-152、图 2-153 所示。

图 2-152　检查摄像头、牌照灯

图 2-153　整理清洁

检查标准：间隙正常，电器件正常，曲面无损伤。

三　相关知识拓展

1. 行李舱盖的设计参数

（1）开口宽度

行李舱盖开启后，应为用户提供足够的取放行李的通过空间，行李舱盖的开口宽度尤为重要。开口宽度主要受到整车宽度、后尾灯位置及造型、两侧流水槽结构的影响。在整车的效果图冻结后，这个开口宽度已基本确定。开口宽度最小应在 850mm，一般选取 950mm，当然，在车宽允许的情况下，这个值越大越好。同时要考虑后尾灯的布置对流水槽的影响，使流水槽在满足排水性的前提下尽量窄，以增加开口宽度。

（2）关闭力作用点水平长度

三厢轿车的行李舱盖开启后，其最下端应向车的前方移动。关闭力作用点水平长度是指，当行李舱盖开启到最大位置时，人手的施力点（行李舱盖最后端）与汽车尾部的水平距离。如果这个尺寸过小，人在取放行李时，头部容易触及行李舱盖，对操作造成影响。如果这个尺寸过大，人在关闭行李舱盖时，需要将手尽量伸长，对于身材较小的用户，操作起来较为困难，且减小了外力的力臂，使行李舱盖关闭起来较为费力。关闭力作用点水平长度设计在 200～400mm 之间，一般选取 300mm 左右为宜。这个尺寸是通过行李舱盖的开启机构特别是铰链轴心线的位置来实现的。

（3）门槛高度

门槛高度是指行李舱盖关闭时，最下端的离地高度，这个尺寸对用户取放行李具有直接影响。如果门槛过高，超出行李舱承物面较多，用户取放行李时始终有较大距离的"抬升"过程，会对用户的使用造成影响。如果门槛过低，若发生追尾事故，行李舱盖将直接承受后部的冲击力，能量得不到有效传递，甚至可能通过行李舱内的物品传递到后排座椅，对后排乘员的安全构成威胁。门槛高度应设计在 550～660mm 之间，一般选取 600mm 左右。这样的门槛高度，既

不会高出行李舱承物面很多，又能使追尾时，由后裙板接受冲击力，通过后纵梁有效传递能量，确保乘员安全。

（4）操作力

行李舱盖的操作力包括开启力和关闭力。操作力过大，将对用户的使用带来不便，但操作力过小，反而增加行李舱盖的不稳定性，影响用户的使用安全。行李舱盖的操作力一般设计在40～50N之间。在行李舱盖总成重心、重量基本确定后，行李舱操作力主要是通过行李舱开启机构的设计来实现的，包括轴心线位置、铰链结构、弹性机构的设计等。

2. 行李舱盖钣金设计

行李舱盖钣金件的布置设计可分为两大部分：一部分是与外部行李舱开口周边相配合的附件，如铰链或四连杆结构、行李舱锁的锁体等；另一部分是行李舱内部的附件，如行李舱锁的拉杆（拉索）等。行李舱盖外附件的布置是在确定行李舱盖与行李舱开口周边结构件之间关系的情况下进行的。在整个行李舱盖附件的布置设计过程中不存在一个结论性的方法和流程，而是一个逐步调整、逐步优化的过程，具有明显的试探性、反复性和不确定性等特点。一般情况下，在进行行李舱盖附件布置时，首先在满足各附件基本功能及要求的情况下给出附件各自粗略的初始定位，然后在保证不出现安装干涉和运动干涉的情况下对它们的位置进行逐步的调整和细化。在调整的过程中，各附件的位置是相互作用的，并且都有可能进行变动，不会出现在确定了某一或某些附件位置的情况下，只调整其他附件的情况。

（1）外板设计

行李舱外板的设计较为简单，主要是根据外行李舱盖与翼子板平面和主断面进行制作。行李舱盖与翼子板平面确定了行李舱外板的基本形状，主断面则确定行李舱外板在各个部分的收口位置，扣合边的设计尺寸与车门扣合相同。根据造型需要，行李舱外板上可能还设计有牌照灯盖和开启手柄，此时应考虑相应零件的安装和密封方式。外板的斜面既要保证冲压性，又要确保牌照灯、开启手柄的安装和运动空间。牌照灯盖与行李舱外板的间隙应控制在1mm，且设计上偏差为0.5mm。

牌照灯盖的安装方式分为卡扣连接、螺栓连接及螺栓和卡扣连接都采用的混合连接三种，为安装牢固，一般不要仅通过卡扣连接，特别是在两侧，固定点应距离灯盖的两端尽量近，防止两端的翘曲。牌照灯盖应具备良好的密封性能，一般是在周边（或者仅上部边缘）内部粘贴密封条，行李舱外板上应设计相应的密封面进行密封。行李舱外板一般选用外观性能较好的BUFD-FD-D-Q/BQB408等材料，厚度在0.7～1.0mm不等，为提高防腐性能，还可以采用镀锌板或铝板。

（2）内板设计

行李舱内板相对于外板而言，设计自由度大，需要满足的功能多，结构也较为复杂，应根据行李舱内部的功能，按一定的程序进行数据制作。

（3）密封面设计

行李舱盖首先应满足的功能，是对整个行李舱的密封。因此，密封面的设计在行李舱内板的设计中尤为重要。在设计行李舱密封面时，应分上部、下部、左侧上部、左侧下部几个部分，将断面提供的轮廓沿外行李舱盖与翼子板平面的形状扫描，形成分散的各个密封面。在主断面确定后，密封面的设计主要是各区域之间搭接面的设计，各区域的密封面应剪切适当，使过渡面尽量平滑。由于各区域密封面的角度不同，过渡面容易出现扭曲，此时要通过调整密封面角度、密封面剪切位置进行调整，应确保有效的密封面无明显的扭曲现象。密封面应设计成左右对称的整圈面，同时还要设计出密封条夹持翻边的参考面，参考面在断面中应与密封面保持垂直，且应位于有效密封面的正中，扫描路径、剪切位置都应与密封面保持一致。有效密封面受到密封面两侧的斜面控制，若斜面距离过近，则有效密封面减少，反之亦然。有效密封面宽度应不低于20mm，否则将影响密封效果。

（4）扣合面设计

行李舱盖内板的最外一圈，用于与外板扣合，可以直接通过外行李舱盖与翼子板平面的偏置得到。需要注意的是：为提高行李舱盖的涂装防腐性能，扣合面不应过宽，应根据扣合尺寸，及时地通过台阶形状，在内、外板之间设计出空腔。

（5）形状面设计

在密封面以内，是行李舱盖内板的形状面。形状面要与行李舱盖外板保持一定的空腔，以增强行李舱盖总成的刚性，也有利于提高涂装防腐性能。另外，基本形状面应尽量设计简单，可通过平面或简单扫描面组成。在基础形状面上，设计铰链安装面、内饰安装面、加强沉台、锁机安装面等结构面，使整个内部形状面复杂化，有利于内板本身强度的增加。对较为平坦的形状面区域，应设计加强筋、沉台等结构提高强度。另外，内板形状面上的开孔不可避免，根据孔的功用，主要包括定位孔、线束安装孔、内饰安装孔、铰链安装孔、排涂孔、通线孔、减重孔等。其他不同的功用对应孔的不同形状和大小，应根据具体需求设计。

（6）涂胶设计

行李舱内外板之间，除了周边扣合以外，还应在中部设计涂胶位置，以增强行李舱盖总成的整体刚度和强度。涂胶可通过涂胶翻边和涂胶沉台来实现。采用涂胶沉台时，应使沉台底面距离外板3mm以内，使涂胶后内外板能紧密贴合。采用涂胶翻边时，内板上涂胶翻边的高度应控制在50mm以内，否则翻边自身偏软，不利于强度的增加，内外板之间的距离应控制在3mm以内，使涂胶后内外板能紧密贴合。如果在内板距离外板较远的区域设计涂胶翻边，可首先在内板上制作沉台，在沉台的底面设计翻边，这种两级台阶的设计方式，使翻边高度得到减少，同时也提高了翻边周围开孔区域的强度。采用涂胶翻边，需要特别注意的是，沿翻边展开方向，应计算开孔大小，使开孔部分的材料足以用于冲压翻边。

第六节　前车门

前车门是汽车车身设计中十分重要而又相对独立的一个部件，其质量直接关系到整车的舒适性和安全性，还影响着车身结构性能的好坏。它是车身中工艺最复杂的部件，涉及零件冲压、零件焊接、零部件装配、总成组装等工序，尺寸精度和工艺技术等要求都非常严格。

对前车门的认识

1. 前车门的作用

前车门为驾驶人和乘客提供出入车辆的通道，车门的密封性好，可防尘、防水、隔声，并

在一定程度上减轻侧面撞击，保护乘员。

2. 前车门的组成

前车门由三部分组成：车门门体、车门附件、车门内饰盖板。

1）车门门体包括车门外板、车门内板、车门加强板、车门加强横梁、车门窗框。

2）车门附件包括车门铰链、车门开度限位器、门锁机构、内外拉手、车窗玻璃及升降机构、车门密封胶条、车后视镜、音响、车门线束等。

3）车门内饰盖板包括固定板、芯板、内外蒙皮、内扶手及车门电器控制板块。

3. 车门的分类

（1）车门按其开启方式划分

1）顺开式车门。

顺开式车门在汽车行驶时，仍可借气流的压力关上，比较安全，而且便于驾驶人在倒车时向后观察，故被广泛采用。

2）逆开式车门。

逆开式车门在汽车行驶时，若关闭不严就可能被迎面气流冲开，因此用得较少，一般只是为了上下车方便及适于迎宾礼仪需要的情况下采用。

3）水平移动式车门。

水平移动式车门的优点是：在车身侧壁与障碍物距离较小的情况下，仍能全部开启。

4）上掀式车门。

上掀式车门广泛用作轿车及轻型客车的后门，也应用于低矮的汽车。

5）折叠式车门。

折叠式车门广泛应用于大、中型客车。

（2）车门按其生产工艺划分

1）整体式车门。

整体式车门的内外板由整块钢板冲压后包边而成，该生产方式初次模具投入成本较大，但可降低相关检具夹具，材料利用率较低。

2）分体式车门。

分体式车门由车门框总成和车门内外板总成拼焊而成，门框总成可采用滚压方式生产，成本较低，生产率较高，整体模具成本较低，但后期检具夹具成本较高，且工艺可靠性较差。

整体式车门和分体式车门在整体成本方面相差不大，主要是根据造型要求确定相关的结构形式。由于目前汽车造型要求较高，且生产效率要求较高，因此车门整体结构趋向于分体式。

> **在什么情况下要对前车门进行拆装呢？**
>
> 一般汽车修复喷漆时只需要对车门的外观附件进行拆卸，方便喷漆。只有在车门严重变形或需更换整个车门时，才会对车门进行拆卸操作。

一 前车门的拆装

前车门的拆装过程主要包括前车门拆卸和安装两个方面。

1. 前车门的拆卸

准备工具、耗材：十字、一字螺钉旋具、T字杆套筒、拆装工具套装、防护手套、撬尺、翘板、螺钉盒、工具车、卡扣。

（1）施工前检查

前车门拆卸前需要先对前车门漆面、车门位置间隙、车门中控开关、门灯内外拉手、后视镜控制模块、门内饰板等位置进行检查。

1）检查前车门漆面是否有损伤，如图 2-154 所示。

2）检查缝隙是否正常，如图 2-155 所示。

图 2-154　检查前车门漆面　　　　　　图 2-155　检查缝隙

3）检查控制开关是否能正常工作，如图 2-156 所示。

检查标准：所有问题部位都检查出来。

注意：一定要仔细检查，防止遗漏后检查出来导致客户纠纷。

（2）拆卸车门内饰板

1）寻找车门内饰板的固定螺钉及固定卡扣，并对其进行拆卸，拆卸下来的螺钉及卡扣要放在螺钉盒里防止丢失，如图 2-157 所示。

图 2-156　检查控制开关　　　　　　图 2-157　拆卸车门内饰板固定螺钉及卡扣

注意：车门内饰板由几个螺钉及卡扣进行固定，部分螺钉的分布比较隐秘，所以要仔细查找，记住每个螺钉的安装位置以便于后续的安装。

2）确定车门内饰板的固定螺钉及固定卡扣已经完全拆卸后，使用塑料撬尺撬开门饰板，把门饰板取下，然后把内饰板的电器插头拔下，完成内饰板拆卸，如图2-158所示。

注意：应该在不明显的位置撬内饰板，操作时要小心力度，拿下来前记得先拔下插头。

（3）拆卸车窗玻璃

1）前车窗玻璃由两个螺钉固定，需要打开电源，插上玻璃升降开关，要把玻璃下降到能看见固定螺钉的位置，才能把玻璃的固定螺钉拆下，如图2-159所示。

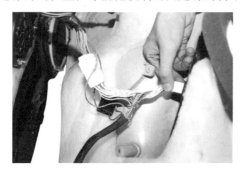

图2-158　拔下电器插头　　　　　　　　图2-159　拆卸车窗玻璃固定螺钉

2）先将玻璃从后端取出，再拆下玻璃胶条，如图2-160所示。

注意：车窗玻璃一般都是钢化玻璃，内侧贴有防爆膜，玻璃膜十分容易刮花，所以拆卸下来的玻璃应该放置在安全的地方，防止损坏玻璃膜或玻璃。

（4）拆卸扬声器

拆下扬声器，拔下门上的所有电器插头，使用撬尺把车门线束的固定卡扣拆下，拆卸时要小心，尽量不要损坏线束的固定卡扣。把线束从门板上拆卸下来，如图2-161所示。

图2-160　取下车窗玻璃　　　　　　　　图2-161　拆卸扬声器

注意：卡扣拆卸时要小心，尽量不要损坏线束的固定卡扣。部分卡扣是倒勾的，拆时应该小心。

（5）拆下玻璃升降架总成与车门锁机总成

玻璃升降架总成与车门锁机总成两者是连接在一起的，所以连同锁机一起卸下，卸下锁机之前，应解开锁机与外拉手的连接杆，如图2-162～图2-164所示。

（6）拆卸车门上的各附件

拆下门外拉手、后视镜、车门限位器、玻璃胶条等其他小附件。

1）拆卸门外拉手，如图 2-165 所示。

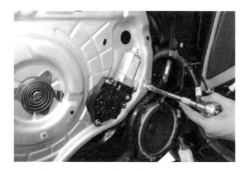

图 2-162 拆卸玻璃升降架总成

图 2-163 拆卸车门锁机

图 2-164 取下玻璃升降架总成与车门锁机总成

图 2-165 拆卸门外拉手

注意：拆卸时要小心，避免对漆面造成损伤。

2）拆卸车外后视镜。

车外后视镜对应的车内盖板，可以直接掰下来或者使用塑料撬尺撬开，然后通过套筒或者对应型号的螺钉旋具拧松后视镜的固定螺钉，拧松到一半即可，防止螺钉掉落到车内缝隙，拧到一半后在用手将螺钉彻底拧下。

后视镜有专门的线路，一般集成盒都隐藏在车门夹板内，所以用手向上搜动线束可以找到集成盒，集成盒开启的方法普遍是通过手指按，需要注意的是集成盒一般为插拔式，分离后要做好固定工作，用于防止分离后插头掉落到车门内夹板上，如图 2-166 所示。

图 2-166 拆卸车外后视镜

注意：在拆卸最后一颗固定螺钉时，应该用手托住后视镜，防止后视镜掉落到地面上造成损坏。

3）拆卸车门限位器，如图2-167所示。

4）拆卸玻璃胶条，如图2-168所示。

图2-167 拆卸车门限位器

图2-168 拆卸玻璃胶条

（7）拆下车门

1）先拧松车门上、下两个铰链的固定螺栓，然后两人配合，一人向上托住车门，一人从下至上将两个车门铰链的螺栓拧下，然后取下车门，如图2-169所示。

注意：拆卸车门，铰链螺栓应按照从下往上的顺序进行拆卸。

2）将车门内的线束取出，取出时要小心，避免对线束造成损伤，如图2-170所示。

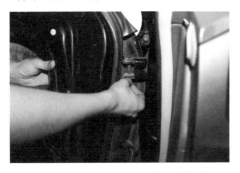

图2-169 拧下车门铰链的固定螺栓

图2-170 将车门内的线束取出

3）拆卸完成，如图2-171所示。

图2-171 拆卸完成

2. 前车门的安装

准备工具材料：十字和一字大小螺钉旋具、T字杆套筒、套筒组件、防护手套、塑料卡扣。

（1）安装车门

把线束放入门体内，将车门装上车身，按从上至下的顺序进行安装门铰链螺栓（螺栓先不要拧得太紧，只需固定住车门即可），将车门关上，观察其四周与车身的配合间隙是否在正常范围内（一般间隙在3mm左右，或者与车身其他地方相同）。若不符合要求，应通过拧松铰链螺栓后做适当调整，直到符合要求为止，然后将铰链螺栓拧紧至规定力矩，如图2-172～图2-174所示。

检查标准：各处间隙复合规定。

注意：安装过程中应该要特别小心，车门不能与翼子板发生刮碰损坏车门或车身油漆。

（2）安装车门各附件

安装车门外拉手、车门限位器、后视镜、扬声器等附件。

1）安装车门外拉手，安装时要小心，防止对车门漆面造成损伤，如图2-175所示。

图2-172 放入线束

图2-173 拧上铰链螺栓

图2-174 拧紧铰链固定螺栓

图2-175 安装车门外拉手

2）安装车门限位器，如图2-176所示。

注意：安装限位器前要把车门的密封条安装好。

3）将车外后视镜安装到车门上，用手拧上后视镜的所有固定螺钉，使用合适的工具对后视镜的固定螺钉进行固定。插上后视镜电路线束插头，盖上后视镜对应的车内盖板，如图2-177所示。

图 2-176 安装车门限位器

图 2-177 安装车外后视镜

4）安装扬声器，如图 2-178 所示。

（3）安装锁机及玻璃升降器

装上锁机时不要忘记把外拉手连接杆装好，安装锁机及玻璃导轨，锁机与外拉手连接，安装玻璃升降器，如图 2-179～图 2-181 所示。

图 2-178 安装扬声器

图 2-179 安装锁机

图 2-180 安装玻璃导轨

图 2-181 安装玻璃升降器

（4）检查间隙

关好车门，检查车门与车身的装配间隙是否合适，高低是否一致，如图 2-182～图 2-184 所示。

（5）安装车窗玻璃

安装车窗玻璃前，要先装好玻璃胶条，然后再安装玻璃，并检查玻璃是否完全卡在导槽中，拧紧车窗玻璃的固定螺钉，如图 2-185～图 2-187 所示。

注意：放玻璃时前端先放下去，注意不要刮到内侧的玻璃膜。

图 2-182　检查车门与翼子板的位置间隙

图 2-183　检查前车门与后车门的间隙

图 2-184　检查前车门与 A 柱之间的间隙

图 2-185　安装玻璃胶条

图 2-186　安装玻璃

图 2-187　拧紧车窗玻璃的固定螺钉

（6）安装车门内的线束

将线束按原来的位置布置好，插好各电器的插头，并测试是否能正常工作，如图 2-188、图 2-189 所示。

图 2-188　布置好车门内的线束，插上各电器插头

图 2-189　插上各电器插头

（7）安装车门内饰板

安装前，应该查看是否缺少车门内饰板卡扣且其是否损坏，如有缺失损坏的内饰板卡扣应更换，再安装内饰板，拧紧固定螺钉，安装后注意检查各种螺钉的装饰盖是否安装到位，如图2-190、图2-191所示。

注意：安装前，必须仔细检查卡扣是否损坏或缺失，如有损坏或缺失应更换新件。

图2-190　检查是否缺少卡扣　　　　　图2-191　拧紧车门内饰板固定螺钉

注意：车门内饰板的固定螺钉一般转矩较小，拧紧时要注意拧紧力度。

（8）检查

完成安装后，检查所有的部件是否能正常工作，如内外门锁、电器、开关、中控、玻璃升降器等是否正常。

1）检查玻璃升降开关及车门锁开关是否正常，如图2-192所示。

2）检查车门周围的缝隙，缝隙应均匀一致，车门与其相邻件间工作不能干涉，如图2-193所示。

图2-192　检查控制开关　　　　　　　图2-193　检查各处缝隙

3）检查漆面有无损伤，如无问题则施工完成，如图2-194所示。

图2-194　施工完成

检查标准：各处间隙符合规定，电器件工作正常，螺钉卡扣无漏装，漆面完好。

三 相关知识拓展

1. 汽车车门铰链

要知道什么是汽车车门铰链，首先得知道什么是铰链。铰链也叫合页或门铰，是用来连接两个固体并允许两者之间做相对转动的机械装置。主要的特点是在柜或门关闭时带来缓冲功能，最大程度的减小了关闭时与物体碰撞发出的噪声。汽车的铰链一般应用在汽车的车门和发动机舱盖、行李舱盖及油箱盖等。

（1）汽车车门铰链的作用

为了让驾驶人和乘客能从车外进入车内，从车内回到车外，所以有了车门。为了把车门和车身连接起来，铰链负责连接车门车身和保证车门的开合，所以有了车门铰链。

（2）汽车车门铰链的组成

车门铰链的功能之一就是连接车身和车门，那么车门铰链至少应该由三个部分组成：

1）和车身相连接的车身件。

2）和车门相连接的车门件。

3）连接车身件和车门件并保证车门铰链能做出开合运动的其他部分。

（3）汽车铰链的分类

1）按加工方式的不同来进行分类，汽车铰链又可分为冲压式铰链和铸造式铰链两种。

冲压式铰链：顾名思义，铰链是由冲压钣金件组成。

优点：成本低、加工容易、重量也较轻。

缺点：轴向定位精度较差、松动量偏大、轴向强度也较弱。

铸造式铰链：该铰链是由铸造件经过车床等设备精加工而成的。

优点：体积小、强度高、轴向定向精度高。

缺点：成本偏高、重量偏大。

2）按结构的不同来进行分类，汽车铰链又分为一体式铰链和分体式铰链两大类。

一体式铰链：就是铰链和限位器做成一体，既是铰链又可以取代限位器。

优点：可以省去限位器，在布置以及安装方面都比普通铰链方便。

缺点：成本高，其成本是普通冲压铰链的8~10倍，此外其体积也大、重量也重。

一体式铰链根据限位器的结构不同，又可以分为两种：扭杆式和弹簧式。弹簧式一体化铰链的限位机构是由弹簧来驱动的，而扭杆式一体化铰链是通过扭杆来驱动限位机构的。弹簧式的成本更低，但限位不如扭杆式的好，且其档位也没扭杆式的档位清晰。扭杆式铰链的成本较高，且档位清晰、限位也好。但这种铰链是爱德夏的专利技术，故应用和推广范围相对较小。

分体式铰链：分体式铰链就是不带限位功能的普通铰链。这种铰链最为常见。前面所说的铸造式、冲压式等不带限位功能的铰链都是分体式铰链。

3）车门铰链的连接方式。

车门门铰链和车门以及车身的连接方式有哪些？常见的车门铰链和车门门以及车身的连接

方式有：

螺栓连接：车门铰链车身件、车门件以及车身和车门间均有安装孔，靠穿过安装孔的螺栓螺母将车门铰链和车身以及车门连接起来。

焊接连接：车门铰链车身件、车门件以及车身和车门间没有安装孔，靠焊接把车门铰链以及车身、车门件连接起来。

螺栓＋焊接连接：车门铰链车身或者车门件有一个是靠螺栓连接到车身或者车门上，另外一个则靠焊接和车身或者车门连接起来。

2. 车门开度限位器

（1）车门开度限位器的作用

车门开度限位器的作用是限制车门打开的程度。一方面它可以限制车门的最大开度，防止车门开得过大；另一方面，它可在需要时使车门保持开启，即使汽车停在坡道上打开车门，车门也不会自动关上。常见的车门开度限位器是单独的拉带式限位器，也有一些限位器和门铰链制成一体，通常在车门全开和半开时具有限位的功能。

（2）车门开度限位器的分类

按限位力提供方式分类，可以分为橡胶弹簧式、金属弹簧式和扭簧式。

按摩擦力类型分类，可以分为滚动摩擦式和滑动摩擦式。

第七节　后车门

后车门与前车门一样都是汽车车身设计中十分重要而又相对独立的一个部件，其质量直接关系到整车的舒适性和安全性，影响着车身结构性能的好坏。它是车身中工艺最复杂的部件，涉及到零件冲压、零件焊接、零部件装配、总成组装等工序，尺寸精度和工艺技术等要求都非常严格。

 对后车门的认识

1. 后车门的作用

后车门为乘客提供出入车辆的通道，车门的密封性好，可防尘、防水、隔声，并在一定程度上减轻侧面撞击，保护乘员。

2. 后车门的组成

与前车门一样，后车门也由三部分组成：车门门体、车门附件、车门内饰盖板。

1）车门门体包括车门外板、车门内板、车门加强板、车门加强横梁、车门窗框。

2）车门附件包括车门铰链、车门开度限位器、门锁机构及内外拉手、车窗玻璃及升降机、三角玻璃、玻璃导轨、车门密封胶条、音响、车门线束等。

3）车门内饰盖板包括固定板、芯板、内外蒙皮、内扶手及车门电器控制板块。

3. 车门的分类

（1）车门按其开启方式划分

1）顺开式车门。

顺开式车门在汽车行驶时仍可借气流的压力关上，比较安全，而且便于驾驶员在倒车时向后观察，故被广泛采用。

2）逆开式车门。

逆开式车门在汽车行驶时，若关闭不严就可能被迎面气流冲开，因此用得较少，一般只是为了上下车方便、及适于迎宾礼仪需要的情况下采用。

3）水平移动式车门。

水平移动式车门的优点是：在车身侧壁与障碍物距离较小的情况下，仍能全部开启。

4）上掀式车门。

上掀式车门广泛用作轿车及轻型客车的后门，也应用于低矮的汽车。

5）折叠式车门。

折叠式车门广泛应用于大、中型客车。

（2）车门按其生产工艺划分

1）整体式车门。

整体式车门的内外板由整块钢板冲压后包边而成，该生产方式初次模具投入成本较大，但可降低相关检具夹具，材料利用率较低。

2）分体式车门。

分体式车门由车门框总成和车门内外板总成拼焊而成，门框总成可采用滚压方式生产，成本较低，生产率较高，整体模具成本较低，但后期检具夹具成本较高，且工艺可靠性差。

整体式车门和分体式车门在整体成本方面相差不大，主要是根据造型要求确定相关的结构形式。由于目前汽车造型要求较高，且生产效率要求较高，车门整体结构趋向于分体式。

> **在什么情况下要对后车门进行拆装呢？**
> 一般汽车修复喷漆时只需要对车门的外观附件进行拆卸，方便喷漆。只有在车门严重变形或需更换整个车门时，才会对车门进行拆卸操作。

一 后车门的拆装

后车门的拆装过程主要包括后车门拆卸和后车门安装两个方面。

1. 后车门的拆卸

准备工具、耗材：十字螺钉旋具、一字螺钉旋具、T字杆套筒、拆装工具套装、防护手套、撬尺、翘板、螺钉盒、工具车、卡扣。

（1）作业前检查

后车门拆卸前需要先对后车门漆面、位置间隙、儿童锁、玻璃升降开关、内外门锁拉手、

门内饰板等位置进行检查，如图 2-195、图 2-196 所示。

图 2-195 检查车门间隙

图 2-196 检查玻璃升降开关

检查标准：所有问题部位都检查出来。

注意：一定要仔细检查，防止遗漏后检查出来导致客户纠纷。

（2）拆卸车门内饰板

1）拆卸车门内饰板的固定螺钉及卡扣（部分车型车门内饰板的固定螺钉会隐藏在车门内饰盖里面，需要使用塑料撬尺撬开后才能拧下固定螺钉），拆下来的螺钉应放置在螺钉盒里，并做好标记，安装时必须把螺钉安装回原来的位置，如图 2-197、图 2-198 所示。

图 2-197 拆卸车门内饰板固定螺钉（一）

图 2-198 拆卸车门内饰板固定螺钉（二）

注意：车门内饰板由几个螺钉及卡扣进行固定，部分螺钉的分布比较隐秘，所以要仔细查找，记住每个螺钉的安装位置以便于后续的安装。

2）确定车门内饰板的固定螺钉及卡扣已经完全拆卸后，使用塑料撬板撬开车门内饰板，如图 2-199 所示。

注意：撬开车门内饰板时要小心不要损坏内饰板，注意力度，应该在不明显的位置撬内饰板。

3）拆下车门内饰板，然后把内饰板的电器插头拔下，如图 2-200 所示。

注意：拆卸过程中应注意力度，以免损坏配件。

（3）拆卸车窗玻璃

拆卸后车窗的三角玻璃与玻璃导轨，如图 2-201、图 2-202 所示。

图 2-199 撬开车门内饰板

图 2-200 取下车门内饰板

图 2-201 拧下玻璃导轨固定螺钉

图 2-202 拆下三角玻璃与玻璃导轨

注意：取下三角玻璃时要小心，以免对三角玻璃造成损坏。

（4）拆卸车窗玻璃及玻璃升降架

拆卸车窗玻璃及玻璃升降架时，需要打开电源，插上玻璃升降开关，把玻璃下降到能看见玻璃固定螺钉的位置，然后才能拧松螺钉，最后拿下后车门的玻璃，如图 2-203、图 2-204 所示。

图 2-203 向上提出玻璃

图 2-204 拆下玻璃胶条

注意：车窗玻璃一般都是钢化玻璃，内侧贴有防爆膜，玻璃膜十分容易刮花，所以拆卸下来的玻璃应该放置在安全的地方，防止损坏玻璃膜或玻璃。

（5）拆卸玻璃升降器总成

拆卸车门内拉手，然后拧下玻璃升降器总成的固定螺钉，取下玻璃升降器总成，如图 2-205、图 2-206 所示。

（6）拆卸车门锁机总成

拆卸车门锁机总成时，要先拧下锁机的固定螺钉，然后拆开内部与车门外拉手相连的接杆，最后取出锁机,如图2-207所示。

(7)拆卸车门附件

1)从门体内拧下外拉手的固定螺钉,再从车门外侧取下外拉手,如图2-208所示。

图2-205 拧下车门内拉手的固定螺钉

图2-206 取下玻璃升降器总成

图2-207 拆卸锁机固定螺钉

图2-208 拆卸门外拉手

注意:从车门外侧取下外拉手时要小心,避免对漆面造成损伤。

2)选择合适的套筒配合棘轮扳手进行拆卸车门限位器,如图2-209所示。

3)使用金属撬尺撬起门边胶条并将其拆下,如图2-210所示。

图2-209 拆卸车门限位器固定螺钉

图2-210 拆卸门边胶条

注意:在使用金属撬尺撬起门边胶条时要小心,防止刮花门边上的漆面。

4)使用塑料撬尺拆下车门内线束的固定卡扣,将车门内的线束取出,如图2-211所示。

注意:在取出车门内的线束时要小心,防止损伤线束。

(8)拆卸车门

先拧松车门上下两个铰链的固定螺栓,然后两人配合,一人向上托住车门,一人从下至上将两个车门铰链的螺栓拧下，最后取下车门，拆卸完成，如图 2-212、图 2-213 所示。

图 2-211　取出车门内线束

图 2-212　拆卸车门铰链固定螺栓

注意：拆卸车门铰链螺栓应按照从下往上的顺序进行拆卸。取下车门时要小心，避免刮花车门漆面。

（9）拆卸完成，如图 2-214 所示。

图 2-213　取下车门

图 2-214　拆卸完成

2. 后车门的安装

（1）安装车门

将线束放入车门内，车门铰链螺栓应从上往下逐步拧紧至规定力矩。

1）将车门线束放入到车门内，安装好车门上线束孔的防尘密封圈，以及扣上线束固定卡扣，如图 2-215 所示。

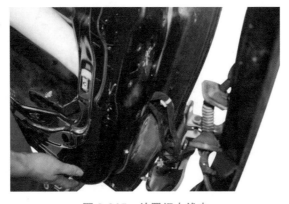

图 2-215　放置门内线束

注意：安装线束时要检查线束固定卡扣是否有损坏，如有损坏，需更换新卡扣。

2）两人配合进行安装，一人向上托住车门，一人将车门铰链螺栓拧上，螺栓先不要拧的太紧，只需固定住车门即可，如图2-216所示。

3）将车门关上，观察其四周与车身的配合间隙是否在正常范围内（一般间隙在3mm左右，或者与车身其他地方相同）。若不符合要求，应通过拧松铰链螺栓后做适当调整，直到符合要求为止，然后将铰链螺栓拧紧至规定力矩，如图2-217所示。

图2-216　拧上铰链固定螺栓

图2-217　拧紧车门铰链螺栓

检查标准：间隙合适，拧紧力矩合适。

注意：拧紧时注意不要拧得太紧，拧到规定力矩即可。

（2）安装车门附件

1）将门外拉手放入后，拧紧拉手的固定螺钉，如图2-218所示。

注意：门外拉手安装时应小心，避免刮伤车门漆面。

2）安装车门密封条，如果胶条的卡扣有损坏的应该更换，如图2-219所示。

图2-218　安装外拉手

图2-219　安装车门密封条

3）装上车门限位器后，将车门限位器的所有固定螺钉拧紧，如图2-220所示。

（3）安装锁机总成

将锁机总成放入门体内，拧紧其固定螺钉，连接好锁机与门外拉手的挂钩，连接好锁机与门内拉手的两根钢丝拉索，安装固定好门内拉手，并确定外拉手能正常工作，如图2-221、图2-222所示。

（4）检查配合间隙

检查车门与车身之间的配合间隙是否正常，间隙一般是3mm左右，或者与车身其他地方相同，如图2-223、图2-224所示。

图 2-220 拧紧车门限位器固定螺钉

图 2-221 拧上锁机固定螺钉

图 2-222 连接锁机与门外拉手挂钩

图 2-223 检查配合间隙（一）

图 2-224 检查配合间隙（二）

检查标准：间隙复合规定。

（5）安装玻璃升降器总成及其小附件

将玻璃升降器总成安装至门体上，拧紧各固定螺钉，然后将车门线束的固定卡扣扣上，如图 2-225 所示。

（6）安装车窗玻璃

1）将车窗玻璃从上方放入门内，放入后将玻璃下方的两个孔分别与升降器上的安装孔对齐，然后拧紧玻璃固定螺钉，如图 2-226 所示。

图 2-225　安装玻璃升降器总成

图 2-226　安装车窗玻璃

注意：放玻璃时前端先放下去，要注意不要刮到内侧的玻璃膜。

2）将玻璃导轨放入车门内，如图 2-227 所示。

3）安装车门三角玻璃，如图 2-228 所示。

图 2-227　放入玻璃导轨

图 2-228　安装三角玻璃

4）先将玻璃密封条与导轨配合安装好；再将玻璃下降到最底部，然后将导轨从玻璃一侧放入，放入导轨后再将玻璃向上提拉检查是否正常；最后，拧紧导轨顶部和底部的固定螺钉，测试车窗玻璃升降是否正常，有无卡滞现象，如图 2-229～图 2-231 所示。

图 2-229　安装玻璃导轨与胶条

图 2-230　拧紧玻璃与导轨固定螺钉

检查标准：玻璃安装到位，无损伤或刮花。

（7）安装车门内饰板

1）先检查门内饰板卡扣是否损坏，有缺失损坏的应更换，连接好各线束接头。把饰板上方与门体配合好，然后压下饰板并轻拍使饰板各处的卡扣安装到位，如图 2-232 所示。

注意：安装饰板时要小心谨慎，不可使用蛮力拍打，否则会损坏饰板。

2）安装并拧紧饰板各处的固定螺钉，如图 2-233 所示。

图 2-231　检查车窗玻璃升降是否正常

图 2-232　连接线束接头

图 2-233　固定饰板上的螺钉

注意：车门内饰板为塑料件，固定螺钉的拧紧力矩不宜过大。

（8）检查

装配完后，测试所有的部件是否能正常工作，如锁机、外拉手、升降器、扬声器、开关、儿童锁等。检查车门关闭、打开是否顺畅，儿童锁工作是否正常，漆面是否有划痕，施工完成，如图 2-234、图 2-235 所示。

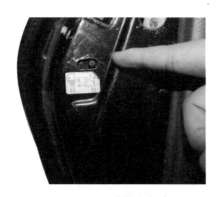

图 2-234　检查儿童锁

图 2-235　检查漆面

检查标准：各处间隙符合规定，电器件工作正常，螺钉卡扣无漏装，漆面完好。

注意：检查时需仔细不能有遗漏部位。

第八节　前风窗玻璃

　　现代轿车外型的发展与玻璃工艺的发展息息相关。早在多年以前，轿车前风窗玻璃已经采用单件式弯曲风窗玻璃，并逐渐抛弃了平面型的风窗玻璃。

　　目前的轿车风窗玻璃一般都做成整体一幅式的大曲面型，上下左右都有一定的弧度。这种曲面玻璃不论从加工过程还是从装嵌的配合来看，都是一种技术要求十分高的产品，因为它涉及到车型、强度、隔热、装配等诸多问题。

对汽车玻璃的认识

　　汽车玻璃是必不可少的车身附件，主要起到防护作用。汽车玻璃主要有以下三类：夹层玻璃、全钢化玻璃和区域钢化玻璃，能承受较强的冲击力。汽车玻璃按所在的位置分为：前风窗玻璃、侧窗玻璃、后风窗玻璃和天窗玻璃四种。

　　前风窗玻璃按照国家规定必须是夹层玻璃，侧窗玻璃一般是钢化玻璃，后风窗玻璃一般是带电加热丝的钢化玻璃。

1. 前风窗玻璃的作用

　　现在汽车前风窗玻璃基本上都是夹层玻璃，夹层玻璃是用一种透明可黏合性塑料膜贴在二层或三层玻璃之间制成，这种玻璃将塑料的强韧性和玻璃的坚硬性结合在一起，增加了玻璃的抗破碎能力。目前，汽车前风窗玻璃以夹层钢化玻璃和夹层区域钢化玻璃为主，能承受较强的冲击力。钢化玻璃是将普通玻璃淬火使其内部组织产生内应力，从而使玻璃的刚度得到加强，当钢化玻璃受到冲击破裂时会分裂成带钝边的小碎块，不易对乘员造成伤害。而区域钢化玻璃是钢化玻璃的新品种，它经过特殊处理，在受到冲击破裂时，其玻璃的裂纹仍可以保持一定的清晰度，保证驾驶者的视野区域不受影响。

　　前风窗玻璃具有良好的光学性能，透光率好，没有光畸变，能非常真实的反映外面的景物形态与运动状态，视觉非常清晰，同时，夹层技术还具有一定的隔热、柔和光线的作用，使人的感觉更舒服。

2. 什么是夹层玻璃?

　　夹层玻璃是由两层或两层以上的玻璃用一层或数层透明的黏结材料黏合而成的玻璃制品。
夹层玻璃的特性：

　　1）高抗冲击强度，受冲击后，脆性的玻璃破碎，但由于它和有弹性的PVB相结合，使夹层玻璃具有高的抗穿透能力，仍能保持能见度。

　　2）黏结力高，玻璃与PVB黏结力高，当玻璃破碎后，玻璃碎片仍然粘在PVB上不剥落，不伤人，具有安全性。

　　3）耐光、耐热、耐湿、耐寒。

3. 什么是钢化玻璃?

　　钢化玻璃分物理钢化和化学钢化，我们通常所说的钢化玻璃均指物理钢化。

（1）什么是全钢化玻璃？

玻璃在加热炉内加热到接近软化温度，这时玻璃处于黏住流动状态，保温一段时间，然后将此片玻璃迅速送入冷却装置，用低温高速气流对玻璃均匀淬冷，使玻璃内层产生张应力，外表面产生压应力，经过这样处理的玻璃制品就是全钢化玻璃。

（2）什么是区域钢化玻璃？

玻璃在加热炉内加热到接近软化温度，然后将玻璃迅速送入不同冷却强度的风栅中，对玻璃进行不均匀冷却，使玻璃主视区与周边区产生不同的应力，周边区处于风栅的强风位置，进行全钢化，此位置碎片好，钢化强度高，主视区处于风栅弱冷位置，碎片大、钢化强度低，用这种方法生产的玻璃就是区域化玻璃。

（3）钢化玻璃的优点

1）具有较高的机械强度

抗冲压强度：钢化玻璃的抗冲压强度是相同厚度普通玻璃的 5～8 倍，5mm 厚钢化玻璃用 227g 钢球冲击，钢球从 2～3m 高度落下玻璃不破碎，同样厚度的普通玻璃在 0.4m 就破碎了。

抗弯强度：抗弯强度比普通玻璃高 3～5 倍，用一片 6mm×1250mm×350mm 玻璃条，两端架起来，中间加重物，中间最大弯度可达 100mm 不断裂。

2）具有良好的热稳定性

热稳定性是指玻璃能承受剧烈温度变化而不破坏的性能，钢化玻璃可承受的温度变化范围在 150～320℃之间，而普通玻璃可承受的温度变化范围只有 70～90℃，如将钢化玻璃放在 0℃的冰上，浇上熔化的 327℃铅水，玻璃不会爆碎。

3）安全性能好

钢化玻璃破碎时碎片成蜂窝状钝角小颗粒，不易伤人。

> **什么情况下需要对前风窗玻璃进行拆装？**
> 1. 当车辆出事故时，玻璃破碎损坏需要更换新玻璃。
> 2. 当车辆维修周边部件时，也可能要拆卸玻璃，例如：更换 A 柱、车顶板时就要把前风窗玻璃拆卸下来。

二　前风窗玻璃的拆装

前风窗玻璃的拆装过程主要包括前风窗玻璃拆卸和前风窗玻璃安装两个方面。

1. 前风窗玻璃拆卸

准备工具、耗材：美工刀、防护手套、常用拆装工具、工具车、十字螺钉旋具、一字螺钉旋具、风窗玻璃拆装工具、塑料撬尺、撬板、卡扣。

（1）作业前检查

检查前风窗玻璃周边漆面及电器部件是否完好，若有损伤应该做好记录。如果不是更换新玻璃，需要检查玻璃是否完好，如图 2-236 所示。

检查标准：所有问题部位都检查出来。

注意：一定要仔细检查，防止遗漏后检查出来导致客户纠纷。

（2）拆下前风窗玻璃刮水器

拆下刮水器前要检查刮水器是否已经复位，撬开刮水器臂固定螺母的盖子，拧下刮水器臂固定螺母，把刮水器臂往下压几下就可以取出刮水器，如图 2-237 ~ 图 2-239 所示。

图 2-236　检查漆面及前风窗玻璃

图 2-237　检查刮水器是否已经复位

图 2-238　撬开刮水器臂固定螺母盖子

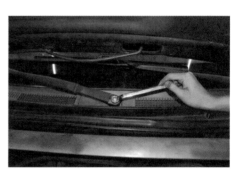

图 2-239　拆卸刮水器臂固定螺母

（3）拆下前风窗玻璃下方饰板

打开发动机舱盖，使用塑料撬尺将风窗玻璃下方的装饰板卡扣撬出，然后取下装饰板，如图 2-240 所示。

注意：拆卸饰板前要先拆下前风窗玻璃下方的胶条。

（4）拆下前风窗玻璃两边的外压条

关闭发动机舱盖，使用塑料撬尺从压条端部边缘位置将压条撬起，拆下压条，如图 2-241、图 2-242 所示。

图 2-240　取下饰板

注意：压条是塑钢材料，拆卸时务必小心，变形后将无法还原。

（5）拆下 A 柱内饰板

使用塑料撬板从 A 柱内饰板的边缘位置将内饰板撬开，拆下 A 柱内饰板，如图 2-243、图 2-244 所示。

注意：拆卸时要注意保持干净，不能弄脏内饰板。

图 2-241 使用塑料撬尺撬起压条

图 2-242 取下压条

图 2-243 撬开 A 柱内饰板

图 2-244 取下 A 柱内饰板

（6）拆下车内后视镜

后视镜是由卡簧固定的，没有螺钉，拆卸时只要顺着玻璃方向往下敲就可以将后视镜卸下，如图 2-245 ~ 图 2-247 所示。

（7）拆卸前风窗玻璃

1）使用专用工具切割风窗玻璃的黏合胶，将细钢丝一端折弯后勾在带 U 形槽的钢片上，然后将钢丝从风窗玻璃内侧穿至外侧，将车内和车外的钢丝两端分别牢牢固定在专用把手上，如图 2-248 ~ 图 2-250 所示。

图 2-245 拆卸车内后视镜

图 2-246 后视镜卡簧

2）两个人分别在车内与车外配合切割玻璃胶，一般车内人员拉住钢丝不动或做适当的小幅

度动作，由车外人员将钢丝向着与玻璃平面的方向拉动来切割玻璃胶，一直沿着玻璃四周均匀用力拉动至原先的切割起点，玻璃胶即切割完成，如图2-251、图2-252所示。

图2-247　后视镜安装卡槽

图2-248　将钢丝从风窗玻璃内侧穿至外侧

图2-249　拉出钢丝

图2-250　将钢丝固定在把手上

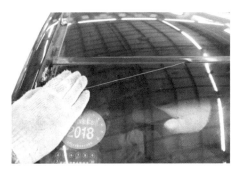

图2-251　切割玻璃胶

图2-252　两个人分别在车内与车外配合切割玻璃胶

注意：切割时应注意钢丝的用力方向尽量与玻璃处在同一平面，在玻璃转角位置时要小心，防止钢丝与玻璃接触受力而损坏玻璃。车内的人要注意保护好内饰及玻璃膜，车外的人要注意保护车身油漆。拉的时候钢丝角度尽量与玻璃平面平行。

3）两个人配合取下玻璃，如图2-253所示。

检查标准：玻璃、漆面无损伤。

注意：拿取玻璃时应该轻拿轻放，放在安全的地方避免磕碰导致玻璃损坏。

4）取下前风窗玻璃顶部的装饰条，如图2-254所示。

图 2-253　取下玻璃

图 2-254　取下装饰条

（8）去除车身与玻璃上的旧玻璃胶

车身上的旧玻璃胶可以保留 1～2mm 厚，且旧玻璃胶表面应平整无凹槽。用比较锋利的铲子或者美工刀去除旧玻璃胶，如图 2-255 所示。

检查标准：旧胶表面平整无凹槽。

注意：除胶时应该小心，尽量不要刮伤车身玻璃框上的油漆。

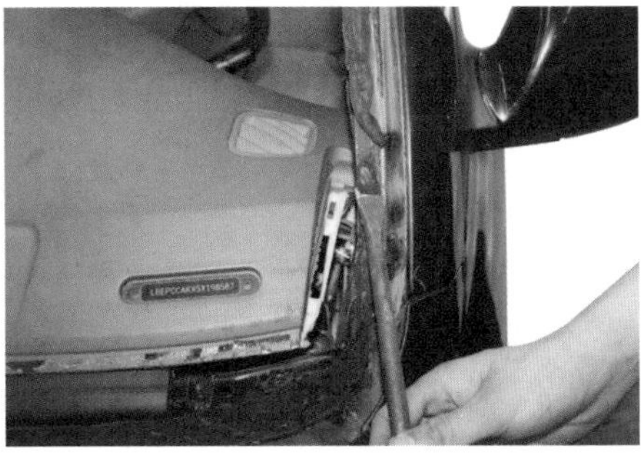

2. 前风窗玻璃的安装

图 2-255　去除旧玻璃胶

准备工具材料：玻璃底漆、玻璃胶、玻璃胶枪、美工刀、防护手套、常用拆装工具、工具车、十字螺钉旋具、一字螺钉旋具、固定胶带。

（1）施涂玻璃底漆

在拉钢丝和铲旧胶时很有可能会把车身玻璃框上的油漆划破，在铲完旧胶后，一定要做好检查，把划破油漆的地方涂上防锈底漆或者专用的玻璃底漆，如图 2-256、图 2-257 所示。

图 2-256　玻璃底漆

图 2-257　涂玻璃底漆

（2）施涂玻璃胶

将玻璃胶嘴剪切成 V 形，高度约为原来旧玻璃胶的两倍左右。打胶时玻璃胶枪尽量与玻璃框成垂直，玻璃胶枪移动速度与出胶量要配合好，过程要稳定，形成均匀整齐的三角形玻璃胶条，接口尽可能少，且接口最好位于玻璃框下部，如图 2-258、图 2-259 所示。

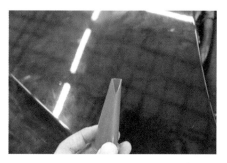

图 2-258 把玻璃胶的出胶口切成 V 形

图 2-259 施涂玻璃胶

（3）安装玻璃

装上前风窗玻璃顶部的装饰条，然后两人配合放置玻璃，先对准玻璃上端与车身之间的间隙，慢慢放下玻璃检查玻璃周围与车身之间的间隙。再对整块玻璃轻轻按压，让玻璃与玻璃胶贴合起来，如图 2-260 所示。

检查标准：安装位置正确，间隙合适。

注意：按压时要注意按压力度，不可过度用力按压。

图 2-260 对准位置安装风窗玻璃

（4）固定玻璃

检查玻璃周围的间隙是否合适。用胶带把玻璃与车身固定好。轻轻的拍打玻璃周围，使玻璃与玻璃胶的贴合面积尽量增大，如图 2-261、图 2-262 所示。

图 2-261 对玻璃与车身进行固定

图 2-262 对整块玻璃轻轻按压

（5）安装前风窗玻璃下饰板及雨刮器

前风窗玻璃下饰板安装前要检查其固定卡扣是否有丢失或破损，如有，需进行更换新卡扣后才能进行安装。安装刮水器前，要检查刮水器开关是否复位，确保刮水器复位后才能进行安装，如图 2-263 ~ 图 2-265 所示。

检查标准：下饰板及刮水器正确安装。

注意：刮水器分左右，长的装在左边主驾驶位置，短的装在右边副驾驶位置。

图 2-263 安装前风窗玻璃下饰板

图 2-264 扣上前风窗玻璃下饰板固定卡扣

图 2-265 安装刮水器

（6）安装外压条

安装前风窗玻璃两侧的外压条，安装后要进行轻轻拍打压条使其完全安装到位，如图 2-266、图 2-267 所示。

图 2-266 安装前风窗玻璃外压条（一）

图 2-267 安装前风窗玻璃外压条（二）

（7）安装 A 柱内饰板及后视镜

检查 A 柱内饰板上的卡扣是否有缺失或损坏，如损坏需要更换新卡扣，将 A 柱内饰板上的卡扣对准 A 柱上的安装孔进行安装，安装时要拍打 A 柱内饰板使其卡扣完全安装到位。将后视镜卡簧对准车体上的安装孔后向上推到位，后视镜安装完成，如图 2-268～图 2-270 所示。

图 2-268 安装 A 柱内饰板

图 2-269 对准安装孔位安装后视镜

（8）检查

前风窗玻璃安装完成，检查玻璃边与车身的间隙是否正常，检查各附件是否安装到位，检查刮水器工作是否正常，检查车身有没有沾到玻璃胶，检查车身漆面有没有在作业过程中造成损坏，如图 2-271 所示。

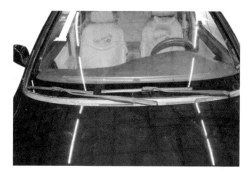

图 2-270　后视镜安装完成　　　　　　　图 2-271　检查完成

检查标准：玻璃安装严实，间隙合适，附件安装到位，刮水器正常工作，车身漆面干净无刮伤。

注意：更换完前风窗玻璃后，因为前风窗玻璃是用玻璃胶和车身黏合，玻璃胶根据不同的品质和季节因素，一般完全干透的周期为 1～3 天，所以在没有完全干透的这一时间段内需要注意，为防止发生漏风漏水，三天内切勿洗车；三天后再将固定风窗玻璃位置的胶带撕下；要平稳驾驶，避免紧急制动和急加速；尽量避免行驶颠簸过多的路段，防止风窗玻璃发生移位；将最高车速控制在 80km/h 以内，避免跑高速。

三　相关知识拓展

1. 汽车更换前风窗玻璃对车有影响吗？

相信很多车主都遇到过风窗玻璃破损的情况，不过听说换风窗玻璃还会对车有影响，是不是真的呢？其实正确更换风窗玻璃，其实没有什么坏处，如果安装不规范，那么风窗玻璃两侧的玻璃胶和玻璃不能紧密贴合，那么对车还是有影响的。例如：高速行驶中，风窗玻璃和车身之间缝隙会灌风，导致车内噪声增大。还有就是在坑洼路段行驶时，能够感觉车前方有晃动撞击的声音。

2. 汽车在行驶中出现风窗玻璃破裂的情况要怎么处理？

汽车在行驶中遇到风窗玻璃破裂的情况时，必须降低车速，同时保持镇定，不要突然转动方向盘，或过分驻车制动，此时驾驶人要及时根据风窗玻璃破裂的情况来判断是否能正常行驶。

第九节　后风窗玻璃

汽车的后风窗玻璃多为钢化玻璃制成，钢化玻璃是指将普通玻璃淬火使内部组织形成一定的内应力，从而使玻璃的强度得到加强，在受到冲击破碎时，玻璃会分裂成带钝边的小碎块，对乘员不易造成伤害。

对汽车玻璃的认识

内容同 P90。

1. 后风窗玻璃的作用

汽车的后风窗玻璃一般由带电加热丝的钢化玻璃制成，其作用是挡风遮雨、抵挡异物。为了防止在行驶过程中起雾影响驾驶人观察车后，会在后风窗玻璃上加装加热线，加热线是由银浆制成，经过丝印印刷、烘干、钢化高温烧制，牢牢地附着在玻璃上。在玻璃的两边各有一个电插片和加热线连接，当打开后风窗玻璃的除雾按钮后，电插片和这些加热线就会进行通电，通电后加热线开始加热使后风窗玻璃的温度升高，把凝结在后风窗玻璃上的雾气烘干。这样驾驶员就能清楚的看见后方了。

后风窗玻璃上还有两根看上去没有跟加热丝连接起来的线，这两根线就是汽车收音机的信号线。收音机通过这两根线收集信号，可以使接收到的信号变得更强。

2. 什么是夹层玻璃？

内容同 P90。

3. 什么是钢化玻璃？

内容同 P90。

4. 什么情况下需要对后风窗玻璃进行拆卸？

1）当车辆出事故时玻璃破碎损坏需要更换新玻璃。

2）当车辆维修周边部件时，也可能要拆卸玻璃，例如：更换 C 柱、后翼子板、车顶时就要把后风窗玻璃拆卸下来。

后风窗玻璃的拆装

后风窗玻璃的拆装过程主要包括后风窗玻璃拆卸和后风窗玻璃安装两个方面。

1. 后风窗玻璃拆卸

准备工具材料：美工刀、防护手套、常用拆装工具、工具车、十字螺钉旋具、一字螺钉旋具、风窗玻璃拆装工具、塑料撬尺、撬板、卡扣。

（1）作业前检查

检查后风窗玻璃周边漆面及电器部件是否完好，若有损伤应该做好记录。如果不是更换新玻璃，需要检查玻璃是否完好，如图 2-272 所示。

检查标准：所有问题部位都检查出来。

注意：一定要仔细检查，防止遗漏后检查出来导致客户纠纷。

（2）拆卸后座椅

1）拆卸后排坐垫时，向上用力掰，即可拆下坐垫，如图 2-273 所示。

图 2-272　检查漆面及后风窗玻璃

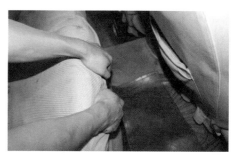

图 2-273　拆下坐垫

2）拆卸后排靠背时，将后排座椅靠背的固定螺栓拧下后，向上移靠背即可拆下。取下座椅背靠隔板，如图 2-274、图 2-275 所示。

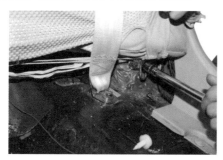

图 2-274　拆卸后排座椅靠背固定螺栓

图 2-275　拆下后排座椅靠背

（3）拆卸高位制动灯

开启行李舱盖，从行李舱内部下方松开高位制动灯的固定卡扣，再进入车内使用塑料翘板撬松并断开高位制动灯的线束插头，取下高位制动灯，如图 2-276、图 2-277 所示。

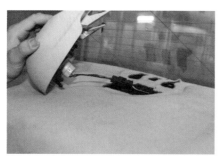

图 2-276　断开高位制动灯的线束插头

图 2-277　取下高位制动灯

注意：拆卸时不要刮花内侧饰板。

（4）拆下后窗台饰板及 C 柱内饰板

使用塑料翘板从 C 柱内饰板的边缘位置将内饰板撬开，拔下后风窗玻璃的加热线和天线插头然后拆下 C 柱内饰板，向上抬高后窗台饰板并将其向后拉出，将后窗台饰板拆下，如图 2-278~ 图 2-280 所示。

注意：拆卸时要注意保持干净，不能弄脏内饰板。

（5）拆卸后风窗玻璃

1）使用专用工具切割后风窗玻璃的黏合胶，将细钢丝一端折弯后勾在带 U 形槽的钢片上，然后将钢丝从风窗玻璃内侧穿至外侧，将车内和车外的钢丝两端分别牢牢固定在专用把手上，如图 2-281 ~ 图 2-283 所示。

图 2-278　拆下 C 柱内饰板

图 2-279　拆卸后窗台饰板

图 2-280　后窗台饰板拆卸完成

图 2-281　将钢丝从风窗玻璃内侧穿至外侧

图 2-282　拉出钢丝

图 2-283　将钢丝固定在把手上

2）两个人分别在车内与车外配合切割玻璃胶，一般车内人员拉住钢丝不动或做适当的小幅度动作，由车外人员将钢丝向着与玻璃平面的方向拉动来切割玻璃胶，一直沿着玻璃四周均匀用力拉动至原先的切割起点，玻璃胶即切割完成，如图 2-284 所示。

注意：车内的人要注意保护好内饰及玻璃膜，车外的人要注意保护车身油漆。拉的时候钢丝角度尽量与玻璃平面平行。

图 2-284　切割玻璃胶

3）两个人配合取下玻璃，如图2-285、图2-286所示。

图2-285 取下玻璃

图2-286 取下玻璃的后车窗

检查标准：玻璃、漆面完好无损伤。

注意：拿取玻璃时应该轻拿轻放，放在安全的地方避免磕碰导致玻璃损坏。

（6）去除车身与玻璃上的旧玻璃胶

车身上的旧玻璃胶可以保留1~2mm厚，且旧玻璃胶表面应平整无凹槽。用比较锋利的铲子或者美工刀去除旧玻璃胶，如图2-287所示。

检查标准：漆面完好，玻璃胶表面平整无凹槽。

注意：除胶时应该小心，尽量不要刮伤车身玻璃框上的油漆。

图2-287 去除旧玻璃胶

2. 前风窗玻璃的安装

准备工具材料：防锈底漆、玻璃底漆、玻璃胶、玻璃胶枪、美工刀、防护手套、常用拆装工具、工具车、十字螺钉旋具、一字螺钉旋具、固定胶带。

（1）施涂防锈底漆

在拉钢丝和铲旧胶时很有可能会把车身玻璃框上的油漆划破，在铲完旧胶后，一定要做好检查把划破油漆的地方涂上防锈底漆或者专用的玻璃底漆，如图2-288~图2-291所示。

检查标准：裸露金属密封到位。

图2-288 玻璃底漆

图2-289 调制好玻璃底漆

图 2-290 涂玻璃底漆

图 2-291 玻璃底漆涂刷完成

（2）施涂玻璃胶

玻璃胶嘴应剪切成 V 形，高度约为原来旧玻璃胶的 2 倍左右。打胶时玻璃胶枪尽量与玻璃框成垂直，玻璃胶枪移动速度与出胶量要配合好，过程要稳定，形成均匀整齐的三角形玻璃胶条，接口尽可能少，且接口最好位于玻璃框下部，如图 2-292 ~ 图 2-294 所示。

（3）安装玻璃

玻璃胶施涂完成后，两人配合放置玻璃，先对好玻璃上端与车身之间的间隙，慢慢放下玻璃检查玻璃周围

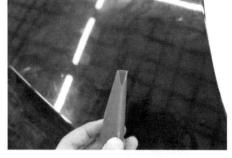

图 2-292 把玻璃胶的出胶口切成 V 形

与车身之间的间隙。再把整个玻璃轻轻按压，让玻璃与玻璃胶贴合起来，如图 2-295、图 2-296 所示。

检查标准：安装位置正确，间隙合适。

图 2-293 施涂玻璃胶

图 2-294 走胶要均匀

图 2-295 对准位置进行安装玻璃

图 2-296 对整块玻璃轻轻按压

（4）固定玻璃

检查玻璃周围的间隙是否合适。在两边的 C 柱侧，用胶带把玻璃与车身固定好。轻轻的拍打玻璃周围，使玻璃与玻璃胶的贴合面积尽量增大，如图 2-297 所示。

（5）安装后窗台饰板

把安全带套入后，将后窗台饰板安装到位，如图 2-298 所示。

图 2-297　对玻璃与车身进行固定

图 2-298　安装后窗台饰板

（6）安装高位制动灯

连接好高位制动灯的电线插头，将高位制动灯安装到位，如图 2-299、图 2-300 所示。

图 2-299　连接高位制动灯电线插头

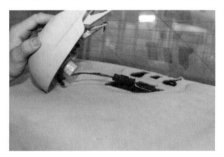

图 2-300　安装高位制动灯

（7）安装 C 柱内饰板

检查 C 柱内饰板上的卡扣是否有缺失或损坏，如损坏需要更换新卡扣。插上后风窗玻璃的加热线和天线插头，将 C 柱内饰板上的卡扣对准 C 柱上的安装孔进行安装，安装时要拍打 C 柱内饰板使其卡扣完全安装到位，如图 2-301、图 2-302 所示。

图 2-301　连接电线插头

图 2-302　安装 C 柱内饰板

（8）安装后排座椅

先安装座椅靠背隔板，再安装座椅靠背，拧紧座椅靠背的固定螺栓，然后安装座椅坐垫，座椅坐垫一般为卡扣固定，用力按压即可安装到位，如图 2-303、图 2-304 所示。

图 2-303　安装座椅靠背隔板

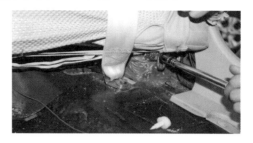

图 2-304　拧紧座椅靠背固定螺栓

（9）安装完成后检查

后风窗玻璃安装完成，检查玻璃边与车身的间隙是否正常，检查各附件是否安装到位，检查车身有没有沾到玻璃胶，检查车身漆面有没有在作业过程中造成损坏，如图 2-305、图 2-306 所示。

图 2-305　检查座椅

图 2-306　检查车身漆面

检查标准：玻璃安装严实，间隙合适，漆面无损伤。

注意：更换完后风窗玻璃后，因为后风窗玻璃是用玻璃胶和车身黏合，玻璃胶根据不同的品质和季节因素，一般完全干透的周期为 1～3 天，所以在没有完全干透的这一时间段内需要注意，为防止发生漏风漏水，三天内切勿洗车；三天后再将固定风窗玻璃位置的胶带撕下；要平稳驾驶，避免紧急制动和急加速；尽量避免行驶颠簸过多的路段，防止风窗玻璃发生移位；将最高车速控制在 80km/h 以内，避免跑高速；更换后风窗玻璃后，前三天内行驶时不能开窗，防止后风窗玻璃因兜风而出现移位现象。

三　相关知识拓展

汽车更换后风窗玻璃对车有影响吗？

后风窗玻璃更换后如果安装不规范，那么后风窗玻璃两侧的玻璃胶和玻璃不能紧密贴合，对车是有影响的。情况严重时还有可能出现漏水等情况，还有会在坑洼路段行驶时，能够感觉汽车有晃动撞击的异响声。

第三章
钣金修复设备的使用

第一节 二氧化碳气体保护焊机

汽车制造过程中会用到多种焊接设备对金属部件进行连接。其中，最常用的是电阻定位焊、激光电焊、MIG电焊（熔化极惰性气体保护焊）几种。但在汽车维修过程中，经常会对车身损坏的部件进行切除，再把新的部件进行焊接，大多时候会用二氧化碳（CO_2）气体保护焊机完成焊接作业。

一 CO_2气体保护焊机的认识

CO_2气体保护焊机是以CO_2作为保护气体的熔化极电弧焊方法，工作时在弧周围形成气体保防层，隔绝外部氧气，使焊缝不至于氧化炭化，从而提高焊缝质量，使焊接平面更加的美观平整。

1. CO_2气体保护焊机的组成

CO_2气体保护焊机主要由焊接电源、送丝系统、焊枪、供气系统和控制系统组成。

（1）焊接电源

CO_2气体保护焊机采用交流和直流正接电源，电弧都不稳定，因而飞溅比较大。

（2）送丝系统

CO_2气体保护焊机的送丝系统要能维持并保证送丝的均匀和平稳，送丝机构应尽可能地结构简单和轻巧，并且维修及使用方便。CO_2气体保护焊机的送丝系统由送丝机构、送丝软管、焊丝盘三部分组成。

常用的送丝方式有推丝式、拉丝式和推拉式三种。

推丝式送丝系统：由送丝滚轮将焊丝推入送丝软管，再经焊枪上的导电嘴送至电弧区。其结构简单、轻巧，是目前应用最广泛的一种形式，但是对送丝软管的要求较高且不宜过长，焊枪活动范围小。

拉丝式送丝系统：将送丝机构和焊丝盘都装在焊枪上，焊枪结构复杂，比较笨重，但焊枪活动范围大，适用于细丝焊接。

推拉式送丝系统：由安装在焊枪中的拉丝电机和送丝装置内的推丝电机两者同步运转来完成，结构复杂，送丝稳定，送丝软管长度可达 $20 \sim 30m$，焊枪活动范围大。

（3）焊枪

焊枪的主要作用是向熔池和电弧区输送保护气流和稳定可靠地向焊丝导电。焊枪主要由喷嘴、导电嘴、分流器、连接头、绝缘接头、枪体、枪管、导管等组成。焊枪结构紧凑，操作方便，连接件易损件便于更换。

1）焊枪的主要易损件有导电嘴和喷嘴

喷嘴一般为圆柱形，以使CO_2气流从喷嘴中流出有一定挺度的层流，可以对焊接电弧区起到良好的保护作用。喷嘴应与导电部分绝缘，以免打弧。为防止飞溅金属颗粒的粘附并易于清除，喷嘴应采用导热性好、表面粗糙度值低的纯铜，在实际使用中为减少飞溅金属颗粒粘附在喷嘴上，可以在喷嘴表面涂抹上硅油。

对导电嘴的要求较高，首先要求其材料导电性能好、耐磨性能好、熔点要高，所以一般采用纯铜。另外，导电嘴的孔径和长度也有严格的要求，孔径过小，送丝阻力会较大地影响焊接过程的稳定；孔径过大，焊丝在孔内接触位置不固定，焊丝送出导电嘴后会偏移或摆动，使焊接过程不稳定，严重时会使焊丝与导电嘴起弧而黏结烧损。孔径（D）与焊丝直径的关系式如下：

$d<2mm$ 时，$D = d+（0.1 \sim 0.3）mm$。

$d = 2 \sim 3mm$ 时，$D = d+（0.4 \sim 0.6）mm$。

对导电嘴的长度也有一定的要求，长度增加，导电性能变好，但送丝阻力也增加；长度太短，导电性能不好，尤其是在磨损后会使焊接电弧不稳定。所以一般导电嘴长度应大于25mm。

2）CO_2 半自动焊的焊枪也因送丝方式不同分为推丝式焊枪和拉丝式焊枪。

推丝式（鹅颈式）是 CO_2 半自动焊应用最为广泛的送丝方式之一。这种方式的优点是焊枪不带送丝机构，简单轻便，操作维修容易，但送丝管不能太长，焊丝不能太软、太细。

推丝式焊枪，其主要部件包括喷嘴、导电嘴、分流器、导管电缆。

拉丝式（手枪式）焊枪的送丝机构、焊丝盘与焊枪连在一起，这种送丝方式送丝均匀稳定，但焊枪结构复杂沉重，只适用于直径为0.5 ~ 1.0mm细丝半自动焊。

（4）供气系统

供气系统的作用是将保存在钢瓶中呈液态的 CO_2，在需要时变成有一定流量的气态 CO_2。供气系统包括：CO_2 气瓶、预热器、干燥器、减压器和流量计及电磁气阀。

CO_2 气瓶：用于贮存液态 CO_2，瓶外有标记，满瓶时压强为 5.0 ~ 7.0MPa。

预热器：当打开气瓶阀门时，液态 CO_2 挥发成气态，气化时要吸收大量的热量，从而使气体温度下降，为防止气体中的水分在气瓶出口处结冰，在减压前要对 CO_2 进行加热，即在供气系统中加入预热器。预热器功率为 75 ~ 150W。

干燥器：干燥器用于吸收 CO_2 中的水分。干燥器有两种：一种是高压干燥器，在减压之前；另一种是低压干燥器，在减压之后。干燥器的选用，主要根据 CO_2 气瓶中 CO_2 的纯度和对焊接质量的要求而定。可以选一个，也可以选两个。

减压器及流量计：减压器是将高压的 CO_2 气体变为低压的气体并在供气过程中保持稳定。流量计用于测量和控制气体的流量，常用的流量计一般与减压器一体。

电磁气阀：是用来控制保护气体的装置。

（5）控制系统

CO_2 气体保护焊机的控制系统是对送丝系统、供气系统和焊接电源以及焊件运转或焊接机头行走的控制。

送丝控制系统是对送丝机的控制，即能够完成对焊丝的正常送进和停止动作，焊接前对焊丝进行调整，在焊接过程中均匀调节送丝速度，并在网路波动时有补偿作用。

供气系统的控制分三个过程进行：第一步提前送气1 ~ 2s，这样可以排除引弧区周围的空气，保证引弧质量，然后引弧；第二步在焊接过程中保证气流均匀；第三步在收弧时滞后2 ~ 3s断气，继续保护弧坑区的熔化金属凝固和冷却。

焊接电源的控制与送丝部分相关，引弧时，可在送丝同时接通焊接电源，也可在接通焊接电源后送丝。收弧时为了避免焊丝末端与熔池粘连而影响弧坑处的质量，应先停止送丝再

切断焊接电源，有时还有延时切断焊接电源和焊接电流自动衰减的控制装置，以保护弧坑的质量。

2. CO_2 气体保护焊机送丝机构的作用

在电焊过程中按照送丝时间长短、送丝速度、送丝频率为焊缝提供焊丝，其中的加压手柄是可调节的，太紧时会使焊丝在导向机构中出现折塞；太松时焊丝会出现频繁塞丝的现象。

3. CO_2 气体保护焊机的型号

CO_2 气体保护焊机的型号是由字母和数字组成。例如：NBC-400、NZC-1000、NDC-200 等，其中符号和字母的含义如下：

第一个字母："N"表示熔化极气体保护焊。

第二个字母："B"表示半自动；"Z"表示自动焊；"C"表示螺柱焊；"D"表示定位焊；"U"表示堆焊；"G"表示切割。

第三个字母："C"表示 CO_2 气体保护焊；省略表示氩气（Ar）或混合气体保护焊；"M"表示 Ar 或混合气保护脉冲焊。

数字："400"表示焊机的额定电流为 400A。

一　CO_2 气体保护焊的认识

修理车身时，焊接一般用 CO_2 或 CO_2 和 Ar 的混合气体（气体的比例为 75% 的 Ar、25% 的 CO_2，这种混合气体通常被称为 C-25 气体）来进行保护。

1. CO_2 气体保护焊的优点

1）生产效率高和节省能量。

2）焊接成本低。

3）焊接变形小。

4）对油、锈的敏感度较低。

5）焊缝中含氢量少，提高了低合金高强度钢抗冷裂纹的能力。

6）电弧可见性好，短路过渡可用于全位置焊接。

2. CO_2 气体保护焊的缺点

1）金属飞溅大。

2）不能在有风之处施焊。风可以使 CO_2 保护气罩发生紊流，形成气罩倾斜和变形，从而破坏保护作用。

3）不能焊接易氧化的有色金属。在电弧的高温下，CO_2 气体被分解成一氧化碳（CO）和氧气（O_2）。原子状态下的氧呈现很强的氧化性，所以这种方法不能焊接易氧化的铝、铜、钛等有色金属。

4）焊工的劳动条件较差。CO_2 焊接时会产生 CO_2 和 CO 等有害气体和烟尘，而且焊接电流较大，会产生较强的紫外线辐射等。

3. CO_2 气体保护焊的特点

（1）焊接速度快

同一时间内熔化焊丝的速度比手工电弧焊快一倍。

（2）焊接范围广

可适用低碳钢、高强度钢以及普通铸钢的全方位焊。

（3）焊接质量好

对铁锈不敏感，焊缝含氢量低，抗裂性能好，受热变形小。

（4）引弧性能好

能量集中，引弧容易，连续送丝电弧不中断。

（5）熔深大

熔深是焊条电弧焊的 3 倍，坡口加工量小。

（6）熔敷效率高

焊条电弧焊焊条熔敷效率是 60%，CO_2 气体保护焊焊丝熔敷效率是 90%。

4. CO_2 气体保护焊的效率

1）熔化速度和熔化系数高，比焊条大 1~3 倍。

2）坡口截面比焊条减小 50%，熔敷金属量减少 1/2。

3）辅助时间是焊条电弧焊的 50%。

3 项合计：CO_2 气体保护焊的工效与焊条电弧焊相比，提高了 2.02~3.88 倍。

5. CO_2 气体保护焊的熔滴过渡形式

（1）短路过渡形式

细丝 CO_2 气体保护焊（焊丝直径小于 1.6mm）焊接过程中，因焊丝端部的熔滴非常大，与熔池接触发生短路，从而使熔滴过渡到熔池形成焊缝。短路过渡是一个燃弧、短路（息弧）、燃弧的连续循环过程，焊接热源主要由电弧热和电阻热两部分组成。短路过渡的频率由焊接电流、焊接电压控制，其特征是小电流、低电压、焊缝熔深大，焊接过程中飞溅较大。短路过渡主要用于细丝 CO_2 气体保护焊，薄板、中厚板的全位置焊接。

（2）颗粒状过渡形式

粗丝 CO_2 气体保护焊（焊丝直径大于 1.6mm）焊接过程中，焊丝端部熔滴较小，一滴一滴，过渡到熔池不发生短路现象，电弧连续燃烧，焊接热源主要是电弧热。其特征是大电流、高电压、焊接速度快。颗粒状过渡，主要用于粗丝 CO_2 气体保护焊，中厚板的水平位置焊接。

（3）射流过渡形式

当粗丝 CO_2 气体保护焊或采用细丝混合气体保护焊时，焊接电流大到超过临界电流值。焊接时，焊丝端部呈针状，在电磁收缩力、电弧吹力等作用下，熔滴呈雾状喷入熔池。焊接过程中飞溅很小，焊缝熔深大，成形美观。射流过渡主要用于中厚板，带衬板或带衬垫的水平位置焊接。

6. CO_2 气体保护焊的焊接材料

CO_2 气体保护焊的焊接材料主要有 CO_2 气体和焊丝。

（1）CO_2 气体

常态下 CO_2 是一种无色、无味、性能稳定的气体。密度为 $1.967kg/m^3$，密度比空气大。因此焊接时可以把空气排除，从而起到保护熔池的作用。焊接用的 CO_2 是将其压缩成液态储存于钢瓶中。常用的 CO_2 气瓶的容量为 40L，可以装 25L 的液态 CO_2，占 CO_2 气瓶容积的 80%。CO_2 气瓶一般为铝白色，瓶体标有"二氧化碳"，字体为黑色。满瓶的压力为 5.0 ~ 7.0MPa。

提纯：静置 30min，倒置放水分，正置放杂气，重复两次。

（2）焊丝

因 CO_2 是一种氧化性气体，在电弧高温区分解为一氧化碳和氧气，具有强烈的氧化作用，使合金元素烧损，所以在使用 CO_2 保护焊时为了防止产生气孔，减少飞溅和保证焊缝较高的力学性能，必须采用含有硅（Si）、锰（Mn）等脱氧元素的焊丝。CO_2 保护焊使用的焊丝既是填充金属又是电极，所以焊丝既要保证一定的化学性能和力学性能，又要保证具有良好的导电性能和工艺性能。

车身修理中使用的焊丝直径一般为 0.6 ~ 1.0mm，目前使用最多的是直径为 0.8mm 的焊丝。直径小的焊丝可以在弱电流、低电压条件下使用，可以使焊接热量大为减少。

焊丝分为实芯焊丝和药芯焊丝两种：

1）实芯焊丝。

实芯焊丝型号、特征及适用范围见表1。

表 1　实芯焊丝型号、特征及适用范围

焊丝型号	特征及适用范围
$H08Mn_2SiA$	冲击值高，送丝均匀，导电好
$H04Mn_2SiTiA$	脱氧、脱氮、抗气孔能力强，适用于 200A 以上电流
$H04Mn_2SiAlTiA$	脱氧、脱氮、抗气孔能力更强，适用于填充和 CO_2+O_2 混合气体保护焊
$H08MnSiA$	MAG 焊

常用的实芯焊丝型号：$H08Mn_2SiA$。

H：焊接用钢。

08：碳的质量分数 0.08%。

Mn_2：质量分数为 2% 的氧化锰。

Si：质量分数为 1% 的氧化硅。

A：硫、磷的质量分数小于 0.03%，无 A 则 <0.04%。

为了提高导电性能及防止焊丝表面生锈，一般在焊丝表面采用镀铜工艺，要求镀层均匀，附着力强，铜的质量分数不得大于 0.35%。

2）药芯焊丝。

使用药芯焊丝焊接时，通常用 CO_2 或 CO_2+Ar 气体作为保护气体，与实芯焊丝的区别主要在于焊丝内部装有焊剂混合物。焊接时在电弧热作用下熔化状态的焊剂材料、焊丝金属、母材金属和保护气体相互之间发生冶金作用，同时形成一层较薄的液态熔渣包覆溶滴并覆盖熔池，对熔化金属形成又一层保护，实质上这种焊接方法是一种气渣联合保护的方法，它综合了焊条电弧焊和CO_2气体保护焊的优点。

7. CO_2气体保护焊的主要焊接参数

（1）焊接电流

根据焊接条件（板厚、焊接位置、焊接速度、材质等参数）选定相应的焊接电流。CO_2气体保护焊机调电流实际上是在调整送丝速度。因此CO_2气体保护焊机的焊接电流必须与焊接电压相匹配，即一定要保证送丝速度与焊接电压对焊丝的熔化能力一致，以保证电弧长度的稳定。

同一焊丝电流越大，送丝速度越快。电流相同，焊丝越细，送丝速度越快。

（2）焊接电压

焊接电压：即电弧电压，可提供焊接能量。

电弧电压越高，焊接能量越大，焊丝熔化速度就越快，焊接电流也就越大。

1）焊接电压的设定。

根据焊接条件选定相应板厚的焊接电流，然后根据下列公式计算焊接电压：

焊接电流 <300A 时：焊接电压 =（0.04 倍焊接电流 +16 ± 1.5）V

焊接电流 >300A 时：焊接电压 =（0.04 倍焊接电流 +20 ± 2）V

例：

① 选定焊接电流 200A，则焊接电压计算如下：

焊接电压 =（0.04 × 200+16 ± 1.5）V =（8+16 ± 1.5）V =（24 ± 1.5）V

② 选定焊接电流 400A，则焊接电压计算如下：

焊接电压 =（0.04 × 400+20 ± 2）V =（16+20 ± 2）V =（36 ± 2）V

2）焊接电压对焊接效果的影响。

电压偏高时：弧长变长，飞溅颗粒变大，易产生气孔，焊道变宽熔深和余高变小。

电压偏低时：焊丝插向母材，飞溅增加，焊道变窄，熔深和余高变大。

（3）焊接速度

焊接速度决定焊缝成形。焊接速度过快，熔深和熔宽都减小，并且容易出现咬肉、未熔合、气孔等焊接缺陷；焊接速度过慢，会出现塌焊、增加焊接变形等焊接缺陷。

二氧化碳半自动焊：焊接速度为 30 ~ 60cm/min。

二氧化碳自动焊：焊接速度可高达 250cm/min。

（4）焊丝直径

主要根据焊件厚度、焊缝空间位置、接头形式及生产率要求等条件来选择。

（5）焊丝伸出长度

焊丝伸出长度是指焊丝从导电嘴到工件的距离。焊丝的伸出长度取决于焊丝的直径。

通常焊丝伸出长度计算方法，例如：直径 1.2mm 焊丝可用电流为 120 ~ 350A，电流小时乘 10 倍的焊丝直径，电流大时乘 15 倍的焊丝直径。

焊接过程中，保持焊丝的伸出长度不变是保证焊接过程稳定性的重要因素之一。

过长时：气体保护效果不好，易产生气孔，引弧性能差，电弧不稳，飞溅加大，熔深变浅，焊缝成形变坏。

过短时：看不清电弧，喷嘴易被飞溅物堵塞，飞溅大，熔深变深，焊丝易与导电嘴粘连。

（6）气体流量

气体流量一般应该根据焊接电流、电弧电压，特别是焊接速度和接头形式来选择。

（7）电流极性

采用直流反极性，这时电弧稳定，焊接过程平稳，飞溅小。若采用直流正极性，则熔深较浅，余高较大且飞溅很大。而在堆焊铸铁补焊时均采用直流正极性接法。

（8）回感电路

主要根据焊丝直径、焊接电流、电弧电压来选择。

三 CO_2 气体保护焊机的使用

准备工具材料：CO_2 气体保护焊机、钢丝钳、焊接防护手套、防烟雾口罩、焊接大力钳、母材、钣金锤、焊接防护面罩、护脚、围裙。

1. 对接焊件

使用焊接大力钳把焊件固定好，两个钣金件之间的距离不能大于 2mm，如图 3-1 所示。

注意：工件表面要清理干净（清除焊缝及两侧重要部位的油、污、水、锈等，直至露出金属光泽）。

图 3-1 对接焊件

2. CO_2 气体保护焊机接上电源

一般按极性采用直流反极性接法（采用直流反极性时，电弧稳定，焊接过程平稳，飞溅小。若采用直流正极性，则熔深较浅，余高较大，飞溅很大。而在堆焊铸铁补焊时均采用直流正极性接法），如图 3-2 所示。

注意：接通电源前观察 CO_2 气体保护焊机粘贴的说明书，按其标注电压接通电源。

3. 穿戴防护用品

穿戴好个人防护用品，（如焊接防护手套、焊接防护面罩、护脚、围裙等），防止焊接施工时对身体造成伤害，如图 3-3 所示。

图 3-2 接通电源

图 3-3 穿戴防护用品

4. 安装焊丝盘

将符合规定的成盘焊丝装入送丝机的轴上，拧紧轴端的挡板旋钮，如图 3-4、图 3-5 所示。

注意：安装时焊丝的出丝方向要正确。

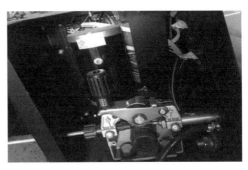

图 3-4　安装焊丝盘　　　　　　　　　　图 3-5　拧紧轴端的挡板旋钮

5. 检查调整

1）按方向穿好焊丝，焊丝要进入送丝轮的槽中，压紧压臂，调节压紧把手到合适的位置。在开机前要检查三相 380V 电压是否正确，地线连接应当牢固可靠，检查焊接电源、送丝机、焊枪、控制盒、CO_2 气瓶、减压流量计连接是否正确，打开 CO_2 气体保护焊机电源开关、指示灯亮，CO_2 气体保护焊机内的冷却风扇转动，如图 3-6 所示。

2）检查气体流量并打开 CO_2 气瓶阀门，关闭送丝机的开关（即将送丝速度旋钮调至最低），先将流量计开关调整下降至松动位置，然后打开 CO_2 气瓶顶部的气阀（反之会造成流量计损坏），将焊接电源前面板上的气体检查开关调整到"检查"位置。调整气体流量开关至合适位置，此时，则有气体由焊枪端部出口处喷出。调节减压阀至 10～25L/min 之间，如图 3-7～图 3-9 所示。

注意：要仔细检查预热器、干燥器、减压器及流量计是否工作正常，电磁气阀是否灵活可靠。

3）调节送丝速度与焊接电流，通过控制面板调节送丝速度与焊接电流。根据焊接条件（板厚、焊接位置、焊接速度、材质等参数）选定相应的焊接电流，焊件越厚，则送丝速度越快，焊接电流越大。

图 3-6　打开 CO_2 气体保护焊机电源开关　　　图 3-7　关闭送丝机开关

图3-8　打开 CO_2 气瓶顶部气阀　　　　　　　图3-9　调节减压阀

CO_2 气体保护焊机调电流实际上是在调整送丝速度。因此 CO_2 气体保护焊机的焊接电流必须与焊接电压相匹配，既要保证送丝速度与焊接电压对焊丝的熔化能力一致，也要保证电弧长度的稳定，如图3-10所示。

检查标准：参数调整正确。

注意：同一焊丝电流越大送丝速度越快。电流相同，焊丝越细送丝速度越快。

4）剪去多余的焊丝，如图3-11所示。

图3-10　调节送丝速度与焊接电流　　　　　　图3-11　剪去多余焊丝

6. 接好负极线

将负极线夹在焊件工作台上夹紧。同时，焊件要与工作台保持良好的接触，若工作台为非金属材质或不导电材料，应将负极线夹直接夹在焊件上，如图3-12所示。

注意：负极线与焊件要接通良好，防止接触不良，导致焊接时过电不够。

7. 试焊调节

检查焊枪：检查导电嘴是否磨损，若超标则更换。出气孔是否出气通畅。

检查 CO_2 气体纯度（以正常焊接无气孔、飞溅小等为标准），压力降至0.98MPa时，禁止使用。

检查施焊环境：确保施焊周围风速小于2.0m/s。无易燃易爆物品。

根据实际情况对焊接电流和送丝速度进行调节，如图3-13所示。

注意：焊接时一定要小心操作，因为焊接时的温度高达几千摄氏度。

图 3-12　连接负极线

图 3-13　试焊调节

8. 对钣金件进行定位焊接

选择 2～3 处进行定位焊固定钣金件，以免在焊接过程中钣金件发生移动而影响焊接质量，如图 3-14 所示。

检查标准：钣金件定位牢固。

注意：对钣金件进行定位焊接时，尽量采用左焊法施焊。

9. 焊接角度

一般 CO_2 焊接平焊角度为左右各 90°，后倾 15°～20°，如图 3-15、图 3-16 所示。

图 3-14　定位焊接

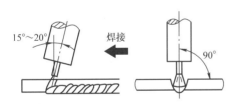

图 3-15　焊接角度示意

图 3-16　焊接角度实拍

检查标准：焊接角度正确。

10. 连续定位焊

以对接焊为例，连续焊接在操作过程中要注意焊接时间与休止时间，连续定位焊焊缝要求强度可靠，密封性良好，焊接区域变形小，焊缝扁平，不得出现孔洞、虚焊（焊点不连续，有中断，不能熔化焊缝）等现象，如图 3-17 所示。

11. 焊接效果

用钢丝刷清理焊接表面，目测或用放大镜观察焊缝表面是否有气孔、裂纹、咬边等缺陷，用焊缝量尺测量焊缝外观成形尺寸，如图 3-18 所示。

图 3-17 对接焊

图 3-18 焊接效果

检查标准：焊缝强度可靠，密封性良好，焊接区域变形小，焊缝扁平无孔洞、虚焊现象。

12. 焊接完成

焊接操作结束时，应按顺序关闭 CO_2 气体保护焊机。先关闭 CO_2 气瓶总开关，将气体保护开关拨到检查位置，流量计压力表指针回到"0"位置，调节流量计的流量旋钮，向左旋到关闭位置，关闭 CO_2 气体保护焊机的电源开关，断开总电源开关，如图 3-19 ~ 图 3-22 所示。

图 3-19 关闭 CO_2 气瓶阀门

图 3-20 流量计压力表指针归零

图 3-21 关闭 CO_2 气体保护焊机的电源开关

图 3-22 断开电源

13. 整理场地

焊接完成后对工作场地进行清洁，并将工具排放整齐，如图 3-23 所示。

图 3-23　整理场地

四　相关知识拓展

1. CO_2 气体保护焊设备的安装场地及要求

1）CO_2 气体保护焊机应安装在离墙壁和其他焊机等设备至少 300mm 以外的地方，使 CO_2 气体保护焊机使用时要确保通风良好；CO_2 气体保护焊机不应安装在日光直射处，潮湿处灰尘较多处。

2）施焊工作场地的风速应小于 2.0m/s，超过该风速时应采取防风措施。焊接时为了防止弧光伤人，应选择适当场所或在 CO_2 气体保护焊机周围加屏蔽板遮光。

3）供电电路应能提供 CO_2 气体保护焊设备所要求的输入电压（220V 或 380V）、相数（单相或三相）和电源频率（50Hz）。供电电路应有足够多的容量，以保证焊接时电压稳定。目前 CO_2 气体保护焊设备允许电路电压的波动范围在 5% ~ 10% 的范围内。

4）搬运 CO_2 气瓶时，应当盖上瓶盖和使用专用搬运车。安装时应当正置和可靠固定。CO_2 气瓶必须放在温度低于 40℃的地方。

5）CO_2 气体保护焊机机壳的接地必须良好。

2. CO_2 气体保护焊机的维护保养

1）定期检查 CO_2 气体保护焊机的接线是否可靠。

2）CO_2 气体保护焊机应置于通风良好、干燥整洁的地方。

3）经常检查焊枪的喷嘴与导电部件之间的绝缘情况。

4）经常检查导电嘴和焊丝的接触情况，当导电嘴磨损时应及时更换。

5）经常检查送丝轮压紧和磨损情况，并及时加以调整或更换。

6）经常检查焊枪上的电缆、气管、送丝软管等，发现问题及时更换。

7）经常检查供气系统，发现问题及时更换。

8）经常检查送丝机构，要及时加油或换油。

3. CO_2 气体保护焊焊道产生气孔的原因以及解决方法

原因：

1）焊丝或被焊金属坡口表面上有铁锈、油污或其他杂质。

2）人为地拉长电弧，焊接区域没有得到充分的保护。

3）焊接参数或焊接材料选择不当。

4）保护气体纯度不够。

5）气体加热器不能正常工作。

解决方法：

1）合理地调整焊接参数。在不违反焊接工艺的情况下，实际操作中焊接电流的大小应根据个人的使用习惯而调整。

2）使用合格的焊接材料及保护气体。

3）彻底清除焊丝和被焊金属表面上的水、锈、油污和其他杂质。

4）使用 CO_2 气体保护焊、富氩气体保护焊时，要调整好焊枪与焊件的距离和角度使得焊接熔池得到充分的保护。要确保气体加热器的完好率。

5）CO_2 气体保护焊焊枪的导流罩必须够长，若导流罩太短，则保护气体在流动过程中不能形成很好的保护罩。

第二节　焊条电弧焊

焊接是利用加热或加压（或者加热和加压），使分离的两部分金属靠得足够近，原子互相扩散，形成原子间结合的连接方法。在机械制造、建筑、车辆、石油化工、原子能、航空航天等行业得到广泛运用。

一 焊接的认识

焊接也称作熔接，是一种以加热、高温或者高压的方式接合金属或其他热塑性材料（如塑料）的制造工艺及技术。焊接方法可分为：

熔焊：利用局部加热的方法，把工件的焊接处加热到熔化状态，形成熔池，然后冷却结晶，形成焊缝，将两部分金属连接成为一个整体的工艺方法。

压焊：在焊接过程中需要加压的一种焊接方法。

钎焊：利用熔点比母材低的填充金属熔化后，填充接头间隙并与固态的母材相互扩散实现连接的一种焊接方法。

1. 焊接的优点

1）连接性能好，密封性好，承压能力高。

2）省料，重量轻，成本低。

3）加工装配工序简单，生产周期短。

4）易于实现机械化和自动化。

2. 焊接的缺点

1）焊接结构是不可拆卸的，更换修理不便。

2）焊接接头的组织和性能往往要变坏。

3）会产生焊接残余应力和焊接变形。

4）会产生焊接缺陷，如裂纹、未焊透、夹渣、气孔等。

二 焊条电弧焊的认识

焊条电弧焊是熔焊中最基本的一种焊接方法。是一种利用电弧作为热源，手工操纵焊条进行焊接的方法。

1. 焊条电弧焊机

焊条电弧焊机简称电焊机或弧焊机，是焊条电弧焊的电源。焊接电源在结构上及特性上与一般电源不同。焊条电弧焊时，电焊机与电弧组成一个电源负载系统，电弧是一个变动的负载。

在稳定状态下弧焊机电源的输出电压与输出电流之间的关系称为电源的外特性。焊条电弧焊时，为保证电弧的稳定燃烧和引弧容易，要求焊接电源外特性必须是下降的。此外，焊接电源还应具有适当的空载电压、良好的动特性和调节特性等。

（1）交流弧焊机

交流弧焊机是一种特殊的降压变压器，又称弧焊变压器。它将电网输入的交流电变成适用于电弧焊的交流电。此类焊接电源通过增大主回路电感量来获得下降特性，其中一种方式是增强变压器本身的漏磁，形成漏磁感抗。弧焊变压器中可调感抗除用于获得下降特性外，还有稳定焊接电弧和调节焊接电流的作用。

（2）直流弧焊机

常用的直流弧焊机有两类：一类是直流弧焊发电机，它坚固耐用，工作电流稳定，但由于制造成本高，效率低，消耗电能大，噪声大。因此，使用电动机驱动的弧焊发电机已趋于淘汰。另一类是弧焊整流器，其结构相当于在交流弧焊机上加上整流器（如硅整流器），它将交流电变成直流电输出，既弥补了交流电焊机稳定性不好的缺点，又比直流弧焊发电机结构简单，消除了噪声。

2. 焊接电弧及其特性

由焊接电源供给的，具有一定电压的两电极间或电极与焊件间，在气体介质中产生的强烈而持久稳定的放电现象，叫焊接电弧。一般情况下，电弧热量在阳极区产生的较多，约占总热量的 43%，阴极约占 36%，弧柱约占 21%。用钢焊条焊钢材时温度分布如下：

阳极区 2600K，阴极区 2400K，电弧中心 6000～8000K。

使用直流电源焊接时有正接、反接两种：

正接：正极接工件，工件温度可稍高一些。

反接：负极接工件，工件温度可稍低一些。

交流弧焊机，无正、反接特点，温度均为 2500K。

焊条电弧焊时，电弧产生的热量只有 65%～85%，可用于加热和熔化金属。其余的热量则散失在电弧周围和飞溅的金属熔滴中。

3. 焊条

（1）焊条的组成

由焊芯和药皮两部分组成。它实际就是涂有药皮的供焊条电弧焊使用的熔化电极。

1）焊芯。焊芯是指焊条中被药皮包覆的金属芯。其作用有两个：

一是作为电极，传导电流，产生电弧。

二是熔化后作为填充金属，与熔化的母材一起组成焊缝金属。

焊芯的牌号用"H"（即"焊"字汉语拼音的第一个字母）表示，其后的牌号表示方法与钢号表示方法相同。

例如：H08MnA 表示高级优质，主要合金元素为锰（Mn），其质量分数 0.3% ~ 0.6%，碳的质量分数为 0.08% 的焊接用钢丝。焊条电弧焊时，焊芯金属约占整个焊缝金属的 50% ~ 70%。焊芯的化学成分将直接影响焊缝质量。

2）药皮。药皮的组成比较复杂，其组成物按作用分为：稳弧剂、造气剂、造渣剂、脱氧剂，合金剂及黏结剂等。焊条的药皮在焊接过程中起着极其重要的作用，是决定焊缝金属质量优劣的重要因素之一，其作用如下：

机械保护作用：利用药皮熔化后释放出的气体和形成的焊渣隔离空气，防止有害气体侵入融化金属。

冶金处理作用：去除有害杂质（如氧、氢、硫、磷）和添加有益的合金元素，使焊缝获得合乎要求的化学成分和力学性能。

改善焊接工艺性能：使电弧燃烧稳定，飞溅少，焊缝成形好，易脱渣等。

（2）焊条的分类

1）焊条按其用途可分为九大类：结构钢焊条、耐热钢焊条、不锈钢焊条、堆焊焊条、铸铁焊条、镍及镍合金焊条、铜及铜合金焊条、铝及铝合金焊条、特殊用途焊条，其中应用最广的是结构钢焊条。

2）尽管药皮中有多种类型，但根据药皮熔化后的焊渣特性，只能分成两类。这两类焊条的工艺性能，操作注意事项和焊缝质量有较大的差异，因此必须熟悉它们的特点。

① 酸性焊条药皮中含有多量酸性氧化物（如二氧化硅，二氧化钛，三氧化二铁等）。

这类焊条氧化性较强，容易使合金元素氧化，同时电弧中的氢离子容易和氧离子结合生成氢氧根离子，可防止氢气孔，因此这类焊条对铁锈不敏感。

酸性渣不能有效地清除熔池中的硫、磷等杂质，因此焊缝金属产生偏析的可能性较大，出现热裂纹的倾向较高，焊缝金属的冲击韧度较低。

酸性焊条的优点是价格较低，焊接工艺性较好，容易引弧，电弧稳定，飞溅小，对弧长、油锈不敏感，焊前准备要求低，而且焊缝成形好，广泛用于一般结构。

② 碱性焊条药皮中含有多量碱性氧化物（如氧化钙，氧化铁，氧化锰，氧化钠，氧化镁等）。

这类焊条的氧化性弱，对油、水、铁锈等很敏感。如果焊前工件焊接区没有清理干净或焊条未完全烘干，则容易产生气孔。但焊缝金属中合金元素较多，硫、磷等杂质较少，因此焊缝的力学性能，特别是冲击韧度较好，故这类焊条主要用于焊接重要结构。

碱性焊条突出的缺点是价格稍贵，工艺性能差，引弧困难，电弧稳定性差，飞溅较大，必须采用短弧焊接，焊缝外形稍差，鱼鳞纹较粗。

（3）焊条的型号与牌号

1）焊条型号。国家标准中的焊条型号，是以字母"E"字加上四位数字表示的。

例如：E4303 的含义如下：

字母"E"表示焊条。

前两位数字"43"表示熔敷金属抗拉强度最小值（kgf/mm^2）。

第三位数字"0"表示焊接位置为全位置焊接。

第四位数字"3"表示药皮类型是氧化钛钙型，适用于交、直流焊接。

2）焊条牌号。焊条行业统一的焊条牌号，是以各类焊条的相应汉字（或汉字拼音的首字母）加上三位数字表示的。

例如：结 507（或 J507）的含义如下：

汉字"结"（或"J"）表示结构钢焊条。

前两位数字"50"表示焊缝金属抗拉强度等级（kgf/mm^2）。

第三位数字"7"表示药皮类型是低氧钠型，只适用于直流焊接。

（4）焊条的选用原则

焊条的种类很多，应用范围不同，正确选用焊条，对焊接质量、劳动生产率和成本都有影响，为了正确地选用焊条，可参考以下几个基本原则：

1）等强度原则。对于承受静载或一般载荷的工件或结构，通常选用抗拉强度与母材相等的焊条，这就是等强度原则。

例如：

焊接 20、Q235 等低碳钢或抗拉强度在 400MPa 左右的钢就可以选用 E43 系列焊条。而焊 16Mn、16Mug 等抗拉强度在 500MPa 范围的钢，选用 50 系列焊条。

有人认为，选用抗拉强度高的焊条焊接抗拉强度低的材料好，这个观念不对，通常抗拉强度高的钢材塑性指标都较差，单纯追求焊缝金属的抗拉强度，降低了它的塑性，往往不一定有利。

2）等同性原则。焊接在特殊环境下工作的工件或结构，如要求耐磨、耐腐蚀、在高温或低温下具有较高的力学性能，则应选用能保证熔数金属的性能与母材相近或相近似的焊条，这就是等同性原则。

如焊接不锈钢时，应选用不锈钢焊条；焊接耐热钢时应选用耐热钢焊条。

3）等条件原则。根据工件或焊接结构的工作条件和特点选择焊条。例如：焊接需承受动载荷或冲击载荷的工件，应选用熔敷金属冲击韧度较高的低氢型碱性焊条；反之，焊一般结构时，应选用酸性焊条。

虽然选用焊条时还应考虑工地供电情况、工地设备条件、经济性及焊接效率等，但这都是比较次要的问题，应根据实际情况决定。

（5）焊条质量鉴别方法

1）将几根焊条放在手掌上滚动，若焊条互相碰撞时发出清脆的金属声，则焊条药皮干燥可用；若发出低沉的沙沙声，则焊条药皮已受潮不能用。

2）将焊条在焊接回路中短路数秒钟，若焊条表面出汗、出现颗粒状斑点，则焊条已受潮不能用。

3）若焊芯上有锈痕，则焊条已受潮不能用。

4）若将厚药皮焊条缓慢弯成120°，若涂料大块脱落或药皮表面无裂纹，则都是受潮焊条；干燥的焊条在缓慢弯曲时，有小的脆裂声，继续弯至120°，药皮受拉面出现小裂口。

5）若焊接时药皮成块脱落，产生大量水蒸气或有爆裂现象，则说明焊条已受潮。对于已受潮的焊条，若药皮脱落，则应报废；若酸性焊条受潮不严重，或焊芯上有轻微锈痕，焊接时基本上能保证质量，则烘干后可以再用，但不能用来焊接重要结构；若碱性焊条焊芯上有锈痕，则不能正常使用。

4. 电弧焊的优缺点

（1）电弧焊的优点

1）使用的设备比较简单，价格相对便宜且轻便。焊条电弧焊使用的交、直流弧焊机都比较简单，操作时不需要复杂的辅助设备，只需简单的辅助工具。

2）不需辅助气体防护。焊条不但能提供填充金属，而且在焊接时能够产生保护气体，并具有较强的抗风能力。

3）操作灵活，适应性强。凡焊条能够达到的地方都能进行焊接。

4）应用范围广，用于大多数工业用的金属和合金的焊接。选用合适的焊条可以焊接碳素钢、低合金钢、高合金钢、有色金属。而且可以焊接异种金属，还可以铸铁焊补和进行各种金属材料的堆焊等。

（2）电弧焊的缺点

1）对焊工操作技术要求高，焊工培训费用大。焊条电弧焊的焊接质量，除靠选用合适的焊条、焊接参数和焊接设备外，主要靠焊工的操作技术和经验保证，即焊条电弧焊的焊接质量在一定程度上决定了焊工操作技术，因此必须经常进行焊工培训。

2）劳动条件差。焊条电弧焊主要靠焊工的手工操作和眼睛观察完成全过程，焊工的劳动强度大，并且始终处于高温烘烤和有毒的烟尘环境中，因此要加强劳动保护。

3）生产效率低。焊条电弧焊主要靠手工操作，并且焊接参数选择范围较小。另外，焊接时要经常更换焊条，并要经常进行焊道焊渣的清理，与自动焊相比，焊条电弧焊的焊接效率低。

4）不适于特殊金属及薄板的焊接。如活泼金属（钛、铌、锆等）和难熔金属（钽、钼等），这些金属对氧的污染非常敏感，焊条的保护作用不能防止这些金属氧化，焊接质量达不到要求，所以不能采用焊条电弧焊。对于低熔点金属如铅、锡、锌及其合金等，电弧的温度相对于焊件来说过高，也不能采用焊条电弧焊。另外，焊条电弧焊的焊接工件厚度一般在1.5mm以上，因此1mm以下的薄板不适于焊条电弧焊。

5. 电弧焊电源的选择

（1）选择电源类别

焊条电弧焊时，根据焊条药皮的种类和性质选择电源。凡低氢钠型焊条，如E5015焊条需选用直流电源。低氢钾型焊条可选用直流电源或交流电源，用交流电源时，弧焊变压器的空载电压不得低于70V，否则引弧困难。电弧燃烧的稳定性差，对于酸性焊条，虽然可交、直流电源两用，但应尽量选用交流电源，因为其价格比较便宜。

（2）选择电源容量

电弧焊的主要焊接参数是焊接电流，按照要求的电流大小，对照弧焊机额定电流选择即可，不必计算弧焊机的容量。但是如果使用时，负载持续率较高，如碳弧气刨，应选择容量较大的弧焊机。

（3）选择电源特性

焊条电弧焊时，应选择下降外特性的焊接电源。如果焊接电源是平特性的，则应接入外接电阻箱得到下降特性，如 ZPG-1000 接入电阻箱后，可获得下降特性。

通常根据焊条类型决定焊接电源的种类，除低氢钠型焊条必须采用直流反接外，低氢钾型焊条可采用直流反接或交流，所有酸性焊条通常都采用交流电源焊接，但也可以用直流电源，焊厚板时，用直流正接；焊薄板时，用直流反接。

三 焊条电弧焊的使用

准备工具材料：弧焊机、各型号焊条、母材、电焊防护面罩、防烟雾口罩、围裙、护脚、焊接防护手套、钣金锤。

1. 对接焊件

使用焊接大力钳把焊件固定好，两个钣金件之间的距离约为 1mm，如图 3-24 所示。

2. 接通焊接电源线

接上弧焊机焊接时所使用的正、负极两根电源线。"+"代表正极电源线（红色）接口，"－"代表负极电源线（黑色）接口，如图 3-25～图 3-27 所示。

图 3-24 固定焊件

图 3-25 弧焊机焊接正负极电源接口

图 3-26 接上负极焊接电源线

图 3-27 接上正极焊接电源线

注意：焊接电源线的正、负极不能接错。

3. 接通弧焊机电源

按弧焊机的标准电压接通其电源（接通电源前要观察弧焊机说明书），如图 3-28 所示。

注意：焊机的电源必须按照其标准电压接通。

4. 调节弧焊机参数

1）打开弧焊机电源开关，如图 3-29 所示。

2）调节推力电流。推力电流只在焊接电流较小时调节，作用是消除焊条的"黏条"现象，"黏条"不严重时向小调整，如图 3-30 所示。

3）调节焊接电流。根据焊件厚度来选用合适的焊条及焊接电流，本次以 2mm 厚的钢板对接为例，选用直径 1.6mm 焊条，焊接电流调到 35A 进行平焊，如图 3-31 所示。

图 3-28　接通电源

图 3-29　打开弧焊机电源开关

图 3-30　调节推力电流

图 3-31　调节焊接电流

焊条直径的选择可参考表 2：

表 2　焊件厚度及焊条直径的对应参数

焊件厚度 /mm	>1.5	2.0	3.0	4 ~ 7	8 ~ 12	>13
焊条直径 /mm	1.6	1.6 ~ 2.0	2.5 ~ 3.2	3.2 ~ 4.0	4.0 ~ 4.5	4.0 ~ 5.8

焊接电流的选择可参考表 3：

表 3　焊件厚度及焊接电流的对应参数

焊件厚度 /mm	1.6	2.0	2.5	3.2	4.0	5.0
焊接电流 /A	1.625 ~ 40	40 ~ 70	70 ~ 90	100 ~ 130	160 ~ 200	200 ~ 270

检查标准：各项参数调整正确。

5. 穿戴好个人防护用品

穿戴好个人防护用品（如焊接防护面罩、防护手套、围裙、防烟雾口罩等），如图 3-32 所示。

6. 在焊板上夹好负极线（图 3-33）

图 3-32　穿戴防护用品　　　　　　　　图 3-33　在焊板上夹好负极线

7. 引弧与熄弧

（1）引弧

引弧一般有两种方法：划擦引弧法和直击引弧法。

1）划擦法

先将焊条末端对准焊缝，然后将手腕扭转一下，使焊条在焊件表面轻微划一下，动作像划火柴，不能用力过猛，引燃电弧后，焊条不能离焊件太高，一般为 15mm 左右，并且不能超出焊缝范围；然后手腕扭平，将电弧拉回起头位置，并使电弧保持适当的长度，开始焊接，如图 3-34 所示。

2）直击法

先将焊条末端对准焊缝，然后稍点一下手腕，使焊条轻轻碰一下焊件，随即将焊条提起，引燃电弧，并迅速将电弧移至起头位置，使电弧保持一定的长度，开始焊接，如图 3-35 所示。

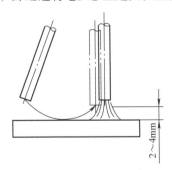

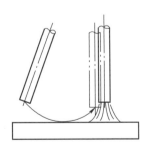

图 3-34　划擦引弧法　　　　　　　　　图 3-35　直击引弧法

（2）熄弧

在焊接过程中，电弧的熄灭是不可避免的。灭弧不好，会形成很浅的熔池，焊缝金属的密度和强度差，因此最易形成裂纹、气孔和夹渣等缺陷。灭弧时将焊条端部逐渐往坡口斜角方向拉，同时逐渐抬高电弧，以缩小熔池，减小金属及热量，使灭弧处不致产生裂纹、气孔等缺陷。灭弧时，堆高弧坑的焊缝金属，使熔池饱满地过渡，焊好后，锉去或铲去多余部分，如图3-36所示。

灭弧操作方法有很多种：

1）首先将焊条运条至接头的尾部，焊成稍薄的熔敷金属；然后将焊条运条方向反过来；最后将焊条拉起来灭弧。

2）将焊条握住不动保持一定时间，填好弧坑后拉起来灭弧。

8. 钣金件定位

对钣金件进行定位（目的是防止在焊接过程中钣金件位移而影响焊接质量），定位完成后敲掉钣金件定位点的焊渣，如图3-37、图3-38所示。

图3-36　熄弧

图3-37　对钣金件进行定位

图3-38　敲掉焊渣

注意：定位焊接后一定要敲掉焊渣，避免影响焊接质量。

9. 焊接姿势与焊条角度

焊接姿势：以水平对接的平焊从左向右进行操作为例，操作者应位于焊缝前进方向的右侧。左手持面罩，右手握焊钳。左肘放在左膝上，以控制身体上部不做向下跟进动作。大臂必须离开肋部，不要有依托，应伸展自由。

焊条角度：握持焊条前移时，首先应掌握好焊条与焊件之间的角度。各种焊接接头在空间的位置不同，其角度有所不同。平焊时，焊条应向前倾斜70°～80°，即焊条在纵向平面内，与正过进行焊接的一点垂直于焊缝轴线的垂线，向前所成的夹角。此夹角影响填充金属的熔敷状态、熔化的均匀性及焊缝外形、能避免咬边与夹渣、有利于气流吹焊渣后焊渣覆盖焊缝表面以及对焊件有预热和提高焊接速度等作用，如图3-39所示。

10. 运条

（1）焊条运动基本三动作

焊条的操作运动简称为运条。当引弧进行施焊时，焊条要有三个方向的基本动作，才能得到良好成形的焊缝，三个方向的基本动作是：①焊条送进；②焊条横向摆动动作；③焊条前移动作，如图3-40所示。

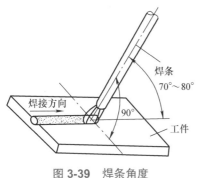

图 3-39 焊条角度

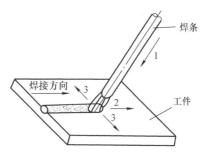

图 3-40 焊条的三个基本运动方向

（2）运条方法

所谓运条方法，就是焊工在焊接工程中，对焊条运动的手法。它与焊条角度及焊条运动三动作共同构成了焊工操作技术，是能否获得优良焊缝的重要操作因素。根据不同的焊缝位置、接头形式、焊件材质以及焊条直径和性质、焊接电源、焊件厚度、焊接层次等各种因素来选择正确的焊接角度、运条方法和焊接速度，是衡量一名焊工操作技能好坏的重要标志。

常用的运条方法有以下 9 种：

1）直线形运条法：常用于 I 形坡口的对接平焊、多层焊的第一层焊道或多层多道焊，如图 3-41 所示。

2）直线往复运条法：特点是焊接速度快、焊缝窄、散热快，适用于薄板或接头间隙较大的多层焊的第一道焊道，如图 3-42 所示。

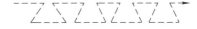

图 3-41 直线形运条法　　　　　　　　图 3-42 直线往复运条法

3）锯齿形运条法：焊接时，焊条末端作锯齿形连续摆动并向前移动，在两边稍停片刻，以防产生咬边，这种方法容易掌握，生产应用较多，如图 3-43 所示。

4）月牙形运条法：这种运条方法熔池存在时间长，易于焊渣和气体析出，焊缝质量高，如图 3-44 所示。

图 3-43 锯齿形运条法　　　　　　　　图 3-44 月牙形运条法

5）斜三角形运条法：这种运条方法能够借助焊条的摇动来控制熔化金属，促使焊缝成形良好，适用于 T 形接头的平焊和仰焊以及开有坡口的横焊，如图 3-45 所示。

6）正三角形运条法：这种方法一次能焊出较厚的焊缝断面，不易夹渣，生产率高，适用于开坡口的对接接头，如图 3-46 所示。

图 3-45 斜三角形运条法　　　　　　　图 3-46 正三角形运条法

7）正圆圈形运条法：这种运条方法熔池存在时间长，温度高，便于焊渣上浮和气体析出，一般只用于较厚焊件的平焊，如图 3-47 所示。

8）斜圆圈形运条法：这种运条方法有利于控制熔池金属下淌，适用于 T 形接头的平焊和仰焊，对接接头的横焊，如图 3-48 所示。

图 3-47　正圆圈形运条法

图 3-48　斜圆圈形运条法

9）8 字形运条法：这种运条方法能保证焊缝边缘得到充分加热，熔化均匀，保证焊透，适用于带有坡口的厚板对接焊，如图 3-49 所示。

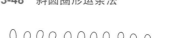

图 3-49　8 字形运条法

11. 焊缝的起头、连接和收尾

（1）焊缝的起头

焊缝的起头是指刚开始焊接的部分。在一般情况下，因为焊件在未焊时温度低，引弧后常不能迅速使温度升高，所以这部分熔深较浅，焊缝强度减弱。为此，应在引弧后先将电弧稍拉长，以利于对端头进行必要的预热，然后适当缩短弧长进行正常焊接，如图 3-50 所示。

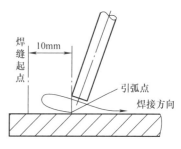

图 3-50　焊缝的起头

（2）焊缝的连接

焊条电弧焊时，由于受焊条长度的限制，可能一根焊条完成一条焊缝，因此出现了两段焊缝前后之间连接的问题。应使后焊的焊缝和先焊的焊缝均匀连接，避免产生连接处过高、脱节和宽窄不一的缺陷。常用的连接方式有以下 3 种：

1）后焊焊缝的起头与先焊焊缝的结尾相接，如图 3-51 所示。

2）后焊焊缝的起头与先焊焊缝的起头相接，如图 3-52 所示。

3）后焊焊缝的结尾与先焊焊缝的结尾相接，如图 3-53 所示。

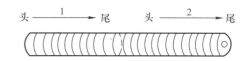

图 3-51　后焊焊缝的起头与先焊焊缝的结尾相接

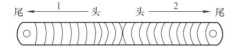

图 3-52　后焊焊缝的起头与先焊焊缝的起头相接

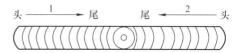

图 3-53　后焊焊缝的结尾与先焊焊缝的结尾相接

（3）焊缝的收尾

一条焊缝焊完后，应把收尾处的弧坑填满。当一条焊缝焊到结尾时，如果熄弧动作不当，则会形成比母材低的弧坑，从而使焊缝强度降低，并形成裂纹。碱性焊条因熄弧不当而引起的弧坑中常伴有气孔出现，不允许有弧坑出现。因此，必须正确掌握焊缝的收尾工作，一般收尾动作有如下 3 种：

1）划圈收尾法：电弧在焊段收尾处作圆圈运动，直到弧坑填满后再慢慢提起焊条熄弧。此方法适合用于厚板焊接中。若用于薄板，则易烧穿，如图3-54所示。

2）反复断弧收尾法：在焊段收尾处，在较短时间内，电弧反复熄弧和引弧数次，直到弧坑填满。此方法多用于薄板和多层焊的底层焊中，如图3-55所示。

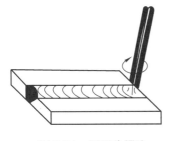

图3-54 划圈收尾法

图3-55 反复断弧收尾法

3）回焊收尾法：电弧在焊段收尾处停住，同时改变焊条的方向，由位置1移至位置2，待弧坑填满后，再稍稍后移至位置3，然后慢慢拉断电弧。此方法对碱性焊条较为适宜，如图3-56所示。

注意：焊接时一定要小心操作，因为焊接时的温度高达几千摄氏度。

12. 焊接完成

焊接完后使用钣金锤敲掉焊渣，检查焊接效果，如图3-57所示。

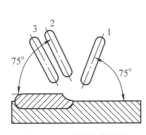

图3-56 回焊收尾法

图3-57 清除焊渣

检查标准：焊缝强度可靠，密封性良好，焊接区域变形小，焊缝扁平无孔洞、虚焊现象。

四 相关知识拓展

焊条电弧焊安全技术要求如下：

1）电焊机的外壳和工作台，必须有良好的接地。

2）电焊机空载电压应在60~90V之间。

3）电焊设备应使用带电保险的电源刀闸，并装在密闭箱内。

4）电焊机使用前必须仔细检查其一、二次导线绝缘是否完整，接线是否绝缘良好。

5）当焊接设备与电源网路接通后，人体不应接触带电部分。

6）在室内或露天现场施焊时，必须在周围设挡光屏，以防弧光伤害工作人员的眼睛。

7）焊工必须配备合适滤光板的面罩、干燥的帆布工作服、手套、橡胶绝缘和清渣防护白光眼镜等安全用具。

8）焊接绝缘软线长度不得少于5m，施焊时绝缘软线不得搭在身上，地线不得踩在脚下。

9）严禁在起吊部件的过程中，边吊边焊。

10）施焊完毕后应及时断开电源刀闸。

11）做好焊条电弧焊防电安全措施，焊接工作前，要先检查电焊机设备和工具是否安全可靠。焊工的手和身体不得随便接触二次回路的导电体，不能依靠在工作台、焊件上或接触焊钳等带电体。对于电焊机空载电压较高的焊接操作，以及在潮湿工作地点操作时，还应在操作台附近地面铺设橡胶绝缘垫。

第三节　氧乙炔气割

氧气是助燃气体，乙炔是可燃气体，通过焊炬将氧气和乙炔进行混合，点燃氧气和乙炔混合后的气体，其火焰产生高温，能熔化焊丝、焊粉和母材，达到切割和焊接的目的。

氧乙炔气割的认识

氧乙炔气割（简称气割），是指利用气体火焰的热能将工件切割处预热到一定温度后，喷出高速切割氧气流。使其燃烧并放出热量后实行切割的方法。

由于车身表面钣金件都比较薄，很少用到氧乙炔气割，一般在对车身大梁悬架或A、B、C柱等位置进行切割时才会用到氧乙炔气割。另外，切割较厚的钣金件或用其他设备难以切割的部位也会用到氧乙炔气割。

1. 氧乙炔气割的原理

气割是利用氧气与乙炔混合燃烧的火焰热能，将工件切割处的金属预热到燃烧温度（燃点），然后向被加热到燃点的金属喷切割氧气流，使切口处的金属发生剧烈燃烧，生成液态的焊渣，这些焊渣会被高速的氧气气流吹走，金属燃烧所释放出的热量对切割的金属进行预热，随着割炬沿切割方向的移动，实现切割的方法。

金属的气割过程实质是铁在纯氧气中的燃烧过程，而不是熔化过程，即预热 - 燃烧 - 吹渣的过程。只有符合下列条件的金属才能进行气割：

1）金属能同氧剧烈反应，并放出足够的热量。

2）金属导热性不应太高。

3）金属燃烧点要低于它的熔点。

4）金属氧化物的熔点要低于金属本身的熔点。

5）生成的氧化物应该易于流动。

符合上述条件的金属有纯铁、低碳钢、中碳钢和低合金钢以及钛等。

2. 氧乙炔气割的优缺点

优点：效率高、成本低、设备简单、使用灵活。

缺点：对切口两侧金属的成份和组织产生一定的影响以及引起被割工件的变形等，不能切割铸铁及其他有色金属。气割主要用于钢材的下料、厚钢板破口的加工等。

3. 氧乙炔气割使用的设备

（1）氧气和氧气瓶

1）氧气（O_2）是一种无色、无味、无毒的气体，比空气略重，微溶于水。标准大气压下液化温度为 $-183℃$，液态氧气是天蓝色、透明、易流动的液体。凝固温度为 $-218℃$，呈蓝色固体结晶。氧气不能燃烧，但能助燃，是强氧化剂。

氧气与可燃气体混合燃烧可以得到高温火焰，用于气焊与气割，氧气的纯度高且工作的质量好。工业上用的大量氧气主要采用空气液化法制取。工业用氧气按纯度分两级：一级氧气的纯度不低于99.2%，用于气焊；二级氧气的纯度不低于98.5%，用于气割。如果氧气纯度不够，会明显影响燃烧效率和切割效果。

2）氧气瓶是贮存和运输氧气的专用高压容器，它是由瓶体、胶圈、瓶箍、瓶阀和瓶帽五部分组成。瓶体外部装有两个防振胶圈，瓶体表面为天蓝色，并用黑漆标明"氧气"字样用以区别其他气瓶。为使氧气瓶平稳直立的放置，制造时把瓶底挤压成凹弧面形状。为了保护瓶阀在运输中免遭撞击，在瓶阀的外面套有瓶帽。

目前，我国生产的氧气钢瓶最常见的容积为40L，当瓶内压力为15MPa表压时，该氧气瓶的氧贮存量为6000L，即 $6m^3$。氧气瓶在出厂前都要经过严格检验，并需对瓶体进行水压试验，氧气瓶一般使用三年后应进行复验，复验内容有水压试验和检查瓶壁腐蚀情况。有关氧气瓶的容积、重量、出厂日期、制造厂名、工作压力以及复验情况等项说明，都应在氧气瓶收口处钢印中反映出来。

氧气瓶使用时要严格注意防止爆炸，其使用时的注意事项如下：

① 运输和放置氧气瓶时，必须带上瓶帽，防止氧气瓶碰撞。在室内外使用氧气瓶时，必须直立稳固放置，不可倾倒。使用氧气瓶时，夏天要放在凉棚内，严禁阳光直接照射或靠近火炉、暖气片等，以防因温度升高使瓶内压力剧增，而引起的爆炸。冬季如果氧气瓶冻结，要用热水解冻，严禁用明火加热。

② 禁止将氧气瓶和乙炔气瓶以及其他可燃气瓶、易爆易燃物品放在一起，不可以同车运输。禁止氧气瓶接触油脂，高压氧气与油脂等易燃物接触，会引起自燃。操作中氧气瓶距离乙炔发生器、明火或热源应大于5m。

③ 氧气瓶内的残余氧气不能全部用完。一般情况下，应留有 0.1～0.2MPa 的余气，以便重新充氧时，利用瓶内气体吹除瓶阀灰尘或防止可燃气体、空气倒流入瓶内。

④ 氧气瓶应定期检查，经检验合格后方可继续使用。

（2）乙炔和乙炔气瓶

1）乙炔。

乙炔（C_2H_2）俗称电石气，纯净的乙炔是无色、无味的气体，比空气稍轻，微溶于水，在标准状态下，密度 $1.17kg/m^3$，$-83℃$时乙炔可变成液体，$-85℃$时乙炔将变为固体。工业用乙炔中混有硫化氢（H_2S）及磷化氢（PH_3）等杂质，具有特殊的臭味。

乙炔是可燃气体，与空气混合燃烧时所产生的火焰温度为 2350℃，而与氧气混合燃烧时所产生的火焰温度为 3100~3300℃。

2）乙炔气瓶。

乙炔气瓶是贮存和运输乙炔气的压力容器，其外形与氧气瓶相似，但比氧气瓶略短、略粗，瓶体表面涂白漆，并印有"乙炔气瓶""不可近火"等红色字样。因乙炔不能用高压压入瓶内贮存，所以乙炔瓶的内部构造比氧气瓶的内部构造要复杂得多。乙炔气瓶内有微孔填料布满其中，而微孔填料中浸满丙酮，利用乙炔易溶解于丙酮的特点，使乙炔稳定、安全地贮存在乙炔气瓶中，乙炔气瓶由瓶体、瓶帽、瓶阀、分解网、微孔填料（硅酸钙）等构成。

瓶阀下面中心连接一椎形不锈钢网，内装石棉或毛毡。其作用是帮助乙炔从丙酮溶液中分解出来。瓶内的填料要求多孔且轻质，目前广泛应用的是硅酸钙。为使乙炔气瓶能平稳直立的放置，在瓶底部装有底座，瓶阀装有瓶帽。为了保证安全使用，在靠近收口处装有易熔塞，一旦乙炔气瓶温度达到 100℃时，易熔塞即熔化，使瓶内气体外溢，起到泄压作用。另外乙炔气瓶瓶体装有两道防振胶圈。乙炔气瓶的容量为 40L，一般乙炔气瓶中能容纳 6~7kg 的乙炔。使用乙炔时应控制排放量，不能任意排放，否则会连同丙酮一起喷出，造成危险。

乙炔气瓶出厂前，需经严格检验，并做水压试验。在靠近瓶口的部位，还应标注出容量、重量、制造年月、最高工作压力、试验压力等内容。使用期间，要求每三年进行一次技术检验，发现有渗漏或填料空洞的现象，应报废或更换。

在使用乙炔气瓶的过程中，应注意下列事项：

① 在运输和放置时，乙炔气瓶不能遭受剧烈的振动和撞击，以免爆炸。

② 乙炔气瓶使用时应直立放置，严禁卧放，以避免丙酮流出引起燃烧和爆炸。

③ 乙炔气瓶表面温度不应超过 40℃，以防瓶内乙炔压力急剧增高，因而使用时必须避免阳光暴晒、远离热源等。

④ 乙炔气瓶瓶内乙炔气体严禁用尽，必须留有剩余压力，以防止空气进入瓶内，避免爆炸事故发生。

⑤ 乙炔使用压力不应超过 0.15MPa，输出流量不应超过 1.5~2.5m³/h。

⑥ 严禁铜、银、汞等及其制品与乙炔接触，使用铜合金器具时，其含铜量应低于 70%。

（3）减压器

1）减压器的作用和分类。

减压器是将高压气体降为低压气体并保持输出气体的压力和流量稳定不变的调节装置。减压器的作用有两个，分别是减压作用和稳压作用。

2）减压器的分类。

减压器按用途不同可分为氧气减压器和乙炔减压器等，还可分为集中式和岗位式两类。按构造不同可分为单级式和双级式两类。按工作原理不同可分为正作用式和反作用式两类。目前，常见的国产减压器以单级反作用式和双级混合式（第一级为正作用式、第二级为反作用式）两类为主。

3）使用减压器时，应注意下列事项：

① 在安装减压器前，应略打开氧气瓶调节阀，用以吹除污物，防止灰尘或水分带入氧气减压器内。在开启氧气瓶调节门时，阀嘴不能朝向人体方向。在瓶阀上安装氧气减压器时，和调

节阀连接的螺母，至少要拧上三牙以上，以防止开气时氧气减压器脱落。减压器安装完毕试开瓶阀时，人体应避开阀嘴方向，以免连接螺母脱扣伤人。氧气减压器的出口与氧气胶管接头处必须用铜丝或退火的铁丝拧紧，防止脱开伤人。

② 开启氧气瓶调节阀和打开减压器时，动作必须缓慢。如果开启速度过快，则放气过程易产生静电火花，可能引起着火，烧坏氧气减压器零件。

③ 氧气减压器使用完毕时，必须把调压螺钉旋松。停止工作时应先松开氧气减压器的调压螺钉，再关闭氧气瓶调节阀，并把氧气减压器内的气体慢慢放尽，这样，可以保护弹簧和减压活门以免受损。

④ 氧气减压器必须保持清洁。氧气减压器严禁接触油脂，因此装卸时要使用专用扳手。不同气体的减压器不能调换使用，如用于氧气的减压器不能用于乙炔、石油气等系统中。

⑤ 氧气减压器冻结时，要用热水或水蒸气解冻，绝对不能用火焰或烧红的铁块烘烤。解冻后应及时吹除其中残留的水分。

⑥ 氧气减压器必须定期检验，以保证压力表的精确性。使用中应经常检查减压器的性能是否正常。如发现漏气、表针动作不灵等情况，要及时联系专业人员进行修理，切忌自行处理。

（4）割炬

1）割炬的作用。

割炬的作用是使氧气与乙炔按比例进行混合，并在预热火焰中喷射切割氧进行气割。

2）割炬的型号。

国产射吸式割炬的型号 G01-30，其中第一个字母"G"表示割炬，第二个数字"0"表示手工，第三个数字"1"表示割炬形式为射吸式，最后两位数字"30"表示气割低碳钢的最大厚度（以 mm 计）。

3）割炬的分类。

割炬按预热火焰中氧气和乙炔的混合方式不同分为射吸式和等压式两种，其中以射吸式割炬的使用最为普遍。割炬按其用途又分为普通割炬、重型割炬以及焊、割两用炬等。

① 射吸式割炬。

例如：G01-30 型割炬是常用的一种射吸式割炬，能切割 2～30mm 厚的低碳钢板。割炬备有三个割嘴，可根据不同板厚进行选用。

G01-30 型割炬主要由主体、乙炔气瓶调节阀、预热氧气瓶调节阀、切割氧气瓶调节阀、喷嘴、射吸管、混合气管、切割氧气管、割嘴、手柄以及乙炔管接头和氧气管接头等部分组成。其构造主要分为两部分：一是预热部分，其构造与射吸式焊炬相同；二是切割部分，由切割氧气调节阀、切割氧气管以及割嘴等组成。

② 等压式割炬。

例如：G01-100 型割炬是等压式割炬，能切割 5～40mm 厚的低碳钢工件。割炬备有三个割嘴，可根据不同的板厚进行选用。G01-100 型等压式割炬的构造和射吸式割炬不同，其特点是乙炔与预热氧气的混合是在割嘴接头与割嘴间的空隙内完成的。割嘴采用整体式梅花形割嘴，这种割嘴切割时，火焰燃烧稳定，不易回火，割炬重量较小（0.6kg），使用较为灵便。

G01-100 型割炬主要由主体、乙炔气瓶调节阀与预热氧气瓶调节阀、切割氧气瓶调节阀、割嘴接头、割嘴及乙炔气管、预热氧气管和切割氧气管等组成。

4）使用割炬时，应注意下列事项。

① 选择合适的割嘴。

应根据切割工件的厚度，选择合适的割嘴。装配割嘴时，必须使内嘴和外嘴保持同心，以保证切割氧气射流位于预热火焰的中心，安装割嘴时注意拧紧割嘴螺母。

② 检查射吸情况。

射吸式割炬经射吸情况检查正常后，方可把乙炔气管接上，以不漏气并容易插上、拔下为准。使用等压式割炬时，应保证乙炔有一定的工作压力。

③ 火焰熄灭的处理。

点火后，当拧预热氧气瓶调节阀调整火焰时，若火焰立即熄灭，其原因是各气体通道内存有脏物或射吸管喇叭口接触不严，以及割嘴外套与内嘴配合不当。此时，应将射吸管螺母拧紧。无效时，应拆下射吸管，清除各气体通道内的脏物及调整割嘴外套与内套间隙，并拧紧。

④ 割嘴芯漏气的处理。

预热火焰调整正常后，割嘴头发出有节奏的"叭、叭"声，但火焰并不熄灭，若将切割氧气瓶调节阀开大时，火焰就立即熄灭，其原因是割嘴芯处漏气。此时，应拆下割嘴外套，轻轻拧紧嘴芯，如果仍然无效，可再拆下外套，并用石棉绳垫上。

⑤ 割嘴头和割炬配合不严的处理。

点火后火焰虽正常，但打开切割氧气瓶调节阀时，火焰就立即熄灭。其原因是割嘴头和割炬配合面不严。此时应将割嘴拧紧，无效时应拆下割嘴，细砂纸轻轻研磨割嘴头配合面，直到配合严密。

⑥ 回火的处理。

当发生回火时，应立即关闭切割氧气瓶调节阀，然后关闭乙炔气瓶调节阀及预热氧气瓶调节阀。在正常工作停止时，应先关切割氧气瓶调节阀，再关乙炔和预热氧气瓶调节阀。

⑦ 保持割嘴通道清洁。

割嘴通道应经常保持清洁光滑，孔道内的污物应随时用通针清除干净。

⑧ 清理工件表面。

工件表面的厚锈、油水污物要清理掉。在水泥地面上切割时应垫高工件，以防锈皮和焊渣在水泥地面上爆溅伤人。

（5）回火防止器

回火防止器用于防止气焊气割时发生回火现象，正常情况下，喷嘴里混和气的流出速度与其燃烧速度相等，气体火焰在喷嘴口稳定燃烧。如果混和气的流出速度比燃烧速度快，则火焰离开喷嘴一段距离再燃烧；如果混和气的流出速度比燃烧速度慢，则火焰就进入喷嘴逆向燃烧，这是发生回火的根本原因。造成混和气的流出速度比燃烧速度慢的主要原因是：割嘴堵塞，混合气流出不畅；割嘴、割炬过热；割嘴离工件太近，流出气体被工件阻挡反射等。

（6）氧气、乙炔输送管

根据 GB/T 2550—2016《气体焊接设备焊接、切割和类似作业用橡胶软管》规定：氧气的橡胶传输管为蓝色（原标准规定为红色），工作压力 2MPa，爆破压力 6MPa；乙炔的橡胶传输管为红色（原标准规定为黑色）。

气割用的橡胶传输管要求柔软、重量轻、便于操作，必须能够承受足够的气体压力。新的橡胶传输管在首次使用时，要先把管内的滑石粉吹干净，以防割炬内部的通道被堵塞。在使用橡胶传输管时，应注意不得使其沾染油脂，并要注意防火和防止折伤。已经老化的橡胶传输管应停止使用，及时换用新管。

橡胶传输管的长度一般不应小于 10m。若操作地点离气源较远时，可根据实际情况将两条橡胶传输管用管接头连接起来使用，但必须用卡箍或细铁丝绑扎牢固。

4. 氧乙炔气割使用的火焰

通过调整混合气体中乙炔与氧气的比例，可获得三种不同性质的火焰分别是中性焰、碳化焰和氧化焰。

（1）中性焰

中性焰是氧气与乙炔体积的比值（$O_2 : C_2H_2$）为 $1:1 \sim 1:2$ 的混合气燃烧形成的气体火焰，中性焰在第一燃烧阶段既无过剩的氧又无游离的碳。当氧气与丙烷容积的比值（O_2/C_3H_8）为 3:5 时，也可得到中性焰。中性焰有三个显著区别的区域，分别为焰芯、内焰和外焰。

1）焰芯。

中性焰的焰芯呈尖锥形，色白而明亮，轮廓清楚。焰芯由氧气和乙炔组成，焰芯外表分布一层由乙炔分解所生成的碳素微粒，由于炽热的碳粒发出明亮的白光，因而有明亮而清楚的轮廓。在焰芯内部进行着第一阶段的燃烧。焰芯虽然很亮，但温度较低（$800 \sim 1200℃$），这是由于乙炔分解而吸收了部分热量的缘故。

2）内焰。

内焰主要由乙炔的不完全燃烧产物，即来自焰芯的炭和氢气与氧气燃烧的生成物一氧化碳和氢气所组成。内焰位于碳素微粒层外面，呈蓝白色，有深蓝色线条。

内焰处在焰芯前 $2 \sim 4mm$ 部位，燃烧量激烈，温度最高，可达 $3100 \sim 3150℃$。气焊时，一般就是利用这个温度区域进行焊接的，因而称为焊接区。

由于内焰中的一氧化碳（CO）和氢气（H_2）能起还原作用，所以焊接碳钢时都在内焰进行，将工件的焊接部位放在距焰芯尖端 $2 \sim 4mm$ 处。内焰中的气体一氧化碳的含量占 $60\% \sim 66\%$，氢气的含量占 $30\% \sim 34\%$，由于对许多金属的氧化物具有还原作用，所以焊接区又称为还原区。

3）外焰。

外焰处在内焰的外部，外焰的颜色从里向外由淡紫色变为橙黄色。外焰燃烧的生成物是二氧化碳和水。

外焰温度为 $1200 \sim 2500℃$。由于二氧化碳（CO_2）和水（H_2O）在高温时容易分解，所以外焰具有氧化性。

中性焰的温度是沿着火焰轴线而变化的。中性焰温度最高处处于距离焰芯末端 $2 \sim 4mm$ 的内焰的范围内，此处温度，可达 $3150℃$，离此处越远，火焰温度越低。

此外，火焰在横断面上的温度是不同的，横断面中心温度最高，越向边缘，温度就越低。由于中性焰的焰芯和外焰温度较低，而且内焰具有还原性，内焰不但温度最高还可以改善焊缝金属的性能，所以，采用中性焰焊接、切割大多数的金属及其合金时都利用内焰。

（2）渗碳焰

渗碳焰是氧气与乙炔的体积的比值（$O_2 : C_2H_2$）小于 $1:1$ 时混合气燃烧形成的气体火焰，

因为乙炔有过剩量，所以燃烧不完全。渗碳焰中含有游离碳，具有较强的还原作用和一定的渗碳作用。

渗碳焰可分为焰芯、内焰和外焰三部分。渗碳焰的整个火焰比中性焰长而柔软，而且随着乙炔的供给量增多，渗碳焰也就变得越长、越柔软，其挺直度就越差。当乙炔的过剩量很大时，由于缺乏使乙炔完全燃烧所需要的氧气，火焰开始冒黑烟。

渗碳焰的焰芯较长，呈蓝白色，由一氧化碳（CO）、氢气（H_2）和碳素微粒组成。渗碳焰的外焰特别长，呈橘红色，由水蒸气、二氧化碳、氧气、氢气和碳素微粒组成。

渗碳焰的温度为2700～3000℃。由于在渗碳焰中有过剩的乙炔，它可以分解为氢气和炭，在焊接碳钢时，火焰中游离状态的碳会渗到熔池中去，增高焊缝的含碳量，使焊缝金属的强度提高而使其塑性降低。此外，过多的氢气会进入熔池，促使焊缝产生气孔和裂纹。因而渗碳焰不能用于焊接低碳钢及低合金钢。但轻微的渗碳焰应用较广，可用于焊接高碳钢、中合金钢、高合金钢、铸铁、铝和铝合金等材料。

（3）氧化焰

氧化焰是氧气与乙炔的体积的比值（$O_2:C_2H_2$）大于1:2时的混合气燃烧形成的气体火焰，氧化焰中有过剩的氧气，在尖形焰芯外面形成了一个有氧化性的富氧区。

氧化焰由于火焰中含氧气较多，氧化反应剧烈，使焰芯、内焰、外焰都缩短，内焰很短，几乎看不到。氧化焰的焰芯呈淡紫蓝色，轮廓不明显；外焰呈蓝色，火焰挺直，燃烧时发出急剧的"嘶嘶"声。氧化焰的长度取决于氧气的压力和火焰中氧气的比例，氧气的比例越大，则整个火焰就越短，噪声也越大。

氧化焰的温度，可达3100～3400℃。由于氧气的供应量较多，使整个火焰具有氧化性。如果焊接一般碳钢时，采用氧化焰就会造成熔化金属的氧化和合金元素的烧损，使焊缝金属氧化物和气孔增多并增强熔池的沸腾现象，从而较大地降低焊接质量。所以，一般材料的焊接，绝不能采用氧化焰。但在焊接黄铜和锡青铜时，利用轻微的氧化焰的氧化性，生成的氧化物薄膜覆盖在熔池表面，可以阻止锌、锡的蒸发。由于氧化焰的温度很高，在火焰加热时为了提高效率，常使用氧化焰。气割时，也通常使用氧化焰。

二　氧乙炔气割的使用

准备工具材料：氧乙炔切割设备（图3-58）、切割钣金件、机用虎钳、防烟雾口罩、防护手套、护目镜。

1. 检查

将氧气、乙炔气管分别接到割炬上的氧气、乙炔接口上，检查氧气表、乙炔保险壶以及割炬是否工作正常。

2. 打开氧气及乙炔气瓶调节阀

使用活动扳手或专用扳手拧开氧气、乙炔气瓶调节阀，如图3-59、图3-60所示。

图 3-58 氧乙炔气割设备

图 3-59 拧开乙炔气瓶调节阀

注意：打开时检查是否漏气，如有漏气应及时更换，不要盲目去操作。

3. 调节乙炔压力

调节乙炔气瓶调节阀上的开关，将乙炔压力调节至 0.05～0.15MPa，如图 3-61 所示。

图 3-60 拧开氧气瓶调节阀

图 3-61 调节乙炔压力

4. 割炬的使用

1）割炬一般有三个开关，最上面的是高压氧气瓶调节阀，也就是俗称的高风开关；高风开关下面的是混合气气瓶阀门开关；最后面的一个开关是乙炔气瓶调节阀，如图 3-62 所示。

2）先开割炬的乙炔气瓶调节阀，点火，随后打开氧气瓶调节阀，调至中性焰，气嘴距离被割物件 5mm 左右。若要提高切割速度，可加大乙炔和氧气量的调节，如图 3-63 所示。

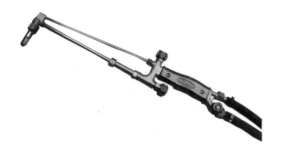

图 3-62 割炬

图 3-63 点火

注意：点火时乙炔气瓶调节阀打开一点便可，不能过大，并且点火时要小心防止烫伤。

5. 氧气、乙炔火焰的调节

点火时，先微开氧气瓶调节阀，再打开乙炔气瓶调节阀，随后点燃火焰。这时的火焰是渗碳焰。然后，逐渐开大氧气瓶调节阀，将渗碳焰调整成中性焰。通过调整混合气体中乙炔与氧气的比例，可获得三种不同性质的火焰分别是中性焰、渗碳焰和氧化焰。灭火时，应先关氧气瓶调节阀，后关乙炔气瓶调节阀。

（1）中性焰

氧气与乙炔充分燃烧，没有氧气与乙炔剩余，内焰具有一定还原性。最高温度3050～3150℃。主要用于焊接低碳钢、低合金钢、高铬钢、不锈钢、紫铜、锡青铜、铝及其合金等，如图3-64所示。

（2）渗碳焰

乙炔过剩，火焰中有游离状态碳及过多的氢气，焊接时会增加焊缝含氢量，焊低碳钢有渗碳现象。火焰温度在2700～3000℃。主要用于高碳钢、高速钢、硬质合金、铝、青铜及铸铁等的焊接或焊补，如图3-65所示。

图3-64　中性焰

（3）氧化焰

氧气过剩火焰有氧化性，焊接钢件时焊缝易产生气孔和变脆。最高温度3100～3300℃。主要用于焊接黄铜、锰黄铜、镀锌铁皮等，如图3-66所示。

图3-65　渗碳焰

图3-66　氧化焰

6. 钢板切割

"气割"就是利用氧乙炔先把准备切割的钢铁件的切割处烧至红热程度，然后吹入高压纯氧气流，使被切割的部分在氧气中剧烈燃烧，熔化成液体，并被气流冲掉，从而达到切割目的。

割炬倾斜度主要跟工件的厚度有关。当切割5～20mm厚的钢板时，割炬垂直于工件，不必倾斜。割炬放得直，切割的质量越好，割缝也越小。当要切割小于5mm厚度工件时，可向前倾斜来割。如果切割厚度超过20mm的工件，则割炬应当向后倾斜来割，待到割透后，边移动割炬，边把割炬逐渐移至垂直于工件来割，等快割完时，再将割炬稍向里倾斜，直到割完，如图3-67～图3-69所示。

图3-67　对切割点预热

图3-68 对钢板进行切割

图3-69 钢板切割完成

切割完毕后，立即关闭割炬的高压氧气流，然后关氧气瓶调节阀，再关闭乙炔气瓶调节阀。最后关闭乙炔气瓶调节阀和氧气瓶调节阀，如图3-70、图3-71所示。

图3-70 关闭乙炔气瓶调节阀

图3-71 关闭氧气瓶调节阀

注意：出于安全方面的考虑，乙炔发生器要远离火源，与氧气瓶保持3m以上距离，离取暖设备1m以外，不得放在人行道上或高压电缆下。

三 相关拓展知识

1. 氧乙炔气割的主要工艺参数

气割工艺参数主要包括割炬型号和切割氧气压力、气割速度、预热火焰能率、割嘴与工件间的倾斜角、割嘴离工件表面的距离等。

（1）割炬型号和切割氧气压力

被割件越厚，割炬型号、割嘴型号、切割氧气压力均越大；当割件较薄时，切割氧气压力可适当降低。但切割氧气的压力不能过低，也不能过高。若切割氧气压力过高，则切割缝过宽，切割速度降低，不仅浪费氧气，同时还会使切口表面粗糙，而且还将对割件产生强烈的冷却作用；若氧气压力过低，会使气割过程中的氧化反应减慢，切割的氧化物焊渣吹不掉，在割缝背面形成难以清除的焊渣黏结物，甚至不能将工件割穿。

除上述切割氧气的压力对气割质量的影响外，氧气的纯度对氧气消耗量、切口质量和气割速度也有很大影响。氧气纯度降低，会使金属氧化过程缓慢、切割速度降低，同时氧气的消耗量增加。氧气纯度对气割时间和氧气消耗量的影响是：在氧气纯度为97.5%～99.5%的范围内，氧气纯度每降低1%时，气割1m长的割缝，气割时间将增加10%～15%；氧气消耗量将增加25%～

35%。氧气中的杂质如氮气等在气割过程中会吸收热量，并在切口表面形成气体薄膜，阻碍金属燃烧，从而使气割速度下降和氧气消耗量增加，并使切口表面粗糙。因此，气割用的氧气的纯度应尽可能地提高，一般要求在99.5%以上。若氧气的纯度降至95%以下，气割过程将很难进行。

（2）气割速度

一般气割速度与工件的厚度，和割嘴形式有关。工件越厚，气割速度越慢；相反，气割速度应较快。气割速度由操作者根据割缝的后拖量自行掌握。所谓后拖量，是指在氧气切割的过程中在切割面上的切割氧气流轨迹的始点与终点在水平方向上的距离。

在气割时，后拖量总是不可避免的，尤其气割厚板时更为显著。合适的气割速度，应以使切口产生的后拖量比较小为原则。若气割速度过慢，会使切口边缘不齐，甚至产生局部熔化现象，割后清渣也较困难；若气割速度过快，会造成后拖量过大，使割口不光洁，甚至造成割不透。总之，合适的气割速度可以保证气割质量，并能降低氧气的消耗量。

（3）预热火焰能率

预热火焰的作用是把金属工件加热至金属在氧气中燃烧的温度，并始终保持这一温度，同时还使钢材表面的氧化皮剥离和熔化，便于切割氧气流与金属接触。气割时，预热火焰应采用中性焰或轻微氧化焰。渗碳焰因有游离碳的存在，会使切口边缘增碳，所以不能采用。在切割过程中，要注意随时调整预热火焰，防止火焰性质发生变化。

预热火焰能率的大小与工件的厚度有关，工件越厚，火焰能率应越大，但在气割时应防止火焰能率过大或过小的情况发生。如在气割厚钢板时，由于气割速度较慢，为防止割缝上缘熔化，应使火焰能率降低；若此时火焰能率过大，则会使割缝上缘产生连续珠状钢粒，甚至熔化成圆角，同时还造成割缝背面粘附焊渣增多，而影响气割质量。如在气割薄钢板时，因气割速度快，可相应增加火焰能率，但割嘴应离工件远些，并保持一定的倾斜角度；若此时火焰能率过小，使工件得不到足够的热量，就会使气割速度变慢，甚至使气割过程中断。

（4）割嘴与工件间的倾角

割嘴倾角的大小主要根据工件的厚度来确定。一般气割厚度在4mm以下的钢板时，割嘴应后倾25°～45°；气割4～20mm厚的钢板时，割嘴应后倾20°～30°；气割20～30mm厚的钢板时，割嘴应垂直于工件；气割大于30mm厚的钢板时，开始气割时应将割嘴前倾20°～30°，待割穿后再将割嘴垂直于工件进行正常切割，当快割完时割嘴应逐渐向后倾斜20°～30°。

割嘴与工件间的倾角对气割速度和后拖量产生直接影响，如果倾角选择不当，不但不能提高气割速度，反而会增加氧气的消耗量，甚至造成气割困难。

（5）割嘴离工件表面的距离

通常火焰焰芯离开工件表面的距离应保持在3～5mm的范围内，这样，加热条件最好，而且渗碳的可能性也最小。如果焰芯触及工件表面，不仅会引起割缝上缘熔化，还会使割缝渗碳的可能性增加。一般来说，切割薄板时，由于切割速度较快，火焰可以长些，割嘴离开工件表面的距离可以大些；切割厚板时，由于气割速度慢，为了防止割缝上缘熔化，预热火焰应短些，割嘴离工件表面的距离应适当小些，这样，可以保持切割氧气流的挺直度和氧气的纯度，使切割质量得到提高。

2. 氧乙炔气割的安全操作

1）乙炔使用时最高工作压力禁止超147kPa（1.5kgf/cm^2）表压。

2）禁止使用紫铜、银或含铜量超过70%的铜合金制造与乙炔接触的仪表、管子等零件。

3）乙炔发生器、回火防止器、氧气和液化石油气瓶、减压器等均应采取防止冻结措施，一旦冻结，应使用热水或水蒸气解冻，禁止采用明火烘烤或用铁器敲打解冻。

4）气瓶、容器、管道、仪表等连接部位应采用涂抹肥皂水方法检漏，严禁使用明火检漏。

5）气瓶、溶解乙炔气瓶等均应稳固竖立，或装在专用胶轮车上使用。

6）禁止使用电磁吸盘、钢绳、链条等吊运各类焊接与切割用气瓶。

7）气瓶、溶解乙炔气瓶等，均应避免放在受阳光曝晒，或受热源直接辐射及易受电击的地方。

8）氧气、溶解乙炔等气瓶，不应放空，气瓶内必须留有余气，如氧气瓶内应留有不小于0.1MPa表压的余气，乙炔气瓶必须留有0.05～0.1MPa表压的余气。

9）气瓶漆色的标志应符合《气瓶安全监察规程》的规定，禁止改动，严禁充装与气瓶漆色标志不符的气体。

10）气瓶应配置手轮或专用扳手开闭瓶阀。

11）工作完毕、工作间隙、工作点转移之前都应关闭瓶阀，戴上瓶帽。

12）禁止使用气瓶作为登高支架和支承重物的衬垫。

13）留有余气需要重新灌装的气瓶，应关闭瓶阀，旋紧瓶帽，标明"空瓶"字样或记号。

14）氧气、乙炔的管道，均应涂上相应气瓶漆色规定的颜色并标明名称，便于识别。

第四节 钣金介子机

钣金介子机又称为钣金车身修复机，工作原理与电焊机类似，都是利用低电压、大电流使两块铁板产生高电阻热融化接触部分的金属，用焊枪电极的挤压力把它们熔合在一起，从而达到焊接效果。在作业过程中经常用到各种介子作为焊接介质来进行修复车身，因此得名钣金介子机。

钣金介子机的认识

钣金介子机是具有电流调整性能的外形修复机，它可以很轻松的把钣金件上的凹陷拉出来。外形修复机可以焊接垫圈、焊钉、螺柱、星形焊片等进行拉伸操作，还可以使用铜测头和碳棒进行收缩操作。

1. 钣金介子机的焊接原理

钣金车身修复机（钣金介子机）的电源是220V，通过内部的变压器转换成10V左右的直流电。主机上有两条输出电缆；一条为焊枪电缆；另一条为搭铁电缆，在工作时两条电缆形成一个回路。把搭铁连接到工件上，焊枪通过垫圈等介子把电流导通到面板的某一部分上，由于电流达到了3500A，垫圈接触面板的部位产生巨大的电阻热，使温度能够熔化钢铁，熔化的垫圈就焊接到面板上了。

2. 钣金介子机的功能

钣金介子机的功能有焊接介子（供拉拔用的介质）、单面定位焊、电加热收火、碳棒修补与

加热、钢板压平等。

3. 钣金介子机的特点

钣金介子机的特点是焊接速度快、受热范围小、金属不易变形、操作方便。无论车身结构如何，都可以在凹陷部位焊接不同的介质，通过拉拽的方法使之修复。钣金介子机集多种焊接、加热等功能于一体，给车身整形修复带来了方便。

一 钣金的修复方法

1. 早期的修复方法

在钣金皱折部位钻或铣几个孔，安装好螺柱，拉出器钩住螺柱后使用冲击锤在凹陷拉出器的金属杆上滑动并冲击把手。冲击锤轻打把手，慢慢拉起凹点。使用螺柱拉伸时在面板上产生的孔要用气焊或锡焊封起来，只用车身填料简单修补这些孔，不能提供足够的锈蚀防护。这种方法目前已经不再使用。

2. 现在的修复方法

现在的凹陷拉拔器和拉杆一般都配合钣金车身修复机（钣金介子机）来使用，在车身的凹陷部位焊接一个焊钉或介子进行拉拔修复。

3. 拉拔方法的种类

拉拔方法分为单点拉拔和多点拉拔，也可称之局部拉拔，整体拉拔。单点拉拔是指使用具有焊接极头的滑动锤焊接或焊接单个垫片，对局部或比较轻微的凹陷进行拉拔的方法。单点拉拔所影响的范围较小，通常以点的形式表现。整体拉拔是指焊接成排垫片或蛇形线等，通过一定的连接方式，使用人力或机械牵引上述介质，使每个垫片或蛇形线的焊接部位均匀受力，从而将损伤部位整体拉出的方法。这种将众多垫片焊接在一起整体拉拔的方法，也称拉环法、垫片穿轴法等。整体拉拔所影响的范围较大，通常以面的形式表现，一般针对于大面积的双层结构钣金件、转角过渡处和车门立柱、车门槛板等较重的损伤。

采用钣金车身修复机（钣金介子机）修复作业时，应根据损伤程度、面积、部位等实际情况，合理选择焊接方式与拉拔方法，常见拉拔方法有以下2种：

（1）单点拉拔方法

通常针对于小面积或程度较轻的凹陷损伤，将单个垫片焊接于凹陷处，通过手拉拔器向外施加一个缓和的拉拔力，同时对凹陷周围的隆起部位向下敲击，也可利用拉拔锤的冲击力将凹陷部位拉出，适合于变形矫正和强度高的凹陷修理。

（2）多点拉拔方法

将垫片焊成一排，并用轴穿在一起，利用拉拔锤的冲击力将损伤部位拉出，此方法操作简单，适合于大面积的凹陷损伤。

4. 金属板的收缩（去应力）

当金属板在碰撞中严重受损时，因厚度变薄，表面积变大，在皱折处会受到拉伸。大多数拉伸可在直接损坏部位的拱形处、凹陷处和皱损处找到，受到拉伸的表面形状高于原来金属板的表面形状，若金属板表面积增大，即使将变形处修复成平滑的平面，金属板也无法提供足够的刚性，甚至用手指头压下金属板即产生凹陷，所以在修理时还需要对这些变形进行收缩处理，让超出原来高度的金属板恢复到原来的形状和厚度。

金属板某一处受到拉伸后，它的金属晶体将互相远离，金属板变薄并存在加工硬化。用收缩的方法可移动受拉伸的金属晶体使其回到原来的位置，从而使金属板恢复到原来的形状和厚度，且也不影响周围的未受损伤的金属。

在进行金属收缩操作以前，尽量将损坏部位校正到与原来的形状相近，修理人员才可以准确地判断出损坏部位的金属是否受到拉伸，如果存在拉伸，就应进行收缩。

收缩作业按照作业温度可分为常温收缩和热收缩。常温收缩分为打褶法收缩和收缩锤收缩。在虚敲作业中，使用垫铁顶住金属板较低的部位，手锤击打较高的部位，介于手锤和垫铁之间的金属晶粒将被压扁使金属板厚度增加，尺寸缩短，这本身就对金属板起到收缩的作用。热收缩分为火焰收缩、铜极收缩和碳棒收缩，其中铜极收缩和碳棒收缩为电热收缩。在使用钣金车身修复机焊接、铜极压凸起点的时候，由于热量的影响，也可以起到收缩的作用。

（1）打褶法收缩

和常用的加热收缩法不同，这种方法是将垫铁放在延展边缘部位的内侧，采取手锤不在垫铁上的敲击方法，使延展区域产生一些"褶"从而使其尺寸缩短，另外通过其形变，达到收缩的目的，并增加刚性。打褶的部位稍低于原始平面，需要用填充剂进行填平。

在实际应用时，不是真正的通过上述方法将延展部位进行打褶，而是根据经验，刻意不去将那些高点和低点进行精细整平，只要求这些高点和低点，尽量控制在平整度要求的范围内即可。修复后的面板，特别是直接损伤部位（活坑除外），实际上是由若干个高点和低点组成，这些高点和低点通常由碰撞时的撞击、修复过程中的锤击、焊接拉拔等原因产生，相当于上述方法所产生的褶，使面板尺寸缩短、形状变化，可以起到收缩并增加金属板刚性的作用，如果采取正位法进行精细修整，金属板往往会发生延展。

打褶法的使用相对较少，一般只针对于面积较大或冲压线间距较宽的低曲面，这些部位延展程度较小时，采用加热法收缩由于很难控制收缩量的大小，往往会使情况更加恶化，故可采用打褶法。

（2）收缩锤收缩

收缩锤收缩只在金属板延展范围及程度较小时采用，收缩效果相对较差，同时对金属板表面的精度影响很大。作业时，使用锤面上带有锥形凸起的收缩锤（或收缩垫铁）和垫铁（或平锤）配合进行正位敲击，要领是慢速重敲，并尽可能减少锤击次数，敲击后金属板表面会留下与锤面形状相似的凸凹状锤痕。其原理一是利用重敲时，锤面（垫铁）花纹使金属板产生微小的弯曲变形，利用这种挤压力，迫使延展部位内部比较疏松的金属晶粒重新紧密排列。

（3）火焰收缩

热收缩即所谓的收火，其原理是利用金属材料的热胀冷缩性能。将一根钢棒整体加热后，其长度会增大，缓冷后又会回到原有长度，比如传统的飞轮盘齿轮安装就是利用这种原理。而将钢棒的两端限制，再经过加热及骤冷的过程后，其长度会缩短。火焰收缩为热收缩方式的一种，其收缩原理及实际操作过程如下：

使用氧乙炔焊炬，将火焰调整至中性焰，焰心到延展部位的距离保持 3 ~ 5mm，进行加热。加热点的大小应根据金属板的延展程度而定，加热的范围越大，热量越难以控制，通常加热点的直径不要大于20mm，低曲面金属板上应采用小范围的收缩或点收缩，因为此类金属板更容易受热影响。随着温度的升高，直到整个受热部位都变成鲜红色，将焊炬呈螺旋状向外侧移开。此时受热的金属板开始膨胀，由于周围区域温度较低的金属产生抵抗膨胀的力，受热部位会逐渐变软，厚度增加并形成隆起。使用平锤轻轻敲击受热部位的周围，以促使受热部位内部金属晶粒相互靠拢。当加热部位的温度逐渐降低，红色消失后，便可使用手锤与垫铁配合进行整平，然后迅速使用潮湿的海绵或压缩空气进行冷却。

火焰收缩相对效果最明显，但温度较高热辐射大，需要拆卸周围构件。同时很难有效控制热量，经常会出现收缩部位周围并未损伤的部位发生变形，为避免这种现象，可以使用湿毛巾将收缩点包围起来。火焰收缩很容易破坏原有的防腐层，所以火焰收缩目前很少采用。

（4）铜极收缩

金属板在实敲作业过程中，内部金属晶粒将会变得狭长，金属板出现延展现象。使用电极头加热后，在周围冷却区域的压缩力影响下，金属晶粒将会纵向膨胀，从而达到收缩的目的。

铜极收缩为电热收缩方式的一种，热影响小、操作简便。以单点方式收缩损伤部位，它所影响的范围较小，适用于延展较轻的小面积收缩，面积较大时，可以通过移动极头位置实现多点收缩。作业前，应准确判断出延展部位，并使用研磨机清除漆膜；作业时，负极搭铁应固定在损伤部位的附近，将铜极头安装于钣金车身修复机正极，对准延展部位，轻轻施加一个压力，使金属板轻微变形，此时金属板会产生一个反作用力。按下开关，与极头接触的金属板会逐渐出现红热，使用压缩空气枪对加热部位进行冷却。利用上述方法，使用铜极头对一些较小的凸起点也可以起到修平的作用，即俗称的压高点。压高点时，不需采用急冷方式。

（5）碳棒收缩

碳棒收缩为电热收缩方式的一种，也是以急热急冷的方式达到收缩目的，目前，电热收缩是延展金属板的主要收缩手段，其与铜极收缩不同，碳棒收缩所影响的范围大、收缩效果也相对明显。作业时，在准确判断延展区域并打磨旧漆膜的基础上，将碳棒倾斜，轻轻接触金属板。启动开关，热量会在碳棒上产生，然后通过碳棒传递到金属板，金属板并不产生红热现象。加热时应从外侧开始，沿螺旋方向直至中心，以连续方式收缩延展部位，螺旋线之间的距离、圈数及收缩面积视延展程度而定，没有统一的标准。松开开关，将碳棒从金属板移开，然后使用压缩空气进行冷缩。

对于面积较大的延展部位，碳棒收缩时的运行方向，应从外侧以螺旋方向直至中心部位，对于较窄较长的延展部位可以沿直线或曲线运动。

热收缩作业后，应将收缩痕迹使用研磨机磨除，并对内侧金属板进行防腐处理。

电热收缩时，应适当采用小电流、减少加热时间，以减少对金属板产生的热影响，碳棒收缩时，可以减少或避免运行过程中造成金属板表面精度降低。

采用加热法收缩时，很难判断出每个加热点到底会产生多大的收缩量，所以每收缩一个点后，应对收缩效果进行检测。收缩过量的部位可通过实敲作业进行延展，对收缩效果不理想的部位，应换个位置再次进行收缩，在收缩过的部位重复进行收缩效果并不明显。金属板大致修复到原有位置后，收缩的顺序应从最高点开始，然后再收缩下一个最高点，以此类推。对于延展面积较大的部位，只进行一两次的收缩并不能解决问题，应从延展部位的中心开始，顺次对周围的较高部位进行收缩，直至整体恢复。在实施缩火作业后，用研磨机研磨钣金件表面，去除易使金属板生锈的缩火痕迹。

三　钣金介子机的使用

准备工具、设备和材料：防护手套、防溶剂手套、护目镜、防尘口罩、打磨机、钣金锤、介子机、吹尘枪、工具车、毛巾、钳子、环氧底漆。

1. 穿戴防护用品

穿戴好个人防护用品（防护手套、护目镜、防尘口罩等）。使用钣金介子机时，必须拆掉车辆的蓄电池电源线，防止大电流通过时将车上的电子设备损坏，如图 3-72 所示。

2. 去除旧漆膜

1）清理车身及工作区域，周围 10m 内不能有易燃易爆物品。使用打磨机去除旧漆膜，要求受损部位范围内达到裸铁状态，如图 3-73 所示。

图 3-72　穿戴防护用品

图 3-73　去除旧漆膜

检查标准：打磨范围合适，未打磨过度损伤金属底材。

注意：打磨时不要打磨过度，使金属钣金件厚度变薄导致强度下降，但也不要使受损钣金件范围有残留的车漆。

2）使用吹尘枪配合抹布对打磨好的部位进行清洁，如图 3-74 所示。

3. 修复受损部位

（1）接通电源

根据钣金介子机说明书上的标注电压接入相应的电源，如图 3-75 所示。

（2）调节钣金介子机

1）打开钣金介子机开关，根据钣金件的凹陷程度选择模式，一般建议选择自动模式（AUTO），如图 3-76、图 3-77 所示。

图 3-74　清洁打磨部位

图 3-75　接通电源

图 3-76　打开钣金介子机开关

图 3-77　打开自动模式

注意：正确调整钣金介子机的功能板，并保证可靠接地。

2）根据钣金介子机说明书调节好电流和焊接时间，一般比较薄的金属板可以用较低档（A档），焊接时间调在 0.15～0.25s 之间，如图 3-78、图 3-79 所示。

图 3-78　调节焊接电流

图 3-79　调节焊接时间

注意：必须根据钣金件的厚度来进行选择合适的电流及焊接时间。

（3）搭好负极线

把钣金介子机的搭铁线焊头与焊枪按压在修复钣金面上进行通电焊接，使搭铁头焊接固定在修复钣金面的边缘，拧紧搭铁的铜环头，如图 3-80、图 3-81 所示。

注意：焊接固定搭铁头时所使用的焊接电流一般为 2～3 档。

检查标准：负极搭接牢固。

图 3-80　焊接固定搭铁头

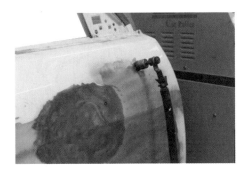

图 3-81　搭好负极线

（4）选择合适的修复方式

根据损伤程度、钣金件的厚度以及损伤位置来进行选择合适的修复方法（注意：校正金属板时，必须尽量避免加热，以免降低金属的强度）。钣金介子机的常用修复方式有介子垫片修复方式、直接定位焊修复方式、波纹条修复方式、碳棒修复方式四种。

1）介子垫片修复方式，主要用于修复大面积损伤和一些线条型损伤，是将介子直接焊接在车身凹陷位置上，然后穿入一根铁杆后使用拉锤进行拉拔修复，如图 3-82 所示。

2）直接定位焊修复方式，主要用于修复小面积损伤和凹陷较浅的损伤，如图 3-83 所示。

图 3-82　介子垫片修复方式

图 3-83　直接定位焊修复方式

3）波纹条修复方式，可以在曲线或直线变形部位修复时使用，是将波纹条焊接在车身凹陷位置进行拉拔修复，如图 3-84 所示。

4）碳棒修复方式，利用铁板在碰撞或者凹陷位置修复后产生过分拉伸，凸出后可用碳棒加热后用吹尘枪迅速冷却，可以使金属板产生收缩而达到修复的效果，如图 3-85、图 3-86 所示。

图 3-84　波纹条修复方式

图 3-85 将钣金介子机切换为手动模式

图 3-86 使用碳棒对钣金面进行加热

介子垫片修复方式详细操作如下：

观察受损钣金面，确定修复先后顺序，遵循先强后弱、先线后面的原则进行修复。把介子直接与车身凹陷位置进行焊接，焊接第一个介子时应把电流档与时间档调至较小的档位，如果介子焊接不牢固，可以把时间与电流档进行逐步调整至合适位置后，再进行焊接介子。每个介子垫片之间的距离在 10mm 左右，介子垫片与车身线条吻合、整齐。介子焊接完成后，穿上一根合适的细铁棒，如图 3-87、图 3-88 所示。

注意：焊接介子时，焊接时间一般调在 0.15 ~ 0.25s 之间，介子应焊接在凹陷的最低处，介子与介子的距离应保持在 10mm 左右。不要选用纯铜或铝制介子，因为铜、铝等金属与铁材的焊接强度很差或根本焊接不到一起。

图 3-87 焊接介子

图 3-88 穿好细铁棒

将拉锤头部的挂钩钩在铁杆上进行拉拔修复，拉锤与钣金件的角度要成 90°。拉拔时要注意拉拔力度，不可用力过度，拉拔的同时需要使用钣金锤敲击压缩区放松钣金件内部应力，才能使工件更好的恢复其原始状态。

在修复过程中要不断去检查钣金面，用手或者尺子进行检查是否修复到位，当修复到用手很难感觉出凹陷时，可以用钣金锉刀寻找剩下的高点或低点，在锉的过程中应该握住锉刀的手柄向前推，而不是往后拉，用手握住锉刀的头部，以便控制压力的大小方向，每次锉的行程应该尽量拉长，来回把整个修复过的钣金面往一个方向锉，钣金面上锉痕集中的地方就是高点，没有锉痕的地方就是低点，做好记号再进行修复，直到钣金面达到平整，无高点、无低点，如图 3-89 所示。

注意：拉拔时要时刻注意金属板的平整度。拉把不可对准自己和他人，以免介子脱落对人员造成伤害。拉拔时如果损伤部位周围出现凸起，应使用钣金锤消除应力。

线条拉平后，用手或钳子采用左右拧动法（对介子进行左右拧动）将介子取下，就可以轻松取下，不可上下左右掰摆，否则会出现钣金件穿孔现象，如图3-90所示。

图 3-89　使用拉锤进行拉拔

图 3-90　取下介子

取下负极线的搭铁头，如图3-91所示。

使用角磨机配合千叶打磨片进行打磨，注意只打磨有焊点的位置，不用打磨整个修复面，打磨时应该让角磨机打磨片快速移动，不可停留在同一个位置上打磨，以免磨穿钣金面，如图3-92所示。

图 3-91　取下负极线

图 3-92　打磨焊点

检查标准：焊点平整无多余金属。

修复完成后要进行金属底材的防锈处理作业，首先用吹尘枪将钣金件面上的灰尘吹干净，再用除油布沾上专用除油剂进行除油。然后调制环氧底漆（按照：底漆：干剂：稀释剂＝4∶1∶1的比例调制），对钣金面进行涂刷防锈，钣金面背后也应该喷上防锈蜡来保护（钣金件的背面由于焊接产生的热量会破坏防腐层，所以要进行防腐蚀处理，在内部喷涂防腐剂），如图3-93所示。

注意：调制环氧底漆时的比例一定要正确。

最后，将工具整理到位，将场地清洁干净，如图3-94所示。

图 3-93 施涂环氧底漆

图 3-94 整理工具

第五节 铝介子机

铝合金材料在许多车型中被用来制作车身，例如：奥迪 A8、S8、R8、A2，福特 F150，捷豹 XL、XE、XK，宝马 Z8 等均为全铝车身；奥迪 A6、A6L、Q7，奔驰 C 级、S 级，大众 Phaeton，捷豹 XF，宝马 5 系、7 系等为钢铝混合车身。

由于其质量轻、耐磨、耐腐蚀、弹性好、强度高、抗冲击性能优、加工成型好和再生性高等特点，铝金属成为了使汽车轻量化的首选材料。铝合金车身汽车也因其节能低耗、安全舒适及相对载重能力强等优点而备受青睐。

铝介子机的结构及工作原理

1. 铝介子机的结构

铝板车身修复机（铝介子机）和钢板车身修复机（介子机）的结构不一样，钢板车身修复机内部有线圈变压器，通过线圈变压器变成低电压高电流，然后通过垫圈与钣金件接触通电产生电阻热熔化钢铁焊接在一起。铝的电阻大约是钢板的 1/5～1/4，对铝焊接时的电流就需要钢铁焊接的 4～5 倍，很难做到这么大的电流。铝板车身修复机内部没有线圈变压器，里面有十几个大容量的电容，通过所有电容瞬间放电来焊接。

2. 铝介子机的工作原理

铝钣金车身修复机与钢板车身修复机修复的工作原理相同，也是在钣金件上焊接介子，铝板焊接的介子是铝焊钉。然后通过介子对铝板进行拉伸，达到修复的效果。

铝钣金件的修复

铝可用来制造汽车上的各种钣金件，例如：车门槛板、翼子板、发动机罩等。

铝钣金件的修理更需要小心。铝比钢软得多，而且当铝受到加工硬化以后，更难以加工成型。它的熔点也较低，加热时容易变形。铝制的车身及车架构件的厚度通常是钢钣金件的 1～2 倍。由于加工硬化的影响，铝钣金件受到损坏后更加难以修复。在修理损坏的铝板时，应该考虑到铝的这些特性。

铝的特性：强氧化性，极易与氧气结合，生成氧化铝，防腐性好，粉末易爆，最低爆炸极限 30g/m³，较差的延展性，修复中易产生裂纹；低熔点（纯铝熔点 660℃），受热后无颜色变化，化学性能活泼，在一定条件下易与其他金属离子发生电化学反应，造成接触腐蚀。

在进行铝板的修复时需要注意以下事项：

1）铝板的强度比较低，不能使用常规钢板的修复工具。一般使用表面是橡胶或木制的锤或垫铁来进行维修，可以防止在校正中，铝板对敲击过重产生过度拉伸。

2）使用敲击法修复时，如果锤击太重或次数太多都会拉伸铝板，所以这时应该多次轻敲，而不能只是重敲一、二次收缩锤不可用于铝板，以免使铝板开裂。裸露的铝表面上不可涂敷填充剂或油灰。第一次使用前，应先涂上环氧树脂底剂。另外，也不能使用铅性填充剂，因为铅会降低铝的耐腐蚀性。

3）对铝板上出现的小范围的凹陷进行修复时，使用尖锤或杠杆撬起效果很好。但是不能使凹陷处升高太多，也不能拉伸柔软的铝。

4）弹性敲击修复时，可以使用铁锤和修平刀进行弹性敲击，来释放高隆起处的应力。修平刀将敲击产生的力分散到一个较大的范围，使坚硬的折损处弯曲的可能性减小。

5）用锉修平铝板时，由于铝很柔软，应减轻施加在锉身上的压力。应使用圆形边缘的车身锉，以免擦伤金属。

6）在铝板上打磨时，要防止高速砂轮机上粗糙的砂轮烧穿柔软的铝，还要注意打磨过程中产生的热量能够使铝板弯曲。可以使用 36# 粒度的疏涂层砂轮。打磨时要特别注意，只能将油漆和底层涂料去掉，不可切割到金属。打磨 2～3 次后，用一块湿布使金属冷却。对于小范围和薄边的打磨，应使用双向砂轮机或电动抛光机，转速应低于 2500r/min。建议使用粒度为 80# 或 120# 的砂纸或柔软、能变形的砂轮垫块。

7）对铝板进行拉伸或敲击时用力过大很容易形成隆起变形进行修复时，就需要对受到拉伸的钣金件进行收缩处理，恢复正常的钣金件高度。

可以使用氧乙炔（氧丙烷）进行加热修复（铝板的强度低、熔点低，加热不能过高，否则会使钣金件产生更大的变形或熔化，导致修复失败）。也可以使用钣金车身修复机（铝介子机）电极触头或碳棒进行修复。

三 铝介子机的使用

准备设备、工具：铝介子机、钣金锤、角磨机、吹尘枪、工具车、钣金锉刀、热风枪、防尘口罩、护目镜、防护手套、铝介子、大小拉架。

1. 穿戴防护用品

穿戴好个人防护用品（防护手套、护目镜、防尘口罩等）。使用铝介子机时，必须拆掉车辆的蓄电池电源线，防止大电流通过时将车上的电子设备损坏，如图 3-95 所示。

2. 去除旧漆膜

使用打磨机（使用 36# 粒度的疏涂层砂轮）去除旧漆膜，要求将受损部位范围内的油漆和底层涂料去掉，不能打磨到铝板。若需要长时间打磨，应在打磨 2～3 次后，用一块湿布使金属冷却。

对于打磨机砂轮无法打磨的位置，可以用粒度为 80# 或 120# 的砂纸或柔软、能变形的砂轮垫块进行手工打磨（单独清除油漆时最好不要用砂纸类的磨削方式，而应该使用尼龙砂轮盘，这样既可以打磨掉漆层又不会伤害下层金属板）。打磨完成后要使用抹布配合除尘枪对表面进行清洁处理，然后检查漆面、涂层等是否清除干净，如图 3-96 所示。

图 3-95　穿戴防护用品　　　图 3-96　去除旧漆膜

检查标准：修复区域漆层完全去除，钣金件无损伤。

注意：在铝板上打磨时，要防止高速砂轮机上粗糙的砂轮烧穿柔软的铝，还要注意打磨过程中产生的热量能够使铝板弯曲。氧化层应清除干净，否则焊接不牢固。

3. 焊接焊钉

1）根据铝介子机说明书上的标注电压接入相应的电源，如图 3-97 所示。

2）在铝板的裸露金属部位接好夹紧铝介子机的负极线，如图 3-98 所示。

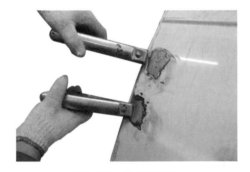

图 3-97　接通电源　　　图 3-98　接好负极线

3）打开铝介子机电源开关，如图 3-99 所示。

4）根据钣金件的变形程度来调节好电流，如图 3-100 所示。

5）选择合适的焊钉安装固定在焊枪上，再安装好焊枪的固定支架，然后放入焊钉，如图 3-101 所示。

注意：铝焊钉的头部有一个小尖与钣金件接触，接触面积小电阻大，产生电阻热大，容易焊接。如果铝焊钉的没有尖头就不能用了，这么大的接触面积正常的焊接电流不能够焊接。所以铝焊钉是一次性使用的，不能重复再用。

6）把焊钉用一定力压在钣金件上（不能太大或太小），焊钉要与钣金件接触面垂直（若焊钉接触不到钣金面，可以对三根支架的长度做适当的调整），按下焊枪的启动开关，焊钉通电后会焊接在铝板上，如图3-102所示。

图3-99　打开电源开关

图3-100　调节电流

图3-101　安装焊钉

图3-102　焊接焊钉到钣金件上

4. 修复凹陷部位

1）把拉伸连接件拧到焊钉的螺纹上，如图3-103所示。

2）通过拉伸连接件对钣金件凹陷处进行拉伸操作。动作要轻柔，力量要慢慢加大，防止局部变形过大，拉伸同时可以用钣金锤对拉伸部位进行敲击整形，如图3-104所示。

图3-103　拧上拉伸连接件

图3-104　对钣金件的凹陷处进行拉伸

3）当铝合金钣金件发生较严重变形时，必须利用加热的方法增加铝板的可塑性。如果不加热，施加校正力会引起铝板开裂，如图3-105所示。

注意：由于铝熔点较低（660℃），若加热过度会造成铝材变形或熔化。所以，在对铝板进行加热时，应使用红外线测温仪监控铝板加热时的温度。可用丁烷或乙炔焰加热，也可用电热风枪进行加热，加热温度控制在120～150℃的范围内。

图3-105　使用电热风枪进行加热

5. 表面处理

1）修复完成后，使用切割机配合切割片切掉钣金件表面的焊钉，再用锉刀或打磨机配合千叶片将修复面打磨平整。铝板处理后不用做单独的防腐处理，因为铝板会马上形成氧化膜阻止进一步的氧化，如图3-106～图3-108所示。

2）取下铝介子机负极搭铁线，关闭铝介子机电源开关，断开电源，如图3-109～图3-111所示。

图3-106　切割焊钉

图3-107　打磨修复面

图3-108　打磨处理完成

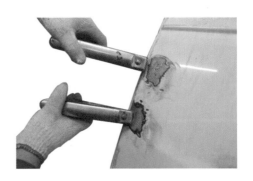

图3-109　取下搭铁线

图 3-110 关闭电源开关

图 3-111 断开电源

第六节 大梁校正仪

大梁校正仪属于平台式车身修复系统，大梁校正仪的车辆夹钳主要对车辆进行底盘裙边的夹紧，并需将四个夹钳调到同一个高度，使车辆定位在同一基准面上，底座与拉伸方向相反，在平台上找到合适的孔槽，用夹钳固定螺柱。

平台式修复系统针对发生了重大事故的车辆，重大事故车辆在平台式修复系统作业起来更方便快捷，也更安全。平台式修复系统可以把事故车辆自由升降到一定的高度，塔柱可以对车辆进行全方位的拉拔。

车身校正的重要性及原理

1. 车身校正的重要性

车辆受到严重撞击后，车身的外覆盖件和结构件钢板都会发生变形。车身外覆盖件的损伤可以用锤子、垫铁和钣金车身修复机来修理，但车身结构件的损伤修理仅仅使用这些工具是无法完成的。车架式车身的车架和整体式车身结构件是非常坚固与坚硬的，强度非常高，对于这些部件的整形，必须通过车身校正仪的巨大液压力量才能够进行修复操作。使用车身校正仪可以快速精确地修理这些变形损坏的构件。

车身的校正和拉伸过程，以前是以人力来操作，是一种笨重的体力操作过程。现在已被巨大且平稳的液压力代替，使用现代化车身校正设备来进行车身维修操作相对来说是比较容易的。

车身校正的重点是"精确地恢复车身的尺寸与状态"，因为车身（特别是整体式车身）是车辆的基础，汽车的发动机、悬架、转向系统等都安装在车身上，如果这些部件安装点的尺寸没有校正到原尺寸，那么就会影响车辆的性能。

对于整体式车身而言，车身尺寸的精确度是车身修复过程中的一个关键因素。如果车身结构尺寸没有整形到位，仅仅通过调整或垫上垫片等方法把更换的钢板装好，把修整和其他机械方面的问题留给机修人员去做显然是不妥当的。机械的调整手段仍然是必要的，但是只能做一些微小的调整，车身修理人员有责任把基本结构全部修复，只能将悬架系统和其他机械系统的微调留给这些领域的专业修理人员去处理。

车身校正是一个非常重要的操作过程，车身校正工作的好坏直接影响到汽车的安全性、修理所用的时间以及整车的修理质量。在车身校正时消除由碰撞而造成的车身和车架上的变形和应力也是非常重要的。并不是所有的变形部件都可以校正后再继续使用，有些部件特别是高强度和超高强度钢制造的部件，其变形后内部的应力相当大，而且用常规的方法无法完全消除这些应力，所以就不能校正而要更换。

2. 车身校正的基本原理

校正（拉伸）车身时，有一个基本原则，即按与碰撞力相反的方向，在碰撞区施加拉伸力。当碰撞很小，损伤比较简单时，这种方法很有效，如图 3-112 所示。

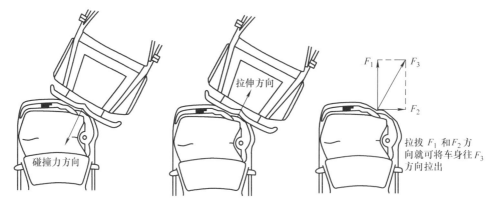

图 3-112　施加拉伸力的方向

但是当损伤区有折皱，或者发生了剧烈碰撞，构件变形就比较复杂，这时仍采用沿着一个方向拉伸就不能使车身恢复原状。这时因为变形复杂的构件，在拉伸恢复过程中，其强度和变形也随着改变，因此拉伸力的大小和方向就需要适时改变，把力仅仅施加在一个方向上，就不能取得好的修复效果，如图 3-113 所示。

从力的分解和合成可以看出，分力与合力构成平行四边形关系，也就是说，改变了分力的大小就改变了合力的大小和方向。因此，建议在拉伸校正时，要同时在损坏区域不同的方向上施加拉伸力。把力加在与变形相反的方向可以看作是确定有效拉力方向的原则，如图 3-114 所示。

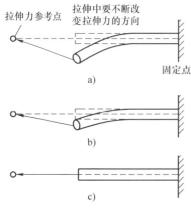

图 3-113　改变拉伸力的方向

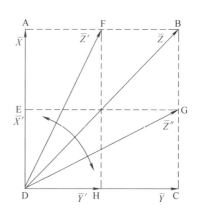

图 3-114　力的分解

一 车身校正设备

1. 车身修复对校正设备的基本要求

车身修理中为了达到比较好的修复效果,必须使用有能力完成多种基本修复功能的校正设备。车身校正设备虽然种类繁多,但并不是每个称为车身校正仪的设备都能高效、精确、安全地修复好汽车车身。为了能够完成车身修复工作,车身校正设备必须具备以下条件:

1)配备高精度、全功能的校正工具。

2)配备多功能的固定器和夹具。

3)配备多功能、全方位的拉伸装置。

4)配备精确的三维测量系统。

2. 地框式校正系统(地八卦)

地框式校正系统最适合于小型的车身维修车间使用,当顶杆、主夹具和其他动力辅助设备被清理后,校正作业区就可以用作其他用途,有利于车间面积的充分利用。地框式校正系统可以用一种称为加力塔架的装置,提供额外的拉力。在车身上进行校正操作时,加力塔架随时可以提供拉力。

3. L 型简易校正仪

L 型简易校正仪的牵拉装置装配有液压系统,在可移动的立架和支柱之间用链和夹钳牵拉被损坏的车身部分。因为容易搬运,这种装置很容易安放在损伤部位的牵引方向,但是这种类型的装置只能在一个方向上拉拔。因此,它只适合一些小的碰撞修复,对于复杂的碰撞变形不能进行精确的修复。

4. 框架式专用型车身校正仪

20 世纪 90 年代之前,车辆的类型比较少,框架式校正仪使用专用测量头可以快速地把车身变形点拉伸到标准位置,达到修复的目的,在欧洲曾广泛使用。由于现代车辆的多样性,导致了车身型式不断变化,修理时配备的专用测量头也随之增加,维修的成本随之增高。因此,现在在校正修理中越来越多的应用通用型车身校正设备。

5. 平台式车身校正仪

平台式车身校正仪是一款通用型的车身校正设备,可以对各种类型、型号的车身进行有效的校正。平台式车身校正仪型式有多种,但一般配有两个或多个塔柱进行拉伸校正。这种拉伸塔柱为车身修理人员提供了很大的自由度,可在车身的任何角度、任何高度和任何方向进行拉伸。其中很多平台式车身校正仪有液压倾斜装置或整体液压升降装置,利用一个手动或电动拉车器,将车身拉或推到校正平台的一定位置上。平台式车身校正仪同时也配备有很好的通用测量系统,通过通用测量系统精确的测量,可指导拉伸校正工作准确、高效地进行。

平台式车身校正仪主要由以下部分组成:

(1)平台

校正仪平台是车身修复的主要工作台,拉伸校正、测量、钣金件更换等工作都在平台上完成。

（2）上车系统及升降系统

通过上车系统和平台升降系统可以把事故车放置在校正平台上。上车系统包括车板、拖车器、车轮支架、拉车器（牵引器）等，通过液压升降机把平台升起到一定的工作高度。平台的工作高度有固定式和可调式的，固定式平台的一般为倾斜式升降，高度500～600mm；可调式的平台一般为整体式升降，高度一般为300～1000mm。

（3）主夹具

维修前，固定在平台上的主夹具将车辆紧固在平台上，车辆、平台和主夹具成为一个刚性的整体，车辆在拉伸操作时不能移动。为满足不通车身下部固定位置的需要，主夹具结构有多种，双夹头夹具可以夹持比较宽的裙边部位，防止拉伸过程中损坏夹持部位；单夹头夹具的钳口开口很宽且能够夹持车架。对于一些特殊车辆的夹持部位有特殊的设计，如有些车没有普通车的点焊裙边，像奔驰或宝马汽车就需要专门的奔驰或宝马夹具来夹持。

（4）液压系统

车身拉伸校正工作是通过液压的强大力量来把车身上的变形钣金件拉伸到位。校正仪上的气动液压泵，是通过油管把液压油输送到塔柱内部的油缸中，然后推动油缸中的活塞顶出。气动液压一般是分体控制的，而比较先进的电动液压系统一般是集中控制的，由一个或两个电动泵来控制所有的液压装置，这样效率更高，故障率更低，工作平稳。

（5）塔柱拉伸系统

损坏钣金件的拉伸操作是通过塔柱来实现的。塔柱内部有油缸，液压油推动油缸活塞，活塞推动塔柱的顶杆，顶杆伸出塔柱的同时拉动链条，顶杆的后部有链条锁锁紧窝把链条锁紧，通过导向环把拉力的方向改变成需要进行拉伸的方向。导向环通过摩擦力卡在塔柱上。

（6）车身测量系统

对于车架式车身的汽车，悬架系统和传动系统是直接安装在车架上的，如果车架结构已经过必需的校正，它们的安装位置也应该被校正。但是对于整体式车身的汽车，车身是一个整体结构，一些校正参考点位于车身结构的上部，超过了一般的二维车架校正设备的能力范围。另外，车架式结构可以接受反复的拉伸过程，而整体式车身的薄板结构，要求一次就调整好位置，反复拉伸会使钣金件破裂。

因此对于整体式车身的修复，其校正设备必须能同时显示每一个参考点变形的大小和变形的方向。这也就是要求校正设备除了具备全方位的拉伸功能之外，还要配备一套精确的三维测量系统，能够监控、指导整个校正的过程。只有用这样的设备，车身修理人员才能够精确地确定拉伸校正次序，监控整个校正过程，并确定每个拉力的作用效果。

（7）钣金工具

钣金工具包括各种对车身各部位拉伸的夹持工具。

三 大梁校正仪的认识

准备设备、防护用品：车辆、大梁校正仪、防护手套。

1. 车辆上架系统

车辆上架方法：根据校正设备的升降类型，把平台一侧倾斜或整体降到最低高度，当事故车还可以启动或者堆动时，车辆直接经过上车板就可以顺利上架。另一种情况就是事故车辆车轮已经不能转动时，就要用到拖车器，用拖车器摇把事故车拖上架，最后将平台升起调整高度至合适即可。

车辆上架要求：碰撞损坏的车辆在上到车身校正平台前，需要拆除一些妨碍操作的车身外部覆盖件和机械部件。修复前车头和车尾的事故车辆在平台上应该保持左右对称，且修复的部位应该预留出操作的位置；侧面事故车辆在平台上应该保持前后对称，且修复一侧应该预留出操作的位置。

车辆上架系统包括平台升降机构、滑轮板、上车板、拖车钢丝绳收回器等。

1）大梁校正仪平台，如图 3-115 所示。

2）车轮托底支撑，如图 3-116 所示。

图 3-115 大梁校正仪平台

图 3-116 车轮托底支撑

3）拉车钢丝棘轮，如图 3-117 所示。

4）车辆上架斜板，如图 3-118 所示。

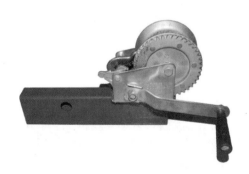

图 3-117 拉车钢丝棘轮

图 3-118 车辆上架斜板

5）车辆上架，如图 3-119 所示。

6）车辆上架完成，如图 3-120 所示。

图 3-119　车辆上架

图 3-120　车辆上架完成

2. 车身固定系统

修复车体结构部位的变形，需要使用 10000～50000N 的巨大力量。若车体固定部位和校正设备上的固定部位不牢固，同时受到的作用力超出固定极限时，车体就会发生移动。因此，对于车体自身的固定以及车体校正设备上的固定，必须足以承受修理作业时产生的作用力。

1）车辆到平台上后，首先应找好车身与测量系统的基准；其次需在校正平台上定位。因为测量工作要贯穿整个车身的维修过程，特别是使用机械式测量系统时，车辆在固定前必须要找好测量的三个基准。车辆在拉伸的过程中是不能有移动的，否则，测量基准一旦发生变化，只有在重新找到测量基准后才能进行测量。如果使用全自动电子测量系统就不需要测量基准，因为计算机能自动找到测量的基准，如超声波测量系统等。测量的基准找到后，就可以对车辆进行固定。

① 整体式车身在固定时至少需要四个以上的固定点。主夹具、车身固定好后，车身、主夹具和校正平台相互之间没有位移。

② 侧梁的固定：在使用平台式校正设备时，很多车不具备与乘用车相同构造的闭合断面，例如：单厢汽车。这种构造的车体，需要在能承受更大强度的侧梁安装底盘夹。但因为该侧梁不适合安装底盘夹的构造，所以必须采取焊接厚钢板（3～4mm）的方法来固定。

2）将车辆举升至合适高度，使用主夹具夹住车辆的下裙边部位，然后对主夹具进行调整，拧紧主夹具的固定螺柱将主夹具固定在平台上，如图 3-121～图 3-125 所示。

图 3-121　举升车辆

图 3-122　主夹具

图 3-123　夹紧车辆下裙边

图 3-124 调整主夹具

图 3-125 拧紧主夹具固定螺柱

3. 车身修复系统

1）修复作业的要点是矫正顺序与损伤顺序相反。在事故车辆的损伤形态中，发生单独弯曲和扭曲的现象较少，大多数是以复合性损伤的形式出现。

在发动机舱受到的损伤事例中，当驾驶员发现障碍物，并判断无法避免撞车时，首先会转换汽车的方向，采取避免正面冲撞的行动，这样造成的第一个损伤一般是横向弯曲。

驾驶员的第二个行动是踩急制动停车。被制动车轮的车辆一边向前滑行，一边在车辆前部下倾的状态下发生冲撞。其结果是发生纵向弯曲的损伤，进一步发生变形。即使是一般的事故车辆，受损状况多与上例相似，可以认为事故车的损伤是由多种现象叠加的复合性损伤。因此，损伤部位的修理顺序是"发生损伤的相反顺序"。

2）修理校正作业的基本顺序是凹陷部位的修理、纵向弯曲的修理、横向弯曲的修理。

3）在对车身紧固部件进行拉伸操作时，最好在拉伸方向的相反方向设置一个辅助牵拉装置以抵消拉伸的力量，防止夹持部位的部件损坏。均匀地分散修理时产生的作用力，不可使车体修理的作用力集中在某一处，要将作用力分散到整个车体以及修理设备的固定部位，防止车体发生二次损伤，固定部位包括：车身举升机构、车身主夹具及其附件、链条及链条固定器。

4）修复系统由平台升降机构、两个主拉塔柱总成、各种夹钳、链条、拉钩等组成，如图 3-126～图 3-131 所示。

图 3-126 平台举升机（一）

图 3-127 平台举升机（二）

4. 平台动力控制系统

平台动力控制系统使用重点是防止在修复过程中损伤油管及气管。

平台动力控制系统由液压总泵、油管接头、油压控制开关组成，如图 3-132～图 3-135 所示。

图 3-128　拉塔

图 3-129　拉塔滑动轮

图 3-130　拉塔斜拉臂

图 3-131　校正仪附件

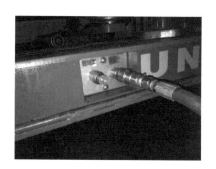

图 3-132　液压总泵

图 3-133　高压油管与接头

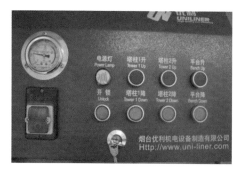

图 3-134　平台控制开关（固定式）

图 3-135　平台控制开关（移动式）

5. 车身测量系统

车身测量在汽车修复中占据着相当的分量，在校正台上可以配备各种不同的测量系统，从简单的卷尺、量规再到复杂的电子测量系统，其实车身测量在车身修复中是一个十分完整系统，不同的车身测量系统使用方法不尽相同。

（1）机械式车身测量系统

桥式测量仪是一种典型的机械式车身测量系统，应用桥式测量架对车身进行测量，测量过程中，根据需要随时调整测量架与车身的相对位置，使测量针接触车身表面，从导轨、立柱、测杆及测量针上读出所测数据，如图3-136、图3-137所示。

 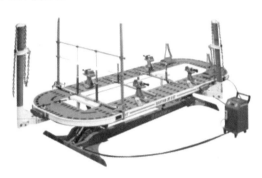

图3-136 专用测量尺　　　　　　图3-137 机械式车身测量系统

（2）激光测量系统

激光测量系统包括光学部件和机械部件两部分，主要由激光发生器、光束分解器、反光镜标版和刻度尺组成。

激光测量系统的优点：在整个车身校正过程中，激光测量系统始终工作，不断给出直观、准确的读数，使修理者随时能了解参考点的位置偏差，为校正车身工作带来极大方便。

（3）计算机辅助测量系统

计算机辅助测量系统可以利用测量得到的数据迅速算出各种尺寸偏差，实现测量过程的电子化，结果显示数字化。

计算机辅助测量系统的优点：能做到边校正边测量，效率高，自动化程度高。

四 相关知识拓展

1. 拉伸操作中的安全事项

使用校正仪时，不正确的操作可能对人员、车身和校正仪都造成损伤，因此要注意以下安全规则：

1）根据所用设备的说明书，正确的使用车身校正设备。

2）严禁非熟练人员或未经过正式训练的人员操作校正设备。

3）车辆固定时要保证主夹具夹钳齿咬合非常紧固，车辆被牢靠地固定在平台上。

4）拉伸前汽车要装夹牢固，检查主夹具固定螺柱和钳口螺柱是否紧固牢靠。

5）一定要使用推荐型号和级别的拉伸链条和钣金工具进行操作。

6）拉伸时，钣金工具要在车身上紧固牢靠，链条必须稳固的与汽车和平台连接，以防在牵拉过程中脱落。避免将链条缠在尖锐器物上。

7）向一边拉伸力量大时，一定要在相反一侧使用辅助牵拉，以防将汽车拉离校正台。如汽车前端只有一个辅助固定，会在拉伸过程中对汽车产生一个偏转力矩，使车身扭转。而汽车前端使两个辅助固定后，拉伸过程中就不会对车身产生偏转力矩了。

8）操作人员在汽车上面和汽车下面工作时，不要用千斤顶支撑汽车。

9）严禁操作人员与链条或牵拉夹钳在一条直线上。因为当链条断裂、夹钳滑落、钢钣金撕断时，特别是在拉伸方向可能会造成直接的伤害事故。在车外进行拉伸校正时，人员在车内工作是很危险的。

10）用厚防护毯包住链条或用钢丝绳把链条、钣金工具固定在车身的牢固部件上，万一链条断裂，可以防止工具、链条甩出对人员和其他物品产生损伤。

11）拉伸时，要确保塔柱与平台的固定螺柱紧固牢靠，否则拉伸中塔柱滚轮移动装置会受力损坏，可能导致塔柱突然脱离平台造成人员和物品的损伤。

12）塔柱使用链条进行拉伸时，要将顶杆的链条锁紧窝锁紧，链条不能有扭曲，所有链节都呈一条直线。导向环的固定手轮是在拉伸前固定导向环高度的，当拉伸开始后要松开手轮，手轮松开后，一旦链条断裂，导向环自由向下滑落，可以防止链条向左右甩出。

2．拉伸操作中的车身防护

在进行牵拉校正之前，应对车身和一些部件进行保护，其事项如下：

1）拆卸或盖住内部部件（座位、仪表、车垫等）。焊接时用隔热材料盖住玻璃，座位、仪表和车垫（特别在进行惰性气体保护焊接时，这种保护更为必要）。

2）拆除车身外面的部件时，要使用棉布或保护带保护车身以防擦伤。

3）如果油漆表面擦破，这部分必须修复好，因为油漆表面的小小瑕疵就可能造成锈蚀。

第四章
车身修复

第一节　塑料件

　　汽车主要由金属与非金属材料组成，其中在非金属材料中塑料占了大部分，如轿车车身中前后保险杠、车门内饰、中控台等。汽车所用塑料件数量及种类繁多，各类塑料的修理方法也不同，比如汽车的塑料保险杠可以用焊接的方法修复。在决定采用何种修理方法来修理塑料件之前必须要正确鉴别出塑料件的种类，如果鉴别错误，则后续的修理就会失效。因此，在进行塑料制品的修理前需要认真地进行鉴别，常用的方法是查看国际鉴别符号 ISO 识别码。ISO 识别码是世界通用的一种鉴别符号，ISO 识别码通常模压在塑料件的背面，将需要修理的塑料制品从车身上拆下来，在其背面通常都应模压有该种塑料制品的英文名称缩写或其他鉴别代码，根据这些鉴别代码可以很容易地了解该塑料制品的具体类型，从而确定修理方法。

一　汽车使用塑料件的好处

　　1）汽车材料应用塑料的最大优势是减轻车体的重量。轻量化是汽车业追求的目标，塑料在此方面可以大显其威。一般塑料的密度为 0.9～1.5g/cm^3，纤维增强复合材料密度也不会超过 2g/cm^3，而金属材料中，A3 钢的密度为 7.6g/cm^3、黄铜的密度为 8.4g/cm^3、铝的密度为 2.7g/cm^3。这使塑料成为汽车轻量化的首选用材。

　　2）塑料成型容易，使得形状复杂的部件加工十分便利。例如：仪表台用钢板加工，往往需要先加工成型各个零件，再分别用连接件装配或焊接而成，工序较多。而使用塑料可以一次成型，加工时间短，精度有保证。

　　3）塑料制品的弹性变形特性能吸收大量的碰撞能量，对强烈撞击有较大的缓冲作用，对车辆和乘客起到保护作用。因此，现代汽车上都采用塑化仪表和方向盘，以增强缓冲作用。前后保险杠、车身装饰条都采用塑料材料，以减轻车外物体对车声的冲击力。另外，塑料还具有吸收及衰减振动和噪声的作用，可以提高乘坐的舒适性。

　　4）塑料耐腐蚀性强，局部受损不会腐蚀。而钢材制作一旦漆面受损或者先期防腐做的不好就容易生锈腐蚀。塑料对酸、碱、盐等抗腐蚀能力大于钢板，如果用塑料做车身覆盖件，十分适宜在污染较大的区域使用。

　　5）塑料可根据塑料的组织成分，通过添加不同的填料、增塑剂和硬化剂制出所需性能的塑料，改变材料的机械强度及加工成型性能，以适应车上不同部件的用途要求。例如：保险杠要有相当的机械强度，而坐垫和靠背就要采用柔软的聚氨酯泡沫塑料。更方便的是塑料颜色可以通过添加剂调出不同颜色，省去喷漆的麻烦。有些塑料件还可以电镀，如 ABS 塑料具有很好的电镀性能，可用于制作装饰条、标牌、开关旋钮、车轮装饰罩等。

二　汽车常用塑料的分类

　　塑料按受热时的性状表现和是否具备反复成型加工性，可以分为热固性塑料和热塑性塑料两大类。

热塑性塑料可通过加热使其软化，冷却后又可硬化成型，且不改变化学结构，可以被反复地变软和重塑形状，所以该类塑料件既适合焊接修复又适合粘接修复。

热固性塑料在受热初期具有一定的可塑性，但随着继续加热，塑料中的树脂与催化剂反应生成新的成分而硬化，硬化后再加热，将不再软化，所以该类塑料件只适合粘接修复。

如果仅仅是为了区别热固性塑料和热塑性塑料，一个简单的方法是：将加热源放到距塑料件 25mm 左右加热大约 10s，如果材料变软则是热塑性塑料。当然，能够熟悉不同类型塑料在汽车上的使用部位，也不失为一种较好的鉴别方法。

三 塑料件的焊接修复

塑料件的焊接修复包括清洁检查、加热整形、焊接修复及打磨清洁四个方面。

1. 清洁检查

准备工具、防护用品：喷壶、抹布、防护手套。

1）首先对塑料件进行清洁，方便后续的检查及操作。用喷水壶对塑料件内外喷上清水，然后用干净的抹布将塑料件内外擦拭干净，如图 4-1～图 4-3 所示。

检查标准：塑料件无尘无油

2）查看并确定保险杠需要的焊接材料类别，保险杠背面通常都应模压有保险杠的英文名称缩写或其他鉴别代码，根据这些鉴别代码

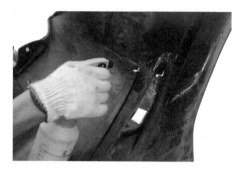

图 4-1　喷洒清水

可以很容易地了解该保险杠的具体类型，从而确定焊接材料的类型，如图 4-4 所示。

3）评估保险杠损伤。用眼看、手摸、对比对保险杠变形及损伤的严重程度和变形类型进行评估，然后得出维修方案，如图 4-5～图 4-7 所示。

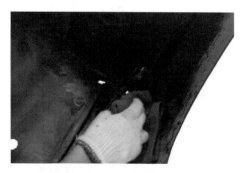

图 4-2　清洁保险杠内侧

图 4-3　清洁保险杠外侧

图 4-4　查看保险杠类型

图 4-5　检查损伤变形情况

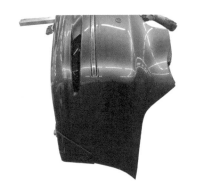

图 4-6　对比损伤情况（一）

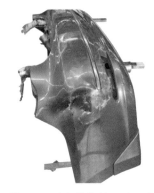

图 4-7　对比损伤情况（二）

2. 加热整形

准备工具：热风枪、螺钉旋具刀。

1）首先用热风枪对塑料保险杠加热软化，进行加热时，热风枪要离保险杠面有 10cm 左右的距离，对保险杠受损变形位置进行均匀的加热，保险杠表面温度大概在 70～80℃左右。待保险杠软化后利用工具在凹陷的背面顶压使保险杠变形部位形状还原，如图 4-8、图 4-9 所示。

图 4-8　加热软化

图 4-9　还原变形部位

注意：如果一个保险杠上有几处变形，应该先修复较为严重部位，再修复轻微的。

2）当变形部位经过加热修复回原来的位置或形状后，用喷水壶对保险杠进行喷水冷却定型。冷却后再对修复面进行检查是否已经修复，如果没有达到要求，重复加热整形冷却，直到修复部位完全符合要求，如图4-10、图4-11所示。

图4-10 冷却定型（一）

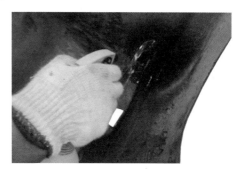

图4-11 冷却定型（二）

3. 焊接修复

准备工具：塑料焊枪、电烙铁、吹尘枪。

1）先用合适的工具将开裂部位的漆面去除，方便后续的焊接作业。再用电烙铁对开裂的部位打眼定位，保证在焊接过程中不会出现移位变形，才能进行焊接。打眼还能使焊接时熔化的塑料焊条更好的与保险杠材料熔接为一体，如图4-12所示。

2）用塑料焊枪焊接裂缝。利用塑料焊枪的高温将焊材与受损部位熔化在一起，冷却后形成牢固的焊缝，实现修补开裂的塑料保险杠，如图4-13所示。

图4-12 打眼定位

图4-13 焊接裂缝

检查标准：焊缝牢固无漏焊部位。

注意：焊接时要使焊条渗透进入裂缝并填满裂缝，这样才焊接的更牢固。

4. 打磨清洁

用角磨机配合千叶打磨片打磨焊缝，焊接完成后形成的焊缝如果高出来就要进行打磨修整，特别是焊接在要做油漆的部位更要打磨平整，不可高出原平面，但如果焊缝位于不明显位置且不影响保险杠的安装就可以不用打磨以提高焊接强度。打磨平整后用吹尘枪配合毛巾将塑料件清洁干净，如图4-14~图4-16所示。

图4-14 打磨焊缝（一）

图 4-15　打磨焊缝（二）

图 4-16　清洁塑料件

四　相关知识拓展

1. 汽车用工程塑料

（1）尼龙（PA）

PA 是汽车用工程塑料之一，主要品种有玻璃纤维增强 PA6（GFRPA6）、GFRPA66 等。这是因为 PA 具有较好的综合性能，用玻璃纤维增强后，其主要性能如强度、制品精度、尺寸稳定性等得到很大的提高。另外，PA 的品种多，较易回收循环利用，价格相对便宜，这些都是 PA 成为发动机周边部件理想材料的原因。进气歧管是改性 PA 在汽车中最为典型的应用，1990 年宝马公司首先将 GFRPA 进气歧管应用在六缸发动机上。后来美国福特与杜邦公司合作，共同用 GFRPA66 制造进气歧管并应用在 V6 发动机上，此后世界各大汽车公司纷纷跟进，改性 PA 进气歧管得到广泛的应用。发动机舱盖、发动机装饰盖、气缸头盖等部件一般都用改性 PA 作为首选材料。另外，汽车的其他受力部件也可使用 GFRPA，如机油滤清器、刮水器、散热器格栅等。

（2）PBT

PBT 被广泛地用于生产保险杠、化油器组件、挡泥板、扰流板供油系统零件、仪表、汽车点火器、加速踏板及离合器踏板等部件。PBT 与增强 PA、聚碳酸酯（PC）、聚甲醛（POM）在汽车制造业中的竞争十分激烈，PA 易吸水，PC 的耐热性、耐化学药品性不及 PBT。在相对湿度较高的情况下，汽车电器节点处可使用改性 PBT。特别是 PBT 合金用途广泛，如 GE 公司的 PBT/PC（商品名为 Xenoy1731）在高级轿车中应用最为广泛，它的耐热性好，耐应力开裂，具有优良的耐磨、耐化学腐蚀性，低温冲击强度高，易加工和涂饰性好，主要应用于高档轿车保险杠、发动机底板、面板等。

（3）POM

汽车行业是 POM 最大的潜在市场。POM 质轻，加工成型简便，生产成本低廉，材料性能与金属相近。改性 POM 的摩擦系数很低，刚性很强，非常适合于制造输油管、动力阀、万向节轴承、马达齿轮、曲柄、把手、仪表、汽车窗升降机装置、电开关、安全带扣等。其中制造轴套、齿轮、滑块等耐磨零件是改性 POM 的强项，这些部件对金属磨耗小，减少了润滑油用量，延长了部件的使用寿命，因此改性 POM 可广泛替代铜、锌等金属生产轴承、齿轮、拉杆等。用 POM 生产的汽车部件质轻、噪声小，成型装配简便。

（4）改性 PC

改性 PC 因具有高的力学性能和良好的外观，在汽车上主要用于外装件和内装件，用途最为广泛的是 PC/ABS 和 PC/PBT。

（5）改性 PPO

改性 PPO 在汽车上主要用作对耐热性、阻燃性、电性能、冲击性能、尺寸稳定性、力学强度要求较高的零部件。如 PPO/PS 适用于潮湿、有负荷和对电绝缘要求高、尺寸稳定性好的场合，适合于制造汽车轮毂罩、前照灯玻璃嵌槽、尾灯壳等零部件，也适合于制造连接盒、熔丝盒、断路开关外壳等汽车电气元件。PPO/PA 具有优异的力学性能：尺寸稳定性、耐油性、电绝缘性和耐冲击性，可用于制作汽车外构件，如大型挡板、缓冲垫、后阻流板等。对玻璃化转变温度（T）要求较高的发动机罩也是 PPO/PA 今后的应用方向。PPO/PBT 的热变形温度高，对水分敏感度小，是制造汽车外板的理想材料。汽车行业的发展方向是高档次、微型化、轻质化和多元化，以塑代钢在汽车应用中的研究也显得十分活跃。目前国内汽车用塑料平均占塑料总消耗量的 7%，而德国则为 15%，因此需要加大研发力度，做到配件结构的设计、塑料材质的选择和行业同步发展。

2. 汽车关键塑料部件

（1）发动机用塑料部件

塑料在汽车发动机系统的制造中扮演着重要的角色。从进气系统、冷却系统到发动机部件，塑料不仅使发动机系统更容易设计和装配，而且也使发动机更轻量化。PA 和 PP 可用来制造空气的净化系统，从不洁空气中分离出尘埃和微粒。近年来生产的进气管和节流阀已使用了 PBT，所制造的塑料摇杆封盖合二为一，这不仅节约了材料和装配成本，而且实现了发动机的轻量化，也有益于提高燃料的利用率。据报道，美国用耐热塑料制造发动机已试验成功。这种塑料中混有 GF 及碳纤维，强度高，可制造大部分发动机零件，如气缸等。只有少部分承受高负荷的活动零件如曲轴、连杆等仍用金属制造。这种塑料发动机比金属发动机约轻 50%，能达到 12%～15% 的省油率，而且噪声比金属发动机小 30%。

发动机零部件塑料化的开发和发展可以分成两大类：一类是替代金属件的注塑制品；另一类是聚烯烃、PA 等的吹塑成型制品。到目前为止发动机零部件开发中最引人注目的是塑料进气歧管和加速踏板。

1）进气歧管：欧洲部分车型的发动机进气歧管由塑料制成。进气歧管塑料化的目的除了减轻重量之外，还能提高发动机的性能。这是因为塑料进气歧管内表面比铸铁或铸铝进气歧管内表面光滑，因而空气流动阻力小。其次，利用塑料的隔热性可提高燃烧效率，能够降低油耗，减少排放污染物。另外，塑料进气歧管的减振和降噪效应好也是使用塑料的原因之一。塑料进气歧管的成型大部分采用低熔点合金芯子法，但其设备投资太大，难以大面积推广使用。对于形状不太复杂的进气歧管，可以分割成几个件，分别注射成型之后，再采用振动焊接法来完成产品的加工，但存在可靠性差、焊接部位留下毛刺等缺点。日本富士重工公司研发了一种吹塑成型和注射成型相结合的方法，即先把吹塑成型的三维形状芯子固定在注塑机中，再进行低压注射成型，从而完成产品的生产。

2）散热器：为了轻量化，提高耐腐蚀性和节约铜材，散热器上下水的铜管将逐渐由塑料取代。塑料水管目前一般采用 30%GFRPA66 注射成型制得，并以机械方式与散热器接合，通过橡胶密封圈使接合面达到密封的目的，同时起着防振作用。材料要求耐热水、耐长效防冻液、耐蠕变、耐疲劳、耐振动、不变形等。

3）加速踏板和离合器踏板：塑料制成的汽车加速踏板和离合器踏板，在欧洲汽车上已开始使用。我国生产的捷达轿车加速踏板是 30%GFRPA66 注塑件。塑料制件与金属脚踏板相比具有成本低、减重 50%~75%、吸振性好等优点，且为整体结构，活动间隙小，灵敏度高。

4）发动机塑料气门室罩盖：发动机塑料气门室罩盖的优点是成型方便、成本低、质量轻。塑料部件比金属件成本降低 30%，减重 50%，而且可降低噪声。塑料材料可选用 GF-矿物填料增强 PA66 或 PET。这些材料具有低弯曲、热稳定、高耐冲、尺寸稳定等特点。目前国内生产的奥迪 C3V6 发动机气门室罩就是塑料部件。

（2）燃油用塑料部件

1）塑料燃油箱及燃油管：燃油箱是汽车中重要的安全部件之一，具有单层或多层复合结构，要求其材质具有耐寒、耐热、耐蠕变、耐应力开裂、耐大气老化、耐溶剂和耐化学药品腐蚀等性能，以适应抗冲击、抗渗漏、阻燃、防爆等方面的要求，因此塑料燃油箱通常采用高分子量的 HDPE 基材，并辅以粘接或吸塑阻隔性材料而成，其箱体内壁要用不同的方法进行表面处理。由于塑料燃油箱的形状很复杂，传统的铁油箱难以制造复杂的形状，即使能制造也需要很多的加工工序，提高了制造成本。目前，已采用吹膜法制造塑料燃油箱。另外，塑料燃油箱的主要优点是设计自由度大，可充分利用空间，质量轻，耐腐蚀性好，尤其是遇到含甲醇汽油及含氧元素燃料的情况下，更能显出塑料燃油箱的耐腐蚀性。塑料燃油箱能够吹塑成型制得，因此可大大提高生产效率，降低成本。国内商业化的塑料燃油箱大多数是采用 UHMWPE 吹塑成型的单层燃油箱，可满足欧洲规定的 ECE34 规定，即塑料燃油箱的汽油渗透量不允许超过 2g/24h。

2）燃油蒸发污染控制装置（碳罐）：随着环境保护要求的提高，我国也从 1998 年开始实行限制汽车燃油蒸发排放污染量，目前世界上普遍采用燃油蒸发污染控制装置（活性炭罐）来解决。活性炭罐实际上是一种在塑料罐内盛装活性炭的装置，设置在塑料燃油箱与发动机之间，吸附汽车停驶时从塑料燃油箱蒸发出来的油气，从而防止排放到大气中去，当发动机工作时被吸附的油气再吸收到发动机中去。罐体材料要求耐发动机舱的高温，并具有很好的熔焊性能及耐油性能，故一般采用 PA6 材料。

3. 塑料在汽车上的应用及发展趋势

随着科学技术的进步，汽车上采用的塑料部件日益增多，目前已有全塑车身的汽车问世。汽车用塑料的研究始于 20 世纪 50 年代，到 60 年代出现了少量商品化制品，70 年代能源危机促进了汽车零部件的塑料化，塑料部件由通用塑料转向以工程塑料为主。80 年代汽车用塑料进入快速发展的时期，出现了塑料覆盖件和功能件，90 年代塑料的应用向着功能结构件的方向发展，而后向汽车外构件方向发展。

从发达国家每辆汽车的塑料用量看，70 年代发达国家平均每辆轿车塑料用量仅占车重的 2%~3%，80 年代为 6%~8%（50~80kg/辆），90 年代为 10%~13%（90~100kg/辆），2002 年达到 22.7%（337kg/辆）。从汽车行业的塑料消耗量看，20 世纪 90 年汽车行业用塑料占塑料总消耗量的 5% 左右，约为 500 万 t，其中美国汽车塑料用量为 107 万 t，西欧为 127 万 t，日本为 100 万 t。

汽车轻量化对于节能至关重要。过去的 20 年里轿车平均已减重 25%，从而在世界范围内每天减少汽油消耗近 75 万桶，大大减少 CO_2 的排放量。汽车外装塑料件对于汽车轻量化效果比较明显。据专家推算，每采用 1kg 塑料可使车重减轻 1.2kg。汽车上的塑料用量每年呈递增趋势，可以预测，这种倾向在今后还会继续。今后的车用材料正由金属向塑料方向转化。当然，从材料生产所消耗的能量来看，塑料生产有利于节省能量、节省能源。塑料以石油为原料，其使用结果既可轻量化又可省能源，可以说是一举两得。由于塑料的强度比金属材料差，一般情况下塑料化要随之增加零件壁厚，因此今后有待开发既便宜又有高强度的塑料。现在，汽车中应用塑料最广的是车内构件，金属材料更多地用于车外构件。但若能解决成本、强度、外观质量等方面存在的问题，那么塑料的使用范围将可能进一步扩大。

用高强度工程塑料代替金属生产塑料汽车是今后的发展方向。塑料汽车的关键是汽车的稳定性及车架的强度，经过多年的研究，已基本上解决了生产难题。最具有名声的全塑料汽车是美国通用公司的土星汽车，其车身和车架采用新型增强塑料。德国尼奥普兰公司的全塑壳大型轿车的车重只有普通轿车的 43%，可节省燃料 20%～30%。它的一辆试验车横穿撒哈拉沙漠，能耐 70℃ 的高温。与 41km/h 时速的载货汽车相撞时，驾驶员和乘客均无损伤。据报道，1983 年我国唐锦生研制了新型全塑料汽车车身，塑料占了车重的 60% 以上，这是我国汽车制造业应用塑料的开端。随着汽车负荷的增大，单一塑料已无法满足高应力零件（如悬架弹簧）高温零件（如活塞）以及对表面质量要求越来越高的外板等部件的使用要求。对此有两种途径可供选择：一是采用纤维增强复合材料，大批量生产且要求成本低廉的汽车来由于各种原因其复合化的进程较慢；二是采用高性能工程塑料，这就要求开发机械强度高、综合性能好、耐热性与耐久性优良、寿命长及可靠性好的新材料（包括新型聚合物、各种改性塑料等）。

塑料在汽车制造中得到了广泛的应用，现已发展成为汽车的主要材料，塑料固有的性能不仅使汽车轻量化，减少燃油消耗，改善行驶性能、安全性和抗腐蚀性，而且还被用于探索新的汽车外形式样和零部件的设计，以适应"安全、节能、环保"的要求，促进汽车工业的快速发展。随着材料研制水平的不断提高，预计今后会有更多的塑料和复合材料用于汽车零部件的制造。未来几年，伴随材料性能的大幅度提高，塑料在汽车上的应用很可能从部分替代金属到完全替代金属，从而实现汽车的全塑料化。

第二节 车身凹面

在日常车身钣金维修中，对车身钢板凹面进行修复是十分常见的，占了整个钣金工种的大部分工作量。对钢板凹面的修复在汽车维修行业中有过许多不同的方法，但是利用钣金介子机对车身钢板进行修复是较为方便快捷的，也是最为常用的一方法。

一 车身凹面修复的方法

车身包括结构件以及覆盖件（钣金件），车身结构件相当于汽车的骨架，车身覆盖件相当于汽车的皮肤，因此车身修复分为结构件修复和覆盖件修复。当汽车出现严重事故时，汽车的结构件及覆盖件都会变形凹陷甚至是扭曲撕裂，而一般的小磕小碰一般只会使车身覆盖件出现一些或大或小的凹陷变形，可以较快地修复。车身钣金件出现凹陷时一般分为三种修复方法，分

别是：顶翘法、敲击法和拉拔法。

顶翘修复是基于物理、力学原理，采用杠杆原理将车身上出现的大小及深浅不同的凹陷修复，但前提是车身漆面没有受到破坏，金属表面没有过大的伸张，并且空间不是很狭窄的部位，因为顶翘修复需要从钣金件反面进行施工，所以需要将杠杆工具伸入钣金件内部，移动工具找到凹陷位置平缓均匀发力将凹陷钣金件顶出，直至钣金件弧度一致，则修复完成。

敲击修复是对小范围的局部凸起、凹陷采用敲击法修复。敲击修复利用垫铁配合钣金锤敲击使金属产生延展变形而恢复到原来的形状。用钣金锤修复需要注意选择大小合适的钣金锤以及合适弧度的垫铁，否则可能会适得其反。针对漆面没有损伤并且比较浅的凹陷，则用橡胶锤修复，可以使漆面不被损伤。

拉拔修复根据损伤大小有：用热熔胶配合拉锤拉拔和用介子机拉拔两种，用热熔胶配合拉锤拉拔可以无损修复。首先将热熔胶棒放入胶枪，把胶枪插入电源插座，将胶枪温度调到最高，让热熔胶彻底熔化；再根据凹痕的直径选择合适的牵引垫片，扣动胶枪扳机，用熔化的胶涂满牵引垫片。将涂满热熔胶的牵引垫片根据用力点不同，粘在不同位置，用手轻轻压住。几分钟后将拉力锤的中心孔对准牵引垫片的轴套好，均匀用力把垫片拔出，就这样慢慢的凹陷部位起来了。如果拉拔的地方出现突起部分，就用橡胶锤子和特质木柄来回敲击，直至凹陷恢复平整。而用钣金介子机修复，则需要将受损部位漆面打磨至露出金属底材再进行修复，但用钣金介子机可以修复大面积的钣金面凹陷。

二 钣金介子机的原理及功能特点

钣金介子机的工作原理是利用低电压、高强度的电流流过铁板时产生的高电阻热融化接触部分的金属，用焊枪电极的挤压力把它们熔合在一起，从而达到了焊接的目的。钣金介子修复机的功能有焊接介子（供拉拔用的介质）、单面定位焊、电加热收火、碳棒修补与加热、钢板压平等。钣金介子机的特点是焊接速度快、受热范围小、金属不易变形、操作方便。无论车身结构如何，都可以在凹陷部位焊接不同的介质，通过拉拽的方法使之修复。集多种焊接、加热等功能于一体，给车身整形修复带来了方便。

三 车身凹面修复

车身凹面修复包括损伤评估、打磨旧漆膜、整形修复以及防锈处理四个方面。

1. 损伤评估

准备工具：直尺。

（1）手摸

用手掌触摸钣金面，把整个手掌轻压在钣金面上来回移动，利用掌心感觉钣金面的高低来判断损伤范围，如图4-17所示。

图4-17 感受损伤范围

（2）目测

在钣金面侧面观察，利用光线的反射来判断钣金面凹陷的范围，注意要在光线较好的地方进行，如图4-18所示。

（3）尺量

用直尺靠近钣金面观察钣金件表面与尺子之间的间隙来判断损伤范围，如有变形间隙会不均匀，如图4-19所示。

（4）对比

与没有变形的钣金件进行对比观察，如图4-20所示。

（5）判断出受伤范围后在钣金件上做好标记

标记范围内的地方就是需要修复部位，如图4-21所示。

图4-18　目测检查损伤范围

图4-19　测量损伤范围

图4-20　对比损伤范围

图4-21　做标记

2. 打磨旧漆膜

准备工具：打磨机、吹尘枪。

在做好记号的范围内用打磨机去除旧漆膜，要求标记范围内达到裸铁状态，打磨完成后用吹尘枪进行除尘作业，同时用手触摸检查打磨的区域是否正确，如图4-22、图4-23所示。

图4-22　打磨旧漆膜（一）

图4-23　打磨旧漆膜（二）

注意：打磨时不要打磨过度，使金属钣金件厚度变薄导致强度下降，但也不要使受损钣金件范围有残留的漆。

3. 整形修复

准备设备：钣金介子机。

（1）调整机器参数

将钣金介子机接上电源，打开钣金介子机开关并调整参数，根据钢板厚度调节介子机档位，可以用较低的"A"档，焊接时间模式选用自动"AUTO"，焊接时间调在 0.15~0.25s 之间，如图 4-24 所示。

（2）焊接固定搭铁线

把钣金介子机的搭铁线焊头与焊枪按压在修复钣金面上进行通电焊接，使搭铁头焊接在修复钣金面的边缘，拧紧搭铁的铜环头，如图 4-25 所示。

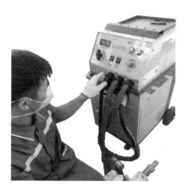

图 4-24　调整参数

图 4-25　焊接固定搭铁线

（3）拉拔修复

1）观察受损钣金面，确定修复先后顺序，遵循先强后弱、先线后面的原则进行修复。将介子垫圈焊接在钣金件上，焊接介子垫圈时要用到介子焊接头进行焊接，每个介子垫圈之间的距离在 10mm 左右，介子垫圈与车身线条吻合、整齐，如图 4-26 所示。

2）利用一条与车身线条弧度相同的细铁棒穿进介子垫圈孔里。用滑锤进行拉拔，滑锤拉拔方向应与钣金面成 90°，拉拔时注意力度不可太大力，拉拔的同时需要使用拉锤拉住保持，用钣金锤敲击压缩区放松钣金件内部应力，才能使工件更好的恢复其原始状态。拉出量应与原平面位置差不多，拉拔过程注意安全，小心滑锤夹到手或者衣服，如图 4-27 所示。

图 4-26　焊接介子垫圈

图 4-27　穿入铁棒

3）线条拉拔到位后，取下介子垫圈时用手或者鲤鱼钳旋转介子，就可以轻松取下，不可上下左右掰摆，否则会出现钣金件穿孔现象，如图4-28所示。

4）小凹陷可以用机用滑锤进行边焊接边拉拔，这样更快捷，在拉拔低点的同时要对高点进行敲打，如图4-29所示。

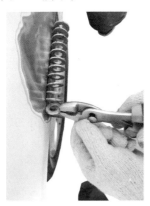

图 4-28 取下介子

图 4-29 修复小凹陷

检查标准：钣金面大致恢复原样，无大的凹陷。

（4）查检钣金面

在修复过程中要不断去检查钣金面，用手或者尺子进行检查是否修复到位，当修复到用手很难感觉出凹陷时，可以用钣金锉刀寻找剩下的高点或低点，在锉的过程中应该握住锉刀的手柄向前推，而不是往后拉，用手握住锉刀的头部，以便控制压力的大小及方向。每次锉的行程应该尽量拉长，来回把整个修复过的钣金面往一个方向锉，钣金面上锉痕集中的地方就是高点，没有锉痕的地方就是低点，做好记号再进行修复，直到钣金面达到平整，无高点、无低点，如图4-30～图4-33所示。

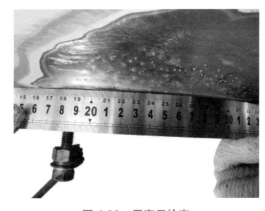

图 4-30 用直尺检查

图 4-31 用锉刀检查

检查标准：钣金面平整，无高点、无低点。

（5）打磨焊点

用角磨机配合千页打磨片进行打磨，注意只打磨有焊点的位置，不用打磨整个修复面，打磨时应该让角磨机打磨片快速移动，不可停留以免磨穿钣金面，如图4-34、图4-35所示。

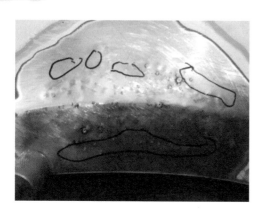

图 4-32 做好记号

图 4-33 再次修复细小凹陷

图 4-34 打磨焊点

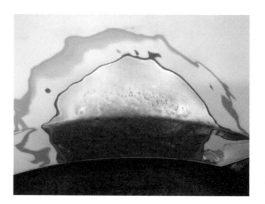

图 4-35 焊点打磨完成

4. 防锈处理

1）修复完成后要进行金属底材的防锈处理作业，首先用吹尘枪将钣金面上的灰尘吹干净；再用除油布沾上专用除油剂进行除油；然后调制环氧底漆，对钣金面进行涂刷防锈，钣金面背后也应该喷上防锈蜡来保护，如图 4-36～图 4-38 所示。

检查标准：无裸露金属。

2）凹面修复完成，将工具整理到位，将场地清洁干净，如图 4-39 所示。

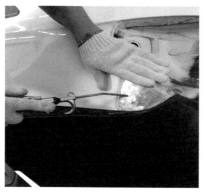

图 4-36 除尘

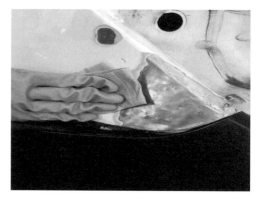

图 4-37 除油

图 4-38　涂刷防锈蜡

图 4-39　整理工具

四　相关知识拓展

1. 碰撞对汽车车身的影响

（1）影响碰撞变形的因素

汽车碰撞时产生的碰撞力及受损程度取决于事故发生时的状况。通过了解碰撞的过程，能够确定出汽车损伤。定损评估人员可以从顾客中得到关于事故状况的信息。车身维修人员应当考虑以下因素对碰撞变形的影响：被碰撞汽车的尺寸、构造、碰撞位置；碰撞时汽车的车速；碰撞时汽车的角度和方向；碰撞时汽车上乘客、货物的数量及位置。

（2）碰撞的位置高低对碰撞损伤的影响

当发生碰撞时驾驶员的反应是猛踩制动踏板，损伤的范围就会是汽车的前部。如果碰撞点在汽车前端较高部位，就会引起车壳和车顶后移及后部下沉；如果碰撞点在汽车前端下方，车身惯性就会引起汽车后部向上变形，使车顶被迫上移，在车门的前上方与车顶板之间形成一个极大的裂口。

（3）碰撞物不同对变形的影响

两辆相同的车，以相同的车速碰撞，汽车的撞伤会因撞击对象不同而有较大的差异。汽车撞上电线杆和撞上一堵墙壁后的结果有很大的不同。如果撞上墙壁，其碰撞面积较大，而损伤较轻；相反，撞上电线杆后，其碰撞面积较小，但创伤较严重，汽车保险杠、发动机舱盖、水箱等部件都严重变形，发动机也被后推，碰撞影响还会扩展到悬架等部位。

（4）行使方向对碰撞损伤的影响

一辆汽车碰撞到另一辆同样在行驶的汽车，当横向行驶的汽车撞向纵向行驶中的汽车的边侧时，汽车的中部会产生弯曲变形，而汽车会由于向前的"牵引"导致弯曲变形，同时还会产生压缩变形。

（5）车辆的不同对碰撞损伤的影响

两辆碰撞车的种类不同，碰撞所产生的变形也不一样，与越重的车辆碰撞对另一辆车的碰撞变形影响越大。

2. 车身变形校正相关知识

（1）车身校正的重要性

车辆受到严重撞击后，车身的外覆盖件和结构件钢板都会发生变形。车身的外覆盖件的损伤可以用锤子和钣金车身修复机来修理，但车身结构件的损伤修理仅仅使用这些工具是无法完成的。车架式车身和整体式车身结构件坚固与坚硬，强度非常高，对于这些部件的整形，必须通过车身校正仪可以快速精确地修理这些变形损坏的构件。

目前车身的校正和拉伸过程一般采用现代化的车身校正设备来进行车身维修操作，车身校正的重点是"精确地恢复车身的尺寸与状态"，因为车身是车辆的基础，汽车的发动机、悬架、转向系统等都是安装在车身上，如果这些部件安装点的尺寸没有校正到原来尺寸，将会影响车辆的性能。

（2）正确的车身校正顺序

车身构件甚至整个车身发生变形是由一个非常复杂的受力过程造成的，在进行车身校正时也不是通过简单的拉拽就可以一蹴而就。在拉伸校正过程中要仔细研究车身的变形情况，通过测量找出车身变形的部位和程度，并认真分析变形的过程，辨别出哪里先变形、哪里后变形，哪里的变形是直接损伤、哪里的变形是间接损伤，产生变形时的力量传递过程等，所有这些对于车身的校正都是十分必要的。

校正车身的变形与校正钣金件的变形有许多相似的地方，它们的操作顺序是基本相同的，即最后变形的部位要首先得到校正，间接损伤的部位要先于直接损伤的部位等。因此在进行车身校正时也要首先校正最后变形的部位，当最后变形的部位控制尺寸达到恢复后，再依次沿着破坏力传递的反方向校正下一个变形。每校正好一处变形后都要对已经校正好的部位实行固定，防止拉伸相邻部位时再次产生变形。即对车身拉伸操作时一定要把握"后进先出"的原则。这是一个总体的原则，车身多处发生变形时，采用这样的操作顺序有利于车身整体的校正。

当车身的整体都有变形时，校正的顺序应是：首先校正扭曲变形。扭曲变形使得车身失去了水平面，许多参考尺寸都无法测量，因此要找到车身底盘部位未受损伤的部位，以这些未受损伤的部位作为测量基准，通过测量的方法找到车身的水平面和发生扭曲的部位，对发生扭曲的部位进行校正后，车身才有了可以总体测量的依据。扭曲变形得到校正后，就要校正菱形变形，使车身的长度和宽度对称尺寸得到修正。最后校正的是弯曲变形，因为弯曲变形只有高度上的变化，比较容易校正，可参考的控制点也比较容易找到。

如果车身上部和下部都有变形，应首先校正车身底盘部分的变形，然后再做上部的校正。相对于车身壳体上部的变形，车身底盘的控制尺寸更重要一些，而且车身上部的尺寸依据也是由车身底盘部位作为测量基准的。

总之，安排拉拔顺序时应遵循的原则如下：按与发生碰撞变形相反的顺序进行修复；"先重后轻"，即优先校正损伤最大的部位；"先强后弱"，即同一部位的变形应先由强度大的构件开始校正；"先中间后两边"，即从中间部位开始操作；"先长度后侧向"，即长度和侧向两个方向同时存在变形时，优先校正车身长度方向的变形；尤其注意"先低后高"，即由车身底部开始校正，而车身顶部的变形则可以放到最后进行。在设计拉拔顺序时，还要注意下面几点：第一次拉拔应是多点牵拉，拉拔方向要与撞击方向相反。对于直接撞击部位的牵拉，拉拔次数在实际可行的情况下应尽量地多。每次拉拔修复的损伤要尽可能多。注意查找有无二次损伤。切记，碰撞时最后发生的损伤应最先修复。如果发现有二次损伤，应修正拉拔顺序方案，或者另加一次拉拔。

（3）多点拉伸

由于车身的变形校正需要很大的拉伸校正力，进行拉伸校正时，要根据变形的部位和变形的特点按照适当的拉伸方向进行拉伸。

对于车身损伤的牵拉，根据损伤的情况和损伤的部位有单点连续牵拉和复合牵拉等拉伸形式。单点连续牵拉适合车身比较小的原始损伤部位使用，操作时拉伸装置在损伤部位夹持住某一点，按照设定的方向进行拉伸，直到需要校正的点恢复原位。单点连续牵拉的单点并非指拉伸的作用点始终保持不变，它也可以根据情况随时调整位置，每次牵拉只有一个施力点；连续的概念是指针对某一变形进行一次或多次的拉伸校正，而不是指始终保持拉伸力不变，直到校正完毕。拉伸力也可以进行必要的调整，包括方向和大小。

单点连续的牵拉每一次拉伸校正的范围都是有限的，为了保证被拉伸的点不至于被过大的拉伸力破坏，每次使用拉伸的力都不宜过大，因此每次校正的效果都比较小，要完成较大的变形校正需要进行多次反复的操作。对于较大的变形采用这种校正方式工作量会非常的大，另外由于需要多次变更受力点及拉伸力的方向和大小，校正的效果不容易保证。但单点连续牵拉所使用的设备相对要简单得多，在缺少大型车身校正设备时比较适用。

对于较大损伤的校正必须使用复合牵拉的工作方式，复合牵拉需要使用大型的车身校正设备。复合牵拉系统具有支撑车身和牵拉操作的双重能力，而且拉伸操作可以实现双向或多向牵拉，这对于修复整体承载式车身的复杂变形非常有用。使用复合牵拉系统能对牵拉工作进行严格地控制，大大提高了校正的精确度，当设定好拉伸的参考点后，也避免或减少了拉伸工具设备的移动，使拉伸校正工作更加轻松。

（4）避免过度拉伸

车身校正拉伸最重要的一个目的是恢复车身各个控制点的正确位置，但要绝对避免拉伸过度。对于拉伸过程中某些构件在位置上的过度拉伸有时还可以得到修正，但形状上的过拉伸则没有可能恢复，只能更换了。例如：对一段因正面碰撞而溃缩的前侧梁校直，在进行校正时，其宽度或高度尺寸发生过度拉伸还可以通过反向拉伸的方式进行校正，虽然反复的拉伸操作会造成弯曲部位的强度进一步恶化，但只要过度拉伸不是很严重，仍然可以继续使用。但如果将其在长度方向上拉长了，则没有办法使其缩短，那就只能更换了。所以不适当的拉伸操作会给车身的校正工作造成非常不利的后果，有时甚至会造成更大的损失，因此在进行拉伸操作中一定要随时对校正的效果进行测量，保证拉伸力的方向和大小都按照预先设计的方案进行。测量是防止过度拉伸的最好方法。

由于金属加工中具有弹性变形，在发生了变形的金属构件上由于加工硬化处变形应力的作用，这种回弹现象更加严重，所以在进行拉伸校正时，往往需要做一些过度拉伸，但这种过度拉伸是暂时性的，目的是利用金属的回弹使其恢复到正确的位置。当做这种过度拉伸操作，利用金属的弹性变形性质时，一定要控制好过度拉伸的量，并做好消除变形应力的工作，否则将会使校正工作功败垂成。

（5）变形应力的消除

通过校正变形恢复车辆的原有状态有两个含义：一是位置尺寸和形状等的恢复；二是恢

复构件的正常使用性能。恢复其正常的使用性能就必须消除由于变形和校正操作给构件带来的应力。

　　金属在受到外力的作用下晶粒的排列会产生畸变，由此产生了内应力，变形部位的金属也产生了加工硬化现象。当对这种变形进行校正时，这种内应力并不会随着变形的消除而完全消失，仍会有部分内应力保留下来，称为残余应力。加工硬化部位对校正的阻碍也会产生新的应力。应力的存在不仅会使应力区的金属强度降低，也会使金属在拉伸力消除后的一段时间内产生回缩变形，这种由于残存应力产生的弹性变形不像金属加工中外力没有达到屈服极限而产生的弹性变形那样容易控制，它是在一段时间内逐渐完成的。为了尽量减小或消除这种残存的应力和新的变形应力，在对构件进行拉伸校正时必须采用一定的措施。在进行车身拉伸校正时，消除内应力的方法有：时效、敲击和加热等方法。